はひふへほ

まみむめも

まちがえやすいので
きをつけてね。

やゆよ

まちがえやすいので
きをつけてね。

らりるれろ

わをん

アイウエオ
カキクケコ
サシスセソ
まちがえやすいので きをつけてね。
タチツテト
まちがえやすいので きをつけてね。
ナニヌネノ

ハヒフヘホ
マミムメモ
ヤユヨ
ラリルレロ
ワヲン
まちがえやすいので きをつけてね。

はじめてつかう
漢字字典

学習指導要領完全準拠
小学校教育漢字1006字

監修：村石昭三（国立国語研究所 名誉所員） 編著：首藤久義（千葉大学 名誉教授）
古代文字：浅葉克己 イラスト：坂崎千春／井上雪子 デザイン：祖父江 慎

フレーベル館

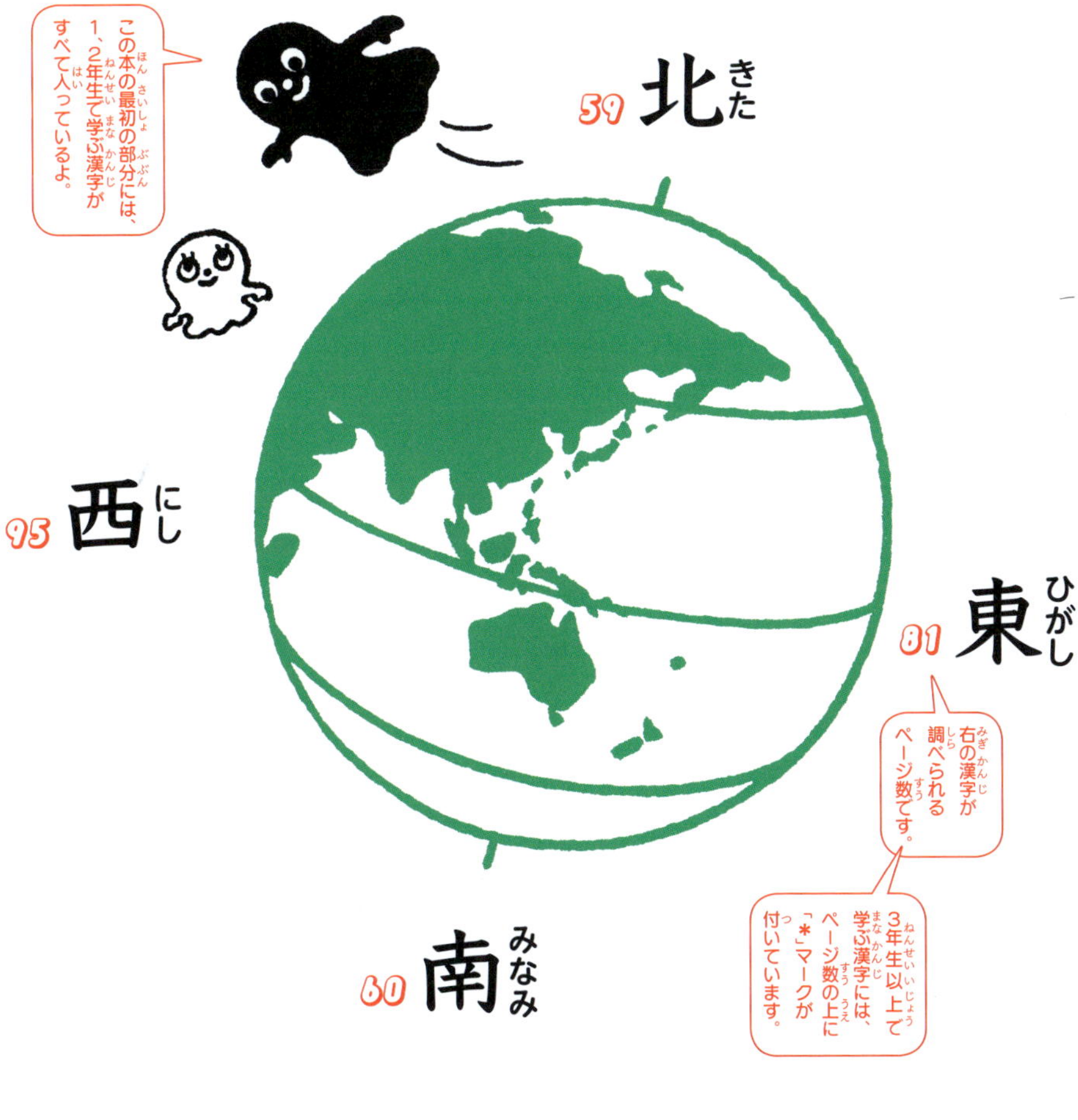

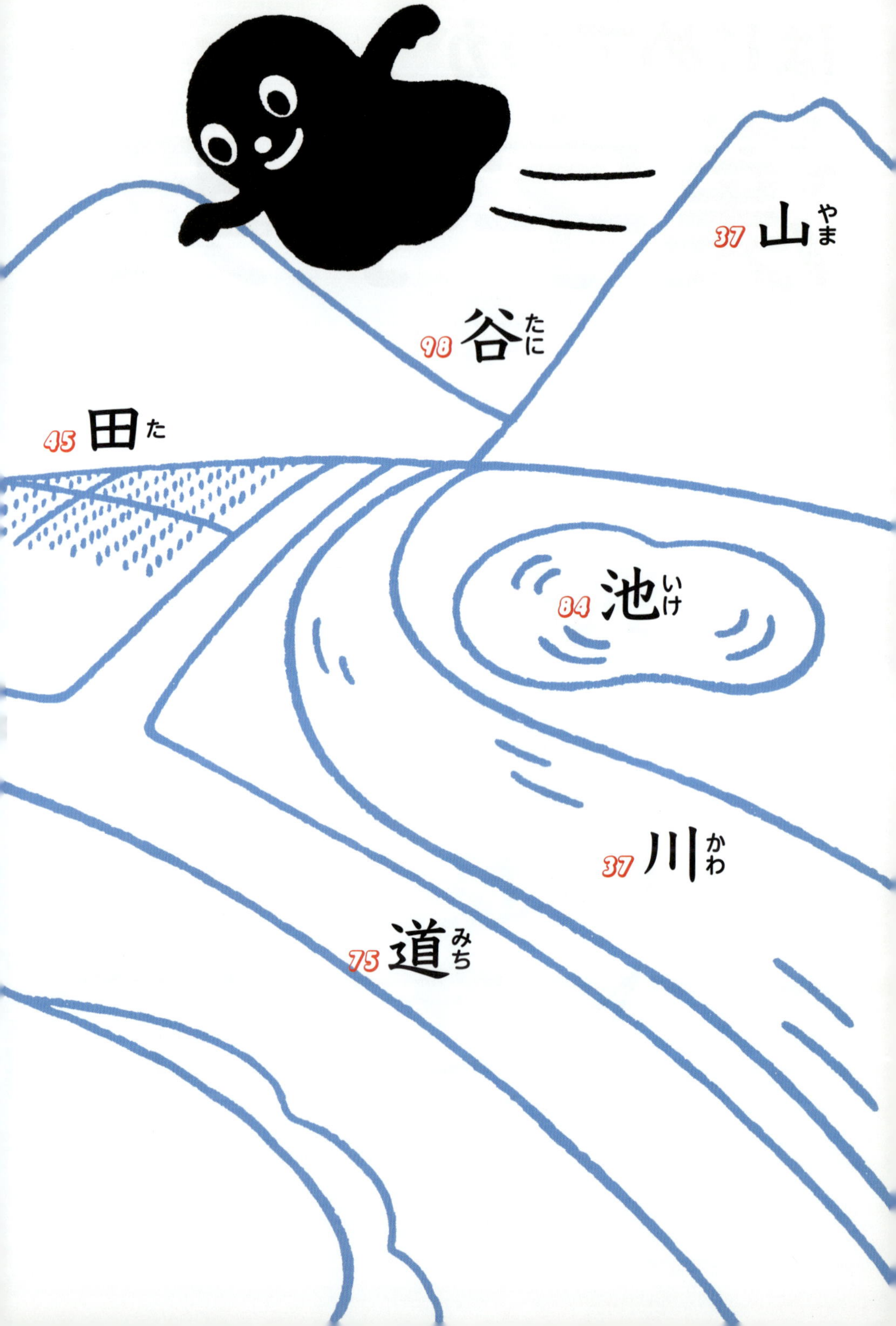
37 山《やま》
98 谷《たに》
45 田《た》
84 池《いけ》
37 川《かわ》
75 道《みち》

47 空《そら》
101 雲《くも》
84 汽《き》
51 車《しゃ》
41 村《むら》
99 里《ざと》
99 野《の》
60 原《はら》
94 船《ふね》
85 海《うみ》

70 広《ひろ》
64 場《ば》
69 工《こう》
64 場《じょう》
81 東《とう》
54 京《きょう》
*133 都《と》
○○ 70 市《し》
○○ 46 町《ちょう》
○-○
○△□さま
KOBAN
53 交《こう》
88 番《ばん》
71 店《みせ》
46 百《ひゃく》
31 円《えん》
100
98 買《か》う
64 売《う》る

102 電《でん》
51 車《しゃ》
54 会《かい》
89 社《しゃ》
74 通《とお》り
68 寺《てら》
57 公《こう》
63 園《えん》

36 学《がっ》
42 校《こう》
77 教《おし》える
○38 年《ねん》□92 組《くみ》
100 門《もん》

29 45 先生《せんせい》
33 58 名前《なまえ》
ヒカルさん
39 88 日直《にっちょく》
87 89 67 理科室《りかしつ》
89 知《し》る
98 読《よ》む
41 本《ほん》

63 国《こく》
97 語《ご》
55 作《さく》
39 文《ぶん》
80 書《か》く
45 生《せい》
85 活《かつ》
63 地《ち》
62 図《ず》
86 考《かんが》える
90 算《さん》
77 数《すう》
61 合《ごう》
96 計《けい》
1+1=
90 答《こた》える
42 正《ただ》しい
2
52 音《おん》
82 楽《がく》
82 歌《うた》
64 声《ごえ》
35 天《てん》
76 才《さい》
97 話《はな》す
60 友《とも》
202* 達《だち》

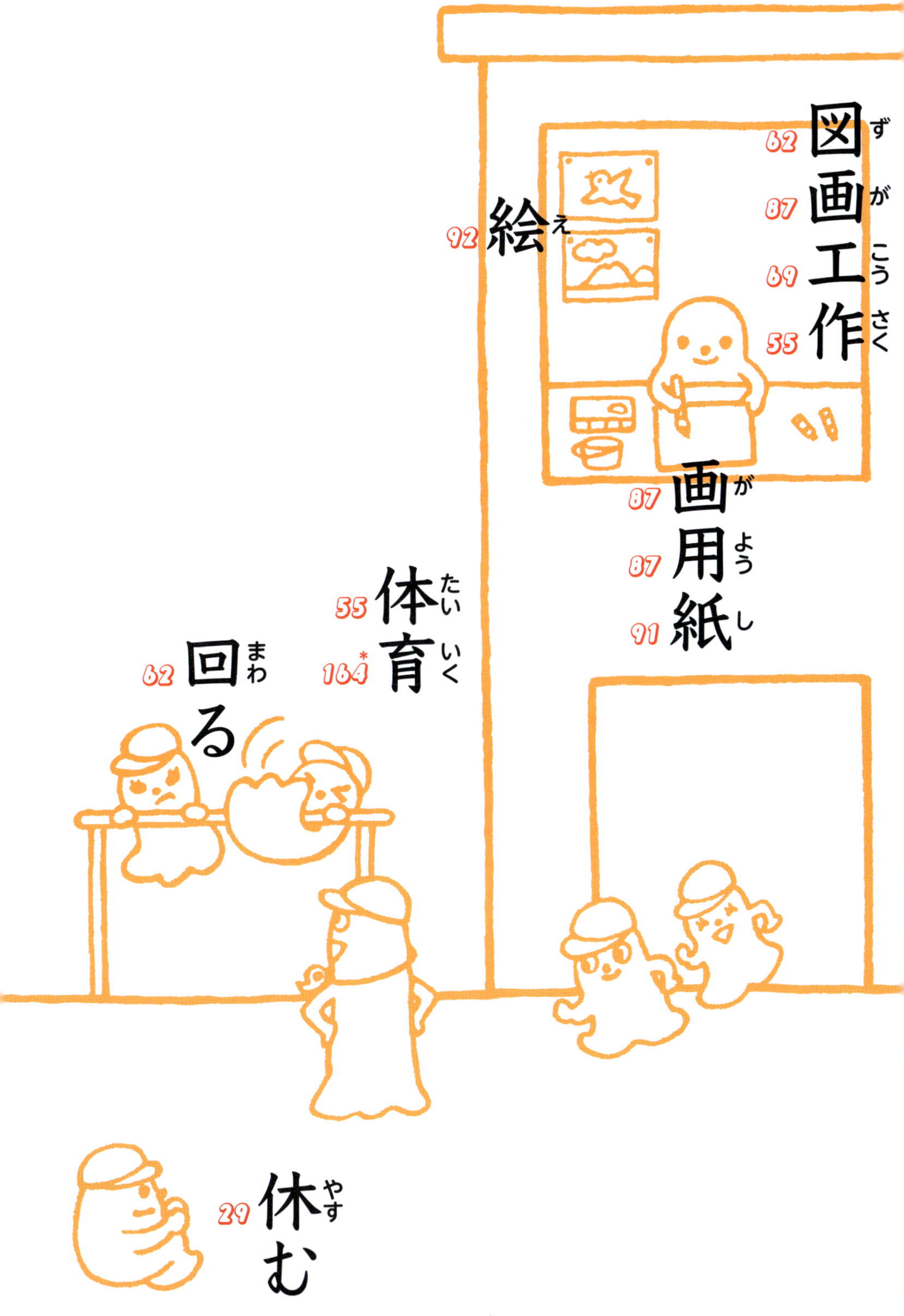

62 図《ず》 87 画《が》 69 工《こう》 55 作《さく》
92 絵《え》
87 画《が》 87 用《よう》 91 紙《し》
55 体《たい》 164* 育《いく》
62 回《まわ》る
29 休《やす》む

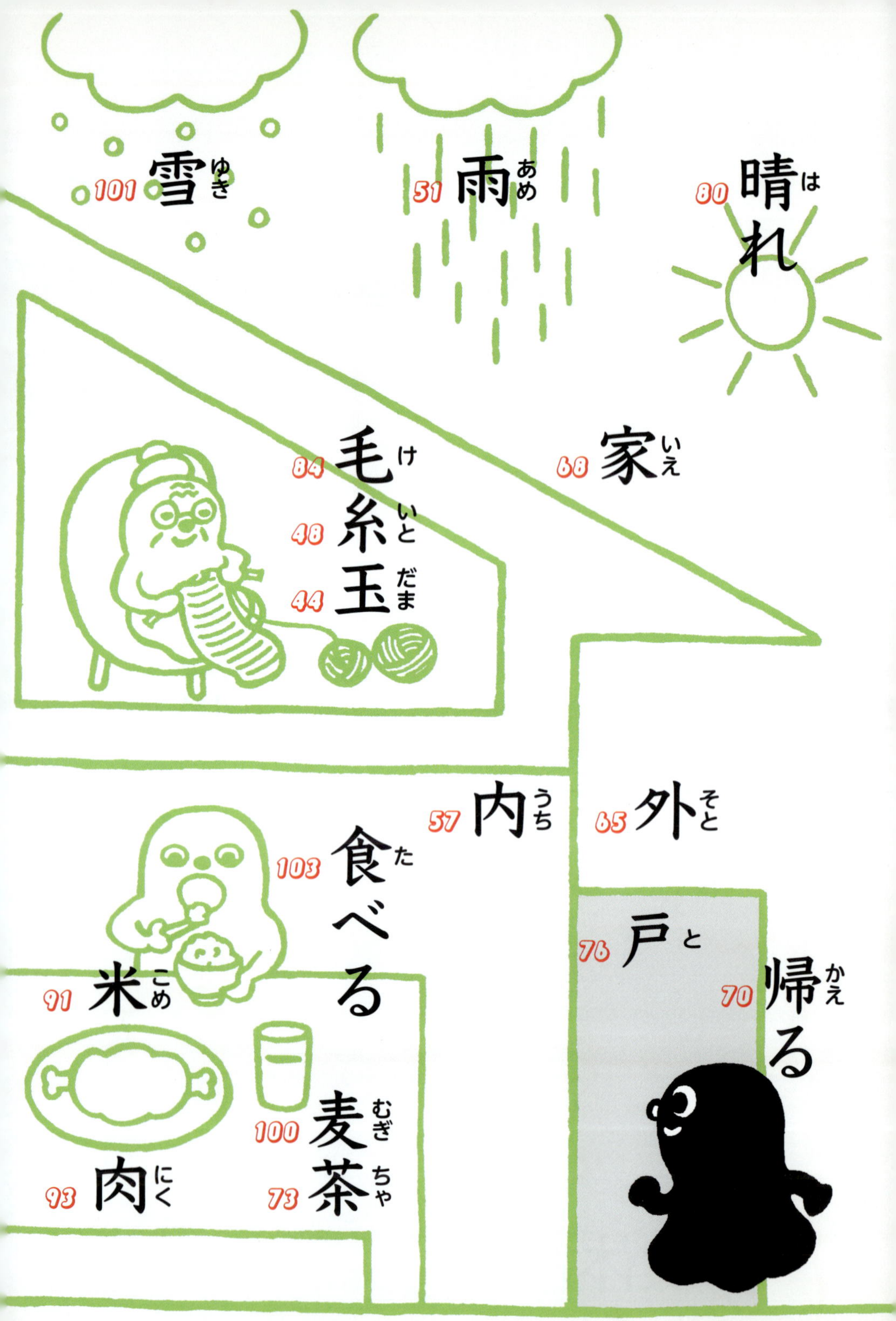
101 雪《ゆき》
51 雨《あめ》
80 晴《は》れ
84 48 44 毛《け》糸《いと》玉《だま》
68 家《いえ》
57 内《うち》
65 外《そと》
103 食《た》べる
76 戸《と》
70 帰《かえ》る
91 米《こめ》
100 73 麦《むぎ》茶《ちゃ》
93 肉《にく》

79 星《ほし》
103 風《かぜ》
56 光《ひかり》
78 明《あか》るい
39 日《にっ》
97 記《き》
58 切《き》る
48 竹《たけ》
59 半《はん》
58 分《ぶん》
61 台《だい》

40 早《はや》
167* 起《お》きしたね

54 今《いま》、
55 何《なん》
79 時《じ》

26 一《いっ》
74 週《しゅう》
101 間《かん》

40 月《げつ》
80 曜《よう》
39 日《び》

83 毎《まい》
39 日《にち》

81 朝《あさ》

79 昼《ひる》

34 夕《ゆう》
78 方《がた》

66 夜《よる》

59 午《ご》
58 前《ぜん》

59 午《ご》
73 後《ご》

43 火《か》
80 曜《よう》
39 日《び》

43 水《すい》
80 曜《よう》
39 日《び》

40 木《もく》
80 曜《よう》
39 日《び》

51 金《きん》
80 曜《よう》
39 日《び》

34 土《ど》
80 曜《よう》
39 日《び》

39 日《にち》
80 曜《よう》
39 日《び》

78 春《はる》

65 夏《なつ》

90 秋《あき》

65 冬《ふゆ》

41 林《はやし》
42 森《もり》
93 羽《はね》
57 刀《かたな》
44 王《おう》
104 馬《うま》
104 魚《さかな》
47 石《いし》
69 岩《いわ》

105 鳥《とり》
105 鳴《な》く
71 弓《ゆみ》
88 矢《や》
86 牛《うし》
38 草《くさ》
49 虫《むし》
44 犬《いぬ》
50 貝《かい》
38 花《はな》

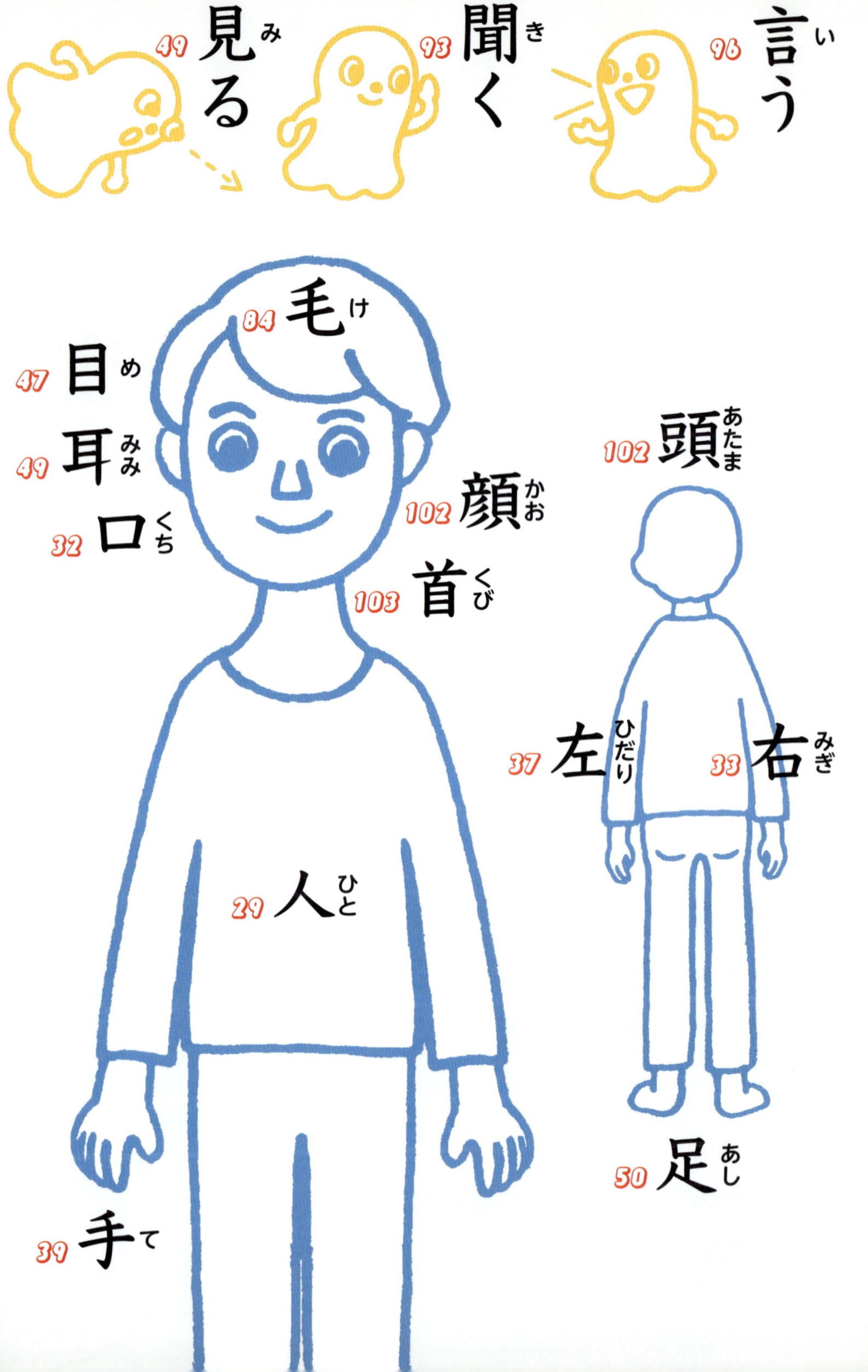

49 見《み》る
93 聞《き》く
96 言《い》う
84 毛《け》
47 目《め》
49 耳《みみ》
32 口《くち》
102 顔《かお》
103 首《くび》
102 頭《あたま》
37 左《ひだり》
33 右《みぎ》
29 人《ひと》
50 足《あし》
39 手《て》

35 女《おんな》
45 男《おとこ》
95 親《おや》
83 母《はは》
86 父《ちち》
35 子《こ》
67 姉《あね》
56 兄《あに》
94 自《じ》
58 分《ぶん》
67 妹《いもうと》
72 弟《おとうと》

94 色《いろ》

105 黄《き》　46 白《しろ》　52 青《あお》　50 赤《あか》　106 黒《くろ》

73 形《かたち》

53 丸《まる》

27 三《さん》
96 角《かく》

33 四《し》
96 角《かく》

85 点《てん》
92 線《せん》

92 線《せん》

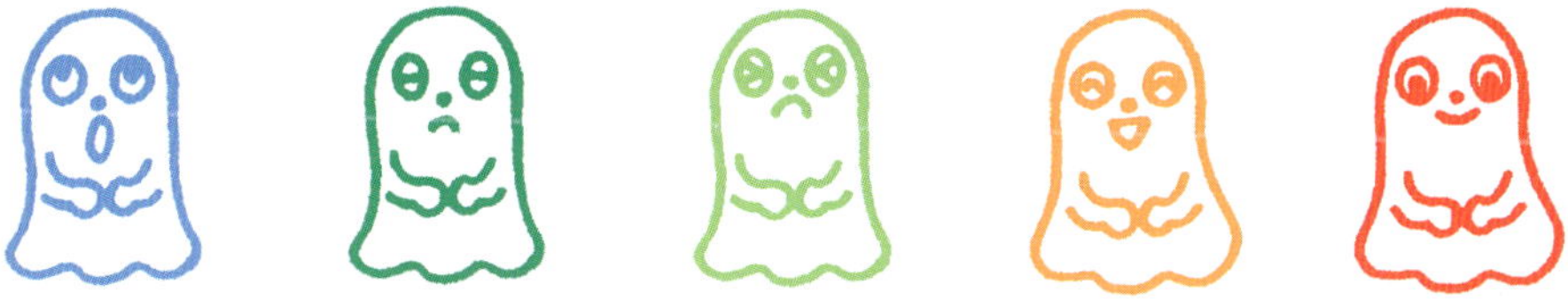

26 一《いち》

28 二《に》

27 三《さん》

33 四《し》

28 五《ご》

30 六《ろく》

26 七《しち》

30 八《はち》

28 九《きゅう》

32 十《じゅう》

46 百《ひゃく》

32 千《せん》

53 万《まん》

34 大《だい》

27 中《ちゅう》

36 小《しょう》

100 長《なが》い

156* 短《みじか》い

66 太《ふと》い

91 細《ほそ》い

68 少《すく》ない

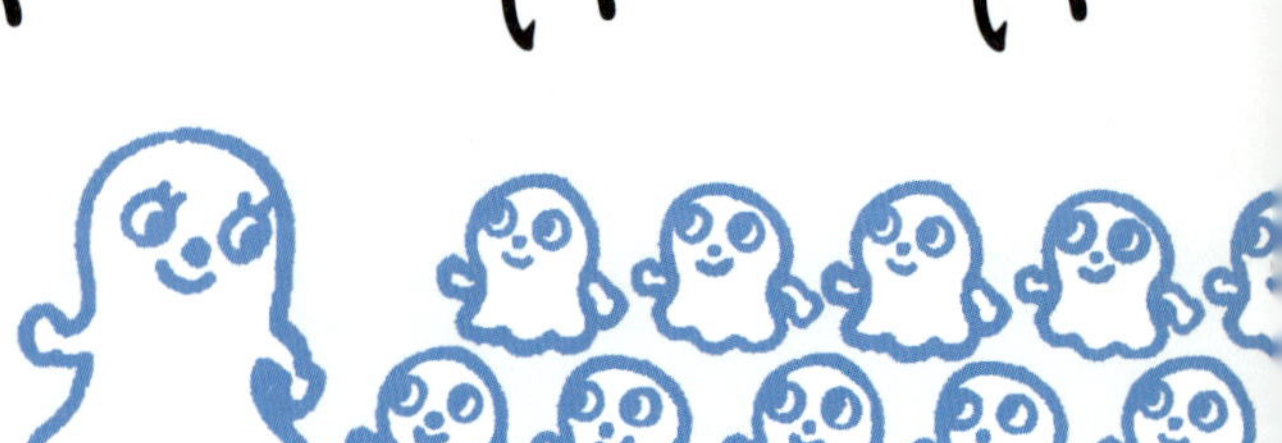

66 多《おお》い

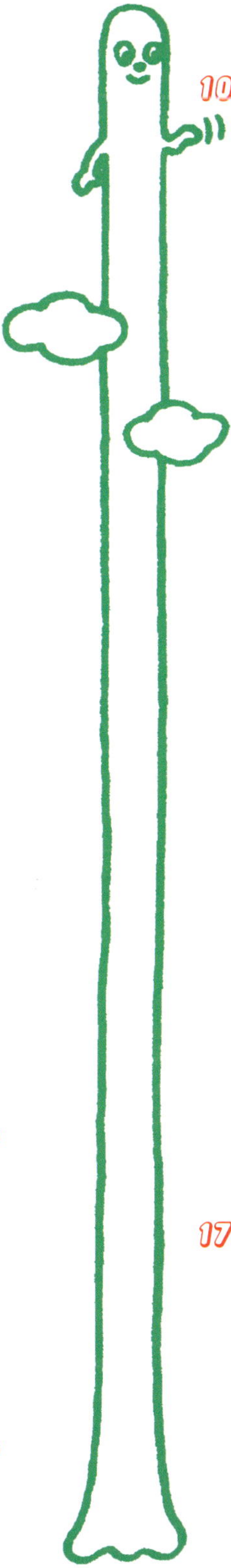

104 高《たか》い

176* 低《ひく》い

72 弱《よわ》い

72 強《つよ》い

77 新《あたら》しい

61 古《ふる》い

62 同《おな》じ

341* 異《こと》なる

30 入《はい》る

31 出《で》る

71 引《ひ》く

75 遠《とお》い

74 近《ちか》い

48 立《た》つ

83 歩《ある》く

99 走《はし》る

82 止《と》まる

95 行《い》く

81 来《く》る

31 力《ちから》

138* 持《も》ち

27 上《あ》げる

26 下《さ》げる

76 思《おも》う

75 心《こころ》

41 本《ほん》
69 当《とう》？

193* 好《す》き

56 元《げん》
43 気《き》

はじめてつかう 漢《かん》字《じ》字《じ》典《てん》

151* 36 36 182*

一 いち　1画

一

一

オン　イチ　イツ
くん　ひと　ひと(つ)

つかいかた
一《いち》年生《ねんせい》になる。
一《ひと》つずつ分《わ》ける。
一《いち》番星《ばんぼし》見《み》つけた。
服《ふく》の色《いろ》を統《とう》一《いつ》する。

オンくんあそび
一《ひと》月《つき》に一《いち》度《ど》
地《ち》球《きゅう》一《いっ》周《しゅう》

いみ・ことば
❶いち。ひとつ。いちばんめ。☞一《いち》月《がつ》。一《いち》学期《がっき》。一《いち》度《ど》。一《いち》日《にち》。一《いち》年《ねん》。一《いち》年生《ねんせい》。一《いち》番《ばん》。一《いち》枚《まい》。一《いち》流《りゅう》。一《いっ》個《こ》。一《いっ》冊《さつ》。一《いっ》着《ちゃく》。一《いっ》等《とう》。一《いっ》本《ぽん》。第《だい》一《いち》。統《とう》一《いつ》。一《ひと》組《くみ》。一《ひと》月《つき》。万《まん》一《いち》。

とくべつなよみかた
一日《ついたち》。一人《ひとり》。

なりたち
一
☞一
横線《よこせん》一本《いっぽん》で「いち」を表《あらわ》す。

一 いち　2画

一 七

七

オン　シチ
くん　なな　なな(つ)　なの

つかいかた
七《なな》色《いろ》のにじが出《で》る。
七《なな》草《くさ》がゆを食《た》べる。
七《しち》月《がつ》七《なの》日《か》、七《たな》夕《ばた》の夜《よる》。
七《しち》五《ご》三《さん》のお祝《いわ》い。

オンくんあそび
北《ほく》斗《と》七《しち》星《せい》
七《なな》つ星《ぼし》

いみ・ことば
❶しち。なな。ななつ。ななばんめ。☞七《しち》月《がつ》。七《しち》五《ご》三《さん》。七《しち》五《ご》調《ちょう》。七《なな》色《いろ》。七《なな》草《くさ》。七《なの》日《か》。七《しち》転《てん》八《ばっ》倒《とう》。七《なな》転《ころ》び八《や》起《お》き。
❷数《かず》が多《おお》い。☞

とくべつなよみかた
七《たな》夕《ばた》。

「七《なな》転《ころ》び八《や》起《お》き」とは、何《なん》回《かい》失《しっ》敗《ぱい》しても、あきらめずに立《た》ち上《あ》がること。

一 いち　3画

一 丁 下

下

オン　ゲ　カ
くん　した　しも　(もと)　さ(げる)　さ(がる)　くだ(る)　くだ(す)　くだ(さる)　お(ろす)　お(りる)

つかいかた
下《した》を見《み》下《お》ろす。
下《か》級《きゅう》生《せい》と坂《さか》道《みち》を下《くだ》る。
本《ほん》の下《げ》巻《かん》を借《か》りる。
友《とも》達《だち》と下《げ》校《こう》する。

オンくんあそび
地《ち》下《か》鉄《てつ》下《げ》車《しゃ》し
下《した》見《み》て歩《ある》く　下《くだ》り坂《ざか》

いみ・ことば
❶した。しも。☞下《か》位《い》。下《か》流《りゅう》。川《かわ》下《しも》。下《げ》克《こく》上《じょう》。下《げ》品《ひん》。下《した》着《ぎ》。上《じょう》下《げ》。地《ち》下《か》。年《とし》下《した》。軒《のき》下《した》。
❷おりる。くだる。☞下《げ》校《こう》。下《げ》車《しゃ》。下《くだ》り坂《ざか》。
❸終《お》わりのほう。☞下《げ》巻《かん》。下《げ》旬《じゅん》。

とくべつなよみかた
下手《へた》。

なりたち
☞下
横線《よこせん》の下《した》に印《しるし》をつけて「した」を表《あらわ》す。

三

一 いち　3画

筆順：一 二 三

オン：サン
くん：み　みつ　みっつ

つかいかた

三《み》つ子《ご》が生《う》まれる。
妹《いもうと》は今年《ことし》三《みっ》つになる。
三《みっ》日坊主《かぼうず》で終《お》わる。
鉛筆《えんぴつ》を三《さん》本《ぼん》並《なら》べる。

オンくんあそび
輪《わ》が三《みっ》つある
三《さん》輪車《りんしゃ》

いみ・ことば

❶さん。みっつ。さんばんめ。
三《さん》角《かく》。三《さん》三《さん》五五。三《さん》振《しん》。三《さん》学期《がっき》。三《さん》原色《げんしょく》。三《さん》権分立《けんぶんりつ》。三《み》つ子《ご》。三《み》日月《かづき》。三《みっ》日《か》。七五三《しちごさん》。
❷何度《なんど》も。
再《さい》三《さん》。再《さい》三《さん》再《さい》四《し》。拍子《ひょうし》。月《がつ》。

とくべつなよみかた
三《しゃ》味線《みせん》。

なりたち

三

横線《よこせん》三本《さんぼん》で「さん」を表《あらわ》す。

上

一 いち　3画

筆順：丨 ト 上

別《べつ》の筆順《ひつじゅん》もあるよ。
一 ト 上

オン：ジョウ（ショウ）
くん：うえ　うわ　かみ　あげる　あがる　のぼる（のぼせる）（のぼす）

つかいかた

上《うえ》を見《み》上《あ》げる。
川《かわ》上《かみ》に向《む》かって歩《ある》く。
自転車《じてんしゃ》で坂《さか》を上《のぼ》る。
本《ほん》の上《じょう》巻《かん》と下《げ》巻《かん》。

オンくんあそび
上《じょう》等《とう》な　上《うわ》着《ぎ》をまとい
目《め》上《うえ》の人《ひと》と　川《かわ》上《のぼ》る

いみ・ことば

❶うえ。かみ。
上《うわ》着《ぎ》。川上《かわかみ》。上位《じょうい》。上下《じょうげ》。上品《じょうひん》。上流《じょうりゅう》。水上《すいじょう》。地上《ちじょう》。頂上《ちょうじょう》。陸上《りくじょう》。
❷あげる。のぼる。
売《う》り上《あ》げ。上京《じょうきょう》。
❸はじめのほう。
上巻《じょうかん》。上旬《じょうじゅん》。

とくべつなよみかた
上手《じょうず》。

なりたち

上

横線《よこせん》の上《うえ》に印《しるし》をつけて「うえ」を表《あらわ》す。

中

丨 ぼう　4画

筆順：丨 口 口 中

オン：チュウ　ジュウ
くん：なか

つかいかた

箱《はこ》の中《なか》から取《と》り出《だ》す。
夜《よ》中《なか》に目《め》覚《ざ》める。
予想《よそう》が的《てき》中《ちゅう》する。
日本《にほん》中《じゅう》に知《し》れわたる。

オンくんあそび
水《みず》の中《なか》　水《すい》中《ちゅう》めがねで
よく見《み》える

いみ・ことば

❶なか。なかほど。間《あいだ》。途中《とちゅう》。
授業《じゅぎょう》中《ちゅう》。中《ちゅう》。中央《ちゅうおう》。中型《ちゅうがた》。中間《ちゅうかん》。中旬《ちゅうじゅん》。中心《ちゅうしん》。中立《ちゅうりつ》。中流《ちゅうりゅう》。中庭《なかにわ》。中指《なかゆび》。話《はな》し中《ちゅう》。夜中《よなか》。
❷当《あ》たる。
的中《てきちゅう》。命中《めいちゅう》。
❸中国《ちゅうごく》のこと。
日中《にっちゅう》友好《ゆうこう》。

ほかの言葉《ことば》のあとについて、「範囲《はんい》の全体《ぜんたい》」の意味《いみ》も表《あらわ》す。
例　日本中《にほんじゅう》。一年中《いちねんじゅう》。

一
七
下
三
上
中

乙 おつ

2画

ノ 九

九

オン キュウ ク

くん ここの ここのつ

つかいかた

おはじきが九《ここの》つある。
九《きゅう》歳《さい》の誕生日《たんじょうび》。
コピーを九《きゅう》枚《まい》とる。
九九《くく》八十一《はちじゅういち》。

オンくんあそび
九《く》月《がつ》九《ここの》日《か》
九《きゅう》並《なら》び

いみ・ことば

❶きゅう。ここのつ。きゅうばんめ。☞ 九《きゅう》歳《さい》。九《きゅう》枚《まい》。九《く》月《がつ》。九九《くく》。九《ここの》日《か》。
❷数《かず》が多《おお》い。☞ 九《く》分《ぶ》九《く》厘《りん》。九《ここの》重《え》。三拝《さんぱい》九《きゅう》拝《はい》。

「三拝九拝《さんぱいきゅうはい》」とは、何度《なんど》もおじぎをすること。

二 に

2画

一 二

二

オン ニ

くん ふた ふたつ

つかいかた

スイカを二《ふた》つに切《き》る。
二《に》階建《かいだ》てのバス。
犬《いぬ》を二《に》匹飼《ひきか》っている。
二日前《ふつかまえ》のできごと。

オンくんあそび
二人《ふたり》で食《た》べる
リンゴ二《に》個《こ》

いみ・ことば

❶に。ふたつ。にばんめ。☞ 二《に》回《かい》。二《に》階《かい》。二《に》月《がつ》。二《に》学期《がっき》。二《に》時《じ》。二《に》重《じゅう》。二《に》等分《とうぶん》。二《に》流《りゅう》。二《ふた》重《え》。

とくべつなよみかた 十重《とえ》二十重《はたえ》。二十《はたち》・二十歳《はたち》。二十日《はつか》。二人《ふたり》。二日《ふつか》。

なりたち

☞ 二 横線《よこせん》二本《にほん》で「に」を表《あらわ》す。

二 に

4画

一 丆 万 五

五

オン ゴ

くん いつ いつつ

つかいかた

祭《まつ》りが五《いつ》日《か》後《ご》にある。
リンゴを五《いつ》つ買《か》う。
五《ご》時間目《じかんめ》は体育《たいいく》だ。
五《ご》人兄弟《にんきょうだい》の末《すえ》っ子《こ》。

オンくんあそび
五《ご》月《がつ》五《いつ》日《か》の
こいのぼり

いみ・ことば

❶ご。いつつ。ごばんめ。☞ 五《いつ》日《か》。五《ご》月《がつ》。五《ご》感《かん》。五《ご》指《し》。五《ご》七調《しちちょう》。五《ご》十音《じゅうおん》。五《ご》色《しき》（ごしょく）。五《ご》線譜《せんふ》。五《ご》人《にん》。五《ご》分《ぶ》五《ご》分《ぶ》。五《ご》輪《りん》。七《しち》五《ご》三《さん》。十五夜《じゅうごや》。

とくべつなよみかた 五月《さつき》。五月雨《さみだれ》。

なりたち

☞ 五 「ご」を表《あらわ》す☰（五《いつ》つの線《せん》）が㐅になった。

人

人 ひと　2画

人

ノ 人

オン　ジン　ニン

くん　ひと

つかいかた

多《おお》くの人《ひと》でにぎわう。基本的《きほんてき》人権《じんけん》を守《まも》る。三人《さんにん》で遊《あそ》べるゲーム。人《にん》気《き》のある作品《さくひん》。

オンくんあそび

あの人《ひと》は　人形《にんぎょう》作《づく》りの名人《めいじん》だ

いみ・ことば

❶ひと。☞ 人権《じんけん》。人口《じんこう》。人生《じんせい》。旅人《たびびと》。日本人《にほんじん》。人形《にんぎょう》。人間《にんげん》。人情《にんじょう》。人数《にんずう》。人柄《ひとがら》。名人《めいじん》。

❷ひとを数《かぞ》える言葉《ことば》。☞ 三人《さんにん》。数人《すうにん》。何人《なんにん》。

とくべつなよみかた　大人《おとな》。玄人《くろうと》。素人《しろうと》。仲人《なこうど》。一人《ひとり》。二人《ふたり》。若人《わこうど》。

なりたち

☞ 人

横向《よこむ》きに立《た》つ人《ひと》の形《かたち》から。

休

亻 にんべん　6画

休

ノ イ 仁 什 休 休

オン　キュウ

くん　やすむ　やすまる　やすめる

つかいかた

木《き》のかげで休《やす》む。夏休《なつやす》みの自由研究《じゆうけんきゅう》。心《こころ》が休《やす》まる音楽《おんがく》。電車《でんしゃ》が運休《うんきゅう》する。

オンくんあそび

ゆっくり休《やす》む　休日《きゅうじつ》に

いみ・ことば

❶やすむ。やすみ。☞ 運休《うんきゅう》。気休《きやす》め。休暇《きゅうか》。休学《きゅうがく》。休業《きゅうぎょう》。休憩《きゅうけい》。休校《きゅうこう》。休止《きゅうし》。休日《きゅうじつ》。休息《きゅうそく》。休養《きゅうよう》。定休日《ていきゅうび》。夏休《なつやす》み。昼休《ひるやす》み。連休《れんきゅう》。

なりたち

☞ 休

人《ひと》が木《き》によりかかって休《やす》むようすから。

先

儿 ひとあし　6画

先

ノ 𠂉 ⺧ 生 𠂒 先

オン　セン

くん　さき

つかいかた

先《さき》に出発《しゅっぱつ》する。宿題《しゅくだい》を先《さき》に片《かた》づける。宛先《あてさき》を確《たし》かめる。先頭《せんとう》でゴールした。

オンくんあそび

先生《せんせい》が　先《さき》に手本《てほん》を示《しめ》します

いみ・ことば

❶前《まえ》のほう。☞ 先進的《せんしんてき》。先生《せんせい》。先手《せんて》。先頭《せんとう》。先導《せんどう》。先発《せんぱつ》。つま先《さき》。店先《みせさき》。指先《ゆびさき》。

❷今《いま》より前《まえ》。☞ 先月《せんげつ》。先日《せんじつ》。先週《せんしゅう》。先祖《せんぞ》。祖先《そせん》。

❸今《いま》より後《あと》。☞ 老《お》い先《さき》。二年先《にねんさき》。

❹いきさき。☞ 宛先《あてさき》。訪問先《ほうもんさき》。

入 いる 2画

入

ノ 入

オン ニュウ

くん いる いれる はいる

つかいかた

入《い》り口《ぐち》から入《はい》る。
宝物《たからもの》を手《て》に入《い》れる。
入《にゅう》学《がく》式《しき》の会場《かいじょう》。
転《てん》入《にゅう》生《せい》を案内《あんない》する。

オンくんあそび
入《い》り口《ぐち》を　通《とお》って入《はい》る
入《にゅう》場《じょう》者《しゃ》

いみ・ことば

❶いれる。はいる。 入《い》り口《ぐち》。入《い》れ物《もの》。加《か》入《にゅう》。記《き》入《にゅう》。収《しゅう》入《にゅう》。入《にゅう》院《いん》。入《にゅう》学《がく》。入《にゅう》室《しつ》。入《にゅう》社《しゃ》。入《にゅう》手《しゅ》。入《にゅう》賞《しょう》。入《にゅう》場《じょう》。入《にゅう》選《せん》。入《にゅう》門《もん》。入《にゅう》浴《よく》。入《にゅう》力《りょく》。輸《ゆ》入《にゅう》。

❷必要《ひつよう》である。 入《い》り用《よう》。入《にゅう》用《よう》。

なりたち

入 入《い》り口《ぐち》の形《かたち》から。

八 はち 2画

八

ノ 八

オン ハチ

くん や やつ やっつ よう

つかいかた

今日《きょう》は八《はち》時《じ》にねる。
八《や》重《え》桜《ざくら》がさいた。
兄《あに》に八《や》つ当《あ》たりした。
八《よう》日《か》で八《はっ》歳《さい》になる。

オンくんあそび
八《はち》月《がつ》八《よう》日《か》は
夏休《なつやす》み

「おやつ」の「やつ(八《や》つ)」は、昔《むかし》の時刻《じこく》の八《や》つ時《どき》(今《いま》の午後《ごご》二《に》時《じ》ごろ)という意味《いみ》で、そのころに食《た》べる間食《かんしょく》のこと。

いみ・ことば

❶はち。やっつ。はちばんめ。 八《はち》月《がつ》。八《はち》人《にん》。八《はち》分《ぶん》目《め》。八《はっ》千《せん》。八《よう》日《か》。四《し》苦《く》八《はっ》苦《く》。四《し》方《ほう》八《はっ》方《ぽう》。八《や》重《え》桜《ざくら》。

❷数《かず》が多《おお》い。 八《や》つ当《あ》たり。

とくべつなよみかた
八《や》百《お》長《ちょう》。八《や》百《お》屋《や》。

六 はち 4画

六

丶 亠 六 六

オン ロク

くん む むつ むっつ むい

つかいかた

だんごが六《むっ》つある。
六《むい》日《か》分《ぶん》の食料《しょくりょう》。
駐《ちゅう》車《しゃ》場《じょう》に車《くるま》が六《ろく》台《だい》。
六《ろっ》角《かく》形《けい》の鉛筆《えんぴつ》。

オンくんあそび
月《つき》も日《ひ》も　六《むっ》つ数《かぞ》える
六《ろく》月《がつ》六《むい》日《か》

いみ・ことば

❶ろく。むっつ。ろくばんめ。 四《し》六《ろく》時《じ》中《ちゅう》。六《むい》日《か》。六《ろく》月《がつ》。六《ろく》歳《さい》。六《ろく》三《さん》制《せい》。六《ろく》台《だい》。六《ろく》人《にん》。六《ろく》年《ねん》生《せい》。六《ろっ》回《かい》。六《ろっ》階《かい》。六《ろっ》角《かく》形《けい》。

入
八
六
円
出
力

冂 どうがまえ　4画

円

丨 冂 円 円

オン　エン
くん　まるい

つかいかた

円満《えんまん》な人柄《ひとがら》。
一枚千円《いちまいせんえん》の円《まる》い皿《さら》。
円周《えんしゅう》をはかる。
試合前《しあいまえ》に円陣《えんじん》を組《く》む。

オンくんあそび
円《まる》い皿《さら》　高《たか》く重《かさ》ねて
円柱形《えんちゅうけい》

いみ・ことば

❶まるい。かどがない。☞ 円滑《えんかつ》。円形《えんけい》。円《えん》周《しゅう》。円周率《えんしゅうりつ》。円熟《えんじゅく》。円陣《えんじん》。円錐《えんすい》。円柱《えんちゅう》。円筒《えんとう》。円盤《えんばん》。円満《えんまん》。同心円《どうしんえん》。半円《はんえん》。
❷あたり一帯《いったい》。☞ 九州一円《きゅうしゅういちえん》。
❸お金《かね》の単位《たんい》。☞ 円高《えんだか》。円安《えんやす》。千円《せんえん》。

凵 かんにょう　5画

出

丨 屮 屮 出 出

オン　シュツ（スイ）
くん　でる
だす

つかいかた

外《そと》に出《で》て遊《あそ》ぶ。
筆箱《ふでばこ》から鉛筆《えんぴつ》を出《だ》す。
出席《しゅっせき》をとる。
遠足《えんそく》に出発《しゅっぱつ》する。

オンくんあそび
出番《でばん》の多《おお》い
出演者《しゅつえんしゃ》

なりたち

☞ 出　∪（くぼみ）から ㅂ（足《あし》）が出《で》るようすから。

いみ・ことば

❶でる。だす。☞ 外出《がいしゅつ》。支出《ししゅつ》。出演《しゅつえん》。出《しゅっ》勤《きん》。出欠《しゅっけつ》。出血《しゅっけつ》。出現《しゅつげん》。出産《しゅっさん》。出場《しゅつじょう》。出《しゅっ》身《しん》。出席《しゅっせき》。出張《しゅっちょう》。出入《しゅつにゅう》。出発《しゅっぱつ》。出版《しゅっぱん》。進《しん》出《しゅつ》。出納《すいとう》。出《だ》し入《い》れ。提出《ていしゅつ》。出口《でぐち》。手出《てだ》し。出窓《でまど》。遠出《とおで》。人出《ひとで》。日《ひ》の出《で》。輸出《ゆしゅつ》。

力 ちから　2画

力

フ 力

オン　リョク
リキ
くん　ちから

つかいかた

力《ちから》を合《あ》わせる。
全力《ぜんりょく》で取《と》り組《く》む。
みんなの努力《どりょく》が実《みの》る。
力作《りきさく》が並《なら》ぶ作品展《さくひんてん》。

オンくんあそび
力士《りきし》が努力《どりょく》
力《ちから》がついた

いみ・ことば

❶ちから。働《はたら》き。☞ 圧力《あつりょく》。引力《いんりょく》。怪力《かいりき》。学《がく》力《りょく》。協力《きょうりょく》。気力《きりょく》。権力《けんりょく》。実力《じつりょく》。自力《じりき》。視力《しりょく》。勢力《せいりょく》。全力《ぜんりょく》。底力《そこぢから》。体力《たいりょく》。力仕事《ちからしごと》。力持《ちからも》ち。電力《でんりょく》。努力《どりょく》。能力《のうりょく》。馬力《ばりき》。暴力《ぼうりょく》。力作《りきさく》。力《りき》士《し》。力説《りきせつ》。力量《りきりょう》。

十 じゅう

2画

一 十

十

オン　ジュウ　ジッ
くん　とお　と

つかいかた

十《じゅう》円玉《えんだま》十《じっ》個《こ》で百円《ひゃくえん》。
十《とお》日《か》間《かん》の海外《かいがい》旅行《りょこう》。
十本《じっぽん》ずつまとめる。
十《じゅう》文字《もんじ》に交《まじ》わる道路《どうろ》。

オンくんあそび
人《ひと》の好《この》みは十人《じゅうにん》十《と》色《いろ》

「十個《じっこ》」「十分《じっぷん》」「十本《じっぽん》」などの「十」は、「ジュッ」とも読《よ》むよ。

いみ・ことば

❶じゅう。とお。じゅうばんめ。☞十《とお》日《か》。十《じっ》個《こ》。十《じっ》分《ぷん》。十《じっ》本《ぽん》。十《じゅう》月《がつ》。十《じゅう》五《ご》夜《や》。十《じゅう》字《じ》路《ろ》。十《じゅう》二《に》支《し》。十《じゅう》人《にん》十《と》色《いろ》。

❷全部《ぜんぶ》。☞十分《じゅうぶん》。

とくべつなよみかた　十《と》重《え》二十《はた》重《え》。二十《はたち》・二十《はたち》歳。二十《はつ》日《か》。

「十人十色《じゅうにんといろ》」とは、好《この》みや考《かんが》えは人《ひと》によってちがうということ。

千 せん

3画

ノ 二 千

千

オン　セン
くん　ち

つかいかた

千円《せんえん》のおこづかい。
キャベツの千切《せんぎ》り。
すもうの千秋楽《せんしゅうらく》。

オンくんあそび
千枚《せんまい》の千代紙《ちよがみ》で折《お》る千羽鶴《せんばづる》

いみ・ことば

❶せん。☞千円《せんえん》。千人《せんにん》。千年《せんねん》。千本《せんぼん》。

❷数《かず》がとても多《おお》いこと。☞千切《せんぎ》り。千差万別《せんさばんべつ》。千羽鶴《せんばづる》。千里眼《せんりがん》。千草《ちぐさ》。千代《ちよ》。千代紙《ちよがみ》。

「千秋楽《せんしゅうらく》」とは、芝居《しばい》やすもうなどが、何日《なんにち》か続《つづ》けて行《おこな》われたときの、最後《さいご》の日《ひ》のこと。

口 くち

3画

丨 冂 口

口

オン　コウ　ク
くん　くち

つかいかた

食《た》べ物《もの》を口《くち》に入《い》れる。
迷路《めいろ》の入《い》り口《ぐち》と出口《でぐち》。
人口《じんこう》の減少《げんしょう》になやむ。
おだやかな口調《くちょう》の人《ひと》。

オンくんあそび
早口《はやくち》で激《はげ》しい口調《くちょう》

いみ・ことば

❶くち。言葉《ことば》。☞口数《くちかず》。口癖《くちぐせ》。口笛《くちぶえ》。口元《くちもと》。口調《くちょう》。口論《こうろん》。早口《はやくち》。無口《むくち》。悪口(わるくち あっこう)。

❷出入《ではい》りする場所《ばしょ》。☞入《い》り口《ぐち》。火口《かこう》。出口《でぐち》。

❸人数《にんずう》。☞人口《じんこう》。

❹はじまり。☞糸口《いとぐち》。口絵《くちえ》。序《じょ》の口《くち》。

なりたち

☞口
口《くち》の形《かたち》から。

右

口 くち　5画

ノナオ右右

オン　ウ　ユウ
くん　みぎ

つかいかた

右《みぎ》手《て》を挙《あ》げる。
道《どう》路《ろ》の右《みぎ》側《がわ》を歩《ある》く。
車《くるま》が右《う》折《せつ》する。
左《さ》右《ゆう》を見《み》てわたる。

オンくんあそび
左《ひだり》手《て》右《みぎ》手《て》
左《さ》右《ゆう》の手《て》

いみ・ことば

❶みぎ。☞ 右《う》往《おう》左《さ》往《おう》。右《う》岸《がん》。右《う》折《せつ》。右《う》大《だい》臣《じん》。右《みぎ》側《がわ》。右《う》辺《へん》。左《さ》右《ゆう》。座《ざ》右《ゆう》。右《みぎ》足《あし》。右腕（みぎうで うわん）。右《みぎ》利《き》き。右《みぎ》手《て》。右《みぎ》左《ひだり》。
❷保《ほ》守《しゅ》的《てき》な考《かんが》え。☞ 右《う》派《は》。右《う》翼《よく》。

なりたち

☞ 右

ヨ（右手《みぎて》）と ㅂ（口《くち》）で、「みぎ」を表《あらわ》す。

名

口 くち　6画

ノクタタ名名

オン　メイ　ミョウ
くん　な

つかいかた

名《な》札《ふだ》に氏《し》名《めい》を書《か》く。
日《に》本《ほん》の有《ゆう》名《めい》な昔《むかし》話《ばなし》。
希《き》望《ぼう》者《しゃ》が数《すう》名《めい》いた。
名《みょう》字《じ》を伝《つた》える。

オンくんあそび
本《ほん》名《みょう》と 芸《げい》名《めい》合《あ》わせ
二《ふた》つの名《な》

いみ・ことば

❶なまえ。☞ 宛《あて》名《な》。氏《し》名《めい》。題《だい》名《めい》。地《ち》名《めい》。名《な》札《ふだ》。名《な》前《まえ》。本《ほん》名《みょう》。名《みょう》字《じ》。名《めい》刺《し》。名《めい》簿《ぼ》。有《ゆう》名《めい》。名《めい》案《あん》。名《めい》画《が》。名《めい》曲《きょく》。
❷なだかい。優《すぐ》れた。☞ 名《めい》作《さく》。名《めい》所《しょ》。名《めい》人《じん》。名《めい》物《ぶつ》。名《めい》誉《よ》。
❸人《にん》数《ずう》を数《かぞ》える言《こと》葉《ば》。☞ 三《さん》名《めい》。数《すう》名《めい》。

とくべつなよみかた
仮《か》名《な》。名《な》残《ごり》。

四

囗 くにがまえ　5画

丨冂冂四四四

オン　シ
くん　よ　よつ　よっつ　よん

つかいかた

四《よ》つ葉《ば》のクローバー。
四《よん》回《かい》戦《せん》に勝《か》ち進《すす》む。
四《し》月《がつ》四《よっ》日《か》はお花《はな》見《み》だ。
美《うつく》しい日《に》本《ほん》の四《し》季《き》。

オンくんあそび
四《よっ》つの角《かど》ある
四《し》角《かく》形《けい》

いみ・ことば

❶し。よん。よっつ。よんばんめ。☞ 四《し》角《かく》。四《し》月《がつ》。四《し》季《き》。四《し》捨《しゃ》五《ご》入《にゅう》。四《し》則《そく》計《けい》算《さん》。四《し》方《ほう》。四《し》面《めん》。平《へい》行《こう》四《し》辺《へん》形《けい》。四《よっ》日《か》。四《よ》つ角《かど》。四《よ》つ葉《ば》。四《よ》人《にん》。四《よ》年《ねん》。四《よん》回《かい》。四《よん》階《かい》。四《よん》歳《さい》。

大 だい

3画

大

一ナ大

オン ダイ タイ

くん おお おお**きい** おお**いに**

つかいかた

大《おお》きなビルが建《た》つ。
大《おお》いに笑《わら》う。
友達《ともだち》との大《だい》事《じ》な約束《やくそく》。
大《たい》差《さ》をつけて勝《か》つ。

オンくんあそび

広《こう》大《だい》な 大《たい》陸《りく》発見《はっけん》
大《おお》さわぎ

いみ・ことば

❶おおきい。おおいに。☞大《おお》雨《あめ》。大《おお》型《がた》。大《おお》声《ごえ》。大《おお》空《ぞら》。大《おお》昔《むかし》。大《おお》雪《ゆき》。広《こう》大《だい》。大《だい》根《こん》。大《たい》差《さ》。大《だい》事《じ》。大《だい》小《しょう》。大《たい》切《せつ》。大《だい》地《ち》。大《たい》変《へん》。大《たい》陸《りく》。

❷おおよそ。☞大《たい》意《い》。大《だい》体《たい》。

とくべつなよみかた

大《お》人《とな》。大《や》和《まと》。

なりたち

☞大

手足《てあし》を広《ひろ》げた人《ひと》の形《かたち》で、「おおきい」を表《あらわ》す。

夕 ゆう

3画

夕

ノクタ

オン （セキ）

くん ゆう

つかいかた

夕《ゆう》焼《や》けがきれいだ。
夕《ゆう》方《がた》まで野球《やきゅう》をした。
家族《かぞく》で夕《ゆう》食《しょく》を食《た》べる。

オンくんあそび

七夕《たなばた》祭《まつ》り
夕《ゆう》すずみ

いみ・ことば

❶日《ひ》の暮《く》れるころ。☞朝《あさ》夕《ゆう》。一朝《いっちょう》一《いっ》夕《せき》。夕《ゆう》方《がた》。夕《ゆう》刊《かん》。夕《ゆう》暮《ぐ》れ。夕《ゆう》食《しょく》。夕《ゆう》立《だち》。夕《ゆう》凪《なぎ》。夕《ゆう》映《ば》え。夕《ゆう》飯《はん》。夕《ゆう》日《ひ》。夕《ゆう》べ。夕《ゆう》焼《や》け。夕《ゆう》闇《やみ》。

とくべつなよみかた

七夕《たなばた》。

なりたち

☞夕

月《つき》の形《かたち》で、「よる」「ゆうがた」を表《あらわ》す。

土 つち

3画

土

一十土

オン ド ト

くん つち

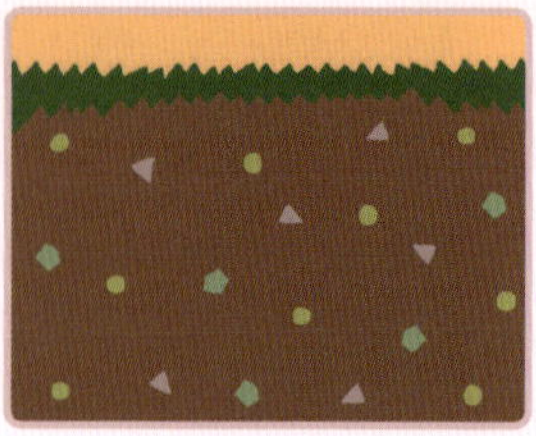

つかいかた

植木鉢《うえきばち》に土《つち》を入《い》れる。
今度《こんど》の土《ど》日《にち》は連休《れんきゅう》だ。
粘《ねん》土《ど》遊《あそ》びは楽《たの》しい。
土《と》地《ち》をよく耕《たがや》す。

オンくんあそび

この土《と》地《ち》の土《つち》で
土《ど》器《き》作《つく》る

いみ・ことば

❶つち。ところ。☞赤《あか》土《つち》。郷《きょう》土《ど》。国《こく》土《ど》。全《ぜん》土《ど》。土《ど》足《そく》。土《ど》器《き》。土《ど》砂《しゃ》。土《ど》壌《じょう》。土《ど》星《せい》。土《ど》石流《せきりゅう》。土《ど》台《だい》。土《と》地《ち》。土《ど》着《ちゃく》。土《ど》手《て》。土《ど》俵《ひょう》。土《ど》木《ぼく》。粘《ねん》土《ど》。風《ふう》土《ど》。本《ほん》土《ど》。領《りょう》土《ど》。

とくべつなよみかた

土《み》産《やげ》。

なりたち

☞土

土《つち》を盛《も》った形《かたち》から。

天

大 だい　4画

一 ニ 于 天

天

オン　テン
くん　(あめ)　あま

つかいかた

よい天《てん》気《き》が続《つづ》く。
天《てん》才《さい》的《てき》な科《か》学《がく》者《しゃ》。
天《てん》体《たい》望《ぼう》遠《えん》鏡《きょう》で見《み》る。
羊《よう》毛《もう》は天《てん》然《ねん》繊《せん》維《い》だ。

オンくんあそび
天《てん》空《くう》の星《ほし》々《ぼし》
天《あま》の川《がわ》

なりたち

天
大(立《た》つ人《ひと》)の頭《あたま》に一(頭《ず》上《じょう》を示《しめ》す印《しるし》)をつけて、「てん」を表《あらわ》す。

いみ・ことば

❶てん。空《そら》。空《そら》のようす。
好《こう》天《てん》。晴《せい》天《てん》。天《てん》下《か》。天《てん》気《き》。天《てん》候《こう》。天《てん》国《ごく》。天《あま》の川《がわ》。雨《う》天《てん》。天《てん》使《し》。天《てん》井《じょう》。天《てん》体《たい》。天《てん》地《ち》。天《てん》女《にょ》。天《てん》文《もん》。
❷自《し》然《ぜん》の。
天《てん》災《さい》。天《てん》然《ねん》。天《てん》変《ぺん》地《ち》異《い》。
❸生《う》まれつき。
天《てん》才《さい》。天《てん》職《しょく》。天《てん》性《せい》。天《てん》分《ぶん》。

女

女 おんな　3画

く 夊 女

女

オン　ジョ　(ニョ)　(ニョウ)
くん　おんな　(め)

つかいかた

女《め》神《がみ》がほほえむ。
元《げん》気《き》な女《おんな》の子《こ》。
女《じょ》子《し》と男《だん》子《し》の対《たい》抗《こう》戦《せん》。
天《てん》女《にょ》がまい降《お》りる。

オンくんあそび
女《おんな》の王《おう》様《さま》
女《じょ》王《おう》様《さま》

なりたち

女
女《おんな》の人《ひと》が座《すわ》っている形《かたち》から。

いみ・ことば

❶おんな。
女《おんな》心《ごころ》。女《おんな》手《で》。少《しょう》女《じょ》。女《じょ》王《おう》。女《じょ》子《し》。女《じょ》性《せい》。女《じょ》優《ゆう》。女《じょ》流《りゅう》。男《だん》女《じょ》。天《てん》女《にょ》。女《にょう》房《ぼう》。美《び》女《じょ》。女《め》神《がみ》。雪《ゆき》女《おんな》。王《おう》女《じょ》。三《さん》女《じょ》。長《ちょう》女《じょ》。養《よう》女《じょ》。
❷むすめ。

とくべつなよみかた
海《あ》女《ま》。乙《おと》女《め》。早《さ》乙《おと》女《め》。

子

子 こ　3画

㇇ 了 子

子

オン　シ　ス
くん　こ

つかいかた

子《こ》供《ども》たちの元《げん》気《き》な声《こえ》。
カンガルーの親《おや》子《こ》。
男《だん》子《し》と女《じょ》子《し》のペア。
そっと様《よう》子《す》を見《み》る。

オンくんあそび
助《たす》け合《あ》う　男《だん》子《し》も女《じょ》子《し》も
子《こ》も親《おや》も

なりたち

子
頭《あたま》が大《おお》きい子《こ》供《ども》の形《かたち》から。

いみ・ことば

❶こども。
親《おや》子《こ》。子《こ》供《ども》。子《し》孫《そん》。
❷小《ちい》さいもの。
原《げん》子《し》。種《しゅ》子《し》。分《ぶん》子《し》。粒《りゅう》子《し》。
❸ほかの言《こと》葉《ば》の下《した》につける言《こと》葉《ば》。
椅《い》子《す》。菓《か》子《し》。扇《せん》子《す》。調《ちょう》子《し》。拍《ひょう》子《し》。帽《ぼう》子《し》。様《よう》子《す》。

とくべつなよみかた
迷《まい》子《ご》。息《むす》子《こ》。

字

子 こ　6画

オン　ジ
くん　（あざ）

つかいかた
字《じ》を書《か》く練習《れんしゅう》をする。字《じ》のない絵本《えほん》。誤字《ごじ》や脱字《だつじ》を直《なお》す。生《い》き字引《じびき》といわれる。

「生《い》き字引《じびき》」は、字引《じびき》（辞典《じてん》）のように、なんでもよく知《し》っている人《ひと》という意味《いみ》だよ。

なりたち

☞ 字
宀（家《いえ》）で子（子《こ》）が増《ふ》えるように「もじ」が増《ふ》えることから。

いみ・ことば
❶もじ。☞ 漢字《かんじ》。漢数字《かんすうじ》。誤字《ごじ》。字音《じおん》。字画《じかく》。字句《じく》。字訓《じくん》。字形《じけい》。字書《じしょ》。字数《じすう》。字体《じたい》。字面《じづら》。字典《じてん》。字引《じびき》。習字《しゅうじ》。数字《すうじ》。脱字《だつじ》。点字《てんじ》。名字《みょうじ》。文字《もじ／もんじ》。ローマ字《じ》。
❷あざ。町《まち》や村《むら》の中《なか》の小《ち》さな区分《くぶん》。☞ 大字《おおあざ》。

学

子 こ　8画

オン　ガク
くん　まなぶ

つかいかた
学校《がっこう》で楽《たの》しく学《まな》ぶ。科学《かがく》が進歩《しんぽ》する。小学校《しょうがっこう》に入学《にゅうがく》する。アメリカに留学《りゅうがく》する。

オンくんあそび
学校《がっこう》で　学《まな》ぶ喜《よろこ》び　小学生《しょうがくせい》

いみ・ことば
❶まなぶ。まなぶこと。まなびや。☞ 医学《いがく》。科学《かがく》。学芸会《がくげいかい》。学者《がくしゃ》。学習《がくしゅう》。学生《がくせい》。学説《がくせつ》。学童《がくどう》。学年《がくねん》。学問《がくもん》。学用品《がくようひん》。学力《がくりょく》。学歴《がくれき》。学級《がっきゅう》。学校《がっこう》。見学《けんがく》。語学《ごがく》。進学《しんがく》。大学《だいがく》。通学《つうがく》。入学《にゅうがく》。文学《ぶんがく》。勉学《べんがく》。留学《りゅうがく》。

小

小 しょう　3画

オン　ショウ
くん　ちいさい
こ
お

つかいかた
小《ちい》さな虫《むし》がいる。小雨《こさめ》が静《しず》かに降《ふ》る。春《はる》の小川《おがわ》の流《なが》れ。小学校《しょうがっこう》の校庭《こうてい》。

オンくんあそび
小《ちい》さな声《こえ》で　小学生《しょうがくせい》　小鳥《ことり》よぶ

なりたち

☞ 小
小《ちい》さな三《みっ》つの点《てん》から。

いみ・ことば
❶ちいさい。幼《おさな》い。☞ 小川《おがわ》。小型《こがた》。小声《こごえ》。小銭《こぜに》。小僧《こぞう》。小鳥《ことり》。縮小《しゅくしょう》。小学生《しょうがくせい》。小学校《しょうがっこう》。小心《しょうしん》。小数《しょうすう》。小児《しょうに》。大小《だいしょう》。小言《こごと》。小雨《こさめ》。小太《こぶと》り。小休止《しょうきゅうし》。
❷少《すこ》し。☞
とくべつなよみかた　小豆《あずき》。

山　やま　3画

丨 山 山

山

オン　サン
くん　やま

つかいかた
日本一《にほんいち》高《たか》い山《やま》。
山盛《やまも》りのご飯《はん》。
山頂《さんちょう》から見《み》る景色《けしき》。
海《うみ》にうかぶ氷山《ひょうざん》。

オンくんあそび
登山《とざん》姿《すがた》で山《やま》登《のぼ》り

いみ・ことば
❶やま。やまのような。
火山《かざん》。山地《さんち》。山頂《さんちょう》。山脈《さんみゃく》。山林《さんりん》。登山《とざん》。氷山《ひょうざん》。山火事《やまかじ》。山小屋《やまごや》。山積《やまづ》み。山場《やまば》。山道《やまみち》。山盛《やまも》り。
❷寺《てら》。
山門《さんもん》。本山《ほんざん》。
とくべつなよみかた
山車《だし》。築山《つきやま》。

なりたち

山
山《やま》の形《かたち》から。

川　かわ　3画

丿 川 川

川

オン　（セン）
くん　かわ

つかいかた
川《かわ》のほとりを歩《ある》く。
小川《おがわ》でメダカをとる。
河川《かせん》敷《しき》の公園《こうえん》。
川原《かわら》で小石《こいし》を拾《ひろ》う。

いみ・ことば
❶かわ。
天《あま》の川《がわ》。小川《おがわ》。河川《かせん》。川遊《かわあそ》び。川上《かわかみ》。川岸《かわぎし》。川口《かわぐち》。川魚（かわざかな かわうお）。川下《かわしも》。川筋《かわすじ》。川底《かわぞこ》。川床《かわどこ》。谷川《たにがわ》。
とくべつなよみかた
川原《かわら》。

なりたち

川
川《かわ》の形《かたち》から。

工　こう　5画

一 ナ 左 左 左

左

オン　サ
くん　ひだり

つかいかた
左利《ひだりき》きのピッチャー。
左手《ひだりて》で荷物《にもつ》を持《も》つ。
四《よ》つ角《かど》で左折《させつ》する。
前後《ぜんご》左右《さゆう》を見《み》わたす。

オンくんあそび
左手《ひだりて》で合図《あいず》してから左折《させつ》する

いみ・ことば
❶ひだり。
左岸《さがん》。左記《さき》。左折《させつ》。左大臣《さだいじん》。左辺《さへん》。左右《さゆう》。左足《ひだりあし》。左腕（ひだりうで さわん）。左側《ひだりがわ》。左利《ひだりき》き。左手《ひだりて》。左前《ひだりまえ》。右左《みぎひだり》。
❷低《ひく》い地位《ちい》。
左遷《させん》。
❸進歩的《しんぽてき》な考《かんが》え。
左派《さは》。左翼《さよく》。

なりたち

左
（左手《ひだりて》）と工（工具《こうぐ》）で、「ひだり」を表《あらわ》す。

字　学　小　山　川　左

年

干 かん

6画

年

オン ネン
くん とし

つかいかた

六年《ろくねん》生《せい》のお姉《ねえ》さん。
二《ふた》つ年《とし》下《した》の妹《いもうと》がいる。
年《ねん》末《まつ》年《ねん》始《し》の休《やす》み。
今年《ことし》のカレンダー。

オンくんあそび
新《あたら》しい年《とし》をむかえて年賀状《ねんがじょう》

いみ・ことば

❶とし。いちねん。 学年《がくねん》。去年《きょねん》。新年《しんねん》。年越《としこ》し。年月（としつき ねんげつ）。長年《ながねん》。年号《ねんごう》。年始《ねんし》。年代《ねんだい》。年表《ねんぴょう》。年末《ねんまつ》。半年《はんとし》。豊年《ほうねん》。来年《らいねん》。

❷とし。ねんれい。 少年《しょうねん》。青年《せいねん》。年上《としうえ》。年下《としした》。

とくべつなよみかた

今年《ことし》。

花

艹 くさかんむり

7画

花

オン カ
くん はな

つかいかた

きれいな花《はな》がさく。
花火《はなび》大会《たいかい》に行《い》く。
桜《さくら》が開花《かいか》する。
花瓶《かびん》に花《はな》を生《い》ける。

オンくんあそび
学校《がっこう》の 花壇《かだん》に花《はな》が さきそろう

いみ・ことば

❶はな。 雄花《おばな》。開花《かいか》。花壇《かだん》。花瓶《かびん》。花粉《かふん》。草花《くさばな》。国花《こっか》。生花《せいか》。造花《ぞうか》。花盛《はなざか》り。花園《はなぞの》。花束《はなたば》。花《はな》びら。花吹雪《はなふぶき》。花見《はなみ》。花輪《はなわ》。雌花《めばな》。

❷はなのような。 花形《はながた》。花火《はなび》。花道《はなみち》。花婿《はなむこ》。花嫁《はなよめ》。火花《ひばな》。

「花《はな》より団子《だんご》」とは、見《み》た目《め》よりも実際《じっさい》に役立《やくだ》つもののほうがいいということ。

草

艹 くさかんむり

9画

草

オン ソウ
くん くさ

つかいかた

草《くさ》の芽《め》が出《で》る。
畑《はたけ》の草《くさ》むしりをする。
春《はる》の七草《ななくさ》、秋《あき》の七草《ななくさ》。
月見《つきみ》草《そう》がさいている。

オンくんあそび
草原《そうげん》の風《かぜ》 草花《くさばな》かおる

いみ・ことば

❶くさ。 海草《かいそう》。草花《くさばな》。草原（くさはら そうげん）。草《くさ》むら。雑草《ざっそう》。草食《そうしょく》。七草《ななくさ》。牧草《ぼくそう》。水草《みずくさ》。若草《わかくさ》。

❷下書《したが》き。 起草《きそう》。草案《そうあん》。草稿《そうこう》。

❸くずし書《が》きの。 草書《そうしょ》。

とくべつなよみかた

草履《ぞうり》。

なりたち

草

艸で「くさ」を表《あらわ》し、早で音《おん》「ソウ」を表《あらわ》す。

手 て

4画

一 二 三 手

手

オン シュ

くん て （た）

つかいかた

手《て》をつないで並《なら》ぶ。交通《こうつう》手段《しゅだん》を調《しら》べる。リレーの選手《せんしゅ》になる。拍手《はくしゅ》が鳴《な》りやまない。

オンくんあそび

たがいに手《て》を出《だ》し 握手《あくしゅ》する

いみ・ことば

❶て。てでする。☞ 握手《あくしゅ》。挙手《きょしゅ》。手記《しゅき》。手芸《しゅげい》。手話《しゅわ》。素手《すで》。手製《てせい》。手袋《てぶくろ》。手間《てま》。拍手《はくしゅ》。

❷人《ひと》。うでまえ。☞ 手腕《しゅわん》。選手《せんしゅ》。話《はな》し手《て》。

❸やり方《かた》。☞ 手段《しゅだん》。手法《しゅほう》。手順《てじゅん》。

とくべつなよみかた 上手《じょうず》。手伝《てつだ》う。下手《へた》。

なりたち

☞ 手

手《て》の形《かたち》から。

文 ぶん

4画

丶 亠 ナ 文

文

オン ブン モン

くん （ふみ）

つかいかた

日本《にほん》の文化《ぶんか》を伝《つた》える。学級《がっきゅう》文庫《ぶんこ》を読《よ》む。クラスの文集《ぶんしゅう》を作《つく》る。天文学《てんもんがく》はおもしろい。

オンくんあそび

見事《みごと》な文章《ぶんしょう》 文句《もんく》なし

いみ・ことば

❶もじや手紙《てがみ》。ぶんしょう。☞ 漢文《かんぶん》。古文《こぶん》。作文《さくぶん》。文学《ぶんがく》。文庫《ぶんこ》。文集《ぶんしゅう》。文章《ぶんしょう》。文法《ぶんぽう》。本文（ほんぶん ほんもん）。文字（もじ もんじ）。

❷人《ひと》がうみだしたもの。☞ 文化《ぶんか》。文明《ぶんめい》。縄文《じょうもん》時代《じだい》。天文学《てんもんがく》。

❸もよう。☞ 文様《もんよう》。

なりたち

☞ 文

人《ひと》の胸《むね》につけた「もよう」から。

日 ひ

4画

丨 冂 日 日

日

オン ニチ ジツ

くん ひ か

つかいかた

夕日《ゆうひ》のきれいな海岸《かいがん》。三月三日《さんがつみっか》はひな祭《まつ》り。毎日《まいにち》歯《は》みがきをする。試合前日《しあいぜんじつ》の練習《れんしゅう》。

オンくんあそび

休日《きゅうじつ》が 二日《ふつか》続《つづ》いて 日曜日《にちようび》

いみ・ことば

❶太陽《たいよう》。昼間《ひるま》。ひにち。☞ 休日《きゅうじつ》。祝日《しゅくじつ》。日夜《にちや》。日記《にっき》。日光《にっこう》。日付《ひづけ》。毎日《まいにち》。夕日《ゆうひ》。翌日《よくじつ》。

❷日本《にほん》のこと。☞ 日米《にちべい》。来日《らいにち》。

とくべつなよみかた 明日《あす》。昨日《きのう》。今日《きょう》。一日《ついたち》。二十日《はつか》。日和《ひより》。二日《ふつか》。

なりたち

☞ 日

太陽《たいよう》の形《かたち》から。

日 ひ　6画

早

丨 口 日 日 旦 早

オン　ソウ（サッ）
くん　はやい　はやまる　はやめる

つかいかた
今夜《こんや》は早《はや》めにねる。早《はや》口《くち》言葉《ことば》で遊《あそ》ぶ。出発《しゅっぱつ》の時間《じかん》が早《はや》まる。学校《がっこう》を早《そう》退《たい》する。

オンくんあそび
早《そう》春《しゅん》の　早《はや》ざき桜《ざくら》　春《はる》もよう

いみ・ことば
❶時期《じき》がはやい。することがはやい。
早急（さっきゅう/そうきゅう）。早《さっ》速《そく》。早《そう》期《き》。早《そう》熟《じゅく》。早《そう》春《しゅん》。早《そう》世《せい》。早《そう》退《たい》。早《そう》朝《ちょう》。早《はや》足《あし》。早《はや》起《お》き。早《はや》合《が》点《てん》。早《はや》口《くち》。早《はや》寝《ね》。早《はや》道《みち》。早《はや》耳《みみ》。

とくべつなよみかた
早乙女《さおとめ》。早苗《さなえ》。

「早《はや》い」は、時刻《じこく》や時期《じき》が前《まえ》であること。「速《はや》い」は、動《うご》きがすみやかであること。

月 つき　4画

月

丿 冂 月 月

オン　ゲツ　ガツ
くん　つき

つかいかた
空《そら》に三日月《みかづき》がかかる。毎月《まいつき》、月謝《げっしゃ》をはらう。夜空《よぞら》にかがやく満月《まんげつ》。お正月《しょうがつ》を祝《いわ》う。

オンくんあそび
満月《まんげつ》の　月《つき》の光《ひかり》に　照《て》らされる

いみ・ことば
❶つき。
月《げっ》光《こう》。月《げっ》食《しょく》。月《げつ》面《めん》。月《つき》見《み》。月《つき》夜《よ》。半月《はんげつ》。満月《まんげつ》。三日月《みかづき》。名月《めいげつ》。明月《めいげつ》。
❷ひとつき。
月《げっ》刊《かん》。月《げっ》給《きゅう》。月《げっ》謝《しゃ》。月末（げつまつ/つきずえ）。今月《こんげつ》。正月《しょうがつ》。月《つき》初《はじ》め。半月《はんつき》。毎月《まいつき》。

とくべつなよみかた
五月《さつき》。五月雨《さみだれ》。

なりたち

月

月《つき》の形《かたち》から。

木 き　4画

木

一 十 オ 木

オン　ボク　モク
くん　こ　き

つかいかた
樹齢《じゅれい》百年《ひゃくねん》の大木《たいぼく》。庭《にわ》に桜《さくら》の木《き》を植《う》える。木《こ》陰《かげ》でひと休《やす》みする。木《もく》製《せい》のいすに座《すわ》る。

オンくんあそび
大木《たいぼく》の　木《こ》陰《かげ》で積《つ》み木《き》　木《もく》曜《よう》日《び》

いみ・ことば
❶き。
植木《うえき》。草木（くさき/そうもく）。木《こ》陰《かげ》。木《こ》枯《が》らし。木《こ》立《だち》。樹木《じゅもく》。雑木林《ぞうきばやし》。大木《たいぼく》。並木《なみき》。
❷きでできている。
材木《ざいもく》。積《つ》み木《き》。土木《どぼく》。木《ぼく》刀《とう》。木《もく》製《せい》。木《もく》造《ぞう》。木《もく》馬《ば》。木《もっ》管《かん》楽器《がっき》。

とくべつなよみかた
木綿《もめん》。

なりたち

木

木《き》の形《かたち》から。

早
月
木
本
村
林

木 き
5画

本

一 十 才 木 本

オン ホン
くん もと

つかいかた

書店《しょてん》で本《ほん》を買《か》う。
ねじを三本《さんぼん》用意《ようい》する。
下級生《かきゅうせい》の手本《てほん》となる。
本《ほん》心《しん》を打《う》ち明《あ》ける。

オンくんあそび
本《もと》を正《ただ》して
基本《きほん》にもどる

なりたち

本

木(木《き》)の根《ね》もとに一(印《しるし》)をつけて、「もと」を表《あらわ》す。

いみ・ことば

❶もと。ほんとうの。当《とう》の。主《おも》な。
基本《きほん》。根本《こんぽん》。手本《てほん》。本気《ほんき》。本質《ほんしつ》。本日《ほんじつ》。本心《ほんしん》。本店《ほんてん》。本当《ほんとう》。本人《ほんにん》。本能《ほんのう》。本名《ほんみょう》。本物《ほんもの》。
❷ほん。書物《しょもつ》。
絵本《えほん》。製本《せいほん》。本棚《ほんだな》。本屋《ほんや》。
❸細長《ほそなが》いものを数《かぞ》える言葉《ことば》。
一本《いっぽん》。数本《すうほん》。

木 きへん
7画

村

一 十 才 木 木 村 村

オン ソン
くん むら

つかいかた

村人《むらびと》に道《みち》をたずねる。
村《むら》役場《やくば》に集《あつ》まる。
のどかな農村《のうそん》地帯《ちたい》。

オンくんあそび
村《むら》の代表《だいひょう》
村長《そんちょう》さん

いみ・ことば

❶むら。地方公共団体《ちほうこうきょうだんたい》の一《ひと》つ。
漁村《ぎょそん》。山村《さんそん》。市町村《しちょうそん》。村営《そんえい》。村長《そんちょう》。村民《そんみん》。村落《そんらく》。村立《そんりつ》。農村《のうそん》。村里《むらざと》。村外《むらはず》れ。村人《むらびと》。村祭《むらまつ》り。村《むら》役場《やくば》。
❷人《ひと》が集《あつ》まっている場所《ばしょ》。
選手村《せんしゅむら》。

木 きへん
8画

林

一 十 才 木 村 材 林

オン リン
くん はやし

つかいかた

雑木林《ぞうきばやし》を散歩《さんぽ》する。
みんなで植林《しょくりん》をする。
海岸《かいがん》に防風林《ぼうふうりん》が続《つづ》く。
ビルが林立《りんりつ》する都会《とかい》。

オンくんあそび
林《はやし》の中《なか》で
林間学校《りんかんがっこう》

いみ・ことば

❶はやし。
原始林《げんしりん》。原生林《げんせいりん》。山林《さんりん》。植林《しょくりん》。森林《しんりん》。雑木林《ぞうきばやし》。農林《のうりん》。防風林《ぼうふうりん》。松林《まつばやし》。密林《みつりん》。林間学校《りんかんがっこう》。林業《りんぎょう》。林道《りんどう》。林野《りんや》。
❷多《おお》く集《あつ》まること。
林立《りんりつ》。

なりたち

林

木《き》を並《なら》べて、「はやし」を表《あらわ》す。

校　木 きへん　10画

オン　コウ
くん　―

つかいかた

学校《がっこう》行事《ぎょうじ》に参加《さんか》する。
班《はん》ごとに登校《とうこう》する。
新《あたら》しい校舎《こうしゃ》で学《まな》ぶ。
校庭《こうてい》の遊具《ゆうぐ》で遊《あそ》ぶ。

いみ・ことば

❶学《まな》ぶところ。☞ 学校《がっこう》。休校《きゅうこう》。下校《げこう》。校医《こうい》。校歌《こうか》。校舎《こうしゃ》。校章《こうしょう》。校則《こうそく》。校長《こうちょう》。校庭《こうてい》。校内《こうない》。校門《こうもん》。在校生《ざいこうせい》。全校《ぜんこう》。転校《てんこう》。登校《とうこう》。分校《ぶんこう》。母校《ぼこう》。

❷比《くら》べる。調《しら》べる。☞ 校閲《こうえつ》。校正《こうせい》。

森　木 き　12画

オン　シン
くん　もり

つかいかた

動物《どうぶつ》たちがすむ森《もり》。
森閑《しんかん》とした神社《じんじゃ》。
森林浴《しんりんよく》をする。

オンくんあそび
森林公園《しんりんこうえん》
森《もり》の中《なか》

いみ・ことば

❶もり。☞ 森林《しんりん》。

❷ひっそりとして静《しず》かである。☞ 森閑《しんかん》。森厳《しんげん》。森々《しんしん》（森森《しんしん》）。

なりたち

☞ 森

木（木《き》）を三《みっ》つ合《あ》わせて、「もり」を表《あらわ》す。

正　止 とめる　5画

オン　セイ　ショウ
くん　ただしい　ただす　まさ

つかいかた

正面《しょうめん》を見《み》る。
正《ただ》しい答《こた》えを書《か》く。
正《まさ》にそのとおりだ。
現在《げんざい》の正確《せいかく》な時間《じかん》。

オンくんあそび
正面《しょうめん》が
正《ただ》しい道《みち》だ

いみ・ことば

❶ただしい。本来《ほんらい》の。☞ 改正《かいせい》。正気《しょうき》。正直《しょうじき》。正体《しょうたい》。正解《せいかい》。正確《せいかく》。正義《せいぎ》。正式《せいしき》。正当《せいとう》。

❷ちょうど。☞ 正午《しょうご》。正面《しょうめん》。正三角形《せいさんかくけい》。正反対《せいはんたい》。正方形《せいほうけい》。

❸年《とし》のはじめ。☞ 賀正《がしょう》。正月《しょうがつ》。

【正】は五画《ごかく》なので、数《かず》を数《かぞ》える印《しるし》に使《つか》うことがある。「正下」は、八《はち》の数《かず》を表《あらわ》す。

気

气 きがまえ　6画

ノ ノ 𠂉 气 気 気

オン　ケ キ

くん　—

つかいかた

気《き》持《も》ちのいい朝《あさ》。
和《なご》やかな雰《ふん》囲《い》気《き》。
人《ひと》の気《け》配《はい》を感《かん》じる。
湯《ゆ》気《げ》が立《た》ち上《のぼ》る。

なりたち

氣 ☞ 気

米（米《こめ》）をたく气（ゆげ）のようすから。

いみ・ことば

❶きたい。たいき。☞ 気圧《きあつ》。気温《きおん》。気管《きかん》。気象《きしょう》。気体《きたい》。空気《くうき》。大気《たいき》。天気《てんき》。湯気《ゆげ》。

❷きもち。☞ 気分《きぶん》。元気《げんき》。勇気《ゆうき》。

❸ようす。☞ 気配《けはい》。人気《にんき》（ひとけ）。雰囲気《ふんいき》。

とくべつなよみかた　意気地《いくじ》。浮気《うわき》。

水

水 みず　4画

亅 ㇇ 水 水

オン　スイ

くん　みず

つかいかた

水《すい》道《どう》の水《みず》を飲《の》む。
水《みず》鉄《でっ》砲《ぽう》で遊《あそ》ぶ。
水《すい》泳《えい》を習《なら》う。
水《すい》分《ぶん》が多《おお》い果物《くだもの》。

オンくんあそび　水《みず》色《いろ》の水《すい》彩《さい》絵《え》の具《ぐ》

なりたち

☞ 水

流《なが》れる水《みず》のようすから。

いみ・ことば

❶みず。みずのような。☞ 雨水《あまみず》。塩水《しおみず》。水泳《すいえい》。水温《すいおん》。水害《すいがい》。水彩《すいさい》。水産《すいさん》。水車《すいしゃ》。水素《すいそ》。水槽《すいそう》。水筒《すいとう》。水道《すいどう》。水分《すいぶん》。水平《すいへい》。水面《すいめん》。水力《すいりょく》。防水《ぼうすい》。水遊《みずあそ》び。水色《みずいろ》。水鉄砲《みずでっぽう》。

とくべつなよみかた　清水《しみず》。

火

火 ひ　4画

丶 丷 火 火

オン　カ

くん　ひ（ほ）

つかいかた

火《ひ》が勢《いきお》いよく燃《も》える。
公《こう》園《えん》で花《はな》火《び》を楽《たの》しむ。
山《やま》火《か》事《じ》を消《け》す。

オンくんあそび　火《ひ》の用《よう》心《じん》で火《か》事《じ》防《ふせ》ぐ

なりたち

☞ 火

燃《も》える火《ひ》のようすから。

いみ・ことば

❶ひ。あかり。☞ 火気《かき》。火急《かきゅう》。火口《かこう》。火災《かさい》。火山《かざん》。火事《かじ》。火星《かせい》。火薬《かやく》。火力《かりょく》。口火《くちび》。消火《しょうか》。種火《たねび》。点火《てんか》。灯火《とうか》。花火《はなび》。火加減《ひかげん》。火種《ひだね》。火花《ひばな》。噴火《ふんか》。放火《ほうか》。防火《ぼうか》。

犬 いぬ

4画

一 ナ 大 犬

犬

オン ケン
くん いぬ

つかいかた

犬《いぬ》小屋《ごや》を作《つく》る。
子犬《こいぬ》がほえる。
愛犬《あいけん》と散歩《さんぽ》をする。

オンくんあそび
愛犬《あいけん》が 海《うみ》で泳《およ》ぐよ
犬《いぬ》かきだ

いみ・ことば

❶いぬ。☞ 愛犬《あいけん》。犬《いぬ》かき。犬《いぬ》小屋《ごや》。犬《いぬ》ぞり。介助犬《かいじょけん》。狂犬病《きょうけんびょう》。警察犬《けいさつけん》。犬歯《けんし》。子犬《こいぬ》。闘犬《とうけん》。野良犬《のらいぬ》。番犬《ばんけん》。猛犬《もうけん》。盲導犬《もうどうけん》。野犬《やけん》。猟犬《りょうけん》。

❷むだなことのたとえ。☞ 犬死《いぬじ》に。

なりたち
☞ 犬
犬《いぬ》の形《かたち》から。

王 おう

4画

一 丅 干 王

王

オン オウ
くん ―

つかいかた

王冠《おうかん》をかぶった王様《おうさま》。
将棋《しょうぎ》の王将《おうしょう》と玉将《ぎょくしょう》。
仲《なか》のよい国王《こくおう》と王妃《おひ》。

「親王《しんのう》」の「王」は、「ノウ」と読《よ》むよ。

いみ・ことば

❶おう。いちばんすぐれたもの。☞ 王位《おうい》。王冠《おうかん》。王宮《おうきゅう》。王国《おうこく》。王座《おうざ》。王様《おうさま》。王子《おうじ》。王室《おうしつ》。王者《おうじゃ》。王女《おうじょ》。王朝《おうちょう》。王妃《おうひ》。国王《こくおう》。女王《じょおう》。親王《しんのう》。大王《だいおう》。帝王《ていおう》。

❷将棋《しょうぎ》のこまの名《な》。☞ 王将《おうしょう》。王手《おうて》。

なりたち
☞ 王
堂々《どうどう》と立《た》つ王《おう》の姿《すがた》、または王位《おうい》を示《しめ》すまさかりの形《かたち》から。

玉 たま

5画

一 丅 干 王 玉

玉

オン ギョク
くん たま

つかいかた

運動会《うんどうかい》の玉《たま》入《い》れ。
玉《たま》のような赤《あか》ちゃん。
お手玉《てだま》で遊《あそ》ぶ。
王様《おうさま》が玉座《ぎょくざ》に座《すわ》る。

オンくんあそび
玉座《ぎょくざ》をかざる
水玉《みずたま》もよう

いみ・ことば

❶たま。宝石《ほうせき》。りっぱなもの。☞ お手玉《てだま》。玉石混交《ぎょくせきこんこう》。玉杯《ぎょくはい》。玉露《ぎょくろ》。珠玉《しゅぎょく》。玉《たま》入《い》れ。玉砂利《たまじゃり》。玉手箱《たまてばこ》。玉乗《たまの》り。宝玉《ほうぎょく》。目玉《めだま》。

❷敬《うやま》っていう言葉《ことば》。☞ 玉音《ぎょくおん》。玉座《ぎょくざ》。

なりたち
☞ 玉
玉《たま》をつないだ形《かたち》から。「丶」をつけて「王《おう》」と区別《くべつ》した。

犬 王 玉 生 田 男

生 うまれる　5画

生

ノ 𠂉 𠂉 牛 生

オン セイ ショウ
くん いきる いかす いける うまれる うむ (おう) はえる はやす (き) なま

つかいかた
いきいきと生《い》きる。
子犬《こいぬ》が生《う》まれる。
生物図鑑《せいぶつずかん》で調《しら》べる。
今日《きょう》は私《わたし》の誕生日《たんじょうび》。

オンくんあそび
生《う》まれて 生《い》きて 人生《じんせい》一生《いっしょう》

なりたち

生
地面《じめん》に生《は》える草木《くさき》のようすから、「うまれる」「はえる」を表《あらわ》す。

いみ・ことば
❶いきる。うまれる。はえる。なま。
生《い》き物《もの》。一生《いっしょう》。生糸《きいと》。人生《じんせい》。生活《せいかつ》。生存《せいぞん》。生《せい》物《ぶつ》。誕生《たんじょう》。生卵《なまたまご》。生水《なまみず》。生野菜《なまやさい》。芽生《めば》え。
❷学《まな》ぶ人《ひと》。
学生《がくせい》。生徒《せいと》。
とくべつなよみかた
芝生《しばふ》。弥生《やよい》。

田 た　5画

田

丨 冂 日 田 田

オン デン
くん た

つかいかた
田《た》んぼのあぜ道《みち》。
イネが実《みの》った水田《すいでん》。
田園《でんえん》生活《せいかつ》を楽《たの》しむ。

オンくんあそび
水田《すいでん》で 田《た》植《う》えが済《す》んで ひと休《やす》み

なりたち

田
区画《くかく》された耕地《こうち》の形《かたち》から。

いみ・ことば
❶た。たんぼ。
青田《あおた》。稲田《いなだ》。水田《すいでん》。田植《たう》え。田畑《たはた》(でんぱた)。田園《でんえん》。
❷物《もの》を産《さん》するところ。
塩田《えんでん》。炭田《たんでん》。油田《ゆでん》。
とくべつなよみかた
田舎《いなか》。

男 た　7画

男

丨 冂 日 田 田 男 男

オン ダン ナン
くん おとこ

つかいかた
強《つよ》い男《おとこ》になる。
女子《じょし》と男子《だんし》のペア。
男女《だんじょ》に分《わ》かれて並《なら》ぶ。
長男《ちょうなん》と次男《じなん》の性格《せいかく》。

オンくんあそび
男女《だんじょ》同権《どうけん》 男《おとこ》と女《おんな》 差別《さべつ》せず

いみ・ことば
❶おとこ。
大男《おおおとこ》。男手《おとこで》。男泣《おとこな》き。男前《おとこまえ》。男勝《おとこまさ》り。男子《だんし》。男児《だんじ》。男女《だんじょ》。男性《だんせい》。年男《としおとこ》。美男《びなん》。老若男女《ろうにゃくなんにょ》。
❷むすこ。
長男《ちょうなん》。次男《じなん》。三男《さんなん》。

「老若男女《ろうにゃくなんにょ》」とは、老人《ろうじん》も若者《わかもの》も男《おとこ》も女《おんな》もふくむ、すべての人々《ひとびと》のこと。

田 たへん

7画

町

丨 ⺆ ⺆ 田 田 町 町

オン チョウ

くん まち

つかいかた

江戸《えど》の町《まち》並《な》み。

町《まち》外《はず》れの公園《こうえん》で遊《あそ》ぶ。

町《ちょう》内《ない》を清掃《せいそう》する。

新《あたら》しい町《ちょう》名《めい》になる。

オンくんあそび

町長《ちょうちょう》を 町《まち》のみんなで 選《えら》びます

いみ・ことば

❶まち。地方公共団体《ちほうこうきょうだんたい》の一《ひと》つ。
市町村《しちょうそん》。宿場町《しゅくばまち》。城下町《じょうかまち》。町営《ちょうえい》。町会長《ちょうかいちょう》。下町《したまち》。町議会《ちょうぎかい》。町長《ちょうちょう》。町内《ちょうない》。町内会《ちょうないかい》。町名《ちょうめい》。町《まち》工場《こうば》。町並《まちな》み。町外《まちはず》れ。町役場《まちやくば》。港町《みなとまち》。門前町《もんぜんまち》。横町《よこちょう》。

なりたち

町 田(た)と丁(T《ティー》の字《じ》の形《かたち》)で、もとは「あぜ道《みち》」の意《い》。のち、道《みち》で区切《くぎ》られた「まち」を表《あらわ》す。

白 しろ

5画

白

丿 白 白 白 白

オン ハク (ビャク)

くん しろ しら しろい

つかいかた

白《しろ》クマの親子《おやこ》。

白組《しろぐみ》を応援《おうえん》する。

白《しら》玉粉《たまこ》でだんご作《づく》り。

白鳥《はくちょう》が飛《と》んでくる湖《みずうみ》。

オンくんあそび

紅白《こうはく》試合《じあい》で 白《しろ》が勝《か》つ

いみ・ことば

❶しろ。しろい。 白組《しろぐみ》。白衣《はくい》。白髪《はくはつ》。

❷明《あか》るい。明《あき》らかだ。 白日《はくじつ》。白昼《はくちゅう》。明白《めいはく》。

❸何《なに》もない。 空白《くうはく》。白紙《はくし》。余白《よはく》。

❹言《い》う。 告白《こくはく》。自白《じはく》。白状《はくじょう》。

とくべつなよみかた 白髪《しらが》。

「百《ひゃく》」から「一《いち》」を取《と》ると【白】になることから、「白寿《はくじゅ》」は九十九歳《きゅうじゅうきゅうさい》を表《あらわ》す。

白 しろ

6画

百

一 丆 丆 百 百 百

オン ヒャク

くん —

つかいかた

百歳《ひゃくさい》の誕生日《たんじょうび》を祝《いわ》う。

百獣《ひゃくじゅう》の王《おう》、ライオン。

百点《ひゃくてん》満点《まんてん》で採点《さいてん》する。

百人一首《ひゃくにんいっしゅ》で遊《あそ》ぶ。

いみ・ことば

❶ひゃく。 数百《すうひゃく》。百円《ひゃくえん》。百点《ひゃくてん》。百人《ひゃくにん》。百《ひゃく》人一首《にんいっしゅ》。百人力《ひゃくにんりき》。百分率《ひゃくぶんりつ》。

❷数《かず》が多《おお》い。 百獣《ひゃくじゅう》。百面相《ひゃくめんそう》。百科事典《ひゃっかじてん》。

とくべつなよみかた 八百長《やおちょう》。八百屋《やおや》。

百貨店《ひゃっかてん》。

「百聞《ひゃくぶん》は一見《いっけん》にしかず」とは、何度《なんど》も説明《せつめい》を聞《き》くよりも、一回《いっかい》でも実際《じっさい》に見《み》たほうがよくわかるということ。

目 め 5画

目

丨 冂 冃 月 目

オン モク（ボク）
くん め（ま）

つかいかた
目《め》をかがやかせる。
本《ほん》の目《もく》次《じ》を見《み》る。
目《もく》標《ひょう》を達《たっ》成《せい》する。
帽《ぼう》子《し》を目《ま》深《ぶか》にかぶる。

オンくんあそび
目《もく》標《ひょう》目《め》指《ざ》し まっしぐら

いみ・ことば
❶め。見《み》る。☞ 黒《くろ》目《め》。白《しろ》目《め》。注《ちゅう》目《もく》。目《め》薬《ぐすり》。目《め》尻《じり》。目《め》印《じるし》。目《め》玉《だま》。目《もく》測《そく》。目《もく》的《てき》。目《もく》標《ひょう》。
❷区《く》切《ぎ》り。☞ 科《か》目《もく》。曲《きょく》目《もく》。題《だい》目《もく》。目《もく》次《じ》。
❸順《じゅん》番《ばん》を表《あらわ》す言《こと》葉《ば》。☞ 五《ご》人《にん》目《め》。二《に》番《ばん》目《め》。
とくべつなよみかた 真《ま》面《じ》目《め》。

なりたち

☞ 目
目《め》の形《かたち》から。

石 いし 5画

石

一 ア 不 石 石

オン セキ シャク（コク）
くん いし

つかいかた
墓《はか》石《いし》をきれいにする。
石《いし》の上《うえ》にも三《さん》年《ねん》。
石《せき》油《ゆ》ストーブを使《つか》う。
磁《じ》石《しゃく》で砂《さ》鉄《てつ》を集《あつ》める。

オンくんあそび
箱《はこ》の中《なか》 磁《じ》石《しゃく》と石《いし》と 宝《ほう》石《せき》が

いみ・ことば
❶いし。☞ 石《いし》頭《あたま》。石《いし》垣《がき》。石《いし》ころ。石《いし》畳《だたみ》。石《いし》段《だん》。化《か》石《せき》。軽《かる》石《いし》。岩《がん》石《せき》。小《こ》石《いし》。鉱《こう》石《せき》。磁《じ》石《しゃく》。石《せき》英《えい》。石《せき》炭《たん》。石《せき》碑《ひ》。石《せき》油《ゆ》。石《せっ》器《き》。墓《はか》石《いし》（ぼせき）。宝《ほう》石《せき》。
❷量《りょう》をはかる昔《むかし》の単《たん》位《い》。☞ 石《こく》高《だか》。千《せん》石《ごく》船《ぶね》。

「石《いし》の上《うえ》にも三《さん》年《ねん》」とは、苦《くる》しくてもがまんしてがんばれば、やがて成《せい》功《こう》するということ。

穴 あなかんむり 8画

空

丶 丷 宀 穴 穴 穴 空 空

オン クウ
くん そら あく あける から

つかいかた
空《そら》を見《み》上《あ》げる。
席《せき》が空《あ》くのを待《ま》つ。
空《から》っぽの弁《べん》当《とう》箱《ばこ》。
日《に》本《ほん》の上《じょう》空《くう》を飛《と》ぶ。

オンくんあそび
空《あ》き地《ち》で空《そら》見《み》て 空《くう》気《き》吸《す》う

いみ・ことば
❶そら。☞ 青《あお》空《ぞら》。大《おお》空《ぞら》。空《くう》軍《ぐん》。空《くう》港《こう》。空《くう》中《ちゅう》。航《こう》空《くう》。上《じょう》空《くう》。空《そら》色《いろ》。
❷から。☞ 空《あ》き缶《かん》。空《あ》き地《ち》。空《から》っぽ。空《から》箱《ばこ》。空《くう》間《かん》。空《くう》席《せき》。空《くう》白《はく》。空《くう》腹《ふく》。真《しん》空《くう》。
❸現《げん》実《じつ》でないこと。☞ 架《か》空《くう》。空《くう》想《そう》。空《そら》寝《ね》。

糸 いと
6画

糸

く 幺 幺 糸 糸 糸

オン シ
くん いと

つかいかた

糸《いと》を巻《ま》く。
毛糸《けいと》のマフラー。
池《いけ》に釣《つ》り糸《いと》を垂《た》れる。
製糸《せいし》工場《こうじょう》で働《はたら》く。

オンくんあそび
製糸《せいし》機械《きかい》で
糸《いと》作《つく》る

いみ・ことば

❶いと。いとのように細《ほそ》いもの。
麻糸《あさいと》。糸車《いとぐるま》。糸電話《いとでんわ》。糸巻《いとま》き。生糸《きいと》。絹糸《きぬいと》（絹糸《けんし》）。
菌糸《きんし》。毛糸《けいと》。蚕糸《さんし》。製糸《せいし》。凧糸《たこいと》。縦糸《たていと》。釣《つ》り糸《いと》。抜糸《ばっし》。綿糸《めんし》。横糸《よこいと》。

なりたち

糸

よりいとの形《かたち》から。

竹 たけ
6画

竹

ノ 𠂉 𠂉 𠂉 竹 竹

オン チク
くん たけ

つかいかた

竹馬《たけうま》に乗《の》って遊《あそ》ぶ。
竹細工《たけざいく》のみやげ物《もの》。
竹林《ちくりん》の中《なか》を散歩《さんぽ》する。

オンくんあそび
竹林《ちくりん》の 女《おんな》の子《こ》
竹《たけ》の中《なか》から

いみ・ことば

❶たけ。
青竹《あおだけ》。松竹梅《しょうちくばい》。竹馬《たけうま》。竹籠《たけかご》。竹《たけ》細工《ざいく》。竹《たけ》ざお。竹筒《たけづつ》。竹林《たけばやし》（竹林《ちくりん》）。竹《たけ》やぶ。竹輪《ちくわ》。爆竹《ばくちく》。

とくべつなよみかた
竹刀《しない》。

なりたち

竹

二本《にほん》の竹《たけ》の形《かたち》から。

立 たつ
5画

立

亠 亠 亣 立 立

オン リツ（リュウ）
くん たつ たてる

つかいかた

表彰台《ひょうしょうだい》に立《た》つ。
畑《はたけ》に立《た》て札《ふだ》を立《た》てる。
学校《がっこう》の創立《そうりつ》記念日《きねんび》。
寺院《じいん》を建立《こんりゅう》する。

オンくんあそび
起立《きりつ》の合図《あいず》で
立《た》ち上《あ》がる

いみ・ことば

❶たつ。たてる。
建立《こんりゅう》。創立《そうりつ》。対立《たいりつ》。起立《きりつ》。立場《たちば》。立《た》て札《ふだ》。立候補《りっこうほ》。国立《こくりつ》。設立《せつりつ》。独立《どくりつ》。立《りつ》
❷作《つく》る。決《き》める。
案《あん》。立法《りっぽう》。
❸季節《きせつ》が始《はじ》まる。
立秋《りっしゅう》。立春《りっしゅん》。

「立場《たちば》」は、「立《た》ち場《ば》」とは書《か》かないよ。

なりたち

立

地《ち》に立《た》つ人《ひと》の形《かたち》から。

耳 みみ

6画

耳

オン (ジ)

くん みみ

つかいかた

耳《みみ》をすまして聞《き》く。
ウサギの長《なが》い耳《みみ》。
パンの耳《みみ》をかじる。

オンくんあそび

耳《みみ》の病気《びょうき》を
耳《じ》鼻科《びか》で治療《ちりょう》

いみ・ことば

❶みみ。 内耳《ないじ》。 外耳《がいじ》。 耳鼻科《じびか》。 空耳《そらみみ》。 中耳炎《ちゅうじえん》。 初耳《はつみみ》。 早耳《はやみみ》。 耳打《みみう》ち。 耳《みみ》かき。 耳学問《みみがくもん》。 耳障《みみざわ》り。 耳栓《みみせん》。 耳《みみ》たぶ。 耳鳴《みみな》り。 耳元《みみもと》。

なりたち

耳

耳《みみ》の形《かたち》から。

虫 むし

6画

虫

オン チュウ

くん むし

つかいかた

虫《むし》の名前《なまえ》を調《しら》べる。
虫歯《むしば》が見《み》つかる。
弟《おとうと》は泣《な》き虫《むし》だ。
めずらしい昆虫《こんちゅう》。

オンくんあそび

昆虫《こんちゅう》が
虫眼鏡《むしめがね》
大《おお》きく見《み》える

いみ・ことば

❶むし。 成虫《せいちゅう》。 青虫《あおむし》。 芋虫《いもむし》。 害虫《がいちゅう》。 毛虫《けむし》。 昆虫《こんちゅう》。 幼虫《ようちゅう》。 虫食《むしく》い。 虫歯《むしば》。 虫干《むしぼ》し。 虫眼鏡《むしめがね》。

❷人《ひと》をむしにたとえていう言葉《ことば》。 泣《な》き虫《むし》。 本《ほん》の虫《むし》。 弱虫《よわむし》。

見 みる

7画

見

オン ケン

くん みる　みえる　みせる

つかいかた

まっすぐ前《まえ》を見《み》る。
遠《とお》くに海《うみ》が見《み》える。
友達《ともだち》に絵《え》を見《み》せる。
花火《はなび》見《けん》物《ぶつ》に出《で》かける。

オンくんあそび

新《あたら》しく 見《み》つけた人《ひと》が
発《はっ》見《けん》者《しゃ》

いみ・ことば

❶みる。 みえる。 外見《がいけん》。 見学《けんがく》。 見物《けんぶつ》。 見《けん》聞《ぶん》。 下見《したみ》。 発見《はっけん》。 花見《はなみ》。 見通《みとお》し。 見本《みほん》。

❷あう。 会見《かいけん》。

❸考《かんが》え。 意見《いけん》。 見解《けんかい》。 見識《けんしき》。 見当《けんとう》。

なりたち

見

(目《め》)と(人《ひと》)で、「みる」を表《あらわ》す。

貝 かい

7画

オン —

くん かい

つかいかた

海辺《うみべ》で貝《かい》を拾《ひろ》う。
子安貝《こやすがい》は古代《こだい》のお金《かね》。
ホタテ貝《がい》の貝柱《かいばしら》。
山伏《やまぶし》がほら貝《がい》をふく。

なりたち

貝 貝《かい》の形《かたち》から。

いみ・ことば

❶かい。 貝殻《かいがら》。貝細工《かいざいく》。貝塚《かいづか》。貝柱《かいばしら》。真珠貝《しんじゅがい》。二枚貝《にまいがい》。巻《ま》き貝《がい》。

赤 あか

7画

オン セキ (シャク)

くん あか あかい あからむ あからめる

つかいかた

赤《あか》いサンゴの首飾《くびかざ》り。
赤組《あかぐみ》が勝《か》つ。
ほおを赤《あか》らめる。
赤飯《せきはん》をたく。

オンくんあそび 赤《あか》い色《いろ》した お赤飯《せきはん》

なりたち

赤 大(立《た》つ人《ひと》)が火(火《ひ》)に照《て》らされるようすから、「あかい」を表《あらわ》す。

いみ・ことば

❶あか。あかい。 赤々《あかあか》(赤赤《あかあか》)。赤組《あかぐみ》。赤字《じ》。赤信号《あかしんごう》。赤《あか》ん坊《ぼう》。赤外線《せきがいせん》。赤道《せきどう》。赤飯《せきはん》。赤面《せきめん》。赤血球《せっけっきゅう》。
❷まったく。 赤恥《あかはじ》。赤貧《せきひん》。

とくべつなよみかた 真《ま》っ赤《か》。

足 あし

7画

オン ソク

くん あし たりる たる たす

つかいかた

足跡《あしあと》を見《み》つける。
商品《しょうひん》の数《かず》が足《た》りない。
足《た》し算《ざん》の練習《れんしゅう》をする。
くつが二足《にそく》ある。

オンくんあそび 自分《じぶん》の足《あし》で 歩《ある》く遠足《えんそく》

なりたち

足 口(ひざ)と 止(足《あし》あと)で、「あし」を表《あらわ》す。

いみ・ことば

❶あし。歩《ある》く。 足跡《あしあと》(足跡《そくせき》)。足音《あしおと》。足首《あしくび》。遠足《えんそく》。素足《すあし》。土足《どそく》。発足《ほっそく》。
❷たりる。たす。 不足《ふそく》。補足《ほそく》。満足《まんぞく》。
❸はきものを数《かぞ》える言葉《ことば》。 二足《にそく》。

とくべつなよみかた 足袋《たび》。

車 くるま

7画

車

オン シャ
くん くるま

つかいかた
車《くるま》で出《で》かける。
新幹線《しんかんせん》の車掌《しゃしょう》さん。
ここは駐車《ちゅうしゃ》禁止《きんし》です。
特急《とっきゅう》列車《れっしゃ》の乗車券《じょうしゃけん》。

オンくんあそび
車《くるま》が車庫《しゃこ》で休《やす》み中《ちゅう》

いみ・ことば
❶くるま。くるまで動《うご》く乗《の》り物《もの》。☞風車（かざぐるま）（ふうしゃ）。車椅子《くるまいす》。自転車《じてんしゃ》。自動車《じどうしゃ》。車庫《しゃこ》。車掌《しゃしょう》。車道《しゃどう》。車両《しゃりょう》。車輪《しゃりん》。駐車《ちゅうしゃ》。電車《でんしゃ》。荷車《にぐるま》。歯車《はぐるま》。発車《はっしゃ》。列車《れっしゃ》。

とくべつなよみかた
山車《だし》。

なりたち

☞車
古代《こだい》中国《ちゅうごく》の二輪車《にりんしゃ》の形《かたち》から。

金 かね

8画

金

オン キン コン
くん かね かな

つかいかた
金色《きんいろ》に光《ひか》る魚《さかな》を飼《か》う。
必要《ひつよう》なお金《かね》をはらう。
金物屋《かなものや》で針金《はりがね》を買《か》う。

オンくんあそび
お金《かね》をためる貯金箱《ちょきんばこ》

いみ・ことば
❶きん。きんぞく。☞黄金（おうごん）（こがね）。金具《かなぐ》。金物《かなもの》。金物屋《かなものや》。金色（きんいろ）（こんじき）。金貨《きんか》。金属《きんぞく》。金髪《きんぱつ》。合金《ごうきん》。純金《じゅんきん》。針金《はりがね》。
❷おかね。☞金持《かねも》ち。金額《きんがく》。現金《げんきん》。貯金《ちょきん》。

「時《とき》は金《かね》なり」とは、時間《じかん》はお金《かね》と同《おな》じくらい大切《たいせつ》だということ。

雨 あめ

8画

雨

オン ウ
くん あめ あま

つかいかた
しとしとと雨《あめ》が降《ふ》る。
雨宿《あまやど》りをする。
小雨《こさめ》の中《なか》を出《で》かける。
雨量《うりょう》をはかる。

オンくんあそび
雨《あめ》降《ふ》って運動会《うんどうかい》 雨天《うてん》順延《じゅんえん》

「霧雨《きりさめ》」「小雨《こさめ》」「春雨《はるさめ》」の「雨」は「さめ」と読《よ》むよ。

いみ・ことば
❶あめ。あめが降《ふ》る。☞雨音《あまおと》。雨具《あまぐ》。雨雲《あまぐも》。雨垂《あまだ》れ。雨戸《あまど》。雨水《あまみず》。雨宿《あまやど》り。雨上《あめあ》がり。雨降《あめふ》り。雨天《うてん》。雨量《うりょう》。大雨《おおあめ》。降雨《こうう》。小雨《こさめ》。春雨《はるさめ》。風雨《ふうう》。雷雨《らいう》。

とくべつなよみかた
霧雨《きりさめ》。五月雨《さみだれ》。時雨《しぐれ》。梅雨《つゆ》。

なりたち

☞雨
天《てん》から雨《あま》つぶが降《ふ》るようすから。

貝 赤 足 車 金 雨

青 あお

8画

青

オン
セイ
（ショウ）

くん
あお
あおい

つかいかた

青《あお》い空《そら》に雲《くも》がうかぶ。
青《あお》信号《しんごう》でわたる。
青《せい》果市場《かいちば》で働《はたら》く。
群青《ぐんじょう》色《いろ》の絵《え》の具《ぐ》。

オンくんあそび
青年《せいねん》が 青《あお》信号《しんごう》で 横断中《おうだんちゅう》

なりたち

青
生（めばえる草《くさ》）と 井（井戸《いど》の すんだ水《みず》）で、「あおい」を表《あらわ》す。

いみ・ことば

❶あお。あおい。青空《あおぞら》。青菜《あおな》。青葉《あおば》。青虫《あおむし》。青々《あおあお》（青青《あおあお》）。群青《ぐんじょう》色《いろ》。青信号《あおしんごう》。青銅《せいどう》器《き》。緑青《ろくしょう》。

❷若《わか》い。青春《せいしゅん》。青少年《せいしょうねん》。青年《せいねん》。

とくべつなよみかた
真《ま》っ青《さお》。

音 おと

9画

音

オン
（イン）

くん
おと
ね

つかいかた

大《おお》きな音《おと》におどろく。
虫《むし》の音《ね》に耳《みみ》をすます。
音《おん》楽《がく》の授業《じゅぎょう》。
漢字《かんじ》の音《おん》読《よ》み。

オンくんあそび
音楽《おんがく》で いろんな音《おと》を 楽《たの》しもう

いみ・ことば

❶おと。声《こえ》。おんがく。足音《あしおと》。音楽《おんがく》。音《おん》声《せい》。音読《おんどく》。音波《おんぱ》。音符《おんぷ》。五十音《ごじゅうおん》。雑音《ざつおん》。子音《しいん》（しおん）。騒音《そうおん》。音色《ねいろ》。発音《はつおん》。母音《ぼいん》（ぼおん）。本音《ほんね》。物音《ものおと》。録音《ろくおん》。

❷便《たよ》り。音信《おんしん》。

❸漢字《かんじ》のおん。音訓《おんくん》。音読《おんよ》み。

万

一 いち　3画

一 フ 万

オン　マン（バン）
くん　—

つかいかた
五万人《ごまんにん》が入《はい》る競技場《きょうぎじょう》。
万年雪《まんねんゆき》の残《のこ》る山《やま》。
万国博覧会《ばんこくはくらんかい》に行《い》く。
彼《かれ》はスポーツ万能《ばんのう》だ。

いみ・ことば
❶まん。千《せん》の十倍《じゅうばい》。
一万円《いちまんえん》。五万人《ごまんにん》。巨万《きょまん》。
❷数《かず》が多《おお》い。すべての。
万国《ばんこく》。万《ばん》国旗（ばんこっき《ばんこくき》）。万事《ばんじ》。万全《ばんぜん》。万端《ばんたん》。万難《ばんなん》。万能《ばんのう》。万物《ばんぶつ》。万年筆《まんねんひつ》。万年雪《まんねんゆき》。万病《まんびょう》。

「万葉集《まんようしゅう》」は、たくさんの歌《うた》を集《あつ》めた、日本《にほん》でいちばん古《ふる》い歌集《かしゅう》。

丸

丶 てん　3画

ノ 九 丸

オン　ガン
くん　まる
まるい
まるめる

つかいかた
真《ま》ん丸《まる》なお月《つき》さま。
部屋《へや》の中《なか》が丸《まる》見《み》えだ。
だんごを丸《まる》める。
一丸《いちがん》となって進《すす》む。

オンくんあそび
丸《まる》い砲丸《ほうがん》放《ほう》り投《な》げ

いみ・ことば
❶まる。まるい。まるめる。
丸薬《がんやく》。弾丸《だんがん》。砲丸《ほうがん》。丸顔《まるがお》。丸木舟《まるきぶね》。丸太《まるた》。真《ま》ん丸《まる》。
❷全部《ぜんぶ》。まるごと。
一丸《いちがん》。丸暗記《まるあんき》。丸一年《まるいちねん》。丸かじり。丸飲《まるの》み。丸見《まるみ》え。丸焼《まるや》け。
❸船《ふね》などの名前《なまえ》につける言葉《ことば》。
日本丸《にほんまる》。

交

亠 なべぶた　6画

丶 亠 亠 六 亣 交

オン　コウ
くん　まじわる
まじえる
まじる
まざる
まぜる
（かう）
（かわす）

つかいかた
交番《こうばん》で道《みち》をたずねる。
二本《にほん》の線《せん》が交《まじ》わる。
交通安全《こうつうあんぜん》を心《こころ》がける。
紅白《こうはく》の玉《たま》が飛《と》び交《か》う。

オンくんあそび
道《みち》が交《まじ》わる交差点《こうさてん》

いみ・ことば
❶まじわる。つきあう。
外交《がいこう》。交互《こうご》。交差《こうさ》。交際《こうさい》。交通《こうつう》。交番《こうばん》。交友《こうゆう》。交流《こうりゅう》。国交《こっこう》。絶交《ぜっこう》。
❷かわる。
交換《こうかん》。交代《こうたい》（交替《こうたい》）。

京

亠 なべぶた　8画

京京京京京京京京

オン　キョウ（ケイ）

くん　―

つかいかた

京都《きょうと》は古《ふる》い都《みやこ》だ。

愛《あい》らしい京人形《きょうにんぎょう》。

月曜日《げつようび》に上京《じょうきょう》する。

なりたち

☞ 京

城門《じょうもん》の形《かたち》から、「みやこ」を表《あらわ》す。

いみ・ことば

❶みやこ。☞ 京都《きょうと》。在京《ざいきょう》。上京《じょうきょう》。東京《とうきょう》。平《へい》安京《あんきょう》。平城京《へいじょうきょう》。

❷「東京《とうきょう》」の略《りゃく》。☞ 京浜工業地帯《けいひんこうぎょうちたい》。

❸「京都《きょうと》」の略《りゃく》。☞ 京人形《きょうにんぎょう》。京風《きょうふう》。京阪神地方《けいはんしんちほう》。

今

人 ひとやね　4画

今今今今

オン　コン（キン）

くん　いま

つかいかた

今時《いまどき》のおしゃれ。

今《いま》から家《いえ》に帰《かえ》ります。

今後《こんご》の予定《よてい》を立《た》てる。

今夜《こんや》は月《つき》がきれいだ。

オンくんあそび

今度《こんど》じゃなくて

今《いま》やろう

いみ・ことば

❶いま。いまこのときの。☞ 今《いま》し方《がた》。今時《いまじ》分《ぶん》。今時《いまどき》。現今《げんこん》。古今和歌集《こきんわかしゅう》。古今《ここん》。今回《こんかい》。今《こん》月《げつ》。今後《こんご》。今昔《こんじゃく》。今週《こんしゅう》。今度《こんど》。今日《こんにち》。今《こん》年《ねん》。今晩《こんばん》。今夜《こんや》。昨今《さっこん》。

とくべつなよみかた

今日《きょう》。今朝《けさ》。今年《ことし》。

「古今和歌集《こきんわかしゅう》」は、平安時代中期《へいあんじだいちゅうき》に成立《せいりつ》した和歌集《わかしゅう》。

会

人 ひとやね　6画

会会会会会会

オン　カイ（エ）

くん　あう

つかいかた

展覧会《てんらんかい》で友達《ともだち》に会《あ》う。

絶好《ぜっこう》の機会《きかい》を得《え》る。

ピアノの発表会《はっぴょうかい》。

泳《およ》ぐこつを会得《えとく》する。

オンくんあそび

英会話《えいかいわ》　会《あ》って話《はな》して

会得《えとく》する

いみ・ことば

❶あう。めぐりあわせ。☞ 一期一会《いちごいちえ》。会釈《えしゃく》。会見《かいけん》。会場《かいじょう》。会心《かいしん》。会談《かいだん》。会話《かいわ》。機会《きかい》。社会《しゃかい》。出会《であ》い。面会《めんかい》。

❷集《あつ》まり。☞ 会議《かいぎ》。会社《かいしゃ》。クラス会《かい》。集会《しゅうかい》。大会《たいかい》。展覧会《てんらんかい》。発表会《はっぴょうかい》。

❸わかる。☞ 会得《えとく》。

何

亻 にんべん　7画

ノ 亻 仁 仃 佇 何 何

オン　（カ）
くん　なに　なん

つかいかた

いったい何《なに》者《もの》だろう。
何《なん》回《かい》もほめられた。
今《いま》何《なん》時《じ》かたずねる。
何《なん》度《ど》も読《よ》んだ本《ほん》。

オンくんあそび
何《なに》が何《なん》でもやりとげる

いみ・ことば

❶なに。わからないことをたずねる言葉《ことば》。
幾《き》何《か》学《がく》。何《なに》事《ごと》。何《なに》者《もの》。何《なん》億《おく》。何《なん》回《かい》。何《なん》時《じ》。何《なん》千《ぜん》。何《なん》台《だい》。何《なん》度《ど》。何《なん》人《にん》。何《なん》年《ねん》。何《なん》百《びゃく》。何《なん》万《まん》。

作

亻 にんべん　7画

ノ 亻 亻 竹 作 作 作

オン　サク　サ
くん　つくる

つかいかた

工《こう》作《さく》で本《ほん》箱《ばこ》を作《つく》る。
物《もの》語《がたり》の作《さく》者《しゃ》に会《あ》う。
作《さく》文《ぶん》の宿《しゅく》題《だい》をする。
きびきびした動《どう》作《さ》。

オンくんあそび
作《さく》品《ひん》作《つく》る
作《さ》業《ぎょう》する

なりたち

作

は、木《き》を曲《ま》げて物《もの》を作《つく》る形《かたち》。のち、亻（にんべん）がついた。

いみ・ことば

❶つくる。つくったもの。
作《さく》詞《し》。作《さく》者《しゃ》。作《さく》成《せい》。作《さく》品《ひん》。作《さく》文《ぶん》。作《さく》物《もつ》。作《さっ》家《か》。作《さっ》曲《きょく》。作《つく》り話《ばなし》。手《て》作《づく》り。豊《ほう》作《さく》。名《めい》作《さく》。傑《けっ》作《さく》。工《こう》作《さく》。
❷する。行《おこな》う。
作《さ》業《ぎょう》。作《さ》法《ほう》。作《さ》用《よう》。動《どう》作《さ》。発《ほっ》作《さ》。

体

亻 にんべん　7画

ノ 亻 仁 什 休 休 体

オン　タイ　（テイ）
くん　からだ

つかいかた

立《りっ》体《たい》の人《にん》形《ぎょう》を作《つく》る。
体《からだ》を休《やす》める。
体《たい》育《いく》館《かん》で遊《あそ》ぶ。
ラジオ体《たい》操《そう》をする。

オンくんあそび
体《たい》育《いく》で　体《からだ》きたえて
たくましく

いみ・ことば

❶からだ。
身《しん》体《たい》。人《じん》体《たい》。体《たい》育《いく》。体《たい》温《おん》。体《たい》格《かく》。体《たい》質《しつ》。体《たい》重《じゅう》。体《たい》操《そう》。体《たい》調《ちょう》。体《たい》力《りょく》。肉《にく》体《たい》。
❷形《かたち》。ありさま。
液《えき》体《たい》。気《き》体《たい》。固《こ》体《たい》。字《じ》体《たい》。書《しょ》体《たい》。全《ぜん》体《たい》。体《たい》積《せき》。体《てい》裁《さい》。天《てん》体《たい》。物《ぶっ》体《たい》。立《りっ》体《たい》。

元
儿 ひとあし　4画

オン　ゲン　ガン
くん　もと

つかいかた
元《がん》旦《たん》に着《き》物《もの》を着《き》る。
地《じ》元《もと》の学《がっ》校《こう》に通《かよ》う。
元《げん》気《き》の出《で》る話《はなし》を聞《き》く。
お城《しろ》を復《ふく》元《げん》する。

オンくんあそび
元《がん》日《じつ》の　元《げん》気《き》の元《もと》は
お年《とし》玉《だま》

いみ・ことば
❶もと。はじめ。☞ 元《がん》日《じつ》。元《がん》祖《そ》。元《がん》旦《たん》。元《がん》年《ねん》。元《がん》来《らい》。紀《き》元《げん》。元《げん》気《き》。元《げん》素《そ》。地《じ》元《もと》。単《たん》元《げん》。復《ふく》元《げん》。元《もと》栓《せん》。元《もと》手《で》。元《もと》値《ね》。
❷上《うえ》に立《た》つ人《ひと》。かしら。☞ 家《いえ》元《もと》。元《げん》首《しゅ》。
❸年《ねん》号《ごう》。☞ 改《かい》元《げん》。元《げん》号《ごう》。

なりたち

☞ 元
(人《ひと》)の頭《とう》部《ぶ》に 二(印《しるし》)をつけて、「もと」を表《あらわ》す。

兄
儿 ひとあし　5画

オン　(ケイ)　キョウ
くん　あに

つかいかた
兄《あに》といっしょに帰《かえ》る。
三《さん》人《にん》兄《きょう》弟《だい》の末《すえ》っ子《こ》。
長《ちょう》兄《けい》はたよりになる。
兄《にい》さんと姉《ねえ》さん。

オンくんあそび
兄《きょう》弟《だい》は　年《とし》上《うえ》が兄《あに》
下《した》は弟《おとうと》

いみ・ことば
❶あに。☞ 兄《あに》上《うえ》。兄《あに》貴《き》。兄《あに》君《ぎみ》。兄《あに》弟《で》子《し》。兄《あに》嫁《よめ》。義《ぎ》兄《けい》。兄《きょう》弟《だい》。実《じっ》兄《けい》。長《ちょう》兄《けい》。父《ふ》兄《けい》。
❷相《あい》手《て》の男《だん》性《せい》を敬《うやま》っていう言《こと》葉《ば》。☞ 貴《き》兄《けい》。諸《しょ》兄《けい》。大《たい》兄《けい》。

とくべつなよみかた
兄《にい》さん。

なりたち

☞ 兄
(口《くち》)と (人《ひと》)を合《あ》わせた字《じ》。

光
儿 ひとあし　6画

オン　コウ
くん　ひかる　ひかり

つかいかた
日《にっ》光《こう》が反《はん》射《しゃ》して光《ひか》る。
太《たい》陽《よう》の光《ひかり》がまぶしい。
観《かん》光《こう》バスで出《で》かける。
植《しょく》物《ぶつ》が光《こう》合《ごう》成《せい》をする。

オンくんあそび
月《げっ》光《こう》が　映《うつ》って光《ひか》る
夜《よる》の池《いけ》

いみ・ことば
❶ひかる。ひかり。☞ 稲《いな》光《びかり》。眼《がん》光《こう》。月《げっ》光《こう》。光《こう》源《げん》。光《こう》合《ごう》成《せい》。光《こう》線《せん》。光《こう》速《そく》。光《こう》沢《たく》。日《にっ》光《こう》。
❷けしき。☞ 観《かん》光《こう》。光《こう》景《けい》。風《ふう》光《こう》。
❸めいよ。☞ 栄《えい》光《こう》。光《こう》栄《えい》。

公

八 はち　4画

ノ 八 公 公

オン コウ
くん (おおやけ)

つかいかた
友達《ともだち》と公園《こうえん》で遊《あそ》ぶ。
算数《さんすう》の公式《こうしき》を覚《おぼ》える。
おやつを公平《こうへい》に配《くば》る。
秘密《ひみつ》を公《おおやけ》にする。

いみ・ことば
❶おおやけ。☞公園《こうえん》。公演《こうえん》。公開《こうかい》。公害《こうがい》。公共《こうきょう》。公私《こうし》。公衆《こうしゅう》。公的《こうてき》。公認《こうにん》。公表《こうひょう》。公《こう》布《ふ》。公募《こうぼ》。公民館《こうみんかん》。公務員《こうむいん》。公約《こうやく》。公用《こうよう》。公立《こうりつ》。
❷かたよりがない。☞公正《こうせい》。公平《こうへい》。
❸共通《きょうつう》の。☞公式《こうしき》。公倍数《こうばいすう》。公約数《こうやくすう》。

内

冂 どうがまえ　4画

丨 冂 内 内

オン ナイ (ダイ)
くん うち

つかいかた
心《こころ》の内《うち》を明《あ》かす。
校内《こうない》を案内《あんない》する。
情報《じょうほう》を内密《ないみつ》にする。
寺《てら》の境内《けいだい》を散歩《さんぽ》する。

オンくんあそび
案内《あんない》するよ
内側《うちがわ》を

いみ・ことば
❶うち。なか。☞案内《あんない》。内側《うちがわ》。内気《うちき》。内訳《うちわけ》。境内《けいだい》。校内《こうない》。国内《こくない》。室内《しつない》。内外《ないがい》。内心《ないしん》。内《ない》部《ぶ》。内野《ないや》。内容《ないよう》。年内《ねんない》。幕内《まくうち》。身内《みうち》。
❷外《そと》に出《だ》さない。こっそり。☞内《うち》祝《いわ》い。内《うち》輪《わ》。内諸《ないしょ》。内情《ないじょう》。内定《ないてい》。内密《ないみつ》。

なりたち

☞内
冂(家《いえ》)と入(入《い》り口《ぐち》)で、「うちがわ」を表《あらわ》す。

刀

刀 かたな　2画

フ 刀

オン トウ
くん かたな

つかいかた
刀《かたな》をこしに差《さ》す。
小刀《こがたな》で鉛筆《えんぴつ》をけずる。
彫刻刀《ちょうこくとう》で木《き》をほる。
竹刀《しない》で打《う》ち合《あ》う。

オンくんあそび
刀《かたな》二本《にほん》で
二刀流《にとうりゅう》

いみ・ことば
❶かたな。はもの。☞刀《かたな》鍛冶《かじ》。刀傷《かたなきず》。小刀(こがたな しょうとう)。大刀《だいとう》。短刀《たんとう》。彫刻刀《ちょうこくとう》。長刀《ちょうとう》。刀《とう》剣《けん》。刀工《とうこう》。刀身《とうしん》。日本刀《にほんとう》。懐刀《ふところがたな》。宝刀《ほうとう》。木刀《ぼくとう》。名刀《めいとう》。
とくべつなよみかた
竹刀《しない》。太刀《たち》。

なりたち

☞刀
中国古代《ちゅうごくこだい》の刀《かたな》の形《かたち》から。

刀 かたな

4画

切

オン セツ （サイ）

くん きる きれる

つかいかた

スイカを二《ふた》つに切《き》る。

封《ふう》筒《とう》に切《きっ》手《て》をはる。

草《くさ》花《ばな》を大《たい》切《せつ》に育《そだ》てる。

私《わたし》には一《いっ》切《さい》関《かん》係《けい》ない。

オンくんあそび

大《たい》切《せつ》にしていた髪《かみ》を切《き》りました

いみ・ことば

❶きる。 切《きっ》手《て》。切《きっ》符《ぷ》。切《き》り口《くち》。切《せつ》断《だん》。

「切《き》っ手《て》」「切《き》っ符《ぷ》」とは書《か》かないよ。

❷なくなる。 時《じ》間《かん》切《ぎ》れ。品《しな》切《ぎ》れ。

❸心《こころ》から。ぜひ。 親《しん》切《せつ》。切《せつ》実《じつ》。切《せつ》望《ぼう》。大《たい》切《せつ》。

❹すべて。 一《いっ》切《さい》。

❺ぴったり。 適《てき》切《せつ》。

刀 かたな

4画

分

オン ブン フン ブ

くん わける わかれる わかる わかつ

つかいかた

弟《おとうと》とリンゴを分《わ》ける。

問《と》いの意《い》味《み》が分《わ》かる。

分《ぶん》数《すう》の計《けい》算《さん》をする。

六《ろく》時《じ》六《ろっ》分《ぷん》に目《め》覚《ざ》める。

オンくんあそび

半《はん》分《ぶん》に 分《わ》けて自《じ》分《ぶん》が もらう分《ぶん》

いみ・ことば

❶わける。 等《とう》分《ぶん》。半《はん》分《ぶん》。分《ぶん》割《かつ》。分《ぶん》数《すう》。分《ぶん》断《だん》。分《ぶん》布《ぷ》。分《ぶん》別《べつ》。分《ぶん》類《るい》。

❷ようす。立《たち》場《ば》。 気《き》分《ぶん》。分《ぶん》際《ざい》。身《み》分《ぶん》。

❸単《たん》位《い》を表《あらわ》す言《こと》葉《ば》。 六《ろく》度《ど》五《ご》分《ぶ》。六《ろっ》分《ぷん》。

❹わかる。 分《ふん》別《べつ》。物《もの》分《わ》かり。

とくべつなよみかた

大《おお》分《いた》県《けん》。

なりたち

分

刀《かたな》で分《わ》けるようすから。

刂 りっとう

9画

前

オン ゼン

くん まえ

つかいかた

のびた前《まえ》髪《がみ》を切《き》る。

三《さん》人《にん》前《まえ》の食《しょく》事《じ》。

食《しょく》前《ぜん》に手《て》を洗《あら》う。

前《ぜん》後《ご》左《さ》右《ゆう》を確《たし》かめる。

オンくんあそび

まっすぐ前《まえ》見《み》て 元《げん》気《き》に前《ぜん》進《しん》

いみ・ことば

❶ある場《ば》所《しょ》よりまえ。 駅《えき》前《まえ》。前《ぜん》後《ご》。前《ぜん》進《しん》。前《ぜん》方《ぽう》。人《ひと》前《まえ》。前《まえ》向《む》き。目《もく》前《ぜん》。

❷ある時《とき》よりまえ。 以《い》前《ぜん》。午《ご》前《ぜん》。食《しょく》前《ぜん》。前《ぜん》回《かい》。前《まえ》祝《いわ》い。前《まえ》売《う》り券《けん》。

❸割《わ》り当《あ》て。 三《さん》人《にん》前《まえ》。名《な》前《まえ》。分《わ》け前《まえ》。

北

匕 ひ　5画

オン　ホク
くん　きた

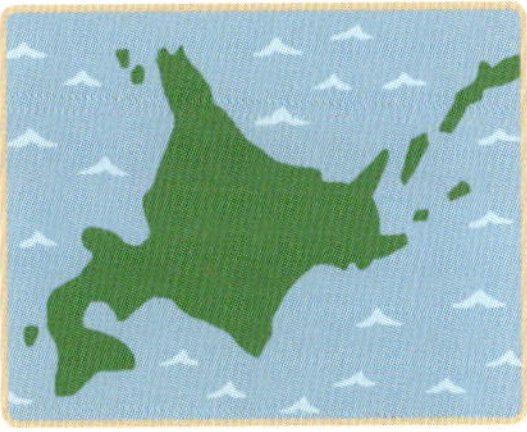

つかいかた
強《つよ》い北《きた》風《かぜ》がふく。
北《きた》国《ぐに》の生《せい》活《かつ》。
試《し》合《あい》で敗《はい》北《ぼく》する。
桜《さくら》前《ぜん》線《せん》が北《ほく》上《じょう》する。

オンくんあそび
北《きた》を知《し》らせる
北《ほっ》極《きょく》星《せい》

いみ・ことば
❶きた。☞北《きた》回《かい》帰《き》線《せん》。北《きた》風《かぜ》。北国（きたぐに　ほっこく）。北《ほく》半《はん》球《きゅう》。南《なん》北《ぼく》。北《ほく》緯《い》。北《ほく》限《げん》。北《ほく》上《じょう》。北《ほく》進《しん》。北《ほく》西《せい》。北《ほく》端《たん》。北《ほく》東《とう》。北《ほく》斗《と》七《しち》星《せい》。北《ほく》部《ぶ》。北《ほく》洋《よう》。北《ほっ》極《きょく》。北《ほっ》極《きょく》星《せい》。北《ほっ》方《ぽう》。
❷背《せ》を向《む》けてにげる。☞敗《はい》北《ぼく》。

なりたち

☞北
人《ひと》と人《ひと》がそむく形《かたち》で、日《ひ》にそむく方《ほう》角《がく》「きた」を表《あらわ》す。

午

十 じゅう　4画

オン　ゴ
くん　—

つかいかた
午《ご》後《ご》三《さん》時《じ》のおやつ。
午《ご》前《ぜん》中《ちゅう》に勉《べん》強《きょう》する。
正《しょう》午《ご》の気《き》温《おん》を調《しら》べる。

いみ・ことば
❶昼《ひる》の十《じゅう》二《に》時《じ》。☞午《ご》前《ぜん》。午《ご》後《ご》。正《しょう》午《ご》。

【午】は、昼《ひる》の十《じゅう》二《に》時《じ》のこと。十《じゅう》二《に》時《じ》より前《まえ》か後《あと》かで「午《ご》前《ぜん》」「午《ご》後《ご》」という。

半

十 じゅう　5画

オン　ハン
くん　なかば

つかいかた
半《はん》分《ぶん》に分《わ》けて食《た》べる。
九《く》月《がつ》も半《なか》ばを過《す》ぎた。
賛《さん》成《せい》が半《はん》数《すう》をこえる。
半《はん》袖《そで》のシャツを着《き》る。

オンくんあそび
半《はん》月《げつ》が　月《つき》の半《なか》ばの
空《そら》にうく

いみ・ことば
❶なかば。はんぶん。☞過《か》半《はん》数《すう》。後《こう》半《はん》。前《ぜん》半《はん》。大《たい》半《はん》。半《はん》円《えん》。半《はん》額《がく》。半《はん》径《けい》。半《はん》減《げん》。半《はん》信《しん》半《はん》疑《ぎ》。半《はん》数《すう》。半《はん》袖《そで》。半《はん》年《とし》。半《はん》日《にち》。半《はん》人《にん》前《まえ》。半《はん》分《ぶん》。半《はん》面《めん》。夜《や》半《はん》。
❷完《かん》全《ぜん》でない。☞中《ちゅう》途《と》半《はん》端《ぱ》。半《はん》熟《じゅく》。半《はん》端《ぱ》。

十 じゅう

南

9画

一 十 冂 冂 冂 南 南

オン ナン（ナ）

くん みなみ

つかいかた

暖《あたた》かい南国《なんごく》の島《しま》。

北半球《きたはんきゅう》と南半球《みなみはんきゅう》。

明《あか》るい南向《みなみむ》きの部屋《へや》。

日本《にほん》の南極観測基地《なんきょくかんそくきち》。

オンくんあそび

はるか南《みなみ》の南極海《なんきょくかい》

いみ・ことば

❶みなみ。☞ 南緯《なんい》。南下《なんか》。南極《なんきょく》。南国《なんごく》。南端《なんたん》。南蛮《なんばん》。南部《なんぶ》。南方《なんぽう》。南北《なんぼく》。南洋《なんよう》。南回帰線《みなみかいきせん》。南風（みなみかぜ なんぷう）。南十字星《みなみじゅうじせい》。南半球《みなみはんきゅう》。南向《みなみむ》き。

厂 がんだれ

原

10画

一 厂 厂 厂 厂 盾 厚 原

オン ゲン

くん はら

つかいかた

野原《のはら》で元気《げんき》に遊《あそ》ぶ。

発表会《はっぴょうかい》の原案《げんあん》を作《つく》る。

故障《こしょう》の原因《げんいん》がわかる。

原料《げんりょう》に小麦粉《こむぎこ》を使《つか》う。

オンくんあそび

高原《こうげん》に広《ひろ》がる野原《のはら》

いみ・ことば

❶はら。広々《ひろびろ》としたところ。☞ 草原（くさはら そうげん）。原野《げんや》。高原《こうげん》。野原《のはら》。原《はら》っぱ。平原《へいげん》。松原《まつばら》。

❷もと。☞ 原案《げんあん》。原因《げんいん》。原稿《げんこう》。原始《げんし》。原則《げんそく》。原点《げんてん》。原動力《げんどうりょく》。原油《げんゆ》。原理《げんり》。原料《げんりょう》。

とくべつなよみかた

海原《うなばら》。河原《かわら》・川原《かわら》。

又 また

友

4画

一 ナ 方 友

オン ユウ

くん とも

つかいかた

友情《ゆうじょう》を育《はぐく》む。

交友《こうゆう》関係《かんけい》が広《ひろ》い。

親友《しんゆう》に意見《いけん》を聞《き》く。

友達《ともだち》とかたを組《く》む。

オンくんあそび

親友《しんゆう》は 特《とく》に親《した》しい友《とも》のこと

なりたち

☞ 友

（手《て》）と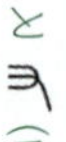（手《て》）を重《かさ》ねるようすで、「とも」を表《あらわ》す。

いみ・ことば

❶とも。☞ 悪友《あくゆう》。学友《がくゆう》。旧友《きゅうゆう》。級友《きゅうゆう》。交友《こうゆう》。校友《こうゆう》。親友《しんゆう》。戦友《せんゆう》。知友《ちゆう》。友愛《ゆうあい》。友好《ゆうこう》。友情《ゆうじょう》。友人《ゆうじん》。良友《りょうゆう》。

とくべつなよみかた

友達《ともだち》。

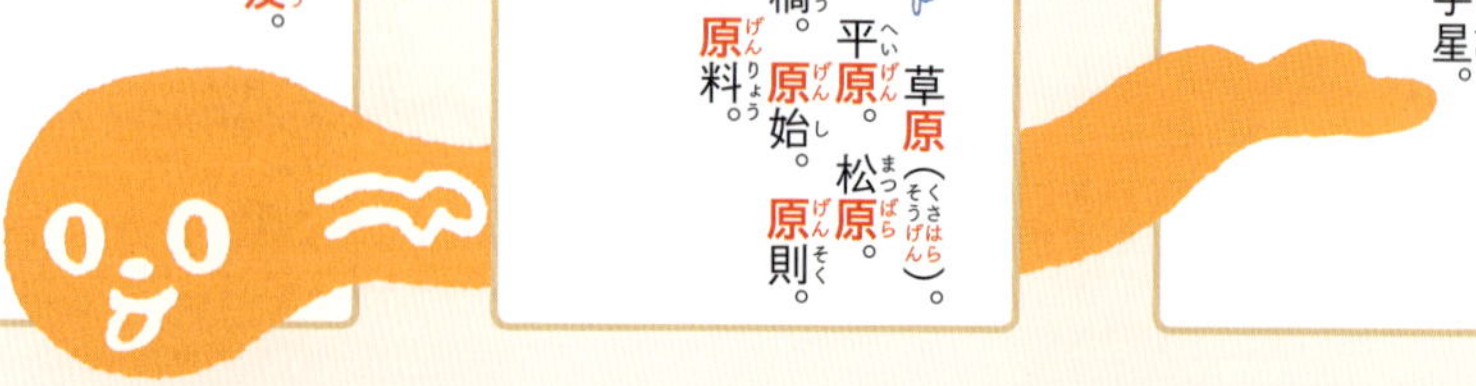

古

口 くち　5画

一 十 十 古 古

オン　コ

くん　ふるい　ふるす

つかいかた

使《つか》い古《ふる》した道具《どうぐ》。

古《ふる》い地図《ちず》を見《み》つける。

古《こ》代《だい》文明《ぶんめい》の遺跡《いせき》。

小学校《しょうがっこう》で古《こ》典《てん》を学《まな》ぶ。

オンくんあそび　古《こ》書店街《しょてんがい》の古《ふる》本市《ほんいち》

いみ・ことば

❶ふるい。昔《むかし》。古《こ》地図《ちず》。古《こ》典《てん》。古《こ》都《と》。古《こ》墳《ふん》。古《こ》文《ぶん》。古《こ》来《らい》。懐《かい》古《こ》。稽《けい》古《こ》。古《こ》式《しき》。古《こ》代《だい》。最《さい》古《こ》。太《たい》古《こ》。中《ちゅう》古《こ》車《しゃ》。古《ふる》着《ぎ》。古《ふる》新聞《しんぶん》。古《ふる》道《どう》具《ぐ》。古《ふる》本《ほん》。

「古《こ》今東西《こんとうざい》」とは、昔《むかし》から今《いま》まで、東《ひがし》から西《にし》までということで、いつでも、どこでもという意味《いみ》。

台

口 くち　5画

ㄥ ム ム 台 台

オン　ダイ　タイ

くん　―

つかいかた

台《だい》所《どころ》で料理《りょうり》を作《つく》る。

劇《げき》の台《だい》本《ほん》を読《よ》む。

灯《とう》台《だい》に明《あ》かりがつく。

舞《ぶ》台《たい》で発表《はっぴょう》する。

いみ・ことば

❶だい。物《もの》をのせるもの。台《だい》形《けい》。台《だい》車《しゃ》。台《だい》所《どころ》。灯《とう》台《だい》。荷《に》台《だい》。屋《や》台《たい》。縁《えん》台《だい》。寝《しん》台《だい》。

❷高《たか》いところ。台《だい》地《ち》。高《たか》台《だい》。舞《ぶ》台《たい》。

❸もとになるもの。台《だい》帳《ちょう》。台《だい》本《ほん》。土《ど》台《だい》。

❹車《くるま》などを数《かぞ》える言葉《ことば》。三《さん》台《だい》。台《だい》数《すう》。

合

口 くち　6画

ノ 人 亼 亼 合 合

オン　ゴウ　ガッ　カッ

くん　あう　あわす　あわせる

つかいかた

かぎがぴたりと合《あ》う。

全員《ぜんいん》で力《ちから》を合《あ》わせる。

学年《がくねん》合《ごう》同《どう》の合《がっ》唱《しょう》練習《れんしゅう》。

戦国《せんごく》時代《じだい》の合《かっ》戦《せん》絵巻《えまき》。

オンくんあそび　笛《ふえ》の合《あい》図《ず》で集《しゅう》合《ごう》だ

いみ・ことば

❶あう。あわせる。合《あ》い鍵《かぎ》。合《あ》い言葉《ことば》。合《あい》図《ず》。合《あい》間《ま》。合《がっ》宿《しゅく》。合《がっ》唱《しょう》。合《かっ》戦《せん》。結《けつ》合《ごう》。合《ごう》格《かく》。合《ごう》計《けい》。合《ごう》同《どう》。試《し》合《あい》。集《しゅう》合《ごう》。照《しょう》合《ごう》。総《そう》合《ごう》。

❷数量《すうりょう》の単位《たんい》。米《こめ》一《いち》合《ごう》。山《やま》の三《さん》合《ごう》目《め》。

「合《あい》図《ず》」「合《あい》間《ま》」「試《し》合《あい》」は、「合《あ》い図《ず》」「合《あ》い間《ま》」「試《し》合《あ》い」とは書《か》かないよ。

なりたち

合

亼（ふた）と𠙵（器《うつわ》）が合《あ》う形《かたち》から、「あう」を表《あらわ》す。

口 くち　6画

同

オン　ドウ
くん　おなじ

つかいかた

同《おな》い年《どし》のいとこ。毎日《まいにち》同《おな》じ道《みち》を通《とお》る。彼《かれ》の意見《いけん》に同《どう》感《かん》だ。二人《ふたり》は同《どう》級生《きゅうせい》だ。

オンくんあそび　同《おな》じ名前《なまえ》の同《どう》級生《きゅうせい》

いみ・ことば

❶おなじ。☞一同《いちどう》。異同《いどう》。同《おな》い年《どし》。共同《きょうどう》。混同《こんどう》。賛同《さんどう》。同意《どうい》。同一《どういつ》。同音異義語《どうおんいぎご》。同感《どうかん》。同期《どうき》。同義語《どうぎご》。同級生《どうきゅうせい》。同居《どうきょ》。同志《どうし》。同時《どうじ》。同情《どうじょう》。同姓同名《どうせいどうめい》。同席《どうせき》。同点《どうてん》。

なりたち

☞同　上下《じょうげ》二《ふた》つのつつが合《あ》わさる形《かたち》から。

口 くにがまえ　6画

回

オン　カイ（エ）
くん　まわる　まわす

つかいかた

遠回《とおまわ》りして帰《かえ》る。こまを回《まわ》して遊《あそ》ぶ。練習《れんしゅう》の回数《かいすう》を増《ふ》やす。病気《びょうき》が回復《かいふく》する。

オンくんあそび　回転《かいてん》しすぎて目《め》が回《まわ》る

いみ・ことば

❶まわる。まわす。☞回転《かいてん》。回覧《かいらん》。遠回《とおまわ》り。回《まわ》り道《みち》。身《み》の回《まわ》り。

❷もとにもどる。もどす。☞回収《かいしゅう》。回想《かいそう》。回答《かいとう》。回復《かいふく》。起死回生《きしかいせい》。

❸度数《どすう》。☞一回《いっかい》。回数《かいすう》。今回《こんかい》。数回《すうかい》。何回《なんかい》。

なりたち

☞回　うずまきの形《かたち》から。

口 くにがまえ　7画

図

オン　ズ　ト
くん　（はかる）

つかいかた

図書館《としょかん》で本《ほん》を借《か》りる。図画工作《ずがこうさく》が得意《とくい》だ。世界地図《せかいちず》を広《ひろ》げる。問題《もんだい》の解決《かいけつ》を図《はか》る。

オンくんあそび　図書館《としょかん》で　地図《ちず》参照《さんしょう》し　安全《あんぜん》図《はか》る

いみ・ことば

❶ず。形《かたち》やようすをえがいたもの。☞図案《ずあん》。図画《ずが》。図解《ずかい》。図鑑《ずかん》。図形《ずけい》。図版《ずはん》。図表《ずひょう》。図面《ずめん》。設計図《せっけいず》。地図《ちず》。天気図《てんきず》。図書《としょ》。図書館《としょかん》。略図《りゃくず》。

❷くわだてる。☞意図《いと》。企図《きと》。

「図画工作《ずがこうさく》」は、小学校《しょうがっこう》の教科《きょうか》の一《ひと》つ。略《りゃく》して「図工《ずこう》」という。

口 くにがまえ 8画

国

オン コク
くん くに

つかいかた
お国《くに》自慢《じまん》をする。
雪国《ゆきぐに》での暮《く》らし。
国語辞典《こくごじてん》で調《しら》べる。
外国語《がいこくご》を話《はな》す。

オンくんあそび
国《くに》の宝《たから》だ
国宝《こくほう》は

いみ・ことば
❶くに。☞ 外国語《がいこくご》。帰国《きこく》。国語《こくご》。国際《こくさい》。国土《こくど》。国民《こくみん》。国立《こくりつ》。国会《こっかい》。国旗《こっき》。国境（こっきょう くにざかい）。島国《しまぐに》。全国《ぜんこく》。祖国《そこく》。
❷地域《ちいき》。☞ 北国（きたぐに ほっこく）。南国《なんごく》。雪国《ゆきぐに》。
❸ふるさと。☞ お国言葉《くにことば》。お国自慢《くにじまん》。国元《くにもと》。

「国字《こくじ》」（日本《にほん》で作《つく》られた漢字《かんじ》）の「国《こく》」は、日本《にほん》のこと。

口 くにがまえ 13画

園

オン エン
くん （その）

つかいかた
公園《こうえん》で元気《げんき》に遊《あそ》ぶ。
園長先生《えんちょうせんせい》の話《はなし》を聞《き》く。
農園《のうえん》で野菜《やさい》を育《そだ》てる。
一面《いちめん》に広《ひろ》がる花園《はなぞの》。

オンくんあそび
遊《あそ》びの園《その》の
遊園地《ゆうえんち》

いみ・ことば
❶畑《はたけ》や庭《にわ》。☞ 園芸《えんげい》。果樹園《かじゅえん》。家庭菜園《かていさいえん》。田園《でんえん》。農園《のうえん》。花園《はなぞの》。
❷目的《もくてき》のために区切《くぎ》られた場所《ばしょ》。☞ 園児《えんじ》。園長《えんちょう》。公園《こうえん》。植物園《しょくぶつえん》。卒園《そつえん》。庭園《ていえん》。動物園《どうぶつえん》。入園《にゅうえん》。保育園《ほいくえん》。名園《めいえん》。幼稚園《ようちえん》。楽園《らくえん》。

扌 つちへん 6画

地

オン ジ チ
くん ―

つかいかた
世界地図《せかいちず》で調《しら》べる。
地下鉄《ちかてつ》に乗《の》る。
地震《じしん》を予知《よち》する。
地元《じもと》でとれたスイカ。

いみ・ことば
❶土地《とち》。場所《ばしょ》。☞ 地震《じしん》。地面《じめん》。地元《じもと》。地域《ちいき》。地下《ちか》。地球《ちきゅう》。地上《ちじょう》。地図《ちず》。地方《ちほう》。天地《てんち》。
❷もともとの性質《せいしつ》。素材《そざい》。☞ 意地《いじ》。生地《きじ》。地声《じごえ》。下地《したじ》。素地《そじ》。布地《ぬのじ》。
とくべつなよみかた 意気地《いくじ》。心地《ここち》。

「地震《じしん》」「地面《じめん》」「生地《きじ》」など、【地】のふりがなに濁点《だくてん》がつく場合《ばあい》は、「ぢ」ではなくて「じ」と書《か》く。

場

土 つちへん　12画

オン　ジョウ
くん　ば

つかいかた
サッカー場《じょう》での練習《れんしゅう》。
雨《あめ》の場《ば》合《あい》は中止《ちゅうし》する。
待《ま》ち合《あ》わせの場《ば》所《しょ》。
学校《がっこう》の運動《うんどう》場《じょう》。

オンくんあそび
入《にゅう》場《じょう》券《けん》の売《う》り場《ば》を探《さが》す

いみ・ことば
❶ば。ところ。
売《う》り場《ば》。運動《うんどう》場《じょう》。会《かい》場《じょう》。現場《げんば》（げんじょう）。出《しゅつ》場《じょう》。場《じょう》外《がい》。場《じょう》内《ない》。退《たい》場《じょう》。工場《こうじょう》（こうば）。登《とう》場《じょう》人物《じんぶつ》。入《にゅう》場《じょう》。場《ば》所《しょ》。場《ば》面《めん》。広《ひろ》場《ば》。牧場《ぼくじょう》（まきば）。
❷とき。
場《ば》合《あい》。山《やま》場《ば》。

とくべつなよみかた
波止《はと》場《ば》。

声

士 さむらい　7画

オン　セイ（ショウ）
くん　こえ（こわ）

つかいかた
選手《せんしゅ》に声《せい》援《えん》をおくる。
大《おお》きな声《こえ》で発声《はっせい》練習《れんしゅう》。
音声《おんせい》が中断《ちゅうだん》する。
声高《こわだか》に話《はな》す。

オンくんあそび
声《せい》優《ゆう》の声《こえ》をまねする

いみ・ことば
❶こえ。口《くち》から出《だ》す音《おと》。
歌《うた》声《ごえ》。大《おお》声《ごえ》。音《おん》声《せい》。声《せい》。掛《か》け声《ごえ》。歓声《かんせい》。小《こ》声《ごえ》。声色《こわいろ》。声高《こわだか》。声《せい》援《えん》。声明《せいめい》。声《せい》優《ゆう》。大音声《だいおんじょう》。鳴《な》き声《ごえ》。肉声《にくせい》。発声《はっせい》。鼻声《はなごえ》。呼《よ》び声《ごえ》。
❷評判《ひょうばん》。
声価《せいか》。声望《せいぼう》。名声《めいせい》。

売

士 さむらい　7画

オン　バイ
くん　うる　うれる

つかいかた
売《う》れっ子《こ》のタレント。
売《ばい》店《てん》に売《う》り物《もの》が並《なら》ぶ。
売《ばい》買《ばい》契約《けいやく》に署名《しょめい》する。
新《あたら》しいゲームの発売《はつばい》。

オンくんあそび
特売品《とくばいひん》がよく売《う》れる

いみ・ことば
❶うる。
売《う》り上《あ》げ。売上高《うりあげだか》。売《う》り買《か》い。売《う》り手《て》。売値《うりね》。売《う》り場《ば》。売《う》り物《もの》。売《う》れっ子《こ》。売《う》れ行《ゆ》き。大《おお》売《う》り出《だ》し。商売《しょうばい》。専売《せんばい》。直売《ちょくばい》。特売《とくばい》。売《ばい》店《てん》。売買《ばいばい》。発売《はつばい》。販売《はんばい》。非売品《ひばいひん》。

「売上高《うりあげだか》」や「売値《うりね》」は、「売《う》り上《あ》げ高《だか》」「売《う》り値《ね》」とは書《か》かないよ。

なりたち

賣→売
貝（買《か》う）に 出（出《だ》す）をつけて、「うる」を表《あらわ》す。

場 声 売 冬 夏 外

冬

夂 ふゆがしら　5画

ノ ク 夂 冬 冬

オン　トウ
くん　ふゆ

つかいかた
冬《ふゆ》が来《き》て雪《ゆき》が降《ふ》る。
冬《ふゆ》休《やす》みが楽《たの》しみだ。
冬《とう》季《き》オリンピック。

オンくんあそび
カエル冬《とう》眠《みん》
クマ冬《ふゆ》籠《ご》もり

なりたち

☞ 冬
（ふくろにたくわえる）と（氷《こおり》）で、「ふゆ」を表《あらわ》す。

いみ・ことば
❶ふゆ。☞ 越冬《えっとう》。厳冬《げんとう》。春夏秋冬《しゅんかしゅうとう》。初冬《しょとう》。暖冬《だんとう》。冬季《とうき》。冬期《とうき》。冬至《とうじ》。冬眠《とうみん》。晩冬《ばんとう》。冬《ふゆ》枯《が》れ。冬籠《ふゆご》もり。冬支度《ふゆじたく》。冬将軍《ふゆしょうぐん》。冬空《ふゆぞら》。冬場《ふゆば》。冬日《ふゆび》。冬物《ふゆもの》。冬休《ふゆやす》み。冬山《ふゆやま》。真冬《まふゆ》。真冬日《まふゆび》。立冬《りっとう》。

夏

夊 なつあし　10画

一 丆 丙 百 頁 夏 夏

オン　カ（ゲ）
くん　なつ

つかいかた
夏《なつ》休《やす》みが待《ま》ち遠《どお》しい。
真《ま》夏《なつ》の太《たい》陽《よう》が照《て》る。
夏《か》期《き》限《げん》定《てい》のメニュー。

オンくんあそび
初《しょ》夏《か》の風《かぜ》ふき
夏《なつ》が来《く》る

いみ・ことば
❶なつ。☞ 夏季《かき》。夏期《かき》。夏至《げし》。初夏《しょか》。盛夏《せいか》。夏場《なつば》。夏《なつ》ばて。夏日《なつび》。夏服《なつふく》。夏負《なつま》け。夏物《なつもの》。夏休《なつやす》み。夏山《なつやま》。晩夏《ばんか》。真夏《まなつ》。真夏日《まなつび》。立夏《りっか》。冷夏《れいか》。

「夏至《げし》」は、一年《いちねん》のうちで、昼《ひる》がもっとも長《なが》く、夜《よる》がもっとも短《みじか》い日《ひ》。反対《はんたい》の日《ひ》は「冬至《とうじ》」。

外

夕 ゆう　5画

ノ ク 夕 外 外

オン　ガイ（ゲ）
くん　そと　ほか　はずす　はずれる

つかいかた
外《そと》に出《で》て遊《あそ》ぶ。
名《な》札《ふだ》を外《はず》す。
場《じょう》外《がい》ホームラン。
外《げ》科《か》のお医《い》者《しゃ》さん。

オンくんあそび
意《い》外《がい》にも　外《はず》れたよ
外《そと》からかぎが

いみ・ことば
❶そと。よそ。☞ 案外《あんがい》。以外《いがい》。意外《いがい》。屋外《おくがい》。海外《かいがい》。外観《がいかん》。外見《がいけん》。外交《がいこう》。外国《がいこく》。外出《がいしゅつ》。外《がい》部《ぶ》。外野《がいや》。外来《がいらい》。外来語《がいらいご》。外科《げか》。国外《こくがい》。場《じょう》外《がい》。外側《そとがわ》。野外《やがい》。予想外《よそうがい》。例外《れいがい》。
❷はずす。はずれる。☞ 除外《じょがい》。疎外《そがい》。

夕 ゆう

6画

多

ノ ク 夕 多 多 多

オン タ

くん おおい

つかいかた

東京《とうきょう》は人口《じんこう》が多《おお》い。多《おお》くの人《ひと》が賛成《さんせい》する。多数決《たすうけつ》で決《き》める。交通事故《こうつうじこ》が多発《たはつ》する。

オンくんあそび

人数《にんずう》の多《おお》さで決《き》まる多数決《たすうけつ》

いみ・ことば

❶おおい。たくさん。☞ 最多《さいた》。雑多《ざった》。多額《たがく》。多義語《たぎご》。多芸《たげい》。多彩《たさい》。多事多難《たじたなん》。多湿《たしつ》。多《た》種《しゅ》多《た》様《よう》。多少《たしょう》。多数《たすう》。多数決《たすうけつ》。多勢《たぜい》。多大《ただい》。多年《たねん》。多発《たはつ》。多分《たぶん》。多忙《たぼう》。多量《たりょう》。

夕 ゆう

8画

夜

丶 亠 亣 亣 夜 夜 夜

オン ヤ

くん よ よる

つかいかた

今夜《こんや》は三日月《みかづき》だ。秋《あき》の夜長《よなが》にする読書《どくしょ》。夜《よる》がしだいにふける。町《まち》の夜景《やけい》をながめる。

オンくんあそび

夜行列車《やこうれっしゃ》が夜明《よあ》けに着《つ》くよ

いみ・ことば

❶よる。☞ 今夜《こんや》。昨夜《さくや》。十五夜《じゅうごや》。深夜《しんや》。昼《ちゅう》夜《や》。月夜《つきよ》。真夜中《まよなか》。夜間《やかん》。夜景《やけい》。夜行列車《やこうれっしゃ》。夜食《やしょく》。夜半《やはん》。夜分《やぶん》。闇夜《やみよ》。夜明《よあ》け。夜風《よかぜ》。夜桜《よざくら》。夜空《よぞら》。夜中《よなか》。夜長《よなが》。夜更《よふ》かし。夜道《よみち》。夜昼《よるひる》。

なりたち

☞ 夜

亣(人《ひと》)とⅮ(月《つき》)で、「よる」を表《あらわ》す。

大 だい

4画

太

一 ナ 大 太

オン タイ タ

くん ふとい ふとる

つかいかた

大木《たいぼく》の太《ふと》い幹《みき》。太平洋《たいへいよう》を船《ふね》でわたる。海《うみ》から太陽《たいよう》がのぼる。丸太《まるた》をくりぬいた船《ふね》。

オンくんあそび

太《ふと》い丸太《まるた》で作《つく》った太鼓《たいこ》

いみ・ことば

❶ふとい。ふとる。大《おお》きい。☞ 太鼓《たいこ》。太平洋《たいへいよう》。太陽《たいよう》。太字《ふとじ》。骨太《ほねぶと》。丸太《まるた》。

❷とても。☞ 太古《たいこ》。太平《たいへい》。

❸とうとい。☞ 皇太子《こうたいし》。太子《たいし》。

とくべつなよみかた 太刀《たち》。

2年

多 夜 太 姉 妹 室

姉

女 おんなへん　8画

オン　(シ)
くん　あね

つかいかた

ぼくには姉《あね》がいる。
仲《なか》のよい姉妹《しまい》。
優《やさ》しいお姉《ねえ》さん。

オンくんあそび
姉《あね》と妹《いもうと》
仲《なか》よし姉妹《しまい》

いみ・ことば

❶あね。 姉《あね》上《うえ》。姉《あね》御《ご》。義《ぎ》姉《し》。姉《し》妹《まい》。長《ちょう》姉《し》。

とくべつなよみかた　姉《ねえ》さん。

妹

女 おんなへん　8画

オン　(マイ)
くん　いもうと

つかいかた

先月《せんげつ》、妹《いもうと》が生《う》まれた。
妹《いもうと》思《おも》いの優《やさ》しい姉《あね》。
姉妹《しまい》で仲《なか》よく遊《あそ》ぶ。

オンくんあそび
姉《あね》と妹《いもうと》
仲《なか》よし姉妹《しまい》

いみ・ことば

❶いもうと。 妹《いもうと》御《ご》。妹《いもうと》分《ぶん》。義《ぎ》妹《まい》。実《じつ》妹《まい》。姉《し》妹《まい》。弟《てい》妹《まい》。

なりたち
妹　未(まだ若《わか》い)と女(おんな)で、「いもうと」を表《あらわ》す。

室

宀 うかんむり　9画

オン　シツ
くん　(むろ)

つかいかた

室内《しつない》で遊《あそ》ぶ。
職員室《しょくいんしつ》の掃除《そうじ》をする。
図書室《としょしつ》で本《ほん》を借《か》りる。

いみ・ことば

❶部屋《へや》。 暗室《あんしつ》。応接室《おうせつしつ》。音楽室《おんがくしつ》。温室《おんしつ》。客室《きゃくしつ》。教室《きょうしつ》。個室《こしつ》。室温《しつおん》。室外《しつがい》。室内《しつない》。職員室《しょくいんしつ》。寝室《しんしつ》。図書室《としょしつ》。入室《にゅうしつ》。氷室《ひむろ》。病室《びょうしつ》。保健室《ほけんしつ》。洋室《ようしつ》。浴室《よくしつ》。和室《わしつ》。
❷一族《いちぞく》。 王室《おうしつ》。皇室《こうしつ》。

なりたち
室　宀(家《いえ》)と至(いたる)で、「へや」を表《あらわ》す。

家
宀 うかんむり　10画

宀 宀 宀 宁 宇 宇 家 家 家 家

オン　カ　ケ

くん　いえ　や

つかいかた

新《あたら》しい家《いえ》を建《た》てる。我《わ》が家《や》が一番《いちばん》。有名《ゆうめい》な画家《が か》の絵《え》。武家《ぶ け》屋敷《やしき》を見《み》る。

オンくんあそび　家《か》族《ぞく》そろって家《いえ》に住《す》む

なりたち

家　豕（ブタ）に宀（屋根《やね》）をかぶせた形《かたち》で、「いえ」を表《あらわ》す。

いみ・ことば

❶いえ。建物《たてもの》。家路《いえじ》。家具《かぐ》。民家《みんか》。家主《やぬし》。家柄《いえがら》。家元《いえもと》。家計《かけい》。

❷かぞく。いちぞく。家事《かじ》。家族《かぞく》。家庭《かてい》。家来《けらい》。分家《ぶんけ》。本家《ほんけ》。

❸専門《せんもん》の人《ひと》。画家《がか》。芸術家《げいじゅつか》。作家《さっか》。

とくべつなよみかた　母家《おもや》。

寺
寸 すん　6画

一 十 土 圭 寺 寺

オン　ジ

くん　てら

つかいかた

近所《きんじょ》のお寺《てら》に行《い》く。山寺《やまでら》のかねが鳴《な》る。寺社《じしゃ》をめぐる。

オンくんあそび　寺町《てらまち》は寺院《じいん》が集中《しゅうちゅう》する地域《ちいき》

いみ・ことば

❶てら。尼寺《あまでら》。古寺《こじ》（ふるでら）。寺院《じいん》。寺社《じしゃ》。社寺《しゃじ》。禅寺《ぜんでら》。寺子屋《てらこや》。寺参《てらまい》り。寺町《てらまち》。寺巡《てらめぐ》り。末寺《まつじ》。山寺《やまでら》。

「寺子屋《てらこや》」とは、江戸時代《えどじだい》、子供《こども》たちに読《よ》み・書《か》き・そろばんを教《おし》えたところ。

少
小 しょう　4画

亅 小 小 少

オン　ショウ

くん　すくない　すこし

つかいかた

家具《かぐ》の少《すく》ない部屋《へや》。少《すこ》しも寒《さむ》くない。少々《しょうしょう》時間《じかん》をください。青色《あおいろ》の服《ふく》を着《き》た少年《しょうねん》。

オンくんあそび　少額《しょうがく》貯金《ちょきん》　少《すこ》しずつ

いみ・ことば

❶すくない。すこし。減少《げんしょう》。最少《さいしょう》。少額《しょうがく》。少々《しょうしょう》（少少《しょうしょう》）。少食《しょうしょく》。少数《しょうすう》。少人数《しょうにんずう》。少量《しょうりょう》。多少《たしょう》。

❷若《わか》い。少女《しょうじょ》。少年《しょうねん》。青少年《せいしょうねん》。年少《ねんしょう》。

当

⺌ しょう　6画

丨 丨丨 ⺌ 当 当 当

オン　トウ
くん　あたる　あてる

つかいかた
矢《や》が的《まと》に当《あ》たる。運動会《うんどうかい》当日《とうじつ》の予定《よてい》。今週《こんしゅう》は給食《きゅうしょく》当番《とうばん》だ。本当《ほんとう》のことを話《はな》す。

オンくんあそび
当然《とうぜん》当《あ》たるこの予想《よそう》

いみ・ことば
❶あたる。あてる。
担当《たんとう》。手当《てあ》て。当選《とうせん》。当番《とうばん》。
❷正《ただ》しい。
正当《せいとう》。妥当《だとう》。適当《てきとう》。当然《とうぜん》。不《ふ》当《とう》。本当《ほんとう》。
❸その。この。
当時《とうじ》。当日《とうじつ》。当地《とうち》。当人《とうにん》。

岩

山 やま　8画

丨 山 山 山 岩 岩 岩 岩

オン　ガン
くん　いわ

つかいかた
海《うみ》の岩《いわ》場《ば》で生物《せいぶつ》観察《かんさつ》。岩山《いわやま》をよじ登《のぼ》る。岩石《がんせき》の種類《しゅるい》を調《しら》べる。溶岩《ようがん》が流《なが》れ出《だ》す。

オンくんあそび
岩壁《がんぺき》で岩《いわ》登《のぼ》り

いみ・ことば
❶いわ。大《おお》きな石《いし》。
岩陰《いわかげ》。岩場《いわば》。岩山《いわやま》。花崗岩《かこうがん》。火山岩《かざんがん》。火成岩《かせいがん》。岩塩《がんえん》。岩石《がんせき》。岩盤《がんばん》。岩壁《がんぺき》。砂岩《さがん》。水成岩《すいせいがん》。石灰岩《せっかいがん》。溶岩《ようがん》。

なりたち
岩
山（やま）と石（いし）で、「いわ」を表《あらわ》す。

工

工 こう　3画

一 丅 工

オン　コウ　ク
くん　―

つかいかた
道路《どうろ》の工事《こうじ》をする。工業《こうぎょう》について学《まな》ぶ。作《つく》り方《かた》を工夫《くふう》する。大工《だいく》が家《いえ》を建《た》てる。

オンくんあそび
図工《ずこう》で紙《かみ》に細工《さいく》する

いみ・ことば
❶つくる。
加工《かこう》。工員《こういん》。工業《こうぎょう》。工具《こうぐ》。工芸《こうげい》。工作《こうさく》。工事《こうじ》。工場（こうじょう）《こうば》。工夫《こうふ》。細工《さいく》。人工《じんこう》。図画工作《ずがこうさく》。図工《ずこう》。木工《もっこう》。
❷つくる人《ひと》。
石工（いしく）《せっこう》。大工《だいく》。刀工《とうこう》。陶工《とうこう》。名工《めいこう》。
❸くふうする。
工夫《くふう》。工面《くめん》。

巾 はば　5画

市

シ
いち

つかいかた
朝市《あさいち》に出《で》かける。
市内《しない》を循環《じゅんかん》するバス。
市役所《しやくしょ》を見学《けんがく》する。
大都市《だいとし》に住《す》む。

オンくんあそび
市民《しみん》が市場《いちば》でお買《か》い物《もの》

いみ・ことば
❶いちば。☞ 朝市《あさいち》。市場《いちば》（いちば しじょう）。魚市場《うおいちば》。
❷人《ひと》が集《あつ》まるところ。☞ 市街地《しがいち》。都市《とし》。
❸し。地方公共団体《ちほうこうきょうだんたい》の一《ひと》つ。☞ 市営《しえい》。市外《しがい》。市中《しちゅう》。市長《しちょう》。市町村《しちょうそん》。市内《しない》。市民《しみん》。市役所《しやくしょ》。市立《しりつ》。

巾 はば　10画

帰

キ
かえる
かえす

つかいかた
五時《ごじ》までには帰《かえ》る。
低学年《ていがくねん》を先《さき》に帰《かえ》す。
海外《かいがい》から帰国《きこく》する。
帰省客《きせいきゃく》で混雑《こんざつ》する。

オンくんあそび
帰省列車《きせいれっしゃ》で里帰《さとがえ》り

いみ・ことば
❶かえる。もどる。☞ 帰《かえ》り道《みち》。帰還《きかん》。帰京《ききょう》。帰郷《ききょう》。帰国《きこく》。帰省《きせい》。帰宅《きたく》。帰朝《きちょう》。帰途《きと》。帰路《きろ》。里帰《さとがえ》り。復帰《ふっき》。
❷おさまる。☞ 帰結《きけつ》。帰属《きぞく》。帰着《きちゃく》。

广 まだれ　5画

広

コウ
ひろい
ひろまる
ひろめる
ひろがる
ひろげる

つかいかた
広大《こうだい》な草原《そうげん》を行《い》く。
鳥《とり》がつばさを広《ひろ》げる。
広場《ひろば》で野球《やきゅう》をする。
広々《ひろびろ》とした部屋《へや》。

オンくんあそび
広告《こうこく》で広《ひろ》く伝《つた》える

いみ・ことば
❶ひろい。ひろまる。ひろがる。☞ 広域《こういき》。広義《こうぎ》。広狭《こうきょう》。広言《こうげん》。広告《こうこく》。広大《こうだい》。広範囲《こうはんい》。広報《こうほう》。広野《こうや》。広葉樹《こうようじゅ》。広場《ひろば》。広々《ひろびろ》（広広《ひろびろ》）。

店

广 まだれ　8画

筆順：丶 亠 广 广 庐 庐 店 店

オン　テン
くん　みせ

別《べつ》の筆順《ひつじゅん》もあるよ。　广 广 庐 庐 店

つかいかた

食材《しょくざい》をあつかう店《みせ》。
夜《よ》店《みせ》の金《きん》魚《ぎょ》すくい。
商《しょう》店《てん》街《がい》が混《こん》雑《ざつ》する。
百《ひゃっ》貨《か》店《てん》で洋《よう》服《ふく》を買《か》う。

オンくんあそび

お店《みせ》を開《あ》けて開《かい》店《てん》だ

いみ・ことば

❶みせ。
商《しょう》店《てん》。飲《いん》食《しょく》店《てん》。開《かい》店《てん》。支《し》店《てん》。出店（しゅってん）（でみせ）。
店《てん》頭《とう》。商《しょう》店《てん》街《がい》。書《しょ》店《てん》。茶《ちゃ》店《みせ》。店《てん》員《いん》。店《てん》長《ちょう》。
店《てん》舗《ぽ》。売《ばい》店《てん》。百《ひゃっ》貨《か》店《てん》。閉《へい》店《てん》。本《ほん》店《てん》。
店《みせ》先《さき》。店《みせ》番《ばん》。店《みせ》開《びら》き。名《めい》店《てん》。夜《よ》店《みせ》。

弓

弓 ゆみ　3画

筆順：フ コ 弓

オン　（キュウ）
くん　ゆみ

つかいかた

バイオリンの弓《ゆみ》。
弓《ゆみ》なりの日《に》本《ほん》列《れっ》島《とう》。
弓《きゅう》術《じゅつ》の練《れん》習《しゅう》にはげむ。

オンくんあそび

弓《ゆみ》で矢《や》を射《い》る
弓《きゅう》道《どう》場《じょう》

「字引《じびき》」や「割引《わりびき》」は、「字《じ》引《び》き」「割《わ》り引《び》き」とは書《か》かないよ。

いみ・ことば

❶ゆみ。ゆみの形《かたち》をしたもの。
弓《きゅう》術《じゅつ》。弓《きゅう》状《じょう》。弓《きゅう》道《どう》。
弓形（ゆみがた）（きゅうけい）。弓《ゆみ》なり。
弓《ゆみ》張《は》り月《づき》。弓《ゆみ》矢《や》。洋《よう》弓《きゅう》。

なりたち

→ 弓

弓《ゆみ》の形《かたち》から。

引

弓 ゆみへん　4画

筆順：フ コ 弓 引

オン　イン
くん　ひく　ひける

つかいかた

きりきりと弓《ゆみ》を引《ひ》く。
何《なん》となく気《き》が引《ひ》ける。
横《よこ》綱《づな》が引《いん》退《たい》する。
月の《つき》の引《いん》力《りょく》を調《しら》べる。

オンくんあそび

割《わり》引《びき》させる
強《ごう》引《いん》に

いみ・ことば

❶ひく。ひっぱる。
吸《きゅう》引《いん》。強《ごう》引《いん》。字《じ》引《びき》。引《ひ》き算《ざん》。割《わり》引《びき》。
引《いん》用《よう》。引《いん》力《りょく》。引《いん》例《れい》。
❷連《つ》れていく。導《みちび》く。
引《いん》率《そつ》。索《さく》引《いん》。誘《ゆう》引《いん》。
❸ひきさがる。
引《いん》退《たい》。
❹ひきうける。
引《いん》責《せき》。

なりたち

引

弓（ゆみ）と丨（まっすぐな線《せん》）で弓《ゆみ》を引《ひ》く意《い》から、「ひく」を表《あらわ》す。

弓 ゆみ

7画

弟

オン　（テイ）　ダイ　（デ）

くん　おとうと

つかいかた

弟《おとうと》は三歳《さんさい》になった。

三人兄弟《さんにんきょうだい》の末《すえ》っ子《こ》。

師弟《してい》の関係《かんけい》を結《むす》ぶ。

先生《せんせい》に弟子《でし》入りする。

オンくんあそび

弟《おとうと》と兄弟《きょうだい》げんか

いみ・ことば

❶おとうと。 弟妹《ていまい》。 義弟《ぎてい》。兄弟《きょうだい》。実弟《じってい》。子弟《してい》。

❷教《おし》えを受《う》ける人《ひと》。 師弟《してい》。弟子《でし》。門弟《もんてい》。

弓 ゆみ

10画

弱

オン　ジャク

くん　よわい　よわる　よわまる　よわめる

つかいかた

弱《よわ》い者《もの》の味方《みかた》をする。

風《かぜ》が弱《よわ》まる。

台風《たいふう》が勢力《せいりょく》を弱《よわ》める。

音《おと》に強弱《きょうじゃく》をつける。

オンくんあそび

気《き》が弱《よわ》いのが弱点《じゃくてん》だ

なりたち

弱 （かざりをつけた弱《よわ》い弓《ゆみ》）を並《なら》べて、「よわい」を表《あらわ》す。

いみ・ことば

❶よわい。 強弱《きょうじゃく》。虚弱《きょじゃく》。弱者《じゃくしゃ》。弱小《じゃくしょう》。弱点《じゃくてん》。弱肉強食《じゃくにくきょうしょく》。軟弱《なんじゃく》。薄弱《はくじゃく》。病弱《びょうじゃく》。貧弱《ひんじゃく》。弱気《よわき》。弱虫《よわむし》。

❷若《わか》い。 弱冠《じゃっかん》。

❸それよりも少《すこ》し少《すく》ない。 五《ご》メートル弱《じゃく》。

弓 ゆみへん

11画

強

オン　キョウ　（ゴウ）

くん　つよい　つよまる　つよめる　（しいる）

つかいかた

強《つよ》い味方《みかた》が現《あらわ》れる。

雨《あめ》が強《つよ》くなる。

強敵《きょうてき》に勝《か》つ。

強引《ごういん》に引《ひ》っ張《ぱ》る。

オンくんあそび

勉強《べんきょう》を強《つよ》い気持《きも》ちでこつこつと

いみ・ことば

❶つよい。 強弱《きょうじゃく》。強敵《きょうてき》。強力《きょうりょく》。強情《ごうじょう》。強気《つよき》。補強《ほきょう》。

❷無理《むり》にする。しいる。 強行《きょうこう》。強制《きょうせい》。強引《ごういん》。強盗《ごうとう》。勉強《べんきょう》。無理強《むりじ》い。

❸それよりも少《すこ》し多《おお》い。 五《ご》メートル強《きょう》。

形

彡 さんづくり 7画

一 二 チ 开 开 形 形

オン ケイ ギョウ
くん かた かたち

つかいかた
祖《そ》母《ぼ》の形《かた》見《み》の品《しな》。
丸《まる》い形《かたち》をしたかばん。
山《やま》が多《おお》い日《に》本《ほん》の地《ち》形《けい》。
人《にん》形《ぎょう》劇《げき》を鑑《かん》賞《しょう》する。

オンくんあそび
あの形《かたち》 円《えん》形《けい》 台《だい》形《けい》 三《さん》角《かく》形《けい》

いみ・ことば
❶かた。かたち。ようす。かたどる。☞跡《あと》
形《かた》。円《えん》形《けい》。外《がい》形《けい》。形《かた》見《み》。球《きゅう》形《けい》。形《ぎょう》相《そう》。形《けい》式《しき》。形《けい》勢《せい》。形《けい》跡《せき》。形《けい》態《たい》。形《けい》容《よう》。三《さん》角《かく》形《けい》。四《し》角《かく》形《けい》。図《ず》形《けい》。台《だい》形《けい》。地《ち》形《けい》。手《て》形《がた》。人《にん》形《ぎょう》。

なりたち
形 幵（わく）と彡（もよう）を合《あ》わせた字《じ》。

後

彳 ぎょうにんべん 9画

ノ 彳 彳 彳 彳 彳 後 後 後

オン ゴ コウ
くん のち うしろ あと （おくれる）

つかいかた
見《み》覚《おぼ》えのある後《うし》ろ姿《すがた》。
宿《しゅく》題《だい》を後《あと》回《まわ》しにする。
食《しょく》後《ご》に休《きゅう》憩《けい》をする。
後《こう》輩《はい》の世《せ》話《わ》をする。

オンくんあそび
午《ご》後《ご》からは晴《は》れ後《のち》くもり

いみ・ことば
❶のち。あと。☞
半《はん》。午《ご》後《ご》。後《ご》日《じつ》。食《しょく》後《ご》。後《あと》回《まわ》し。後《こう》悔《かい》。後《こう》輩《はい》。後《こう》
❷うしろ。☞
前《ぜん》後《ご》。背《はい》後《ご》。後《あと》戻《もど》り。後《うし》ろ姿《すがた》。後《こう》続《ぞく》。後《こう》方《ほう》。
❸おくれる。☞
気《き》後《おく》れ。流《りゅう》行《こう》後《おく》れ。

茶

艹 くさかんむり 9画

一 十 艹 艾 苳 苳 茶 茶 茶

オン チャ （サ）
くん —

つかいかた
お茶《ちゃ》を飲《の》む。
葉《は》っぱが茶《ちゃ》色《いろ》になる。
茶《ちゃ》畑《ばたけ》が広《ひろ》がる。
喫《きっ》茶《さ》店《てん》で友《ゆう》人《じん》と会《あ》う。

いみ・ことば
❶おちゃ。おちゃを飲《の》む。☞
喫《きっ》茶《さ》店《てん》。紅《こう》茶《ちゃ》。茶《さ》道《どう》（茶《ちゃ》道《どう》）。新《しん》茶《ちゃ》。茶《ちゃ》会《かい》。茶《ちゃ》釜《がま》。茶《ちゃ》室《しつ》。茶《ちゃ》畑《ばたけ》。茶《ちゃ》碗《わん》。抹《まっ》茶《ちゃ》。麦《むぎ》茶《ちゃ》。
❷ちゃいろ。☞
焦《こ》げ茶《ちゃ》。茶《ちゃ》色《いろ》。茶《ちゃ》褐《かっ》色《しょく》。
❸こっけい。☞
お茶《ちゃ》目《め》。茶《ちゃ》番《ばん》。

近

⻌ しんにょう　7画

ノ 厂 斤 斤 沂 沂 近

オン　キン
くん　ちか**い**

つかいかた

誕生日《たんじょうび》が近《ちか》づく。
近所《きんじょ》の友達《ともだち》と遊《あそ》ぶ。
最近《さいきん》のニュース。
友人《ゆうじん》に親近感《しんきんかん》をもつ。

オンくんあそび
近道《ちかみち》を　通《とお》って　接近《せっきん》
目的地《もくてきち》

いみ・ことば

❶ちかい。☞
遠近《えんきん》。近海《きんかい》。近眼《きんがん》。近況《きんきょう》。近《きん》
距離《きょり》。近景《きんけい》。近視《きんし》。近所《きんじょ》。近世《きんせい》。近代《きんだい》。近《きん》
年《ねん》。近辺《きんぺん》。近隣《きんりん》。最近《さいきん》。至近《しきん》。親近感《しんきんかん》。接《せっ》
近《きん》。近々《ちかぢか》(近近《ちかぢか》)。近道《ちかみち》。手近《てぢか》。付近《ふきん》。間《ま》
身近《みぢか》。近《ぢか》。

通

⻌ しんにょう　10画

フ マ 乃 月 甬 甬 甬 诵 通 通

オン　ツウ（ツ）
くん　とお**る**　とお**す**　かよ**う**

つかいかた

駅《えき》の前《まえ》を通《とお》る。
心《こころ》の通《かよ》い合《あ》う友達《ともだち》。
一通《いっつう》の手紙《てがみ》が届《とど》く。
合格通知《ごうかくつうち》を受《う》け取《と》る。

オンくんあそび
通学路《つうがくろ》　通《とお》って　通《かよ》う
学校《がっこう》に

いみ・ことば

❶とおる。とおす。かよう。☞　開通《かいつう》。交通《こうつう》。
通過《つうか》。通学《つうがく》。通行《つうこう》。
❷知《し》らせる。伝《つた》える。☞　通信《つうしん》。通知《つうち》。通報《つうほう》。
通訳《つうやく》。文通《ぶんつう》。
❸とおして。☞　通算《つうさん》。通読《つうどく》。通夜《つや》。
❹手紙《てがみ》などを数《かぞ》える言葉《ことば》。☞　一通《いっつう》。

週

⻌ しんにょう　11画

丿 冂 月 円 用 周 周 周 凋 调 週

オン　シュウ
くん　―

つかいかた

週《しゅう》の予定《よてい》を確《たし》かめる。
雨《あめ》が一週間《いっしゅうかん》降《ふ》り続《つづ》く。
週刊誌《しゅうかんし》を買《か》って読《よ》む。

いみ・ことば

❶日曜《にちよう》から土曜《どよう》までの七日間《なのかかん》をひとまとまりとした単位《たんい》。☞　一週間《いっしゅうかん》。隔週《かくしゅう》。今週《こんしゅう》。
再来週《さらいしゅう》。週間《しゅうかん》。週刊誌《しゅうかんし》。週休《しゅうきゅう》。週報《しゅうほう》。週末《しゅうまつ》。
先週《せんしゅう》。毎週《まいしゅう》。翌週《よくしゅう》。来週《らいしゅう》。

なりたち

週
周(まわる)と⻌(進《すす》む)で、曜日《ようび》のひとめぐりを表《あらわ》す。

道

辶 しんにょう　12画

丶 丷 䒑 䒑 首 首 首 道 道

オン　ドウ（トウ）
くん　みち

つかいかた

旅《たび》先《さき》で道《みち》に迷《まよ》う。
書《しょ》道《どう》と茶《さ》道《どう》を習《なら》う。
道《どう》徳《とく》心《しん》のある行《こう》動《どう》。
せまい道《どう》路《ろ》を通《とお》る。

オンくんあそび
この道《どう》路《ろ》 坂《さか》道《みち》だけど 近《ちか》道《みち》だ

いみ・ことば

❶みち。 国《こく》道《どう》。近《ちか》道《みち》。道《どう》路《ろ》。歩《ほ》道《どう》。道《みち》順《じゅん》。
❷人《ひと》の守《まも》るべきすじみち。 道《どう》義《ぎ》。道《どう》徳《とく》。道《どう》理《り》。
❸わざ。教《おし》え。 剣《けん》道《どう》。茶《さ》道《どう》。柔《じゅう》道《どう》。書《しょ》道《どう》。神《しん》道《とう》。伝《でん》道《どう》。道《どう》場《じょう》。
❹述《の》べる。伝《つた》える。 報《ほう》道《どう》。

遠

辶 しんにょう　13画

一 十 土 吉 吉 吉 声 袁 袁 袁 遠 遠 遠

オン　エン（オン）
くん　とおい

つかいかた

遠《とお》くへ引《ひ》っ越《こ》す。
遠《えん》足《そく》が待《ま》ち遠《どお》しい。
遠《えん》慮《りょ》しながら話《はな》す。

オンくんあそび
遠《とお》くが見《み》える 望《ぼう》遠《えん》鏡《きょう》

いみ・ことば

❶とおい。 永《えい》遠《えん》。遠《えん》泳《えい》。遠《えん》隔《かく》。遠《えん》近《きん》。遠《えん》景《けい》。遠《えん》視《し》。遠《えん》心《しん》力《りょく》。遠《えん》征《せい》。遠《えん》足《そく》。遠《えん》方《ぽう》。遠《えん》洋《よう》。遠《えん》慮《りょ》。遠《えん》路《ろ》。久《く》遠《おん》。敬《けい》遠《えん》。疎《そ》遠《えん》。遠《とお》浅《あさ》。遠《とお》縁《えん》。遠《とお》出《で》。遠《とお》回《まわ》り。望《ぼう》遠《えん》鏡《きょう》。

心

心 こころ　4画

丶 心 心 心

オン　シン
くん　こころ

つかいかた

心《こころ》をこめて育《そだ》てる。
心《しん》臓《ぞう》の働《はたら》きを学《まな》ぶ。
町《まち》の中《ちゅう》心《しん》にある駅《えき》。
生《い》きた心《ここ》地《ち》がしない。

オンくんあそび
安《あん》心《しん》したい 心《こころ》から

いみ・ことば

❶こころ。 安《あん》心《しん》。感《かん》心《しん》。苦《く》心《しん》。決《けっ》心《しん》。心《しん》情《じょう》。心《しん》身《しん》。心《しん》配《ぱい》。心《しん》理《り》。熱《ねっ》心《しん》。真《ま》心《ごころ》。
❷真《ま》ん中《なか》。 遠《えん》心《しん》力《りょく》。核《かく》心《しん》。重《じゅう》心《しん》。中《ちゅう》心《しん》。
❸しんぞう。 心《しん》音《おん》。心《しん》室《しつ》。心《しん》臓《ぞう》。
とくべつなよみかた　心《ここ》地《ち》。

なりたち

心

心《しん》臓《ぞう》の形《かたち》から。

才
扌 てへん　3画

オン　サイ
くん　—

つかいかた
天才《てんさい》といわれた画家《がか》。
音楽《おんがく》の才能《さいのう》がある。
八才《はっさい》の誕生日《たんじょうび》。

いみ・ことば
❶生《う》まれつき備《そな》わった能力《のうりょく》。また、その人《ひと》。
異才《いさい》。英才《えいさい》。才媛《さいえん》。才覚《さいかく》。才気《さいき》。才子《さいし》。才女《さいじょ》。才色兼備《さいしょくけんび》。才人《さいじん》。才知《さいち》。才能《さいのう》。秀才《しゅうさい》。俊才《しゅんさい》。天才《てんさい》。文才《ぶんさい》。

「才《さい》」は、年齢《ねんれい》を表《あらわ》す「歳《さい》」の代《か》わりに使《つか》うことがある。

戸
戸 と　4画

オン　コ
くん　と

つかいかた
雨戸《あまど》を開《あ》ける。
戸《と》じまりをしてねる。
一戸《いっこ》建《だ》ての家《いえ》に住《す》む。
広《ひろ》く門戸《もんこ》を開《ひら》く。

オンくんあそび
戸外《こがい》に出《で》よう
戸《と》を開《あ》けて

いみ・ことば
❶と。とびら。出入《でい》り口《ぐち》。
雨戸《あまど》。網戸《あみど》。井戸《いど》。ガラス戸《ど》。木戸《きど》。戸口《とぐち》。戸車《とぐるま》。戸締《とじ》まり。戸棚《とだな》。戸袋《とぶくろ》。納戸《なんど》。門戸《もんこ》。
❷家《いえ》。家《いえ》を数《かぞ》える言葉《ことば》。
一戸《いっこ》建《だ》て。戸外《こがい》。戸数《こすう》。戸籍《こせき》。戸別《こべつ》。

なりたち

戸
開《ひら》き戸《ど》の形《かたち》から。

思
心 こころ　9画

オン　シ
くん　おもう

つかいかた
いい考《かんが》えを思《おも》いつく。
家族《かぞく》のことを思《おも》う。
本人《ほんにん》の意思《いし》を伝《つた》える。
思考力《しこうりょく》をのばす。

オンくんあそび
思春期《ししゅんき》の
物思《ものおも》い

いみ・ことば
❶おもう。
意思《いし》。思《おも》い出《で》。思《おも》いやり。思惑《おもわく》。思案《しあん》。思考《しこう》。思索《しさく》。思春期《ししゅんき》。思想《しそう》。思潮《しちょう》。思慕《しぼ》。思慮《しりょ》。相思相愛《そうしそうあい》。不思議《ふしぎ》。

なりたち

思
⊗（頭《あたま》）と心（心《こころ》）で、「おもう」を表《あらわ》す。

攵 のぶん　11画

教

オン　キョウ

くん　おし**える**　おそ**わる**

つかいかた

先生《せんせい》の教《おし》えを守《まも》る。九年間《きゅうねんかん》の義務《ぎむ》教《きょう》育《いく》。教《きょう》科《か》書《しょ》を開《ひら》く。教《きょう》室《しつ》で静《しず》かに待《ま》つ。

オンくんあそび

教《おし》え教《おそ》わる　教《きょう》室《しつ》で

いみ・ことば

❶おしえる。教《おし》え子《ご》。教《きょう》育《いく》。教《きょう》員《いん》。教《きょう》科《か》。教《きょう》科《か》書《しょ》。教《きょう》訓《くん》。教《きょう》材《ざい》。教《きょう》師《し》。教《きょう》室《しつ》。教《きょう》授《じゅ》。教《きょう》壇《だん》。教《きょう》頭《とう》。教《きょう》諭《ゆ》。教《きょう》養《よう》。

❷しゅうきょう。教《きょう》会《かい》。教《きょう》祖《そ》。教《きょう》徒《と》。キリスト教《きょう》。宗《しゅう》教《きょう》。布《ふ》教《きょう》。仏《ぶっ》教《きょう》。

なりたち

教

（交《まじ》わる子《こ》）と（むちを持《も》つ手《て》）で、「おしえる」を表《あらわ》す。

攵 のぶん　13画

数

オン　スウ　（ス）

くん　かず　かぞ**える**

つかいかた

数《かず》多《おお》くの作《さく》品《ひん》。彼《かれ》は口《くち》数《かず》が少《すく》ない。遅《ち》刻《こく》者《しゃ》が数《すう》人《にん》いた。人《にん》数《ずう》を数《かぞ》える。

オンくんあそび

数《かず》を数《かぞ》える　算《さん》数《すう》で

いみ・ことば

❶かず。かぞえる。頭数《とうすう》（あたまかず）。回《かい》数《すう》。画《かく》数《すう》。数《かず》々《かず》（数《かず》数《かず》）。奇《き》数《すう》。偶《ぐう》数《すう》。口《くち》数《かず》。算《さん》数《すう》。数《すう》学《がく》。数《すう》字《じ》。数《すう》量《りょう》。整《せい》数《すう》。小《しょう》数《すう》。少《しょう》数《すう》。多《た》数《すう》。日《にっ》数《すう》。人《にん》数《ずう》。分《ぶん》数《すう》。無《む》数《すう》。

❷いくつかの。数《すう》回《かい》。数《すう》日《じつ》。数《すう》人《にん》。数《すう》年《ねん》。

とくべつなよみかた

数《じゅ》珠《ず》。数《す》寄《き》屋《や》・数《す》奇《き》屋《や》。

斤 おの　13画

新

オン　シン

くん　あたら**しい**　あら**た**　（にい）

つかいかた

新《あたら》しい作《さく》品《ひん》ができる。気《き》持《も》ちを新《あら》たにする。世《せ》界《かい》新《しん》記《き》録《ろく》が出《で》た。新《しん》入《にゅう》生《せい》の世《せ》話《わ》をする。

オンくんあそび

新《しん》学《がっ》期《き》　新《あたら》しいくつで　心《こころ》も新《あら》た

いみ・ことば

❶あたらしい。あたらしくする。一《いっ》新《しん》。改《かい》新《しん》。革《かく》新《しん》。最《さい》新《しん》。新《しん》案《あん》。新《しん》顔《がお》。新《しん》型《がた》。新《しん》学《がっ》期《き》。新《しん》幹《かん》線《せん》。新《しん》旧《きゅう》。新《しん》記《き》録《ろく》。新《しん》作《さく》。新《しん》人《じん》。新《しん》設《せつ》。新《しん》鮮《せん》。新《しん》入《にゅう》生《せい》。新《しん》年《ねん》。新《しん》品《ぴん》。新《しん》聞《ぶん》。新《しん》米《まい》。新《しん》緑《りょく》。新《しん》暦《れき》。新《にい》妻《づま》。明《めい》治《じ》維《い》新《しん》。

なりたち

新

亲（切《き》りたての木《き》）と斤（おの）で、「あたらしい」を表《あらわ》す。

方 ほう　4画

方

オン　ホウ
くん　かた

つかいかた
駅《えき》は北《きた》の方《ほう》角《がく》だ。
漢《かん》字《じ》の書《か》き方《かた》を習《なら》う。
正《せい》方《ほう》形《けい》は真《ま》四《し》角《かく》だ。
新《あたら》しい方《ほう》法《ほう》を試《ため》す。

オンくんあそび
両《りょう》方《ほう》の　見《み》方《かた》それぞれ
よさがある

いみ・ことば
❶ほうこう。☞ 方《ほう》角《がく》。方《ほう》向《こう》。両《りょう》方《ほう》。遠《えん》方《ぽう》。四《し》方《ほう》。八《はっ》方《ぽう》。方《ほう》位《い》。
❷やりかた。☞ 方《ほう》式《しき》。方《ほう》針《しん》。方《ほう》法《ほう》。見《み》方《かた》。
❸四《し》角《かく》。☞ 正《せい》方《ほう》形《けい》。長《ちょう》方《ほう》形《けい》。方《ほう》眼《がん》紙《し》。
❹人《ひと》を敬《うやま》っていう言《こと》葉《ば》。☞ あの方《かた》。

とくべつなよみかた
行《ゆ》方《くえ》。

日 ひへん　8画

明

オン　メイ　ミョウ
くん　あかり　あかるい　あかるむ　あからむ　あきらか　あける　あく　あくる　あかす

つかいかた
夜《よ》が明《あ》ける。
明《あか》るい声《こえ》で話《はな》す。
考《かんが》えを明《あき》らかにする。
くわしく説《せっ》明《めい》する。

オンくんあそび
夜《よ》明《あ》けの空《そら》に
明《あ》けの明《みょう》星《じょう》

いみ・ことば
❶あかるい。あかり。あける。☞ 照《しょう》明《めい》。明《みょう》朝《ちょう》。明《みょう》日《にち》。明《めい》暗《あん》。夜《よ》明《あ》け。
❷あきらか。かしこい。☞ 賢《けん》明《めい》。証《しょう》明《めい》。説《せっ》明《めい》。鮮《せん》明《めい》。表《ひょう》明《めい》。明《めい》確《かく》。明《めい》白《はく》。

とくべつなよみかた
明《あ》日《す》。

なりたち

☞ 明
⊙(日《ひ》)と☽(月《つき》)で、「あかるい」を表《あらわ》す。

日 ひ　9画

春

オン　シュン
くん　はる

つかいかた
春《はる》が来《き》た。
春《はる》雨《さめ》が静《しず》かに降《ふ》る。
春《しゅん》夏《か》秋《しゅう》冬《とう》の美《うつく》しい花《はな》。
青《せい》春《しゅん》の思《おも》い出《で》。

オンくんあそび
早《そう》春《しゅん》に　春《はる》一《いち》番《ばん》が
ふきました

いみ・ことば
❶はる。☞ 春《しゅん》夏《か》秋《しゅう》冬《とう》。春《しゅん》季《き》。春《しゅん》期《き》。春《しゅん》分《ぶん》。春《しゅん》眠《みん》。早《そう》春《しゅん》。春《はる》一《いち》番《ばん》。春《はる》風《かぜ》。春《はる》先《さき》。春《はる》雨《さめ》。春《はる》休《やす》み。来《らい》春《しゅん》。立《りっ》春《しゅん》。
❷年《とし》のはじめ。☞ 迎《げい》春《しゅん》。新《しん》春《しゅん》。初《はつ》春《はる》。
❸若《わか》い。☞ 思《し》春《しゅん》期《き》。青《せい》春《しゅん》。

「小《こ》春《はる》日《び》和《より》」とは、冬《ふゆ》のはじめの、春《はる》のように暖《あたた》かい天《てん》気《き》のこと。

星

日 ひ　9画

オン セイ（ショウ）
くん ほし

つかいかた

流《なが》れ星《ぼし》が見《み》えた。人工衛星《じんこうえいせい》の打《う》ち上《あ》げ。北極星《ほっきょくせい》がかがやく。図星《ずぼし》をさされる。

オンくんあそび

星空《ほしぞら》に星座《せいざ》をさがす

なりたち

星 で「ほし」を表《あらわ》し、生で音《おん》「セイ」を表《あらわ》す。

いみ・ことば

❶ほし。火星《かせい》。金星《きんせい》。人工衛星《じんこうえいせい》。水星《すいせい》。星雲《せいうん》。星座《せいざ》。土星《どせい》。流れ星《ながれぼし》。北斗七星《ほくとしちせい》。星《ほし》影《かげ》。星空《ほしぞら》。明星《みょうじょう》。木星《もくせい》。流星《りゅうせい》。惑星《わくせい》。

❷めあて。図星《ずぼし》。目星《めぼし》。

❸勝《か》ち負《ま》け。黒星《くろぼし》。白星《しろぼし》。

昼

日 ひ　9画

オン チュウ
くん ひる

つかいかた

午後《ごご》は昼寝《ひるね》をする。昼下《ひるさ》がりの公園《こうえん》。楽《たの》しい昼休《ひるやす》み。昼夜《ちゅうや》を問《と》わず働《はたら》く。

オンくんあそび

昼食《ちゅうしょく》食《た》べる昼休《ひるやす》み

いみ・ことば

❶ひる。日《ひ》の出《で》ている間《あいだ》。昼食《ちゅうしょく》。昼夜《ちゅうや》。白昼《はくちゅう》。昼《ひる》ご飯《はん》。昼下《ひるさ》がり。昼過《ひるす》ぎ。昼時《ひるどき》。昼寝《ひるね》。昼日中《ひるひなか》。昼間《ひるま》。昼飯《ひるめし》。昼休《ひるやす》み。真昼《まひる》。夜昼《よるひる》。

時

日 ひへん　10画

オン ジ
くん とき

つかいかた

時計《とけい》が時《とき》を知《し》らせる。待《ま》ち合《あ》わせの時間《じかん》。午前七時《ごぜんしちじ》に起《お》きる。当時《とうじ》のことを伝《つた》える。

オンくんあそび

時《とき》は流《なが》れる時代《じだい》は変《か》わる

「時《とき》は金《かね》なり」とは、時間《じかん》はお金《かね》と同《おな》じように大切《たいせつ》なものなので、むだにしてはいけないということ。

いみ・ことば

❶とき。じかん。三時《さんじ》。時間《じかん》。時刻《じこく》。時《じ》速《そく》。時報《じほう》。同時《どうじ》。時折《ときおり》。時々（時時）《ときどき》。日時《にちじ》。

❷そのとき。今時《いまどき》。潮時《しおどき》。時価《じか》。時期《じき》。時事《じじ》。時代《じだい》。戦時《せんじ》。当時《とうじ》。臨時《りんじ》。

とくべつなよみかた

時雨《しぐれ》。時計《とけい》。

日 ひへん

12画

晴

オン セイ

くん は(れる) は(らす)

つかいかた

晴天《せいてん》にめぐまれる。
晴《は》れのちくもり。
成人式《せいじんしき》の晴《は》れ着《ぎ》。
疑《うたが》いを晴《は》らす。

オンくんあそび
晴天《せいてん》の空《そら》
晴《は》れわたる

いみ・ことば

❶はれる。はれ。秋晴《あきば》れ。快晴《かいせい》。晴雨《せいう》。晴天《せいてん》。日本晴《にほんば》れ。晴《は》れ晴《ば》れ。

❷はれがましい。晴《は》れ着《ぎ》。晴《は》れ姿《すがた》。晴《は》れ舞台《ぶたい》。

なりたち

晴　日（太陽《たいよう》）と青（あお）で、「はれ」を表《あらわ》す。

日 ひへん

18画

曜

オン ヨウ

くん ―

つかいかた

日曜日《にちようび》は休《やす》みだ。
月曜日《げつようび》は体育《たいいく》がある。
今日《きょう》は何曜日《なんようび》だろう。

いみ・ことば

❶ようび。一週間《いっしゅうかん》のそれぞれの日《ひ》につける言葉《ことば》。日曜《にちよう》。月曜《げつよう》。火曜《かよう》。水曜《すいよう》。木曜《もくよう》。金曜《きんよう》。土曜《どよう》。何曜日《なんようび》。七曜《しちよう》。七曜表《しちようひょう》。

❷かがやく。黒曜石《こくようせき》。

なりたち

曜　日（太陽《たいよう》）と翟（鳥《とり》がつばさを広《ひろ》げた形《かたち》）で、「かがやく」を表《あらわ》す。

日 ひらび

10画

書

オン ショ

くん か(く)

つかいかた

書《か》き初《ぞ》めをする。
班《はん》の書記《しょき》を務《つと》める。
図書室《としょしつ》で読書《どくしょ》をする。
書道《しょどう》を習《なら》う。

オンくんあそび
教科書《きょうかしょ》を書《か》き写《うつ》す

なりたち

書　聿（筆《ふで》を持《も》つ手《て》）と者（者《もの》）で、「かく」を表《あらわ》す。

いみ・ことば

❶かく。かいたもの。文字《もじ》。楷書《かいしょ》。書《か》き方《かた》。書《か》き初《ぞ》め。下書《したが》き。書記《しょき》。書式《しょしき》。書写《しょしゃ》。書体《しょたい》。書道《しょどう》。書類《しょるい》。清書《せいしょ》。文書《ぶんしょ》。落書《らくが》き。

❷本《ほん》。教科書《きょうかしょ》。辞書《じしょ》。書庫《しょこ》。書店《しょてん》。書物《しょもつ》。著書《ちょしょ》。読書《どくしょ》。図書《としょ》。

晴 曜 書 朝 来 東

朝

月 つき　12画

オン　チョウ
くん　あさ

つかいかた
朝食《ちょうしょく》を残《のこ》さず食《た》べる。朝《あさ》早《はや》く目《め》が覚《さ》める。朝日《あさひ》がのぼる。今朝《けさ》も早《はや》く起《お》きた。

オンくんあそび
早朝《そうちょう》の朝日《あさひ》まぶしいな

いみ・ことば
❶あさ。☞ 朝市《あさいち》。朝方《あさがた》。朝露《あさつゆ》。朝晩《あさばん》。朝日《あさひ》。朝焼《あさや》け。朝夕《あさゆう》。早朝《そうちょう》。朝刊《ちょうかん》。朝食《ちょうしょく》。朝礼《ちょうれい》。毎朝《まいあさ》。明朝《みょうちょう》。翌朝（よくあさ／よくちょう）。
❷王《おう》が政治《せいじ》をすること。☞ 王朝《おうちょう》。朝廷《ちょうてい》。
とくべつなよみかた　今朝《けさ》。

「朝飯前《あさめしまえ》」とは、朝食《ちょうしょく》を食《た》べる前《まえ》の、わずかな時間《じかん》にでもかたづけられるほど、簡単《かんたん》にできるということ。

来

木 き　7画

オン　ライ
くん　くる　（きたる）（きたす）

つかいかた
母《はは》がむかえに来《く》る。将来《しょうらい》の夢《ゆめ》を語《かた》る。来学期《らいがっき》の行事予定《ぎょうじよてい》。体《からだ》に変調《へんちょう》を来《きた》す。

オンくんあそび
来年《らいねん》も 必《かなら》ず君《きみ》に会《あ》いに来《く》る

いみ・ことば
❶くる。☞ 往来《おうらい》。伝来《でんらい》。来客《らいきゃく》。来日《らいにち》。来訪《らいほう》。将来《しょうらい》。未来《みらい》。来学期《らいがっき》。来月《らいげつ》。来年《らいねん》。
❷これから先《さき》。☞ 以来《いらい》。元来《がんらい》。古来《こらい》。
❸そのときからずっと。☞ 昨年来《さくねんらい》。従来《じゅうらい》。本来《ほんらい》。

東

木 き　8画

オン　トウ
くん　ひがし

つかいかた
東《ひがし》の空《そら》に日《ひ》がのぼる。東北地方《とうほくちほう》を旅行《りょこう》する。仕事《しごと》で東奔西走《とうほんせいそう》する。

オンくんあそび
関東《かんとう》は関所《せきしょ》の東《ひがし》

いみ・ことば
❶ひがし。☞ 関東《かんとう》。極東《きょくとう》。中近東《ちゅうきんとう》。中東《ちゅうとう》。東海《とうかい》。東宮《とうぐう》。東経《とうけい》。東国《とうごく》。東西南北《とうざいなんぼく》。東部《とうぶ》。東方《とうほう》。東奔西走《とうほんせいそう》。東洋《とうよう》。馬耳東風《ばじとうふう》。東風（ひがしかぜ／とうふう）。東側《ひがしがわ》。東日本《ひがしにほん》。

❶「東奔西走《とうほんせいそう》」は、あちこち走《はし》り回《まわ》ること。
❷「馬耳東風《ばじとうふう》」は、人《ひと》の忠告《ちゅうこく》や助言《じょげん》などを聞《き》き流《なが》すこと。

楽
木 き　13画

オン　ガク　ラク
くん　たのしい　たのしむ

つかいかた
楽器《がっき》の練習《れんしゅう》をする。
楽《たの》しい時間《じかん》を過《す》ごす。
試合《しあい》は楽勝《らくしょう》だった。
楽々《らくらく》と持《も》ち上《あ》げる。

オンくんあそび
気楽《きらく》に楽《たの》しむ
音楽《おんがく》を

なりたち

楽
鈴《すず》のついた楽器《がっき》の形《かたち》で、「おんがく」「たのしい」を表《あらわ》す。

いみ・ことば
❶たのしい。たやすい。 安楽《あんらく》。快楽《かいらく》。気楽《きらく》。極楽《ごくらく》。娯楽《ごらく》。楽園《らくえん》。楽勝《らくしょう》。楽々《らくらく》（楽楽《らくらく》）。
❷おんがく。 音楽《おんがく》。楽団《がくだん》。楽譜《がくふ》。楽器《がっき》。管弦楽《かんげんがく》。器楽《きがく》。交響楽《こうきょうがく》。声楽《せいがく》。
とくべつなよみかた　神楽《かぐら》。

歌
欠 あくび　14画

オン　カ
くん　うた　うたう

つかいかた
校歌《こうか》を歌《うた》う。
歌手《かしゅ》の歌声《うたごえ》を聞《き》く。
短歌《たんか》の歌集《かしゅう》を買《か》う。

オンくんあそび
歌《うた》を上手《じょうず》に
歌《うた》う歌手《かしゅ》

いみ・ことば
❶うた。うたう。 愛唱歌《あいしょうか》。歌声《うたごえ》。歌曲《かきょく》。歌劇《かげき》。歌詞《かし》。歌手《かしゅ》。歌唱力《かしょうりょく》。歌謡曲《かようきょく》。校歌《こうか》。国歌《こっか》。唱歌《しょうか》。鼻歌《はなうた》。流行歌《りゅうこうか》。
❷わか。 歌人《かじん》。歌壇《かだん》。歌碑《かひ》。歌風《かふう》。詩歌（しいか／しか）。短歌《たんか》。和歌《わか》。

止
止 とめる　4画

オン　シ
くん　とまる　とめる

つかいかた
音楽《おんがく》が止《と》まる。
自転車《じてんしゃ》を止《と》める。
工事《こうじ》で通行《つうこう》止《ど》めの道《みち》。
駐車《ちゅうしゃ》禁止《きんし》の場所《ばしょ》。

オンくんあそび
ここで止《と》まろう
停止線《ていしせん》

いみ・ことば
❶とまる。とめる。やめる。 行（い／ゆ）き止《ど》まり。休止《きゅうし》。禁止《きんし》。止血《しけつ》。終止形《しゅうしけい》。終止符《しゅうしふ》。制止《せいし》。静止《せいし》。阻止《そし》。中止《ちゅうし》。通行止《つうこうど》め。停止《ていし》。廃止《はいし》。歯止《はど》め。防止《ぼうし》。抑止《よくし》。
とくべつなよみかた　波止場《はとば》。

なりたち

止
一《ひと》つの足《あし》あとで、「とまる」を表《あらわ》す。

止 とめる 8画

歩

オン ホ (ブ) (フ)
くん あるく あゆむ

つかいかた
学校《がっこう》まで歩《ある》いて行《い》く。
成功《せいこう》への着実《ちゃくじつ》な歩《あゆ》み。
英語《えいご》を初歩《しょほ》から学《まな》ぶ。
目《め》に見《み》えて進歩《しんぽ》する。

オンくんあそび
歩道《ほどう》歩《ある》いて散歩《さんぽ》する

なりたち
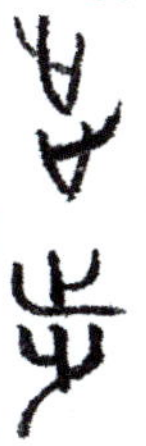
歩
二《ふた》つの足《あし》あとで、「あるく」を表《あらわ》す。

いみ・ことば
❶あるく。 歩《ぽ》。一歩《いっぽ》。横断歩道《おうだんほどう》。競歩《きょうほ》。散歩《さんぽ》。譲歩《じょうほ》。初歩《しょほ》。進歩《しんぽ》。退歩《たいほ》。徒歩《とほ》。歩行《ほこう》。歩数《ほすう》。歩調《ほちょう》。歩道《ほどう》。歩道橋《ほどうきょう》。歩幅《ほはば》。
❷割合《わりあい》。 日歩《ひぶ》。歩合《ぶあい》。

母 はは 5画

母

オン ボ
くん はは

つかいかた
母《はは》の日《ひ》に花《はな》をおくる。
父母《ふぼ》に感謝《かんしゃ》する。
母音《ぼいん》と子音《しいん》。
お母《かあ》さんと話《はな》す。

オンくんあそび
母《はは》の母校《ぼこう》の小学校《しょうがっこう》

なりたち

母
(女《おんな》)に乳首《ちくび》の点《てん》をつけて、「はは」を表《あらわ》す。

いみ・ことば
❶はは。女親《おんなおや》。 生母《せいぼ》。祖母《そぼ》。母上《ははうえ》。母親《ははおや》。母方《ははかた》。父母《ふぼ》。母子《ぼし》。母性《ぼせい》。母乳《ぼにゅう》。養母《ようぼ》。
❷もとになるもの。 母音《ぼいん》(ぼおん)。母国《ぼこく》。
とくべつなよみかた
乳母《うば》。叔母《おば》・伯母《おば》。母屋《おもや》・母家《おもや》。母《かあ》さん。

母 なかれ 6画

毎

オン マイ
くん —

つかいかた
毎日《まいにち》日記《にっき》を書《か》く。
毎朝《まいあさ》ジョギングする。
毎時《まいじ》五十《ごじっ》キロの速度《そくど》。
毎週《まいしゅう》一回《いっかい》ごみを出《だ》す。

なりたち

毎
かみかざりをつけた母《はは》の形《かたち》から。

いみ・ことば
❶いつも。そのたびに。 毎朝《まいあさ》。毎回《まいかい》。毎《まい》次《じ》。毎時《まいじ》。毎週《まいしゅう》。毎月《まいつき》(まいげつ)。毎度《まいど》。毎年《まいとし》(まいねん)。毎日《まいにち》。毎晩《まいばん》。毎秒《まいびょう》。毎分《まいふん》。毎夕《まいゆう》(まいせき)。

毛 け　4画

毛 毛 毛 毛

オン　モウ
くん　け

つかいかた

髪《かみ》の毛《け》を切《き》る。
タンポポの綿毛《わたげ》。
羽毛布団《うもうぶとん》をかける。
毛筆《もうひつ》で手紙《てがみ》を書《か》く。

オンくんあそび
毛布《もうふ》の毛玉《けだま》
取《と》りにくい

いみ・ことば

❶け。 産毛《うぶげ》。羽毛《うもう》。髪《かみ》の毛《け》。毛糸《けいと》。毛織《けおり》物《もの》。毛皮《けがわ》。毛玉《けだま》。毛虫《けむし》。純毛《じゅんもう》。毛髪《もうはつ》。毛筆《もうひつ》。毛布《もうふ》。羊毛《ようもう》。綿毛《わたげ》。

❷細《ほそ》い。わずか。 毛細血管《もうさいけっかん》。毛頭《もうとう》。

❸実《みの》る。 二毛作《にもうさく》。不毛《ふもう》。

なりたち

毛　毛《け》の形《かたち》から。

氵 さんずい　池　6画

池 池 池 池 池 池

オン　チ
くん　いけ

つかいかた

池《いけ》でコイが泳《およ》ぐ。
池《いけ》やぬまにすむ生物《せいぶつ》。
貯水池《ちょすいち》の水《みず》が増《ふ》える。

オンくんあそび
古池《ふるいけ》に
電池《でんち》を落《お》とす

いみ・ことば

❶いけ。 ため池《いけ》。池沼《ちしょう》。貯水池《ちょすいち》。電池《でんち》。古池《ふるいけ》。用水池《ようすいいけ》。

「電池《でんち》」は、電気《でんき》をためておくという意味《いみ》で【池】を書《か》く。【地】ではないので注意《ちゅうい》。

氵 さんずい　汽　7画

汽 汽 汽 汽 汽 汽 汽

オン　キ
くん　―

つかいかた

楽《たの》しい汽車《きしゃ》の旅《たび》。
汽船《きせん》の汽笛《きてき》が鳴《な》る。
夜汽車《よぎしゃ》に乗《の》る。

いみ・ことば

❶蒸気《じょうき》。ゆげ。 汽車《きしゃ》。汽船《きせん》。汽笛《きてき》。夜汽車《よぎしゃ》。

なりたち

汽　氵(水《みず》)と气(ゆげのようす)を合《あ》わせた字《じ》。

海

さんずい　9画

丶 氵 氵 汇 汇 海 海 海 海

オン　カイ
くん　うみ

つかいかた

海《うみ》に囲《かこ》まれた日本《にほん》。
海外《かいがい》旅行《りょこう》に出《で》かける。
家族《かぞく》で海水浴《かいすいよく》に行《い》く。
海女《あま》が海《うみ》で漁《りょう》をする。

オンくんあそび
深海魚《しんかいぎょ》 すむのは深《ふか》くて
暗《くら》い海《うみ》

いみ・ことば

❶うみ。うみのように大《おお》きい。
荒海《あらうみ》。海《うみ》鳴《な》り。海開《うみびら》き。海辺《うみべ》（海辺《かいへん》）。雲海《うんかい》。海外《かいがい》。海岸《かいがん》。海産物《かいさんぶつ》。海上《かいじょう》。海水《かいすい》。海草《かいそう》。海底《かいてい》。海流《かいりゅう》。航海《こうかい》。樹海《じゅかい》。深海《しんかい》。大海《たいかい》。領海《りょうかい》。

とくべつなよみかた
海女《あま》・海士《あま》。海原《うなばら》。

活

さんずい　9画

丶 氵 氵 氵 汻 汻 汘 活 活

オン　カツ
くん　―

つかいかた

活発《かっぱつ》な火山《かざん》活動《かつどう》。
運動会《うんどうかい》で活躍《かつやく》する。
漢字字典《かんじじてん》を活用《かつよう》する。
学校生活《がっこうせいかつ》に慣《な》れる。

いみ・ことば

❶生《い》きる。生《い》かす。生《い》き生《い》きしている。
快活《かいかつ》。活火山《かっかざん》。活気《かっき》。活況《かっきょう》。活字《かつじ》。活断層《かつだんそう》。活動《かつどう》。活発《かっぱつ》。活躍《かつやく》。活用《かつよう》。活力《かつりょく》。死活《しかつ》。自活《じかつ》。生活《せいかつ》。部活《ぶかつ》。復活《ふっかつ》。

なりたち

活

舌（自由《じゆう》に動《うご》く舌《した》）と氵（水《みず》）で、「生《い》き生《い》きしている」を表《あらわ》す。

点

れっか　9画

丨 ト ⺊ 占 占 占 点 点 点

別《べつ》の筆順《ひつじゅん》もあるよ。
丨 ト ⺊ …

オン　テン
くん　―

つかいかた

目《め》が点《てん》になる。
交差点《こうさてん》を右《みぎ》に曲《ま》がる。
点線部分《てんせんぶぶん》を切《き》り取《と》る。
百点満点《ひゃくてんまんてん》を取《と》る。

「目《め》が点《てん》になる」は、びっくりする・おどろくという意味《いみ》だよ。

いみ・ことば

❶てん。しるし。
句読点《くとうてん》。点字《てんじ》。点線《てんせん》。濁点《だくてん》。
❷事柄《ことがら》や場所《ばしょ》。
欠点《けってん》。交差点《こうさてん》。重点《じゅうてん》。要点《ようてん》。
❸てんすう。
採点《さいてん》。得点《とくてん》。百点《ひゃくてん》。満点《まんてん》。
❹火《ひ》をつける。
点火《てんか》。点灯《てんとう》。点滅《てんめつ》。
❺調《しら》べる。
点検《てんけん》。点呼《てんこ》。

父 ちち　4画

父

オン　フ
くん　ちち

つかいかた
父《ちち》の日《ひ》のプレゼント。
祖父《そふ》の家《いえ》に行《い》く。
私《わたし》のお父《とう》さん。

オンくんあそび
祖父《そふ》といっしょに父《ちち》が来《き》た

いみ・ことば
❶ちち。男親《おとこおや》。尊父《そんぷ》。義父《ぎふ》。厳父《げんぷ》。実父《じっぷ》。祖父《そふ》。父《ちち》上《うえ》。父《ちち》親《おや》。父《ちち》方《かた》。父《ふ》兄《けい》。父《ふ》系《けい》。父《ふ》子《し》。父《ふ》母《ぼ》。亡父《ぼうふ》。養父《ようふ》。老父《ろうふ》。
❷先《さき》に物事《ものごと》を行《おこな》った人《ひと》。近代医学《きんだいいがく》の父《ちち》。
とくべつなよみかた
叔父《おじ》・伯父《おじ》。父《とう》さん。

「伯父《おじ》」は、父母《ふぼ》の兄《あに》のこと。
「叔父《おじ》」は、父母《ふぼ》の弟《おとうと》のこと。

牛 うし　4画

牛

オン　ギュウ
くん　うし

つかいかた
牛《ぎゅう》舎《しゃ》に牛《うし》がいる。
牛《ぎゅう》肉《にく》を使《つか》った料理《りょうり》。
コップに牛《ぎゅう》乳《にゅう》を注《そそ》ぐ。
乳牛《にゅうぎゅう》を飼育《しいく》する。

オンくんあそび
牛《ぎゅう》乳《にゅう》は　栄養豊《えいようゆた》かな
牛《うし》の乳《ちち》

いみ・ことば
❶うし。役牛《えきぎゅう》。親牛《おやうし》。牛《ぎゅう》飲馬食《いんばしょく》。牛《ぎゅう》車《しゃ》。牛《ぎゅう》舎《しゃ》。牛《ぎゅう》肉《にく》。牛《ぎゅう》乳《にゅう》。牛《ぎゅう》馬《ば》。牛《ぎゅう》歩《ほ》。子牛《こうし》。水牛《すいぎゅう》。闘牛《とうぎゅう》。肉牛《にくぎゅう》。乳牛《にゅうぎゅう》。牧牛《ぼくぎゅう》。野牛《やぎゅう》。

「牛車《ぎゅうしゃ》」は、「ぎっしゃ」とも読《よ》むよ。

なりたち

牛
牛《うし》の頭部《とうぶ》の形《かたち》から。

耂 おいかんむり　6画

考

オン　コウ
くん　かんがえる

つかいかた
よい方法《ほうほう》を考《かんが》える。
考《こう》古《こ》学《がく》に興味《きょうみ》がある。
熟考《じゅっこう》を重《かさ》ねる。
沈思黙考《ちんしもっこう》する。

オンくんあそび
参《さん》考《こう》書《しょ》　参《さん》考《こう》にして
考《かんが》える

いみ・ことば
❶かんがえる。調《しら》べる。一考《いっこう》。考《かんが》え事《ごと》。愚考《ぐこう》。考《こう》案《あん》。考《こう》究《きゅう》。考《こう》古《こ》学《がく》。考《こう》査《さ》。考《こう》察《さつ》。考《こう》証《しょう》。考《こう》慮《りょ》。再考《さいこう》。参考《さんこう》。思考《しこう》。熟考《じゅっこう》。選考《せんこう》。長考《ちょうこう》。沈思黙考《ちんしもっこう》。備考《びこう》。

「沈思黙考《ちんしもっこう》」とは、だまって深《ふか》く考《かんが》えること。

理

11画　王 おうへん

オン　リ

くん

つかいかた

理《り》科《か》の実験《じっけん》をする。
時計《とけい》を修理《しゅうり》に出《だ》す。
先生《せんせい》の話《はなし》を理《り》解《かい》する。
失敗《しっぱい》した理《り》由《ゆう》を話《はな》す。

いみ・ことば

❶物事《ものごと》の筋道《すじみち》。
道理《どうり》。物理《ぶつり》。無理《むり》。原理《げんり》。心理《しんり》。真理《しんり》。推理《すいり》。系《けい》。理《り》性《せい》。理《り》想《そう》。理《り》念《ねん》。理《り》科《か》。理《り》由《ゆう》。理《り》解《かい》。理《り》論《ろん》。理《り》屈《くつ》。論理《ろんり》。管理《かんり》。修理《しゅうり》。整理《せいり》。理《り》髪《はつ》。
❷整《ととの》える。
容《よう》。料理《りょうり》。

なりたち

理
王（玉《たま》〔宝石《ほうせき》〕）と里（筋《すじ》）を合《あ》わせた字《じ》。

用

5画　用 もちいる

オン　ヨウ

くん　もちいる

つかいかた

実験用《じっけんよう》具《ぐ》を準備《じゅんび》する。
メモ用《よう》紙《し》を用《もち》いる。
急用《きゅうよう》で欠席《けっせき》する。
はさみを使用《しよう》する。

オンくんあそび

器《き》具《ぐ》を用《もち》いて
器《き》用《よう》に作《つく》る

いみ・ことば

❶もちいる。必要《ひつよう》とする。
愛用《あいよう》。応用《おうよう》。学用《がくよう》品《ひん》。活用《かつよう》。採用《さいよう》。使用《しよう》。日用《にちよう》品《ひん》。費用《ひよう》。用《よう》意《い》。用《よう》語《ご》。用《よう》紙《し》。用《よう》心《じん》。用《よう》地《ち》。利用《りよう》。
❷仕事《しごと》。
急用《きゅうよう》。雑用《ざつよう》。所用《しょよう》。用《よう》件《けん》。用《よう》事《じ》。
❸働《はたら》き。
器用《きよう》。効用《こうよう》。作用《さよう》。有用《ゆうよう》。

「用《よう》をなさない」とは、役《やく》に立《た》たないということ。

画

8画　田 た

オン　ガ　カク

くん

つかいかた

画《が》家《か》が絵《え》をかく。
漢字《かんじ》の画《かく》数《すう》を調《しら》べる。
夏祭《なつまつ》りの企《き》画《かく》をする。
画《かっ》期《き》的《てき》な発明《はつめい》をする。

オンくんあそび

映《えい》画《が》の企《き》画《かく》
画《かっ》期《き》的《てき》

いみ・ことば

❶え。えがく。
映《えい》画《が》。絵《かい》画《が》。画《が》家《か》。画《が》集《しゅう》。画《が》像《ぞう》。画《が》板《ばん》。画《が》面《めん》。画《が》用《よう》紙《し》。図《ず》画《が》。版《はん》画《が》。
❷区切《くぎ》る。
画《かく》一《いっ》的《てき》。画《かく》然《ぜん》。画《かっ》期《き》的《てき》。区《く》画《かく》。
❸くわだてる。
画《かく》策《さく》。企《き》画《かく》。計《けい》画《かく》。
❹漢字《かんじ》の点《てん》や線《せん》。
画《かく》数《すう》。字《じ》画《かく》。総《そう》画《かく》。

「画《かく》一《いっ》的《てき》」とは、どれも同《おな》じようで、個性《こせい》や特徴《とくちょう》がないようす。

田 た　12画

番

オン　バン
くん　―

つかいかた
順《じゅん》番《ばん》に並《なら》ぶ。
電《でん》話《わ》番《ばん》号《ごう》を調《しら》べる。
今《きょ》日《う》は掃《そう》除《じ》当《とう》番《ばん》だ。
妹《いもうと》と留《る》守《す》番《ばん》をする。

いみ・ことば
❶じゅんばん。
一《いち》番《ばん》。出《で》番《ばん》。番《ばん》外《がい》。番《ばん》組《ぐみ》。
番《ばん》号《ごう》。番《ばん》地《ち》。番《ばん》付《づけ》。本《ほん》番《ばん》。
❷見《み》張《は》り。役《やく》目《め》。
交《こう》番《ばん》。週《しゅう》番《ばん》。当《とう》番《ばん》。番《ばん》
犬《けん》。番《ばん》台《だい》。番《ばん》頭《とう》。番《ばん》人《にん》。番《ばん》兵《ぺい》。店《みせ》番《ばん》。門《もん》番《ばん》。
留《る》守《す》番《ばん》。

「十八番《じゅうはちばん》」とは、いちばん得《とく》意《い》なもののこと。「おはこ」とも読《よ》む。

目 め　8画

直

オン　チョク　ジキ
くん　ただちに　なおす　なおる

つかいかた
通《つう》路《ろ》を直《ちょく》進《しん》する。
直《ただ》ちに会《かい》議《ぎ》を始《はじ》める。
友《とも》達《だち》と仲《なか》直《なお》りをする。
正《しょう》直《じき》に話《はな》す。

オンくんあそび
正《しょう》直《じき》に　直《ただ》ちに直《なお》す
直《ちょく》視《し》して

いみ・ことば
❶まっすぐ。
垂《すい》直《ちょく》。直《ちょく》進《しん》。直《ちょく》線《せん》。直《ちょく》立《りつ》。
直《ちょく》流《りゅう》。直《ちょっ》角《かく》。直《ちょっ》球《きゅう》。
❷すなお。
実《じっ》直《ちょく》。正《しょう》直《じき》。率《そっ》直《ちょく》。
❸すぐに。じかに。
直《じき》筆《ひつ》。直《ちょく》接《せつ》。直《ちょく》前《ぜん》。
❹つとめ。
日《にっ》直《ちょく》。

矢 や　5画

矢

オン　（シ）
くん　や

つかいかた
矢《や》印《じるし》の方《ほう》向《こう》に進《すす》む。
弓《ゆみ》で矢《や》を射《い》る。
質《しつ》問《もん》の矢《や》面《おもて》に立《た》つ。

いみ・ことば
❶や。
毒《どく》矢《や》。
破《は》魔《ま》矢《や》。火《ひ》矢《や》。吹《ふ》き矢《や》。矢《や》面《おもて》。矢《や》先《さき》。矢《や》尻《じり》。
矢《や》印《じるし》。矢《や》継《つ》ぎ早《ばや》。矢《や》文《ぶみ》。弓《ゆみ》矢《や》。

なりたち

矢
矢《や》の形《かたち》から。

知

矢 やへん　8画

オン　チ
くん　し**る**

つかいかた
行《い》き先《さき》を知《し》らせる。
合格《ごうかく》の知《し》らせが届《とど》く。
物《もの》知《し》り博士《はかせ》に聞《き》く。
よい知《ち》恵《え》がうかぶ。

オンくんあそび
未《み》知《ち》の世界《せかい》を知《し》る学《まな》び

いみ・ことば
❶しる。
顔《かお》見《み》知《し》り。旧《きゅう》知《ち》。察《さっ》知《ち》。承《しょう》知《ち》。
知《ち》己《き》。知《ち》識《しき》。知《ち》人《じん》。知《ち》名《めい》度《ど》。通《つう》知《ち》。未《み》知《ち》。
物《もの》知《し》り。予《よ》知《ち》。
❷ちえ。
英《えい》知《ち》。才《さい》知《ち》。知《ち》恵《え》。知《ち》性《せい》。知《ち》能《のう》。
❸おさめる。
知《ち》事《じ》。

社

ネ しめすへん　7画

オン　シャ
くん　やしろ

つかいかた
大《おお》きな会《かい》社《しゃ》の社《しゃ》長《ちょう》。
社《しゃ》会《かい》科《か》の工《こう》場《じょう》見《けん》学《がく》。
新《しん》聞《ぶん》の社《しゃ》説《せつ》を読《よ》む。
神《じん》社《じゃ》の境《けい》内《だい》で遊《あそ》ぶ。

オンくんあそび
神《じん》社《じゃ》の中《なか》の大《おお》きな社《やしろ》

いみ・ことば
❶やしろ。お宮《みや》。
社《しゃ》寺《じ》。社《しゃ》殿《でん》。神《じん》社《じゃ》。
❷人々《ひとびと》の集《あつ》まり。世《よ》の中《なか》。
会《かい》社《しゃ》。結《けっ》社《しゃ》。
社《しゃ》会《かい》。社《しゃ》交《こう》。
❸「会社《かいしゃ》」のこと。
支《し》社《しゃ》。社《しゃ》員《いん》。社《しゃ》説《せつ》。社《しゃ》長《ちょう》。商《しょう》社《しゃ》。新《しん》聞《ぶん》社《しゃ》。
退《たい》社《しゃ》。入《にゅう》社《しゃ》。本《ほん》社《しゃ》。

なりたち
社　土（つち）と ネ（示〔祭壇《さいだん》〕）で、「やしろ」を表《あらわ》す。

科

禾 のぎへん　9画

オン　カ
くん　―

つかいかた
科《か》学《がく》の世《せ》界《かい》にふれる。
好《す》きな科《か》目《もく》は国《こく》語《ご》だ。
桜《さくら》はバラ科《か》の植《しょく》物《ぶつ》だ。
国《こく》語《ご》辞《じ》典《てん》と百《ひゃっ》科《か》事《じ》典《てん》。

いみ・ことば
❶区《く》分《わ》け。
科《か》学《がく》。学《がっ》科《か》。科《か》目《もく》。教《きょう》科《か》。外《げ》科《か》。国《こく》語《ご》科《か》。歯《し》科《か》。耳《じ》鼻《び》科《か》。社《しゃ》会《かい》科《か》。小《しょう》児《に》科《か》。内《ない》科《か》。ネコ科《か》。バラ科《か》。百《ひゃっ》科《か》事《じ》典《てん》。理《り》科《か》。
❷罪《つみ》。
罪《ざい》科《か》。前《ぜん》科《か》。

なりたち
科　禾（作物《さくもつ》）と 斗（ます）で「ますではかって分《わ》ける」を表《あらわ》し、のち、「区《く》分《わ》け」を表《あらわ》す。

秋

禾 のぎへん　9画

オン　シュウ
くん　あき

つかいかた

秋《あき》の気配《けはい》を感《かん》じる。
秋《あき》風《かぜ》がはだに冷《つめ》たい。
秋《あき》晴《ば》れの秋《しゅう》分《ぶん》の日《ひ》。
中《ちゅう》秋《しゅう》の名《めい》月《げつ》。

オンくんあそび　秋《あき》も深《ふか》まる晩《ばん》秋《しゅう》のころ

いみ・ことば

❶あき。　秋風(あきかぜ しゅうふう)。秋草《あきくさ》。秋雨(あきさめ しゅうう)。秋空《あきぞら》。秋《あき》晴《ば》れ。秋季《しゅうき》。秋期《しゅうき》。秋分《しゅうぶん》。秋冷《しゅうれい》。初秋《しょしゅう》。中秋《ちゅうしゅう》。麦秋(ばくしゅう むぎあき)。晩秋《ばんしゅう》。立秋《りっしゅう》。

❷年月《としつき》。　一日(いちじつ いちにち)千秋《せんしゅう》。千秋楽《せんしゅうらく》。

なりたち　秋　禾(穀物《こくもつ》)と火(ひ)を合《あ》わせた字《じ》。

答

⺮ たけかんむり　12画

オン　トウ
くん　こたえる
　　　こたえ

つかいかた

先《せん》生《せい》の質《しつ》問《もん》に答《こた》える。
答《こた》え合《あ》わせをする。
アンケートの回《かい》答《とう》。
返《へん》答《とう》を求《もと》める。

オンくんあそび　解《かい》答《とう》用《よう》紙《し》に答《こた》え書《か》く

いみ・ことば

❶こたえる。こたえ。　応答《おうとう》。回答《かいとう》。解答《かいとう》。確答《かくとう》。口答《くちごた》え。口答《こうとう》。誤答《ごとう》。質疑応答《しつぎおうとう》。自《じ》問《もん》自《じ》答《とう》。正答《せいとう》。即答《そくとう》。答案《とうあん》。答辞《とうじ》。答申《とうしん》。答弁《とうべん》。答礼《とうれい》。返答《へんとう》。名答《めいとう》。問答《もんどう》。

なりたち　答　⺮(たけ)と合(あう)を合《あ》わせた字《じ》。

算

⺮ たけかんむり　14画

オン　サン
くん　—

つかいかた

宿《しゅく》題《だい》は計《けい》算《さん》ドリルだ。
暗《あん》算《ざん》が苦《にが》手《て》だ。
算《さん》数《すう》のかけ算《ざん》。
予《よ》算《さん》が少《すこ》し足《た》りない。

いみ・ことば

❶数《かぞ》える。　暗算《あんざん》。加算《かさん》。合算《がっさん》。換算《かんさん》。逆《ぎゃく》算《さん》。計算《けいさん》。決算《けっさん》。検算《けんざん》。採算《さいさん》。算出《さんしゅつ》。算数《さんすう》。算定《さんてい》。算入《さんにゅう》。算用数字《さんようすうじ》。精算《せいさん》。通算《つうさん》。筆算《ひっさん》。

❷見通《みとお》し。　公算《こうさん》。誤算《ごさん》。勝算《しょうさん》。成算《せいさん》。打《だ》算《さん》。

なりたち

算　⺮(たけ)と具(両手《りょうて》でそろえる)を合《あ》わせた字《じ》。

米

米 こめ　6画

オン　ベイ　マイ
くん　こめ

つかいかた
今年《ことし》もお米《こめ》が豊作《ほうさく》だ。日米《にちべい》首脳《しゅのう》会談《かいだん》。米《べい》作《さく》が盛《さか》んな地方《ちほう》。玄《げん》米《まい》を精《せい》米《まい》する。

オンくんあそび
新《しん》米《まい》を売《う》る米《こめ》屋《や》さん

いみ・ことば
❶こめ。米所《こめどころ》。新米《しんまい》。外米《がいまい》。精米《せいまい》。玄米《げんまい》。白米《はくまい》。古米《こまい》。米価《べいか》。米俵《こめだわら》。米作《べいさく》。米粒《こめつぶ》。米《べい》食《しょく》。もち米《ごめ》。
❷アメリカのこと。南米《なんべい》。日米《にちべい》。米国《べいこく》。北米《ほくべい》。欧米《おうべい》。中米《ちゅうべい》。渡米《とべい》。

漢字《かんじ》で「亜米利加《あめりか》」と書《か》いたことから。

なりたち

米
米《こめ》の穂《ほ》の形《かたち》から。

紙

糸 いとへん　10画

オン　シ
くん　かみ

つかいかた
紙《かみ》くずを集《あつ》める。野菜《やさい》を新聞《しんぶん》紙《し》に包《つつ》む。画用《がよう》紙《し》に絵《え》をかく。表《ひょう》紙《し》に名前《なまえ》を書《か》く。

オンくんあそび
画用《がよう》紙《し》に　色《いろ》とりどりの紙《かみ》をはる

いみ・ことば
❶かみ。厚紙《あつがみ》。色紙《いろがみ》（しきし）。折り紙《おりがみ》。型紙《かたがみ》。壁紙《かべがみ》。紙《かみ》くず。紙芝居《かみしばい》。紙粘土《かみねんど》。紙飛行機《かみひこうき》。画用紙《がようし》。原稿用紙《げんこうようし》。五線紙《ごせんし》。紙幣《しへい》。新聞紙《しんぶんし》。包み紙《つつみがみ》。手紙《てがみ》。白紙《はくし》。表紙《ひょうし》。和紙《わし》。
❷新聞《しんぶん》。紙上《しじょう》。紙面《しめん》。全国紙《ぜんこくし》。

なりたち
紙
糸（いと）と氏（平《たい》ら）で、繊維《せんい》を平《たい》らにのばした「かみ」を表《あらわ》す。

細

糸 いとへん　11画

オン　サイ
くん　ほそい　ほそる　こまか　こまかい

つかいかた
頂上《ちょうじょう》までの細《ほそ》い山道《やまみち》。細《こま》かい気配《きくば》りをする。状況《じょうきょう》を細《こま》かく調《しら》べる。竹《たけ》で細《さい》工《く》をする。

オンくんあそび
細《ほそ》く細《こま》かく細《さい》工《く》する

いみ・ことば
❶ほそい。細腕《ほそうで》。細字《ほそじ》。細身《ほそみ》。細道《ほそみち》。
❷こまかい。小《ち》さい。細菌《さいきん》。細工《さいく》。細心《さいしん》。細則《さいそく》。細部《さいぶ》。細胞《さいぼう》。細密《さいみつ》。繊細《せんさい》。零細《れいさい》。
❸くわしい。委細《いさい》。子細《しさい》。詳細《しょうさい》。明細《めいさい》。

なりたち

細
糸（いと）と⊗（細《こま》かい）で、「ほそい」を表《あらわ》す。

糸 いとへん

組

11画

く 幺 糸 … 組

オン ソ

くん くむ

くん くみ

つかいかた

うでを組《く》んで考《かんが》える。

二年二組《にねんにくみ》の教室《きょうしつ》。

テレビ番組《ばんぐみ》を見《み》る。

会社《かいしゃ》の組織図《そしきず》を見《み》る。

オンくんあそび

組織《そしき》で取《と》り組《く》む 事故防止《じこぼうし》

なりたち

☞ 組 糸（いと）と 且（積《つ》み重《かさ》ねる）で、「くむ」を表《あらわ》す。

いみ・ことば

❶くむ。くみ。仲間《なかま》。☞ 赤組《あかぐみ》。腕組《うでぐ》み。縁組《えんぐ》み。組《くみ》合《あい》。組《く》み合《あ》わせ。組曲《くみきょく》。仕組《しく》み。改組《かいそ》。組織《そしき》。組成《そせい》。取《と》り組《く》み。二年《にねん》二組《にくみ》。白組《しろぐみ》。番組《ばんぐみ》。骨組《ほねぐ》み。

糸 いとへん

絵

12画

く 幺 糸 … 絵

オン カイ

オン エ

くん —

「カイ」も「エ」も音読《おんよ》みだよ。

つかいかた

絵画展《かいがてん》に行《い》く。

夏休《なつやす》みの絵日記《えにっき》。

絵《え》はがきが届《とど》く。

絵本作家《えほんさっか》になる。

オンくんあそび

絵《え》が並《なら》んでる 絵画展《かいがてん》

いみ・ことば

❶え。☞ 油絵《あぶらえ》。浮世絵《うきよえ》。絵柄《えがら》。絵空事《えそらごと》。絵《え》地図《ちず》。絵手紙《えてがみ》。絵日記《えにっき》。絵《え》の具《ぐ》。絵《え》はがき。絵画《かいが》。絵筆《えふで》。絵本《えほん》。絵馬《えま》。絵巻物《えまきもの》。絵文字《えもじ》。似顔絵《にがおえ》。影絵《かげえ》。口絵《くちえ》。塗《ぬ》り絵《え》。

糸 いとへん

線

15画

く 幺 糸 … 線

オン セン

くん —

つかいかた

地面《じめん》に線《せん》を引《ひ》く。

新幹線《しんかんせん》に乗《の》る。

海《うみ》のかなたの水平線《すいへいせん》。

台風《たいふう》で電線《でんせん》が切《き》れる。

いみ・ことば

❶せん。細長《ほそなが》いもの。☞ 曲線《きょくせん》。光線《こうせん》。水平《すいへい》線《せん》。線香《せんこう》。直線《ちょくせん》。点線《てんせん》。電線《でんせん》。白線《はくせん》。

❷交通機関《こうつうきかん》の道筋《みちすじ》。☞ 沿線《えんせん》。支線《しせん》。線路《せんろ》。脱線《だっせん》。本線《ほんせん》。路線《ろせん》。

とくべつなよみかた 三味線《しゃみせん》。

なりたち

線 泉（いずみ）と糸（いと）で、細長《ほそなが》く続《つづ》く意《い》から、「せん」を表《あらわ》す。

羽 はね 6画

羽

オン (ウ)
くん は はね

つかいかた
水鳥《みずとり》の羽音《はおと》。
二羽《にわ》の鳥《とり》。
クジャクの羽《はね》飾《かざ》り。
羽毛《うもう》布団《ぶとん》でねる。

前《まえ》にくる言葉《ことば》によって読《よ》み方《かた》が変《か》わるよ。

オンくんあそび
羽《は》ばたく鳥《とり》の
羽毛《うもう》散《ち》る

いみ・ことば
❶はね。つばさ。☞羽化《うか》。羽毛《うもう》。羽音《はおと》。羽《は》衣《ごろも》。羽飾《はねかざ》り。
❷鳥《とり》などを数《かぞ》える言葉《ことば》。☞一羽《いちわ》。二羽《にわ》。三羽(さんば さんわ)。四羽《よんわ》。五羽《ごわ》。六羽(ろっぱ ろくわ)。七羽(ななわ しちわ)。八羽(はっぱ はちわ)。九羽《きゅうわ》。十羽(じっぱ じゅうわ)。

なりたち
☞羽 鳥《とり》の羽《はね》の形《かたち》から。

耳 みみ 14画

聞

オン ブン (モン)
くん きく きこえる

つかいかた
人《ひと》の意見《いけん》を聞《き》く。
話《はな》し声《ごえ》が聞《き》こえる。
居間《いま》で新聞《しんぶん》を読《よ》む。
前代未聞《ぜんだいみもん》のできごと。

オンくんあそび
新聞《しんぶん》を読《よ》んでもらって
耳《みみ》で聞《き》く

いみ・ことば
❶きく。耳《みみ》に入《はい》る。☞聞《き》き手《て》。聞《き》き耳《みみ》。見聞《けんぶん》。前代未聞《ぜんだいみもん》。立《た》ち聞《ぎ》き。他聞《たぶん》。聴聞会《ちょうもんかい》。伝聞《でんぶん》。内聞《ないぶん》。人聞《ひとぎ》き。又聞《またぎ》き。
❷うわさ。評判《ひょうばん》。情報《じょうほう》。☞外聞《がいぶん》。醜聞《しゅうぶん》。新聞《しんぶん》。風聞《ふうぶん》。

なりたち
☞聞 門(門《もん》)と耳(耳《みみ》)を合《あ》わせた字《じ》。

肉 にく 6画

肉

オン ニク
くん —

「ニク」は音読《おんよ》みだよ。

つかいかた
肉料理《にくりょうり》が好《す》きだ。
肉眼《にくがん》でも見《み》える。
ライオンは肉食《にくしょく》だ。
肉親《にくしん》に相談《そうだん》する。

いみ・ことば
❶にく。にくのようなもの。☞果肉《かにく》。牛肉《ぎゅうにく》。魚肉《ぎょにく》。筋肉《きんにく》。朱肉《しゅにく》。精肉《せいにく》。鳥肉《とりにく》。肉厚《にくあつ》。肉牛《にくぎゅう》。肉食《にくしょく》。肉類《にくるい》。豚肉《ぶたにく》。
❷なまの。じかに。近《ちか》い。☞骨肉《こつにく》。肉眼《にくがん》。肉親《にくしん》。肉声《にくせい》。肉体《にくたい》。肉薄《にくはく》。肉筆《にくひつ》。

なりたち
☞肉 肉《にく》の形《かたち》から。

組 絵 線 羽 聞 肉

色 いろ 6画

色

オン ショク
シキ
くん いろ

つかいかた

絵《え》に色《いろ》をつける。
七《なな》色《いろ》のにじ。
特《とく》色《しょく》のある本《ほん》。
外《そと》の景《け》色《しき》をながめる。

オンくんあそび
十《じゅう》二《に》色《しょく》の色《いろ》鉛《えん》筆《ぴつ》

いみ・ことば

❶いろ。☞ 色《いろ》鉛《えん》筆《ぴつ》。色紙（いろがみ しきし）。顔色（かおいろ がんしょく）。金色（きんいろ こんじき）。原《げん》色《しょく》。色《しき》彩《さい》。着《ちゃく》色《しょく》。七《なな》色《いろ》。配《はい》色《しょく》。無《む》色《しょく》。

❷ようす。ありさま。☞ 異《い》色《しょく》。気色（きしょく けしき）。脚《きゃく》色《しょく》。特《とく》色《しょく》。難《なん》色《しょく》。音色（ねいろ おんしょく）。旗《はた》色《いろ》。

とくべつなよみかた
景《け》色《しき》。

舟 ふねへん 11画

船

オン セン
くん ふね
ふな

つかいかた

大《おお》きな船《ふね》の船《せん》長《ちょう》。
南《なん》極《きょく》観《かん》測《そく》船《せん》の船《ふな》出《で》。
豪《ごう》華《か》客《きゃく》船《せん》で世《せ》界《かい》一《いっ》周《しゅう》。
風《ふう》船《せん》を飛《と》ばす。

オンくんあそび
空《そら》飛《と》ぶ船《ふね》は飛《ひ》行《こう》船《せん》

いみ・ことば

❶ふね。☞ 宇《う》宙《ちゅう》船《せん》。大《おお》船《ぶね》。貨《か》物《もつ》船《せん》。客《きゃく》船《せん》。漁《ぎょ》船《せん》。黒《くろ》船《ふね》。下《げ》船《せん》。乗《じょう》船《せん》。船《せん》員《いん》。船《せん》室《しつ》。船《せん》団《だん》。船《せん》長《ちょう》。船《せん》舶《ぱく》。造《ぞう》船《せん》。帆《はん》船《せん》。飛《ひ》行《こう》船《せん》。風《ふう》船《せん》。船《ふな》旅《たび》。船《ふな》出《で》。船《ふな》乗《の》り。船《ふな》酔《よ》い。

とくべつなよみかた
伝《てん》馬《ま》船《せん》。

手《て》でこぐ小《こ》形《がた》のふねは、「舟《ふね》」と書《か》かれることが多《おお》い。

自 みずから 6画

自

オン ジ
シ
くん みずから

つかいかた

自《じ》動《どう》車《しゃ》に乗《の》る。
自《みずか》ら考《かん》え行《こう》動《どう》する。
昼《ひる》休《やす》みは自《じ》由《ゆう》に遊《あそ》ぶ。
自《し》然《ぜん》の豊《ゆた》かな場《ば》所《しょ》。

オンくんあそび
自《みずか》ら考《かんが》え自《じ》習《しゅう》する

なりたち

☞ 自

鼻《はな》の形《かたち》を表《あらわ》し、鼻《はな》を指《さ》して「じぶん」を示《しめ》すことから。

いみ・ことば

❶じぶん。じぶんから。ひとりでに。☞ 各《かく》自《じ》。自《じ》覚《かく》。自《じ》家《か》製《せい》。自《じ》己《こ》。自《じ》己《こ》紹《しょう》介《かい》。自《じ》習《しゅう》。自《じ》身《しん》。自《じ》信《しん》。自《じ》生《せい》。自《し》然《ぜん》。自《じ》転《てん》。自《じ》転《てん》車《しゃ》。自《じ》動《どう》。自《じ》動《どう》車《しゃ》。自《じ》分《ぶん》。自《じ》明《めい》。自《じ》問《もん》自《じ》答《とう》。

❷思《おも》うとおり。☞ 自《じ》在《ざい》。自《じ》由《ゆう》。

行

行 ぎょう　6画

行

ノ 彳 彳 彳 行 行

オン　コウ　ギョウ　（アン）
くん　いく　ゆく　おこなう

つかいかた

歩《ある》いて学校《がっこう》に行《い》く。
開会式《かいかいしき》を行《おこな》う。
銀行《ぎんこう》に預金《よきん》する。
順番待《じゅんばんま》ちの長《なが》い行列《ぎょうれつ》。

オンくんあそび

海外旅行《かいがいりょこう》
行《い》きたいな

いみ・ことば

❶いく。ゆく。行進《こうしん》。通行《つうこう》。旅行《りょこう》。
❷おこなう。行事《ぎょうじ》。行為《こうい》。行動《こうどう》。実行《じっこう》。
❸並《なら》び。改行《かいぎょう》。行間《ぎょうかん》。行数《ぎょうすう》。行列《ぎょうれつ》。
❹店《みせ》。銀行《ぎんこう》。
とくべつなよみかた　行方《ゆくえ》。

西

西 にし　6画

西

一 冂 冂 丙 西 西

オン　セイ　サイ
くん　にし

つかいかた

夕日《ゆうひ》が西《にし》にしずむ。
駅《えき》の西口《にしぐち》に出《で》る。
西洋《せいよう》と東洋《とうよう》。
関西《かんさい》地方《ちほう》の天気《てんき》。

オンくんあそび

日本《にほん》の西部《せいぶ》
西日本《にしにほん》

いみ・ことば

❶にし。関西《かんさい》。古今東西《ここんとうざい》。西国《さいごく》。西経《せいけい》。西部《せいぶ》。西洋《せいよう》。大西洋《たいせいよう》。東西南北《とうざいなんぼく》。南西《なんせい》。西口《にしぐち》。西日本《にしにほん》。西日《にしび》。北西《ほくせい》。
❷「西洋《せいよう》」のこと。西欧《せいおう》。西暦《せいれき》。

親

見 みる　16画

親

丶 亠 立 辛 亲 新 親 親

オン　シン
くん　おや　したしい　したしむ

つかいかた

両親《りょうしん》と旅行《りょこう》する。
馬《うま》の親子《おやこ》。
読書《どくしょ》に親《した》しむ。
親切《しんせつ》に教《おし》えてもらう。

オンくんあそび

親《おや》どうし　親《した》しくなって
親友《しんゆう》に

いみ・ことば

❶おや。身内《みうち》。親子《おやこ》。親孝行《おやこうこう》。親心《おやごころ》。親《しん》戚《せき》。親族《しんぞく》。親類《しんるい》。父親《ちちおや》。肉親《にくしん》。母親《ははおや》。両親《りょうしん》。
❷したしい。親愛《しんあい》。親近感《しんきんかん》。親交《しんこう》。親書《しんしょ》。親切《しんせつ》。親善《しんぜん》。親展《しんてん》。親睦《しんぼく》。親密《しんみつ》。親友《しんゆう》。

角 つの　7画

角

オン　カク
くん　かど　つの

つかいかた
街角《まちかど》の魚屋《さかなや》さん。
角笛《つのぶえ》をふく少年《しょうねん》。
三角形《さんかくけい》の内角《ないかく》の和《わ》。
昆虫《こんちゅう》の触角《しょっかく》。

オンくんあそび
直角《ちょっかく》の　角《かど》から角《つの》が
にょっきりと

いみ・ことば
❶つの。　触角《しょっかく》。角笛《つのぶえ》。頭角《とうかく》。
❷かく。かど。　外角《がいかく》。角度《かくど》。三角形《さんかくけい》。四《し》角形《かくけい》。対角線《たいかくせん》。直角《ちょっかく》。内角《ないかく》。方角《ほうがく》。曲《ま》がり角《かど》。街角《まちかど》。四《よ》つ角《かど》。
❸しかくい。　角材《かくざい》。角柱《かくちゅう》。角帽《かくぼう》。

なりたち

角
動物《どうぶつ》の角《つの》の形《かたち》から。

言 げん　7画

言

オン　ゲン　ゴン
くん　い**う**　こと

つかいかた
言《い》うことを聞《き》く。
正《ただ》しい言葉《ことば》づかい。
手《て》を挙《あ》げて発言《はつげん》する。
友人《ゆうじん》に伝言《でんごん》をたのむ。

オンくんあそび
伝言《でんごん》を
一言《ひとこと》で言《い》う

いみ・ことば
❶いう。ことば。　言《い》い訳《わけ》。過言《かごん》。言外《げんがい》。言及《げんきゅう》。言語《げんご》。言行《げんこう》。言動《げんどう》。言論《げんろん》。言葉《ことば》。言《ごん》語道断《ごどうだん》。失言《しつげん》。証言《しょうげん》。宣言《せんげん》。伝言《でんごん》。寝言《ねごと》。発言《はつげん》。独《ひと》り言《ごと》。方言《ほうげん》。無言《むごん》。名言《めいげん》。明言《めいげん》。物言《ものい》い。遺言《ゆいごん》。予言《よげん》。

言 ごんべん　9画

計

オン　ケイ
くん　はか**る**　はか**らう**

つかいかた
料理用《りょうりよう》の計量器《けいりょうき》。
時間《じかん》を正確《せいかく》に計《はか》る。
旅行《りょこう》の計画《けいかく》を立《た》てる。
計算《けいさん》がぴったり合《あ》う。

オンくんあそび
計《はか》り知《し》れない
合計金額《ごうけいきんがく》

いみ・ことば
❶はかる。数《かぞ》える。　会計《かいけい》。計器《けいき》。計算《けいさん》。計測《けいそく》。計量《けいりょう》。合計《ごうけい》。統計《とうけい》。
❷はかる機器《きき》。　温度計《おんどけい》。体重計《たいじゅうけい》。
❸くわだてる。　一計《いっけい》。計画《けいかく》。計略《けいりゃく》。設計《せっけい》。
とくべつなよみかた　時計《とけい》。

なりたち
計
十（かず）と言（いう）で、「かぞえる」「はかる」を表《あらわ》す。

言 ごんべん

10画

記

、 亠 亠 言 言 言 訂 記 記 記

オン キ

くん しるす

つかいかた

用紙《ようし》に住所《じゅうしょ》を記《しる》す。
九九《くく》を暗記《あんき》する。
夏休《なつやす》みの絵日記《えにっき》。
いろいろな地図《ちず》記《き》号《ごう》。

オンくんあそび
日記《にっき》に記《しる》す
日々《ひび》のこと

いみ・ことば

❶しるす。書《か》く。書《か》いたもの。☞ 絵日記《えにっき》。記《き》載《さい》。記《き》事《じ》。記《き》者《しゃ》。記《き》述《じゅつ》。記《き》帳《ちょう》。記《き》入《にゅう》。記《き》録《ろく》。手《しゅ》記《き》。伝《でん》記《き》。日《にっ》記《き》。筆《ひっ》記《き》。表《ひょう》記《き》。明《めい》記《き》。

❷覚《おぼ》える。☞ 暗《あん》記《き》。記《き》憶《おく》。記《き》念《ねん》。銘《めい》記《き》。

❸しるし。☞ 記《き》号《ごう》。記《き》章《しょう》。

言 ごんべん

13画

話

、 亠 亠 言 言 言 言 訁 訁 計 許 話 話

オン ワ

くん はなす はなし

つかいかた

みんなの前《まえ》で話《はな》す。
話《はな》し合《あ》いで解《かい》決《けつ》する。
おとぎ話《ばなし》を読《よ》む。
英《えい》会《かい》話《わ》を習《なら》う。

オンくんあそび
電話《でんわ》で話《はな》す
昔《むかし》の話《はなし》

いみ・ことば

❶はなす。はなし。☞ 裏話《うらばなし》。おとぎ話《ばなし》。会《かい》話《わ》。実《じつ》話《わ》。手《しゅ》話《わ》。神《しん》話《わ》。世《せ》間《けん》話《ばなし》。説《せつ》話《わ》。対《たい》話《わ》。立《た》ち話《ばなし》。談《だん》話《わ》。通《つう》話《わ》。電《でん》話《わ》。童《どう》話《わ》。話《はな》し合《あ》い。話《はな》し言《こと》葉《ば》。話《はな》し手《て》。民《みん》話《わ》。昔《むかし》話《ばなし》。話《わ》術《じゅつ》。話《わ》題《だい》。

なりたち

話 言（いう）と舌（した）で、「はなす」を表《あらわ》す。

言 ごんべん

14画

語

、 亠 亠 言 言 言 言 訂 訂 語 語 語 語 語

オン ゴ

くん かたる かたらう

つかいかた

友人《ゆうじん》と語《かた》り明《あ》かす。
楽《たの》しい物語《ものがたり》を作《つく》る。
敬《けい》語《ご》を適《てき》切《せつ》に使《つか》う。
英《えい》語《ご》の勉《べん》強《きょう》をする。

オンくんあそび
国語《こくご》の授業《じゅぎょう》で
語《かた》り合《あ》う

いみ・ことば

❶かたる。はなす。☞ 語《かた》り手《て》。語《ご》気《き》。語《ご》調《ちょう》。私《し》語《ご》。物語《ものがたり》。

「物語《ものがたり》」は、「物語《ものがた》り」とは書《か》かないよ。

❷言葉《ことば》。☞ 英《えい》語《ご》。外来《がいらい》語《ご》。敬《けい》語《ご》。言《げん》語《ご》。語《ご》彙《い》。口《こう》語《ご》。語《ご》学《がく》。国《こく》語《ご》。語《ご》源《げん》。修飾《しゅうしょく》語《ご》。熟《じゅく》語《ご》。主《しゅ》語《ご》。述《じゅつ》語《ご》。新《しん》語《ご》。単《たん》語《ご》。日本語（にほんご にっぽんご）。

読 言 ごんべん 14画

読

オン ドク トク トウ
くん よむ

つかいかた
朝《あさ》の読《どく》書《しょ》の時《じ》間《かん》。音《おん》読《よ》みと訓《くん》読《よ》み。朗《ろう》読《どく》劇《げき》をする。文《ぶん》章《しょう》に読《とう》点《てん》を打《う》つ。

オンくんあそび
読《どく》書《しょ》の秋《あき》に本《ほん》を読《よ》む

いみ・ことば
❶よむ。よみとる。句《く》読《とう》点《てん》。訓《くん》読《よ》み。精《せい》読《どく》。愛《あい》読《どく》。音《おん》読《どく》。音《おん》読《よ》み。読《どく》書《しょ》。読《とく》本《ほん》。読《どっ》解《かい》。秒《びょう》読《よ》み。通《つう》読《どく》。読《とう》点《てん》。読《どく》者《しゃ》。仮《が》名《な》。読《よ》み物《もの》。朗《ろう》読《どく》。副《ふく》読《どく》本《ほん》。読《よ》み

とくべつなよみかた
読《ど》経《きょう》。

谷 谷 たに 7画

谷

オン （コク）
くん たに

つかいかた
谷《たに》川《がわ》の清《きよ》らかな流《なが》れ。谷《たに》間《ま》をふきぬける風《かぜ》。渓《けい》谷《こく》の紅《こう》葉《よう》を楽《たの》しむ。

いみ・ことば
❶たに。たにのように低《ひく》くなったところ。峡《きょう》谷《こく》。渓《けい》谷《こく》。谷《たに》風《かぜ》。谷《たに》川《がわ》。谷《たに》底《そこ》。谷《たに》間《ま》。

なりたち

谷
八(たにを表《あらわ》す形《かたち》)と口(口《くち》)を合《あ》わせた字《じ》。

買 貝 かい 12画

買

オン バイ
くん かう

つかいかた
ケーキを買《か》って帰《かえ》る。お買《か》い得《どく》の商《しょう》品《ひん》。母《はは》と買《か》い物《もの》に行《い》く。土《と》地《ち》を売《ばい》買《ばい》する。

オンくんあそび
売《う》り手《て》と買《か》い手《て》が売《ばい》買《ばい》し

いみ・ことば
❶かう。売《う》り買《か》い。買《か》い置《お》き。買《か》い出《だ》し。買《か》い手《て》。買《か》い得《どく》。買《かい》値《ね》。買《か》い物《もの》。購《こう》買《ばい》。買《ばい》収《しゅう》。売《ばい》買《ばい》。不《ふ》買《ばい》。

「買《かい》値《ね》」は、「買《か》い値《ね》」とは書《か》かないよ。

なりたち

買
貝(お金《かね》)と网(あみ)を合《あ》わせた字《じ》。

走　はしる　7画

走

一 十 土 キ キ 赱 走

オン　ソウ

くん　はしる

つかいかた

学校《がっこう》から走《はし》って帰《かえ》る。犬《いぬ》が庭《にわ》を走《はし》り回《まわ》る。一位《いちい》を快走《かいそう》する。選手《せんしゅ》の力走《りきそう》が続《つづ》く。

オンくんあそび

走《はし》って競《きそ》う徒競走《ときょうそう》

いみ・ことば

❶はしる。かける。☞ 小走《こばし》り。疾走《しっそう》。助走《じょそう》。快走《かいそう》。滑走路《かっそうろ》。完走《かんそう》。脱走《だっそう》。逃走《とうそう》。徒競走《ときょうそう》。走行《そうこう》。走者《そうしゃ》。走馬灯《そうまとう》。暴走《ぼうそう》。奔走《ほんそう》。力走《りきそう》。独走《どくそう》。敗走《はいそう》。走《はし》り書《が》き。

とくべつなよみかた　師走《しわす》。

「競走《きょうそう》」は、走《はし》って速《はや》さを競《きそ》うこと。「競争《きょうそう》」は、優劣《ゆうれつ》を競《きそ》うこと。

里　さと　7画

里

丨 口 日 日 甲 甲 里

オン　リ

くん　さと

つかいかた

お盆《ぼん》に里帰《さとがえ》りをする。山里《やまざと》で静《しず》かに暮《く》らす。郷里《きょうり》からの便《たよ》り。千里《せんり》の道《みち》も一歩《いっぽ》から。

オンくんあそび

明日《あす》は郷里《きょうり》に里帰《さとがえ》り

いみ・ことば

❶さと。ふるさと。いなか。☞ 郷里《きょうり》。里帰《さとがえ》り。里心《さとごころ》。里山《さとやま》。人里《ひとざと》。村里《むらざと》。山里《やまざと》。

❷距離《きょり》の単位《たんい》。☞ 一里塚《いちりづか》。海里《かいり》。千里《せんり》。千《せん》里眼《りがん》。

なりたち

里

田(た)と土(つち)を合《あ》わせた字《じ》。

野　さとへん　11画

野

丨 日 甲 里 野 野 野

オン　ヤ

くん　の

つかいかた

野《の》にさく花《はな》をつむ。新《あたら》しい分野《ぶんや》の研究《けんきゅう》。野鳥《やちょう》を観察《かんさつ》する。

オンくんあそび

野原《のはら》で遊《あそ》ぶ草野球《くさやきゅう》

いみ・ことば

❶のはら。☞ 原野《げんや》。山野《さんや》。野原《のはら》。平野《へいや》。

❷自然《しぜん》の。乱暴《らんぼう》な。☞ 野生《やせい》。野鳥《やちょう》。野蛮《やばん》。

❸範囲《はんい》。☞ 外野《がいや》。視野《しや》。内野《ないや》。分野《ぶんや》。

❹大《おお》きな。☞ 野心《やしん》。野望《やぼう》。

とくべつなよみかた　野良《のら》。

なりたち

野

里(さと)と予(のびやか)を合《あ》わせた字《じ》。

門 もん 8画

門

オン モン
くん （かど）

つかいかた
校門《こうもん》の前《まえ》に立《た》つ。
専門《せんもん》分野《ぶんや》の難《むずか》しい話《はなし》。
笑《わら》う門《かど》には福来《ふくき》たる。
正月《しょうがつ》に門松《かどまつ》を立《た》てる。

いみ・ことば
❶もん。出入《でい》り口《ぐち》。☞ 開門《かいもん》。門出《かどで》。門松《かどまつ》。関門《かんもん》。校門《こうもん》。水門《すいもん》。正門《せいもん》。門前《もんぜん》。門番《もんばん》。
❷一族《いちぞく》。仲間《なかま》。☞ 一門《いちもん》。同門《どうもん》。入門《にゅうもん》。破門《はもん》。名門《めいもん》。門下《もんか》。門人《もんじん》。門弟《もんてい》。
❸区分《くわ》け。☞ 専門《せんもん》。部門《ぶもん》。

なりたち

☞ 門
両《りょう》びらきのとびらで、「もん」を表《あらわ》す。

長 ながい 8画

長

オン チョウ
くん ながい

つかいかた
長《なが》い道《みち》のりを歩《ある》く。
身長《しんちょう》がまたのびた。
子供《こども》の成長《せいちょう》を見守《みまも》る。
自分《じぶん》の長所《ちょうしょ》を伝《つた》える。

オンくんあそび
長《なが》いおひげの船長《せんちょう》さん

いみ・ことば
❶ながい。のびる。☞ 延長《えんちょう》。身長《しんちょう》。成長《せいちょう》。長距離《ちょうきょり》。長寿《ちょうじゅ》。長生《ながい》き。長話《ながばなし》。
❷まさる。☞ 長所《ちょうしょ》。特長《とくちょう》。
❸年上《としうえ》。上《うえ》に立《た》つ人《ひと》。☞ 機長《きちょう》。校長《こうちょう》。市長《しちょう》。船長《せんちょう》。長官《ちょうかん》。長女《ちょうじょ》。長男《ちょうなん》。

とくべつなよみかた
八百長《やおちょう》。

麦 むぎ 7画

麦

オン （バク）
くん むぎ

つかいかた
麦芽《ばくが》入《い》りのパン。
小麦粉《こむぎこ》を水《みず》でこねる。
夏《なつ》は麦茶《むぎちゃ》がおいしい。
麦畑《むぎばたけ》が広《ひろ》がる。

なりたち

麥☞麦
（麦《むぎ》の穂《ほ》）と（根《ね》）を合《あ》わせた字《じ》。

いみ・ことば
❶むぎ。☞ 大麦《おおむぎ》。小麦《こむぎ》。小麦色《こむぎいろ》。小麦粉《こむぎこ》。麦芽《ばくが》。麦秋（ばくしゅう むぎあき）。麦粉《むぎこ》。麦茶《むぎちゃ》。麦畑《むぎばたけ》。麦笛《むぎぶえ》。麦踏《むぎふ》み。麦飯（むぎめし ばくはん）。麦わら。麦わら帽子《ぼうし》。ライ麦《むぎ》。

門 もんがまえ　12画

間

オン カン ケン
くん あいだ ま

つかいかた

パンの間《あいだ》にはさむ具《ぐ》。
居間《いま》でテレビを見《み》る。
列《れつ》の間隔《かんかく》を空《あ》ける。
時間《じかん》を大切《たいせつ》に使《つか》う。

オンくんあそび
休《やす》み時間《じかん》を間《あいだ》にはさむ

いみ・ことば

❶あいだ。☞ 合間《あいま》。間隔《かんかく》。間接《かんせつ》。空間《くうかん》。時間《じかん》。週間《しゅうかん》。隙間《すきま》。世間《せけん》。谷間《たにま》。中間《ちゅうかん》。手間《てま》。人間《にんげん》。年間《ねんかん》。昼間《ひるま》。間際《まぎわ》。民間《みんかん》。夜間《やかん》。
❷部屋《へや》。☞ 板の間《いたのま》。居間《いま》。応接間《おうせつま》。貸間《かしま》。客間《きゃくま》。土間《どま》。間借《まが》り。洋間《ようま》。

なりたち

閒 ☞ 間

門（もん）のあいだから月（日《ひ》）の光《ひかり》がさしこむようすから。

雨 あめかんむり　11画

雪

オン セツ
くん ゆき

つかいかた

雪《ゆき》だるまを作《つく》る。
道路《どうろ》の除雪《じょせつ》をする。
二《に》メートルの積雪《せきせつ》。
雪辱《せつじょく》を果《は》たす。

オンくんあそび
新雪《しんせつ》の雪景色《ゆきげしき》

なりたち

☞ 雪

⺮（空《そら》）から降《ふ》る⺕（雪《ゆき》）のようすから。

いみ・ことば

❶ゆき。☞ 大雪《おおゆき》。降雪《こうせつ》。粉雪（こなゆき こゆき）。残雪《ざんせつ》。除雪《じょせつ》。新雪《しんせつ》。積雪《せきせつ》。雪上車《せつじょうしゃ》。初雪《はつゆき》。雪合戦《ゆきがっせん》。雪国《ゆきぐに》。雪景色《ゆきげしき》。雪だるま《ゆき》。雪解《ゆきど》け。雪山《ゆきやま》。
❷ぬぐう。すすぐ。☞ 雪辱《せつじょく》。

とくべつなよみかた
雪崩《なだれ》。吹雪《ふぶき》。

雨 あめかんむり　12画

雲

オン ウン
くん くも

つかいかた

白《しろ》い雲《くも》がうかぶ。
雨雲《あまぐも》が垂《た》れこめる。
雲間《くもま》から日《ひ》がさす。

オンくんあそび
積乱雲《せきらんうん》 またの名前《なまえ》は 入道雲《にゅうどうぐも》

いみ・ことば

❶くも。☞ 雨雲《あまぐも》。暗雲《あんうん》。雲海《うんかい》。雲梯《うんてい》。雲母《うんも》。雲間《くもま》。雲行《くもゆ》き。黒雲（こくうん くろくも）。星雲《せいうん》。積乱雲《せきらんうん》。入道雲《にゅうどうぐも》。白雲（はくうん しらくも）。飛行機雲《ひこうきぐも》。風雲《ふううん》。雷雲（らいうん かみなりぐも）。綿雲《わたぐも》。

なりたち

☞ 雲

雨（雨《あめ》）と云（くもを表《あらわ》す形《かたち》）を合《あ》わせた字《じ》。

電

雨 あめかんむり 13画

オン デン
くん ―

つかいかた

電車《でんしゃ》に乗《の》って帰《かえ》る。部屋《へや》の電《でん》気《き》をつける。電光《でんこう》石《せっ》火《か》の早業《はやわざ》。電話《でんわ》番号《ばんごう》を教《おし》える。

なりたち

電 〔古い字形〕

電 𤰞（稲光《いなびかり》）と 雨（雨《あめ》）で、「いなずま」「でんき」を表《あらわ》す。

いみ・ことば

❶でんき。 節電《せつでん》。電圧《でんあつ》。電気《でんき》。電球《でんきゅう》。電車《でんしゃ》。電線《でんせん》。電池《でんち》。電柱《でんちゅう》。電灯《でんとう》。電波《でんぱ》。電報《でんぽう》。電流《でんりゅう》。電力《でんりょく》。電話《でんわ》。発電《はつでん》。

❷いなずま。 電光《でんこう》。雷電《らいでん》。

頭

頁 おおがい 16画

オン トウ
ズ
（ト）
くん あたま
（かしら）

つかいかた

電車《でんしゃ》の先頭《せんとう》車両《しゃりょう》。柱《はしら》に頭《あたま》をぶつけた。頭痛《ずつう》に効《き》く薬《くすり》。商品《しょうひん》を店頭《てんとう》に並《なら》べる。

オンくんあそび

先頭《せんとう》の 人《ひと》の頭《あたま》に チョウとまる

いみ・ことば

❶あたま。 頭痛《ずつう》。頭脳《ずのう》。頭髪《とうはつ》。頭部《とうぶ》。

❷かしら。 船頭《せんどう》。頭取《とうどり》。頭領《とうりょう》。旗頭《はたがしら》。

❸はじめ。 頭文字《かしらもじ》。先頭《せんとう》。年頭《ねんとう》。冒頭《ぼうとう》。

❹あたり。ほとり。 駅頭《えきとう》。街頭《がいとう》。店頭《てんとう》。

❺動物《どうぶつ》を数《かぞ》える言葉《ことば》。 馬三頭《うまさんとう》。頭数《とうすう》。

なりたち

頭

頁で「頭部《とうぶ》」を表《あらわ》し、豆で音《おん》「トウ」を表《あらわ》す。

顔

頁 おおがい 18画

オン ガン
くん かお

つかいかた

毎日《まいにち》顔《かお》を合《あ》わせる。今日《きょう》は顔《かお》色《いろ》がよい。顔面《がんめん》をおおうマスク。笑顔《えがお》であいさつする。

オンくんあそび

洗顔《せんがん》せっけんで 顔《かお》洗《あら》う

いみ・ことば

❶かお。かおのようす。 顔合《かおあ》わせ。顔色（かおいろ がんしょく）。顔立《かおだ》ち。顔面《がんめん》。厚顔《こうがん》。紅顔《こうがん》。新顔《しんがお》。素顔《すがお》。洗顔《せんがん》。尊顔《そんがん》。童顔《どうがん》。得意顔《とくいがお》。泣《な》き顔《がお》。寝顔《ねがお》。拝顔《はいがん》。丸顔《まるがお》。横顔《よこがお》。

とくべつなよみかた

笑顔《えがお》。

なりたち

顔

彦（いろどり）と頁（頭部《とうぶ》）を合《あ》わせた字《じ》。

電
頭
顔
風
食
首

風 かぜ

9画

風

オン　フウ　（フ）
くん　かぜ　かざ

つかいかた

冷《つめ》たい北風《きたかぜ》がふく。
急《きゅう》に風向《かざむ》きが変《か》わる。
日本《にほん》の風習《ふうしゅう》を知《し》る。
台風《たいふう》が接近中《せっきんちゅう》だ。

オンくんあそび

風《かぜ》を受《う》け　回《まわ》る風車《ふうしゃ》と　風車《かざぐるま》

いみ・ことば

❶かぜ。
北風《きたかぜ》。強風《きょうふう》。台風《たいふう》。風雨《ふうう》。風力《ふうりょく》。

❷ようす。おもむき。習《なら》わし。
校風《こうふう》。作風《さくふう》。風格《ふうかく》。風景《ふうけい》。風習《ふうしゅう》。風潮《ふうちょう》。風土《ふうど》。風情《ふぜい》。洋風《ようふう》。和風《わふう》。

とくべつなよみかた

風邪《かぜ》。

なりたち

風

凡（風《かぜ》をはらむ帆《ほ》）と虫（りゅう）を合《あ》わせた字《じ》。

食 しょく

9画

食

オン　ショク　（ジキ）
くん　くう　（くらう）　たべる

つかいかた

昼《ひる》にうどんを食《た》べる。
蚊《か》に食《く》われる。
月食《げっしょく》を観察《かんさつ》する。
食前《しょくぜん》に手《て》を洗《あら》う。

オンくんあそび

早食《はやぐ》いしないで　給食《きゅうしょく》食《た》べる

いみ・ことば

❶たべる。たべもの。
衣食住《いしょくじゅう》。飲食《いんしょく》。給食《きゅうしょく》。食塩《しょくえん》。食後《しょくご》。食事《しょくじ》。食前《しょくぜん》。食品《しょくひん》。食物《しょくもつ》。食用《しょくよう》。食欲《しょくよく》。食料《しょくりょう》。食器《しょっき》。断食《だんじき》。

❷太陽《たいよう》や月《つき》が欠《か》ける。
月食《げっしょく》。日食《にっしょく》。

❸そこなう。
侵食《しんしょく》。浸食《しんしょく》。

首 くび

9画

首

オン　シュ
くん　くび

つかいかた

首《くび》にマフラーを巻《ま》く。
ダイヤの首《くび》飾《かざ》り。
首相《しゅしょう》が演説《えんぜつ》する。
百人一首《ひゃくにんいっしゅ》の大会《たいかい》。

オンくんあそび

首相《しゅしょう》に花《はな》の　首《くび》飾《かざ》り

いみ・ことば

❶くび。頭《あたま》。
足首《あしくび》。首飾《くびかざ》り。首輪《くびわ》。手首《てくび》。

❷先頭《せんとう》。主《おも》な。
機首《きしゅ》。元首《げんしゅ》。首位《しゅい》。首相《しゅしょう》。首席《しゅせき》。首都《しゅと》。首脳《しゅのう》。首尾《しゅび》。首謀者《しゅぼうしゃ》。首領《しゅりょう》。船首《せんしゅ》。党首《とうしゅ》。部首《ぶしゅ》。

❸短歌《たんか》などを数《かぞ》える言葉《ことば》。
百人一首《ひゃくにんいっしゅ》。

なりたち

首

人《ひと》の頭部《とうぶ》の形《かたち》から。

馬 うま

10画

馬

オン　バ

くん　うま　（ま）

別《べつ》の筆順《ひつじゅん》もあるよ。

つかいかた

動物園《どうぶつえん》で馬《うま》に乗《の》る。

乗馬《じょうば》の練習《れんしゅう》をする。

遊園地《ゆうえんち》の回転木馬《かいてんもくば》。

オンくんあそび

馬《うま》から落《お》ちて落馬《らくば》する

いみ・ことば

❶うま。馬小屋《うまごや》。馬跳《うまと》び。馬乗《うまの》り。馬屋《うまや》。絵馬《えま》。親馬《おやうま》。牛馬《ぎゅうば》。競馬《けいば》。子馬《こうま》。出馬《しゅつば》。乗馬《じょうば》。竹馬《たけうま》。白馬《はくば》。馬耳東風《ばじとうふう》。馬車《ばしゃ》。馬術《ばじゅつ》。馬力《ばりき》。馬子《まご》。名馬《めいば》。木馬《もくば》。落馬《らくば》。

とくべつなよみかた　伝馬船《てんません》。

なりたち

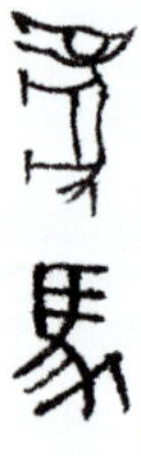

馬　馬《うま》の形《かたち》から。

高 たかい

10画

高

オン　コウ

くん　たかい　たか　たかまる　たかめる

つかいかた

あの子《こ》は背《せ》が高《たか》い。

預金残高《よきんざんだか》を確認《かくにん》する。

高学年《こうがくねん》と低学年《ていがくねん》。

高速道路《こうそくどうろ》を利用《りよう》する。

オンくんあそび

高原《こうげん》の空《そら》

高《たか》くすむ

いみ・ことば

❶たかい。高音《こうおん》。高温《こうおん》。高価《こうか》。高額《こうがく》。高学年《こうがくねん》。高貴《こうき》。高気圧《こうきあつ》。高級《こうきゅう》。高原《こうげん》。高山《こうざん》。高速《こうそく》。高度《こうど》。高熱《こうねつ》。最高《さいこう》。高台《たかだい》。高値《たかね》。

❷金額《きんがく》。売上高《うりあげだか》。残高《ざんだか》。生産高《せいさんだか》。

❸えらそうな。高姿勢《こうしせい》。高慢《こうまん》。

なりたち

高　高《たか》い建物《たてもの》の形《かたち》から。

魚 うお

11画

魚

オン　ギョ

くん　うお　さかな

つかいかた

水《みず》を得《え》た魚《うお》のようだ。

魚《さかな》釣《つ》りをする。

人魚姫《にんぎょひめ》が海《うみ》に帰《かえ》る。

熱帯魚《ねったいぎょ》を飼《か》う。

オンくんあそび

鮮魚《せんぎょ》をあつかう

魚屋《さかなや》さん

いみ・ことば

❶うお。さかな。魚市場《うおいちば》。魚河岸《うおがし》。川魚（かわざかな かわうお）。魚拓《ぎょたく》。魚肉《ぎょにく》。魚類《ぎょるい》。金魚《きんぎょ》。小魚《こざかな》。魚（さかな うお）釣《つ》り。魚屋《さかなや》。深海魚《しんかいぎょ》。鮮魚《せんぎょ》。煮魚《にざかな》。人魚《にんぎょ》。熱帯魚《ねったいぎょ》。木魚《もくぎょ》。焼《や》き魚《ざかな》。

とくべつなよみかた　雑魚《ざこ》。

なりたち

魚　魚《さかな》の形《かたち》から。

馬 高 魚 鳥 鳴 黄

鳥《とり》

11画

鳥

オン チョウ
くん とり

つかいかた

庭先《にわさき》で鳥《とり》が鳴《な》く。
鳥籠《とりかご》で小鳥《ことり》を飼《か》う。
寒《さむ》くて鳥肌《とりはだ》が立《た》つ。
ペンギンは鳥類《ちょうるい》だ。

オンくんあそび
白鳥《はくちょう》は 白《しろ》く大《おお》きな 渡《わた》り鳥《どり》

いみ・ことば

❶とり。 愛鳥週間《あいちょうしゅうかん》。一石二鳥《いっせきにちょう》。益鳥《えきちょう》。親鳥《おやどり》。害鳥《がいちょう》。小鳥《ことり》。鳥獣《ちょうじゅう》。鳥類《ちょうるい》。鳥籠《とりかご》。鳥小屋《とりごや》。鳥肉《とりにく》。鳥肌《とりはだ》。白鳥《はくちょう》。不死鳥《ふしちょう》。水鳥《みずとり》。野鳥《やちょう》。留鳥《りゅうちょう》。渡《わた》り鳥《どり》。

とくべつなよみかた
鳥取県《とっとりけん》。

なりたち

鳥

鳥《とり》の形《かたち》から。

鳥《とり》

14画

鳴

オン メイ
くん なく なる ならす

つかいかた

鳥《とり》の鳴《な》き声《ごえ》を聞《き》く。
かみなりが鳴《な》る。
すずを鳴《な》らす。
悲鳴《ひめい》をあげる。

オンくんあそび
雷鳴《らいめい》に 鳥《とり》の鳴《な》き声《ごえ》 かき消《け》され

いみ・ことば

❶なく。声《こえ》を出《だ》す。 鳴《な》き声《ごえ》。悲鳴《ひめい》。
❷なる。音《おと》がする。 海鳴《うみな》り。共鳴《きょうめい》。潮鳴《しおな》り。地鳴《じな》り。耳鳴《みみな》り。鳴動《めいどう》。山鳴《やまな》り。雷鳴《らいめい》。

「鳴《な》き声《ごえ》」は、鳥《とり》などがなく声《こえ》。「泣《な》き声《ごえ》」は、人《ひと》がなく声《こえ》だよ。

なりたち

鳴

(鳥《とり》)と (口《くち》)で、「なく」を表《あらわ》す。

黄《き》

11画

黄

オン オウ （コウ）
くん き （こ）

つかいかた

黄《き》色《いろ》の絵《え》の具《ぐ》。
黄《おう》土《ど》色《いろ》の台地《だいち》。
イチョウが黄《こう》葉《よう》する。

オンくんあそび
黄土色《おうどいろ》 黄色《きいろ》がかった 土《つち》の色《いろ》

いみ・ことば

❶き。きいろ。 黄金（おうごん／こがね）《おうごん》《こがね》。黄土色《おうどいろ》。黄色《きいろ》。黄身《きみ》。黄緑色《きみどりいろ》。黄砂《こうさ》。黄葉《こうよう》。黄金色《こがねいろ》。卵黄《らんおう》。

とくべつなよみかた
硫黄《いおう》。

黒 くろ

11画

黒

オン コク
くん くろ
くろい

つかいかた

白《しろ》と黒《くろ》の碁石《ごいし》。
真《ま》っ黒《くろ》な雨雲《あまぐも》。
太陽《たいよう》の黒点《こくてん》が増《ふ》える。
黒板《こくばん》を見《み》る。

オンくんあそび

黒《くろ》くない 緑色《みどりいろ》した
黒板《こくばん》もある

いみ・ことば

❶くろ。くろい。☞ 暗黒《あんこく》。黒帯《くろおび》。黒髪《くろかみ》。黒《くろ》砂糖《ざとう》。黒字《くろじ》。黒潮《くろしお》。黒船《くろふね》。黒星《くろぼし》。黒目《くろめ》。黒《くろ》山《やま》。黒雲（こくうん／くろくも）。黒煙《こくえん》。黒点《こくてん》。黒板《こくばん》。黒白（こくびゃく／くろしろ）。漆黒《しっこく》。白黒《しろくろ》。真《ま》っ黒《くろ》。

❷悪《わる》い。☞ 黒幕《くろまく》。腹黒《はらぐろ》い。

なりたち

黒 ☞ 黒

炎（ほのお）でこがすようすから。

一 いち　2画

丁

一 丁

オン　チョウ（テイ）
くん　—

つかいかた

とうふを一丁《いっちょう》買《か》う。
二丁目《にちょうめ》の角《かど》を曲《ま》がる。
乱丁本《らんちょうぼん》を取《と》りかえる。
丁寧《ていねい》にお礼《れい》を述《の》べる。

いみ・ことば

❶ちょう。町《まち》の区分《くぶん》。 二丁目《にちょうめ》。
❷本《ほん》の紙《かみ》の一枚《いちまい》。表《おもて》と裏《うら》の二《に》ページ。 落丁《らくちょう》。乱丁《らんちょう》。
❸とうふや道具《どうぐ》などを数《かぞ》える言葉《ことば》。 とうふ一丁《いっちょう》。かんな一丁《いっちょう》。
❹心《こころ》がこもる。 丁重《ていちょう》。丁寧《ていねい》。

一 いち　5画

世

一 十 廾 廿 世

オン　セイ　セ
くん　よ

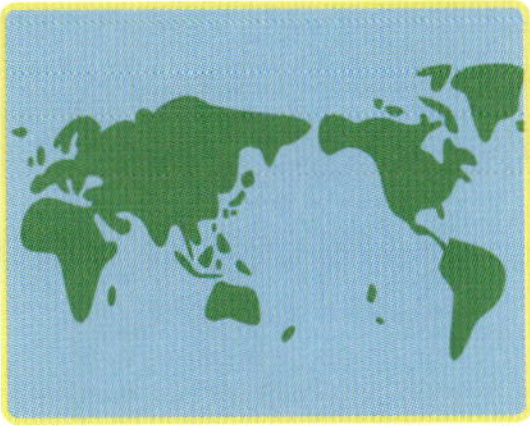

つかいかた

世界地図《せかいちず》を見《み》る。
世《よ》の中《なか》のできごと。
後世《こうせい》に残《のこ》したい映画《えいが》。
若《わか》い世代《せだい》の人《ひと》たち。

オンくんあそび
若《わか》い世代《せだい》が
次《つぎ》の世《よ》担《にな》う

いみ・ことば

❶人《ひと》のよ。 時世《じせい》。出世《しゅっせ》。処世《しょせい》。世界《せかい》。世間《せけん》。世相《せそう》。 世俗《せぞく》。世《よ》の中《なか》。世論《よろん》（せろん）。
❷人《ひと》の一生《いっしょう》。 一世《いっせ》（いっせい）。世代《せだい》。
❸時代《じだい》。 近世《きんせい》。後世《こうせい》。世紀《せいき》。中世《ちゅうせい》。乱世《らんせい》（らんせ）。

なりたち

卅 世

十《じゅう》を三《み》っ並《なら》べて、「三十年《さんじゅうねん》」「一世代《いちせだい》」「世《よ》の中《なか》」を表《あらわ》す。

一 いち　6画

両

一 丆 币 両 両 両

オン　リョウ
くん　—

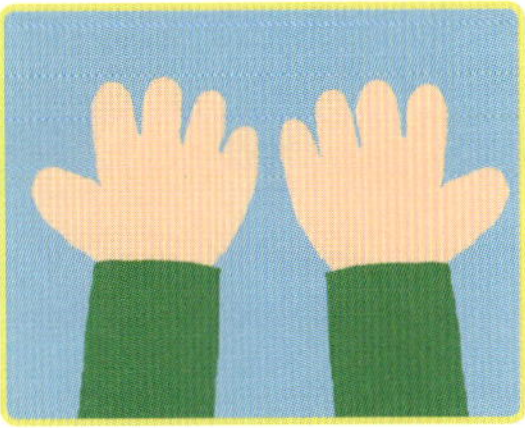

つかいかた

両手《りょうて》を差《さ》し出《だ》す。
十両編成《じゅうりょうへんせい》の電車《でんしゃ》。
銀行《ぎんこう》で両替《りょうがえ》をする。
両親《りょうしん》に感謝《かんしゃ》する。

いみ・ことば

❶二《ふた》つ。 両足《りょうあし》。両側《りょうがわ》。両者《りょうしゃ》。両親《りょうしん》。両手《りょうて》。両方《りょうほう》。両面《りょうめん》。両用《りょうよう》。両立《りょうりつ》。両輪《りょうりん》。
❷乗《の》り物《もの》。乗《の》り物《もの》を数《かぞ》える言葉《ことば》。 車両《しゃりょう》。十両編成《じゅうりょうへんせい》。
❸昔《むかし》のお金《かね》の単位《たんい》。 千両箱《せんりょうばこ》。両替《りょうがえ》。

丶 てん
5画

主

オン シュ （ス）
くん ぬし おも

つかいかた
晴《は》れて城《じょう》主《しゅ》となる。
落《お》とし物《もの》の持《も》ち主《ぬし》。
主《おも》な登場人物《とうじょうじんぶつ》。
物語《ものがたり》の主《しゅ》人公《じんこう》。

オンくんあそび
主《おも》に家主《やぬし》が主張《しゅちょう》する

なりたち

☞主
家《いえ》の中心《ちゅうしん》でじっと燃《も》えるともし火《び》の形《かたち》から。

いみ・ことば
❶ぬし。あるじ。☞ 株主《かぶぬし》。神主《かんぬし》。君主《くんしゅ》。地主《じぬし》。主客（しゅかく しゅきゃく）。主観《しゅかん》。主義《しゅぎ》。主権《しゅけん》。主語《しゅご》。主従《しゅじゅう》。主人《しゅじん》。世帯主《せたいぬし》。持《も》ち主《ぬし》。
❷おもな。中心《ちゅうしん》となる。☞ 主演《しゅえん》。主食《しゅしょく》。主人公《しゅじんこう》。主題《しゅだい》。主張《しゅちょう》。主要《しゅよう》。主流《しゅりゅう》。

ノ の
9画

乗

オン ジョウ
くん のる のせる

つかいかた
バスに乗《の》って帰《かえ》る。
遊園地《ゆうえんち》の乗《の》り物《もの》。
乗《じょう》車券《しゃけん》を買《か》う。
人《ひと》の車《くるま》に便乗《びんじょう》する。

オンくんあそび
乗客《じょうきゃく》が乗《の》り終《お》えてから発車《はっしゃ》する

いみ・ことば
❶のる。のせる。☞ 乗員《じょういん》。乗客《じょうきゃく》。乗降《じょうこう》。乗車《じょうしゃ》。乗船《じょうせん》。乗馬《じょうば》。乗務員《じょうむいん》。乗用車《じょうようしゃ》。添乗員《てんじょういん》。搭乗《とうじょう》。同乗《どうじょう》。乗《の》り物《もの》。便乗《びんじょう》。
❷かけ算《ざん》。☞ 加減乗除《かげんじょうじょ》。乗数《じょうすう》。乗法《じょうほう》。三乗《さんじょう》。

亅 はねぼう
4画

予

オン ヨ
くん —

つかいかた
予《よ》防接種《ぼうせっしゅ》を受《う》ける。
入学式《にゅうがくしき》の予《よ》行演習《こうえんしゅう》。
連休《れんきゅう》の予《よ》定《てい》を立《た》てる。
天気《てんき》予《よ》報《ほう》を見《み》る。

いみ・ことば
❶あらかじめ。前《まえ》もって。☞ 予感《よかん》。予期《よき》。予見《よけん》。予言《よげん》。予行演習《よこうえんしゅう》。予告《よこく》。予算《よさん》。予習《よしゅう》。予選《よせん》。予想《よそう》。予測《よそく》。予知《よち》。予定《よてい》。予備《よび》。予報《よほう》。予防《よぼう》。予約《よやく》。
❷ゆとりがある。☞ 猶予《ゆうよ》。

3年

主 乗 予 事 仕 他

事

亅 はねぼう　8画

オン　ジ（ズ）

くん　こと

つかいかた

見事《みごと》なつぼが割《わ》れる。父《ちち》の仕《し》事《ごと》を手《て》伝《つだ》う。難《なん》事《じ》件《けん》が解《かい》決《けつ》した。家《か》族《ぞく》の無《ぶ》事《じ》をいのる。

オンくんあそび

事《こと》柄《がら》は　百《ひゃっ》科《か》事《じ》典《てん》で調《しら》べよう

いみ・ことば

❶こと。しごと。できごと。☞ 悪《あく》事《じ》。一《いち》事《じ》。火《か》事《じ》。工《こう》事《じ》。事《こと》柄《がら》。事《じ》件《けん》。事《じ》故《こ》。仕《し》事《ごと》。事《じ》実《じつ》。事《じ》情《じょう》。事《じ》態《たい》。事《じ》典《てん》。事《じ》務《む》。大《だい》事《じ》。出《で》来《き》事《ごと》。何《なに》事《ごと》。万《ばん》事《じ》。無《ぶ》事《じ》。返《へん》事《じ》。見《み》事《ごと》。物《もの》事《ごと》。用《よう》事《じ》。

仕

亻 にんべん　5画

オン　シ（ジ）

くん　つかえる

つかいかた

主《しゅ》君《くん》に仕《つか》える。体《からだ》の仕《し》組《く》みを学《まな》ぶ。事《じ》務《む》の仕《し》事《ごと》をする。だれの仕《し》業《わざ》だろう。

オンくんあそび

王《おう》様《さま》に　仕《つか》えることが仕《し》事《ごと》です

いみ・ことば

❶つかえる。人《ひと》のために働《はたら》く。☞ 給《きゅう》仕《じ》。仕《し》官《かん》。奉《ほう》仕《し》。

❷する。行《おこな》う。☞ 仕《し》送《おく》り。仕《し》返《かえ》し。仕《し》組《く》み。仕《し》事《ごと》。仕《し》業《わざ》。

他

亻 にんべん　5画

オン　タ

くん　ほか

つかいかた

他《ほか》のものを用《よう》意《い》する。他《た》校《こう》生《せい》と交《こう》流《りゅう》する。自《じ》分《ぶん》と他《た》人《にん》を比《くら》べる。

オンくんあそび

他《た》国《こく》とは　自《じ》国《こく》ではない他《ほか》の国《くに》

いみ・ことば

❶ほかの。☞ 自《じ》他《た》。他《た》意《い》。他《た》界《かい》。他《た》郷《きょう》。他《た》国《こく》。他《た》言《ごん》。他《た》殺《さつ》。他《た》日《じつ》。他《た》者《しゃ》。他《た》薦《せん》。他《た》動《どう》詞《し》。他《た》人《にん》。他《た》聞《ぶん》。他《た》方《ほう》。他《た》面《めん》。他《た》力《りき》。他《た》流《りゅう》試《じ》合《あい》。排《はい》他《た》的《てき》。

亻 にんべん
5画

代

ノ亻仁代代

オン
ダイ
タイ
くん
かわる
かえる
よ
（しろ）

つかいかた
代《か》わりのものを使《つか》う。
千代《ちよ》紙《がみ》を折《お》る。
世《せ》代《だい》交《こう》代《たい》が進《すす》む。
商品《しょうひん》の代《だい》金《きん》をはらう。

オンくんあそび
世《せ》代《だい》が代《か》わり
主役《しゅやく》交《こう》代《たい》

いみ・ことば
❶かわる。👉 交代《こうたい》。代《だい》案《あん》。代《だい》表《ひょう》。代《だい》理《り》。
❷値段《ねだん》。👉 車代《くるまだい》。修理《しゅうり》代《だい》。代《だい》金《きん》。
❸じだい。ある期間《きかん》。人《ひと》の一生《いっしょう》。👉 一代《いちだい》。
現代《げんだい》。十代《じゅうだい》。初代《しょだい》。世代《せだい》。先代《せんだい》。代々《だいだい》（代代《だいだい》）。
千代《ちよ》。当代《とうだい》。年代《ねんだい》。歴代《れきだい》。

「代《か》わる」は、代理《だいり》する・代用《だいよう》する。
「変《か》わる」は、変化《へんか》する。

入 ひとやね
6画

全

ノ入亼仐全全

オン
ゼン
くん
まったく
すべて

つかいかた
安《あん》全《ぜん》を最《さい》優《ゆう》先《せん》する。
道《みち》が全《まった》くわからない。
全《すべ》ての質《しつ》問《もん》に答《こた》える。
全《ぜん》員《いん》が完《かん》走《そう》した。

オンくんあそび
全《ぜん》員《いん》全《すべ》て
洋《よう》服《ふく》が
全《まった》く同《おな》じ

いみ・ことば
❶まったく。すべて。👉 安全《あんぜん》。完全《かんぜん》。健《けん》全《ぜん》。全員《ぜんいん》。全額《ぜんがく》。全校《ぜんこう》。全《ぜん》国《こく》。全勝《ぜんしょう》。全身《ぜんしん》。全世界《ぜんせかい》。全然《ぜんぜん》。全速力《ぜんそくりょく》。全体《ぜんたい》。全《ぜん》長《ちょう》。全部《ぜんぶ》。全文《ぜんぶん》。全滅《ぜんめつ》。全力《ぜんりょく》。万全《ばんぜん》。

亻 にんべん
7画

住

ノ亻亻仁仕住住

オン
ジュウ
くん
すむ
すまう

つかいかた
学《がっ》校《こう》の近《ちか》くに住《す》む。
新《あたら》しい住《す》まいを探《さが》す。
自《じ》宅《たく》の住《じゅう》所《しょ》を教《おし》える。
アパートの住《じゅう》人《にん》。

オンくんあそび
住《じゅう》居《きょ》に住《す》まう
新《あたら》しい
住《す》み心地《ごこち》

いみ・ことば
❶すむ。👉 移住《いじゅう》。衣食住《いしょくじゅう》。
永住《えいじゅう》。居住地《きょじゅうち》。
住居《じゅうきょ》。住所《じゅうしょ》。
住宅《じゅうたく》。住人《じゅうにん》。
住民《じゅうみん》。住《す》み心地《ごこち》。
先住民《せんじゅうみん》。定住《ていじゅう》。

使

イ にんべん 8画

使

ノ 亻 仁 仁 佢 佢 使 使

オン シ
くん つかう

つかいかた

はさみを使《つか》って切《き》る。
正《ただ》しい日本語《にほんご》を使《つか》う。
平和《へいわ》を守《まも》る使命《しめい》。
体育館《たいいくかん》を使用《しよう》する。

オンくんあそび
使用禁止《しようきんし》で使《つか》えない

いみ・ことば

❶つかう。駆使《くし》。行使《こうし》。酷使《こくし》。使役《しえき》。使途《しと》。使用《しよう》。使《つか》い道《みち》。
❷つかい。遣唐使《けんとうし》。公使《こうし》。使者《ししゃ》。使節《しせつ》。使徒《しと》。使命《しめい》。大使《たいし》。勅使《ちょくし》。天使《てんし》。特使《とくし》。密使《みっし》。

なりたち
使　亻（人《ひと》）と吏（役人《やくにん》）で、「つかう」「つかい」を表《あらわ》す。

係

イ にんべん 9画

係

ノ 亻 亻 伒 伾 伾 俘 係 係

オン ケイ
くん かかる　かかり

つかいかた

係《かかり》の仕事《しごと》をする。
会場《かいじょう》の受付係《うけつけがかり》。
係員《かかりいん》の指示《しじ》に従《したが》う。
関係者《かんけいしゃ》で話《はな》し合《あ》う。

オンくんあそび
係員《かかりいん》は関係者《かんけいしゃ》

いみ・ことば

❶関《かか》わり合《あ》いをもつ。係《かか》り受《う》け。関係《かんけい》。関係者《かんけいしゃ》。係数《けいすう》。係争《けいそう》。係累《けいるい》。連係《れんけい》。
❷かかり。担当《たんとう》。生《い》き物係《ものがかり》。受付係《うけつけがかり》。会計係《かいけいがかり》。係員《かかりいん》。係官《かかりかん》。係長《かかりちょう》。図書係《としょがかり》。

「図書係《としょがかり》」や「生《い》き物係《ものがかり》」などは、「図書係《としょがか》り」「生《い》き物係《ものがか》り」とは書《か》かないよ。

倍

イ にんべん 10画

倍

ノ 亻 亻 仁 仁 伫 倍 倍 倍 倍

オン バイ
くん ―

つかいかた

値段《ねだん》が二倍《にばい》になる。
六《ろく》は三《さん》の倍数《ばいすう》だ。
客《きゃく》が倍増《ばいぞう》する。
求人倍率《きゅうじんばいりつ》を調《しら》べる。

いみ・ことば

❶ばいにする。重《かさ》ねて増《ふ》やす。数倍《すうばい》。二倍《にばい》。倍加《ばいか》。倍額《ばいがく》。倍旧《ばいきゅう》。倍数《ばいすう》。倍増《ばいぞう》。倍率《ばいりつ》。

「一倍《いちばい》」は、一般的《いっぱんてき》にもとの数《かず》と同《おな》じことを表《あらわ》す。「人一倍《ひといちばい》」は、人《ひと》よりもずっとたくさんという意味《いみ》。

八 はち　8画

具

オン　グ
くん　―

つかいかた
具《ぐ》だくさんのカレー。
雨《あま》具《ぐ》を持《も》っていく。
具《ぐ》体的《たいてき》に述《の》べる。
筆記用《ひっきよう》具《ぐ》をそろえる。

なりたち

具　目(器《うつわ》)と廾(両手《りょうて》)で、「そなえる」「そなわる」を表《あらわ》す。

いみ・ことば
❶どうぐ。
具《ぐ》。建《たて》具《ぐ》。道《どう》具《ぐ》。雨《あま》具《ぐ》。家《か》具《ぐ》。器《き》具《ぐ》。工《こう》具《ぐ》。寝《しん》具《ぐ》。文房《ぶんぼう》具《ぐ》。夜《や》具《ぐ》。用《よう》具《ぐ》。
❷そなわる。
具《ぐ》体的《たいてき》。具《ぐ》備《び》。具《ぐ》有《ゆう》。
❸汁《しる》やご飯《はん》に入《い》れるもの。
具《ぐ》材《ざい》。具《ぐ》だくさん。みそ汁《しる》の具《ぐ》。

冖 わかんむり　5画

写

オン　シャ
くん　うつす　うつる

つかいかた
メモを書《か》き写《うつ》す。
風景《ふうけい》を写《しゃ》生《せい》する。
書《しょ》写《しゃ》で毛筆《もうひつ》を使《つか》う。
たくみな心理《しんり》描《びょう》写《しゃ》。

オンくんあそび
真実《しんじつ》を写《うつ》した写真《しゃしん》

いみ・ことば
❶うつす。うつしとる。
写《しゃ》会《かい》。実《じっ》写《しゃ》。写《しゃ》経《きょう》。写《しゃ》実的《じってき》。写《しゃ》真《しん》。写《しゃ》生《せい》。映《えい》写《しゃ》。視《し》写《しゃ》。試《し》写《しゃ》。写《しゃ》本《ほん》。縮《しゅく》写《しゃ》。書《しょ》写《しゃ》。接《せっ》写《しゃ》。転《てん》写《しゃ》。透《とう》写《しゃ》。筆《ひっ》写《しゃ》。描《びょう》写《しゃ》。複《ふく》写《しゃ》。模《も》写《しゃ》。

「写《うつ》す」は、そのままうつしとる。
「映《うつ》す」は、光《ひかり》やかげをうつし出《だ》す。

刂 りっとう　6画

列

オン　レツ
くん　―

つかいかた
列《れつ》を作《つく》って並《なら》ぶ。
式典《しきてん》に参《さん》列《れつ》する。
電池《でんち》を直《ちょく》列《れつ》につなぐ。
南北《なんぼく》に長《なが》い日《に》本《ほん》列《れっ》島《とう》。

いみ・ことば
❶れつ。連《つら》なる。連《つら》ねる。並《なら》ぶ。
行《ぎょう》列《れつ》。参《さん》列《れつ》。序《じょ》列《れつ》。整《せい》列《れつ》。直《ちょく》列《れつ》。陳《ちん》列《れつ》。同《どう》列《れつ》。配《はい》列《れつ》。並《へい》列《れつ》。列《れっ》記《き》。列《れっ》挙《きょ》。列《れっ》車《しゃ》。列《れっ》席《せき》。列《れつ》伝《でん》。列《れっ》島《とう》。
❷多《おお》くの。
列《れっ》強《きょう》。列《れっ》国《こく》。

助

力 ちから　7画

オン　ジョ
くん　たす**ける**　たす**かる**　(すけ)

つかいかた
人《ひと》を助《たす》ける仕事《しごと》。
大声《おおごえ》で助《たす》けを呼《よ》ぶ。
間一髪《かんいっぱつ》で助《たす》かった。
救助《きゅうじょ》犬《けん》が活躍《かつやく》する。

オンくんあそび
助言《じょげん》を聞《き》いて助《たす》かった

なりたち

助
且（重《かさ》ねる）と力（力《ちから》）で、力《ちから》をそえる意《い》から、「たすける」を表《あらわ》す。

いみ・ことば
❶たすける。手伝《てつだ》う。
援助《えんじょ》。介助《かいじょ》。救《きゅう》助《じょ》。助《じょ》監督《かんとく》。助言《じょげん》。助産師《じょさんし》。助詞《じょし》。助手《じょしゅ》。助成《じょせい》。助勢《じょせい》。助走《じょそう》。助長《じょちょう》。助動詞《じょどうし》。助命《じょめい》。助役《じょやく》。助力《じょりょく》。助太刀《すけだち》。助《たす》け船《ぶね》。

勉

力 ちから　10画

オン　ベン
くん　—

つかいかた
勉学《べんがく》にいそしむ。
勤勉《きんべん》に働《はたら》く。
国語《こくご》の勉強《べんきょう》をする。

なりたち

勉
免（子《こ》を産《う》む形《かたち》）と力（力《ちから》）で、力《りき》んで子《こ》を産《う》む意《い》から、「つとめる」を表《あらわ》す。

いみ・ことば
❶つとめる。はげむ。
勤勉《きんべん》。勉学《べんがく》。勉強《べんきょう》。勉励《べんれい》。

動

力 ちから　11画

オン　ドウ
くん　うご**く**　うご**かす**

つかいかた
しっかり体《からだ》を動《うご》かす。
時計《とけい》の針《はり》が動《うご》く。
映画《えいが》を見《み》て感動《かんどう》する。
積極的《せっきょくてき》に行動《こうどう》する。

オンくんあそび
自動《じどう》で動《うご》く
おもちゃで遊《あそ》ぶ

いみ・ことば
❶うごく。うごき。
移動《いどう》。運動《うんどう》。活動《かつどう》。感動《かんどう》。言動《げんどう》。行動《こうどう》。自動《じどう》。動機《どうき》。動向《どうこう》。反《はん》動《どう》。作《さ》動《どう》。動転《どうてん》。動物《どうぶつ》。動脈《どうみゃく》。動揺《どうよう》。動力《どうりょく》。流動《りゅうどう》。連動《れんどう》。

なりたち
動
重（おもい）と力（ちから）で、「うごかす」「うごく」を表《あらわ》す。

勝

力 ちから　12画

オン　ショウ
くん　かつ　（まさる）

つかいかた
勝《か》ち負《ま》けにこだわる。
天下《てんか》の景勝《けいしょう》地《ち》。
勝利《しょうり》を収《おさ》める。
体力《たいりょく》で勝《まさ》っている。

オンくんあそび
勝負《しょうぶ》に勝《か》って
ひと安心《あんしん》

いみ・ことば
❶かつ。☞ 圧勝《あっしょう》。勝《か》ち気《き》。勝《か》ち負《ま》け。決勝《けっしょう》。勝因《しょういん》。勝算《しょうさん》。勝者《しょうしゃ》。勝敗《しょうはい》。勝負《しょうぶ》。勝利《しょうり》。勝率《しょうりつ》。全勝《ぜんしょう》。必勝《ひっしょう》。不戦勝《ふせんしょう》。優勝《ゆうしょう》。連勝《れんしょう》。
❷まさる。すぐれる。☞ 景勝《けいしょう》地《ち》。名勝《めいしょう》。

化

匕 ひ　4画

ノ 亻 亻' 化

オン　カ　（ケ）
くん　ばける　ばかす

つかいかた
念入《ねんい》りに化粧《けしょう》をする。
お化《ば》け屋敷《やしき》に入《はい》る。
貝《かい》の化石《かせき》を見《み》つける。
日本《にほん》の文化《ぶんか》を学《まな》ぶ。

オンくんあそび
お化《ば》けの化粧《けしょう》が
進化《しんか》する

いみ・ことば
❶かわる。かえる。ばける。☞ お化《ば》け。温《おん》暖化《だんか》。化学《かがく》。化合物《かごうぶつ》。化石《かせき》。強化《きょうか》。化粧《けしょう》。化身《けしん》。権化《ごんげ》。酸化《さんか》。消化《しょうか》。情報化《じょうほうか》。進化《しんか》。千変万化《せんぺんばんか》。化《ば》け物《もの》。文化《ぶんか》。変化《へんか》（へんげ）。

区

匚 はこがまえ　4画

一 フ ヌ 区

オン　ク
くん　―

つかいかた
収納《しゅうのう》箱《ばこ》の中《なか》を区《く》切《ぎ》る。
遊泳《ゆうえい》禁止《きんし》の区域《くいき》。
長《なが》い区間《くかん》を走《はし》る。

いみ・ことば
❶くぎる。くぎったところ。☞ 区域《くいき》。区画《かく》。区間《かん》。区切《ぎ》り。区分《ぶん》。区別《べつ》。区分《わ》け。地区《ちく》。
❷く。大《おお》きな都市《とし》の中《なか》の行政上《ぎょうせいじょう》の区画《くかく》。☞ 区議会《くぎかい》。区長《くちょう》。区民《くみん》。区役所《くやくしょ》。

なりたち

☞ 区　L（わく）と品（三《みっ》つの区画《くかく》）で、「くぎる」を表《あらわ》す。

勝 化 区 医 去 反

医

匸 はこがまえ　7画

筆順：一 ア 丆 万 乊 矢 医

オン　イ
くん　—

つかいかた
歯医者《はいしゃ》に行《い》く。
医師《いし》の診察《しんさつ》を受《う》ける。
医療費《いりょうひ》をしはらう。
名医《めいい》の多《おお》い病院《びょういん》。

いみ・ことば
❶病気《びょうき》やけがを治《なお》す。また、その人《ひと》。☞ 医《い》院《いん》。医《い》科《か》。医《い》学《がく》。医《い》科《か》大学《だいがく》。医《い》師《し》。医《い》者《しゃ》。医《い》術《じゅつ》。医《い》務室《むしつ》。医《い》薬《やく》。医《い》薬品《やくひん》。医《い》療《りょう》。獣《じゅう》医《い》。医《い》療費《りょうひ》。開業《かいぎょう》医《い》。軍《ぐん》医《い》。外科《げか》医《い》。校《こう》医《い》。主治《しゅじ》医《い》。女《じょ》医《い》。船《せん》医《い》。内科《ないか》医《い》。名《めい》医《い》。

去

ム む　5画

筆順：一 十 土 去 去

オン　キョ　コ
くん　さる

つかいかた
その場《ば》を立《た》ち去《さ》る。
去《きょ》年《ねん》のできごと。
過去《かこ》にとった写真《しゃしん》。
障害物《しょうがいぶつ》を除去《じょきょ》する。

オンくんあそび
過《す》ぎ去《さ》った　去《きょ》年《ねん》の夏《なつ》は　過去《かこ》のこと

いみ・ことば
❶さる。過《す》ぎる。いなくなる。☞ 過去《かこ》。去就《きょしゅう》。去年《きょねん》。去来《きょらい》。死去《しきょ》。辞去《じきょ》。逝去《せいきょ》。退去《たいきょ》。
❷とりのぞく。☞ 消去《しょうきょ》。除去《じょきょ》。撤去《てっきょ》。

反

又 また　4画

筆順：一 厂 万 反

オン　ハン　（ホン）　（タン）
くん　そる　そらす

つかいかた
鏡《かがみ》に光《ひかり》が反《はん》射《しゃ》する。
乾燥《かんそう》して板《いた》が反《そ》る。
ルール違《い》反《はん》はよそう。
反《はん》対《たい》意見《いけん》を述《の》べる。

オンくんあそび
体《からだ》を反《そ》らして　反《はん》応《のう》する

なりたち

☞ 反
又(手《て》)を当《あ》てて、布《ぬの》や板《いた》などをそらせるようすから。

いみ・ことば
❶そらす。背《そむ》く。逆《ぎゃく》。☞ 違反《いはん》。反撃《はんげき》。反《はん》抗《こう》。反則《はんそく》。反対《はんたい》。反発《はんぱつ》。反比例《はんぴれい》。謀反《むほん》。
❷もどる。☞ 反響《はんきょう》。反射《はんしゃ》。反省《はんせい》。反応《はんのう》。反《はん》復《ぷく》。
❸長《なが》さや広《ひろ》さの単位《たんい》。☞ 二反《にたん》。反物《たんもの》。

又 また　8画

取

オン　シュ
くん　とる

別《べつ》の筆《ひつ》順《じゅん》もあるよ。

つかいかた

電話《でんわ》を取《と》り出《だ》す。
手《て》に取《と》ってよく見《み》る。
テストで百点《ひゃくてん》を取《と》る。
事件《じけん》の取《しゅ》材《ざい》をする。

オンくんあそび
取《しゅ》材《ざい》ノートに
メモを取《と》る

いみ・ことば

❶とる。自分《じぶん》のものにする。 採《さい》取《しゅ》。取《しゅ》材《ざい》。取《しゅ》捨《しゃ》選択《せんたく》。取《しゅ》水《すい》。取《しゅ》得《とく》。進《しん》取《しゅ》。先《せん》取《しゅ》点《てん》。奪《だっ》取《しゅ》。取《と》っ手《て》。取《と》り組《く》み。間《ま》取《ど》り。

すもうの組《く》み合《あ》わせの意味《いみ》のときは「取組《とりくみ》」と書《か》くよ。

なりたち

取

（耳《みみ》）と（手《て》）を合《あ》わせた字《じ》。

又 また　8画

受

オン　ジュ
くん　うける　うかる

つかいかた

荷物《にもつ》を受《う》け取《と》る。
検定《けんてい》試験《しけん》に受《う》かる。
受付《うけつけ》の仕事《しごと》をする。
メールの送信《そうしん》と受《じゅ》信《しん》。

オンくんあそび
受《じゅ》験《けん》して　合格《ごうかく》通知《つうち》を
受《う》け取《と》った

いみ・ことば

❶うける。うけとる。 受《う》け皿《ざら》。受《う》け付《つ》け。受《う》け手《て》。受《う》け身《み》。甘《かん》受《じゅ》。享《きょう》受《じゅ》。受《じゅ》験《けん》。受《じゅ》講《こう》。授《じゅ》受《じゅ》。受《じゅ》賞《しょう》。受《じゅ》信《しん》。受《じゅ》精《せい》。受《じゅ》諾《だく》。受《じゅ》注《ちゅう》。受《じゅ》動的《どうてき》。受《じゅ》理《り》。受《じゅ》領《りょう》。拝《はい》受《じゅ》。傍《ぼう》受《じゅ》。

用件《ようけん》を受《う》けたり、取《と》り次《つ》ぎをしたりする場所《ばしょ》や係《かかり》の意味《いみ》のときは「受付《うけつけ》」と書《か》くよ。

口 くち　5画

号

オン　ゴウ
くん　―

つかいかた

先頭《せんとう》の一《いち》号《ごう》車《しゃ》に乗《の》る。
新聞《しんぶん》の号《ごう》外《がい》を読《よ》む。
大声《おおごえ》で号《ごう》令《れい》をかける。
信《しん》号《ごう》を守《まも》ってわたる。

いみ・ことば

❶さけぶ。 号《ごう》泣《きゅう》。号《ごう》令《れい》。怒《ど》号《ごう》。
❷合図《あいず》。しるし。 暗《あん》号《ごう》。記《き》号《ごう》。号《ごう》砲《ほう》。信《しん》号《ごう》。符《ふ》号《ごう》。
❸呼《よ》び名《な》。 雅《が》号《ごう》。年《ねん》号《ごう》。屋《や》号《ごう》。
❹順序《じゅんじょ》を表《あらわ》す言葉《ことば》。 一《いち》号《ごう》。号《ごう》外《がい》。番《ばん》号《ごう》。

「号外《ごうがい》」は、大《おお》きな事件《じけん》などが起《お》こったときに、定期《ていき》のものとは別《べつ》に出《だ》す新聞《しんぶん》のこと。

向

口 くち　6画

向向向向向向

オン　コウ
くん　むく　むける　むかう　むこう

つかいかた
呼《よ》ばれてふり向《む》く。
針路《しんろ》を南《みなみ》に向《む》ける。
友達《ともだち》の家《いえ》に向《む》かう。
同《おな》じ方《ほう》向《こう》を目《め》指《ざ》す。

オンくんあそび
前《まえ》向《む》きに
日《ひ》ごと向上《こうじょう》

いみ・ことば
❶むく。むき。合《あ》っている。
傾向《けいこう》。向《こう》学心《がくしん》。向《こう》寒《かん》。向《こう》日性《じつせい》。意向《いこう》。顔向《かおむ》け。向《こう》上《じょう》。趣向《しゅこう》。動向《どうこう》。風向《ふうこう》。方向《ほうこう》。向《む》こう側《がわ》。向《こう》暑《しょ》。

「向《む》かい風《かぜ》」は、進《すす》んでいく方向《ほうこう》からふいてくる風《かぜ》。その反対《はんたい》は「追《お》い風《かぜ》」という。

君

口 くち　7画

君君君君君君君

オン　クン
くん　きみ

つかいかた
君《きみ》とぼくとは親《しん》友《ゆう》だ。
外国《がいこく》の君《くん》主《しゅ》。
諸《しょ》君《くん》の健《けん》闘《とう》をいのる。
中村《なかむら》君《くん》と遊《あそ》ぶ。

オンくんあそび
山田《やまだ》君《くん》　君《きみ》とぼくとは
仲《なか》よしだ

いみ・ことば
❶人《ひと》を呼《よ》ぶときの言葉《ことば》。
諸君《しょくん》。父君《ちちぎみ》。母《はは》君《ぎみ》。姫君《ひめぎみ》。若君《わかぎみ》。
❷国《くに》を治《おさ》める人《ひと》。りっぱな人《ひと》。
暗君《あんくん》。君《くん》子《し》。君《くん》主《しゅ》。君《くん》臨《りん》。主君《しゅくん》。暴君《ぼうくん》。名君《めいくん》。

味

口 くちへん　8画

味味味味味味味味

オン　ミ
くん　あじ　あじわう

つかいかた
夕《ゆう》飯《はん》の味《あじ》見《み》をする。
味《あじ》わい深《ぶか》い物語《ものがたり》。
宇《う》宙《ちゅう》に興《きょう》味《み》をもつ。
味《み》方《かた》の応《おう》援《えん》をする。

オンくんあそび
味《あじ》付《つ》けをする
調《ちょう》味《み》料《りょう》

いみ・ことば
❶あじ。
味《あじ》見《み》。調味料《ちょうみりょう》。風味《ふうみ》。味覚《みかく》。
❷あじわい。おもしろみ。
意味《いみ》。興味《きょうみ》。吟味《ぎんみ》。趣味《しゅみ》。味読《みどく》。
❸なかみ。仲間《なかま》。
一味《いちみ》。正味《しょうみ》。味方《みかた》。
とくべつなよみかた
三味線《しゃみせん》。

なりたち
味
口（くち）と 未（まだ・かすか）で、「あじ」を表《あらわ》す。

口 くち 8画

命

ノ 𠆢 亼 今 合 命 命 命

オン メイ（ミョウ）

くん いのち

つかいかた

命《いのち》を大切《たいせつ》にする。
運命《うんめい》の出会《であ》い。
矢《や》が的《まと》に命中《めいちゅう》する。
王様《おうさま》が命令《めいれい》する。

オンくんあそび
命《いのち》を救《すく》う救命《きゅうめい》ボート

いみ・ことば

❶いのち。☞ 命《いのち》がけ。救命《きゅうめい》。懸命《けんめい》。寿命《じゅみょう》。人命《じんめい》。生命《せいめい》。命日《めいにち》。
❷言《い》いつける。☞ 使命《しめい》。任命《にんめい》。命令《めいれい》。
❸めぐり合《あ》わせ。☞ 運命《うんめい》。宿命《しゅくめい》。天命《てんめい》。
❹名《な》づける。☞ 命名《めいめい》。

口 くち 8画

和

和 和 千 禾 禾 和 和 和

オン ワ（オ）

くん （やわらぐ）（やわらげる）（なごむ）（なごやか）

つかいかた

世界《せかい》の平和《へいわ》を願《ねが》う。
調和《ちょうわ》のとれた配色《はいしょく》。
ぼくは和食《わしょく》が好《す》きだ。
和《なご》やかに話《はな》し合《あ》う。

なりたち

和 禾（イネの穂《ほ》がまるくたれる）と口（くち）で、「やわらぐ」「なごむ」を表《あらわ》す。

いみ・ことば

❶やわらぐ。なごむ。ほどよい。☞ 温和《おんわ》。中和《ちゅうわ》。調和《ちょうわ》。平和《へいわ》。
❷日本《にほん》。☞ 英和辞典《えいわじてん》。和食《わしょく》。和風《わふう》。和服《わふく》。
❸たし算《ざん》の答《こた》え。☞ 二《に》と三《さん》の和《わ》。総和《そうわ》。
とくべつなよみかた 日和《ひより》。大和《やまと》。

口 くち 9画

品

品 品 品 品 品 品 品 品 品

オン ヒン

くん しな

つかいかた

お祝《いわ》いの品《しな》が届《とど》く。
作品《さくひん》を展示《てんじ》する。
上品《じょうひん》な言葉《ことば》づかい。
品質《ひんしつ》を保証《ほしょう》する。

オンくんあそび
人気商品《にんきしょうひん》品切《しなぎ》れに

なりたち

☞ 品 ㅂ（器《うつわ》）を三《みっ》つ並《なら》べて、いろいろな「しなもの」を表《あらわ》す。

いみ・ことば

❶しなもの。☞ 景品《けいひん》。作品《さくひん》。品切《しなぎ》れ。品物《しなもの》。商品《しょうひん》。食品《しょくひん》。製品《せいひん》。粗品《そしな》。手品《てじな》。品質《ひんしつ》。品種《ひんしゅ》。部品《ぶひん》。薬品《やくひん》。
❷人《ひと》やもののようす。風格《ふうかく》。☞ 気品《きひん》。下品《げひん》。上品《じょうひん》。品行方正《ひんこうほうせい》。品性《ひんせい》。

員

口 くち　10画

オン　イン
くん　―

つかいかた
満《まん》員《いん》電《でん》車《しゃ》に乗《の》る。
学《がっ》級《きゅう》委《い》員《いん》になる。
国《こっ》会《かい》議《ぎ》員《いん》の選《せん》挙《きょ》。
定《てい》員《いん》六《ろく》名《めい》の小《しょう》旅《りょ》行《こう》。

いみ・ことば
❶人《ひと》や物《もの》の数《かず》。員《いん》。定《てい》員《いん》。満《まん》員《いん》。員《いん》数《ずう》。欠《けつ》員《いん》。人《じん》員《いん》。全《ぜん》員《いん》。
❷仲《なか》間《ま》のひとり。係《かかり》員《いん》。教《きょう》員《いん》。銀《ぎん》行《こう》員《いん》。委《い》員《いん》。会《かい》員《いん》。会《かい》社《しゃ》員《いん》。国《こっ》会《かい》議《ぎ》員《いん》。裁《さい》判《ばん》員《いん》。指《し》導《どう》員《いん》。警《けい》備《び》員《いん》。公《こう》務《む》員《いん》。店《てん》員《いん》。役《やく》員《いん》。

商

口 くち　11画

オン　ショウ
くん　（あきなう）

つかいかた
商《しょう》店《てん》街《がい》を歩《ある》く。
商《しょう》業《ぎょう》が盛《さか》んな都《と》市《し》。
店《みせ》先《さき》に商《しょう》品《ひん》を並《なら》べる。
日《にち》用《よう》雑《ざっ》貨《か》を商《あきな》う。

いみ・ことば
❶あきない。売《う》り買《か》い。行《ぎょう》商《しょう》。豪《ごう》商《しょう》。商《しょう》業《ぎょう》。商《しょう》魂《こん》。商《しょう》社《しゃ》。商《しょう》戦《せん》。商《しょう》談《だん》。商《しょう》店《てん》。商《しょう》人《にん》。商《しょう》売《ばい》。商《しょう》標《ひょう》。商《しょう》品《ひん》。商《しょう》法《ほう》。商《しょう》用《よう》。隊《たい》商《しょう》。通《つう》商《しょう》。貿《ぼう》易《えき》商《しょう》。
❷わり算《ざん》の答《こた》え。九《きゅう》わる三《さん》の商《しょう》は三《さん》。

「商《しょう》」は、わり算《ざん》の答《こた》えのこと。たし算《ざん》は「和《わ》」、ひき算《ざん》は「差《さ》」、かけ算《ざん》は「積《せき》」という。

問

口 くち　11画

オン　モン
くん　とう　とい　とん

つかいかた
相《あい》手《て》に質《しつ》問《もん》する。
電《でん》話《わ》で問《と》い合《あ》わせる。
問《とん》屋《や》から仕《し》入《い》れる。
家《か》庭《てい》訪《ほう》問《もん》のお知《し》らせ。

オンくんあそび
質《しつ》問《もん》状《じょう》で問《と》い合《あ》わせ

いみ・ことば
❶とう。とい。学《がく》問《もん》。疑《ぎ》問《もん》。質《しつ》問《もん》。問《と》い合《あ》わせ。難《なん》問《もん》。問《もん》診《しん》。問《もん》責《せき》。問《もん》題《だい》。問《もん》答《どう》。
❷たずねる。慰《い》問《もん》。弔《ちょう》問《もん》。訪《ほう》問《もん》。
❸仲《ちゅう》介《かい》する。問《とん》屋《や》。

なりたち

問
門（門《もん》）と口（口《くち》）を合《あ》わせた字《じ》。

土 つちへん

7画

坂

オン （ハン）

くん さか

つかいかた

坂《さか》が多《おお》い町《まち》。

上《のぼ》り坂《ざか》と下《くだ》り坂《ざか》。

坂《さか》道《みち》を上《のぼ》る。

オンくんあそび

急《きゅう》坂《はん》は　傾《けい》斜《しゃ》の急《きゅう》な

坂《さか》のこと

いみ・ことば

❶さか。道《みち》。上《のぼ》り坂《ざか》。☞男《おとこ》坂《ざか》。女《おんな》坂《ざか》。急《きゅう》坂《はん》。下《くだ》り坂《ざか》。坂《さか》

大 だい

5画

央

オン オウ

くん ―

つかいかた

グラウンドの中《ちゅう》央《おう》。

日《に》本《ほん》の中《ちゅう》央《おう》銀《ぎん》行《こう》。

道《どう》路《ろ》の中《ちゅう》央《おう》分《ぶん》離《り》帯《たい》。

いみ・ことば

❶真《ま》ん中《なか》。☞中《ちゅう》央《おう》。

女 おんな

8画

委

オン イ

くん ゆだねる

つかいかた

仲《なか》間《ま》に判《はん》断《だん》を委《ゆだ》ねる。

図《と》書《しょ》委《い》員《いん》になる。

委《い》員《いん》会《かい》に出《しゅっ》席《せき》する。

全《ぜん》権《けん》を委《い》任《にん》する。

オンくんあそび

判《はん》断《だん》を　委《い》員《いん》に委《ゆだ》ね

見《み》守《まも》ろう

いみ・ことば

❶ゆだねる。任《まか》せる。☞委《い》員《いん》。委《い》員《いん》会《かい》。委《い》員《いん》長《ちょう》。委《い》譲《じょう》。委《い》嘱《しょく》。委《い》託《たく》。委《い》任《にん》。

❷くわしい。☞委《い》細《さい》。

「委《い》細《さい》」は、細《こま》かくくわしいことという意《い》味《み》。

始

女 おんなへん　8画

く 女 女 女 始 始 始 始

オン　シ
くん　はじめる　はじまる

つかいかた
年始《ねんし》のお祝《いわ》いをする。
テストを始《はじ》める。
二学期《にがっき》が始《はじ》まる。
始発《しはつ》バスに乗《の》る。

オンくんあそび
学期《がっき》始《はじ》めの
始業式《しぎょうしき》

いみ・ことば
❶はじめる。はじまる。はじめ。☞開始《かいし》。原始《げんし》。始球式《しきゅうしき》。始業《しぎょう》。始業式《しぎょうしき》。始終《しじゅう》。始祖《しそ》。始祖鳥《しそちょう》。始動《しどう》。始発《しはつ》。始末《しまつ》。終始《しゅうし》。創始《そうし》。創始者《そうししゃ》。年始《ねんし》。

安

宀 うかんむり　6画

安 安 安 安 安 安

オン　アン
くん　やすい

つかいかた
安《やす》売《う》りの店《みせ》に行《い》く。
安《やす》らかな気分《きぶん》になる。
かさがあれば安心《あんしん》だ。
安全《あんぜん》な場所《ばしょ》を探《さが》す。

オンくんあそび
安《やす》い価格《かかく》で
安心《あんしん》だ

いみ・ことば
❶心配《しんぱい》がない。落《お》ち着《つ》いている。☞安心《あんしん》。安静《あんせい》。安全《あんぜん》。安定《あんてい》。安否《あんぴ》。不安《ふあん》。平安《へいあん》。
❷値段《ねだん》がやすい。☞安価《あんか》。円安《えんやす》。格安《かくやす》。安《やす》売《う》り。安値《やすね》。安物《やすもの》。
❸たやすい。☞安易《あんい》。安直《あんちょく》。

なりたち

☞安
宀(家《いえ》)の中《なか》で女(女性《じょせい》)がやすらぐようすから。

守

宀 うかんむり　6画

守 守 守 守 守 守

オン　シュ　ス
くん　まもる　(もり)

つかいかた
交通《こうつう》ルールを守《まも》る。
時間《じかん》を厳守《げんしゅ》する。
守備《しゅび》がうまい選手《せんしゅ》。
一人《ひとり》で留守番《るすばん》をする。

オンくんあそび
守備隊《しゅびたい》守《まも》る
王《おう》の留守《るす》

いみ・ことば
❶まもる。まもる人《ひと》。☞看守《かんしゅ》。厳守《げんしゅ》。攻守《こうしゅ》。固守《こしゅ》。子守《こもり》。死守《ししゅ》。守衛《しゅえい》。守護《しゅご》。守勢《しゅせい》。守備《しゅび》。守秘義務《しゅひぎむ》。保守《ほしゅ》。留守《るす》。

「子守《こもり》」は、「子守《こも》り」とは書《か》かないよ。

宀 うかんむり　8画

実

オン　ジツ
くん　み　みのる

つかいかた

果物《くだもの》が実《みの》る。
木《き》の実《み》を拾《ひろ》う。
事実《じじつ》を話《はな》す。
理科《りか》の実験《じっけん》をする。

「果物《くだもの》がみのる」の「みのる」は、「実《み》のる」ではなく「実《みの》る」と書《か》くよ。

オンくんあそび
果樹園《かじゅえん》に果実《かじつ》が実《みの》る

いみ・ことば

❶み。みのる。☞ 果実《かじつ》。
❷本当《ほんとう》の。真心《まごころ》。☞ 現実《げんじつ》。事実《じじつ》。実家《じっか》。実感《じっかん》。実技《じつぎ》。実験《じっけん》。実現《じつげん》。実行《じっこう》。実際《じっさい》。実直《じっちょく》。実物《じつぶつ》。実力《じつりょく》。実話《じつわ》。充実《じゅうじつ》。真実《しんじつ》。誠実《せいじつ》。忠実《ちゅうじつ》。

宀 うかんむり　8画

定

オン　テイ　ジョウ
くん　さだめる　さだまる　（さだか）

つかいかた

旅行《りょこう》の予定《よてい》を立《た》てる。
ねらいを定《さだ》める。
勝負《しょうぶ》を判定《はんてい》する。
定規《じょうぎ》で線《せん》を引《ひ》く。

オンくんあそび
定員《ていいん》の　基準《きじゅん》定《さだ》める　会議《かいぎ》する

いみ・ことば

❶さだめる。さだまる。決《き》まっている。☞ 安定《あんてい》。案《あん》の定《じょう》。一定《いってい》。規定《きてい》。決定《けってい》。固定《こてい》。定規《じょうぎ》。定員《ていいん》。定温《ていおん》。定価《ていか》。定期《ていき》。定期券《ていきけん》。定時《ていじ》。判定《はんてい》。必定《ひつじょう》。平定《へいてい》。未定《みてい》。予定《よてい》。

「案《あん》の定《じょう》」とは、予想《よそう》どおりという意味《いみ》。
例　案《あん》の定《じょう》、かさを学校《がっこう》に忘《わす》れてきた。

宀 うかんむり　9画

客

オン　キャク　（カク）
くん　—

つかいかた

新幹線《しんかんせん》の乗客《じょうきゃく》。
お客様《きゃくさま》をお通《とお》しする。
客観的《きゃっかんてき》に考《かんが》える。
客席《きゃくせき》に案内《あんない》する。

いみ・ことば

❶きゃく。商売《しょうばい》の相手《あいて》。☞ 観客《かんきゃく》。客車《きゃくしゃ》。客人《きゃくじん》。客席《きゃくせき》。客船《きゃくせん》。客間《きゃくま》。乗客《じょうきゃく》。来客《らいきゃく》。
❷旅人《たびびと》。☞ 旅客（りょかく りょきゃく）。
❸自分《じぶん》と相対《あいたい》するもの。☞ 客体《きゃくたい》。客観《きゃっかん》。

宮

宀 うかんむり 10画

オン キュウ（グウ）（ク）

くん みや

つかいかた

宮中《きゅうちゅう》での儀式《ぎしき》。
妹《いもうと》のお宮《みや》参《まい》り。
事件《じけん》が迷宮《めいきゅう》入《い》りする。

オンくんあそび
宮殿《きゅうでん》建《た》てた
宮大工《みやだいく》

なりたち

宮　宀（家《いえ》）と 呂（部屋《へや》が連《つら》なる形《かたち》）で、「ごてん」を表《あらわ》す。

いみ・ことば

❶りっぱな建物《たてもの》。☞ 王宮《おうきゅう》。宮殿《きゅうでん》。迷宮《めいきゅう》。離宮《りきゅう》。竜宮城《りゅうぐうじょう》。

❷天皇《てんのう》の住《す》まいや皇族《こうぞく》の呼《よ》び名《な》。☞ 宮中《きゅうちゅう》。宮廷《きゅうてい》。東宮《とうぐう》。宮家《みやけ》。宮様《みやさま》。

❸神社《じんじゃ》。☞ 宮司《ぐうじ》。神宮《じんぐう》。宮大工《みやだいく》。宮参《みやまい》り。

宿

宀 うかんむり 11画

オン シュク

くん やど　やどる　やどす

つかいかた

宿《やど》に着《つ》いてくつろぐ。
算数《さんすう》の宿題《しゅくだい》をする。
ホテルに宿泊《しゅくはく》する。
旅先《たびさき》で野宿《のじゅく》をする。

オンくんあそび
民宿《みんしゅく》で
雨宿《あまやど》り

いみ・ことば

❶やど。とまる。☞ 雨宿《あまやど》り。合宿《がっしゅく》。寄宿舎《きしゅくしゃ》。下宿《げしゅく》。宿舎《しゅくしゃ》。宿場《しゅくば》。宿泊《しゅくはく》。野宿《のじゅく》。民宿《みんしゅく》。宿帳《やどちょう》。宿賃《やどちん》。宿屋《やどや》。

❷前《まえ》からの。☞ 宿縁《しゅくえん》。宿願《しゅくがん》。宿題《しゅくだい》。宿敵《しゅくてき》。宿命《しゅくめい》。

寒

宀 うかんむり 12画

オン カン

くん さむい

つかいかた

今日《きょう》は朝《あさ》から寒《さむ》い。
かぜで寒《さむ》気《け》がする。
寒中《かんちゅう》見舞《みま》いを出《だ》す。
この冬《ふゆ》一番《いちばん》の寒波《かんぱ》。

オンくんあそび
寒中水泳《かんちゅうすいえい》
寒《さむ》い日《ひ》に

いみ・ことば

❶さむい。☞ 寒気《かんき／さむけ》（かんき／さむけ）。寒稽古《かんげいこ》。寒暑《かんしょ》。厳寒《げんかん》。寒帯《かんたい》。寒暖《かんだん》。寒中《かんちゅう》。寒波《かんぱ》。寒流《かんりゅう》。寒冷《かんれい》。極寒《ごっかん》。寒空《さむぞら》。大寒《だいかん》。防寒《ぼうかん》。夜寒《よさむ》。

❷さびれた。☞ 寒村《かんそん》。

❸ぞっとする。☞ 寒心《かんしん》。

屋

尸 しかばね　9画

オン　オク
くん　や

つかいかた

近所《きんじょ》の本屋《ほんや》へ行《い》く。
屋根《やね》よりも高《たか》い木《き》。
屋上《おくじょう》からながめる。
部屋《へや》の外《そと》に出《で》る。

オンくんあそび
屋上庭園《おくじょうていえん》
屋根《やね》の上《うえ》

いみ・ことば

❶やね。家《いえ》。へや。
家屋《かおく》。楽屋《がくや》。小屋《こや》。屋敷《やしき》。屋台《やたい》。屋根《やね》。屋外《おくがい》。屋上《おくじょう》。屋内《おくない》。

❷店《みせ》や人《ひと》の性質《せいしつ》を表《あらわ》す言葉《ことば》。
お天気屋《てんきや》。魚屋《さかなや》。照《て》れ屋《や》。床屋《とこや》。問屋《とんや》。花屋《はなや》。本屋《ほんや》。

とくべつなよみかた
母屋《おもや》。数寄屋《すきや》・数奇屋《すきや》。部屋《へや》。八百屋《やおや》。

局

尸 しかばね　7画

オン　キョク
くん　—

つかいかた

囲碁《いご》を一局《いっきょく》指《さ》す。
郵便局《ゆうびんきょく》と薬局《やっきょく》に寄《よ》る。
局地的《きょくちてき》に雨《あめ》が降《ふ》る。
彼《かれ》は結局《けっきょく》来《こ》なかった。

いみ・ことば

❶限《かぎ》られた場所《ばしょ》。部門《ぶもん》。役所《やくしょ》。
局員《きょくいん》。局所《きょくしょ》。局地的《きょくちてき》。局長《きょくちょう》。局部《きょくぶ》。水道局《すいどうきょく》。放送《ほうそう》局《きょく》。薬局《やっきょく》。郵便局《ゆうびんきょく》。

❷成《な》り行《ゆ》き。
局面《きょくめん》。結局《けっきょく》。時局《じきょく》。政局《せいきょく》。大局《たいきょく》。難局《なんきょく》。

❸碁《ご》や将棋《しょうぎ》の勝負《しょうぶ》。
一局《いっきょく》。対局《たいきょく》。

対

寸 すん　7画

オン　タイ（ツイ）
くん　—

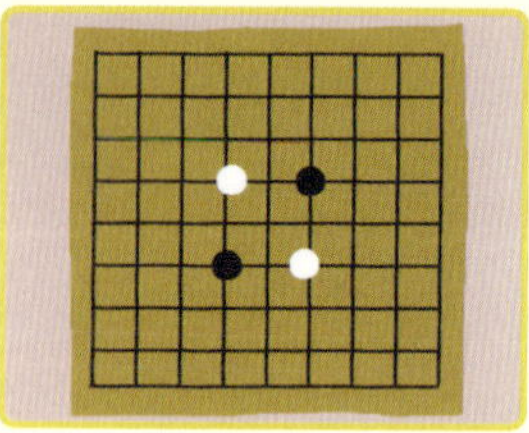

つかいかた

対戦《たいせん》相手《あいて》が決《き》まる。
丁寧《ていねい》に対応《たいおう》する。
赤組《あかぐみ》対《たい》白組《しろぐみ》で戦《たたか》う。
一対《いっつい》のひな人形《にんぎょう》。

いみ・ことば

❶たいする。向《む》かい合《あ》う。
応対《おうたい》。絶対《ぜったい》。対応《たいおう》。対角線《たいかくせん》。対象《たいしょう》。対称《たいしょう》。対照《たいしょう》。対戦《たいせん》。対談《たいだん》。対比《たいひ》。対面《たいめん》。対立《たいりつ》。敵対《てきたい》。反対《はんたい》。

❷つい。二《ふた》つそろったひと組《くみ》。
一対《いっつい》。対《つい》句《く》。

岸

山《やま》 8画

オン ガン
くん きし

つかいかた

岸辺《きしべ》に沿《そ》って歩《ある》く。
向《む》こう岸《ぎし》まで泳《およ》ぐ。
海岸《かいがん》で貝《かい》を拾《ひろ》う。
湖岸《こがん》に桜《さくら》が散《ち》る。

オンくんあそび
川岸《かわぎし》を 真《ま》っ赤《か》に染《そ》める 彼岸花《ひがんばな》

いみ・ことば

❶きし。☞ 右岸《うがん》。沿岸《えんがん》。海岸《かいがん》。川岸《かわぎし》。河岸《かわぎし》（かがん）。岸壁《がんぺき》。岸辺《きしべ》。湖岸《こがん》。護岸工事《ごがんこうじ》。左岸《さがん》。接岸《せつがん》。対岸《たいがん》。彼岸《ひがん》。彼岸花《ひがんばな》。向《む》こう岸《ぎし》。両岸《りょうがん》（りょうぎし）。湾岸《わんがん》。

とくべつなよみかた
河岸《かし》。

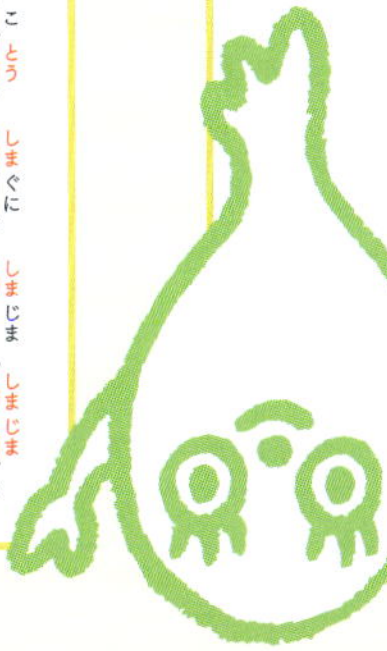

島

山《やま》 10画

オン トウ
くん しま

つかいかた

海《うみ》に囲《かこ》まれた島国《しまぐに》。
離《はな》れ島《じま》を観光《かんこう》する。
海《うみ》につき出《で》た半島《はんとう》。
無人島《むじんとう》を探検《たんけん》する。

オンくんあそび
日本列島《にほんれっとう》 島《しま》の国《くに》

なりたち

☞ 島

鳥《とり》と 山《やま》で、わたり鳥《どり》が休《やす》む「しま」を表《あらわ》す。

いみ・ことば

❶しま。☞ 群島《ぐんとう》。孤島《ことう》。島国《しまぐに》。島々《しまじま》（島島《しまじま》）。島流《しまなが》し。諸島《しょとう》。島民《とうみん》。離《はな》れ島《じま》。半島《はんとう》。無人島《むじんとう》。列島《れっとう》。

州

川《かわ》 6画

オン シュウ
くん （す）

つかいかた

州《しゅう》政府《せいふ》の仕事《しごと》。
本州《ほんしゅう》と四国《しこく》を結《むす》ぶ橋《はし》。
海辺《うみべ》の三角州《さんかくす》。
川《かわ》の中州《なかす》にできた町《まち》。

なりたち

☞ 州

川《かわ》の中州《なかす》の形《かたち》から。

いみ・ことば

❶す。川《かわ》や海《うみ》に土砂《どしゃ》がたまってできた陸地《りくち》。☞ 砂州《さす》。三角州《さんかくす》。中州《なかす》。
❷大《おお》きな陸地《りくち》。☞ 欧州《おうしゅう》。九州《きゅうしゅう》。本州《ほんしゅう》。
❸しゅう。行政区画《ぎょうせいくかく》の一《ひと》つ。☞ 州知事《しゅうちじ》。州《しゅう》政府《せいふ》。

帳

巾 はばへん　11画

オン　チョウ

くん　—

つかいかた

手帳《てちょう》に書《か》き留《と》める。
通帳《つうちょう》に記帳《きちょう》する。
新《あたら》しい日記帳《にっきちょう》を買《か》う。

いみ・ことば

❶書《か》きこみ用《よう》に紙《かみ》をとじたもの。ノート。
帳《ちょう》簿《ぼ》。帳面《ちょうめん》。通帳《つうちょう》。手帳《てちょう》。日記帳《にっきちょう》。宿帳《やどちょう》。
記帳《きちょう》。雑記帳《ざっきちょう》。台帳《だいちょう》。帳《ちょう》消《け》し。帳《ちょう》尻《じり》。

❷まく。
どん帳《ちょう》。

とくべつなよみかた
蚊帳《かや》。

なりたち

帳

巾（布《ぬの》）と镸（長《なが》い）で、「長《なが》い布《ぬの》」「まく」を表《あらわ》す。

平

干 かん　5画

オン　ヘイ　ビョウ

くん　たいら　ひら

つかいかた

平成《へいせい》生《う》まれの人《ひと》。
土地《とち》を平《たい》らにする。
平《ひら》たい形《かたち》の皿《さら》を使《つか》う。
果物《くだもの》を平等《びょうどう》に分《わ》ける。

オンくんあそび
平野《へいや》に広《ひろ》がる
平《たい》らな大地《だいち》

いみ・ことば

❶たいら。
平地《へいち》。平面《へいめん》。平野《へいや》。水平《すいへい》。平《ひら》泳《およ》ぎ。平屋《ひらや》。平原《へいげん》。

❷おだやか。
平和《へいわ》。平安《へいあん》。平穏《へいおん》。平気《へいき》。平静《へいせい》。

❸かたよらない。
公平《こうへい》。平等《びょうどう》。平均《へいきん》。

❹ふつう。
平日《へいじつ》。平常《へいじょう》。平熱《へいねつ》。平年《へいねん》。

幸

干 かん　8画

オン　コウ

くん　さいわい　（さち）　しあわせ

つかいかた

幸《さいわ》いけがはなかった。
幸《しあわ》せな出会《であ》い。
幸福《こうふく》に暮《く》らす。
海《うみ》の幸《さち》、山《やま》の幸《さち》。

オンくんあそび
幸福《こうふく》は　幸《しあわ》せ見《み》つける
心《こころ》から

いみ・ことば

❶さいわい。しあわせ。めぐみ。
幸運《こううん》。幸福《こうふく》。多幸《たこう》。
薄幸《はっこう》。不幸《ふこう》。

「海《うみ》の幸《さち》」は、海《うみ》でとれる獲物《えもの》などのこと。
「山《やま》の幸《さち》」は、山《やま》でとれる獲物《えもの》などのこと。

3年

帳平幸度庫庭

广 まだれ 9画

度

度度度度度度度度度

オン ド（ト）（タク）
くん （たび）

つかいかた
三十八度《さんじゅうはちど》の熱《ねつ》を出《だ》す。
今度《こんど》はぼくの番《ばん》だ。
国《くに》の制度《せいど》を知《し》る。
落《お》ち着《つ》いた態度《たいど》。

いみ・ことば
❶ど。どあい。ものさし。☞温度《おんど》。角度《かくど》。軽度《けいど》。限度《げんど》。湿度《しつど》。尺度《しゃくど》。重度《じゅうど》。震度《しんど》。速度《そくど》。程度《ていど》。
❷たび。回数《かいすう》。☞今度《こんど》。年度《ねんど》。毎度《まいど》。
❸心《こころ》の大《おお》きさ。☞態度《たいど》。度胸《どきょう》。
❹決《き》まり。☞制度《せいど》。法度《はっと》。

广 まだれ 10画

庫

庫庫庫庫庫庫庫庫庫庫

オン コ（ク）
くん ―

つかいかた
冷蔵庫《れいぞうこ》で冷《ひ》やす。
金庫《きんこ》に保管《ほかん》する。
車庫《しゃこ》に車《くるま》を入《い》れる。
学級文庫《がっきゅうぶんこ》の本《ほん》。

いみ・ことば
❶物《もの》をしまっておくところ。くら。☞格納庫《かくのうこ》。書庫《しょこ》。金庫《きんこ》。国庫《こっこ》。在庫《ざいこ》。車庫《しゃこ》。出庫《しゅっこ》。倉庫《そうこ》。文庫《ぶんこ》。文庫本《ぶんこぼん》。宝庫《ほうこ》。冷蔵庫《れいぞうこ》。

なりたち

☞ 庫
广（家《いえ》）と車（車《くるま》）で、車《くるま》を入《い》れる家《いえ》の意《い》から、「くら」を表《あらわ》す。

广 まだれ 10画

庭

庭庭庭庭庭庭庭庭庭庭

オン テイ
くん にわ

つかいかた
庭《にわ》の掃除《そうじ》をする。
庭先《にわさき》に小鳥《ことり》が来《く》る。
明《あか》るい家庭《かてい》を作《つく》る。
友達《ともだち》と校庭《こうてい》で遊《あそ》ぶ。

オンくんあそび
庭園《ていえん》に見事《みごと》な庭木《にわき》

いみ・ことば
❶にわ。☞裏庭《うらにわ》。校庭《こうてい》。石庭《せきてい》。庭園《ていえん》。庭球《ていきゅう》。中庭《なかにわ》。庭石《にわいし》。庭木《にわき》。庭先《にわさき》。庭師《にわし》。箱庭《はこにわ》。
❷家《いえ》の中《なか》。☞家庭《かてい》。家庭科《かていか》。

なりたち
庭
广（家《いえ》）と廷（平《たい》らにのびた場所《ばしょ》）で、「にわ」を表《あらわ》す。

弋 しきがまえ 6画

式

オン シキ
くん —

つかいかた
結婚式《けっこんしき》を挙《あ》げる。
公式《こうしき》を使《つか》って解《と》く。
記念式典《きねんしきてん》に参加《さんか》する。
洋式《ようしき》のトイレを使《つか》う。

いみ・ことば
❶決《き》まったやり方《かた》。☞ 旧式《きゅうしき》。形式《けいしき》。公式《こうしき》。新式《しんしき》。正式《せいしき》。洋式《ようしき》。様式《ようしき》。略式《りゃくしき》。和式《わしき》。
❷ぎしき。☞ 儀式《ぎしき》。結婚式《けっこんしき》。式場《しきじょう》。式典《しきてん》。始球式《しきゅうしき》。卒業式《そつぎょうしき》。入学式《にゅうがくしき》。
❸数字《すうじ》や記号《きごう》で計算《けいさん》のしかたを表《あらわ》すもの。☞ 化学式《かがくしき》。計算式《けいさんしき》。公式《こうしき》。数式《すうしき》。方程式《ほうていしき》。

彳 ぎょうにんべん 7画

役

オン ヤク（エキ）
くん —

つかいかた
人《ひと》の役《やく》に立《た》つ。
市役所《しやくしょ》を訪問《ほうもん》する。
主役《しゅやく》に選《えら》ばれる。
現役《げんえき》で活躍《かつやく》する。

いみ・ことば
❶やくめ。つとめ。地位《ちい》。☞ 案内役《あんないやく》。現役《げんえき》。市役所《しやくしょ》。重役《じゅうやく》。役員《やくいん》。役人《やくにん》。役割《やくわり》。
❷芝居《しばい》のやくわり。☞ 子役《こやく》。主役《しゅやく》。代役《だいやく》。配役《はいやく》。役者《やくしゃ》。
❸人《ひと》を使《つか》う。☞ 使役《しえき》。徴役《ちょうえき》。兵役《へいえき》。労役《ろうえき》。

なりたち

☞ 役
彳（武器《ぶき》を持《も》つ）と殳（行《い》く）で、「つとめ」を表《あらわ》す。

彳 ぎょうにんべん 9画

待

オン タイ
くん まつ

つかいかた
結婚式《けっこんしき》に招待《しょうたい》される。
校門《こうもん》で待《ま》ち合《あ》わせる。
期待《きたい》を一身《いっしん》に背負《せお》う。
待望《たいぼう》の自転車《じてんしゃ》が届《とど》く。

オンくんあそび
病院《びょういん》の待合室《まちあいしつ》で待機《たいき》する

いみ・ことば
❶まつ。☞ 期待《きたい》。待機《たいき》。待避《たいひ》。待望《たいぼう》。待合室《まちあいしつ》。
❷人《ひと》をもてなす。対応《たいおう》する。☞ 歓待《かんたい》。虐待《ぎゃくたい》。招待《しょうたい》。接待《せったい》。待遇《たいぐう》。優待《ゆうたい》。

「待合室《まちあいしつ》」は、「待《ま》ち合《あ》い室《しつ》」とは書《か》かないよ。

苦

艹 くさかんむり　8画

オン　ク

くん　くるしい　くるしむ　くるしめる　にがい　にがる

つかいかた

走《はし》って息《いき》が苦《くる》しい。
歯《は》の痛《いた》みに苦《くる》しむ。
この薬《くすり》はとても苦《にが》い。
騒《そう》音《おん》に苦《く》情《じょう》を言《い》う。

オンくんあそび
苦《くる》しみも苦《く》労《ろう》も苦《にが》手《て》

いみ・ことば

❶くるしい。つらい。☞ 苦《く》心《しん》。苦《く》戦《せん》。苦《く》痛《つう》。苦《く》労《ろう》。辛《しん》苦《く》。病《びょう》苦《く》。
❷にがい。おもしろくない。☞ 苦《く》言《げん》。苦《く》笑《しょう》。苦《く》情《じょう》。苦《にが》手《て》。苦《にが》味《み》。苦《にが》笑《わら》い。

なりたち

苦

艹(草《くさ》)と古(固《かた》い)を合《あ》わせた字《じ》。

荷

艹 くさかんむり　10画

オン　(カ)

くん　に

つかいかた

荷《に》物《もつ》を預《あず》ける。
初《はつ》荷《に》を積《つ》んだ車《くるま》。
野《や》菜《さい》を出《しゅっ》荷《か》する。

オンくんあそび
荷《に》物《もつ》を集《あつ》め出《しゅっ》荷《か》する

いみ・ことば

❶にもつ。☞ 重《おも》荷《に》。集《しゅう》荷《か》。出《しゅっ》荷《か》。積《つ》み荷《に》。荷《に》揚《あ》げ。荷《に》車《ぐるま》。荷《に》台《だい》。荷《に》造《づく》り。荷《に》札《ふだ》。荷《に》物《もつ》。入《にゅう》荷《か》。初《はつ》荷《に》。
❷になう。かつぐ。☞ 荷《か》担《たん》。負《ふ》荷《か》。

葉

艹 くさかんむり　12画

オン　ヨウ

くん　は

つかいかた

木《き》々《ぎ》の葉《は》を観《かん》察《さつ》する。
花《はな》が散《ち》り葉《は》桜《ざくら》になる。
五《ご》月《がつ》は若《わか》葉《ば》の季《き》節《せつ》だ。
街《がい》路《ろ》樹《じゅ》が落《らく》葉《よう》する。

オンくんあそび
落《らく》葉《よう》樹《じゅ》から葉《は》が落《お》ちる

いみ・ことば

❶は。☞ 青《あお》葉《ば》。枝《えだ》葉(えだは/しよう)。落《お》ち葉《ば》。枯《か》れ葉《は》。紅《こう》葉《よう》。黄《こう》葉《よう》。広《こう》葉《よう》樹《じゅ》。子《し》葉《よう》。針《しん》葉《よう》樹《じゅ》。葉《は》音《おと》。葉《は》桜《ざくら》。葉《は》っぱ。双《ふた》葉《ば》。葉《よう》脈《みゃく》。葉《よう》緑《りょく》素《そ》。落《らく》葉《よう》。若《わか》葉《ば》。

とくべつなよみかた
紅《も》葉《みじ》。

なりたち

☞ 葉

艸(草《くさ》)と枼(葉《は》がしげる木《き》)で、「は」を表《あらわ》す。

くさかんむり 12画

落

オン ラク

くん おちる おとす

つかいかた

カキが木《き》から落《お》ちる。
山《やま》あいの静《しず》かな集落《しゅうらく》。
山道《やまみち》で落石《らくせき》があった。
落選《らくせん》して落《お》ちこむ。

オンくんあそび

落葉樹《らくようじゅ》から
葉《は》が落《お》ちる

いみ・ことば

❶おちる。おとす。 墜落《ついらく》。転落《てんらく》。落石《らくせき》。落選《らくせん》。落第《らくだい》。落馬《らくば》。落下《らっか》。

❷おとろえる。 没落《ぼつらく》。零落《れいらく》。

❸できあがる。おさまる。 落成《らくせい》。落着《らくちゃく》。

❹人家《じんか》の集《あつ》まり。 集落《しゅうらく》。村落《そんらく》。

くさかんむり 16画

薬

オン ヤク

くん くすり

つかいかた

傷口《きずぐち》に薬《くすり》をぬる。
火薬《かやく》に火《ひ》をつける。
薬品《やくひん》を調合《ちょうごう》する。

オンくんあそび

薬局《やっきょく》に
薬《くすり》いろいろ

いみ・ことば

❶くすり。 胃薬《いぐすり》。医薬《いやく》。風邪薬《かぜぐすり》。丸薬《がんやく》。薬屋《くすりや》。薬指《くすりゆび》。粉薬《こなぐすり》。投薬《とうやく》。農薬《のうやく》。飲《の》み薬《ぐすり》。水薬《みずぐすり》。目薬《めぐすり》。薬学《やくがく》。薬剤師《やくざいし》。薬草《やくそう》。薬局《やっきょく》。良薬《りょうやく》。

❷化学変化《かがくへんか》を起《お》こす材料《ざいりょう》。 火薬《かやく》。爆薬《ばくやく》。

なりたち

薬

艸(草《くさ》)と樂(病魔《びょうま》をはらうすず)で、「くすり」を表《あらわ》す。

しんにょう 7画

返

オン ヘン

くん かえす かえる

つかいかた

お返《かえ》しのプレゼント。
借《か》りた本《ほん》を返《かえ》す。
何度《なんど》も読《よ》み返《かえ》す。
手紙《てがみ》の返事《へんじ》を書《か》く。

オンくんあそび

返事《へんじ》して
ふり返《かえ》る

いみ・ことば

❶かえす。もとにもどす。かえる。 恩返《おんがえ》し。宙返《ちゅうがえ》り。返還《へんかん》。返却《へんきゃく》。返金《へんきん》。返済《へんさい》。返事《へんじ》。返上《へんじょう》。返信《へんしん》。返送《へんそう》。返答《へんとう》。返品《へんぴん》。返礼《へんれい》。

なりたち

返

反(そる・もどる)と辶(進《すす》む)で、「かえす」「かえる」を表《あらわ》す。

送

辶 しんにょう 9画

オン ソウ
くん おくる

つかいかた
家《いえ》まで送《おく》ってもらう。
友人《ゆうじん》を見送《みおく》る。
メールを送信《そうしん》する。
校内放送《こうないほうそう》を聞《き》く。

オンくんあそび
送別会《そうべつかい》で友《とも》送《おく》る

いみ・ことば
❶おくる。運送《うんそう》。送《おく》り先《さき》。送《おく》り賃《ちん》。送《おく》り火《び》。送球《そうきゅう》。送金《そうきん》。送迎《そうげい》。送辞《そうじ》。送信《そうしん》。送電《そうでん》線《せん》。送付《そうふ》。送別会《そうべつかい》。送料《そうりょう》。直送《ちょくそう》。発送《はっそう》。放《ほう》送《そう》。見《み》送《おく》る。郵送《ゆうそう》。輸送《ゆそう》。

なりたち
送 关（両手《りょうて》で物《もの》を持《も》つ）と辶（進《すす》む）で、「おくる」を表《あらわ》す。

追

辶 しんにょう 9画

オン ツイ
くん おう

つかいかた
犬《いぬ》に追《お》いかけられる。
注文《ちゅうもん》を追加《ついか》する。
幸《しあわ》せを追求《ついきゅう》する。
追跡《ついせき》をかわす。

オンくんあそび
追《お》い風《かぜ》に 乗《の》って幸《しあわ》せ追求《ついきゅう》し

いみ・ことば
❶おう。追《お》い風《かぜ》。追求《ついきゅう》。追究《ついきゅう》。追及《ついきゅう》。追《つい》随《ずい》。追跡《ついせき》。追突《ついとつ》。追放《ついほう》。深《ふか》追《お》い。
❷つけ加《くわ》える。追加《ついか》。追記《ついき》。追伸《ついしん》。
❸思《おも》い出《だ》す。追憶《ついおく》。追想《ついそう》。追悼《ついとう》。

なりたち
追 𠂤（重《かさ》ねる）と辶（進《すす》む）で、人《ひと》のあとについて行《い》く意《い》から、「おう」を表《あらわ》す。

速

辶 しんにょう 10画

オン ソク
くん はやい
はやめる
はやまる
（すみやか）

つかいかた
急《きゅう》に足《あし》を速《はや》める。
新幹線《しんかんせん》は速《はや》い。
車《くるま》の速度《そくど》を上《あ》げる。
風速《ふうそく》三十《さんじゅう》メートル。

オンくんあそび
速度《そくど》速《はや》める
速《すみ》やかに

いみ・ことば
❶はやい。はやさ。音速《おんそく》。快速《かいそく》。急速《きゅうそく》。光速《こうそく》。高速《こうそく》。高速道路《こうそくどうろ》。早速《さっそく》。時速《じそく》。速《そく》達《たつ》。速度《そくど》。速読《そくどく》。速報《そくほう》。速力《そくりょく》。速球《そっきゅう》。秒速《びょうそく》。敏速《びんそく》。風速《ふうそく》。

⻌ しんにょう

11画

進

オン シン

くん すすむ すすめる

つかいかた

みんなで前《まえ》へ進《すす》む。話《はなし》を先《さき》に進《すす》める。上《うえ》の学年《がくねん》に進《しん》級《きゅう》する。科学《かがく》技術《ぎじゅつ》が進《しん》歩《ぽ》する。

オンくんあそび

行《こう》進《しん》曲《きょく》に合《あ》わせて進《すす》む

なりたち

☞ 進

(鳥《とり》)と(足《あし》あと)で、「すすむ」を表《あらわ》す。

いみ・ことば

❶すすむ。よくなる。☞行《こう》進《しん》。進《しん》化《か》。進《しん》学《がく》。進《しん》級《きゅう》。進《しん》軍《ぐん》。進《しん》撃《げき》。進《しん》行《こう》。進《しん》出《しゅつ》。進《しん》退《たい》。進《しん》展《てん》。進《しん》入《にゅう》。進《しん》歩《ぽ》。進《しん》路《ろ》。前《ぜん》進《しん》。直《ちょく》進《しん》。突《とっ》進《しん》。

❷差《さ》し上《あ》げる。☞寄《き》進《しん》。進《しん》呈《てい》。進《しん》物《もつ》。

⻌ しんにょう

12画

運

オン ウン

くん はこぶ

つかいかた

台所《だいどころ》から料理《りょうり》を運《はこ》ぶ。運《うん》動《どう》会《かい》が開《ひら》かれる。運《うん》勢《せい》をうらなう。土《ど》砂《しゃ》の運《うん》搬《ぱん》をする。

オンくんあそび

荷《に》物《もつ》を運《はこ》ぶ運《うん》転《てん》手《しゅ》

いみ・ことば

❶はこぶ。☞運《うん》河《が》。運《うん》送《そう》。運《うん》賃《ちん》。運《うん》搬《ぱん》。海《かい》運《うん》。

❷動《うご》かす。めぐる。☞運《うん》営《えい》。運《うん》休《きゅう》。運《うん》行《こう》。運《うん》転《てん》。運《うん》動《どう》。運《うん》動《どう》会《かい》。

❸うん。めぐり合《あ》わせ。☞運《うん》勢《せい》。運《うん》命《めい》。幸《こう》運《うん》。不《ふ》運《うん》。

⻌ しんにょう

12画

遊

オン ユウ (ユ)

くん あそぶ

つかいかた

校庭《こうてい》の遊《ゆう》具《ぐ》で遊《あそ》ぶ。水《みず》遊《あそ》びは楽《たの》しい。遊《ゆう》泳《えい》禁《きん》止《し》区《く》域《いき》の看《かん》板《ばん》。遊《ゆう》歩《ほ》道《どう》を散《さん》歩《ぽ》する。

オンくんあそび

楽《たの》しく遊《あそ》ぶ遊《ゆう》園《えん》地《ち》

なりたち

☞ 遊

(旗《はた》を持《も》つ子《こ》)と(行《い》く)で、「あそぶ」「あちこち行《い》く」を表《あらわ》す。

いみ・ことば

❶あそぶ。つきあう。☞交《こう》遊《ゆう》。水《みず》遊《あそ》び。物《もの》見《み》遊《ゆ》山《さん》。遊《ゆう》園《えん》地《ち》。遊《ゆう》戯《ぎ》。遊《ゆう》具《ぐ》。

❷よそに行《い》く。動《うご》き回《まわ》る。☞回《かい》遊《ゆう》。外《がい》遊《ゆう》。回《かい》遊《ゆう》魚《ぎょ》。周《しゅう》遊《ゆう》。周《しゅう》遊《ゆう》券《けん》。遊《ゆう》泳《えい》。遊《ゆう》学《がく》。遊《ゆう》説《ぜい》。遊《ゆう》牧《ぼく》。遊《ゆう》歩《ほ》道《どう》。遊《ゆう》覧《らん》。遊《ゆう》離《り》。

都

阝 おおざと　11画

一 土 耂 者 者 都 都

オン ト　ツ

くん みやこ

つかいかた

日本《にほん》の首都《しゅと》は東京都《とうきょうと》。

古都《こと》京都《きょうと》を旅行《りょこう》する。

都合《つごう》をつけ出席《しゅっせき》する。

オンくんあそび

大《おお》きな都《みやこ》

大都会《だいとかい》

いみ・ことば

❶みやこ。大《おお》きな町《まち》。☞ 古都《こと》。首都《しゅと》。都会《とかい》。都市《とし》。都心《としん》。

❷すべて。☞ 都合《つごう》。都度《つど》。

❸「東京都《とうきょうと》」のこと。☞ 都営《とえい》。都知事《とちじ》。都庁《とちょう》。都道府県《とどうふけん》。都内《とない》。都民《とみん》。都立《とりつ》。

「都道府県《とどうふけん》」は、一都《いっと》（東京都《とうきょうと》）・一道《いちどう》（北海道《ほっかいどう》）・二府《にふ》（大阪府《おおさかふ》、京都府《きょうとふ》）と、四十三《よんじゅうさん》の県《けん》のこと。

部

阝 おおざと　11画

丶 亠 立 音 部 部 部

オン ブ

くん —

つかいかた

午後《ごご》の部《ぶ》が始《はじ》まる。

野球《やきゅう》部《ぶ》に所属《しょぞく》する。

部品《ぶひん》を組《く》み立《た》てる。

部屋《へや》の片《かた》づけをする。

いみ・ことば

❶区分《くわ》けしたもの。☞ 外部《がいぶ》。全部《ぜんぶ》。内部《ないぶ》。部位《ぶい》。部員《ぶいん》。部下《ぶか》。部会《ぶかい》。部活《ぶかつ》。部首《ぶしゅ》。部署《ぶしょ》。部族《ぶぞく》。部隊《ぶたい》。部品《ぶひん》。部分《ぶぶん》。本部《ほんぶ》。

❷印刷物《いんさつぶつ》などを数《かぞ》える言葉《ことば》。☞ 部数《ぶすう》。

とくべつなよみかた

部屋《へや》。

なりたち

部

音（分《わ》ける）と阝（里《さと》）で、「区分《くわ》けしたもの」を表《あらわ》す。

院

阝 こざとへん　10画

了 阝 阝 阝 阝 阝 阝 院 院 院

オン イン

くん —

つかいかた

病気《びょうき》で入院《にゅういん》する。

古《ふる》い寺院《じいん》をめぐる。

大学院《だいがくいん》で学《まな》ぶ。

衆議院《しゅうぎいん》と参議院《さんぎいん》。

いみ・ことば

❶大《おお》きな建物《たてもの》。施設《しせつ》。☞ 医院《いいん》。院長《いんちょう》。参議院《さんぎいん》。寺院《じいん》。衆議院《しゅうぎいん》。修道院《しゅうどういん》。書院造《しょいんづく》り。退院《たいいん》。大学院《だいがくいん》。通院《つういん》。入院《にゅういん》。病院《びょういん》。

❷上皇《じょうこう》・法皇《ほうおう》などの尊称《そんしょう》。その住《す》まい。☞ 院政《いんせい》。後白河院《ごしらかわいん》。

階

阝 こざとへん 12画

階

オン カイ
くん —

つかいかた

マンションの最上階《さいじょうかい》。
上流《じょうりゅう》階級《かいきゅう》の人々《ひとびと》。
階段《かいだん》で十階《じっかい》まで上《のぼ》る。
五段階《ごだんかい》で評価《ひょうか》する。

いみ・ことば

❶段《だん》。 音階《おんかい》。階段《かいだん》。段階《だんかい》。
❷身分《みぶん》や地位《ちい》の上下《じょうげ》。 位階《いかい》。階級《かいきゅう》。階《かい》層《そう》。職階《しょっかい》。
❸建物《たてもの》の重《かさ》なり。 階下《かいか》。階上《かいじょう》。階数《かいすう》。最上階《さいじょうかい》。三階《さんかい》建《だ》て。地階《ちかい》。

陽

阝 こざとへん 12画

陽

オン ヨウ
くん —

つかいかた

太陽《たいよう》は生命《せいめい》の源《みなもと》だ。
太陽《たいよう》光《こう》で発電《はつでん》する。
陽《よう》気《き》な性格《せいかく》の友人《ゆうじん》。
電池《でんち》の陽《よう》極《きょく》と陰極《いんきょく》。

なりたち

陽 （日《ひ》がのぼるようす）と （はしご・階段《かいだん》）で、「たいよう」を表《あらわ》す。

いみ・ことば

❶たいよう。 斜陽《しゃよう》。太陽《たいよう》。太陽暦《たいようれき》。陽《よう》光《こう》。陽春《ようしゅん》。陽暦《ようれき》。落陽《らくよう》。
❷明《あか》るい。暖《あたた》かい。 陽気《ようき》。
❸「陰《いん》」と対《つい》になるほう。一《マイナス》と対《つい》になる＋《プラス》。 陰陽《いんよう》。陽極《ようきょく》。陽性《ようせい》。陽転《ようてん》。

急

心 こころ 9画

急

オン キュウ
くん いそぐ

つかいかた

急《きゅう》に雨《あめ》が降《ふ》る。
急《いそ》ぐので失礼《しつれい》します。
急《いそ》ぎ足《あし》で歩《ある》く。
応急《おうきゅう》手当《てあ》てをする。

オンくんあそび
急《いそ》いで乗《の》った
特急《とっきゅう》電車《でんしゃ》

いみ・ことば

❶いそぐ。いそいで。きゅう。 急《いそ》ぎ足《あし》。急《きゅう》転《てん》。急《きゅう》速《そく》。急性《きゅうせい》。急行《きゅうこう》。救急《きゅうきゅう》。応急《おうきゅう》。急《きゅう》迫《はく》。急病《きゅうびょう》。急変《きゅうへん》。急用《きゅうよう》。急流《きゅうりゅう》。至急《しきゅう》。
❷かたむきが大《おお》きい。 急斜面《きゅうしゃめん》。急角度《きゅうかくど》。
❸大事《だいじ》な。 急所《きゅうしょ》。

階 陽 急 息 悪 悲

心 こころ　10画

息

オン ソク
くん いき

つかいかた
寒《さむ》い日《ひ》の白《しろ》い息《いき》。
苦《くる》しくて息《いき》が切《き》れる。
ペンギンの生息地《せいそくち》。
貯金《ちょきん》に利息《りそく》がついた。

オンくんあそび
休息《きゅうそく》し　やっと一息《ひといき》

なりたち

☞ 息
自（鼻《はな》）と心（心臓《しんぞう》）で、鼻《はな》から出入《でい》りする「いき」を表《あらわ》す。

いみ・ことば
❶いき。生《い》きる。☞息継《いきつ》ぎ。消息《しょうそく》。生息《せいそく》。ため息《いき》。嘆息《たんそく》。窒息《ちっそく》。寝息《ねいき》。鼻息《はないき》。
❷終《お》わる。休《やす》む。☞休息《きゅうそく》。終息《しゅうそく》。息災《そくさい》。
❸子供《こども》。☞子息《しそく》。息女《そくじょ》。
とくべつなよみかた　息吹《いぶき》。息子《むすこ》。

心 こころ　11画

悪

オン アク（オ）
くん わるい

つかいかた
朝《あさ》から天気《てんき》が悪《わる》い。
善人《ぜんにん》と悪人《あくにん》。
今日《きょう》は最悪《さいあく》の日《ひ》だ。
不正《ふせい》を嫌悪《けんお》する。

オンくんあそび
悪役《あくやく》は　悪《わる》い人《ひと》とは　限《かぎ》らない

いみ・ことば
❶わるい。好《この》ましくない。おとっている。☞悪意《あくい》。悪事《あくじ》。悪質《あくしつ》。悪人《あくにん》。悪筆《あくひつ》。悪魔《あくま》。悪《あく》夢《む》。悪役《あくやく》。悪友《あくゆう》。意地悪《いじわる》。悪寒《おかん》。最悪《さいあく》。善《ぜん》悪《あく》。悪《わる》ふざけ。
❷にくむ。いやな。☞嫌悪《けんお》。好悪《こうお》。憎悪《ぞうお》。

「悪寒《おかん》」は、熱《ねつ》が出《で》たときなどに感《かん》じる、体《からだ》がぞくぞくするような寒《さむ》けのこと。

心 こころ　12画

悲

オン ヒ
くん かなしい　かなしむ

つかいかた
悲《かな》しみに暮《く》れる。
悲願《ひがん》の優勝《ゆうしょう》を果《は》たす。
悲鳴《ひめい》が聞《き》こえた。

オンくんあそび
悲鳴《ひめい》をあげて　悲《かな》しそう

なりたち

☞ 悲
非（左右《さゆう》に分《わ》かれる）と心（心《こころ》）で、「かなしい」を表《あらわ》す。

いみ・ことば
❶かなしい。かなしむ。☞悲哀《ひあい》。悲運《ひうん》。悲《ひ》観《かん》。悲喜《ひき》。悲喜劇《ひきげき》。悲劇《ひげき》。悲惨《ひさん》。悲壮《ひそう》。悲《ひ》嘆《たん》。悲痛《ひつう》。悲憤《ひふん》。悲報《ひほう》。悲鳴《ひめい》。悲恋《ひれん》。悲《ひ》話《わ》。
❷あわれみの心《こころ》。☞慈悲《じひ》。悲願《ひがん》。

心 こころ　13画

意

オン　イ

くん

つかいかた

相手《あいて》に好意《こうい》をもつ。

意志《いし》の強《つよ》い人《ひと》。

辞書《じしょ》で意味《いみ》を調《しら》べる。

食事《しょくじ》の用意《ようい》をする。

いみ・ことば

❶考《かんが》え。気持《きも》ち。

悪意《あくい》。意外《いがい》。意見《いけん》。意志《いし》。意欲《いよく》。敬意《けいい》。決意《けつい》。好意《こうい》。誠意《せいい》。善意《ぜんい》。注意《ちゅうい》。敵意《てきい》。得意《とくい》。熱意《ねつい》。用意《ようい》。

❷いみ。わけ。

意義《いぎ》。意味《いみ》。大意《たいい》。

とくべつなよみかた

意気地《いくじ》。

なりたち

意

音（おと）と心（こころ）で、心《こころ》の中《なか》の「考《かんが》え」「気持《きも》ち」を表《あらわ》す。

心 こころ　13画

感

オン　カン

くん

つかいかた

感謝《かんしゃ》の気持《きも》ちを表《あらわ》す。

物語《ものがたり》に感動《かんどう》する。

好感《こうかん》のもてる人《ひと》。

彼《かれ》は責任感《せきにんかん》が強《つよ》い。

いみ・ことば

❶かんじる。かんじ。

音感《おんかん》。快感《かいかん》。感覚《かんかく》。感激《かんげき》。感謝《かんしゃ》。感情《かんじょう》。感触《かんしょく》。感心《かんしん》。感想《かんそう》。感動《かんどう》。感銘《かんめい》。共感《きょうかん》。好感《こうかん》。五感《ごかん》。実感《じっかん》。責任感《せきにんかん》。直感《ちょっかん》。同感《どうかん》。敏感《びんかん》。予感《よかん》。

なりたち

感

咸（強《つよ》い刺激《しげき》）と心（こころ）で、心《こころ》が動《うご》く意《い》を表《あらわ》す。

心 こころ　13画

想

オン　ソウ（ソ）

くん

つかいかた

楽《たの》しい想像《そうぞう》をする。

読書感想文《どくしょかんそうぶん》を書《か》く。

予想《よそう》が的中《てきちゅう》する。

友人《ゆうじん》に愛想《あいそ》をつかす。

いみ・ことば

❶思《おも》う。思《おも》い。考《かんが》え。

愛想（あいそ　あいそう）。回想《かいそう》。仮想《かそう》。感想《かんそう》。感想文《かんそうぶん》。空想《くうそう》。幻想《げんそう》。構想《こうそう》。思想《しそう》。随想《ずいそう》。想起《そうき》。想像《そうぞう》。想定《そうてい》。着想《ちゃくそう》。追想《ついそう》。発想《はっそう》。夢想《むそう》。無想《むそう》。予想《よそう》。理想《りそう》。連想《れんそう》。

なりたち

想

相（姿《すがた》を見《み》る）と心（こころ）で、心《こころ》に姿《すがた》を思《おも》いうかべる意《い》を表《あらわ》す。

所

戸 と　8画

オン ショ
くん ところ

つかいかた

休憩《きゅうけい》所《じょ》でお茶《ちゃ》を飲《の》む。
静《しず》かな所《ところ》が好《す》きだ。
住所《じゅうしょ》を正確《せいかく》に書《か》く。
野球部《やきゅうぶ》に所属《しょぞく》する。

オンくんあそび
調理《ちょうり》する場所《ばしょ》
台所《だいどころ》

いみ・ことば

❶場所《ばしょ》。特定《とくてい》のところ。☞ 居所《いどころ》（居所《きょしょ》）。急所《きゅうしょ》。近所《きんじょ》。裁判所《さいばんしょ》。事務所《じむしょ》。住所《じゅうしょ》。台所《だいどころ》。短所《たんしょ》。所番地《ところばんち》。場所《ばしょ》。名所《めいしょ》。役所《やくしょ》。
❷…すること。…するもの。☞ 所持《しょじ》。所信《しょしん》。所属《しょぞく》。所定《しょてい》。所得《しょとく》。所有《しょゆう》。

打

扌 てへん　5画

オン ダ
くん うつ

つかいかた

打者《だしゃ》がヒットを打《う》つ。
秘密《ひみつ》を打《う》ち明《あ》ける。
大《おお》きな打撃《だげき》を受《う》ける。
古《ふる》い体質《たいしつ》を打破《だは》する。

オンくんあそび
見事《みごと》に打《う》った
本塁打《ほんるいだ》

いみ・ことば

❶うつ。たたく。☞ 安打《あんだ》。打《う》ち身《み》。強打《きょうだ》。打楽器《だがっき》。打球《だきゅう》。打撃《だげき》。打者《だしゃ》。打診《だしん》。打電《だでん》。打倒《だとう》。打破《だは》。打撲《だぼく》。乱打《らんだ》。連打《れんだ》。
❷上《うえ》につけて意味《いみ》を強《つよ》める。☞ 打《う》ち消《け》す。打《う》ち解《と》ける。打開《だかい》。打算《ださん》。

なりたち

打

丁（くぎの形《かたち》）と扌（手《て》）で、くぎを打《う》つ意《い》から、「うつ」「たたく」を表《あらわ》す。

投

扌 てへん　7画

オン トウ
くん なげる

つかいかた

ボールを投《な》げる。
新聞《しんぶん》に投稿《とうこう》する。
友人《ゆうじん》と意気投合《いきとうごう》する。
候補者《こうほしゃ》に投票《とうひょう》する。

オンくんあそび
投手《とうしゅ》が投《な》げて
打者《だしゃ》が打《う》つ

いみ・ことば

❶なげる。入《い》れる。届《とど》ける。なげ出《だ》す。☞ 遠投《えんとう》。投影《とうえい》。投下《とうか》。投球《とうきゅう》。投稿《とうこう》。投獄《とうごく》。投資《とうし》。投手《とうしゅ》。投書《とうしょ》。投票《とうひょう》。
❷ぴったり合《あ》う。☞ 意気投合《いきとうごう》。
❸あたえる。☞ 投薬《とうやく》。投与《とうよ》。

とくべつなよみかた
投網《とあみ》。

扌 てへん

9画

指

オン シ

くん ゆび さす

つかいかた

右手《みぎて》の人《ひと》さし指《ゆび》。
北《きた》の方角《ほうがく》を指《さ》す。
先生《せんせい》の指示《しじ》に従《したが》う。
議長《ぎちょう》に指名《しめい》される。

オンくんあそび
指導者《しどうしゃ》が指《ゆび》で行《ゆ》く手《て》を指《さ》し示《しめ》す

いみ・ことば

❶ゆび。☞ 親指《おやゆび》。薬指《くすりゆび》。屈指《くっし》。小指《こゆび》。指紋《しもん》。食指《しょくし》。突《つ》き指《ゆび》。中指《なかゆび》。人《ひと》さし指《ゆび》。指切《ゆびき》り。指先《ゆびさき》。指人形《ゆびにんぎょう》。指輪《ゆびわ》。

❷さししめす。☞ 指図《さしず》。指揮《しき》。指示《しじ》。指定《してい》。指摘《してき》。指導《しどう》。指名《しめい》。名指《なざ》し。

「指図《さしず》」は、「指《さ》し図《ず》」とは書《か》かないよ。

扌 てへん

9画

持

オン ジ

くん もつ

つかいかた

両手《りょうて》に荷物《にもつ》を持《も》つ。
気持《きも》ちのよい朝《あさ》。
遠足《えんそく》の持《も》ち物《もの》。
現状《げんじょう》を維持《いじ》する。

オンくんあそび
強《つよ》い気持《きも》ちが持続《じぞく》する

いみ・ことば

❶もつ。身《み》につける。☞ 維持《いじ》。受《う》け持《も》ち。金持《かねも》ち。気持《きも》ち。持久走《じきゅうそう》。持参《じさん》。支持《しじ》。持続《じぞく》。持病《じびょう》。所持《しょじ》。持論《じろん》。力持《ちからも》ち。保持《ほじ》。持《も》ち味《あじ》。持《も》ち主《ぬし》。持《も》ち物《もの》。

なりたち

☞ 持

扌(手《て》)と寺(持《も》つ)を合《あ》わせた字《じ》。

扌 てへん

9画

拾

オン (シュウ) (ジュウ)

くん ひろう

つかいかた

道路《どうろ》のごみを拾《ひろ》う。
命拾《いのちびろ》いをする。
拾得物《しゅうとくぶつ》を保管《ほかん》する。

いみ・ことば

❶ひろう。☞ 命拾《いのちびろ》い。収拾《しゅうしゅう》。拾得物《しゅうとくぶつ》。拾《ひろ》い物《もの》。

❷金額《きんがく》などを記《しる》す際《さい》に「十《じゅう》」の代《か》わりに使《つか》う。☞ 拾万円《じゅうまんえん》。

なりたち

拾

扌(手《て》)と合(あわせる)で、手《て》でひろい集《あつ》める意《い》から、「ひろう」を表《あらわ》す。

放

攵 のぶん　8画

オン　ホウ
くん　はなす　はなつ　はなれる　ほうる

つかいかた
ニュースで放送《ほうそう》する。
大空《おおぞら》にハトを放《はな》す。
ボールを遠《とお》くへ放《ほう》る。
放《ほう》課《か》後《ご》に校《こう》庭《てい》で遊《あそ》ぶ。

オンくんあそび
放《ほう》牧《ぼく》場《じょう》で放《はな》し飼《が》い

いみ・ことば
❶はなす。はなつ。はなれる。ほうる。
開放《かいほう》。解放《かいほう》。追放《ついほう》。放映《ほうえい》。放火《ほうか》。放課後《ほうかご》。
放棄《ほうき》。放射能《ほうしゃのう》。放出《ほうしゅつ》。放心《ほうしん》。放水《ほうすい》。放送《ほうそう》。
放置《ほうち》。放電《ほうでん》。放任《ほうにん》。放牧《ほうぼく》。放流《ほうりゅう》。

「解放《かいほう》」は、制限《せいげん》を解《と》いて自由《じゆう》にすること。
「開放《かいほう》」は、開《あ》け放《はな》すこと。

整

攵 のぶん　16画

オン　セイ
くん　ととのえる　ととのう

つかいかた
荷《に》物《もつ》を整《せい》理《り》する。
文《も》字《じ》の形《かたち》を整《ととの》える。
出《しゅっ》発《ぱつ》の準《じゅん》備《び》が整《ととの》う。
校《こう》庭《てい》に整《せい》列《れつ》する。

オンくんあそび
整《せい》理《り》整《せい》頓《とん》
部《へ》屋《や》整《ととの》える

いみ・ことば
❶ととのえる。ととのう。
均整《きんせい》。修整《しゅうせい》。整形《せいけい》。整合性《せいごうせい》。整然《せいぜん》。整地《せいち》。整頓《せいとん》。
整髪《せいはつ》。整備《せいび》。整理《せいり》。整列《せいれつ》。調整《ちょうせい》。

旅

方 かたへん　10画

オン　リョ
くん　たび

つかいかた
思《おも》い立《た》って旅《たび》に出《で》る。
旅《たび》人《びと》に人《にん》気《き》の旅《りょ》館《かん》。
長《なが》旅《たび》のつかれが出《で》る。
船《ふな》旅《たび》で行《い》く修《しゅう》学《がく》旅《りょ》行《こう》。

オンくんあそび
海《かい》外《がい》旅《りょ》行《こう》
空《そら》の旅《たび》

なりたち

旅
立《た》て （旗《はた》）と （人々《ひとびと》）で、旗《はた》を立《た》てて進《すす》む「軍隊《ぐんたい》」「たび」を表《あらわ》す。

いみ・ことば
❶たび。
旅心《たびごころ》。旅先《たびさき》。旅路《たびじ》。旅支度《たびじたく》。旅人《たびびと》。長旅《ながたび》。一人旅《ひとりたび》。船旅《ふなたび》。旅客《りょかく》（りょきゃく）。
旅客機《りょかくき》（りょかっき）。旅館《りょかん》。旅券《りょけん》。旅行《りょこう》。旅愁《りょしゅう》。
旅情《りょじょう》。旅装《りょそう》。旅程《りょてい》。旅費《りょひ》。

族

方 かたへん

11画

オン ゾク
くん ―

つかいかた

家族《かぞく》で食卓《しょくたく》を囲《かこ》む。
平安時代《へいあんじだい》の貴族《きぞく》。
水族館《すいぞくかん》と動物園《どうぶつえん》。
世界《せかい》の少数民族《しょうすうみんぞく》。

いみ・ことば

❶身内《みうち》。仲間《なかま》。 家族《かぞく》。貴《き》族《ぞく》。血族《けつぞく》。皇族《こうぞく》。豪族《ごうぞく》。士族《しぞく》。氏族《しぞく》。種《しゅ》族《ぞく》。親族《しんぞく》。水族館《すいぞくかん》。同族《どうぞく》。部族《ぶぞく》。民族《みんぞく》。遺族《いぞく》。一族《いちぞく》。

なりたち

族 集《あつ》める形《かたち》で、「仲間《なかま》」を表《あらわ》す。（旗《はた》）のもとに（矢《や》）を

昔

日 ひ

8画

オン （セキ）（シャク）
くん むかし

つかいかた

ひと昔前《むかしまえ》のできごと。
昔話《むかしばなし》の絵本《えほん》を見《み》る。
昔日《せきじつ》の面影《おもかげ》はない。

いみ・ことば

❶むかし。 昔語《むかしがた》り。昔《むかし》なじみ。昔話《むかしばなし》。昔風《むかしふう》。大昔《おおむかし》。今昔《こんじゃく》。昔日《せきじつ》。昔年《せきねん》。昔《むかし》気質《かたぎ》。

なりたち

昔 （重《かさ》ねる）と日（日《ひ》）で、「むかし」を表《あらわ》す。

昭

日 ひへん

9画

オン ショウ
くん ―

つかいかた

母《はは》は昭和《しょうわ》の生《う》まれだ。
南極《なんきょく》の昭和基地《しょうわきち》。

いみ・ことば

❶明《あき》らか。 昭和《しょうわ》。

「昭和《しょうわ》」は、「平成《へいせい》」の前《まえ》の年号《ねんごう》だよ。

なりたち

昭 日（ひ）と召（まねく）で、「あきらか」を表《あらわ》す。

日 ひ　12画

暑

オン　ショ
くん　あつい

つかいかた
暑《あつ》い夏《なつ》がやってくる。
暑苦《あつくる》しいかっこう。
暑中見舞《しょちゅうみま》いを出《だ》す。

オンくんあそび
残暑《ざんしょ》厳《きび》しい
暑《あつ》い夏《なつ》

いみ・ことば
❶あつい。気温《きおん》が高《たか》い。
炎暑《えんしょ》。寒暑《かんしょ》。酷《こく》暑《しょ》。残《ざん》暑《しょ》。暑《しょ》気《き》あたり。暑《しょ》気《き》払《ばら》い。暑《しょ》中《ちゅう》見舞《みま》い。大《たい》暑《しょ》。避《ひ》暑《しょ》。猛《もう》暑《しょ》。

日 ひへん　13画

暗

オン　アン
くん　くらい

つかいかた
暗《くら》い夜道《よみち》を歩《ある》く。
暗闇《くらやみ》を手探《てさぐ》りで進《すす》む。
英単語《えいたんご》を暗記《あんき》する。
詩歌《しいか》を暗唱《あんしょう》する。

オンくんあそび
暗室《あんしつ》の中《なか》
真《ま》っ暗《くら》だ

いみ・ことば
❶くらい。
暗《あん》雲《うん》。暗《あん》黒《こく》。暗《あん》室《しつ》。暗《あん》幕《まく》。暗《あん》夜《や》。暗闇《くらやみ》。明《めい》暗《あん》。
❷ひそかに。
暗《あん》号《ごう》。暗《あん》殺《さつ》。暗《あん》示《じ》。暗《あん》黙《もく》。
❸心《こころ》の中《なか》で。
暗《あん》記《き》。暗《あん》算《ざん》。暗《あん》唱《しょう》。
❹おろか。
暗《あん》愚《ぐ》。暗《あん》君《くん》。

「暗《あん》証番号《しょうばんごう》」は、本人《ほんにん》であることを証明《しょうめい》するための秘密《ひみつ》の数字《すうじ》。

日 ひらび　6画

曲

オン　キョク
くん　まがる　まげる

つかいかた
曲《きょく》芸《げい》師《し》の得《とく》意《い》技《わざ》。
四《よ》つ角《かど》を右《みぎ》に曲《ま》がる。
美《うつく》しい曲《きょく》線《せん》をえがく。
名《めい》曲《きょく》を鑑《かん》賞《しょう》する。

オンくんあそび
曲《きょく》に合《あ》わせて
手足《てあし》を曲《ま》げる

いみ・ことば
❶まがる。まげる。
曲《きょく》折《せつ》。曲《きょく》線《せん》。曲《きょく》面《めん》。曲《きょっ》解《かい》。湾《わん》曲《きょく》。
❷きょく。音楽《おんがく》の節《ふし》。
楽《がっ》曲《きょく》。曲《きょく》目《もく》。交《こう》響《きょう》曲《きょく》。行進《こうしん》曲《きょく》。作《さっ》曲《きょく》。新《しん》曲《きょく》。名《めい》曲《きょく》。
❸かるわざ。
曲《きょく》技《ぎ》。曲《きょく》芸《げい》。

なりたち

曲
曲《ま》がった形《かたち》から。

族
昔
昭
暑
暗
曲

月 つき　6画

有

ノナイ有有有

オン　ユウ　（ウ）
くん　ある

つかいかた
有《ゆう》名《めい》人《じん》がやって来《く》る。
体《たい》力《りょく》が有《あ》り余《あま》る。
有《ゆう》料《りょう》道《どう》路《ろ》を通《とお》る。
勝《か》って有《う》頂《ちょう》天《てん》になる。

オンくんあそび
有《あ》り余《あま》るほど
所《しょ》有《ゆう》する

なりたち
有
ヨ（右手《みぎて》）で月（肉《にく》）を持《も》つ形《かたち》で、「もつ」「ある」を表《あらわ》す。

いみ・ことば
❶ある。持《も》つ。
国《こく》有《ゆう》。固《こ》有《ゆう》。私《し》有《ゆう》。所《しょ》有《ゆう》。特《とく》有《ゆう》。万《ばん》有《ゆう》引《いん》力《りょく》。有《ゆう》意《い》義《ぎ》。有《ゆう》益《えき》。有《ゆう》害《がい》。有《ゆう》形《けい》。有《ゆう》限《げん》。有《ゆう》権《けん》者《しゃ》。有《ゆう》効《こう》。有《ゆう》志《し》。有《ゆう》数《すう》。有《ゆう》毒《どく》。有《ゆう》能《のう》。有《ゆう》望《ぼう》。有《ゆう》名《めい》。有《ゆう》利《り》。有《ゆう》料《りょう》。有《ゆう》力《りょく》。
有《う》頂《ちょう》天《てん》。有《う》無《む》。共《きょう》有《ゆう》。

月 つきへん　8画

服

丿刀月月′月フ肌服服

オン　フク
くん　—

つかいかた
新《あたら》しい洋《よう》服《ふく》を買《か》う。
弱《じゃく》点《てん》を克《こく》服《ふく》する。
服《ふく》装《そう》を整《ととの》える。
薬《くすり》を服《ふく》用《よう》する。

なりたち
服
月（舟《ふね》）と𠬝（体《からだ》に手《て》をそえる）で、舟《ふね》にそえる板《いた》を表《あらわ》した。のち、「身《み》につける物《もの》」を表《あらわ》す。

いみ・ことば
❶ふく。身《み》につけるもの。
衣《い》服《ふく》。私《し》服《ふく》。制《せい》服《ふく》。服《ふく》地《じ》。服《ふく》装《そう》。洋《よう》服《ふく》。和《わ》服《ふく》。
❷従《したが》う。
服《ふく》役《えき》。服《ふく》。屈《くっ》服《ぷく》。克《こく》服《ふく》。征《せい》服《ふく》。従《じゅう》。服《ふく》務《む》。不《ふ》服《ふく》。
❸薬《くすり》などを飲《の》む。
一《いっ》服《ぷく》。服《ふく》薬《やく》。服《ふく》用《よう》。

月 つき　12画

期

一十卄甘其其期期

オン　キ　（ゴ）
くん　—

つかいかた
期《き》間《かん》限《げん》定《てい》の安《やす》売《う》り。
一《いち》学《がっ》期《き》が終《お》わる。
賞《しょう》味《み》期《き》限《げん》が切《き》れる。
観《かん》客《きゃく》の期《き》待《たい》に応《こた》える。

いみ・ことば
❶決《き》められた日《ひ》にち。
一《いち》学《がっ》期《き》。一《いち》期《ご》一《いち》会《え》。延《えん》期《き》。期《き》間《かん》。期《き》限《げん》。期《き》日《じつ》。期《き》末《まつ》。後《こう》期《き》。最《さい》期《ご》。最《さい》盛《せい》期《き》。時《じ》期《き》。前《ぜん》期《き》。短《たん》期《き》。長《ちょう》期《き》。任《にん》期《き》。末《まっ》期《き》（まつご）。満《まん》期《き》。
❷当《あ》てにする。
期《き》待《たい》。予《よ》期《き》。

「末《まっ》期《き》」は、終《お》わりの時《じ》期《き》のこと。
「末《まつ》期《ご》」は、死《し》にぎわのこと。

木 きへん 8画

板

オン ハン バン
くん いた

つかいかた
木《き》の板《いた》でたなを作《つく》る。すし屋《や》の板《いた》前《まえ》になる。黒《こく》板《ばん》に絵《え》をかく。肉《にく》を鉄《てっ》板《ぱん》で焼《や》く。

オンくんあそび
板《いた》に字《じ》を書《か》き
看《かん》板《ばん》に

いみ・ことば
❶いた。うすくて平《ひら》たいもの。
板《いた》挟《ばさ》み。板《いた》前《まえ》。画《が》板《ばん》。看《かん》板《ばん》。甲板《かんぱん》（こうはん）。掲《けい》示《じ》板《ばん》。黒《こく》板《ばん》。鉄《てっ》板《ぱん》。登《とう》板《ばん》。板《ばん》書《しょ》。平《へい》板《ばん》。胸《むな》板《いた》。床《ゆか》板《いた》。板《いた》の間《ま》。

「板《いた》に付《つ》く」とは、仕《し》事《ごと》などに慣《な》れて、その人《ひと》にぴったりと合《あ》うこと。

木 きへん 9画

柱

オン チュウ
くん はしら

つかいかた
湯《ゆ》飲《の》みに茶《ちゃ》柱《ばしら》が立《た》つ。柱《はしら》時《ど》計《けい》が七《しち》時《じ》を打《う》つ。地《じ》面《めん》に支《し》柱《ちゅう》を立《た》てる。新《あたら》しい電《でん》柱《ちゅう》が立《た》つ。

オンくんあそび
円《えん》柱《ちゅう》形《けい》の
柱《はしら》を立《た》てる

なりたち

柱
木（木《き》）と主（ともし火《び》）を合《あ》わせた字《じ》。

いみ・ことば
❶はしら。支《ささ》えるもの。
円《えん》柱《ちゅう》。貝《かい》柱《ばしら》。角《かく》柱《ちゅう》。柱《ちゅう》状《じょう》。支《し》柱《ちゅう》。柱《ちゅう》頭《とう》。帆《ほ》柱《ばしら》。霜《しも》柱《ばしら》。電《でん》柱《ちゅう》。門《もん》柱《ちゅう》。脊《せき》柱《ちゅう》。床《とこ》柱《ばしら》。大《だい》黒《こく》柱《ばしら》。柱《はしら》時《ど》計《けい》。茶《ちゃ》柱《ばしら》。火《ひ》柱《ばしら》。氷《ひょう》柱《ちゅう》。

木 きへん 10画

根

オン コン
くん ね

つかいかた
大《おお》きな木《き》の根《ね》元《もと》。根《ね》も葉《は》もないうわさ。根《こん》気《き》よく練《れん》習《しゅう》する。根《こん》性《じょう》がある人《ひと》。

オンくんあそび
大《だい》根《こん》は
大《おお》きい根《ね》

いみ・ことば
❶植《しょく》物《ぶつ》のね。
球《きゅう》根《こん》。根《こん》菜《さい》。根《こん》毛《もう》。大《だい》根《こん》。根《ね》っこ。根《ね》元《もと》。
❷おおもと。
根《こん》幹《かん》。根《こん》拠《きょ》。根《こん》源《げん》。根《こん》絶《ぜつ》。根《こん》底《てい》。根《こん》本《ぽん》。性《しょう》根《ね》。病《びょう》根《こん》。
❸精《せい》神《しん》力《りょく》。
根《こん》気《き》。根《こん》比《くら》べ。根《こん》性《じょう》。精《せい》根《こん》。

「根《ね》も葉《は》もない」とは、なんの根《こん》拠《きょ》もない、でたらめなという意《い》味《み》。

植

木 きへん　12画

オン　ショク
くん　うえる　うわる

つかいかた
観葉植物《かんようしょくぶつ》を植《う》える。
植木《うえき》の手入《てい》れをする。
田植《たう》えが済《す》んだ水田《すいでん》。

オンくんあそび
植林《しょくりん》に　適《てき》した土地《とち》に
木《き》を植《う》える

いみ・ことば
❶草《くさ》や木《き》をうえる。☞ 移植《いしょく》。植木《うえき》。植樹《しょくじゅ》。植物《しょくぶつ》。植林《しょくりん》。田植《たう》え。
❷移住《いじゅう》して土地《とち》を切《き》り開《ひら》く。☞ 入植《にゅうしょく》。植民《しょくみん》。植民地《しょくみんち》。

「植木《うえき》」は、「植《う》え木《き》」とは書《か》かないよ。

なりたち
植　木（き）を直（まっすぐ）に立《た》てることから、「うえる」を表《あらわ》す。

業

木 き　13画

オン　ギョウ　（ゴウ）
くん　（わざ）

つかいかた
卒業《そつぎょう》式《しき》に参加《さんか》する。
日本《にほん》の主《おも》な産業《さんぎょう》。
一時間目《いちじかんめ》の授業《じゅぎょう》。
目《め》にもとまらぬ早業《はやわざ》。

いみ・ことば
❶わざ。仕事《しごと》。学問《がくもん》。☞ 営業《えいぎょう》。学業《がくぎょう》。神業《かみわざ》。業《わざ》。業者《ぎょうしゃ》。業績《ぎょうせき》。工業《こうぎょう》。産業《さんぎょう》。始業《しぎょう》。事業《じぎょう》。業《ぎょう》。終業《しゅうぎょう》。授業《じゅぎょう》。商業《しょうぎょう》。職業《しょくぎょう》。仕業《しわざ》。卒業《そつぎょう》。人間業《にんげんわざ》。農業《のうぎょう》。早業《はやわざ》。分業《ぶんぎょう》。
❷報《むく》いのもととなる行《おこな》い。☞ 自業自得《じごうじとく》。

様

木 きへん　14画

オン　ヨウ
くん　さま

つかいかた
お姫様《ひめさま》のドレス。
あて名《な》に「様《さま》」と書《か》く。
様式《ようしき》を統一《とういつ》する。
様子《ようす》を見守《みまも》る。

オンくんあそび
今日《きょう》の王様《おうさま》
うれしい様子《ようす》

いみ・ことば
❶ありさま。ようす。方法《ほうほう》。☞ 一様《いちよう》。異様《いよう》。仕様《しよう》。空模様《そらもよう》。多様《たよう》。同様《どうよう》。様式《ようしき》。様子《ようす》。様相《ようそう》。様態《ようたい》。
❷あとにつけて敬意《けいい》を表《あらわ》す言葉《ことば》。☞ ○○様《さま》。王様《おうさま》。神様《かみさま》。皆様《みなさま》。
❸かざり。☞ 模様《もよう》。文様《もんよう》。

横

木 きへん　15画

オン　オウ
くん　よこ

つかいかた

横《おう》断《だん》歩《ほ》道《どう》をわたる。
ベッドに横《よこ》になる。
横《よこ》綱《づな》の土《ど》俵《ひょう》入《い》り。
横《おう》暴《ぼう》な態《たい》度《ど》をとる。

オンくんあそび
大《おお》通《どお》り　横《おう》断《だん》歩《ほ》道《どう》で
横《よこ》切《ぎ》ろう

いみ・ことば

❶よこ。☞横《おう》断《だん》。横《おう》転《てん》。縦《じゅう》横《おう》。真《ま》横《よこ》。横《よこ》顔《がお》。横《よこ》書《が》き。横《よこ》風《かぜ》。横《よこ》倒《だお》し。横《よこ》町《ちょう》。横《よこ》綱《づな》。横《よこ》取《ど》り。横《よこ》波《なみ》。横《よこ》道《みち》。横《よこ》目《め》。横《よこ》文《も》字《じ》。
❷わがまま。勝《かっ》手《て》。ずるい。不《ふ》法《ほう》。☞横《おう》行《こう》。横《おう》着《ちゃく》。横《おう》柄《へい》。横《おう》暴《ぼう》。横《おう》領《りょう》。

「横《よこ》文《も》字《じ》」は、横《よこ》書《が》きの文《も》字《じ》のこと。また、西《せい》洋《よう》の文《も》字《じ》や言《こと》葉《ば》のこと。

橋

木 きへん　16画

オン　キョウ
くん　はし

つかいかた

川《かわ》に橋《はし》をかける。
船《ふね》が桟《さん》橋《ばし》に着《つ》く。
鉄《てっ》橋《きょう》をわたる機《き》関《かん》車《しゃ》。

オンくんあそび
鉄《てっ》橋《きょう》は　鉄《てつ》でつくった
強《つよ》い橋《はし》

いみ・ことば

❶はし。☞石《いし》橋《ばし》。かけ橋《はし》。橋《きょう》脚《きゃく》。桟《さん》橋《ばし》。つり橋《ばし》。鉄《てっ》橋《きょう》。二《に》重《じゅう》橋《ばし》。橋《はし》桁《げた》。橋《はし》渡《わた》し。歩《ほ》道《どう》橋《きょう》。丸《まる》木《き》橋《ばし》。眼《め》鏡《がね》橋《ばし》。陸《りっ》橋《きょう》。

「橋《はし》渡《わた》し」は、橋《はし》をかけること。また、二《ふた》つのものの間《あいだ》に立《た》って、仲《なか》立《だ》ちをすること。

次

欠 あくび　6画

オン　ジ　（シ）
くん　つぐ　つぎ

つかいかた

次《つぎ》のバスを待《ま》つ。
東《とう》京《きょう》に次《つ》ぐ大《だい》都《と》会《かい》。
次《つぎ》はぼくの番《ばん》だ。
次《じ》回《かい》をお楽《たの》しみに。

オンくんあそび
長《ちょう》女《じょ》の次《つぎ》に
次《じ》女《じょ》生《う》まれ

いみ・ことば

❶つぎの。☞次《じ》回《かい》。次《じ》期《き》。次《じ》女《じょ》。次《じ》点《てん》。次《じ》男《なん》。
❷順《じゅん》序《じょ》。☞式《しき》次《じ》。次《し》第《だい》。順《じゅん》次《じ》。席《せき》次《じ》。目《もく》次《じ》。
❸回《かい》数《すう》を数《かぞ》える言《こと》葉《ば》。☞一《いち》次《じ》。二《に》次《じ》。数《すう》次《じ》。

歹 がつへん　6画

死

オン　シ
くん　しぬ

つかいかた

死《し》に神《がみ》が登場《とうじょう》する話《はなし》。ペットの小鳥《ことり》が死《し》ぬ。恐竜《きょうりゅう》が死《し》に絶《た》える。必《ひっ》死《し》に努力《どりょく》する。

オンくんあそび

必《ひっ》死《し》になって死《し》んだふり

いみ・ことば

❶しぬ。しんだ。☞ 急《きゅう》死《し》。死《し》因《いん》。死《し》去《きょ》。死《し》刑《けい》。死《し》後《ご》。死《し》者《しゃ》。死《し》体《たい》。死《し》人《にん》。死《し》亡《ぼう》。死《し》滅《めつ》。戦《せん》死《し》。即《そく》死《し》。

❷命《いのち》がけ。☞ 決《けっ》死《し》。死《し》守《しゅ》。死《し》闘《とう》。死《し》力《りょく》。必《ひっ》死《し》。

❸役《やく》に立《た》たない。☞ 死《し》角《かく》。死《し》語《ご》。

水 みず　5画

氷

オン　ヒョウ
くん　こおり　（ひ）

つかいかた

製《せい》氷《ひょう》機《き》で氷《こおり》を作《つく》る。氷《こおり》砂《ざ》糖《とう》をなめる。池《いけ》の全《ぜん》面《めん》が氷《ひょう》結《けつ》する。流《りゅう》氷《ひょう》がおしよせる。

オンくんあそび

氷《ひょう》河《が》の氷《こおり》でかき氷《ごおり》

いみ・ことば

❶こおり。こおる。☞ かき氷《ごおり》。結《けっ》氷《ぴょう》。氷《こおり》砂《ざ》糖《とう》。氷《こおり》水《みず》。樹《じゅ》氷《ひょう》。製《せい》氷《ひょう》。薄《はく》氷《ひょう》（うすごおり）。氷《ひ》雨《さめ》。氷《ひ》室《むろ》。氷《ひょう》河《が》。氷《ひょう》解《かい》。氷《ひょう》結《けつ》。氷《ひょう》山《ざん》。氷《ひょう》点《てん》。流《りゅう》氷《ひょう》。

なりたち

冫水 ☞ 氷

仌（氷《こおり》）と巛（水《みず》）で、「こおり」を表《あらわ》す。

氵 さんずい　7画

決

オン　ケツ
くん　きめる　きまる

つかいかた

ポーズを決《き》める。試《し》合《あい》の日《にっ》程《てい》が決《き》まる。決《けつ》意《い》を表《ひょう》明《めい》する。全《ぜん》国《こく》大《たい》会《かい》の決《けっ》勝《しょう》戦《せん》。

オンくんあそび

最《さい》後《ご》に決《き》める多《た》数《すう》決《けつ》

いみ・ことば

❶きめる。きまる。☞ 解《かい》決《けつ》。可《か》決《けつ》。議《ぎ》決《けつ》。決《けつ》意《い》。決《けっ》起《き》。決《けつ》議《ぎ》。決《けっ》行《こう》。決《けっ》勝《しょう》。決《けっ》心《しん》。決《けっ》戦《せん》。決《けつ》然《ぜん》。決《けつ》断《だん》。決《けっ》着《ちゃく》。決《けっ》定《てい》。採《さい》決《けつ》。多《た》数《すう》決《けつ》。判《はん》決《けつ》。

❷切《き》れる。☞ 決《けっ》壊《かい》。決《けつ》裂《れつ》。

泳

氵 さんずい　8画

オン　エイ
くん　およ**ぐ**

つかいかた

プールで泳《およ》ぐ。
遠泳《えんえい》大会《たいかい》に出場《しゅつじょう》する。
水泳《すいえい》の代表選手《だいひょうせんしゅ》。

オンくんあそび

水泳《すいえい》教室《きょうしつ》
楽《たの》しく泳《およ》ぐ

なりたち

泳

氵(水《みず》)と永(川《かわ》の流《なが》れ)で、流《なが》れに乗《の》る意《い》から、「およぐ」を表《あらわ》す。

いみ・ことば

❶およぐ。背泳《せおよ》ぎ。力泳《りきえい》。
およぎ。立《た》ち泳《およ》ぎ。背泳《はいえい》。平泳《ひらおよ》ぎ。遊泳《ゆうえい》。
遠泳《えんえい》。競泳《きょうえい》。水泳《すいえい》。

注

氵 さんずい　8画

オン　チュウ
くん　そそ**ぐ**

つかいかた

係《かかり》の人《ひと》に注意《ちゅうい》される。
全力《ぜんりょく》を注《そそ》いで戦《たたか》う。
周《まわ》りから注目《ちゅうもく》される。
料理《りょうり》を注文《ちゅうもん》する。

オンくんあそび

注意《ちゅうい》して
麦茶《むぎちゃ》を注《そそ》ぐ

なりたち

注

主(じっと立《た》つともし火《び》)のように、上《うえ》から氵(水《みず》)をそそぐようすから。

いみ・ことば

❶そそぐ。注射《ちゅうしゃ》。注水《ちゅうすい》。注入《ちゅうにゅう》。
❷集中《しゅうちゅう》する。傾注《けいちゅう》。注意《ちゅうい》。注視《ちゅうし》。注目《ちゅうもく》。
❸「注文《ちゅうもん》」のこと。受注《じゅちゅう》。発注《はっちゅう》。
❹説明《せつめい》をつけ加《くわ》える。脚注《きゃくちゅう》。注記《ちゅうき》。注釈《ちゅうしゃく》。頭注《とうちゅう》。補注《ほちゅう》。

波

氵 さんずい　8画

オン　ハ
くん　なみ

つかいかた

寄《よ》せては返《かえ》す波《なみ》の音《おと》。
荒波《あらなみ》が打《う》ち寄《よ》せる。
電波《でんぱ》の届《とど》かない場所《ばしょ》。
防波堤《ぼうはてい》でつりをする。

オンくんあそび

荒波《あらなみ》防《ふせ》ぐ
防波堤《ぼうはてい》

いみ・ことば

❶なみ。荒波《あらなみ》。大波《おおなみ》。津波《つなみ》。波打《なみう》ち際《ぎわ》。波頭(なみがしら)(はとう)。波風《なみかぜ》。波間《なみま》。波浪《はろう》。防波堤《ぼうはてい》。
❷なみのようなものや動《うご》き。音波《おんぱ》。寒波《かんぱ》。周波数《しゅうはすう》。電波《でんぱ》。波及《はきゅう》。人波《ひとなみ》。

とくべつなよみかた　波止場《はとば》。

なりたち

波

氵(水《みず》)と皮(毛皮《けがわ》)で、毛皮《けがわ》のようにうねる水《みず》の意《い》から、「なみ」を表《あらわ》す。

氵 さんずい 8画

油

オン ユ
くん あぶら

つかいかた
油《あぶら》であげたコロッケ。
ぼくは油《あぶら》絵《え》が得《とく》意《い》だ。
暖《あたた》かい石《せき》油《ゆ》ストーブ。
油《ゆ》断《だん》なく気《き》を配《くば》る。

オンくんあそび
菜《な》種《たね》油《あぶら》は植《しょく》物《ぶつ》油《ゆ》

なりたち

油
由(つぼ)と氵(水《みず》)で、つぼからとろりと流《なが》れ出《で》る「あぶら」を表《あらわ》す。

いみ・ことば
❶あぶら。
機《き》械《かい》油《あぶら》。給《きゅう》油《ゆ》。軽《けい》油《ゆ》。原《げん》油《ゆ》。重《じゅう》油《ゆ》。潤《じゅん》滑《かつ》油《ゆ》。植《しょく》物《ぶつ》油《ゆ》。石《せき》油《ゆ》。灯《とう》油《ゆ》。菜《な》種《たね》油《あぶら》。油《ゆ》脂《し》。油《ゆ》性《せい》。油《ゆ》田《でん》。
油《あぶら》揚《あ》げ。油《あぶら》絵《え》。油《あぶら》紙《がみ》。肝《かん》油《ゆ》。

氵 さんずい 9画

洋

オン ヨウ
くん ―

つかいかた
洋《よう》酒《しゅ》を準《じゅん》備《び》する。
太《たい》平《へい》洋《よう》と大《たい》西《せい》洋《よう》。
東《とう》洋《よう》と西《せい》洋《よう》の文《ぶん》化《か》。

いみ・ことば
❶広《ひろ》い海《うみ》。
太《たい》平《へい》洋《よう》。洋《よう》上《じょう》。
遠《えん》洋《よう》。海《かい》洋《よう》。外《がい》洋《よう》。大《たい》西《せい》洋《よう》。
❷世《せ》界《かい》の区《く》分《ぶん》。
西《せい》洋《よう》。東《とう》洋《よう》。
❸「西《せい》洋《よう》」の略《りゃく》。
洋《よう》画《が》。洋《よう》楽《がく》。洋《よう》裁《さい》。洋《よう》式《しき》。洋《よう》食《しょく》。洋《よう》風《ふう》。洋《よう》服《ふく》。洋《よう》間《ま》。和《わ》洋《よう》折《せっ》衷《ちゅう》。

なりたち
洋
氵で「水《みず》」を表《あらわ》し、羊で大《おお》きいの意《い》と音《おん》「ヨウ」を表《あらわ》す。

氵 さんずい 10画

消

オン ショウ
くん きえる けす

つかいかた
マッチの火《ひ》が消《き》える。
消《け》しゴムで字《じ》を消《け》す。
消《しょう》極《きょく》的《てき》な態《たい》度《ど》。
消《しょう》防《ぼう》車《しゃ》が通《とお》る。

オンくんあそび
消《しょう》火《か》器《き》で消《け》し火《か》事《じ》防《ふせ》ぐ

いみ・ことば
❶きえる。けす。なくなる。
意《い》気《き》消《しょう》沈《ちん》。解《かい》消《しょう》。消《けし》印《いん》。消《け》しゴム。消《しょう》化《か》。消《しょう》火《か》。消《しょう》去《きょ》。消《しょう》失《しつ》。消《しょう》息《そく》。消《しょう》灯《とう》。消《しょう》毒《どく》。消《しょう》費《ひ》。消《しょう》防《ぼう》。消《しょう》滅《めつ》。消《しょう》耗《もう》。帳《ちょう》消《け》し。
❷ひかえめ。
消《しょう》極《きょく》的《てき》。

「消印《けしいん》」は、「消《け》し印《いん》」とは書《か》かないよ。

「消《しょう》火《か》」は、火《ひ》を消《け》すこと。
「消《しょう》化《か》」は、食《た》べ物《もの》を体内《たいない》でこなすこと。

油
洋
消
流
深
温

流

氵 さんずい　10画

オン　リュウ　(ル)
くん　ながれる　ながす

つかいかた
流《なが》れ星《ぼし》を見《み》つけた。
あせを流《なが》して働《はたら》く。
一流《いちりゅう》シェフの料理《りょうり》。
川《かわ》の上流《じょうりゅう》と下流《かりゅう》。

オンくんあそび
流《なが》れるプール
大流行《だいりゅうこう》

なりたち

流
㐬(生《う》まれる子《こ》)と巛(ながれる水《みず》)で、「ながれる」を表《あらわ》す。

いみ・ことば
❶ながれる。ながれ。☞ 下流《かりゅう》。急流《きゅうりゅう》。上流《じょうりゅう》。水流《すいりゅう》。電流《でんりゅう》。流《なが》れ星《ぼし》。流出《りゅうしゅつ》。流入《りゅうにゅう》。
❷広《ひろ》まる。☞ 流行《りゅうこう》。流通《りゅうつう》。流布《るふ》。
❸程度《ていど》。☞ 一流《いちりゅう》。中流《ちゅうりゅう》。
❹やり方《かた》。☞ 自己流《じこりゅう》。

深

氵 さんずい　11画

オン　シン
くん　ふかい　ふかまる　ふかめる

つかいかた
深《ふか》くて暗《くら》い海《うみ》の底《そこ》。
親交《しんこう》を深《ふか》める。
深海《しんかい》にすむ生《い》き物《もの》。
水深《すいしん》三《さん》メートル。

オンくんあそび
海《うみ》深《ふか》くすむ
深海魚《しんかいぎょ》

なりたち
深
氵で「水《みず》」を表《あらわ》し、罙でおくぶかいの意《い》と音《おん》「シン」を表《あらわ》す。

いみ・ことば
❶ふかい。☞ 意味深長《いみしんちょう》。深遠《しんえん》。深海《しんかい》。深海《しんかい》魚《ぎょ》。深紅《しんく》。深呼吸《しんこきゅう》。深刻《しんこく》。深山《しんざん》。深夜《しんや》。水深《すいしん》。深入《ふかい》り。深々《ふかぶか》(深深《ふかぶか》)。深緑《ふかみどり》。

温

氵 さんずい　12画

オン　オン
くん　あたたか　あたたかい　あたたまる　あたためる

つかいかた
温《あたた》かいスープを飲《の》む。
ミルクを温《あたた》める。
温和《おんわ》な性格《せいかく》の人《ひと》。
体力《たいりょく》を温存《おんぞん》する。

オンくんあそび
温泉《おんせん》で　冷《ひ》えた体《からだ》を
温《あたた》める

いみ・ことば
❶あたたかい。あたたかさ。☞ 温室《おんしつ》。温泉《おんせん》。温帯《おんたい》。温暖《おんだん》。温度《おんど》。気温《きおん》。高温《こうおん》。体温《たいおん》。低温《ていおん》。保温《ほおん》。
❷おだやか。☞ 温厚《おんこう》。温和《おんわ》。
❸大切《たいせつ》にする。☞ 温存《おんぞん》。

氵 さんずい

12画

湖

湖湖汁汁沽湖湖

オン コ
くん みずうみ

つかいかた

湖《みずうみ》でつりをする。
静《しず》かな湖《こ》畔《はん》の宿《やど》。
湖《こ》面《めん》に月《つき》が映《うつ》る。

オンくんあそび
湖《みずうみ》の ほとりの宿《やど》が
湖《こ》面《めん》に映《うつ》る

いみ・ことば

❶みずうみ。☞ 火口《かこう》湖《こ》。湖《こ》岸《がん》。湖《こ》沼《しょう》。湖《こ》上《じょう》。湖《こ》水《すい》。湖《こ》底《てい》。湖《こ》畔《はん》。湖《こ》面《めん》。人工《じんこう》湖《こ》。人《じん》造《ぞう》湖《こ》。

氵 さんずい

12画

港

港港港港洪港港

オン コウ
くん みなと

つかいかた

船《ふね》が港《みなと》に入《はい》る。
外《がい》国《こく》船《せん》が寄《き》港《こう》する。
貿《ぼう》易《えき》港《こう》として栄《さか》える。

オンくんあそび
港《みなと》町《まち》から
空《くう》港《こう》へ

いみ・ことば

❶みなと。☞ 開《かい》港《こう》。寄《き》港《こう》。帰《き》港《こう》。漁《ぎょ》港《こう》。空《くう》港《こう》。港《こう》湾《わん》。出《しゅっ》港《こう》。入《にゅう》港《こう》。貿《ぼう》易《えき》港《こう》。母《ぼ》港《こう》。港《みなと》町《まち》。良《りょう》港《こう》。

氵 さんずい

12画

湯

湯湯汩湯渇渇湯

オン トウ
くん ゆ

つかいかた

お風《ふ》呂《ろ》のお湯《ゆ》がわく。
料《りょう》理《り》から湯《ゆ》気《げ》が立《た》つ。
温《おん》泉《せん》に湯《とう》治《じ》に行《い》く。
熱《ねっ》湯《とう》でやけどする。

オンくんあそび
湯《とう》治《じ》の里《さと》に
湯《ゆ》のけむり

なりたち

☞ 湯

氵(水《みず》)と昜(のびあがる)で、「ゆげ」を表《あらわ》す。

いみ・ことば

❶ゆ。熱《ねっ》した水《みず》。☞ 煮《に》え湯《ゆ》。ぬるま湯《ゆ》。熱《ねっ》湯《とう》。湯《ゆ》気《げ》。湯《ゆ》煙《けむり》。湯《ゆ》冷《ざ》め。湯《ゆ》たんぽ。湯《ゆ》水《みず》。湯《ゆ》沸《わ》かし器《き》。

❷風《ふ》呂《ろ》。温《おん》泉《せん》。☞ 産《うぶ》湯《ゆ》。銭《せん》湯《とう》。湯《とう》治《じ》。薬《やく》湯《とう》。湯《ゆ》上《あ》がり。湯《ゆ》船《ぶね》。

漢

氵 さんずい 13画

オン カン
くん ―

つかいかた
漢字《かんじ》の読《よ》み書《か》き。
漢字字典《かんじじてん》を引《ひ》く。
彼《かれ》は熱血漢《ねっけつかん》だ。

いみ・ことば
❶中国《ちゅうごく》。中国《ちゅうごく》に関《かん》すること。漢王朝《かんおうちょう》。漢語《かんご》。漢詩《かんし》。漢字《かんじ》。漢数字《かんすうじ》。漢文《かんぶん》。漢方薬《かんぽうやく》。漢和辞典《かんわじてん》。
❷男《おとこ》。人《ひと》。悪漢《あっかん》。巨漢《きょかん》。熱血漢《ねっけつかん》。暴漢《ぼうかん》。門外漢《もんがいかん》。

「漢《かん》」は、もともと中国《ちゅうごく》の古《ふる》い国名《こくめい》。のちに中国《ちゅうごく》を指《さ》す呼《よ》び名《な》としても使《つか》われるようになった。

炭

火 ひ 9画

オン タン
くん すみ

つかいかた
炭火《すみび》で肉《にく》を焼《や》く。
炭鉱《たんこう》で石炭《せきたん》をほる。
炭酸飲料《たんさんいんりょう》を飲《の》む。

オンくんあそび
木炭《もくたん》使《つか》い
炭火《すみび》焼《や》き

いみ・ことば
❶すみ。消《け》し炭《ずみ》。炭俵《すみだわら》。炭火《すみび》。炭焼《すみや》き。木炭《もくたん》。練炭《れんたん》。
❷「石炭《せきたん》」のこと。炭鉱《たんこう》。炭田《たんでん》。泥炭《でいたん》。
❸「炭素《たんそ》」のこと。炭化《たんか》。炭酸《たんさん》ガス。炭酸水《たんさんすい》。炭水化物《たんすいかぶつ》。

物

牛 うしへん 8画

オン ブツ モツ
くん もの

つかいかた
本物《ほんもの》のダイヤモンド。
生物《せいぶつ》の研究《けんきゅう》をする。
物価《ぶっか》が上昇《じょうしょう》する。
作物《さくもつ》を栽培《さいばい》する。

オンくんあそび
動物《どうぶつ》が 荷物《にもつ》を運《はこ》ぶ
物語《ものがたり》

いみ・ことば
❶もの。ものごと。着物《きもの》。禁物《きんもつ》。作物《さくもつ》。品物《しなもの》。事物《じぶつ》。植物《しょくぶつ》。進物《しんもつ》。生物《せいぶつ》。建物《たてもの》。動物《どうぶつ》。物置《ものおき》。荷物《にもつ》。物価《ぶっか》。物質《ぶっしつ》。物体《ぶったい》。本物《ほんもの》。物音《ものおと》。物語《ものがたり》。物事《ものごと》。

とくべつなよみかた
果物《くだもの》。

者　おいかんむり　8画

者

オン　シャ
くん　もの

つかいかた

記者《きしゃ》のインタビュー。
働《はたら》き者《もの》のアリの話《はなし》。
将来《しょうらい》は医者《いしゃ》になろう。
患者《かんじゃ》を診察《しんさつ》する。

オンくんあそび
この本《ほん》の　読者《どくしゃ》は主《おも》に　若者《わかもの》だ

いみ・ことば

❶もの。人《ひと》。　慌《あわ》て者《もの》。医者《いしゃ》。愚《おろ》か者《もの》。学者《がくしゃ》。患者《かんじゃ》。後者《こうしゃ》。作者《さくしゃ》。前者《ぜんしゃ》。第三者《だいさんしゃ》。読者《どくしゃ》。何者《なにもの》。怠《なま》け者《もの》。偽者《にせもの》。人気者《にんきもの》。働《はたら》き者《もの》。役者《やくしゃ》。若者《わかもの》。悪者《わるもの》。

とくべつなよみかた　猛者《もさ》。

「第三者《だいさんしゃ》」は、その事柄《ことがら》に直接《ちょくせつ》関係《かんけい》のない人《ひと》のこと。

王　おうへん　11画

球

オン　キュウ
くん　たま

つかいかた

野球《やきゅう》の球《たま》を投《な》げる。
庭《にわ》に球根《きゅうこん》を植《う》える。
地球《ちきゅう》の環境《かんきょう》を守《まも》る。
新《あたら》しい電球《でんきゅう》を買《か》う。

オンくんあそび
卓球《たっきゅう》の　球《たま》が飛《と》び交《か》う　ピンポンと

いみ・ことば

❶たま。ボールのような形《かたち》。　気球《ききゅう》。球形《きゅうけい》。球根《きゅうこん》。球拾《たまひろ》い。地球《ちきゅう》。電球《でんきゅう》。投球《とうきゅう》。

❷ボールを使《つか》ったスポーツ。　球技《きゅうぎ》。水球《すいきゅう》。卓球《たっきゅう》。庭球《ていきゅう》。野球《やきゅう》。

❸「野球《やきゅう》」の略《りゃく》。　球場《きゅうじょう》。球団《きゅうだん》。

田　た　5画

申

オン　（シン）
くん　もうす

つかいかた

決闘《けっとう》を申《もう》しこむ。
お礼《れい》を申《もう》し上《あ》げます。
許可《きょか》を申請《しんせい》する。
委員会《いいんかい》に答申《とうしん》する。

オンくんあそび
申請書《しんせいしょ》そえ　申《もう》しこむ

いみ・ことば

❶もうす。　具申《ぐしん》。申告《しんこく》。申請《しんせい》。答申《とうしん》。内申書《ないしんしょ》。申《もう》し開《ひら》き。

由

田 た

5画

オン　ユ　ユウ　(ユイ)

くん　(よし)

つかいかた

理由《りゆう》をよく考《かんが》える。
名前《なまえ》の由来《ゆらい》を聞《き》く。
公園《こうえん》で自由《じゆう》に遊《あそ》ぶ。
由緒《ゆいしょ》のある寺《てら》。

オンくんあそび
知《し》る由《よし》もない
その理由《りゆう》

いみ・ことば

❶わけ。いわれ。 事由《じゆう》。由緒《ゆいしょ》。由来《ゆらい》。理由《りゆう》。
❷…を通《とお》る。 経由《けいゆ》。
❸…による。 自由《じゆう》。
❹…とのこと。 お元気《げんき》の由《よし》。

界

田 た

9画

オン　カイ

くん　—

つかいかた

天界《てんかい》にすむ天女《てんにょ》。
限界《げんかい》に挑戦《ちょうせん》する。
きりで視界《しかい》が悪《わる》い。
世界《せかい》一周《いっしゅう》の船旅《ふなたび》。

いみ・ことば

❶境《さかい》。区切《くぎ》り。 境界《きょうかい》。限界《げんかい》。視《し》界《かい》。
❷範囲《はんい》。 外界《がいかい》。業界《ぎょうかい》。芸能界《げいのうかい》。下界《げかい》。自然界《しぜんかい》。政界《せいかい》。世界《せかい》。他界《たかい》。霊界《れいかい》。

なりたち

界

田（田《た》）と介（区切《くぎ》って分《わ》ける）で、「さかい」を表《あらわ》す。

畑

田 た

9画

オン　—

くん　はた　はたけ

つかいかた

田畑《たはた》に水《みず》をやる。
台地《だいち》に茶畑《ちゃばたけ》が広《ひろ》がる。
畑《はたけ》仕事《しごと》に精《せい》を出《だ》す。
畑《はたけ》違《ちが》いの仕事《しごと》。

いみ・ことば

❶はたけ。 花畑《はなばたけ》。桑畑《くわばたけ》。田畑（たはた でんぱた）。段々《だんだん》（段段《だんだん》）畑《ばたけ》。茶畑《ちゃばたけ》。畑《はた》打《う》ち。畑《はたけ》仕事《しごと》。畑《はた》作《さく》。畑《はた》地《ち》。麦畑《むぎばたけ》。焼《や》き畑《はた》。
❷専門《せんもん》の分野《ぶんや》。 技術畑《ぎじゅつばたけ》。畑《はたけ》違《ちが》い。

なりたち

畑

火（ひ）と田（た）で、「焼《や》き畑《はた》」「はたけ」を表《あらわ》す。日本《にほん》でできた漢字《かんじ》で、「国字《こくじ》」という。

病

疒 やまいだれ　10画

オン　ビョウ　(ヘイ)

くん　(やむ)　やまい

つかいかた

病《やまい》は気《き》から。
病《びょう》院《いん》で診察《しんさつ》する。
病《びょう》気《き》で入院《にゅういん》する。
失敗《しっぱい》して気《き》に病《や》む。

オンくんあそび
病《びょう》院《いん》で病《やまい》を治《なお》す

いみ・ことば

❶やまい。びょうき。
臆病《おくびょう》。看病《かんびょう》。急病《きゅうびょう》。仮病《けびょう》。疾病《しっぺい》。重病《じゅうびょう》。難病《なんびょう》。発病《はつびょう》。病院《びょういん》。病気《びょうき》。病室《びょうしつ》。病弱《びょうじゃく》。病状《びょうじょう》。病身《びょうしん》。病巣《びょうそう》。病虫害《びょうちゅうがい》。病的《びょうてき》。病棟《びょうとう》。病魔《びょうま》。病《や》み上《あ》がり。

「病《やまい》は気《き》から」とは、病気《びょうき》は気持《きも》ちのもちようで、よくも悪《わる》くもなるということ。

発

癶 はつがしら　9画

オン　ハツ　(ホッ)

くん　—

別《べつ》の筆順《ひつじゅん》もあるよ。

つかいかた

かぜで発《はっ》熱《ねつ》する。
ひと足《あし》先《さき》に出《しゅっ》発《ぱつ》する。
新《あら》たな発《はっ》見《けん》があった。
新《しん》チームが発《ほっ》足《そく》する。

なりたち

發 → 発

弓(弓《ゆみ》)と癶(ぱっと開《ひら》く)で、「弓《ゆみ》を放《はな》つ」「放《はな》つ」を表《あらわ》す。

いみ・ことば

❶はっする。始《はじ》める。起《お》こす。
開発《かいはつ》。出発《しゅっぱつ》。発音《はつおん》。発見《はっけん》。発言《はつげん》。発行《はっこう》。発車《はっしゃ》。発射《はっしゃ》。発信《はっしん》。発生《はっせい》。発送《はっそう》。発想《はっそう》。発電《はつでん》。発売《はつばい》。発表《はっぴょう》。発明《はつめい》。発作《ほっさ》。発足《ほっそく》。連発《れんぱつ》。

❷のびる。進《すす》む。
発育《はついく》。発達《はったつ》。発展《はってん》。

登

癶 はつがしら　12画

オン　トウ　ト

くん　のぼる

つかいかた

木《き》登《のぼ》りの名人《めいじん》。
班《はん》になって登《とう》校《こう》する。
会員《かいいん》に登《とう》録《ろく》する。
家族《かぞく》で登《と》山《ざん》を楽《たの》しむ。

オンくんあそび
登《と》山《ざん》靴《ぐつ》はき
山《やま》登《のぼ》る

いみ・ことば

❶のぼる。
木登《きのぼ》り。登壇《とうだん》。登頂《とうちょう》。登板《とうばん》。登用《とうよう》。登竜門《とうりゅうもん》。登山《とざん》。山登《やまのぼ》り。

❷出《で》かける。
登校《とうこう》。登場《とうじょう》。登庁《とうちょう》。登城《とじょう》。

❸書《か》きこむ。
登記《とうき》。登録《とうろく》。

「登竜門《とうりゅうもん》」とは、世《よ》の中《なか》に認《みと》められるきっかけとなる関門《かんもん》のこと。

皮 けがわ　5画

皮

オン　ヒ
くん　かわ

つかいかた

ギョーザの皮《かわ》で包《つつ》む。
毛皮《けがわ》のコートを着《き》る。
皮革《ひかく》製品《せいひん》を購入《こうにゅう》する。

オンくんあそび
木《き》の皮《かわ》を樹皮《じゅひ》という

いみ・ことば

❶かわ。
獣皮《じゅうひ》。樹皮《じゅひ》。脱皮《だっぴ》。皮下《ひか》。皮革《ひかく》。皮肉《ひにく》。皮膚《ひふ》。表皮《ひょうひ》。皮切《かわき》り。皮算用《かわざんよう》。毛皮《けがわ》。渋皮《しぶかわ》。

皿 さら　5画

皿

オン　―
くん　さら

つかいかた

料理《りょうり》を皿《さら》に盛《も》る。
皿《さら》回《まわ》しの曲芸《きょくげい》。
取《と》り皿《ざら》を配《くば》る。

いみ・ことば

❶さら。さらの形《かたち》をしたもの。
上皿《うわざら》天秤《てんびん》。大皿《おおざら》。小皿《こざら》。皿回《さらまわ》し。受《う》け皿《ざら》。取《と》り皿《ざら》。灰皿《はいざら》。蒸発皿《じょうはつざら》。

なりたち

皿《さら》の形《かたち》から。

目 め　9画

県

オン　ケン
くん　―

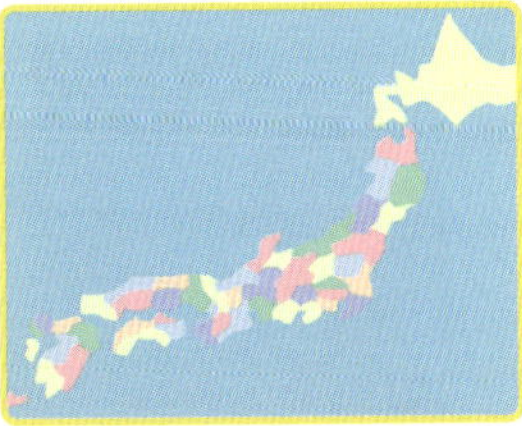

つかいかた

県《けん》知事《ちじ》に立候補《りっこうほ》する。
県庁《けんちょう》を訪問《ほうもん》する。
県立《けんりつ》図書館《としょかん》で調《しら》べる。
都道府県《とどうふけん》名《めい》を覚《おぼ》える。

いみ・ことば

❶けん。地方《ちほう》公共《こうきょう》団体《だんたい》の一《ひと》つ。
近県《きんけん》。県営《けんえい》。県下《けんか》。県外《けんがい》。県議会《けんぎかい》。県政《けんせい》。県知事《けんちじ》。県庁《けんちょう》。県内《けんない》。県民《けんみん》。県立《けんりつ》。都道府県《とどうふけん》。

目 め　9画

相

オン　ソウ（ショウ）
くん　あい

つかいかた
相手《あいて》の弱点《じゃくてん》を探《さぐ》る。
事件《じけん》の真相《しんそう》を知《し》る。
みんなで相談《そうだん》する。
首相《しゅしょう》に答申《とうしん》する。

オンくんあそび
相談相手《そうだんあいて》募集中《ぼしゅうちゅう》

なりたち

相　木（木《き》）と向《む》き合《あ》って目（目《め》）で見《み》ることから、「たがいに」「すがた」を表《あらわ》す。

いみ・ことば
❶ありさま。姿《すがた》。　形相《ぎょうそう》。真相《しんそう》。手相《てそう》。人相《にんそう》。様相《ようそう》。
❷たがいに。　相性《あいしょう》。相手《あいて》。相互《そうご》。相談《そうだん》。
❸大臣《だいじん》のこと。　外相《がいしょう》。首相《しゅしょう》。
とくべつなよみかた　相撲《すもう》。

目 め　10画

真

オン　シン
くん　ま

つかいかた
真剣《しんけん》に取《と》り組《く》む。
写真《しゃしん》の真《ま》ん中《なか》に写《うつ》る。
真実《しんじつ》を明《あき》らかにする。

オンくんあそび
真心《まごころ》で真実《しんじつ》語《かた》る

いみ・ことば
❶まこと。本当《ほんとう》。まじりけのない。　写真《しゃしん》。純真《じゅんしん》。真剣《しんけん》。真実《しんじつ》。真理《しんり》。真心《まごころ》。真水《まみず》。
❷まったくの。ちょうど。　真上《まうえ》。真正面《ましょうめん》。真夏《まなつ》。真昼《まひる》。真南《まみなみ》。真ん中《まんなか》。
とくべつなよみかた　真面目《まじめ》。真っ赤《まっか》。真っ青《まっさお》。

矢 やへん　12画

短

オン　タン
くん　みじかい

つかいかた
刃《は》の短《みじか》い刀《かたな》。
鉛筆《えんぴつ》が短《みじか》くなる。
短時間《たんじかん》で済《す》ませる。
短冊《たんざく》に願《ねが》い事《ごと》を書《か》く。

オンくんあそび
気短《きみじか》なのが短所《たんしょ》です

いみ・ことば
❶みじかい。　気短《きみじか》。最短《さいたん》。短歌《たんか》。短気《たんき》。短期《たんき》。短距離《たんきょり》。短剣《たんけん》。短冊《たんざく》。短時間《たんじかん》。短銃《たんじゅう》。短縮《たんしゅく》。短針《たんしん》。短刀《たんとう》。短文《たんぶん》。短編《たんぺん》。短命《たんめい》。長短《ちょうたん》。手短《てみじか》。一長一短《いっちょういったん》。
❷おとる。　一長一短《いっちょういったん》。短所《たんしょ》。

「一長一短《いっちょういったん》」とは、いいところ（長所《ちょうしょ》）も悪《わる》いところ（短所《たんしょ》）も、両方《りょうほう》あるということ。

研
石 いしへん　9画

オン　ケン
くん　(とぐ)

つかいかた
刀《かたな》を研《と》ぐ。
夏休《なつやす》みの自由研究《じゆうけんきゅう》。
研修旅行《けんしゅうりょこう》に参加《さんか》する。
レンズを研磨《けんま》する。

オンくんあそび
米《こめ》の研《と》ぎ方《かた》
研究《けんきゅう》し

なりたち

研
石(石《いし》)と幵(高《たか》さをそろえる)で、「とぐ」を表《あらわ》す。

いみ・ことば
❶とぐ。みがく。
研磨《けんま》。研究《けんきゅう》。研鑽《けんさん》。研修《けんしゅう》。
❷きわめる。

礼
ネ しめすへん　5画

オン　レイ(ライ)
くん　―

つかいかた
礼儀正《れいぎただ》しい人《ひと》。
お礼《れい》の手紙《てがみ》を書《か》く。
朝礼《ちょうれい》に集《あつ》まる。
先程《さきほど》は失礼《しつれい》しました。

なりたち

礼
示(祭壇《さいだん》)に乚(ひざまずく)形《かたち》から。

いみ・ことば
❶れい。おれい。あいさつ。
敬礼《けいれい》。失礼《しつれい》。謝礼《しゃれい》。無礼《ぶれい》。返礼《へんれい》。目礼《もくれい》。黙礼《もくれい》。礼儀《れいぎ》。礼金《れいきん》。礼状《れいじょう》。儀礼《ぎれい》。婚礼《こんれい》。祭礼《さいれい》。朝礼《ちょうれい》。礼《れい》
❷儀式《ぎしき》。
儀《ぎ》。礼装《れいそう》。礼服《れいふく》。

神
ネ しめすへん　9画

オン　シン　ジン
くん　かみ(かん)(こう)

つかいかた
困《こま》った時《とき》の神《かみ》だのみ。
神社《じんじゃ》にお参《まい》りする。
精神《せいしん》を統一《とういつ》する。
神秘的《しんぴてき》な雰囲気《ふんいき》の森《もり》。

オンくんあそび
神話《しんわ》の中《なか》の
女神様《めがみさま》

なりたち

神
示(祭壇《さいだん》)と申(稲光《いなびかり》)で、「かみ」を表《あらわ》す。

いみ・ことば
❶かみ。
神様《かみさま》。神棚《かみだな》。神業《かみわざ》。神主《かんぬし》。神《じん》宮《ぐう》。神社《じんじゃ》。神聖《しんせい》。神仏《しんぶつ》。神話《しんわ》。女神《めがみ》。
❷心《こころ》。
失神《しっしん》。神経《しんけい》。精神《せいしん》。
❸不思議《ふしぎ》な力《ちから》。
神通力《じんつうりき》。神童《しんどう》。神秘《しんぴ》。
とくべつなよみかた
お神酒《みき》。神楽《かぐら》。神奈川県《かながわけん》。

示 しめす

11画

祭

ノ ク タ タ7 タヌ 夕又 癶 祭 祭 祭 祭

オン サイ

くん まつる まつり

つかいかた

町内会《ちょうないかい》の夏祭《なつまつ》り。
ひな祭《まつ》りを祝《いわ》う。
スポーツの祭典《さいてん》。
学校《がっこう》の文化祭《ぶんかさい》。

オンくんあそび
雪《ゆき》の祭典《さいてん》
雪《ゆき》祭《まつ》り

なりたち

祭 タ(肉《にく》)を ヨ(手《て》)で 示(祭壇《さいだん》)にささげる形《かたち》から。

いみ・ことば

❶まつる。おまつり。 秋祭《あきまつ》り。音楽祭《おんがくさい》。学園祭《がくえんさい》。冠婚葬祭《かんこんそうさい》。芸術祭《げいじゅつさい》。祭日《さいじつ》。祭神《さいじん》。祭壇《さいだん》。祭典《さいてん》。祭礼《さいれい》。地鎮祭《じちんさい》。前夜祭《ぜんやさい》。七夕《たなばた》祭《まつ》り。夏祭《なつまつ》り。ひな祭《まつ》り。文化祭《ぶんかさい》。

ネ しめすへん

13画

福

、 ナ ネ ネ ネ⁻ ネ⁼ 福 福 福 福 福 福 福

オン フク

くん —

つかいかた

笑《わら》う門《かど》には福《ふく》来《き》たる。
七福神《しちふくじん》を祭《まつ》った神社《じんじゃ》。
友人《ゆうじん》から祝福《しゅくふく》される。
福祉施設《ふくししせつ》を訪問《ほうもん》する。

なりたち

福 示(祭壇《さいだん》)に 畐(酒《さけ》)を供《そな》えて、「さいわい」をいのる形《かたち》から。

いみ・ことば

❶さいわい。 禍福《かふく》。幸福《こうふく》。七福神《しちふくじん》。至《し》福《ふく》。祝福《しゅくふく》。福音《ふくいん》。福祉《ふくし》。福の神《ふくのかみ》。福引《ふくび》き。福袋《ふくぶくろ》。福利《ふくり》。福笑《ふくわら》い。冥福《めいふく》。裕福《ゆうふく》。

禾 のぎへん

9画

秒

一 二 千 手 禾 利 利 秒 秒

オン ビョウ

くん —

つかいかた

秒針《びょうしん》つきの時計《とけい》。
一分一秒《いっぷんいちびょう》を大切《たいせつ》に。
秒速《びょうそく》三十《さんじゅう》メートル。
秒読《びょうよ》みが始《はじ》まる。

なりたち

秒 禾(イネ)と 少(小《ち》さい)で、イネの穂先《ほさき》の「のぎ」を表《あらわ》した。のち、わずかな時《とき》の意《い》を表《あらわ》す。

いみ・ことば

❶びょう。 一分一秒《いっぷんいちびょう》。十秒《じゅうびょう》。寸秒《すんびょう》。秒《びょう》針《しん》。秒速《びょうそく》。秒単位《びょうたんい》。秒読《びょうよ》み。毎秒《まいびょう》。

究

穴 あなかんむり　7画

オン　キュウ
くん　（きわめる）

つかいかた

研究《けんきゅう》に打《う》ちこむ。
究極《きゅうきょく》の目的《もくてき》。
原因《げんいん》を究明《きゅうめい》する。
学問《がくもん》を究《きわ》める。

なりたち

究

（穴《あな》）と（手《て》がおくに届《とど》いて曲《ま》がった形《かたち》）を合《あ》わせた字《じ》。

いみ・ことば

❶きわめる。

追究《ついきゅう》。

究極《きゅうきょく》。究明《きゅうめい》。研究《けんきゅう》。探究《たんきゅう》。

章

立 たつ　11画

オン　ショウ
くん　―

つかいかた

第一章《だいいっしょう》を読《よ》み終《お》える。
文化勲章《ぶんかくんしょう》を受章《じゅしょう》する。
校章《こうしょう》のついた腕章《わんしょう》。
わかりやすい文章《ぶんしょう》。

なりたち

章

（音《おと》）と（まとまり）で、音楽《おんがく》のひと区切《くぎ》りを表《あらわ》す。

いみ・ことば

❶文字《もじ》で書《か》かれたもの。

印章《いんしょう》。記章《きしょう》。憲章《けんしょう》。勲章《くんしょう》。文章《ぶんしょう》。校章《こうしょう》。紋章《もんしょう》。

❷しるし。

腕章《わんしょう》。

❸文《ぶん》や音楽《おんがく》の区切《くぎ》り。

章句《しょうく》。章節《しょうせつ》。第一章《だいいっしょう》。第三楽章《だいさんがくしょう》。

童

立 たつ　12画

オン　ドウ
くん　（わらべ）

つかいかた

友達《ともだち》と児童館《じどうかん》へ行《い》く。
世界童話全集《せかいどうわぜんしゅう》を読《よ》む。
童歌《わらべうた》を楽《たの》しむ。

オンくんあそび
童女《どうじょ》が歌《うた》う童歌《わらべうた》

いみ・ことば

❶わらべ。子供《こども》。

悪童《あくどう》。学童《がくどう》。学童保育《がくどうほいく》。児童《じどう》。児童館《じどうかん》。神童《しんどう》。童顔《どうがん》。童子《どうじ》。童女《どうじょ》。童心《どうしん》。童謡《どうよう》。童話《どうわ》。牧童《ぼくどう》。童歌《わらべうた》。

竹 たけかんむり

11画

第

オン ダイ

くん —

つかいかた

第《だい》十回運動会《じっかいうんどうかい》。宇宙開発《うちゅうかいはつ》の第《だい》一人者《いちにんしゃ》。入学式《にゅうがくしき》の式次第《しきしだい》。試験《しけん》に落第《らくだい》しそうだ。

いみ・ことば

❶順序《じゅんじょ》。前《まえ》につけて順序《じゅんじょ》を表《あらわ》す言葉《ことば》。 式次第《しきしだい》。第一《だいいち》。第一印象《だいいちいんしょう》。第一次《だいいちじ》。第一人者《だいいちにんしゃ》。第一回《だいいっかい》。第一章《だいいっしょう》。第一線《だいいっせん》。第三者《だいさんしゃ》。第六感《だいろっかん》。

❷試験《しけん》。 及第《きゅうだい》。落第《らくだい》。

なりたち

第 ⺮(たけ)と 弟(まきついてのぼるつる)で、「順序《じゅんじょ》」を表《あらわ》す。

竹 たけかんむり

11画

笛

オン テキ

くん ふえ

つかいかた

友達《ともだち》は口笛《くちぶえ》がうまい。鼓笛隊《こてきたい》で縦笛《たてぶえ》をふく。船《ふね》の汽笛《きてき》が聞《き》こえる。車《くるま》の警笛《けいてき》を鳴《な》らす。

オンくんあそび

笛《ふえ》と太鼓《たいこ》の鼓笛隊《こてきたい》

いみ・ことば

❶ふえ。音《おと》を出《だ》すもの。 汽笛《きてき》。草笛《くさぶえ》。口笛《くちぶえ》。警笛《けいてき》。鼓笛隊《こてきたい》。縦笛《たてぶえ》。角笛《つのぶえ》。霧笛《むてき》。横笛《よこぶえ》。

なりたち

笛 ⺮(たけ)と 由(細《ほそ》い穴《あな》からぬき出《だ》す)で、「ふえ」を表《あらわ》す。

竹 たけかんむり

12画

等

オン トウ

くん ひとしい

つかいかた

両方《りょうほう》の重《おも》さが等《ひと》しい。くじで一等《いっとう》が当《あ》たる。上等《じょうとう》なかばん。リンゴを二等分《にとうぶん》する。

オンくんあそび

等《ひと》しく分《わ》ける平等《びょうどう》に

いみ・ことば

❶ひとしい。 均等《きんとう》。対等《たいとう》。等圧線《とうあつせん》。等号《とうごう》。等高線《とうこうせん》。等式《とうしき》。等質《とうしつ》。等身大《とうしんだい》。等分《とうぶん》。等量《とうりょう》。平等《びょうどう》。

❷順位《じゅんい》や段階《だんかい》。 一等《いっとう》。下等《かとう》。高等《こうとう》。上等《じょうとう》。等級《とうきゅう》。同等《どうとう》。特等《とくとう》。優等《ゆうとう》。劣等《れっとう》。

「ボールペン等《とう》、筆記用具《ひっきようぐ》を忘《わす》れずに」のように、ほかにも同《おな》じようなものがあることを示《しめ》す意味《いみ》もある。

⺮ たけかんむり 12画

筆

（筆順）筆筆筆筆筆筆筆筆筆筆筆筆

オン ヒツ
くん ふで

つかいかた
筆《ふで》で手紙《てがみ》を書《か》く。ノートに鉛筆《えんぴつ》で書《か》く。筆算《ひっさん》で答《こた》えを求《もと》める。漢字《かんじ》の筆順《ひつじゅん》を覚《おぼ》える。

オンくんあそび
鉛筆《えんぴつ》並《なら》ぶ 筆箱《ふでばこ》に

なりたち

筆
聿は ⺕(手《て》)で 个(筆《ふで》)を持《も》つ形《かたち》。のち、⺮(たけかんむり)がついた。

いみ・ことば
❶ふで。絵《え》や文字《もじ》。絵《え》や文字《もじ》を書《か》く。
筆《ひっ》。筆《ひっ》者《しゃ》。箱《ばこ》。絵筆《えふで》。随筆《ずいひつ》。筆順《ひつじゅん》。筆《ふで》不精《ぶしょう》。鉛筆《えんぴつ》。達筆《たっぴつ》。筆跡《ひっせき》。万年筆《まんねんひつ》。硬筆《こうひつ》。筆圧《ひつあつ》。筆談《ひつだん》。毛筆《もうひつ》。直筆《じきひつ》。筆記《ひっき》。筆頭《ひっとう》。執筆《しっぴつ》。筆算《ひっさん》。筆先《ふでさき》。悪《あく》筆《ひっ》。自《じ》筆《ひっ》。筆《ふで》

⺮ たけかんむり 15画

箱

（筆順）箱箱箱箱箱箱箱箱箱箱箱箱箱箱箱

オン
くん はこ

つかいかた
道具《どうぐ》を箱《はこ》に入《い》れる。庭木《にわき》に巣箱《すばこ》をかける。筆箱《ふでばこ》を忘《わす》れる。お気《き》に入《い》りの弁当箱《べんとうばこ》。

いみ・ことば
❶はこ。物《もの》を入《い》れるもの。
空《あ》き箱《ばこ》。木《き》箱《ばこ》。救急箱《きゅうきゅうばこ》。下駄箱《げたばこ》。小箱《こばこ》。ごみ箱《ばこ》。私《し》書箱《しょばこ》。重箱《じゅうばこ》。巣箱《すばこ》。玉手箱《たまてばこ》。茶箱《ちゃばこ》。跳《と》び箱《ばこ》。箱入《はこい》り娘《むすめ》。箱書《はこが》き。箱庭《はこにわ》。百葉箱《ひゃくようばこ》。筆《ふで》箱《ばこ》。弁当箱《べんとうばこ》。宝石箱《ほうせきばこ》。本箱《ほんばこ》。

なりたち
箱
⺮で「たけ」を表《あらわ》し、相でしまうの意《い》と音《おん》「ソウ」を表《あらわ》す。

糸 いとへん 9画

級

（筆順）級級級級級級級級級

オン キュウ
くん

つかいかた
進級《しんきゅう》テストを受《う》ける。下級生《かきゅうせい》の面倒《めんどう》を見《み》る。学級《がっきゅう》新聞《しんぶん》を発行《はっこう》する。水泳《すいえい》の初級《しょきゅう》コース。

いみ・ことば
❶学年《がくねん》の組《くみ》。クラス。
学級《がっきゅう》。級友《きゅうゆう》。同《どう》級生《きゅうせい》。
❷位《くらい》。程度《ていど》。
階級《かいきゅう》。下級《かきゅう》。高級《こうきゅう》。昇級《しょうきゅう》。上級《じょうきゅう》。初級《しょきゅう》。進級《しんきゅう》。中級《ちゅうきゅう》。低級《ていきゅう》。等級《とうきゅう》。同級《どうきゅう》。特級《とっきゅう》。

糸 いとへん 11画

終

オン シュウ
くん おわる おえる

つかいかた
授業《じゅぎょう》が終了《しゅうりょう》する。
音楽会《おんがくかい》が終《お》わる。
宿題《しゅくだい》を終《お》えて遊《あそ》ぶ。
一部始終《いちぶしじゅう》を語《かた》る。

オンくんあそび
終業式《しゅうぎょうしき》で学期《がっき》が終《お》わる

いみ・ことば
❶おわる。おえる。
業式《ぎょうしき》。終結《しゅうけつ》。終始《しゅうし》。終止符《しゅうしふ》。終戦《しゅうせん》。終息《しゅうそく》。終点《しゅうてん》。終電《しゅうでん》。終盤《しゅうばん》。終了《しゅうりょう》。臨終《りんじゅう》。一部始終《いちぶしじゅう》。最終《さいしゅう》。終《しゅう》
❷おわりまでずっと。
終生《しゅうせい》。終夜《しゅうや》。終始一貫《しゅうしいっかん》。終日《しゅうじつ》。

糸 いとへん 14画

緑

オン リョク（ロク）
くん みどり

つかいかた
庭《にわ》に緑《みどり》を増《ふ》やす。
緑《みどり》の木々《きぎ》に囲《かこ》まれる。
緑《みどり》色《いろ》のサインペン。
新緑《しんりょく》の季節《きせつ》になる。

オンくんあそび
緑《みどり》あふれる 新緑《しんりょく》の候《こう》

いみ・ことば
❶みどり。みどりの草木《くさき》。
黄緑《きみどり》。常緑樹《じょうりょくじゅ》。新緑《しんりょく》。万緑《ばんりょく》。青緑《あおみどり》。薄緑《うすみどり》。深緑《ふかみどり》。緑色《みどりいろ》。葉緑素《ようりょくそ》。緑陰《りょくいん》。緑地《りょくち》。緑茶《りょくちゃ》。緑野《りょくや》。緑化《りょっか》。緑青《ろくしょう》。

糸 いとへん 14画

練

オン レン
くん ねる

つかいかた
練乳《れんにゅう》をかけて食《た》べる。
物語《ものがたり》の構想《こうそう》を練《ね》る。
避難訓練《ひなんくんれん》を実施《じっし》する。
リコーダーの練習《れんしゅう》。

オンくんあそび
粉《こな》を練《ね》る パン作《づく》り 練習《れんしゅう》続《つづ》け

いみ・ことば
❶ねる。こねる。きたえる。
訓練《くんれん》。修《しゅう》練《れん》。熟練《じゅくれん》。試練《しれん》。洗練《せんれん》。練《ね》り製品《せいひん》。練《ね》り歯《は》磨《みが》き。練《ね》り物《もの》。未練《みれん》。練習《れんしゅう》。練達《れんたつ》。練炭《れんたん》。練乳《れんにゅう》。老練《ろうれん》。

なりたち

練
糸（いと）を柬（ねる）で、「ねる」「ねりあげる」を表《あらわ》す。

羊

羊　ひつじ　6画

羊

オン　ヨウ
くん　ひつじ

つかいかた
羊《ひつじ》を放牧《ほうぼく》する。
子羊《こひつじ》の鳴《な》き声《ごえ》。
空《そら》に羊雲《ひつじぐも》がうかぶ。
羊毛《ようもう》でできた洋服《ようふく》。

オンくんあそび
羊《ひつじ》を見張《みは》る
牧羊犬《ぼくようけん》

いみ・ことば
❶ひつじ。☞ 子羊《こひつじ》。羊飼《ひつじか》い。羊雲《ひつじぐも》。羊毛《ようもう》。

なりたち

☞ 羊
角《つの》のある羊《ひつじ》の頭部《とうぶ》の形《かたち》から。

美

⺷　ひつじ　9画

美

オン　ビ
くん　うつくしい

つかいかた
美《うつく》しい風景《ふうけい》が広《ひろ》がる。
校内《こうない》の美化《びか》に努《つと》める。
日本人《にほんじん》の美点《びてん》。
この料理《りょうり》は美味《びみ》だ。

オンくんあそび
美《うつく》しい
美術館《びじゅつかん》

なりたち

☞ 美
(羊《ひつじ》)と(大《おお》きい)で、大《おお》きくりっぱな羊《ひつじ》の意《い》から。

いみ・ことば
❶うつくしい。よい。☞ 美意識《びいしき》。美化《びか》。美観《びかん》。美醜《びしゅう》。美術《びじゅつ》。美人《びじん》。美声《びせい》。美談《びだん》。美点《びてん》。美容《びよう》。優美《ゆうび》。
❷おいしい。☞ 甘美《かんび》。美酒《びしゅ》。美食《びしょく》。美味《びみ》。
❸ほめる。☞ 賛美《さんび》。

着

⺷　ひつじ　12画

着

オン　チャク（ジャク）
くん　きる　きせる　つく　つける

つかいかた
新《あたら》しい洋服《ようふく》を着《き》る。
時間《じかん》どおりに着《つ》く。
仕事《しごと》に着手《ちゃくしゅ》する。
静《しず》かに着席《ちゃくせき》する。

オンくんあそび
到着《とうちゃく》の　順《じゅん》に服着《ふくき》て
席《せき》に着《つ》く

いみ・ことば
❶きる。きるもの。☞ 上着《うわぎ》。着心地《きごこち》。着物《きもの》。下着《したぎ》。着衣《ちゃくい》。着用《ちゃくよう》。晴《は》れ着《ぎ》。水着《みずぎ》。
❷つける。☞ 接着《せっちゃく》。着眼《ちゃくがん》。着手《ちゃくしゅ》。密着《みっちゃく》。
❸つく。☞ 着席《ちゃくせき》。着陸《ちゃくりく》。到着《とうちゃく》。
❹落《お》ちつく。☞ 決着《けっちゃく》。着実《ちゃくじつ》。沈着《ちんちゃく》。

血　ち　6画

血

オン　ケツ
くん　ち

つかいかた

指《ゆび》から血《ち》が出《で》る。芸術家《げいじゅつか》の血《ち》筋《すじ》。血《けつ》液《えき》型《がた》を調《しら》べる。献《けん》血《けつ》に協力《きょうりょく》する。

オンくんあそび

血《けっ》管《かん》に　赤《あか》い血《ち》流《なが》れ　生《い》きている

いみ・ことば

❶ち。けつえき。☞ 血《けつ》液《えき》。血《けつ》液《えき》型《がた》。血《けっ》管《かん》。血《けっ》色《しょく》。献《けん》血《けつ》。採《さい》血《けつ》。止《し》血《けつ》。出《しゅっ》血《けつ》。赤《せっ》血《けっ》球《きゅう》。血《ち》潮《しお》。血《ち》豆《まめ》。白《はっ》血《けっ》球《きゅう》。鼻《はな》血《ぢ》。貧《ひん》血《けつ》。輸《ゆ》血《けつ》。

❷ちのつながり。☞ 血《けつ》縁《えん》。血《けっ》統《とう》。血《ち》筋《すじ》。

❸はげしい。☞ 血《けっ》気《き》。血《ち》の気《け》。血《ち》眼《まなこ》。

月　にくづき　8画

育

オン　イク
くん　そだつ　そだてる　はぐくむ

つかいかた

バラを育《そだ》てる。なえがすくすく育《そだ》つ。友情《ゆうじょう》を育《はぐく》む。カブトムシの飼《し》育《いく》。

オンくんあそび

体《からだ》が育《そだ》つ　体《たい》育《いく》で

なりたち

☞ 育

云（赤子《あかご》）と月（肉《にく》）で、「そだてる」を表《あらわ》す。

いみ・ことば

❶そだつ。そだてる。☞ 育《いく》英《えい》。育《いく》児《じ》。育《いく》成《せい》。教《きょう》育《いく》。子《こ》育《そだ》て。飼《し》育《いく》。生《せい》育《いく》。成《せい》育《いく》。育《そだ》ち盛《ざか》り。育《そだ》ての親《おや》。体《たい》育《いく》。知《ち》育《いく》。徳《とく》育《いく》。発《はっ》育《いく》。保《ほ》育《いく》園《えん》。養《よう》育《いく》。

羽　はね　11画

習

オン　シュウ
くん　ならう

つかいかた

理《り》科《か》の学《がく》習《しゅう》。ピアノを習《なら》う。早《はや》寝《ね》早《はや》起《お》きの習《しゅう》慣《かん》。日《に》本《ほん》の伝《でん》統《とう》的《てき》な風《ふう》習《しゅう》。

オンくんあそび

習《なら》ったらすぐ　復《ふく》習《しゅう》を

いみ・ことば

❶ならう。☞ 学《がく》習《しゅう》。講《こう》習《しゅう》。自《じ》習《しゅう》。実《じっ》習《しゅう》。習《しゅう》字《じ》。習《しゅう》得《とく》。習《なら》い事《ごと》。復《ふく》習《しゅう》。予《よ》習《しゅう》。練《れん》習《しゅう》。

❷ならわし。☞ 悪《あく》習《しゅう》。因《いん》習《しゅう》。慣《かん》習《しゅう》。習《しゅう》慣《かん》。習《しゅう》性《せい》。常《じょう》習《しゅう》。風《ふう》習《しゅう》。

「習《なら》わし」は、昔《むかし》からある、決《き》まったやり方《かた》のこと。しきたり。

表

衣 ころも　8画

オン　ヒョウ
くん　おもて　あらわす　あらわれる

つかいかた
本《ほん》の表《ひょう》紙《し》。
千《せん》円《えん》札《さつ》の表《おもて》と裏《うら》。
喜《よろこ》びが表《ひょう》情《じょう》に表《あらわ》れる。
クラスの代《だい》表《ひょう》になる。

オンくんあそび
表《おもて》玄《げん》関《かん》
表《ひょう》札《さつ》かける

なりたち

表
（毛《け》）と（衣《ころも》）で、毛《け》皮《がわ》製《せい》の衣《ころも》の毛《け》がある面《めん》、「おもて」を表《あらわ》す。

いみ・ことば
❶おもて。
裏《うら》表《おもて》。地《ち》表《ひょう》。表《ひょう》紙《し》。表《ひょう》面《めん》。
❷あらわす。あらわれる。
発《はっ》表《ぴょう》。表《ひょう》意《い》文《も》字《じ》。表《ひょう》音《おん》文《も》字《じ》。公《こう》表《ひょう》。代《だい》表《ひょう》。表《ひょう》記《き》。表《ひょう》現《げん》。表《ひょう》示《じ》。表《ひょう》彰《しょう》。表《ひょう》情《じょう》。表《ひょう》明《めい》。
❸ひょう。
時《じ》刻《こく》表《ひょう》。図《ず》表《ひょう》。年《ねん》表《ぴょう》。

詩

言 ごんべん　13画

オン　シ
くん　―

つかいかた
詩《し》を朗《ろう》読《どく》する。
詩《し》吟《ぎん》を習《なら》う。
お気《き》に入《い》りの詩《し》集《しゅう》。
詩《し》情《じょう》豊《ゆた》かな作《さく》品《ひん》。

いみ・ことば
❶し。
漢《かん》詩《し》。近《きん》代《だい》詩《し》。作《さく》詩《し》。詩歌（しいか・しか）。詩《し》吟《ぎん》。詩《し》作《さく》。詩《し》集《しゅう》。詩《し》情《じょう》。詩《し》人《じん》。詩《し》的《てき》。自《じ》由《ゆう》詩《し》。叙《じょ》事《じ》詩《し》。叙《じょ》情《じょう》詩《し》。定《てい》型《けい》詩《し》。訳《やく》詩《し》。

談

言 ごんべん　15画

オン　ダン
くん　―

つかいかた
友《とも》達《だち》に相《そう》談《だん》する。
テレビで対《たい》談《だん》する。
談《だん》話《わ》室《しつ》で雑《ざつ》談《だん》する。
三《さん》者《しゃ》面《めん》談《だん》が始《はじ》まる。

なりたち
談
言（いう）と炎（さかんにもえるほのお）で、「さかんにかわすことば」「はなし」を表《あらわ》す。

いみ・ことば
❶はなす。はなし。
縁《えん》談《だん》。会《かい》談《だん》。怪《かい》談《だん》。歓《かん》談《だん》。座《ざ》談《だん》会《かい》。雑《ざつ》談《だん》。冗《じょう》談《だん》。相《そう》談《だん》。対《たい》談《だん》。談《だん》合《ごう》。談《だん》笑《しょう》。談《だん》判《ぱん》。談《だん》話《わ》。長《なが》談《だん》義《ぎ》。美《び》談《だん》。筆《ひっ》談《だん》。密《みっ》談《だん》。面《めん》談《だん》。余《よ》談《だん》。

言 ごんべん 15画

調

オン チョウ
くん しらべる （ととのう） （ととのえる）

つかいかた

調子《ちょうし》のよいリズム。
図鑑《ずかん》で調《しら》べる。
美《うつく》しい琴《こと》の調《しら》べ。
食事《しょくじ》のしたくが調《ととの》う。

オンくんあそび
調《しら》べごとする
調査員《ちょうさいん》

いみ・ことば

❶しらべる。調査《ちょうさ》。
❷ぐあい。ようす。快調《かいちょう》。格調《かくちょう》。口調《くちょう》。好調《こうちょう》。順調《じゅんちょう》。単調《たんちょう》。調子《ちょうし》。同調《どうちょう》。不調《ふちょう》。
❸ととのえる。協調《きょうちょう》。調印《ちょういん》。調合《ちょうごう》。調整《ちょうせい》。調節《ちょうせつ》。調味料《ちょうみりょう》。調理《ちょうり》。調和《ちょうわ》。

「調《しら》べ」は、調《しら》べることのほかに、音楽《おんがく》や詩歌《しいか》などの調子《ちょうし》という意味《いみ》もある。

豆 まめ 7画

豆

オン トウ ズ
くん まめ

つかいかた

節分《せつぶん》に豆《まめ》まきをする。
漢字《かんじ》の豆《まめ》知識《ちしき》。
豆腐《とうふ》の原料《げんりょう》は大豆《だいず》だ。
朝食《ちょうしょく》に納豆《なっとう》を食《た》べる。

オンくんあそび
大豆《だいず》で豆《まめ》まき
鬼《おに》は外《そと》

なりたち

豆

豆は「トウ」という食器《しょっき》を表《あらわ》す。のち、「まめ」を表《あらわ》す。

いみ・ことば

❶まめ。枝豆《えだまめ》。黒豆《くろまめ》。空豆《そらまめ》。大豆《だいず》。血豆《ちまめ》。豆乳《とうにゅう》。豆腐《とうふ》。納豆《なっとう》。煮豆《にまめ》。豆粒《まめつぶ》。豆鉄砲《まめでっぽう》。豆《まめ》まき。豆餅《まめもち》。蜜豆《みつまめ》。
❷小《ちい》さいもの。豆知識《まめちしき》。豆電球《まめでんきゅう》。豆本《まめほん》。
とくべつなよみかた 小豆《あずき》。

貝 かい 9画

負

オン フ
くん まける まかす おう

つかいかた

勝《か》ち負《ま》けを競《きそ》う。
背負《せお》い投《な》げで勝《か》つ。
リレーの勝負《しょうぶ》。
将来《しょうらい》の抱負《ほうふ》を語《かた》る。

オンくんあそび
負《ま》けるが勝《か》ちの
勝負《しょうぶ》もあるよ

なりたち

負

ク（人《ひと》）が貝（お金《かね》や宝《たから》）を背負《せお》う形《かたち》から。

いみ・ことば

❶まける。勝《か》ち負《ま》け。根負《こんま》け。勝負《しょうぶ》。
❷おう。せおう。こうむる。負《お》い目《め》。自負《じふ》。負荷《ふか》。負債《ふさい》。負傷《ふしょう》。負担《ふたん》。抱負《ほうふ》。
❸ゼロより小《ちい》さい数《かず》。負《ふ》の数《すう》。

走 そうにょう　10画

起

オン　キ

くん　おきる　おこる　おこす

つかいかた

起《き》立《りつ》して礼《れい》をする。事《じ》件《けん》が起《お》きる。ねている弟《おとうと》を起《お》こす。人《じん》類《るい》の起《き》源《げん》を探《さぐ》る。

オンくんあそび

奮《ふん》起《き》して早《はや》起《お》きをする

いみ・ことば

❶おきる。おこす。☞ 起《き》因《いん》。起《き》床《しょう》。起《き》伏《ふく》。起《き》立《りつ》。決《けっ》起《き》。再《さい》起《き》。想《そう》起《き》。提《てい》起《き》。早《はや》起《お》き。奮《ふん》起《き》。隆《りゅう》起《き》。

❷始《はじ》める。☞ 起《き》源《げん》。起《き》工《こう》式《しき》。起《き》点《てん》。発《ほっ》起《き》人《にん》。

𧾷 あしへん　13画

路

オン　ロ

くん　じ

つかいかた

通《つう》路《ろ》をまっすぐ進《すす》む。旅《たび》路《じ》を急《いそ》ぐ。道《どう》路《ろ》が渋《じゅう》滞《たい》している。理《り》路《ろ》整《せい》然《ぜん》と話《はな》す。

オンくんあそび

街《がい》路《ろ》樹《じゅ》の道《みち》 家《いえ》路《じ》を急《いそ》ぐ

いみ・ことば

❶道《みち》。筋《すじ》道《みち》。☞ 家《いえ》路《じ》。遠《えん》路《ろ》。往《おう》路《ろ》。海《かい》路《ろ》。街《がい》路《ろ》樹《じゅ》。活《かつ》路《ろ》。岐《き》路《ろ》。帰《き》路《ろ》。空《くう》路《ろ》。経《けい》路《ろ》。順《じゅん》路《ろ》。進《しん》路《ろ》。線《せん》路《ろ》。旅《たび》路《じ》。通《つう》路《ろ》。道《どう》路《ろ》。迷《めい》路《ろ》。山《やま》路《じ》。夢《ゆめ》路《じ》。陸《りく》路《ろ》。理《り》路《ろ》整《せい》然《ぜん》。路《ろ》肩《かた》。路《ろ》上《じょう》。路《ろ》線《せん》。路《ろ》頭《とう》。路《ろ》傍《ぼう》。路《ろ》面《めん》。

なりたち

路

𧾷（あし）と各（いたる）で、「みち」を表《あらわ》す。

身 み　7画

身

オン　シン

くん　み

つかいかた

身《しん》長《ちょう》と体《たい》重《じゅう》の測《そく》定《てい》。身《み》に覚《おぼ》えがない。身《み》内《うち》の面《めん》倒《どう》を見《み》る。心《しん》身《しん》ともに健《けん》康《こう》だ。

オンくんあそび

自《じ》分《ぶん》自《じ》身《しん》の身《み》を守《まも》る

いみ・ことば

❶み。体《からだ》。☞ 心《しん》身《しん》。身《しん》体《たい》。身《しん》長《ちょう》。全《ぜん》身《しん》。単《たん》身《しん》。等《とう》身《しん》大《だい》。不《ふ》死《じ》身《み》。変《へん》身《しん》。身《み》軽《がる》。身《み》近《ぢか》。

❷自《じ》分《ぶん》。☞ 自《じ》身《しん》。身《しん》辺《ぺん》。身《み》内《うち》。

❸なかみ。☞ 黄《き》身《み》。刀《とう》身《しん》。中《なか》身《み》。

❹立《たち》場《ば》。☞ 出《しゅっ》身《しん》。親《しん》身《み》。身《み》分《ぶん》。身《み》元《もと》。

なりたち

☞ 身

人《ひと》がみごもった形《かたち》から。

転

車 くるまへん　11画

オン　テン

くん　ころがる　ころげる　ころがす　ころぶ

つかいかた

雪《ゆき》ですべって転《ころ》ぶ。
友達《ともだち》が笑《わら》い転《ころ》げる。
頭《あたま》の回《かい》転《てん》が速《はや》い。
転《てん》校《こう》生《せい》と仲《なか》よくなる。

オンくんあそび

転《ころ》んで　泣《な》いて
自《じ》転《てん》車《しゃ》乗《の》れた

いみ・ことば

❶ころがる。ころぶ。まわる。☞ 回《かい》転《てん》。公転《こうてん》。自転《じてん》。自転車《じてんしゃ》。転倒《てんとう》。転落《てんらく》。

❷移《うつ》る。変《か》わる。☞ 移転《いてん》。転移《てんい》。転換《てんかん》。転《てん》機《き》。転居《てんきょ》。転勤《てんきん》。転校《てんこう》。転出《てんしゅつ》。転入《てんにゅう》。

なりたち

轉☞転

車（くるま）と 專（まるく回転《かいてん》する）で、「ころがる」を表《あらわ》す。

軽

車 くるまへん　12画

オン　ケイ

くん　かるい　（かろやか）

つかいかた

気《き》軽《がる》に話《はな》しかける。
この荷《に》物《もつ》は軽《かる》い。
軽《けい》工《こう》業《ぎょう》が発《はっ》達《たつ》する。
軽《かろ》やかな足《あし》取《ど》り。

オンくんあそび

軽《かる》くひと汗《あせ》
軽《けい》快《かい》に

いみ・ことば

❶かるい。簡単《かんたん》な。☞ 軽石《かるいし》。軽口《かるくち》。軽業《かるわざ》。気軽《きがる》。軽快《けいかい》。軽減《けいげん》。軽工業《けいこうぎょう》。軽傷《けいしょう》。軽食《けいしょく》。軽装《けいそう》。軽重《けいちょう》。軽量《けいりょう》。手軽《てがる》。身軽《みがる》。

❷かるがるしい。☞ 軽挙《けいきょ》。軽率《けいそつ》。軽薄《けいはく》。

❸かろんじる。☞ 軽視《けいし》。軽蔑《けいべつ》。

農

辰 しんのたつ　13画

オン　ノウ

くん　―

つかいかた

専《せん》業《ぎょう》農《のう》家《か》と兼《けん》業《ぎょう》農《のう》家《か》。
農《のう》業《ぎょう》を営《いとな》む。
農《のう》作《さく》物《ぶつ》を育《そだ》てる。
農《のう》産《さん》物《ぶつ》を出《しゅっ》荷《か》する。

いみ・ことば

❶のうぎょう。☞ 小作農《こさくのう》。自作農《じさくのう》。農園《のうえん》。農家《のうか》。農閑期《のうかんき》。農機具《のうきぐ》。農業《のうぎょう》。農具《のうぐ》。農《のう》耕《こう》。農作物《のうさくぶつ》。農産物《のうさんぶつ》。農場《のうじょう》。農村《のうそん》。農地《のうち》。農繁期《のうはんき》。農民《のうみん》。農薬《のうやく》。貧農《ひんのう》。富農《ふのう》。酪農《らくのう》。

酒

酉 とり　10画

酒 酒 氵 沂 洒 洒 酒 酒

オン シュ
くん さけ さか

つかいかた
父《ちち》がお酒《さけ》を飲《の》む。酒屋《さかや》にお使《つか》いに行《い》く。勝利《しょうり》の美酒《びしゅ》にしよう。

オンくんあそび
酒屋《さかや》で買《か》うよ料理酒《りょうりしゅ》を

いみ・ことば
❶さけ。☞ 甘酒《あまざけ》。飲酒《いんしゅ》。梅酒《うめしゅ》。禁酒《きんしゅ》。酒蔵《さかぐら》。酒場《さかば》。酒盛《さかも》り。酒屋《さかや》。地酒《じざけ》。酒宴《しゅえん》。酒豪《しゅごう》。酒税《しゅぜい》。酒席《しゅせき》。酒造《しゅぞう》。酒量《しゅりょう》。白酒《しろざけ》。清酒《せいしゅ》。日本酒《にほんしゅ》。美酒《びしゅ》。洋酒《ようしゅ》。

とくべつなよみかた
お神酒《みき》。

配

酉 とり　10画

配 配 丁 万 两 酉 酉 酉 配 配

オン ハイ
くん くばる

つかいかた
荷物《にもつ》の配達《はいたつ》をする。こまやかな心配《こころくば》り。絵《え》の配色《はいしょく》を考《かんが》える。

オンくんあそび
係《かかり》が配《くば》る配布物《はいふぶつ》

なりたち

配
酉《さか》（酒つぼ）と卩（ひざまずく人《ひと》）を合《あ》わせた字《じ》。

いみ・ことば
❶くばる。きくばり。☞ 心配《こころくば》り。心配《しんぱい》。配線《はいせん》。配属《はいぞく》。配達《はいたつ》。配置《はいち》。配布《はいふ》。配分《はいぶん》。配役《はいやく》。配慮《はいりょ》。分配《ぶんぱい》。
❷従《したが》える。☞ 支配《しはい》。配下《はいか》。
❸組《く》み合《あ》わせ。☞ 交配《こうはい》。配合《はいごう》。配色《はいしょく》。

重

里 さと　9画

重 重 亓 𠂤 盲 重 重 重 重

オン ジュウ チョウ
くん おもい （え） かさねる かさなる

つかいかた
重《おも》い荷物《にもつ》を運《はこ》ぶ。努力《どりょく》を積《つ》み重《かさ》ねる。安全《あんぜん》を重視《じゅうし》する。慎重《しんちょう》に行動《こうどう》する。

オンくんあそび
重《おも》い皿《さら》二重《にじゅう》に重《かさ》ね慎重《しんちょう》に

いみ・ことば
❶おもい。☞ 重荷《おもに》。厳重《げんじゅう》。重厚《じゅうこう》。重工業《じゅうこうぎょう》。重傷《じゅうしょう》。重大《じゅうだい》。重病《じゅうびょう》。重役《じゅうやく》。重量《じゅうりょう》。重力《じゅうりょく》。慎重《しんちょう》。体重《たいじゅう》。比重《ひじゅう》。
❷大切《たいせつ》な。☞ 貴重《きちょう》。重視《じゅうし》。重要《じゅうよう》。尊重《そんちょう》。
❸かさなる。☞ 重複（ちょうふく じゅうふく）。二重（にじゅう ふたえ）。

とくべつなよみかた
十重《とえ》二十重《はたえ》。

門 もんがまえ　12画

開

オン　カイ
くん　ひらく　ひらける　あく　あける

つかいかた
包《つつ》みを開《あ》けて食《た》べる。
梅《うめ》の花《はな》が開《ひら》く。
芝《しば》居《い》の幕《まく》が開《あ》く。
満《まん》開《かい》の桜《さくら》の花《はな》。

オンくんあそび
ドア開《ひら》き　開《かい》店《てん》の時《とき》
店《みせ》が開《あ》く

なりたち

開
(門《もん》)を (両《りょう》手《て》)でひらく形《かたち》から。

いみ・ことば
❶ひらく。あく。はじめる。
開《かい》花《か》。開《かい》会《かい》。開《かい》業《ぎょう》。開《かい》校《こう》。開《かい》港《こう》。開《かい》国《こく》。開《かい》墾《こん》。開《かい》催《さい》。開《かい》始《し》。開《かい》拓《たく》。開《かい》通《つう》。開《かい》店《てん》。開《かい》発《はっ》。開《かい》封《ふう》。開《かい》閉《へい》。開《かい》放《ほう》。開《かい》幕《まく》。公《こう》開《かい》。再《さい》開《かい》。打《だ》開《かい》。展《てん》開《かい》。満《まん》開《かい》。未《み》開《かい》。

金 かねへん　14画

銀

オン　ギン
くん　—

つかいかた
銀《ぎん》色《いろ》の道《どう》具《ぐ》。
お金《かね》を銀《ぎん》行《こう》に預《あず》ける。
一《いち》面《めん》の銀《ぎん》世《せ》界《かい》。
銀《ぎん》メダルを獲《かく》得《とく》する。

いみ・ことば
❶ぎん。ぎんいろ。
銀《ぎん》色《いろ》。銀《ぎん》貨《か》。銀《ぎん》河《が》。銀《ぎん》紙《がみ》。金《きん》銀《ぎん》。銀《ぎん》鉱《こう》。銀《ぎん》座《ざ》。銀《ぎん》山《ざん》。銀《ぎん》製《せい》。銀《ぎん》世《せ》界《かい》。銀《ぎん》髪《ぱつ》。銀《ぎん》盤《ばん》。銀《ぎん》幕《まく》。銀《ぎん》メダル。銀《ぎん》輪《りん》。純《じゅん》銀《ぎん》。水《すい》銀《ぎん》。白《はく》銀《ぎん》。
❷お金《かね》。
銀《ぎん》行《こう》。

「銀《ぎん》幕《まく》」は、映《えい》画《が》をうつすスクリーンのこと。または映《えい》画《が》のこと。

金 かねへん　13画

鉄

オン　テツ
くん　—

つかいかた
鉄《てっ》板《ぱん》で料《りょう》理《り》をする。
鉄《てつ》を溶《と》かす溶《よう》鉱《こう》炉《ろ》。
地《ち》下《か》鉄《てつ》で移《い》動《どう》する。
鉄《てつ》棒《ぼう》の練《れん》習《しゅう》をする。

いみ・ことば
❶てつ。
鋼《こう》鉄《てつ》。砂《さ》鉄《てつ》。製《せい》鉄《てつ》。鉄《てっ》橋《きょう》。鉄《てっ》筋《きん》。鉄《てっ》鉱《こう》。鉄《てつ》道《どう》。鉄《てっ》板《ぱん》。鉄《てつ》棒《ぼう》。鉄《てっ》砲《ぽう》。
❷てつのように強《つよ》い。
鉄《てつ》人《じん》。鉄《てっ》則《そく》。鉄《てっ》壁《ぺき》。鉄《てつ》腕《わん》。
❸「鉄《てつ》道《どう》」の略《りゃく》。
私《し》鉄《てつ》。地《ち》下《か》鉄《てつ》。

集

隹 ふるとり　12画

オン　シュウ
くん　あつまる　あつめる　（つどう）

つかいかた
お祭《まつ》りに人《ひと》が集《あつ》まる。切手《きって》を集《あつ》める。詩集《ししゅう》を借《か》りて読《よ》む。全員《ぜんいん》が集合《しゅうごう》する。

オンくんあそび
作文《さくぶん》集《あつ》め　文集《ぶんしゅう》作《つく》る

なりたち

集
木(木《き》)に隹(鳥《とり》)があつまっている形《かたち》から。

いみ・ことば
❶あつまる。あつめる。あつめたもの。
歌集《かしゅう》。群集《ぐんしゅう》。採集《さいしゅう》。詩集《ししゅう》。集会《しゅうかい》。集金《しゅうきん》。集計《しゅうけい》。集結《しゅうけつ》。集合《しゅうごう》。収集《しゅうしゅう》。集積《しゅうせき》。集団《しゅうだん》。集中《しゅうちゅう》。集落《しゅうらく》。全集《ぜんしゅう》。特集《とくしゅう》。文集《ぶんしゅう》。編集《へんしゅう》。募集《ぼしゅう》。密集《みっしゅう》。

面

面 めん　9画

オン　メン
くん　（おも）（おもて）（つら）

つかいかた
縁日《えんにち》でお面《めん》を買《か》う。野原《のはら》一面《いちめん》の菜《な》の花《はな》。円《えん》の面積《めんせき》を求《もと》める。昔《むかし》の面影《おもかげ》が残《のこ》る町《まち》。

なりたち

面
(目《め》)や(頭部《とうぶ》)を線《せん》で囲《かこ》んで、「かお」を表《あらわ》す。

いみ・ことば
❶顔《かお》。顔《かお》が合《あ》う。
面影《おもかげ》。仮面《かめん》。顔面《がんめん》。赤面《せきめん》。洗面《せんめん》。対面《たいめん》。満面《まんめん》。面会《めんかい》。面接《めんせつ》。
❷向《む》き。
正面《しょうめん》。前面《ぜんめん》。側面《そくめん》。反面《はんめん》。
❸ものの表《おもて》。
地面《じめん》。水面《すいめん》。表面《ひょうめん》。面積《めんせき》。
とくべつなよみかた
真面目《まじめ》。

題

頁 おおがい　18画

オン　ダイ
くん　―

つかいかた
好《す》きな歌《うた》の題名《だいめい》。夏休《なつやす》みの宿題《しゅくだい》をする。話題《わだい》が豊富《ほうふ》な人《ひと》。

なりたち
題
頁(頭部《とうぶ》)と是(つき出《で》る)で「ひたい」を表《あらわ》した。のち、「だい」「みだし」を表《あらわ》す。

いみ・ことば
❶だい。話《はなし》や文章《ぶんしょう》の中心《ちゅうしん》となる事柄《ことがら》。
演題《えんだい》。改題《かいだい》。議題《ぎだい》。主題《しゅだい》。題材《だいざい》。題字《だいじ》。題名《だいめい》。題目《だいもく》。表題《ひょうだい》。本題《ほんだい》。話題《わだい》。
❷問《と》い。答《こた》えが必要《ひつよう》なこと。
課題《かだい》。宿題《しゅくだい》。出題《しゅつだい》。題意《だいい》。難題《なんだい》。問題《もんだい》。例題《れいだい》。

飲

食 しょくへん

12画

イン

のむ

つかいかた

おいしい水《みず》を飲《の》む。飲《の》み薬《ぐすり》とぬり薬《ぐすり》。冷《つめ》たい飲《の》み物《もの》。飲《いん》用《よう》水《すい》をたくわえる。

オンくんあそび

飲《の》んでもいいよ飲《いん》料《りょう》水《すい》

なりたち

飲

欠（あくび）は、もと（人《ひと》が口《くち》を開《あ》けた形《かたち》）。欠と食（たべる）で、「のむ」を表《あらわ》す。

いみ・ことば

❶のむ。のみもの。☞ 愛《あい》飲《いん》。飲《いん》酒《しゅ》。飲《いん》食《しょく》。飲《いん》用《よう》。飲《いん》料《りょう》。がぶ飲《の》み。誤《ご》飲《いん》。試《し》飲《いん》。立《た》ち飲《の》み。飲《の》み食《く》い。飲《の》み薬《ぐすり》。飲《の》み水《みず》。飲《の》み物《もの》。暴《ぼう》飲《いん》。

館

食 しょくへん

16画

カン

やかた

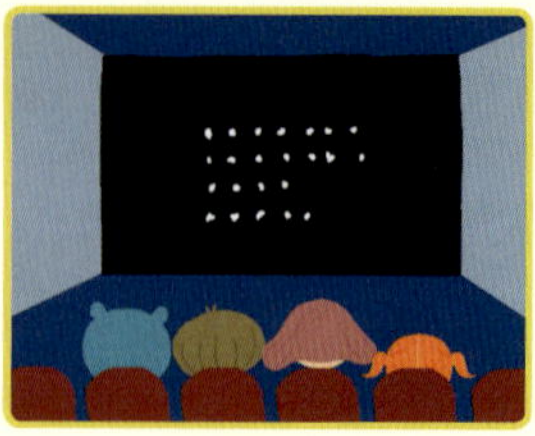

つかいかた

休《きゅう》日《じつ》に映《えい》画《が》館《かん》に行《い》く。町《まち》外《はず》れにある館《やかた》。体《たい》育《いく》館《かん》で練《れん》習《しゅう》する。外《がい》国《こく》の大《たい》使《し》館《かん》。

オンくんあそび

りっぱな館《やかた》大《たい》使《し》館《かん》

いみ・ことば

❶大《おお》きな建物《たてもの》。大勢《おおぜい》で使《つか》う建物《たてもの》。☞ 映《えい》画《が》館《かん》。会《かい》館《かん》。開《かい》館《かん》。館《かん》長《ちょう》。館《かん》内《ない》放《ほう》送《そう》。休《きゅう》館《かん》。旧《きゅう》館《かん》。公《こう》民《みん》館《かん》。新《しん》館《かん》。体《たい》育《いく》館《かん》。大《たい》使《し》館《かん》。図《と》書《しょ》館《かん》。博《はく》物《ぶつ》館《かん》。美《び》術《じゅつ》館《かん》。閉《へい》館《かん》。別《べっ》館《かん》。本《ほん》館《かん》。旅《りょ》館《かん》。

駅

馬 うまへん

14画

エキ

—

つかいかた

電《でん》車《しゃ》の始《し》発《はつ》駅《えき》。駅《えき》伝《でん》競《きょう》走《そう》で優《ゆう》勝《しょう》する。駅《えき》前《まえ》で待《ま》ち合《あ》わせる。

いみ・ことば

❶えき。電車《でんしゃ》などが発着《はっちゃく》する場所《ばしょ》。☞ 駅《えき》員《いん》。駅《えき》舎《しゃ》。駅《えき》長《ちょう》。駅《えき》頭《とう》。駅《えき》弁《べん》。駅《えき》前《まえ》。各《かく》駅《えき》。貨《か》物《もつ》駅《えき》。始《し》発《はつ》駅《えき》。終《しゅう》着《ちゃく》駅《えき》。停《てい》車《しゃ》駅《えき》。

❷宿場《しゅくば》。☞ 駅《えき》伝《でん》。宿《しゅく》駅《えき》。

飲
館
駅
歯
鼻

歯 は

12画

歯

オン シ
くん は

つかいかた
食後《しょくご》に歯《は》を磨《みが》く。
祖父《そふ》は入《い》れ歯《ば》だ。
虫歯《むしば》を治療《ちりょう》する。
乳歯《にゅうし》が生《は》え変《か》わる。

オンくんあそび
歯磨《はみが》きで 大切《たいせつ》にする 永久歯《えいきゅうし》

いみ・ことば
❶は。はに似《に》たもの。
糸切《いとき》り歯《ば》。入《い》れ歯《ば》。永久歯《えいきゅうし》。奥歯《おくば》。義歯《ぎし》。臼歯《きゅうし》。犬歯《けんし》。歯科《しか》。歯牙《しが》。歯石《しせき》。乳歯《にゅうし》。歯医者《はいしゃ》。歯形《はがた》。歯型《はがた》。歯《は》ぎしり。歯茎《はぐき》。歯車《はぐるま》。抜歯《ばっし》。歯止《はど》め。歯並《はなら》び。歯磨《はみが》き。前歯《まえば》。虫歯《むしば》。門歯《もんし》。

なりたち

歯
口《くち》を開《あ》けて歯《は》が見《み》える形《かたち》から。

鼻 はな

14画

鼻

オン （ビ）
くん はな

つかいかた
何度《なんど》も鼻《はな》をかむ。
目鼻立《めはなだ》ちの整《ととの》った人《ひと》。
鼻血《はなぢ》が止《と》まる。
鼻炎《びえん》の薬《くすり》を飲《の》む。

オンくんあそび
耳鼻科《じびか》で治《なお》す 耳《みみ》と鼻《はな》

いみ・ことば
❶はな。
小鼻《こばな》。耳鼻科《じびか》。鼻息《はないき》。鼻歌《はなうた》。鼻風邪《はなかぜ》。鼻紙《はながみ》。鼻毛《はなげ》。鼻声《はなごえ》。鼻先《はなさき》。鼻筋《はなすじ》。鼻血《はなぢ》。鼻《はな》っ柱《ぱしら》。鼻《はな》つまみ。鼻詰《はなづ》まり。鼻面《はなづら》。鼻水《はなみず》。鼻輪《はなわ》。鼻炎《びえん》。鼻音《びおん》。鼻孔《びこう》。鼻濁音《びだくおん》。目鼻《めはな》。目鼻立《めはなだ》ち。

なりたち

鼻
（自）は鼻《はな》の形《かたち》を表《あらわ》す。のち、音《おん》「ヒ・ビ」を表《あらわ》す 畀 がついた。

不

一 いち　4画

不

オン　フ　ブ

くん　―

つかいかた

言動《げんどう》に不《ふ》満《まん》を感《かん》じる。
不《ふ》安《あん》定《てい》な天《てん》気《き》。
不《ふ》作《さく》になやむ。
不《ぶ》気《き》味《み》なおばけ屋《や》敷《しき》。

いみ・ことば

❶…しない。…でない。
不《ふ》安《あん》。不《ふ》安《あん》定《てい》。不《ふ》意《い》。不《ふ》運《うん》。不《ふ》快《かい》。不《ふ》覚《かく》。不《ふ》可《か》欠《けつ》。不《ふ》可《か》能《のう》。不《ぶ》気《き》味《み》。不《ぶ》器《き》用《よう》。不《ふ》幸《こう》。不《ふ》合《ごう》格《かく》。不《ふ》公《こう》平《へい》。不《ふ》作《さく》。不《ぶ》作《さ》法《ほう》。不《ふ》思《し》議《ぎ》。不《ふ》死《じ》身《み》。不《ふ》足《そく》。不《ふ》通《つう》。不《ふ》当《とう》。不《ふ》平《へい》。不《ふ》便《べん》。不《ふ》満《まん》。不《ふ》明《めい》。

「不《ふ》言《げん》実《じっ》行《こう》」とは、あれこれ言《い》わずに実《じっ》行《こう》すること。

争

亅 はねぼう　6画

争

オン　ソウ

くん　あらそう

つかいかた

兄弟《きょうだい》で争《あらそ》う。
相手《あいて》と言《い》い争《あらそ》う。
優勝《ゆうしょう》カップの争《そう》奪《だつ》戦《せん》。
戦国《せんごく》時代《じだい》の争《そう》乱《らん》。

オンくんあそび
争《あらそ》いやめて
戦《せん》争《そう》なくす

なりたち

争→争

二《ふた》つの手《て》が「あらそう」形《かたち》から。(上《うえ》の手《て》)と(下《した》の手《て》)で、

いみ・ことば

❶あらそう。あらそい。
競《きょう》争《そう》。係《けい》争《そう》。抗《こう》争《そう》。政《せい》争《そう》。戦《せん》争《そう》。争《そう》議《ぎ》。争《そう》奪《だつ》。争《そう》点《てん》。争《そう》乱《らん》。闘《とう》争《そう》。紛《ふん》争《そう》。論《ろん》争《そう》。

以

人 ひと　5画

以

オン　イ

くん　―

つかいかた

けんか以《い》来《らい》話《はな》さない。
お茶《ちゃ》以《い》外《がい》の飲《の》み物《もの》。
私《わたし》の発表《はっぴょう》は以《い》上《じょう》です。
五歳《ごさい》以《い》下《か》無料《むりょう》。

「五歳以下《ごさいいか》」は、五歳《ごさい》をふくめてそれより下《した》の年齢《ねんれい》のことだよ。

いみ・ことば

❶それより…である。
以《い》遠《えん》。以《い》下《か》。以《い》外《がい》。以《い》後《ご》。以《い》降《こう》。以《い》上《じょう》。以《い》西《せい》。以《い》前《ぜん》。以《い》東《とう》。以《い》内《ない》。以《い》南《なん》。以《い》北《ほく》。以《い》来《らい》。
❷…を用《もち》いて。
以《い》心《しん》伝《でん》心《しん》。

「以《い》心《しん》伝《でん》心《しん》」とは、心《こころ》で心《こころ》を伝《つた》えること。言葉《ことば》で言《い》うのではなくて心《こころ》を伝《つた》えること。

不争以付令仲

付

亻 にんべん 5画

ノ イ 仁 付 付

オン フ

くん つける つく

つかいかた

付《つ》き合《あ》いをやめる。
足《あし》あとを付《つ》ける。
落《お》とし物《もの》に気《き》が付《つ》く。
被災地《ひさいち》に寄付《きふ》をする。

オンくんあそび
付録《ふろく》を付《つ》けて本《ほん》を売《う》る

「日付《ひづけ》」は、「日付《ひづ》け」とは書《か》かないよ。

いみ・ことば

❶つける。つく。
備《そな》え付《つ》け。添付《てんぷ》。名付《なづ》け。受《う》け付《つ》け。日付《ひづけ》。付加《ふか》。付記《ふき》。付近《ふきん》。付箋《ふせん》。付属《ふぞく》。付着《ふちゃく》。付録《ふろく》。

用件《ようけん》を受《う》けたり、取《と》り次《つ》ぎをしたりする場所《ばしょ》や係《かかり》の意味《いみ》のときは「受付《うけつけ》」と書《か》くよ。

❷あたえる。
寄付《きふ》。給付《きゅうふ》。交付《こうふ》。納付《のうふ》。

なりたち

付

亻(人《ひと》)と寸(手《て》を置《お》く)を合《あ》わせた字《じ》。

令

人 ひとやね 5画

ノ 人 𠆢 今 令

オン レイ

くん —

つかいかた

隊長《たいちょう》が号令《ごうれい》をかける。
政府《せいふ》が政令《せいれい》を出《だ》す。
上司《じょうし》の命令《めいれい》に従《したが》う。
社長《しゃちょう》のご令息《れいそく》。

いみ・ことば

❶言《い》いつけ。言《い》いつける。
号令《ごうれい》。司令《しれい》。指令《しれい》。辞令《じれい》。伝令《でんれい》。発令《はつれい》。命令《めいれい》。令状《れいじょう》。

❷決《き》まり。
禁令《きんれい》。政令《せいれい》。法令《ほうれい》。

❸相手《あいて》の家族《かぞく》などを敬《うやま》っていう言葉《ことば》。
令《れい》嬢《じょう》。令息《れいそく》。令夫人《れいふじん》。令名《れいめい》。

なりたち

令

亼(屋根《やね》)と卩(ひざまずく人《ひと》)を合《あ》わせた字《じ》。

仲

亻 にんべん 6画

ノ イ 亻 仆 仂 仲

オン (チュウ)

くん なか

つかいかた

仲《なか》のよい友達《ともだち》。
仲間《なかま》になる。
魚《さかな》の仲買人《なかがいにん》。
けんかの仲裁《ちゅうさい》をする。

いみ・ことば

❶人《ひと》と人《ひと》との間柄《あいだがら》。
仲介《ちゅうかい》。仲裁《ちゅうさい》。仲買《なかがい》。仲立《なかだ》ち。仲直《なかなお》り。仲間《なかま》。仲良《なかよ》し。

❷真《ま》ん中《なか》。
仲秋《ちゅうしゅう》。

とくべつなよみかた
仲人《なこうど》。

なりたち

仲

亻(人《ひと》)と中(なか)で、人《ひと》と人《ひと》との間柄《あいだがら》としての「なか」を表《あらわ》す。

亻 にんべん 6画

伝

オン デン
くん つたわる つたえる つたう

つかいかた
この町《まち》に伝《つた》わる昔話《むかしばなし》。情報《じょうほう》を伝《つた》える。図書室《としょしつ》で伝《でん》記《き》を読《よ》む。伝《でん》統《とう》を守《まも》る。

オンくんあそび
伝《でん》言《ごん》板《ばん》に書《か》いて伝《つた》える

いみ・ことば
❶つたわる。つたえる。☞ 遺《い》伝《でん》。駅《えき》伝《でん》。家《か》伝《でん》。宣《せん》伝《でん》。伝《でん》言《ごん》。伝《でん》言《ごん》板《ばん》。伝《でん》授《じゅ》。伝《でん》承《しょう》。伝《でん》説《せつ》。伝《でん》達《たつ》。伝《でん》統《とう》。伝《でん》票《ぴょう》。伝《でん》聞《ぶん》。
❷人《ひと》の一生《いっしょう》を記《しる》したもの。☞ 自《じ》伝《でん》。伝《でん》記《き》。
とくべつなよみかた 手《て》伝《つだ》う。伝《てん》馬《ま》船《せん》。

亻 にんべん 7画

位

オン イ
くん くらい

つかいかた
地《ち》図《ず》で位《い》置《ち》を調《しら》べる。十《じゅう》の位《くらい》をくり上《あ》げる。順《じゅん》位《い》が一《ひと》つ上《あ》がる。相《あい》手《て》より優《ゆう》位《い》に立《た》つ。

オンくんあそび
位《くらい》が上《あ》がり首《しゅ》位《い》になる

いみ・ことば
❶くらい。身分《みぶん》。程度《ていど》。☞ 学《がく》位《い》。皇《こう》位《い》。首《しゅ》位《い》。順《じゅん》位《い》。上《じょう》位《い》。即《そく》位《い》。地《ち》位《い》。品《ひん》位《い》。優《ゆう》位《い》。
❷場所《ばしょ》。方角《ほうがく》。☞ 位《い》置《ち》。水《すい》位《い》。方《ほう》位《い》。
❸数《かず》のくらい。規準《きじゅん》。☞ 位《くらい》取《ど》り。十《じゅう》の位《くらい》。単《たん》位《い》。

亻 にんべん 7画

低

オン テイ
くん ひくい ひくめる ひくまる

つかいかた
鳥《とり》が低《ひく》い空《そら》を飛《と》ぶ。声《こえ》を低《ひく》めて話《はな》す。気《き》温《おん》が低《てい》下《か》する。低《てい》学《がく》年《ねん》の面《めん》倒《どう》をみる。

オンくんあそび
背《せ》がまだ低《ひく》い低《てい》学《がく》年《ねん》

いみ・ことば
❶ひくい。ひくくする。ひくくなる。☞ 高《こう》低《てい》。最《さい》低《てい》。低《てい》音《おん》。低《てい》温《おん》。低《てい》下《か》。低《てい》学《がく》年《ねん》。低《てい》気《き》圧《あつ》。低《てい》級《きゅう》。低《てい》空《くう》。低《てい》血《けつ》圧《あつ》。低《てい》減《げん》。低《てい》次《じ》元《げん》。低《てい》姿《し》勢《せい》。低《てい》速《そく》。低《てい》俗《ぞく》。低《てい》調《ちょう》。低《てい》迷《めい》。

なりたち
低 氏 亻 氏は、下《した》につけた 一が「底《そこ》」を表《あらわ》す。氏に亻(人《ひと》)をつけて、「ひくい」を表《あらわ》す。

例

イ にんべん　8画

ノ 亻 仁 仃 仴 伢 例 例

オン　レイ
くん　たとえる

つかいかた

算数《さんすう》の例《れい》題《だい》を出《だ》す。自分《じぶん》を色《いろ》に例《たと》える。例《れい》外《がい》を認《みと》める。例《れい》年《ねん》どおり行《おこな》う。

オンくんあそび
例《たと》えをあげて例《れい》外《がい》示《しめ》す

なりたち

例　イ（人《ひと》）と列（並《なら》べる）で、同《おな》じような人《ひと》や物《もの》を並《なら》べる意《い》から、「たとえ」を表《あらわ》す。

いみ・ことば

❶れい。たとえる。見本《みほん》。実《じつ》例《れい》。例《たと》え話《ばなし》。比《ひ》例《れい》。用《よう》例《れい》。悪《あく》例《れい》。好《こう》例《れい》。例《れい》題《だい》。例《れい》文《ぶん》。例《れい》外《がい》。例《れい》示《じ》。

❷いつもの事柄《ことがら》。習《なら》わし。異《い》例《れい》。慣《かん》例《れい》。恒《こう》例《れい》。先《せん》例《れい》。前《ぜん》例《れい》。定《てい》例《れい》。例《れい》会《かい》。例《れい》年《ねん》。

信

イ にんべん　9画

ノ 亻 亻 亻 仁 仁 信 信 信

オン　シン
くん　—

つかいかた

自《じ》信《しん》をもって答《こた》える。友達《ともだち》を信《しん》じる。信《しん》号《ごう》が赤《あか》になる。仲間《なかま》の信《しん》頼《らい》に応《こた》える。

なりたち

信　イ（人《ひと》）と言（はっきりいう）で、「うそのないこと」「まこと」を表《あらわ》す。

いみ・ことば

❶しんじる。確《かく》信《しん》。自《じ》信《しん》。信《しん》仰《こう》。信《しん》条《じょう》。信《しん》心《じん》。信《しん》任《にん》。信《しん》念《ねん》。信《しん》用《よう》。信《しん》頼《らい》。迷《めい》信《しん》。

❷まこと。信《しん》義《ぎ》。背《はい》信《しん》。

❸知《し》らせ。便《たよ》り。音《おん》信《しん》。交《こう》信《しん》。受《じゅ》信《しん》。信《しん》号《ごう》。信《しん》書《しょ》。送《そう》信《しん》。通《つう》信《しん》。

便

イ にんべん　9画

ノ 亻 仁 仃 仃 佰 佰 便 便

オン　ベン　ビン
くん　たより

つかいかた

便《べん》利《り》な道《どう》具《ぐ》を使《つか》う。風《かぜ》の便《たよ》りに聞《き》く。交《こう》通《つう》の便《べん》がよい場《ば》所《しょ》。便《びん》箋《せん》に書《か》いた手《て》紙《がみ》。

オンくんあそび
便《たよ》りが届《とど》く郵《ゆう》便《びん》で

いみ・ことば

❶べんり。都合《つごう》がよい。簡《かん》便《べん》。便覧（びんらん べんらん）。不《ふ》便《べん》。便《べん》宜《ぎ》。便《べん》利《り》。

❷たより。手紙《てがみ》。運《はこ》ぶ方法《ほうほう》。航《こう》空《くう》便《びん》。宅《たく》配《はい》便《びん》。便《びん》乗《じょう》。便《びん》箋《せん》。船《ふな》便《びん》。郵《ゆう》便《びん》。

❸べん。小《しょう》便《べん》。大《だい》便《べん》。便《べん》器《き》。便《べん》所《じょ》。便《べん》秘《ぴ》。

「風《かぜ》の便《たよ》り」とは、どこからともなく伝《つた》わってくるうわさのこと。

候

イ にんべん

10画

オン コウ

くん （そうろう）

つかいかた

兄《あに》の家《いえ》に居《い》候《そうろう》する。

おだやかな気《き》候《こう》。

時《じ》候《こう》のあいさつ。

委《い》員《いん》に立《りっ》候《こう》補《ほ》する。

いみ・ことば

❶ようす。きざし。 気《き》候《こう》。時《じ》候《こう》。測《そっ》候《こう》所《じょ》。
兆《ちょう》候《こう》（徴《ちょう》候《こう》）。天《てん》候《こう》。

❷さぐる。 斥《せっ》候《こう》。

❸待《ま》つ。 候《こう》補《ほ》。立《りっ》候《こう》補《ほ》。

❹そうろう。丁寧《ていねい》な文末表現《ぶんまつひょうげん》。 候《そうろう》文《ぶん》。

借

イ にんべん

10画

オン シャク

くん かりる

つかいかた

部《へ》屋《や》を借《か》りる。

お金《かね》の貸《か》し借《か》り。

借《しゃっ》金《きん》を返《へん》済《さい》する。

お知《ち》恵《え》を拝《はい》借《しゃく》します。

オンくんあそび

借《か》りたあかしの借《しゃく》用《よう》証《しょう》

いみ・ことば

❶かりる。 貸《か》し借《か》り。仮《か》借《しゃく》。借《か》り入《い》れ。
借《か》り手《て》。借《か》り主《ぬし》。借《か》り物《もの》。借《しゃく》財《ざい》。借《しゃく》地《ち》。借《しゃく》
家《や》。借《しゃく》用《よう》。借《しゃっ》金《きん》。借《しゃっ》景《けい》。前《ぜん》借《しゃく》。租《そ》借《しゃく》。貸《たい》借《しゃく》。
拝《はい》借《しゃく》。前《まえ》借《が》り。
間《ま》借《が》り。

倉

入 ひとやね

10画

オン ソウ

くん くら

つかいかた

米《こめ》倉《ぐら》に米《こめ》を入《い》れる。

世《せ》界《かい》の穀《こく》倉《そう》地《ち》帯《たい》。

体《たい》育《いく》倉《そう》庫《こ》にしまう。

オンくんあそび

倉《くら》が並《なら》んだ倉《そう》庫《こ》街《がい》

なりたち

倉

（食料《しょくりょう》）と ㅂ（囲《かこ》い）で「くら」を表《あらわ》す。倉《くら》の建物《たてもの》の形《かたち》からとも。

いみ・ことば

❶くら。ものをしまっておく建物《たてもの》。 倉《くら》荷《に》。
穀《こく》倉《そう》地《ち》帯《たい》。米《こめ》倉《ぐら》。倉《そう》庫《こ》。船《ふな》倉《ぐら》（船《せん》倉《そう》）。

健
亻 にんべん　11画

オン　ケン
くん　（すこやか）

つかいかた
健康《けんこう》によい食《た》べ物《もの》。
両親《りょうしん》は健在《けんざい》です。
健全《けんぜん》な生活《せいかつ》を送《おく》る。
健《すこ》やかに成長《せいちょう》する。

オンくんあそび
健康体《けんこうたい》で健《すこ》やかに

いみ・ことば
❶すこやか。強《つよ》い。☞穏《おん》健《けん》。強《きょう》健《けん》。健《けん》脚《きゃく》。
健《けん》康《こう》。健《けん》在《ざい》。健《けん》勝《しょう》。健《けん》全《ぜん》。剛《ごう》健《けん》。壮《そう》健《けん》。保《ほ》
健《けん》。
❷よく。盛《さか》んに。☞健《けん》闘《とう》。健《けん》忘《ぼう》。

なりたち
健
亻(人《ひと》)と建(しっかりたてる)を合《あ》わせた字《じ》。

側
亻 にんべん　11画

オン　ソク
くん　がわ
「かわ」とも読《よ》むよ。

つかいかた
川《かわ》の向《む》こう側《がわ》へ行《い》く。
道《みち》の両側《りょうがわ》にある並木《なみき》。
大統領《だいとうりょう》の側近《そっきん》。
建物《たてもの》を側面《そくめん》から見《み》る。

オンくんあそび
右側《みぎがわ》からの側面図《そくめんず》

いみ・ことば
❶そば。わき。横《よこ》。☞縁《えん》側《がわ》。側《そく》転《てん》。側《そく》面《めん》。
側《そっ》近《きん》。側《そっ》溝《こう》。
❷がわ。ものの片方《かたほう》・片面《かためん》。☞内《うち》側《がわ》。片《かた》側《がわ》。
外《そと》側《がわ》。左《ひだり》側《がわ》。右《みぎ》側《がわ》。向《む》こう側《がわ》。両《りょう》側《がわ》。

停
亻 にんべん　11画

オン　テイ
くん　—

つかいかた
バスの停留所《ていりゅうじょ》。
一旦《いったん》停止《ていし》の標識《ひょうしき》。
梅雨前線《ばいうぜんせん》が停滞《ていたい》する。
停電《ていでん》に備《そな》える。

いみ・ことば
❶止《と》める。止《と》まる。やめさせる。☞調《ちょう》停《てい》。
停《てい》学《がく》。停《てい》止《し》。停《てい》車《しゃ》。停《てい》職《しょく》。停《てい》船《せん》。停《てい》戦《せん》。停《てい》
滞《たい》。停《てい》電《でん》。停《てい》年《ねん》。停《てい》泊《はく》。停《てい》留所《りゅうじょ》。

なりたち

☞停
亻(人《ひと》)と亭(宿《やど》)で、「とどまる」を表《あらわ》す。

働
イ にんべん 13画

オン ドウ
くん はたらく

つかいかた
会社《かいしゃ》で働《はたら》く。
悪知恵《わるぢえ》が働《はたら》く。
今《いま》が働《はたら》き盛《ざか》りだ。
日本《にほん》の労働《ろうどう》人口《じんこう》。

オンくんあそび
労働時間《ろうどうじかん》
決《き》めて働《はたら》く

いみ・ことば
❶はたらく。仕事《しごと》をする。 稼働《かどう》。下働《したばたら》き。
実働《じつどう》。共働《ともばたら》き。働《はたら》き盛《ざか》り。働《はたら》き手《て》。労働《ろうどう》。

なりたち
働
イ（人《ひと》）と動（うごく）で、「はたらく」を表《あらわ》す。日本《にほん》でできた漢字《かんじ》で、「国字《こくじ》」という。

億
イ にんべん 15画

オン オク
くん ―

つかいかた
億《おく》をこす財産《ざいさん》。
一億《いちおく》円《えん》をかせぐ。
一億《いちおく》人《にん》を超《こ》える人口《じんこう》。
億《おく》万長者《まんちょうじゃ》になる。

いみ・ことば
❶おく。万《まん》の一万倍《いちまんばい》。 一億《いちおく》。一億《いちおく》円《えん》。
一億人《いちおくにん》。一億年《いちおくねん》。
❷非常《ひじょう》に多《おお》いこと。 億兆《おくちょう》。億万《おくまん》。億万《おくまん》
長者《ちょうじゃ》。巨億《きょおく》。

兆
儿 ひとあし 6画

オン チョウ
くん （きざす）（きざし）

つかいかた
約百兆円《やくひゃくちょうえん》の国《くに》の予算《よさん》。
地震《じしん》の予兆《よちょう》。
回復《かいふく》の兆《きざ》しが見《み》える。

いみ・ことば
❶きざし。物事《ものごと》の前《まえ》ぶれ。 吉兆《きっちょう》。凶兆《きょうちょう》。
前兆《ぜんちょう》。兆候《ちょうこう》。予兆《よちょう》。
❷ちょう。億《おく》の一万倍《いちまんばい》。 一兆円《いっちょうえん》。百兆《ひゃくちょう》
円《えん》。

なりたち

兆
うらないに用《もち》いた、骨《ほね》やカメの甲《こう》のひびの形《かたち》から。

儿 ひとあし 7画

児

オン ジ（ニ）
くん —

つかいかた

育児《いくじ》を手伝《てつだ》う。
児童会《じどうかい》の会長《かいちょう》になる。
幼児用《ようじよう》の食器《しょっき》。
病院《びょういん》の小児科《しょうにか》。

いみ・ことば

❶子供《こども》。☞育児《いくじ》。園児《えんじ》。児童《じどう》。児童会《じどうかい》。児《じ》童文学《どうぶんがく》。小児《しょうに》。女児《じょじ》。男児《だんじ》。乳児《にゅうじ》。乳幼児《にゅうようじ》。幼児《ようじ》。

❷若者《わかもの》。☞球児《きゅうじ》。健児《けんじ》。風雲児《ふううんじ》。

とくべつなよみかた 鹿児島県《かごしまけん》。稚児《ちご》。

なりたち

☞児

幼児《ようじ》の髪形《かみがた》をした子供《こども》の立《た》ち姿《すがた》から。

八 はち 6画

共

オン キョウ
くん とも

つかいかた

公共《こうきょう》の広場《ひろば》で遊《あそ》ぶ。
行動《こうどう》を共《とも》にする。
主人公《しゅじんこう》に共感《きょうかん》する。
共通《きょうつう》の話題《わだい》を探《さが》す。

オンくんあそび
共《とも》に支《ささ》えて
共存共栄《きょうそんきょうえい》

いみ・ことば

❶ともに。いっしょに。☞共演《きょうえん》。共学《きょうがく》。共《きょう》感《かん》。共生《きょうせい》。共存（きょうそん きょうぞん）。共栄《きょうえい》。共通《きょうつう》。共同《きょうどう》。共犯《きょうはん》。共鳴《きょうめい》。共有《きょうゆう》。共用《きょうよう》。共和国《きょうわこく》。公共《こうきょう》。共《とも》稼《かせ》ぎ。共食《ともぐ》い。共倒《ともだお》れ。共々《ともども》（共共《ともども》）。共《とも》働《ばたら》き。

なりたち

☞共

廾（両手《りょうて》）で口（物《もの》）をささげ持《も》つ形《かたち》から。

八 はち 7画

兵

オン ヘイ（ヒョウ）
くん —

つかいかた

おもちゃの兵隊《へいたい》。
核兵器《かくへいき》をなくす。
陸軍《りくぐん》の兵士《へいし》。

いみ・ことば

❶へいたい。へいし。☞衛兵《えいへい》。閲兵《えっぺい》。挙兵《きょへい》。憲兵《けんぺい》。出兵《しゅっぺい》。将兵《しょうへい》。水兵《すいへい》。徴兵《ちょうへい》。敵兵《てきへい》。派《は》兵《へい》。番兵《ばんぺい》。伏兵《ふくへい》。兵役《へいえき》。兵士《へいし》。兵舎《へいしゃ》。兵卒《へいそつ》。兵隊《へいたい》。兵馬《へいば》。兵力《へいりょく》。歩兵《ほへい》。

❷戦争《せんそう》。☞兵火《へいか》。兵器《へいき》。兵法（へいほう ひょうほう）。

なりたち

☞兵

斤（おの）を廾（両手《りょうて》）で持《も》つ形《かたち》で、「兵《へい》」「兵器《へいき》」を表《あらわ》す。

刀 かたな　7画

初

丶 ラ ネ ネ ネ 初 初

オン　ショ

くん　はじめ　はじめて　はつ　(うい)　(そめる)

つかいかた

初雪《はつゆき》が観測《かんそく》される。
初《はじ》めての一人旅《ひとりたび》。
最初《さいしょ》からやり直《なお》す。
書《か》き初《ぞ》めを練習《れんしゅう》する。

オンくんあそび

せつない気持《きも》ち
初夏《しょか》の初恋《はつこい》

なりたち

☞ 初

(衣《ころも》)を作《つく》る際《さい》、はじめに布《ぬの》を(刀《かたな》)で切《き》ることから。

いみ・ことば

❶はじめ。物事《ものごと》のはじめ。☞書《か》き初《ぞ》め。最初《さいしょ》。初期《しょき》。初級《しょきゅう》。初春《しょしゅん》（はつはる）。初心《しょしん》。初代《しょだい》。初等《しょとう》。初日《しょにち》。初歩《しょほ》。当初《とうしょ》。

❷はじめての。☞初陣《ういじん》。初対面《しょたいめん》。初恋《はつこい》。初耳《はつみみ》。初詣《はつもうで》。初雪《はつゆき》。

冫 にすい　7画

冷

丶 冫 冫 冫 冷 冷 冷

オン　レイ

くん　つめたい　ひえる　ひや　ひやす　ひやかす　さめる　さます

つかいかた

冷《つめ》たい雪《ゆき》をさわる。
足《あし》が冷《ひ》える。
ご飯《はん》が冷《さ》める。
冷《れい》静《せい》に判断《はんだん》する。

オンくんあそび

冷《つめ》たく冷《ひ》やす
冷蔵庫《れいぞうこ》

なりたち

冷

冫で「氷《こおり》」を表《あらわ》し、令で清《きよ》く冷《つめ》たいの意《い》と音《おん》「レイ」を表《あらわ》す。

いみ・ことば

❶つめたい。ひえる。ひやす。☞寒冷《かんれい》。底冷《そこび》え。冷《ひ》や汗《あせ》。冷《ひ》や水《みず》。冷害《れいがい》。冷気《れいき》。冷却《れいきゃく》。冷蔵庫《れいぞうこ》。冷凍《れいとう》。冷房《れいぼう》。

❷心《こころ》がつめたい。落《お》ち着《つ》いている。☞冷血《れいけつ》。冷酷《れいこく》。冷笑《れいしょう》。冷静《れいせい》。冷淡《れいたん》。冷徹《れいてつ》。

八 はち　8画

典

典 口 巾 曲 曲 典 典 典

オン　テン

くん　—

つかいかた

氷《こおり》の祭典《さいてん》の展示《てんじ》。
式典《しきてん》に出席《しゅっせき》する。
百科事典《ひゃっかじてん》で調《しら》べる。
典型的《てんけいてき》な例《れい》を示《しめ》す。

なりたち

☞ 典

丌(机《つくえ》)の上《うえ》の冊(書物《しょもつ》)で、「大切《たいせつ》な書物《しょもつ》」を表《あらわ》す。

いみ・ことば

❶手本《てほん》。手本《てほん》となる書物《しょもつ》。☞教典《きょうてん》。経典（きょうてん）（けいてん）。原典《げんてん》。古典《こてん》。字典《じてん》。事典《じてん》。辞典《じてん》。出典《しゅってん》。聖典《せいてん》。典拠《てんきょ》。典型《てんけい》。仏典《ぶってん》。法典《ほうてん》。

❷儀式《ぎしき》。☞祭典《さいてん》。式典《しきてん》。

別

7画　刂 りっとう

口 号 另 別 別

オン　ベツ
くん　わか**れる**

つかいかた

別《わか》れ際《ぎわ》のあいさつ。
ごみの分《ぶん》**別**《べつ》収集《しゅうしゅう》。
雑誌《ざっし》の**別**《べっ》冊《さつ》付《ふ》録《ろく》。
特《とく》**別**《べつ》に許《きょ》可《か》をもらう。

オンくんあそび
送《そう》**別**《べつ》会《かい》で**別**《わか》れの言葉《ことば》

なりたち

☞別
冎(関節《かんせつ》)を刂(刀《かたな》)で切《き》りはなす意《い》から、「わかれる」を表《あらわ》す。

いみ・ことば

❶わかれる。くべつする。☞区《く》**別**《べつ》。差《さ》**別**《べつ》。識《しき》**別**《べつ》。死《し》**別**《べつ》。性《せい》**別**《べつ》。送《そう》**別**《べつ》。大《たい》**別**《べつ》。特《とく》**別**《べつ》。分**別**(ふんべつ ぶんべつ)。**別**《べっ》居《きょ》。
❷べつの。ほかの。異《こと》なる。☞**別**《べっ》格《かく》。**別**《べっ》冊《さつ》。**別**《べっ》紙《し》。**別**《べっ》室《しつ》。**別**《べつ》状《じょう》。**別**《べつ》人《じん》。**別**《べっ》世《せ》界《かい》。**別**《べっ》荘《そう》。

利

7画　刂 りっとう

千 禾 利 利

オン　リ
くん　(き**く**)

つかいかた

勝《しょう》**利**《り》の金《きん》メダル。
便《べん》**利**《り》な道《どう》具《ぐ》。
バスを**利**《り》用《よう》する。
左《ひだり》**利**《き》きのボクサー。

なりたち

☞利
禾(稲《いね》)を刂(刀《かたな》)で切《き》ることから、「するどい」「役立《やくだ》つ」を表《あらわ》す。

いみ・ことば

❶するどい。☞鋭《えい》**利**《り》。**利**《り》口《こう》。**利**《り》発《はつ》。
❷りえき。役立《やくだ》つ。☞営《えい》**利**《り》。金《きん》**利**《り》。権《けん》**利**《り》。勝《しょう》**利**《り》。左《ひだり》**利**《き》き。便《べん》**利**《り》。有《ゆう》**利**《り》。**利**《り》益《えき》。**利**《り》害《がい》。**利**《り》己《こ》的《てき》。**利**《り》子《し》。**利**《り》息《そく》。**利**《り》点《てん》。**利**《り》用《よう》。

とくべつなよみかた　砂**利**《じゃり》。

刷

8画　刂 りっとう

尸 吊 吊 刷 刷

オン　サツ
くん　す**る**

つかいかた

ちらしを大量《たいりょう》に**刷**《す》る。
多《た》色《しょく》**刷**《ず》りの版《はん》画《が》。
学《がっ》級《きゅう》文《ぶん》集《しゅう》を印《いん》**刷**《さつ》する。
政《せい》治《じ》の**刷**《さっ》新《しん》をはかる。

オンくんあそび
色《いろ》**刷**《ず》りできる印《いん》**刷**《さつ》機《き》

いみ・ことば

❶する。印刷《いんさつ》する。☞色《いろ》**刷**《ず》り。印《いん》**刷**《さつ》。**刷**《す》り物《もの》。増《ぞう》**刷**《さつ》。多《た》色《しょく》**刷**《ず》り。手《て》**刷**《ず》り。
❷清《きよ》める。☞**刷**《さっ》新《しん》。

副

リ りっとう　11画

オン　フク

くん　―

つかいかた

副《ふく》業《ぎょう》で収入《しゅうにゅう》を得《え》る。
副《ふく》キャプテンになる。
薬《くすり》の副《ふく》作用《さよう》。
道徳《どうとく》の副《ふく》読本《どくほん》を読《よ》む。

いみ・ことば

❶主《おも》なものにそえて補《おぎな》う。ともなって加《くわ》わる。☞ 副《ふく》委員長《いいんちょう》。副《ふく》業《ぎょう》。副《ふく》作用《さよう》。副《ふく》産物《さんぶつ》。副《ふく》詞《し》。副《ふく》社長《しゃちょう》。副《ふく》収入《しゅうにゅう》。副《ふく》将《しょう》。副《ふく》賞《しょう》。副《ふく》食《しょく》。副《ふく》審《しん》。副《ふく》題《だい》。副《ふく》知事《ちじ》。副《ふく》読本《どくほん》。副《ふく》都心《としん》。

加

力 ちから　5画

オン　カ

くん　くわえる　くわわる

つかいかた

調味料《ちょうみりょう》を加《くわ》える。
チームに加《くわ》わる。
原料《げんりょう》を加《か》工《こう》する。
ゲームに参《さん》加《か》する。

オンくんあそび
増《ふ》えて加《くわ》わり
増《ぞう》加《か》する

いみ・ことば

❶くわえる。くわわる。☞ 加《か》害者《がいしゃ》。加《か》減《げん》。加《か》減乗除《げんじょうじょ》。加《か》工《こう》。加《か》算《さん》。加《か》勢《せい》。加《か》速《そく》。加《か》担《たん》。加《か》入《にゅう》。加《か》熱《ねつ》。加《か》筆《ひつ》。加《か》味《み》。加《か》盟《めい》。参《さん》加《か》。増《ぞう》加《か》。追《つい》加《か》。添《てん》加《か》。倍《ばい》加《か》。付《ふ》加《か》価値《かち》。

「加《か》減乗除《げんじょうじょ》」とは、加法《かほう》（たし算《ざん》）、減法《げんぽう》（ひき算《ざん》）、乗法《じょうほう》（かけ算《ざん》）、除法《じょほう》（わり算《ざん》）の、四《よっ》つの計算方法《けいさんほうほう》。

功

力 ちから　5画

オン　コウ　（ク）

くん　―

つかいかた

仕事《しごと》で成《せい》功《こう》する。
後世《こうせい》に残《のこ》る功《こう》績《せき》。
功《く》徳《どく》をほどこす。

いみ・ことば

❶てがら。☞ 勲功《くんこう》。功罪《こうざい》。功績《こうせき》。功名《こうみょう》。功利《こうり》。功労者《こうろうしゃ》。成功《せいこう》。年功《ねんこう》。
❷ききめ。☞ 奏功《そうこう》。
❸よい行《おこな》い。☞ 功徳《くどく》。

なりたち

功　工（たくみ・わざ）と力（ちから）で、「てがら」「ききめ」を表《あらわ》す。

力 ちから

7画

努

く 女 女 奴 奴 努 努

オン ド

くん つと**める**

つかいかた

強《つよ》くなる**努**力《どりょく》をする。目標達成《もくひょうたっせい》に**努**《つと》める。節水《せっすい》に**努**《つと》める。

オンくんあそび

勉学《べんがく》に**努**《つと》めた人《ひと》に**努**力賞《どりょくしょう》

いみ・ことば

❶つとめる。力《ちから》をつくす。

努力《どりょく》。

なりたち

努

奴（どれい）と力（ちから）で、「力《ちから》をつくす」「つとめる」を表《あらわ》す。

力 ちから

7画

労

、 ⺍ ⺍ ⺍ 冖 学 労

オン ロウ

くん ―

つかいかた

汗水《あせみず》たらし苦**労**《くろう》する。**労**力《ろうりょく》をつぎこむ。功**労**《こうろう》を認《みと》める。疲**労**《ひろう》して元気《げんき》がない。

なりたち

𤇾

勞 ☞ 労

𤇾（かがり火《び》）と 力（力《ちから》）で、力《ちから》を燃《も》やす意《い》から、「精《せい》を出《だ》して働《はたら》く」を表《あらわ》す。

いみ・ことば

❶精《せい》を出《だ》して働《はたら》く。☞

勤**労**《きんろう》。苦**労**《くろう》。功**労**《こうろう》。就**労**《しゅうろう》。徒**労**《とろう》。**労**役《ろうえき》。**労**災《ろうさい》。**労**作《ろうさく》。**労**使《ろうし》。**労**賃《ろうちん》。**労**働《ろうどう》。**労**務《ろうむ》。**労**力《ろうりょく》。

❷つかれ。☞

過**労**《かろう》。心**労**《しんろう》。疲**労**《ひろう》。

力 ちから

9画

勇

マ マ 丙 丙 甬 甬 甬 勇 勇

オン ユウ

くん いさ**む**

つかいかた

勇敢《ゆうかん》に戦《たたか》った戦士《せんし》。**勇**《いさ》ましく立《た》ち向《む》かう。武**勇**伝《ぶゆうでん》を語《かた》る。**勇**気《ゆうき》のある行動《こうどう》。

オンくんあそび

勇気《ゆうき》を出《だ》して**勇**《いさ》ましく

いみ・ことば

❶いさましい。心《こころ》が奮《ふる》い立《た》つ。☞

勇《いさ》み足《あし》。**勇**士《ゆうし》。蛮**勇**《ばんゆう》。武**勇**《ぶゆう》。武**勇**伝《ぶゆうでん》。**勇**敢《ゆうかん》。**勇**気《ゆうき》。**勇**姿《ゆうし》。**勇**者《ゆうしゃ》。**勇**壮《ゆうそう》。**勇**断《ゆうだん》。**勇**猛《ゆうもう》。**勇**躍《ゆうやく》。

なりたち

勇

甬（わき出《で》る）と 力（ちから）で、「いさましい」を表《あらわ》す。

包

勹 つつみがまえ　5画

オン　ホウ
くん　つつむ

つかいかた
小包《こづつみ》が届《とど》く。
プレゼントを包《つつ》む。
足《あし》に包《ほう》帯《たい》を巻《ま》く。
見《み》事《ごと》な包《ほう》丁《ちょう》さばき。

オンくんあそび
きれいに包《ほう》装《そう》
包《つつ》み紙《がみ》

なりたち

包
母《はは》親《おや》の腹《はら》の中《なか》に、赤《あか》子《ご》が包《つつ》まれるように入《はい》っている形《かたち》から。

いみ・ことば
❶つつむ。包《つつ》み紙《がみ》。包《ほう》装《そう》。包《ほう》装《そう》紙《し》。包《ほう》囲《い》。小包《こづつみ》。包《ほう》括《かつ》。包《ほう》帯《たい》。包《ほう》容《よう》力《りょく》。

「小包《こづつみ》」は「小包《こづつ》み」とは書《か》かないよ。

協

十 じゅう　8画

オン　キョウ
くん　―

つかいかた
荷《に》物《もつ》を協《きょう》力《りょく》して運《はこ》ぶ。
協《きょう》調《ちょう》性《せい》のある人《ひと》。
他《た》国《こく》と協《きょう》定《てい》を結《むす》ぶ。
安《あん》易《い》な妥《だ》協《きょう》はしない。

いみ・ことば
❶力《ちから》を合《あ》わせる。協《きょう》会《かい》。協《きょう》議《ぎ》。協《きょう》賛《さん》。協《きょう》奏《そう》曲《きょく》。協《きょう》調《ちょう》。協《きょう》定《てい》。協《きょう》同《どう》。協《きょう》約《やく》。協《きょう》力《りょく》。妥《だ》協《きょう》。

卒

十 じゅう　8画

オン　ソツ
くん　―

つかいかた
卒《そつ》園《えん》の記《き》念《ねん》写《しゃ》真《しん》。
小《しょう》学《がっ》校《こう》の卒《そつ》業《ぎょう》式《しき》。
知《し》らせに卒《そっ》倒《とう》する。

いみ・ことば
❶終《お》える。高《こう》卒《そつ》。新《しん》卒《そつ》。卒《そつ》園《えん》。卒《そつ》業《ぎょう》。卒《そつ》論《ろん》。大《だい》卒《そつ》。中《ちゅう》卒《そつ》。
❷急《きゅう》に。卒《そっ》中《ちゅう》。卒《そっ》倒《とう》。脳《のう》卒《そっ》中《ちゅう》。
❸位《くらい》の低《ひく》い兵《へい》士《し》。一《いっ》兵《ぺい》卒《そつ》。従《じゅう》卒《そつ》。兵《へい》卒《そつ》。

「卒《そつ》寿《じゅ》」とは九《きゅう》十《じっ》歳《さい》のこと。また、そのお祝《いわ》いのこと。【卒】を略《りゃく》した字《じ》の【卆】が、「九《きゅう》十《じゅう》」に似《に》ていることから。

博

十 じゅう　12画

オン　ハク（バク）
くん　―

つかいかた
博《はく》学《がく》な人《ひと》。
先《せん》生《せい》は博《はく》識《しき》だ。
博《はく》物《ぶつ》館《かん》を見《けん》学《がく》する。
昆《こん》虫《ちゅう》博《は》士《かせ》とよばれる。

なりたち

☞ 博
十（集《あつ》まる）と尃（田《た》になえを広《ひろ》く植《う》える）で、「ひろい」を表《あらわ》す。

いみ・ことば
❶広《ひろ》い。広《ひろ》める。☞ 博《はく》愛《あい》。博《はく》学《がく》。博《はく》士《し》。博《はく》識《しき》。博《はく》物《ぶつ》館《かん》。博《はく》覧《らん》会《かい》。

とくべつなよみかた
博士《はかせ》。

印

卩 ふしづくり　6画

オン　イン
くん　しるし

つかいかた
印《いん》鑑《かん》の必《ひつ》要《よう》な書《しょ》類《るい》。
矢《や》印《じるし》の方《ほう》向《こう》に進《すす》む。
新《しん》聞《ぶん》を印《いん》刷《さつ》する。
印《いん》象《しょう》に残《のこ》る作《さく》品《ひん》。

オンくんあそび
目《め》印《じるし》は　印《いん》象《しょう》的《てき》な　ものがいい

いみ・ことば
❶しるし。しるしをつける。☞ 印《いん》刷《さつ》。印《いん》紙《し》。印《いん》象《しょう》。印《いん》税《ぜい》。消《けし》印《いん》。目《め》印《じるし》。矢《や》印《じるし》。印《いん》鑑《かん》。印《いん》章《しょう》。押《おう》印《いん》。検《けん》印《いん》。実《じつ》印《いん》。
❷はんこ。☞ 調《ちょう》印《いん》。捺《なつ》印《いん》。封《ふう》印《いん》。

参

ム む　8画

オン　サン
くん　まいる

つかいかた
参《さん》考《こう》書《しょ》を買《か》う。
神《じん》社《じゃ》にお参《まい》りする。
敵《てき》に降《こう》参《さん》する。
授《じゅ》業《ぎょう》参《さん》観《かん》の日《ひ》。

オンくんあそび
お花《はな》持《じ》参《さん》で　墓《はか》参《まい》り

いみ・ことば
❶加《くわ》わる。☞ 参《さん》加《か》。参《さん》画《かく》。参《さん》観《かん》。参《さん》戦《せん》。参《さん》入《にゅう》。参《さん》列《れつ》。
❷比《くら》べる。調《しら》べる。☞ 参《さん》考《こう》。参《さん》照《しょう》。
❸おまいりする。目《め》上《うえ》の人《ひと》の所《ところ》に行《い》く。☞ 参《さん》上《じょう》。参《さん》道《どう》。参《さん》拝《ぱい》。持《じ》参《さん》。墓《はか》参《まい》り。墓《ぼ》参《さん》。
❹金《きん》額《がく》などを記《しる》す際《さい》に「三《さん》」の代《か》わりに使《つか》う。☞ 参《さん》千《ぜん》円《えん》。

口 くち　5画

史

オン　シ
くん　―

つかいかた
日本史《にほんし》を学《まな》ぶ。
史上最強《しじょうさいきょう》のチーム。
史跡《しせき》を訪《たず》ねる。
歴史上《れきしじょう》の人物《じんぶつ》。

なりたち

史　（記録《きろく》した物《もの》）と（手《て》）を合《あ》わせた字《じ》。

いみ・ことば
❶できごとの記録《きろく》。れきし。史《し》。史学《しがく》。史実《しじつ》。史書《ししょ》。史上《しじょう》。国史《こくし》。古代《こだい》史料《しりょう》。世界史《せかいし》。通史《つうし》。日本史《にほんし》。有史《ゆうし》。歴史《れきし》。
❷女性《じょせい》を敬《うやま》っていう言葉《ことば》。女史《じょし》。

口 くち　5画

司

オン　シ
くん　―

つかいかた
図書館《としょかん》の司書《ししょ》。
学級会《がっきゅうかい》で司会《しかい》をする。
行司《ぎょうじ》の軍配《ぐんばい》。
上司《じょうし》に報告《ほうこく》する。

なりたち

司　（旗《はた》）と（いのりの言葉《ことば》を唱《とな》える口《くち》）で、「つかさどる」を表《あらわ》す。

いみ・ことば
❶つかさどる。取《と》り仕切《しき》る。取《と》り仕切《しき》る役《やく》。行司《ぎょうじ》。宮司《ぐうじ》。司会《しかい》。司祭《しさい》。司書《ししょ》。司法《しほう》。上司《じょうし》。司令《しれい》。司令官《しれいかん》。司令塔《しれいとう》。

口 くち　6画

各

オン　カク
くん　（おのおの）

つかいかた
弁当《べんとう》は各自用意《かくじようい》する。
各人各様《かくじんかくよう》の意見《いけん》。
全国各地《ぜんこくかくち》の天気予報《てんきよほう》。
世界各国《せかいかっこく》の名産品《めいさんひん》。

いみ・ことば
❶おのおの。それぞれ。各位《かくい》。各員《かくいん》。各自《かくじ》。各種《かくしゅ》。各所《かくしょ》。各人《かくじん》。各人各様《かくじんかくよう》。各地《かくち》。各派《かくは》。各様《かくよう》。各論《かくろん》。各界（かっかい）（かくかい）。各個《かっこ》。各国《かっこく》。

「各人各様《かくじんかくよう》」とは、人《ひと》によってそれぞれちがうということ。

4年

史 司 各 告 周 唱

告

口 くち　7画

オン　コク
くん　つ**げる**

つかいかた
思《おも》いを告《つ》げる。
なやみを告白《こくはく》する。
先生《せんせい》に報告《ほうこく》する。
雑誌《ざっし》の次号予告《じごうよこく》。

オンくんあそび
事実《じじつ》を告《つ》げる
告白状《こくはくじょう》

なりたち

告 ☞ 告
𠀤（牛《うし》）と ㅂ（口《くち》）を合《あ》わせた字《じ》。牛《うし》をささげて神《かみ》に「つげる」ことから。

いみ・ことば
❶つげる。知《し》らせる。☞ 警告《けいこく》。広告《こうこく》。告示《こくじ》。告知《こくち》。告白《こくはく》。告別式《こくべつしき》。申告《しんこく》。宣告《せんこく》。忠告《ちゅうこく》。通告《つうこく》。告《つ》げ口《ぐち》。布告《ふこく》。報告《ほうこく》。密告《みっこく》。予告《よこく》。
❷うったえる。☞ 原告《げんこく》。告訴《こくそ》。告発《こくはつ》。上告《じょうこく》。被告《ひこく》。

周

口 くち　8画

オン　シュウ
くん　まわ**り**

つかいかた
日本一周《にほんいっしゅう》の旅《たび》に出《で》る。
周《まわ》りの人《ひと》に合《あ》わせる。
開店五周年《かいてんごしゅうねん》を祝《いわ》う。
学校周辺《がっこうしゅうへん》の地図《ちず》。

オンくんあそび
池《いけ》の周《まわ》りを
ぐるり一周《いっしゅう》

なりたち

☞ 周
田（田《た》になえがゆきわたる）と ㅂ（囲《かこ》い）で、「まわり」を表《あらわ》す。

いみ・ことば
❶まわり。まわる。めぐる。☞ 一周《いっしゅう》。円周《えんしゅう》。外周《がいしゅう》。五周年《ごしゅうねん》。周囲《しゅうい》。周回《しゅうかい》。周期《しゅうき》。周航《しゅうこう》。周波数《しゅうはすう》。周辺《しゅうへん》。周遊《しゅうゆう》。
❷すみずみまでいきわたる。☞ 周知《しゅうち》。周到《しゅうとう》。

唱

口 くちへん　11画

オン　ショウ
くん　とな**える**

つかいかた
新《あたら》しい説《せつ》を唱《とな》える。
九九《くく》を暗唱《あんしょう》する。
合唱《がっしょう》を楽《たの》しむ。
校歌《こうか》を斉唱《せいしょう》する。

オンくんあそび
万歳《ばんざい》を三回《さんかい》唱《とな》え
万歳三唱《ばんざいさんしょう》

いみ・ことば
❶うたう。☞ 愛唱歌《あいしょうか》。歌唱力《かしょうりょく》。合唱《がっしょう》。唱歌《しょうか》。斉唱《せいしょう》。独唱《どくしょう》。二重唱《にじゅうしょう》。熱唱《ねっしょう》。輪唱《りんしょう》。
❷となえる。☞ 暗唱《あんしょう》。主唱《しゅしょう》。唱和《しょうわ》。提唱《ていしょう》。復唱《ふくしょう》。

口 くち　12画

喜

オン　キ
くん　よろこぶ

つかいかた
喜《よろこ》んで引《ひ》き受《う》ける。
優勝《ゆうしょう》して大喜《おおよろこ》びする。
喜《き》怒《ど》哀《あい》楽《らく》の激《はげ》しい人《ひと》。

オンくんあそび
喜《よろこ》びは　歓喜《かんき》のなみだ　流《なが》すほど

いみ・ことば
❶よろこぶ。よろこび。☞喜《き》劇《げき》。喜《き》色《しょく》満《まん》面《めん》。喜《き》怒《ど》哀《あい》楽《らく》。一《いっ》喜《き》一《いち》憂《ゆう》。歓《かん》喜《き》。狂《きょう》喜《き》。驚《きょう》喜《き》。悲《ひ》喜《き》。

口 くち　15画

器

オン　キ
くん　（うつわ）

つかいかた
調理《ちょうり》器《き》具《ぐ》をそろえる。
大器《たいき》晩成《ばんせい》型《がた》の人物《じんぶつ》。
手先《てさき》の器《き》用《よう》な人《ひと》。
きれいな器《うつわ》を買《か》う。

いみ・ことば
❶入《い》れ物《もの》。☞食《しょっ》器《き》。陶《とう》器《き》。土《ど》器《き》。容《よう》器《き》。
❷道《どう》具《ぐ》。☞楽《がっ》器《き》。器《き》楽《がく》。器《き》具《ぐ》。計《けい》器《き》。消《しょう》火《か》器《き》。石《せっ》器《き》。武《ぶ》器《き》。兵《へい》器《き》。
❸才《さい》能《のう》。☞器《き》用《よう》。器《き》量《りょう》。大《たい》器《き》。
❹内《ない》臓《ぞう》。☞器《き》官《かん》。消《しょう》化《か》器《き》。臓《ぞう》器《き》。

口 くにがまえ　7画

囲

オン　イ
くん　かこむ　かこう

つかいかた
数字《すうじ》を丸《まる》で囲《かこ》む。
空《あ》き地《ち》をへいで囲《かこ》う。
広範囲《こうはんい》で雪《ゆき》が降《ふ》った。
敵《てき》に包囲《ほうい》される。

オンくんあそび
周囲《しゅうい》を囲《かこ》む　花《はな》の列《れつ》

いみ・ことば
❶かこむ。かこう。まわり。☞囲《い》碁《ご》。胸《きょう》囲《い》。広範《こうはん》囲《い》。周《しゅう》囲《い》。範《はん》囲《い》。包《ほう》囲《い》。

喜 器 囲 固 型 堂

固

口 くにがまえ　8画

オン　コ
くん　かた**める**　かた**まる**　かた**い**

つかいかた
寒天《かんてん》を冷《ひ》やし固《かた》める。
今後《こんご》の方針《ほうしん》が固《かた》まる。
固《かた》い握手《あくしゅ》を交《か》わす。
頑固《がんこ》な人《ひと》を説得《せっとく》する。

オンくんあそび
固《こ》体《たい》の固《かた》さ比《くら》べよう

いみ・ことば
❶かためる。かたまる。かたい。 頑固《がんこ》。強固《きょうこ》。固形《こけい》。固持《こじ》。固体《こたい》。固着《こちゃく》。確固《かっこ》。固定《こてい》。断固《だんこ》。
❷もともと。 固有《こゆう》。
とくべつなよみかた　固唾《かたず》。

「固有名詞《こゆうめいし》」とは、普通名詞《ふつうめいし》とはちがって、人名《じんめい》や地名《ちめい》などのそのもの特有《とくゆう》の名前《なまえ》のこと。

型

土 つち　9画

オン　ケイ
くん　かた

つかいかた
菓子《かし》を型《かた》から出《だ》す。
血液型《けつえきがた》を調《しら》べる。
典型的《てんけいてき》な例《れい》をあげる。
船《ふね》の模型《もけい》をかざる。

オンくんあそび
新型《しんがた》の模型《もけい》を作《つく》る

いみ・ことば
❶かた。形《かたち》や様式《ようしき》。 鋳型《いがた》。大型《おおがた》。型紙《かたがみ》。型破《かたやぶ》り。血液型《けつえきがた》。小型《こがた》。新型《しんがた》。体型《たいけい》。定型《ていけい》。典型《てんけい》。ひな型《がた》。模型《もけい》。類型《るいけい》。

堂

土 つち　11画

オン　ドウ
くん　—

つかいかた
寺《てら》のお堂《どう》にある像《ぞう》。
国会議事堂《こっかいぎじどう》の見学《けんがく》。
学校《がっこう》の食堂《しょくどう》に行《い》く。
初出場《はつしゅつじょう》で堂々《どうどう》と戦《たたか》う。

いみ・ことば
❶神《かみ》や仏《ほとけ》をまつる建物《たてもの》。 金堂《こんどう》。聖堂《せいどう》。本《ほん》堂《どう》。礼拝堂《れいはいどう》。
❷多《おお》くの人《ひと》が集《あつ》まる建物《たてもの》。 公会堂《こうかいどう》。講堂《こうどう》。国会議事堂《こっかいぎじどう》。食堂《しょくどう》。殿堂《でんどう》。
❸りっぱなようす。 堂々《どうどう》（堂堂《どうどう》）。

なりたち
堂
尚（高《たか》い）と 土（つち）で、高《たか》い土台《どだい》の上《うえ》に建《た》てた大《おお》きな建物《たてもの》を表《あらわ》す。

塩

土 つちへん　13画

オン　エン
くん　しお

つかいかた

魚《さかな》に塩《しお》をかけて焼《や》く。
塩《しお》からい食《た》べ物《もの》。
海水《かいすい》には塩分《えんぶん》がある。
食塩《しょくえん》を水《みず》に溶《と》かす。

オンくんあそび
食塩《しょくえん》で　塩漬《しおづ》けにして　保存《ほぞん》する

いみ・ことば

❶しお。
塩害《えんがい》。塩田《えんでん》。塩分《えんぶん》。岩塩《がんえん》。塩味《しおあじ》。塩気《しおけ》。塩漬《しおづ》け。塩水（しおみず えんすい）。食塩《しょくえん》。製塩《せいえん》。

❷「塩素《えんそ》」のこと。
塩化《えんか》ナトリウム。塩化《えんか》物《ぶつ》。塩酸《えんさん》。

士

士 さむらい　3画

オン　シ
くん　―

つかいかた

紳士《しんし》のふるまい。
夢《ゆめ》は宇宙飛行士《うちゅうひこうし》だ。
兵士《へいし》の士気《しき》を高《たか》める。
物知《ものし》り博士《はかせ》に聞《き》く。

いみ・ことば

❶戦《たたか》う人《ひと》。
士気《しき》。士農工商《しのうこうしょう》。戦士《せんし》。武士《ぶし》。兵士《へいし》。勇士《ゆうし》。

❷専門《せんもん》の人《ひと》。
宇宙飛行士《うちゅうひこうし》。運転士《うんてんし》。栄《えい》養士《ようし》。代議士《だいぎし》。博士《はくし》。弁護士《べんごし》。力士《りきし》。

❸男《おとこ》。人《ひと》。
紳士《しんし》。名士《めいし》。

とくべつなよみかた
海士《あま》。居士《こじ》。博士《はかせ》。

変

夂 なつあし　9画

オン　ヘン
くん　かわる　かえる

つかいかた

大変《たいへん》な事態《じたい》になった。
紅葉《こうよう》し季節《きせつ》が変《か》わる。
人生《じんせい》を変《か》える一冊《いっさつ》。
気温《きおん》の変化《へんか》を調《しら》べる。

オンくんあそび
洋服《ようふく》変《か》えて　変装《へんそう》し

いみ・ことば

❶かわる。かえる。
変《か》わり目《め》。急変《きゅうへん》。大《たい》変《へん》。変異《へんい》。変化《へんか》。変革《へんかく》。変形《へんけい》。変更《へんこう》。変質《へんしつ》。変色《へんしょく》。変身《へんしん》。変装《へんそう》。変電所《へんでんしょ》。変動《へんどう》。

❷かわったこと。ふつうでない。
異変《いへん》。事変《じへん》。変死《へんし》。変人《へんじん》。変則《へんそく》。

例　「変《へん》」は、事件《じけん》、事故《じこ》などの意味《いみ》でも使《つか》われる。本能寺《ほんのうじ》の変《へん》。桜田門外《さくらだもんがい》の変《へん》。

塩 士 変 夫 失 好

夫

大 だい　4画

オン　フ（フウ）
くん　おっと

つかいかた
知人《ちじん》に夫《おっと》を紹介《しょうかい》する。農夫《のうふ》が畑《はたけ》を耕《たがや》す。夫婦《ふうふ》で家事《かじ》をする。

オンくんあそび
夫《おっと》と妻《つま》で仲《なか》よし夫妻《ふさい》

なりたち

夫　（人《ひと》）に一（冠《かんむり》の印《しるし》）をつけて、「成人男性《せいじんだんせい》」を表《あらわ》す。

いみ・ことば
❶おっと。☞夫婦《ふうふ》。夫妻《ふさい》。
❷成人男性《せいじんだんせい》。☞丈夫《じょうふ》。凡夫《ぼんぷ》。
❸仕事《しごと》をする人《ひと》。☞漁夫《ぎょふ》。工夫《こうふ》。水夫《すいふ》。農《のう》夫《ふ》。

失

大 だい　5画

オン　シツ
くん　うしなう

つかいかた
失敗《しっぱい》は成功《せいこう》のもと。ショックで気《き》を失《うしな》う。失礼《しつれい》なふるまい。財布《さいふ》を紛失《ふんしつ》する。

オンくんあそび
失言《しつげん》し仕事《しごと》失《うしな》う

なりたち

失　（手《て》）と（ぬけ落《お》ちる）で、「うしなう」を表《あらわ》す。

いみ・ことば
❶うしなう。☞失意《しつい》。失格《しっかく》。失業《しつぎょう》。失効《しっこう》。失職《しっしょく》。失神《しっしん》。失速《しっそく》。失望《しつぼう》。失恋《しつれん》。焼失《しょうしつ》。紛《ふん》失《しつ》。流失《りゅうしつ》。
❷しくじる。☞過失《かしつ》。失言《しつげん》。失策《しっさく》。失態《しったい》。失敗《しっぱい》。失礼《しつれい》。

好

女 おんなへん　6画

オン　コウ
くん　このむ　すく

つかいかた
私《わたし》は果物《くだもの》が好《す》きだ。友達《ともだち》と好《この》みが合《あ》う。好奇心《こうきしん》の旺盛《おうせい》な人《ひと》。友好《ゆうこう》を深《ふか》める。

オンくんあそび
みんなに好《この》まれ大好評《だいこうひょう》

なりたち

好　（女《おんな》）が（子《こ》）をだく形《かたち》から、「このむ」「すき」を表《あらわ》す。

いみ・ことば
❶このましい。すき。☞愛好《あいこう》。好意《こうい》。好奇《こうき》心《しん》。好人物《こうじんぶつ》。好調《こうちょう》。好都合《こうつごう》。好敵手《こうてきしゅ》。好転《こうてん》。好評《こうひょう》。好物《こうぶつ》。好《す》き嫌《きら》い。絶好《ぜっこう》。良好《りょうこう》。
❷したしい。☞友好《ゆうこう》。友好国《ゆうこうこく》。

子 こ

季

8画

一 二 千 禾 禾 季 季 季

オン キ

くん ―

つかいかた

四季《しき》の変化《へんか》を楽《たの》しむ。
俳句《はいく》の季語《きご》を調《しら》べる。
秋《あき》は紅葉《こうよう》の季節《きせつ》。
冬季《とうき》オリンピック。

いみ・ことば

❶きせつ。 季語《きご》。季節《きせつ》。雨季《うき》。乾季《かんき》。四季《しき》。春季《しゅんき》。夏季《かき》。秋季《しゅうき》。冬季《とうき》。

子 こへん

孫

10画

了 了 孑 孑 孖 孫 孫 孫 孫 孫

オン ソン

くん まご

つかいかた

久《ひさ》しぶりに孫《まご》と会《あ》う。
初孫《はつまご》が生《う》まれる。
子孫《しそん》に伝《つた》える。

オンくんあそび
子孫《しそん》繁栄《はんえい》
子《こ》も孫《まご》も

いみ・ことば

❶まご。 内孫《うちまご》。外孫《そとまご》。初孫（はつまご・ういまご）。孫弟子《まごでし》。孫娘《まごむすめ》。

❷血《ち》すじがつながる者《もの》。 子々孫々《ししそんそん》（子子孫孫《ししそんそん》）。子孫《しそん》。

なりたち

孫

子（こ）と系（つながる糸《いと》）で、子《こ》から子《こ》へとつながる意《い》から、「まご」「子孫《しそん》」を表《あらわ》す。

宀 うかんむり

完

7画

完 完 完 完 完 完 完

オン カン

くん ―

つかいかた

花輪《はなわ》が完成《かんせい》する。
マラソンを完走《かんそう》する。
病気《びょうき》が完治《かんち》する。
冷暖房《れいだんぼう》完備《かんび》の部屋《へや》。

いみ・ことば

❶欠《か》けたところがない。すっかり。全部《ぜんぶ》。 完《かん》結《けつ》。完熟《かんじゅく》。完勝《かんしょう》。完食《かんしょく》。完遂《かんすい》。完成《かんせい》。完全《かんぜん》。完走《かんそう》。完治《かんち》。完投《かんとう》。完敗《かんぱい》。完備《かんび》。完璧《かんぺき》。完了《かんりょう》。補完《ほかん》。未完《みかん》。

「完璧《かんぺき》」は、傷《きず》のない玉《たま》の意味《いみ》から、欠点《けってん》が一《ひと》つもないこと。【完璧】と書《か》くのはまちがいなので注意《ちゅうい》する。

官

うかんむり 8画

オン カン

くん

つかいかた

将来《しょうらい》の夢《ゆめ》は警察官《けいさつかん》だ。

首相官邸《しゅしょうかんてい》で取材《しゅざい》する。

さまざまな消化器官《しょうかきかん》。

自動車学校《じどうしゃがっこう》の教官《きょうかん》。

いみ・ことば

❶役所《やくしょ》。役人《やくにん》。役目《やくめ》。☞ 外交官《がいこうかん》。官舎《かんしゃ》。官職《かんしょく》。官製《かんせい》。官庁《かんちょう》。官邸《かんてい》。官報《かんぽう》。官僚《かんりょう》。教官《きょうかん》。警察官《けいさつかん》。検察官《けんさつかん》。裁判官《さいばんかん》。試験官《しけんかん》。長官《ちょうかん》。

❷体《からだ》の中《なか》でいろいろな働《はたら》きをする部分《ぶぶん》。☞ 器官《きかん》。

害

うかんむり 10画

オン ガイ

くん

つかいかた

人《ひと》の感情《かんじょう》を害《がい》する。

害虫《がいちゅう》を駆除《くじょ》する。

台風《たいふう》の被害《ひがい》を受《う》ける。

利害《りがい》が一致《いっち》する。

いみ・ことば

❶損《そこ》なう。傷《きず》つける。じゃまをする。災《わざわ》い。☞ 害悪《がいあく》。害虫《がいちゅう》。害鳥《がいちょう》。危害《きがい》。公害《こうがい》。災害《さいがい》。殺害《さつがい》。自害《じがい》。傷害《しょうがい》。障害《しょうがい》。侵害《しんがい》。水害《すいがい》。損害《そんがい》。迫害《はくがい》。被害《ひがい》。弊害《へいがい》。妨害《ぼうがい》。無害《むがい》。有害《ゆうがい》。利害《りがい》。

察

うかんむり 14画

オン サツ

くん

つかいかた

観察日記《かんさつにっき》をつける。

相手《あいて》の胸中《きょうちゅう》を察《さっ》する。

危険《きけん》を察知《さっち》する。

病院《びょういん》で診察《しんさつ》を受《う》ける。

いみ・ことば

❶よく見《み》る。調《しら》べる。☞ 観察《かんさつ》。警察《けいさつ》。検察《けんさつ》。考察《こうさつ》。査察《ささつ》。視察《しさつ》。診察《しんさつ》。偵察《ていさつ》。

❷おしはかる。☞ 察知《さっち》。推察《すいさつ》。洞察《どうさつ》。拝察《はいさつ》。明察《めいさつ》。

差

工 こう　10画

オン　サ
くん　さす

つかいかた

階段《かいだん》の段差《だんさ》が大《おお》きい。
八時間《はちじかん》の時差《じさ》がある。
こしに刀《かたな》を差《さ》す武士《ぶし》。

オンくんあそび　段差《だんさ》のところで手《て》を差《さ》しのべる

いみ・ことば

❶ちがい。　格差《かくさ》。誤差《ごさ》。個人差《こじんさ》。差異《さい》。差益《さえき》。差額《さがく》。差別《さべつ》。時差《じさ》。小差《しょうさ》。大差《たいさ》。段差《だんさ》。落差《らくさ》。
❷さす。　差《さ》し入《い》れ。状差《じょうさ》し。
❸ひき算《ざん》の答《こた》え。　九《きゅう》と五《ご》の差《さ》は四《よん》。

希

巾 はば　7画

オン　キ
くん　—

つかいかた

希少価値《きしょうかち》のある宝石《ほうせき》。
上空《じょうくう》は空気《くうき》が希薄《きはく》だ。
希望《きぼう》に満《み》ちた新学期《しんがっき》。
祖父《そふ》の古希《こき》を祝《いわ》う。

「古希《こき》」は、七十歳《ななじっさい》のことだよ。

いみ・ことば

❶まれ。めずらしい。　希少《きしょう》。希少価値《きしょうかち》。希代（きだい きたい）。古希《こき》。
❷願《ねが》う。　希求《ききゅう》。希望《きぼう》。
❸うすい。　希塩酸《きえんさん》。希釈《きしゃく》。希薄《きはく》。希硫酸《きりゅうさん》。

席

巾 はば　10画

オン　セキ
くん　—

つかいかた

自分《じぶん》の席《せき》に着《つ》く。
満員《まんいん》の客席《きゃくせき》。
首席《しゅせき》で卒業《そつぎょう》する。
会議《かいぎ》に出席《しゅっせき》する。

いみ・ことば

❶せき。場《ば》。　相席《あいせき》。議席《ぎせき》。客席《きゃくせき》。空席《くうせき》。欠席《けっせき》。座席《ざせき》。出席《しゅっせき》。上席《じょうせき》。席替《せきが》え。席順《せきじゅん》。席上《せきじょう》。退席《たいせき》。打席《だせき》。着席《ちゃくせき》。末席《まっせき》。列席《れっせき》。
❷地位《ちい》。順位《じゅんい》。　主席《しゅせき》。首席《しゅせき》。席次《せきじ》。
とくべつなよみかた　寄席《よせ》。

「寄席《よせ》」は、落語《らくご》や漫才《まんざい》・浪曲《ろうきょく》・講談《こうだん》などの演芸《えんげい》をする所《ところ》。

帯

巾 はば　10画

オン　タイ
くん　お《お》びる　おび

つかいかた
着物《きもの》の帯《おび》を結《むす》ぶ。
赤《あか》みを帯《お》びた空《そら》。
筆記具《ひっきぐ》を携帯《けいたい》する。
安全地帯《あんぜんちたい》を探《さが》す。

オンくんあそび
帯状《おびじょう》の安全地帯《あんぜんちたい》

いみ・ことば
❶おび。細長《ほそなが》い布《ぬの》。
帯《たい》。腹帯《はらおび》。包帯《ほうたい》。
帯留《おびど》め（帯止《おびど》め）。眼《がん》帯《たい》。
❷おびる。身《み》につける。
帯《たい》出《しゅつ》。帯電《たいでん》。帯刀《たいとう》。連帯《れんたい》。携帯《けいたい》。所帯《しょたい》。世《せ》帯《たい》。
❸ある範囲《はんい》。
時間帯《じかんたい》。地帯《ちたい》。熱帯《ねったい》。緑地帯《りょくちたい》。一帯《いったい》。温帯《おんたい》。火山帯《かざんたい》。寒帯《かんたい》。

底

广 まだれ　8画

オン　テイ
くん　そこ

つかいかた
底《そこ》がぬける。
底力《そこぢから》を見《み》せつける。
海底《かいてい》を泳《およ》ぐ魚《さかな》。
台形《だいけい》の底辺《ていへん》。

オンくんあそび
海底《かいてい》トンネル
海《うみ》の底《そこ》

いみ・ことば
❶そこ。物《もの》のいちばん下《した》。
海底《かいてい》。川底《かわぞこ》。
湖底《こてい》。根底《こんてい》。心底（しんそこ しんてい）。水底《すいてい》。底力《そこぢから》。底《そこ》
無《な》し。谷底《たにそこ》。地底《ちてい》。底辺《ていへん》。底面《ていめん》。底面積《ていめんせき》。
底流《ていりゅう》。徹底《てってい》。到底《とうてい》。船底（ふなぞこ せんてい）。
❷もとになるもの。
底本《ていほん》。

府

广 まだれ　8画

オン　フ
くん　―

つかいかた
京都府《きょうとふ》の府《ふ》知事《ちじ》。
新政府《しんせいふ》が誕生《たんじょう》する。
江戸幕府《えどばくふ》の成立《せいりつ》。

いみ・ことば
❶役所《やくしょ》。
政府《せいふ》。幕府《ばくふ》。
❷ふ。地方公共団体《ちほうこうきょうだんたい》の一《ひと》つ。
都道府県《とどうふけん》。
府《ふ》議会《ぎかい》。府《ふ》知事《ちじ》。府庁《ふちょう》。府民《ふみん》。府立《ふりつ》。
❸中心《ちゅうしん》となる所《ところ》。
学府《がくふ》。首府《しゅふ》。

彳 ぎょうにんべん

8画

径

オン ケイ

くん —

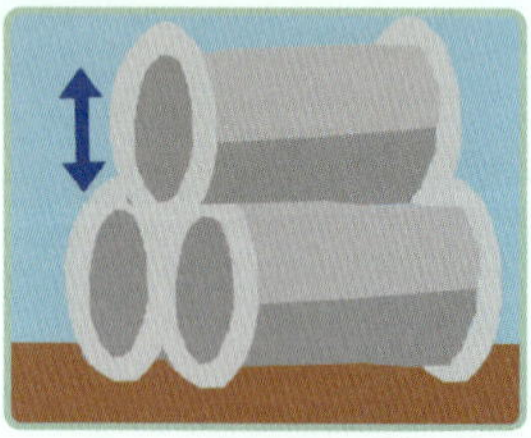

つかいかた

土管《どかん》の口径《こうけい》を調《しら》べる。

半径《はんけい》五《ご》センチの円《えん》。

直径《ちょっけい》は半径《はんけい》の二倍《にばい》だ。

いみ・ことば

❶こみち。 山径《さんけい》。小径《しょうけい》。

❷円《えん》や球《きゅう》の中心《ちゅうしん》を通《とお》る長《なが》さ。さしわたし。 口径《こうけい》。直径《ちょっけい》。半径《はんけい》。

廴 えんにょう

9画

建

オン ケン（コン）

くん たてる たつ

つかいかた

畑《はたけ》に小屋《こや》を建《た》てる。

世界一高《せかいいちたか》い建物《たてもの》。

会社《かいしゃ》を再建《さいけん》する。

お寺《てら》を建立《こんりゅう》する。

オンくんあそび

家《いえ》建《た》てる 建築士《けんちくし》 専門《せんもん》の人《ひと》

いみ・ことば

❶たてる。新《あたら》しくつくる。 建設的《けんせつてき》。創建《そうけん》。建具《たてぐ》。建物《たてもの》。建造《けんぞう》。建造物《けんぞうぶつ》。建築《けんちく》。建国《けんこく》。建立《こんりゅう》。建設《けんせつ》。再建《さいけん》。

❷意見《いけん》を申《もう》し述《の》べる。 建議《けんぎ》。建言《けんげん》。建白《けんぱく》。

「建具《たてぐ》」や「建物《たてもの》」は、「建《た》て具《ぐ》」「建《た》て物《もの》」とは書《か》かないよ。

なりたち

建

廴 聿（筆《ふで》を手《て》に持《も》って立《た》てる形《かたち》）と（のびる）で、「たてる」を表《あらわ》す。

广 まだれ

11画

康

オン コウ

くん —

つかいかた

健康《けんこう》な毎日《まいにち》を送《おく》る。

健康診断《けんこうしんだん》を受《う》ける。

病状《びょうじょう》は小康状態《しょうこうじょうたい》だ。

なりたち

康

廾（両手《りょうて》）で 干（きね）を持《も》つ形《かたち》と 米（米《こめ》）で、収穫量《しゅうかくりょう》が豊《ゆた》かで安心《あんしん》という意《い》から、「やすらか」を表《あらわ》す。

いみ・ことば

❶すこやか。 健康《けんこう》。

❷やすらか。 小康《しょうこう》。

徒

彳 ぎょうにんべん　10画

オン　ト
くん　—

つかいかた
会場《かいじょう》へ徒歩《とほ》で向《む》かう。
生徒《せいと》会長《かいちょう》になる。
徒競走《ときょうそう》で一位《いちい》になる。

いみ・ことば
❶歩《ある》き。 徒競走《きょうそう》。徒歩《とほ》。
❷弟子《でし》。仲間《なかま》。 学徒《がくと》。信徒《しんと》。生徒《せいと》。徒弟《とてい》。徒党《ととう》。暴徒《ぼうと》。
❸何《なに》も持《も》たない。 徒手体操《としゅたいそう》。
❹むだ。 徒食《としょく》。徒労《とろう》。

なりたち
徒
彳(行《い》く)と土(つち)と止(足《あし》)で、土《つち》に足《あし》をつけて行《い》く意《い》を表《あらわ》す。

得

彳 ぎょうにんべん　11画

オン　トク
くん　える　(うる)

つかいかた
得《とく》する人《ひと》と損《そん》する人《ひと》。
先生《せんせい》の許可《きょか》を得《え》る。
大量《たいりょう》の得点《とくてん》差《さ》がつく。
説明《せつめい》に納得《なっとく》する。

オンくんあそび
得《とく》意《い》な技《わざ》で点《てん》を得《え》る

なりたち
得
㝵(貝〔宝《たから》〕を寸〔手《て》に入《い》れる〕)と彳(行《い》く)を合《あ》わせた字《じ》。

いみ・ことば
❶手《て》に入《い》れる。自分《じぶん》のものにする。とくいな。利益《りえき》をえる。 得《え》手《て》。獲得《かくとく》。拾得《しゅうとく》。習得《しゅうとく》。取得《しゅとく》。所得《しょとく》。説得《せっとく》。損得《そんとく》。体得《たいとく》。得意《とくい》。得策《とくさく》。得失《とくしつ》。得点《とくてん》。得票《とくひょう》。納得《なっとく》。不得手《ふえて》。利得《りとく》。

単

⺍ つかんむり　9画

オン　タン
くん　—

つかいかた
簡単《かんたん》にできる作業《さぎょう》。
日本《にほん》のお金《かね》の単位《たんい》。
英単語《えいたんご》を覚《おぼ》える。
単純明快《たんじゅんめいかい》な性格《せいかく》。

いみ・ことば
❶一《ひと》つ。ひとまとまり。 単位《たんい》。単一《たんいつ》。単価《たんか》。単元《たんげん》。単語《たんご》。単行本《たんこうぼん》。単細胞《たんさいぼう》。単色《たんしょく》。単数《たんすう》。単線《たんせん》。単独《たんどく》。単発《たんぱつ》。単品《たんぴん》。
❷こみ入《い》っていない。 簡単《かんたん》。単純《たんじゅん》。単調《たんちょう》。

「単純明快《たんじゅんめいかい》」とは、こみ入《い》っていなくて、はっきりしているようす。

巣

つかんむり　11画

オン　（ソウ）
くん　す

つかいかた

鳥《とり》が巣《す》を作《つく》る。
空《あ》き巣《す》の被害《ひがい》にあう。
巣《す》立《だ》ち行《ゆ》く卒業生《そつぎょうせい》。
巣《す》箱《ばこ》を取《と》りつける。

オンくんあそび
帰巣本能《きそうほんのう》
巣《す》に帰《かえ》る

いみ・ことば

❶す。巣《そう》。巣《そう》。
巣《す》作《づく》り。
住《す》みか。居所《いどころ》。
巣《す》箱《ばこ》。
巣窟《そうくつ》。
空《あ》き巣《す》。病巣《びょうそう》。
営巣《えいそう》。古巣《ふるす》。
帰《き》卵《らん》

なりたち

巣
木《き》の上《うえ》の巣《す》の形《かたち》から。

芸

くさかんむり　7画

オン　ゲイ
くん　—

つかいかた

園芸《えんげい》用品《ようひん》を買《か》う。
学芸会《がくげいかい》に出《で》る。
芸術《げいじゅつ》の秋《あき》。
日本《にほん》の郷土芸能《きょうどげいのう》。

いみ・ことば

❶技《わざ》や技術《ぎじゅつ》。
園芸《えんげい》。演芸《えんげい》。学芸会《がくげいかい》。曲芸《きょくげい》。
芸事《げいごと》。芸術《げいじゅつ》。芸当《げいとう》。芸人《げいにん》。芸能《げいのう》。工芸《こうげい》。手芸《しゅげい》。
大道芸《だいどうげい》。農芸《のうげい》。武芸《ぶげい》。
文芸《ぶんげい》。民芸品《みんげいひん》。
名人芸《めいじんげい》。

英

くさかんむり　8画

オン　エイ
くん　—

つかいかた

英語《えいご》で話《はなし》をする。
英気《えいき》を養《やしな》う。
英断《えいだん》を下《くだ》す。
英雄《えいゆう》の伝記《でんき》を読《よ》む。

いみ・ことば

❶優《すぐ》れた。活力《かつりょく》のある。
英気《えいき》。英才《えいさい》。英断《えいだん》。英知《えいち》。英雄《えいゆう》。育英《いくえい》。俊英《しゅんえい》。
❷イギリスのこと。
英文《えいぶん》。英文学《えいぶんがく》。英訳《えいやく》。英会話《えいかいわ》。英語《えいご》。英国《えいこく》。英和辞典《えいわじてん》。日英《にちえい》。

漢字《かんじ》で「英吉利《いぎりす》」と書《か》いたことから。

芽

艹 くさかんむり　8画

オン　ガ
くん　め

つかいかた
草木《くさき》の芽《め》が出《で》る。
友情《ゆうじょう》が芽生《めば》える。
チューリップの発芽《はつが》。

オンくんあそび
種《たね》が発芽《はつが》し
新芽《しんめ》になった

いみ・ことば
❶草《くさ》や木《き》のめ。起《お》こり。きざし。
麦芽《ばくが》。発芽《はつが》。萌芽《ほうが》。若芽《わかめ》。
新芽《しんめ》。

なりたち
芽
艹(草《くさ》)と牙(きば)で、きばのようにとがって出《で》る草木《くさき》の「め」を表《あらわ》す。

菜

艹 くさかんむり　11画

オン　サイ
くん　な

つかいかた
菜《な》の花《はな》がさく。
家庭《かてい》菜園《さいえん》を始《はじ》める。
総菜《そうざい》売《う》り場《ば》に行《い》く。
野菜《やさい》を使《つか》った料理《りょうり》。

オンくんあそび
菜園《さいえん》に 菜《な》の花《はな》さいて
春《はる》の色《いろ》

いみ・ことば
❶やさい。なっぱ。
山菜《さんさい》。若菜《わかな》。
菜種《なたね》。菜《な》の花《はな》。
青菜《あおな》。白菜《はくさい》。菜園《さいえん》。水菜《みずな》。菜食《さいしょく》。野菜《やさい》。
❷おかず。
前菜《ぜんさい》。総菜《そうざい》。

なりたち
菜
艹(草《くさ》)と采(つみとる)で、とって食《た》べる草《くさ》を表《あらわ》す。

辺

辶 しんにょう　5画

オン　ヘン
くん　あたり　べ

つかいかた
辺《あた》り一面《いちめん》の花畑《はなばたけ》。
浜辺《はまべ》を歩《ある》く。
二等辺《にとうへん》三角形《さんかくけい》の底辺《ていへん》。
辺境《へんきょう》を探検《たんけん》する。

オンくんあそび
この辺《へん》は 海辺《うみべ》で静《しず》かな
住宅地《じゅうたくち》

いみ・ことば
❶あたり。ほとり。そば。
海辺(うみべ かいへん)。
岸辺《きしべ》。近辺《きんぺん》。周辺《しゅうへん》。身辺《しんぺん》。浜辺《はまべ》。水辺(みずべ すいへん)。
❷はて。国《くに》ざかい。
辺境《へんきょう》。辺地《へんち》。
❸へん。図形《ずけい》をつくる直線《ちょくせん》。
一辺《いっぺん》。底辺《ていへん》。
平行四辺形《へいこうしへんけい》。

辶 しんにょう

連

10画

オン レン

くん つらなる　つらねる　つれる

つかいかた

高《たか》い山《やま》が連《つら》なる。
兄《あに》と連《つ》れ立《だ》って行《い》く。
全国大会《ぜんこくたいかい》の常連校《じょうれんこう》。
電話《でんわ》で連絡《れんらく》する。

オンくんあそび
連休《れんきゅう》で　車《くるま》が連《つら》なり
大渋滞《だいじゅうたい》

いみ・ことば

❶つらなる。続《つづ》く。
連合《れんごう》。連鎖《れんさ》。連山《れんざん》。連日《れんじつ》。連勝《れんしょう》。連想《れんそう》。連続《れんぞく》。連動《れんどう》。連絡《れんらく》。関連《かんれん》。連休《れんきゅう》。連結《れんけつ》。

❷つれる。つれ。仲間《なかま》。
連行《れんこう》。連中《れんちゅう》。常連《じょうれん》。道連《みちづ》れ。

なりたち

連　車（くるま）と辶（進《すす》む）で車《くるま》が連《つら》なって進《すす》む意《い》から、「つらなる」を表《あらわ》す。

辶 しんにょう

達

12画

オン タツ

くん ―

つかいかた

目的《もくてき》を達成《たっせい》する。
書道《しょどう》の達人《たつじん》。
年賀状《ねんがじょう》が配達《はいたつ》される。
友達《ともだち》と遊《あそ》ぶ。

いみ・ことば

❶たっする。行《い》き着《つ》く。
達《たつ》。伝達《でんたつ》。到達《とうたつ》。配達《はいたつ》。速達《そくたつ》。達成《たっせい》。通《つう》

❷優《すぐ》れる。
達者《たっしゃ》。達人《たつじん》。達筆《たっぴつ》。発達《はったつ》。栄達《えいたつ》。上達《じょうたつ》。先達《せんだつ》。達意《たつい》。達《たっ》

とくべつなよみかた
友達《ともだち》。

辶 しんにょう

選

15画

オン セン

くん えらぶ

つかいかた

クラス委員《いいん》を選《えら》ぶ。
リレーの選手《せんしゅ》になる。
課題図書《かだいとしょ》を選定《せんてい》する。
絵画展《かいがてん》で入選《にゅうせん》する。

オンくんあそび
選挙《せんきょ》で選《えら》ばれ
学級委員《がっきゅういいん》

いみ・ことば

❶えらぶ。
厳選《げんせん》。再選《さいせん》。人選《じんせん》。選挙《せんきょ》。選《せん》考《こう》。選者《せんじゃ》。選手《せんしゅ》。選集《せんしゅう》。選出《せんしゅつ》。選択《せんたく》。選択《せんたく》肢《し》。選定《せんてい》。選任《せんにん》。選抜《せんばつ》。選別《せんべつ》。当選《とうせん》。入選《にゅうせん》。名作選《めいさくせん》。予選《よせん》。落選《らくせん》。

郡

阝 おおざと　10画

オン　グン
くん

つかいかた

郡《ぐん》の大会《たいかい》で優勝《ゆうしょう》する。
郡《ぐん》部《ぶ》に住《す》んでいる。

いみ・ことば

❶ぐん。都道府県《とどうふけん》の中《なか》の地理上《ちりじょう》の区画《くかく》。
郡《ぐん》内《ない》。郡《ぐん》部《ぶ》。

陸

阝 こざとへん　11画

オン　リク
くん

つかいかた

島《しま》に上陸《じょうりく》する。
新大陸《しんたいりく》を発見《はっけん》した。
月面《げつめん》に着陸《ちゃくりく》する。
陸上競技《りくじょうきょうぎ》の世界記録《せかいきろく》。

いみ・ことば

❶りく。水《みず》におおわれていない土地《とち》。
上陸《じょうりく》。陸運《りくうん》。陸揚《りくあ》げ。内陸《ないりく》。着陸《ちゃくりく》。大陸《たいりく》。陸《りく》。陸軍《りくぐん》。陸上《りくじょう》。陸地《りくち》。陸続《りくつづ》き。陸風《りくふう》。陸路《りくろ》。陸橋《りっきょう》。離陸《りりく》。

なりたち

陸
坴（土《つち》が重《かさ》なり広《ひろ》がった形《かたち》）と阝（おか）で、「りく」を表《あらわ》す。

隊

阝 こざとへん　12画

オン　タイ
くん

つかいかた

レスキュー隊《たい》の活躍《かつやく》。
鼓笛隊《こてきたい》の衣装《いしょう》を作《つく》る。
隊長《たいちょう》からの指令《しれい》。
南極探検隊《なんきょくたんけんたい》の仕事《しごと》。

いみ・ことば

❶たい。まとまりのある集団《しゅうだん》。
横隊《おうたい》。楽隊《がくたい》。隊員《たいいん》。縦隊《じゅうたい》。鼓笛隊《こてきたい》。軍隊《ぐんたい》。艦隊《かんたい》。隊形《たいけい》。登山隊《とざんたい》。探検隊《たんけんたい》。隊列《たいれつ》。隊長《たいちょう》。隊商《たいしょう》。入隊《にゅうたい》。部隊《ぶたい》。兵隊《へいたい》。編隊《へんたい》。レスキュー隊《たい》。

心 こころ 5画

必

オン ヒツ
くん かならず

別《べつ》の筆順《ひつじゅん》もあるよ。

つかいかた

必《かなら》ず会《あ》いに来《く》る。
必勝《ひっしょう》を願《ねが》い応援《おうえん》する。
小学生《しょうがくせい》の必読書《ひつどくしょ》。
必要《ひつよう》な材料《ざいりょう》を集《あつ》める。

オンくんあそび
必要《ひつよう》な物《もの》
必《かなら》ず入手《にゅうしゅ》

いみ・ことば

❶かならず。きっと。
必携《ひっけい》。必見《ひっけん》。必殺《ひっさつ》。必死《ひっし》。必至《ひっし》。必修《ひっしゅう》。必需品《ひつじゅひん》。必勝《ひっしょう》。必定《ひつじょう》。必須《ひっす》。必然《ひつぜん》。必着《ひっちゃく》。必読《ひつどく》。必要《ひつよう》。

「必死《ひっし》」は、全力《ぜんりょく》をつくすこと。
例 必死《ひっし》で走《はし》る。
「必至《ひっし》」は、必《かなら》ずそうなること。
例 解散《かいさん》は必至《ひっし》だ。

心 こころ 8画

念

オン ネン
くん —

つかいかた

念《ねん》のため再確認《さいかくにん》する。
学校《がっこう》の創立記念日《そうりつきねんび》。
念入《ねんい》りに準備《じゅんび》する。
念願《ねんがん》がかなう。

なりたち

念
今(ふくむ)と心(心《こころ》)で、「おもい」を表《あらわ》す。

いみ・ことば

❶ねんじる。心《こころ》にとめて考《かんが》える。願《ねが》う。いのる。
観念《かんねん》。記念《きねん》。雑念《ざつねん》。残念《ざんねん》。失念《しつねん》。信念《しんねん》。専念《せんねん》。断念《だんねん》。入念《にゅうねん》。念入《ねんい》り。念願《ねんがん》。念頭《ねんとう》。念仏《ねんぶつ》。念力《ねんりき》。無念《むねん》。余念《よねん》。理念《りねん》。

心 こころ 13画

愛

オン アイ
くん —

つかいかた

愛情《あいじょう》をこめて育《そだ》てる。
スポーツを愛《あい》する心《こころ》。
愛犬《あいけん》と散歩《さんぽ》する。
愛用《あいよう》しているかばん。

いみ・ことば

❶あい。あいする。大事《だいじ》にする。好《この》む。
愛犬《あいけん》。愛護《あいご》。愛好《あいこう》。愛児《あいじ》。愛称《あいしょう》。愛情《あいじょう》。愛想(あいそ あいそう)。愛憎《あいぞう》。愛着《あいちゃく》。愛読《あいどく》。愛用《あいよう》。最愛《さいあい》。慈愛《じあい》。親愛《しんあい》。博愛《はくあい》。母性愛《ぼせいあい》。恋愛《れんあい》。

とくべつなよみかた
愛媛県《えひめけん》。

成

戈 ほこ　6画

オン　セイ　(ジョウ)
くん　なる　なす

つかいかた
成長《せいちょう》の記録《きろく》をつける。成《な》り行《ゆ》きに任《まか》せる。作品《さくひん》が完成《かんせい》する。成《せい》功《こう》して名《な》を成《な》す。

オンくんあそび
成《せい》績《せき》アップ　成《な》しとげる

いみ・ことば
① なる。なしとげる。できあがる。☞ 完成《かんせい》。形成《けいせい》。結成《けっせい》。構成《こうせい》。合成《ごうせい》。賛成《さんせい》。成就《じょうじゅ》。成果《せいか》。成功《せいこう》。成績《せいせき》。成否《せいひ》。成分《せいぶん》。成立《せいりつ》。達成《たっせい》。成《な》り行《ゆ》き。
② 育《そだ》つ。☞ 育成《いくせい》。成育《せいいく》。成熟《せいじゅく》。成人《せいじん》。成虫《せいちゅう》。成長《せいちょう》。養成《ようせい》。

戦

戈 ほこ　13画

オン　セン
くん　(いくさ)　たたかう

つかいかた
ゲームで対戦《たいせん》する。強豪《きょうごう》チームと戦《たたか》う。戦《せん》争《そう》の被《ひ》害《がい》は大《おお》きい。新《しん》記《き》録《ろく》に挑《ちょう》戦《せん》する。

オンくんあそび
作《さく》戦《せん》を立《た》てて戦《たたか》う

なりたち
戰 ☞ 戦
單(羽《はね》かざりのあるたて)と戈(ほこ)で、「たたかう」を表《あらわ》す。

いみ・ことば
① たたかう。いくさ。☞ 勝《か》ち戦《いくさ》。休戦《きゅうせん》。苦戦《くせん》。決戦《けっせん》。作戦《さくせん》。戦火《せんか》。戦記《せんき》。戦後《せんご》。戦国《せんごく》時代《じだい》。戦災《せんさい》。戦士《せんし》。戦死《せんし》。戦車《せんしゃ》。戦術《せんじゅつ》。戦《せん》場《じょう》。戦前《せんぜん》。戦争《せんそう》。戦闘《せんとう》。戦友《せんゆう》。戦力《せんりょく》。対戦《たいせん》。挑戦《ちょうせん》。停戦《ていせん》。敗戦《はいせん》。反戦《はんせん》。論戦《ろんせん》。

折

扌 てへん　7画

オン　セツ
くん　おる　おり　おれる

つかいかた
折《お》り紙《がみ》でつるを折《お》る。散《さん》歩《ぽ》の折《おり》に立《た》ち寄《よ》る。鉛《えん》筆《ぴつ》の芯《しん》が折《お》れる。右《う》折《せつ》禁《きん》止《し》の道《どう》路《ろ》標《ひょう》識《しき》。

オンくんあそび
骨折《こっせつ》し　治《なお》る日《ひ》までを　指折《ゆびお》り数《かぞ》え

なりたち
☞ 折
斤(おの)と艸(二《ふた》つの草《くさ》)で、「おる」を表《あらわ》す。

いみ・ことば
① おる。おれる。☞ 右折《うせつ》。折《お》り返《かえ》し。折《お》り紙《がみ》。折《お》れ目《め》。曲折《きょくせつ》。屈折《くっせつ》。骨折《こっせつ》。左折《させつ》。挫《ざ》折《せつ》。折衷《せっちゅう》。折半《せっぱん》。骨折《ほねお》り。指折《ゆびお》り。
② 時《とき》。機会《きかい》。☞ 折々《おりおり》(折折《おりおり》)。折節《おりふし》。時折《ときおり》。

手 て　10画

挙

オン キョ
くん あ**げる**　あ**がる**

つかいかた
国《くに》を挙《あ》げて祝《いわ》う。委員《いいん》の候補《こうほ》に挙《あ》がる。選挙《せんきょ》演説《えんぜつ》を聞《き》く。大挙《たいきょ》しておしかける。

オンくんあそび
候補者《こうほしゃ》挙《あ》げて 役員選挙《やくいんせんきょ》

いみ・ことば
❶あげる。とりあげる。👉 挙手《きょしゅ》。検挙《けんきょ》。推挙《すいきょ》。選挙《せんきょ》。枚挙《まいきょ》。列挙《れっきょ》。
❷行《おこな》う。ふるまい。👉 一挙一動《いっきょいちどう》。快挙《かいきょ》。挙《きょ》行《こう》。挙式《きょしき》。挙動《きょどう》。壮挙《そうきょ》。
❸こぞって。残《のこ》らず。👉 挙国《きょこく》。大挙《たいきょ》。

攵 のぶん　7画

改

オン カイ
くん あらた**める**　あらた**まる**

つかいかた
改札口《かいさつぐち》で待《ま》つ。日《ひ》を改《あらた》めて集《あつ》まる。改《あらた》まった態度《たいど》で臨《のぞ》む。食生活《しょくせいかつ》を改善《かいぜん》する。

オンくんあそび
毎日《まいにち》の 態度《たいど》を改《あらた》め 生活改善《せいかつかいぜん》

いみ・ことば
❶あらためる。新《あたら》しくする。👉 改悪《かいあく》。改革《かいかく》。改《かい》行《ぎょう》。改元《かいげん》。改作《かいさく》。改修《かいしゅう》。改心《かいしん》。改正《かいせい》。改《かい》選《せん》。改善《かいぜん》。改造《かいぞう》。改築《かいちく》。改定《かいてい》。改訂《かいてい》。改名《かいめい》。改良《かいりょう》。朝令暮改《ちょうれいぼかい》。
❷調《しら》べて確《たし》かめる。👉 改札《かいさつ》。

攵 のぶん　11画

救

オン キュウ
くん すく**う**

つかいかた
救急車《きゅうきゅうしゃ》で運《はこ》ばれる。病人《びょうにん》の命《いのち》を救《すく》う。薬《くすり》は救急箱《きゅうきゅうばこ》の中《なか》です。遭難者《そうなんしゃ》を救出《きゅうしゅつ》する。

オンくんあそび
災害《さいがい》で 救《すく》い助《たす》ける 救助隊《きゅうじょたい》

いみ・ことば
❶すくう。助《たす》ける。👉 救援《きゅうえん》。救急車《きゅうきゅうしゃ》。救《きゅう》急箱《きゅうばこ》。救護《きゅうご》。救済《きゅうさい》。救出《きゅうしゅつ》。救助《きゅうじょ》。救世主《きゅうせいしゅ》。救命具《きゅうめいぐ》。

敗

攵 のぶん　11画

オン　ハイ
くん　やぶれる

つかいかた
試《し》合《あい》に敗《やぶ》れる。
作《さく》戦《せん》が失《しっ》敗《ぱい》に終《お》わる。
勝《しょう》敗《はい》を決《き》める。
準《じゅん》決《けっ》勝《しょう》で敗《はい》退《たい》する。

オンくんあそび
二《に》勝《しょう》三《さん》敗《ぱい》　おしくも敗《やぶ》れ

いみ・ことば
❶やぶれる。負《ま》ける。☞ 完《かん》敗《ぱい》。勝《しょう》敗《はい》。惜《せき》敗《はい》。全《ぜん》敗《ぱい》。大《たい》敗《はい》。敗《はい》因《いん》。敗《はい》軍《ぐん》。敗《はい》者《しゃ》。敗《はい》戦《せん》。敗《はい》走《そう》。敗《はい》退《たい》。敗《はい》北《ぼく》。不《ふ》敗《はい》。連《れん》敗《ぱい》。
❷だめになる。☞ 失《しっ》敗《ぱい》。腐《ふ》敗《はい》。

なりたち

☞ 敗
貝(貝《かい》)と攴(打《う》つ)で、「やぶれる」を表《あらわ》す。

散

攵 のぶん　12画

オン　サン
くん　ちる　ちらす　ちらかす　ちらかる

つかいかた
はらはらと花《はな》が散《ち》る。
部《へ》屋《や》を散《ち》らかす。
チームを解《かい》散《さん》する。
紙《かみ》くずが散《さん》乱《らん》する。

オンくんあそび
落《お》ち葉《ば》散《ち》る道《みち》　散《さん》歩《ぽ》する

いみ・ことば
❶ちる。ちらす。ばらばらになる。☞ 解《かい》散《さん》。拡《かく》散《さん》。散《さん》水《すい》。散《さん》布《ぷ》。散《さん》乱《らん》。発《はっ》散《さん》。分《ぶん》散《さん》。
❷勝《かっ》手《て》気《き》ままな。☞ 散《さん》策《さく》。散《さん》文《ぶん》。散《さん》歩《ぽ》。
❸粉《こな》薬《ぐすり》。☞ 胃《い》散《さん》。散《さん》薬《やく》。

料

斗 とます　10画

オン　リョウ
くん　―

つかいかた
紙《かみ》の原《げん》料《りょう》はパルプだ。
工《こう》作《さく》の材《ざい》料《りょう》を集《あつ》める。
高《こう》速《そく》道《どう》路《ろ》の料《りょう》金《きん》。
中《ちゅう》華《か》料《りょう》理《り》を食《た》べる。

いみ・ことば
❶もとになるもの。☞ 衣《い》料《りょう》。飲《いん》料《りょう》。原《げん》料《りょう》。香《こう》料《りょう》。材《ざい》料《りょう》。食《しょく》料《りょう》。史《し》料《りょう》。資《し》料《りょう》。染《せん》料《りょう》。調《ちょう》味《み》料《りょう》。燃《ねん》料《りょう》。肥《ひ》料《りょう》。料《りょう》理《り》。
❷はらうお金《かね》。代《だい》金《きん》。☞ 給《きゅう》料《りょう》。送《そう》料《りょう》。入《にゅう》場《じょう》料《りょう》。無《む》料《りょう》。有《ゆう》料《りょう》。料《りょう》金《きん》。

なりたち

☞ 料
米(米《こめ》)と斗(米《こめ》をはかるひしゃく)で、「はかる」を表《あらわ》す。

旗

方 かたへん

14画

旗

オン キ

くん はた

つかいかた

日《ひ》の丸《まる》の旗《はた》を立《た》てる。
旗《はた》をふって応援《おうえん》する。
味方《みかた》の旗色《はたいろ》が悪《わる》い。
万国旗《ばんこくき》をかざる。

オンくんあそび
旗手《きしゅ》が旗《はた》持《も》ち
選手入場《せんしゅにゅうじょう》

いみ・ことば

❶はた。 旗艦《きかん》。旗手《きしゅ》。校旗《こうき》。国旗《こっき》。小旗《こばた》。白旗（しらはた しろはた）。星条旗《せいじょうき》。大漁旗（たいりょうき たいりょうばた）。団《だん》旗《き》。手旗信号《てばたしんごう》。日章旗《にっしょうき》。旗揚《はたあ》げ。旗頭《はたがしら》。旗《はた》印《じるし》。反旗《はんき》。半旗《はんき》。万国旗（ばんこくき ばんこっき）。

昨

日 ひへん

9画

昨

オン サク

くん ―

つかいかた

昨夜《さくや》は準備《じゅんび》を行《おこな》った。
昨年《さくねん》の日記《にっき》を読《よ》む。
昨今《さっこん》の世界情勢《せかいじょうせい》。
昨日《きのう》は学校《がっこう》を休《やす》んだ。

いみ・ことば

❶一《ひと》つ前《まえ》の。 一昨日《いっさくじつ》。一昨年《いっさくねん》。昨日《さくじつ》。昨《さく》秋《しゅう》。昨週《さくしゅう》。昨春《さくしゅん》。昨年《さくねん》。昨晩《さくばん》。昨夜《さくや》。昨夕《さくゆう》。昨今《さっこん》。

とくべつなよみかた

昨日《きのう》。

なりたち

昨

日で「時《とき》」を表《あらわ》し、乍で音《おん》「サク」を表《あらわ》す。

景

日 ひ

12画

景

オン ケイ

くん ―

つかいかた

世界《せかい》の美《うつく》しい風景《ふうけい》。
豪華《ごうか》な景品《けいひん》が当《あ》たる。
景気《けいき》が回復《かいふく》する。
すばらしい景色《けしき》。

いみ・ことば

❶けしき。ありさま。 遠景《えんけい》。近景《きんけい》。景観《けいかん》。背《はい》景《けい》。景気《けいき》。景勝《けいしょう》。光景《こうけい》。実景《じっけい》。情景《じょうけい》。絶景《ぜっけい》。風景《ふうけい》。夜景《やけい》。

❷おもしろみをそえる。 景品《けいひん》。

とくべつなよみかた

景色《けしき》。

なりたち

景

日で「太陽《たいよう》」を表《あらわ》し、京で明《あか》るいの意《い》と音《おん》「ケイ」を表《あらわ》す。

最

日 ひらび

12画

オン サイ

くん もっと**も**

別《べつ》の筆順《ひつじゅん》もあるよ。

つかいかた

最《もっと》も大切《たいせつ》な人《ひと》。

最《さい》後《ご》のページを読《よ》む。

この夏《なつ》最《さい》高《こう》の気《き》温《おん》。

流《りゅう》行《こう》の最《さい》先《せん》端《たん》。

オンくんあそび

最《さい》初《しょ》から　最《もっと》もしたいことをする

いみ・ことば

❶もっとも。いちばんの。

最《さい》古《こ》。最《さい》後《ご》。最《さい》期《ご》。最《さい》高《こう》。最《さい》終《しゅう》。最《さい》初《しょ》。最《さい》小《しょう》。最《さい》少《しょう》。最《さい》上《じょう》。最《さい》新《しん》。最《さい》善《ぜん》。最《さい》多《た》。最《さい》大《だい》。最《さい》短《たん》。最《さい》中《ちゅう》。最《さい》長《ちょう》。最《さい》低《てい》。最《さい》適《てき》。最《さい》愛《あい》。最《さい》近《きん》。

とくべつなよみかた

最《も》寄《よ》り。

「最《さい》後《ご》」は、物事《ものごと》のいちばん後《うし》ろ。「最《さい》期《ご》」は、命《いのち》の終《お》わるとき。

望

月 つき

11画

オン ボウ（モウ）

くん のぞ**む**

つかいかた

望《のぞ》みを高《たか》くもつ。

希《き》望《ぼう》をもって生《い》きる。

望《ぼう》遠《えん》鏡《きょう》で星《ほし》を見《み》る。

将《しょう》来《らい》有《ゆう》望《ぼう》な人《じん》材《ざい》。

オンくんあそび

希《き》望《ぼう》を捨《す》てず　望《のぞ》み続《つづ》ける

いみ・ことば

❶遠《とお》くを見《み》る。

望《ぼう》郷《きょう》。展《てん》望《ぼう》。展《てん》望《ぼう》台《だい》。望《ぼう》遠《えん》鏡《きょう》。

❷のぞむ。願《ねが》う。

願《がん》望《ぼう》。希《き》望《ぼう》。失《しっ》望《ぼう》。志《し》望《ぼう》。所《しょ》望《もう》。切《せつ》望《ぼう》。待《たい》望《ぼう》。大望（たいもう たいぼう）。望《ぼう》外《がい》。本《ほん》望《もう》。野《や》望《ぼう》。有《ゆう》望《ぼう》。欲《よく》望《ぼう》。

❸人《にん》気《き》。よい評判《ひょうばん》。

信《しん》望《ぼう》。人《じん》望《ぼう》。

札

木 きへん

5画

一 十 才 木 札

オン サツ

くん ふだ

つかいかた

玄《げん》関《かん》に表《ひょう》札《さつ》をかける。

名《な》札《ふだ》を胸《むね》につける。

駅《えき》の改《かい》札《さつ》口《ぐち》で待《ま》つ。

千《せん》円《えん》札《さつ》ではらう。

オンくんあそび

木《き》の札《ふだ》に　名《な》前《まえ》を書《か》いて表《ひょう》札《さつ》に

いみ・ことば

❶ふだ。

鑑《かん》札《さつ》。切《き》り札《ふだ》。立《た》て札《ふだ》。名《な》札《ふだ》。荷《に》札《ふだ》。入《にゅう》札《さつ》。表《ひょう》札《さつ》。落《らく》札《さつ》。

❷紙《かみ》のお金《かね》。

札《さつ》束《たば》。千《せん》円《えん》札《さつ》。偽《にせ》札《さつ》。

❸切《きっ》符《ぷ》。

改《かい》札《さつ》。検《けん》札《さつ》。出《しゅっ》札《さつ》。

「切《き》り札《ふだ》」は、トランプで、いちばん強《つよ》いカードのこと。また、とっておきの手段《しゅだん》。

末

木 き

5画

オン マツ（バツ）

くん すえ

つかいかた

私《わたし》は末《すえ》っ子《こ》です。

花火《はなび》の後始末《あとしまつ》をする。

物《もの》を粗末《そまつ》にしない。

週末《しゅうまつ》に旅行《りょこう》をする。

オンくんあそび

苦心《くしん》の末《すえ》に結末《けつまつ》を書《か》く

なりたち

末

木（木《き》）の上《うえ》のほうに一（印《しるし》）をつけて、「すえ」を表《あらわ》す。

いみ・ことば

❶すえ。はし。終《お》わり。

巻末《かんまつ》。結末《けつまつ》。週末《しゅうまつ》。末代《まつだい》。末《すえ》っ子《こ》。末期（まっき まつご）。末日《まつじつ》。末席《まっせき》。末端《まったん》。末尾《まつび》。末筆《まっぴつ》。末路《まつろ》。

❷大切《たいせつ》でない。

枝葉末節《しようまっせつ》。粗末《そまつ》。

❸細《こま》かいもの。

粉末《ふんまつ》。

未

木 き

5画

オン ミ

くん ―

つかいかた

未来《みらい》の姿《すがた》を想像《そうぞう》する。

未開発《みかいはつ》の土地《とち》。

犯罪《はんざい》を未然《みぜん》に防《ふせ》ぐ。

前人未踏《ぜんじんみとう》の大記録《だいきろく》。

いみ・ことば

❶まだ…しない。まだ…でない。

前人未踏《ぜんじんみとう》。未開《みかい》。未解決《みかいけつ》。未開発《みかいはつ》。未確認《みかくにん》。未完成《みかんせい》。未経験《みけいけん》。未公開《みこうかい》。未熟《みじゅく》。未遂《みすい》。未成年《みせいねん》。未然《みぜん》。未知《みち》。未定《みてい》。未亡人《みぼうじん》。未満《みまん》。未明《みめい》。未来《みらい》。未練《みれん》。

「前人未踏《ぜんじんみとう》」とは、今《いま》までだれも足《あし》をふみ入《い》れていないこと。

材

木 きへん

7画

オン ザイ

くん ―

つかいかた

ケーキの材料《ざいりょう》の準備《じゅんび》。

材木《ざいもく》を加工《かこう》する。

新聞《しんぶん》の取材《しゅざい》を受《う》ける。

優秀《ゆうしゅう》な人材《じんざい》を集《あつ》める。

いみ・ことば

❶ものを作《つく》るもと。

機材《きざい》。器材《きざい》。教材《きょうざい》。具材《ぐざい》。建材《けんざい》。材質《ざいしつ》。材木《ざいもく》。材料《ざいりょう》。資材《しざい》。取材《しゅざい》。製材《せいざい》。素材《そざい》。題材《だいざい》。木材《もくざい》。

❷才能《さいのう》。

逸材《いつざい》。人材《じんざい》。適材適所《てきざいてきしょ》。

「適材適所《てきざいてきしょ》」とは、その人《ひと》の能力《のうりょく》や才能《さいのう》に合《あ》った地位《ちい》や仕事《しごと》につかせること。

束

木 き　7画

一 ｢ ｢ 𠃍 申 束 束

オン　ソク
くん　たば

つかいかた
花束《はなたば》のプレゼント。
古本《ふるほん》をひもで束《たば》ねる。
結束《けっそく》が固《かた》いチーム。

オンくんあそび
花束《はなたば》を
おくる約束《やくそく》

いみ・ことば
❶たばねる。たばねたもの。
花束《はなたば》。一束《ひとたば》。
結束《けっそく》。札束《さつたば》。
❷しばる。取《と》り決《き》める。
拘束《こうそく》。束縛《そくばく》。約束《やくそく》。

なりたち

束
木《き》をひもでたばねた形《かたち》から、「たば」「しばる」を表《あらわ》す。

果

木 き　8画

丨 ｢ 日 日 旦 甲 果 果

オン　カ
くん　は**たす**　は**てる**　は**て**

つかいかた
果物《くだもの》を食《た》べる。
力《ちから》を使《つか》い果《は》たす。
よい結果《けっか》を出《だ》す。
宇宙《うちゅう》の果《は》て。

オンくんあそび
苦心《くしん》の果《は》てに
成果《せいか》得《え》る

いみ・ことば
❶くだもの。
果実《かじつ》。果汁《かじゅう》。果樹園《かじゅえん》。青果《せいか》。
❷はて。けっか。むくい。
因果《いんが》。果報《かほう》。
結果《けっか》。効果《こうか》。成果《せいか》。
❸思《おも》いきりがいい。
果敢《かかん》。果断《かだん》。
とくべつなよみかた
果物《くだもの》。

なりたち

果
木《き》に実《み》がなった形《かたち》から。

松

木 きへん　8画

一 十 オ 木 木' 松 松 松

オン　ショウ
くん　まつ

つかいかた
見事《みごと》な松《まつ》の木《き》。
正月《しょうがつ》に門松《かどまつ》を飾《かざ》る。
松林《まつばやし》を散歩《さんぽ》する。
松竹梅《しょうちくばい》の絵《え》。

オンくんあそび
おめでたい　松《まつ》、竹《たけ》、梅《うめ》で
松竹梅《しょうちくばい》

いみ・ことば
❶まつ。
門松《かどまつ》。松竹梅《しょうちくばい》。松飾《まつかざ》り。松風《まつかぜ》。
松の内《うち》。松葉《まつば》。松葉杖《まつばづえ》。松林《まつばやし》。松原《まつばら》。

木 き　9画

栄

栄栄栄栄栄栄栄栄栄

オン　エイ
くん　さか**える**　(は**え**)　(は**える**)

つかいかた

優勝《ゆうしょう》できて光栄《こうえい》です。城下町《じょうかまち》として栄《さか》える。栄養《えいよう》たっぷりの食事《しょくじ》。栄《は》えある金賞《きんしょう》。

オンくんあそび
産業《さんぎょう》栄《さか》え
町《まち》繁栄《はんえい》

いみ・ことば

❶さかえる。盛《さか》んになる。☞ 栄華《えいが》。栄枯盛《えいこせい》衰《すい》。栄養《えいよう》。共存《きょうそん》(きょうぞん)共栄《きょうえい》。繁栄《はんえい》。

❷名誉《めいよ》。☞ 栄冠《えいかん》。栄光《えいこう》。栄転《えいてん》。栄誉《えいよ》。虚栄《きょえい》。光栄《こうえい》。出来栄《できば》え。見栄《みば》え。

「栄枯盛衰《えいこせいすい》」とは、人《ひと》や家《いえ》、国《くに》などが盛《さか》んになったりおとろえたりすること。

木 き　10画

案

案案案案案案案案案案

オン　アン
くん　―

つかいかた

目的地《もくてきち》まで案内《あんない》する。答案用紙《とうあんようし》に記入《きにゅう》する。案《あん》の定《じょう》、朝《あさ》から雨《あめ》だ。学級会《がっきゅうかい》で提案《ていあん》する。

いみ・ことば

❶あん。考《かんが》え。考《かんが》える。☞ 案《あん》外《がい》。案内《あんない》。案《あん》文《ぶん》。議案《ぎあん》。原案《げんあん》。考案《こうあん》。思案《しあん》。図案《ずあん》。草案《そうあん》。代案《だいあん》。提案《ていあん》。答案《とうあん》。文案《ぶんあん》。法案《ほうあん》。名案《めいあん》。

「案《あん》の定《じょう》」は、思《おも》っていたとおりという意味《いみ》。

木 きへん　10画

梅

梅梅梅梅梅梅梅梅梅梅

オン　バイ
くん　うめ

つかいかた

梅《うめ》の花《はな》がさく。母《はは》が作《つく》った梅干《うめぼ》し。梅雨《ばいう》前線《ぜんせん》が近《ちか》づく。

オンくんあそび
梅林《ばいりん》に
梅《うめ》の花《はな》さく

いみ・ことば

❶うめ。☞ 梅《うめ》酒《しゅ》。梅《うめ》漬《づ》け。梅《うめ》干《ぼ》し。紅梅《こうばい》。松竹梅《しょうちくばい》。梅園《ばいえん》。梅肉《ばいにく》。梅林《ばいりん》。白梅《はくばい》。

❷うめの実《み》の熟《じゅく》すころ。つゆ。☞ 入梅《にゅうばい》。梅《ばい》雨《う》。

とくべつなよみかた　梅雨《つゆ》。

「梅雨《つゆ》(ばいう)」は、六月《ろくがつ》ごろに降《ふ》り続《つづ》く長雨《ながあめ》のこと。梅《うめ》の実《み》が熟《じゅく》すころなので、こうよばれる。

械

木 きへん　11画

オン　カイ
くん　—

つかいかた
新《あたら》しい機械《きかい》を買《か》う。
産業《さんぎょう》の機械化《きかいか》が進《すす》む。
器械体操《きかいたいそう》を習《なら》う。

いみ・ことば
❶しかけ。道具《どうぐ》。
👉 機械《きかい》。器械体操《きかいたいそう》。

極

木 きへん　12画

オン　キョク（ゴク）
くん　（きわめる）（きわまる）（きわみ）

つかいかた
南極《なんきょく》と北極《ほっきょく》。
極度《きょくど》に緊張《きんちょう》する。
積極的《せっきょくてき》に発言《はつげん》する。

オンくんあそび
極寒《ごっかん》の 南極《なんきょく》の地《ち》で 見極《みきわ》める

いみ・ことば
❶きわめる。きわまる。きわみ。はて。
👉 極言《きょくげん》。極限《きょくげん》。極端《きょくたん》。極地《きょくち》。極点《きょくてん》。極度《きょくど》。極力《きょくりょく》。極悪《ごくあく》。極上《ごくじょう》。極秘《ごくひ》。極楽《ごくらく》。極寒《ごっかん》。消極的《しょうきょくてき》。積極的《せっきょくてき》。南極《なんきょく》。北極《ほっきょく》。

標

木 きへん　15画

オン　ヒョウ
くん　—

つかいかた
目標《もくひょう》を決《き》め努力《どりょく》する。
標高《ひょうこう》千《せん》メートルの山《やま》。
道路標識《どうろひょうしき》を確認《かくにん》する。
昆虫標本《こんちゅうひょうほん》を作《つく》る。

いみ・ことば
❶しるし。めじるし。
👉 座標《ざひょう》。指標《しひょう》。商標《しょうひょう》。道標《どうひょう》。標語《ひょうご》。標高《ひょうこう》。標識《ひょうしき》。標準《ひょうじゅん》。標題《ひょうだい》。標的《ひょうてき》。標本《ひょうほん》。墓標《ぼひょう》。目標《もくひょう》。門標《もんぴょう》。

なりたち

👉 標
木(木《き》)と 𤐫(火《ひ》の粉《こ》がまい上《あ》がる)で、木《き》に高《たか》くかかげた目印《めじるし》の意《い》を表《あらわ》す。

木 きへん

16画

機

一 木 … 機 機

オン キ

くん （はた）

つかいかた

出会《であ》いの機《き》会《かい》を作《つく》る。

機《き》械《かい》に油《あぶら》を差《さ》す。

機《き》転《てん》をきかせる。

機《はた》織《お》り機《き》で布《ぬの》を織《お》る。

オンくんあそび

機《はた》織《お》りの 機《き》械《かい》ができて 大進歩《だいしんぽ》

いみ・ことば

❶しかけ。しくみ。☞ 機《き》能《のう》。織機《しょっき》。飛行機《ひこうき》。機《き》械《かい》。機《き》関《かん》。機《き》器《き》。

❷きっかけ。☞ 機《き》運《うん》。機《き》会《かい》。危《き》機《き》。時《じ》機《き》。待《たい》機《き》。動《どう》機《き》。

❸心《こころ》の働《はたら》き。☞ 機《き》知《ち》。機《き》転《てん》。機《き》敏《びん》。

❹大事《だいじ》なところ。☞ 機《き》密《みつ》。

欠 あくび

4画

欠

ノ ク ケ 欠

オン ケツ

くん かける かく

つかいかた

飛《ひ》行《こう》機《き》が欠《けっ》航《こう》になる。

食《しょっ》器《き》が欠《か》ける。

礼《れい》儀《ぎ》を欠《か》く態《たい》度《ど》。

会《かい》議《ぎ》の出《しゅっ》欠《けつ》をとる。

オンくんあそび

人数《にんずう》が 欠《か》けて補《ほ》欠《けつ》で 補《おぎな》った

なりたち

☞ 欠

口《くち》を開《あ》け、腹《はら》をへこませてかがむ人《ひと》の形《かたち》から。

いみ・ことば

❶かける。不《ふ》足《そく》する。☞ 欠《けつ》員《いん》。欠《けっ》陥《かん》。欠《けっ》航《こう》。欠《けつ》如《じょ》。欠《けつ》場《じょう》。欠《けっ》席《せき》。欠《けっ》点《てん》。欠《けつ》乏《ぼう》。欠《けつ》落《らく》。欠《けつ》礼《れい》。出《しゅっ》欠《けつ》。病《びょう》欠《けつ》。不《ふ》可《か》欠《けつ》。補《ほ》欠《けつ》。

止 とめる

14画

歴

一 厂 … 歴

オン レキ

くん ―

つかいかた

歴《れき》代《だい》の飛《ひ》行《こう》機《き》。

経《けい》歴《れき》を履《り》歴《れき》書《しょ》に書《か》く。

歴《れき》史《し》上《じょう》の人《じん》物《ぶつ》。

歴《れき》然《ぜん》とした差《さ》がある。

いみ・ことば

❶次《つぎ》々《つぎ》と。通《とお》ってきたあと。☞ 学《がく》歴《れき》。経《けい》歴《れき》。職《しょく》歴《れき》。前《ぜん》歴《れき》。遍《へん》歴《れき》。来《らい》歴《れき》。略《りゃく》歴《れき》。履《り》歴《れき》。履《り》歴《れき》書《しょ》。歴《れき》史《し》。歴《れき》戦《せん》。歴《れき》代《だい》。歴《れき》任《にん》。歴《れき》訪《ほう》。

❷はっきり。☞ 歴《れき》然《ぜん》。

残　歹 がつへん　10画

一 ア 歹 歹 歹 残 残

オン ザン
くん のこる
のこす

つかいかた
会社《かいしゃ》に残《のこ》って働《はたら》く。
名作《めいさく》を残《のこ》す。
残《ざん》暑《しょ》見《み》舞《ま》いを書《か》く。
試合《しあい》に負《ま》けて残《ざん》念《ねん》だ。

オンくんあそび
居残《いのこ》りは残念《ざんねん》だ

なりたち
殘
殘 ☞ 残
歺(骨《ほね》)と戔(二《ふた》つのほこ)で、切《き》られて残《のこ》った骨《ほね》から、「むごい」「のこる」を表《あらわ》す。

いみ・ことば
❶のこる。☞ 居残《いのこ》り。残額《ざんがく》。残業《ざんぎょう》。残金《ざんきん》。残暑《ざんしょ》。残雪《ざんせつ》。残像《ざんぞう》。残存《ざんそん》(ざんぞん)。残高《ざんだか》。残念《ざんねん》。残飯《ざんぱん》。残部《ざんぶ》。残務《ざんむ》。残留《ざんりゅう》。残虐《ざんぎゃく》。残酷《ざんこく》。残忍《ざんにん》。無残《むざん》。
❷むごい。☞
とくべつなよみかた
名残《なごり》。

殺　殳 るまた　10画

ノ メ 㐅 杀 杀 杀 杀 殺 殺 殺

オン サツ
(サイ)
(セツ)
くん ころす

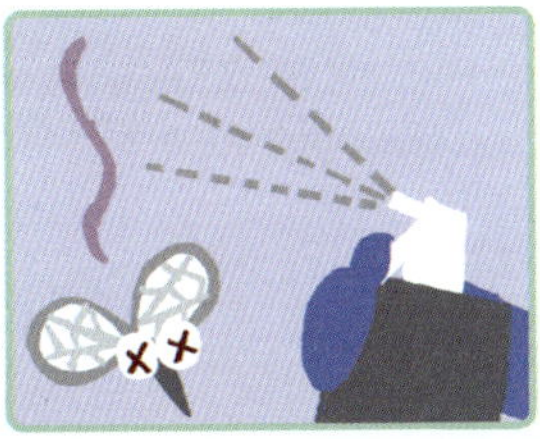

つかいかた
柔道《じゅうどう》の必殺《ひっさつ》技《わざ》。
息《いき》を殺《ころ》してかくれる。
応募《おうぼ》が殺到《さっとう》する。
殺《さっ》風景《ぷうけい》な広場《ひろば》。

オンくんあそび
害虫《がいちゅう》が殺虫剤《さっちゅうざい》で殺《ころ》される

いみ・ことば
❶ころす。☞ 暗殺《あんさつ》。殺意《さつい》。殺害《さつがい》。殺気《さっき》。殺人《さつじん》。殺虫剤《さっちゅうざい》。自殺《じさつ》。射殺《しゃさつ》。菌《きん》。殺傷《さっしょう》。殺生《せっしょう》。必殺《ひっさつ》。人殺《ひとごろ》し。見殺《みごろ》し。
❷そぐ。なくす。☞ 殺風景《さっぷうけい》。相殺《そうさい》。
❸意味《いみ》を強《つよ》める。☞ 殺到《さっとう》。忙殺《ぼうさつ》。黙殺《もくさつ》。

「相殺《そうさい》」は、差《さ》し引《ひ》きしてたがいに損得《そんとく》をなしにすること。例 貸《か》し借《か》りを相殺《そうさい》する。

毒　毋 なかれ　8画

一 十 丰 圭 圭 青 毒 毒

オン ドク
くん ―

つかいかた
毒《どく》のある植物《しょくぶつ》。
気《き》の毒《どく》な人《ひと》を助《たす》ける。
熱湯《ねっとう》で消毒《しょうどく》する。
食中毒《しょくちゅうどく》を予防《よぼう》する。

いみ・ことば
❶どく。害《がい》になるもの。☞ 害毒《がいどく》。気《き》の毒《どく》。解毒《げどく》。消毒《しょうどく》。中毒《ちゅうどく》。毒気《どっき》(どくけ)。毒消《どくけ》し。毒殺《どくさつ》。毒性《どくせい》。毒舌《どくぜつ》。毒素《どくそ》。毒草《どくそう》。毒物《どくぶつ》。毒蛇《どくへび》。毒味《どくみ》(毒見《どくみ》)。毒虫《どくむし》。毒矢《どくや》。毒薬《どくやく》。服毒《ふくどく》。防毒《ぼうどく》。無毒《むどく》。猛毒《もうどく》。有毒《ゆうどく》。

氏

氏 うじ　4画

オン　シ
くん　（うじ）

つかいかた

『源《げん》氏《じ》物《もの》語《がたり》』を読《よ》む。
役《やく》員《いん》各《かく》氏《し》が出《しゅっ》席《せき》する。
名《な》札《ふだ》に氏《し》名《めい》を書《か》く。
氏《うじ》より育《そだ》ち。

いみ・ことば

❶うじ。みょうじ。家《いえ》柄《がら》。家《か》系《けい》。
氏《うじ》子《こ》。源《げん》氏《じ》。氏《し》族《ぞく》。氏《し》名《めい》。姓《せい》氏《し》。平《へい》氏《し》。氏《うじ》神《がみ》。
❷名《な》前《まえ》などにつけて敬《けい》意《い》を表《あらわ》す言《こと》葉《ば》。○
○氏《し》。各《かく》氏《し》。彼《かれ》氏《し》。某《ぼう》氏《し》。両《りょう》氏《し》。

「氏《うじ》より育《そだ》ち」とは、人《ひと》は家《いえ》柄《がら》や血《ち》筋《すじ》より育《そだ》った環《かん》境《きょう》が大《だい》事《じ》だという意《い》味《み》。

民

氏 うじ　5画

オン　ミン
くん　（たみ）

つかいかた

民《みん》族《ぞく》衣《い》装《しょう》を着《き》る。
国《こく》民《みん》の三《さん》大《だい》義《ぎ》務《む》。
民《みん》間《かん》の放《ほう》送《そう》局《きょく》。
民《みん》話《わ》を語《かた》りつぐ。

オンくんあそび
民《たみ》の声《こえ》聞《き》く
民《みん》主《しゅ》主《しゅ》義《ぎ》

いみ・ことば

❶たみ。一《いっ》般《ぱん》の人《ひと》々《びと》。
移《い》民《みん》。国《こく》民《みん》。市《し》民《みん》。住《じゅう》民《みん》。庶《しょ》民《みん》。人《じん》民《みん》。島《とう》民《みん》。難《なん》民《みん》。農《のう》民《みん》。民《みん》意《い》。民《みん》営《えい》。民《みん》家《か》。民《みん》間《かん》。民《みん》芸《げい》。民《みん》権《けん》。民《みん》衆《しゅう》。民《みん》宿《しゅく》。民《みん》主《しゅ》主《しゅ》義《ぎ》。民《みん》政《せい》。民《みん》俗《ぞく》。民《みん》族《ぞく》。民《みん》法《ぽう》。民《みん》謡《よう》。民《みん》話《わ》。

求

氺 したみず　7画

オン　キュウ
くん　もとめる

つかいかた

恋《こい》人《びと》に求《きゅう》婚《こん》する。
助《たす》けを求《もと》める。
代《だい》金《きん》を請《せい》求《きゅう》する。
世《せ》界《かい》平《へい》和《わ》を追《つい》求《きゅう》する。

オンくんあそび
真《しん》実《じつ》を　探《さが》し求《もと》める
探《たん》求《きゅう》心《しん》

いみ・ことば

❶もとめる。望《のぞ》む。願《ねが》う。
希《き》求《きゅう》。求《きゅう》愛《あい》。求《きゅう》刑《けい》。求《きゅう》婚《こん》。求《きゅう》職《しょく》。求《きゅう》人《じん》。求《きゅう》心《しん》力《りょく》。請《せい》求《きゅう》。探《たん》求《きゅう》。追《つい》求《きゅう》。要《よう》求《きゅう》。欲《よっ》求《きゅう》。

「求《きゅう》心《しん》力《りょく》のある人《ひと》」とは、まわりの人《ひと》々《びと》を引《ひ》きつける能《のう》力《りょく》がある人《ひと》のこと。

泣

氵 さんずい　8画

オン （キュウ）

くん なく

つかいかた

わっと泣《な》きくずれる。

赤《あか》んぼうの泣《な》き声《ごえ》。

泣《な》き寝《ね》入《い》りはしない。

悲《ひ》報《ほう》に号《ごう》泣《きゅう》する。

オンくんあそび

号《ごう》泣《きゅう》のあと　けろり泣《な》きやむ

いみ・ことば

❶なく。

泣《な》き声《ごえ》。泣《な》きべそ。泣《な》き笑《わら》い。

☞ 男《おとこ》泣《な》き。感《かん》泣《きゅう》。号《ごう》泣《きゅう》。泣《な》き顔《がお》。泣《な》き言《ごと》。泣《な》き所《どころ》。泣《な》き寝《ね》入《い》り。泣《な》きまね。泣《な》き虫《むし》。泣《な》き別《わか》れ。

なりたち

☞ 泣

氵(水《みず》)と 立(人《ひと》)で、「なく」を表《あらわ》す。

治

氵 さんずい　8画

オン ジ　チ

くん おさめる　おさまる　なおる　なおす

つかいかた

ひざの傷《きず》が治《なお》る。

国《くに》を治《おさ》める。

政《せい》治《じ》の仕《し》組《く》みを学《まな》ぶ。

虫《むし》歯《ば》を治《ち》療《りょう》する。

オンくんあそび

湯《とう》治《じ》に行《い》って　病《やまい》が治《なお》る

いみ・ことば

❶おさめる。

治《ち》外法《がいほう》権《けん》。治《ち》水《すい》。治《ち》世《せい》。統《とう》治《ち》。法《ほう》治《ち》国《こっ》家《か》。

☞ 自《じ》治《ち》。政《せい》治《じ》。退《たい》治《じ》。治《ち》安《あん》。完《かん》治《ち》。全《ぜん》治《ち》。治《ち》癒《ゆ》。

❷なおる。なおす。

治《ち》療《りょう》。湯《とう》治《じ》。不治《ふじ》(ふち)。

☞

「湯《とう》治《じ》」は、温《おん》泉《せん》に入《はい》って病《びょう》気《き》やけがを治《なお》すこと。

法

氵 さんずい　8画

オン ホウ　(ハッ)　(ホッ)

くん —

つかいかた

魔《ま》法《ほう》使《つか》いの物《もの》語《がたり》。

法《ほう》の裁《さば》きを受《う》ける。

解《かい》決《けつ》方《ほう》法《ほう》を考《かんが》える。

法《ほう》律《りつ》を調《しら》べる。

いみ・ことば

❶決《き》まり。おきて。

法《はっ》度《と》。法《ほう》案《あん》。法《ほう》規《き》。法《ほう》人《じん》。法《ほう》則《そく》。法《ほう》廷《てい》。法《ほう》律《りつ》。法《ほう》令《れい》。立《りっ》法《ぽう》。

☞ 違《い》法《ほう》。憲《けん》法《ぽう》。司《し》法《ほう》。

❷やり方《かた》。

法《ほう》。魔《ま》法《ほう》。用《よう》法《ほう》。療《りょう》法《ほう》。

☞ 作《さ》法《ほう》。手《しゅ》法《ほう》。製《せい》法《ほう》。文《ぶん》法《ぽう》。方《ほう》

❸仏《ほとけ》の教《おし》え。

☞ 法《ほう》師《し》。法《ほう》事《じ》。法《ほう》名《みょう》。法《ほう》要《よう》。

氵 さんずい　9画

浅

オン　（セン）

くん　あさい

つかいかた

水《みず》の浅《あさ》い場《ば》所《しょ》で泳《およ》ぐ。

浅《あさ》緑《みどり》色《いろ》の茶《ちゃ》葉《ば》。

考《かんが》えが浅《あさ》はかだ。

なりたち

淺 → 浅

戔（二《ふた》つのほこでうすく切《き》る）と 氵（水《みず》）で、「あさい」を表《あらわ》す。

いみ・ことば

❶あさい。 浅《あさ》瀬《せ》。深《しん》浅《せん》。遠《とお》浅《あさ》。

❷色《いろ》がうすい。 浅《あさ》緑《みどり》。

❸考《かんが》えが足《た》りない。 浅《あさ》知《ぢ》恵《え》。浅《せん》学《がく》。浅《せん》見《けん》。浅《せん》薄《ぱく》。浅《せん》慮《りょ》。

氵 さんずい　10画

浴

オン　ヨク

くん　あびる　あびせる

つかいかた

注《ちゅう》目《もく》を浴《あ》びる。

質《しつ》問《もん》を浴《あ》びせる。

海《かい》水《すい》浴《よく》に行《い》く。

浴《よく》槽《そう》を洗《あら》う。

オンくんあそび

浴《よく》室《しつ》で水《みず》浴《あ》びをする

なりたち

浴

氵（水《みず》）と 谷（たに・くぼみ）で、「あびる」を表《あらわ》す。

いみ・ことば

❶あびる。 海《かい》水《すい》浴《よく》。森《しん》林《りん》浴《よく》。水《すい》浴《よく》。日《にっ》光《こう》浴《よく》。入《にゅう》浴《よく》。水《みず》浴《あ》び。浴《よく》室《しつ》。浴《よく》場《じょう》。浴《よく》槽《そう》。

とくべつなよみかた　浴《ゆ》衣《かた》。

氵 さんずい　11画

清

オン　セイ　（ショウ）

くん　きよい　きよまる　きよめる

つかいかた

谷《たに》川《がわ》の清《きよ》らかな水《みず》。

清《きよ》い心《こころ》のもち主《ぬし》。

作《さく》文《ぶん》を清《せい》書《しょ》する。

室《しつ》内《ない》を清《せい》掃《そう》する。

オンくんあそび

清《せい》流《りゅう》の清《きよ》い水《みず》

なりたち

清

氵（水《みず》）と 青（すんだ青《あお》）で、「きよい」を表《あらわ》す。

いみ・ことば

❶きよい。きれいにする。 粛《しゅく》清《せい》。清《せい》潔《けつ》。清《せい》算《さん》。清《せい》純《じゅん》。清《せい》書《しょ》。清《せい》浄《じょう》。清《せい》掃《そう》。清《せい》濁《だく》。清《せい》流《りゅう》。清《せい》涼《りょう》。

とくべつなよみかた　清《し》水《みず》。

満

氵 さんずい　12画

オン　マン

くん　みちる　みたす

つかいかた

海《うみ》の潮《しお》が満《み》ちる。

要求《ようきゅう》を満《み》たす。

満《まん》開《かい》の桜《さくら》の花《はな》。

百点《ひゃくてん》満点《まんてん》で大満足《だいまんぞく》。

オンくんあそび

おなかが満《み》ちて満足《まんぞく》だ

いみ・ことば

❶みちる。いっぱいになる。全部《ぜんぶ》。

満《まん》。充満《じゅうまん》。不満《ふまん》。豊満《ほうまん》。満員《まんいん》。満開《まんかい》。満月《まんげつ》。円満《えんまん》。満場一致《まんじょういっち》。満身《まんしん》。満足《まんぞく》。満潮《まんちょう》。満点《まんてん》。満腹《まんぷく》。満面《まんめん》。満塁《まんるい》。満《み》ち潮《しお》。未満《みまん》。

「満年齢《まんねんれい》」とは、生後《せいご》、誕生日《たんじょうび》ごとに一歳《いっさい》を加《くわ》える数《かぞ》え方《かた》による年齢《ねんれい》のこと。例 満六歳《まんろくさい》。

漁

氵 さんずい　14画

オン　ギョ　リョウ

くん　—

つかいかた

漁獲量《ぎょかくりょう》が増《ふ》える。

漁船《ぎょせん》で漁《りょう》をする。

大漁旗《たいりょうき》をかかげる。

オンくんあそび

漁業《ぎょぎょう》にはげむ漁師《りょうし》さん

いみ・ことば

❶りょう。魚《さかな》などをとる。

漁獲《ぎょかく》。漁業《ぎょぎょう》。漁港《ぎょこう》。漁場《ぎょじょう》。漁船《ぎょせん》。漁村《ぎょそん》。漁夫《ぎょふ》。漁法《ぎょほう》。漁民《ぎょみん》。漁網《ぎょもう》。禁漁《きんりょう》。出漁《しゅつりょう》。大漁《たいりょう》。半農半漁《はんのうはんぎょ》。不漁《ふりょう》。豊漁《ほうりょう》。密漁《みつりょう》。漁師《りょうし》。

灯

火 ひへん　6画

オン　トウ

くん　（ひ）

つかいかた

懐中電灯《かいちゅうでんとう》を用意《ようい》する。

九時《くじ》に消灯《しょうとう》する。

みさきに立《た》つ灯台《とうだい》。

ライトを点灯《てんとう》する。

いみ・ことば

❶ともしび。明《あ》かり。

懐中電灯《かいちゅうでんとう》。外灯《がいとう》。街灯《がいとう》。蛍光灯《けいこうとう》。消灯《しょうとう》。走馬灯《そうまとう》。点灯《てんとう》。電灯《でんとう》。灯下《とうか》。灯火《とうか》。灯台《とうだい》。灯明《とうみょう》。灯油《とうゆ》。灯籠《とうろう》。

火 ひへん　12画

焼

焼焼焼焼焼焼焼焼焼焼焼焼

オン （ショウ）
くん やく　やける

つかいかた
魚《さかな》が焼《や》ける。
みんなの世話《せわ》を焼《や》く。
真《ま》っ赤《か》な夕焼《ゆうや》け。
焼却炉《しょうきゃくろ》でごみを焼《や》く。

いみ・ことば
❶やく。やける。
朝焼《あさや》け。焼却《しょうきゃく》。焼香《しょうこう》。焼失《しょうしつ》。炭焼《すみや》き。全焼《ぜんしょう》。燃焼《ねんしょう》。日焼《ひや》け。目玉焼《めだまや》き。焼《や》き芋《いも》。焼《や》け跡《あと》。焼《や》け野原《のはら》。夕焼《ゆうや》け。

「焼《や》け石《いし》に水《みず》」とは、助《たす》けや努力《どりょく》が少《すく》なすぎて、なんのききめもないことのたとえ。

灬 れっか　12画

然

然然然然然然然然然然然然

オン ゼン　ネン
くん ―

つかいかた
自然《しぜん》の中《なか》で遊《あそ》ぶ。
当然《とうぜん》の結果《けっか》となる。
平然《へいぜん》とした態度《たいど》。
天然《てんねん》の温泉《おんせん》に入《はい》る。

いみ・ことば
❶そのようである。ようす。
依然《いぜん》。偶然《ぐうぜん》。決然《けつぜん》。公然《こうぜん》。雑然《ざつぜん》。自然《しぜん》。釈然《しゃくぜん》。純然《じゅんぜん》。整然《せいぜん》。全然《ぜんぜん》。騒然《そうぜん》。断然《だんぜん》。天然《てんねん》。当然《とうぜん》。同然《どうぜん》。突然《とつぜん》。判然《はんぜん》。必然《ひつぜん》。平然《へいぜん》。漫然《まんぜん》。未然《みぜん》。歴然《れきぜん》。

灬 れっか　12画

無

無無無無無無無無無無無無

オン ブ　ム
くん ない

別《べつ》の筆順《ひつじゅん》もあるよ。
無無無無無

つかいかた
コンセントが無《な》い。
無我夢中《むがむちゅう》で勉強《べんきょう》する。
無数《むすう》の星《ほし》を見上《みあ》げる。
無事《ぶじ》頂上《ちょうじょう》に到着《とうちゃく》する。

オンくんあそび
無理《むり》せず 事故《じこ》無《な》く
無事《ぶじ》帰宅《きたく》

いみ・ことば
❶ない。
有無《うむ》。無器用《ぶきよう》。無事《ぶじ》。無難《ぶなん》。無礼《ぶれい》。無益《むえき》。無害《むがい》。無我夢中《むがむちゅう》。無関係《むかんけい》。無口《むくち》。無限《むげん》。無効《むこう》。無言《むごん》。無罪《むざい》。無重力《むじゅうりょく》。無人《むじん》。無数《むすう》。無線《むせん》。無造作《むぞうさ》。無駄《むだ》。無断《むだん》。無知《むち》。無名《むめい》。無用《むよう》。無理《むり》。無料《むりょう》。無力《むりょく》。

「無我夢中《むがむちゅう》」とは、なにかに心《こころ》をうばわれ、我《われ》を忘《わす》れること。

焼
然
無
照
熱
牧

照

灬 れっか　13画

丨 冂 日 日 昭 昭 照

オン　ショウ

くん　てる　てらす　てれる

つかいかた

光《ひかり》で周囲《しゅうい》を照《て》らす。
日照《ひで》りが続《つづ》く。
照《て》れた顔《かお》が印象的《いんしょうてき》だ。
照準《しょうじゅん》を合《あ》わせる。

オンくんあそび

照明《しょうめい》で顔《かお》を照《て》らされ照《て》れている

いみ・ことば

❶てる。てらす。光《ひかり》を放《はな》つ。☞ 残照《ざんしょう》。照射《しょうしゃ》。照明《しょうめい》。照葉樹林《しょうようじゅりん》。照《て》り返《かえ》し。日照《にっしょう》。日照《ひで》り。

❷てらし合《あ》わせる。見比《みくら》べる。☞ 参照《さんしょう》。照会《しょうかい》。照合《しょうごう》。照準《しょうじゅん》。対照《たいしょう》。

なりたち

照

灬（火《ひ》）と昭（明《あき》らか）で、「てらす」を表《あらわ》す。

熱

灬 れっか　15画

一 土 夫 坴 埶 埶 熱

オン　ネツ

くん　あつい

つかいかた

熱《あつ》いお茶《ちゃ》を飲《の》む。
熱心《ねっしん》に練習《れんしゅう》する。
熱中《ねっちゅう》して取《と》り組《く》む。
自分《じぶん》の平熱《へいねつ》を知《し》る。

オンくんあそび

熱《ねつ》の入《はい》った熱《あつ》い戦《たたか》い

いみ・ことば

❶あつい。温度《おんど》が高《たか》い。☞ 加熱《かねつ》。解熱《げねつ》。高熱《こうねつ》。熱帯《ねったい》。熱湯《ねっとう》。熱病《ねつびょう》。発熱《はつねつ》。平熱《へいねつ》。余熱《よねつ》。

❷心《こころ》があつい。☞ 情熱《じょうねつ》。熱意《ねつい》。熱演《ねつえん》。熱情《ねつじょう》。熱心《ねっしん》。熱戦《ねっせん》。熱中《ねっちゅう》。熱望《ねつぼう》。熱烈《ねつれつ》。

なりたち

熱

埶（勢〔いきおい〕の上半分《うえはんぶん》）と灬（火《ひ》）で、「ねつ」「あつい」を表《あらわ》す。

牧

牛 うしへん　8画

ノ ㇐ 牛 牛 牜 牧 牧 牧

オン　ボク

くん　（まき）

つかいかた

牧場《まきば》で草《くさ》を食《た》べる牛《うし》。
馬《うま》を放牧《ほうぼく》する。
牧羊犬《ぼくようけん》が羊《ひつじ》を追《お》う。
教会《きょうかい》の牧師《ぼくし》。

いみ・ことば

❶牛《うし》・馬《うま》・羊《ひつじ》などを放《はな》し飼《が》いにする。☞ 農牧《のうぼく》。放牧《ほうぼく》。牧舎《ぼくしゃ》。牧場（ぼくじょう まきば）。牧草《ぼくそう》。牧畜《ぼくちく》。牧童《ぼくどう》。牧歌的《ぼっかてき》。遊牧《ゆうぼく》。遊牧民《ゆうぼくみん》。

❷教《おし》え導《みちび》く。☞ 牧師《ぼくし》。

なりたち

☞ 牧

牛（牛《うし》）と攵（むちを持《も》った手《て》）で、牛《うし》などを飼《か》う意《い》を表《あらわ》す。

特

牛 うしへん

10画

オン トク

くん ―

つかいかた

その島《しま》特《とく》有《ゆう》の動《どう》植《しょく》物《ぶつ》。
ふるさとの特《とく》産《さん》品《ひん》。
今年《ことし》の夏《なつ》は特《とく》に暑《あつ》い。
今日《きょう》は特《とく》別《べつ》な日《ひ》だ。

なりたち

特

牛（うし）と寺（じっと立《た》つ）で、群《む》れの中《なか》でじっと立《た》って目立《めだ》つ牛《うし》の意《い》から、「とりわけ」を表《あらわ》す。

いみ・ことば

❶とくに。とくべつ。☞ 特異《とくい》。特技《とくぎ》。特産《とくさん》。特質《とくしつ》。特殊《とくしゅ》。特集《とくしゅう》。特賞《とくしょう》。特色《とくしょく》。特性《とくせい》。特《とく》製《せい》。特選《とくせん》。特大《とくだい》。特長《とくちょう》。特徴《とくちょう》。独特《どくとく》。特別《とくべつ》。特有《とくゆう》。特急《とっきゅう》。特許《とっきょ》。特権《とっけん》。

老

耂 おいかんむり

6画

オン ロウ

くん おいる（ふける）

つかいかた

長老《ちょうろう》の話《はなし》を聞《き》く。
老《お》いた祖母《そぼ》の世話《せわ》。
老練《ろうれん》な技《わざ》をもつ職人《しょくにん》。
年《とし》より老《ふ》けて見《み》える。

オンくんあそび

老《お》いても老《ふ》けない元気《げんき》な老人《ろうじん》

なりたち

☞ 老

こしの曲《ま》がった老人《ろうじん》がつえをついている形《かたち》から。

いみ・ことば

❶おいる。古《ふる》くなる。☞ 敬老《けいろう》。古老《ころう》。長老《ちょうろう》。老化《ろうか》。老眼《ろうがん》。老後《ろうご》。老人《ろうじん》。老体《ろうたい》。老年《ろうねん》。老《ろう》廃物《はいぶつ》。老齢《ろうれい》。

❷経験《けいけん》を積《つ》んでいる。☞ 老熟《ろうじゅく》。老成《ろうせい》。老練《ろうれん》。

とくべつなよみかた 老舗《しにせ》。

産

生 うまれる

11画

オン サン

くん うむ うまれる（うぶ）

つかいかた

カメが産《さん》卵《らん》する。
子犬《こいぬ》が産《う》まれる。
お茶《ちゃ》の産《さん》地《ち》を訪《たず》ねる。
赤《あか》ちゃんの産《うぶ》声《ごえ》。

オンくんあそび

安産《あんざん》で子《こ》が産《う》まれ

いみ・ことば

❶うむ。うまれる。☞ 安産《あんざん》。産毛《うぶげ》。産声《うぶごえ》。お産《さん》。産科《さんか》。産卵《さんらん》。出産《しゅっさん》。

❷作《つく》り出《だ》す。☞ 国産《こくさん》。産業《さんぎょう》。産地《さんち》。産物《さんぶつ》。水産《すいさん》。生産《せいさん》。畜産《ちくさん》。特産《とくさん》。農産物《のうさんぶつ》。名産《めいさん》。

❸ざいさん。☞ 遺産《いさん》。財産《ざいさん》。資産《しさん》。破産《はさん》。

とくべつなよみかた 土産《みやげ》。

白 しろ　的　8画

ノ 亻 亻 白 白 的 的 的

オン　テキ
くん　まと

つかいかた
標的《ひょうてき》をねらう。
予《よ》想《そう》が的《てき》中《ちゅう》した。
的《まと》外《はず》れな意見《いけん》。
知《ち》的《てき》な印象《いんしょう》の人《ひと》。

オンくんあそび
的《まと》ねらい
見事《みごと》的《てき》中《ちゅう》

いみ・ことば
❶まと。めあて。☞ 中《ちゅう》。標的《ひょうてき》。的《まと》外《はず》れ。目的《もくてき》。射的《しゃてき》。的確《てきかく》（てっかく）。的《てき》
❷…の性質《せいしつ》をもつ。☞ 印象的《いんしょうてき》。科学的《かがくてき》。具体的《ぐたいてき》。計画的《けいかくてき》。劇的《げきてき》。合理的《ごうりてき》。自動的《じどうてき》。精神的《せいしんてき》。知的《ちてき》。民主的《みんしゅてき》。理想的《りそうてき》。

「的《まと》を射《い》る」とは、矢《や》をうまく目標《もくひょう》に当《あ》てること。また、うまく要点《ようてん》をつかむこと。

目 め　省　9画

丨 小 少 少 省 省 省 省 省

オン　セイ　ショウ
くん　（かえりみる）　はぶく

つかいかた
作業《さぎょう》のむだを省《はぶ》く。
お盆《ぼん》の帰《き》省《せい》ラッシュ。
反《はん》省《せい》会《かい》を開《ひら》く。
説明《せつめい》を省略《しょうりゃく》する。

オンくんあそび
反省《はんせい》会《かい》を
省《はぶ》きます

いみ・ことば
❶かえりみる。ふり返《かえ》って考《かんが》える。☞ 省察《せいさつ》（しょうさつ）。内省《ないせい》。反省《はんせい》。自省《じせい》。
❷たずねる。☞ 帰省《きせい》。
❸はぶく。☞ 省略《しょうりゃく》。省力化《しょうりょくか》。
❹国の役所《やくしょ》。☞ 外務省《がいむしょう》。財務省《ざいむしょう》。省令《しょうれい》。

ネ しめすへん　祝　9画

丶 ラ ネ ネ 祀 祀 祀 祝 祝

オン　シュク　（シュウ）
くん　いわう

つかいかた
新校舎《しんこうしゃ》の完成《かんせい》を祝《いわ》う。
祝《しゅく》賀《が》パレードを行《おこな》う。
卒業式《そつぎょうしき》の祝《しゅく》辞《じ》。
国民《こくみん》の祝《しゅく》日《じつ》。

オンくんあそび
受賞《じゅしょう》を祝《いわ》う
祝《しゅく》賀《が》会《かい》

いみ・ことば
❶いわう。☞ 内祝《うちいわ》い。祝儀《しゅうぎ》。祝言《しゅうげん》。祝宴《しゅくえん》。祝賀《しゅくが》。祝祭日《しゅくさいじつ》。祝辞《しゅくじ》。祝日《しゅくじつ》。祝典《しゅくてん》。祝電《しゅくでん》。祝杯《しゅくはい》。祝福《しゅくふく》。祝砲《しゅくほう》。前祝《まえいわ》い。

とくべつなよみかた
祝詞《のりと》。

なりたち

☞ 祝
示（祭壇《さいだん》）に（ひざまずく形《かたち》）で、「いわう」を表《あらわ》す。

票

示 しめす

11画

票

オン ヒョウ

くん ―

つかいかた

清《きよ》き一票《いっぴょう》を投《とう》じる。

伝票《でんぴょう》の整理《せいり》をする。

選挙《せんきょ》の投票《とうひょう》に行《い》く。

いみ・ことば

❶紙片《しへん》。用紙《ようし》。 住民票《じゅうみんひょう》。受験票《じゅけんひょう》。伝票《でんぴょう》。

❷選挙《せんきょ》に使《つか》うふだ。また、投票数《とうひょうすう》を数《かぞ》える言葉《ことば》。 一万票《いちまんぴょう》。一票《いっぴょう》差《さ》。開票《かいひょう》。投票《とうひょう》。得票《とくひょう》。白票《はくひょう》。票決《ひょうけつ》。票数《ひょうすう》。

種

禾 のぎへん

14画

種

オン シュ

くん たね

つかいかた

運動会《うんどうかい》の種目《しゅもく》。

野菜《やさい》の種《たね》をまく。

手品《てじな》の種《たね》を明《あ》かす。

草花《くさばな》の種類《しゅるい》を調《しら》べる。

オンくんあそび

いろんな種類《しゅるい》の花《はな》の種《たね》

いみ・ことば

❶植物《しょくぶつ》のたね。 種子《しゅし》。種《たね》まき。菜種《なたね》。

❷もととなるもの。 種《たね》明《あ》かし。種《たね》切《ぎ》れ。手品《てじな》の種《たね》。話《はなし》の種《たね》。火種《ひだね》。

❸仲間《なかま》。 一種《いっしゅ》。業種《ぎょうしゅ》。雑種《ざっしゅ》。種々《しゅじゅ》(種種《しゅじゅ》)。種族《しゅぞく》。種別《しゅべつ》。種目《しゅもく》。種類《しゅるい》。職種《しょくしゅ》。新種《しんしゅ》。人種《じんしゅ》。品種《ひんしゅ》。変種《へんしゅ》。

積

禾 のぎへん

16画

積

オン セキ

くん つむ つもる

つかいかた

練習《れんしゅう》を積《つ》んだ結果《けっか》。

積極的《せっきょくてき》に取《と》り組《く》む。

面積《めんせき》を求《もと》める公式《こうしき》。

オンくんあそび

算数《さんすう》で 積《つ》み木《き》の体積《たいせき》 計算《けいさん》し

いみ・ことば

❶つみ重《かさ》ねる。 山積《さんせき》。集積《しゅうせき》。積算《せきさん》。積雪《せきせつ》。積年《せきねん》。積乱雲《せきらんうん》。積極的《せっきょくてき》。蓄積《ちくせき》。積《つ》み降《お》ろし。積《つ》み重《かさ》ね。積《つ》み木《き》。積《つ》み荷《に》。山積《やまづ》み。

❷大《おお》きさ。広《ひろ》さ。 体積《たいせき》。面積《めんせき》。容積《ようせき》。

❸かけ算《ざん》の答《こた》え。 五《ご》と三《さん》の積《せき》は十五《じゅうご》。

票 種 積 競 置 笑

競
立 たつ 20画

オン キョウ ケイ
くん （きそう） （せる）

つかいかた
陸上《りくじょう》競《きょう》技《ぎ》大《たい》会《かい》に出《で》る。
競《けい》馬《ば》場《じょう》の近《ちか》くの駅《えき》。
絵《え》の美《うつく》しさを競《きそ》う。
ゴール前《まえ》で競《せ》り合《あ》う。

オンくんあそび
徒《と》競《きょう》走《そう》 競《きそ》ってついに 競《せ》り勝《か》った

いみ・ことば
❶きそう。☞ 競《きょう》泳《えい》。競《きょう》演《えん》。競《きょう》技《ぎ》。競《きょう》合《ごう》。競《きょう》作《さく》。競《きょう》争《そう》。競《きょう》走《そう》。競《きょう》売《ばい》。競《きょう》歩《ほ》。競《けい》馬《ば》。競《けい》輪《りん》。

なりたち

☞ 競
二人《ふたり》が並《なら》んで競《きそ》う形《かたち》から。

置
罒 あみがしら 13画

オン チ
くん おく

つかいかた
机《つくえ》の上《うえ》に本《ほん》を置《お》く。
四《よ》年《ねん》生《せい》の並《なら》ぶ位《い》置《ち》。
家《か》具《ぐ》を配《はい》置《ち》する。

オンくんあそび
物《もの》置《おき》を 設《せっ》置《ち》する

いみ・ことば
❶おく。すえつける。備《そな》える。☞ 安《あん》置《ち》。位《い》置《ち》。置《お》き去《ざ》り。置《お》き手《て》紙《がみ》。置《おき》物《もの》。処《しょ》置《ち》。据《す》え置《お》き。設《せっ》置《ち》。装《そう》置《ち》。措《そ》置《ち》。置《ち》換《かん》。配《はい》置《ち》。放《ほう》置《ち》。物《もの》置《おき》。留《りゅう》置《ち》。

「置《おき》物《もの》」や「物《もの》置《おき》」は、「置《お》き物《もの》」「物《もの》置《お》き」とは書《か》かないよ。

笑
⺮ たけかんむり 10画

オン （ショウ）
くん わらう （えむ）

つかいかた
大《おお》きな声《こえ》で笑《わら》う。
ほほ笑《え》みをうかべる。
思《おも》わず苦《く》笑《しょう》する。
楽《たの》しく談《だん》笑《しょう》する。

オンくんあそび
笑《わら》い話《ばなし》に 大《だい》爆《ばく》笑《しょう》

いみ・ことば
❶わらう。わらい。☞ 大《おお》笑《わら》い。苦《く》笑《しょう》。談《だん》笑《しょう》。嘲《ちょう》笑《しょう》。泣《な》き笑《わら》い。苦《にが》笑《わら》い。爆《ばく》笑《しょう》。微《び》笑《しょう》。物《もの》笑《わら》い。冷《れい》笑《しょう》。笑《わら》い声《ごえ》。笑《わら》い話《ばなし》。

とくべつなよみかた
笑《え》顔《がお》。

節

竹 たけかんむり　13画

節

オン　セツ（セチ）
くん　ふし

つかいかた

節《ふし》の多《おお》い竹《たけ》。
ひざの関節《かんせつ》が痛《いた》い。
節水《せっすい》を心《こころ》がける。
節分《せつぶん》に豆《まめ》まきをする。

オンくんあそび

季節《きせつ》の節目《ふしめ》 衣替《ころもが》え

なりたち

節　竹（たけ）と卽（食事《しょくじ》の席《せき》につく）で竹《たけ》の節《ふし》の意《い》から、「くぎり」を表《あらわ》す。

いみ・ことば

❶ふし。区切《くぎ》り。 折節《おりふし》。音節《おんせつ》。関節《かんせつ》。季《き》節《せつ》。時節《じせつ》。節句《せっく》。節分《せつぶん》。節目《ふしめ》。文節《ぶんせつ》。

❷けじめ。むだを省《はぶ》く。ほどよい。 節食《せっしょく》。節水《せっすい》。節制《せっせい》。節操《せっそう》。節電《せつでん》。節度《せつど》。節約《せつやく》。調《ちょう》節《せつ》。礼《れい》節《せつ》。

管

竹 たけかんむり　14画

管

オン　カン
くん　くだ

つかいかた

ストローの細《ほそ》い管《くだ》。
管楽器《かんがっき》をふく。
試験管《しけんかん》を使《つか》った実験《じっけん》。
貴重品《きちょうひん》を保管《ほかん》する。

オンくんあそび

管《くだ》の形《かたち》の管楽器《かんがっき》

いみ・ことば

❶くだ。つつ。 ガス管《かん》。管楽器《かんがっき》。管弦楽《かんげんがく》。気管《きかん》。金管楽器《きんかんがっき》。血管《けっかん》。試験管《しけんかん》。水道管《すいどうかん》。鉄管《てっかん》。土管《どかん》。木管楽器《もっかんがっき》。

❷取《と》りしまる。 管轄《かんかつ》。管制塔《かんせいとう》。管理《かんり》。保《ほ》管《かん》。

粉

米 こめへん　10画

粉

オン　フン
くん　こ　こな

つかいかた

花粉《かふん》を運《はこ》ぶ虫《むし》。
粉薬《こなぐすり》を飲《の》む。
小麦粉《こむぎこ》でお菓子作《かしづく》り。

オンくんあそび

小麦粉《こむぎこ》も 花粉《かふん》も粉《こな》だ 風《かぜ》にまう

なりたち

粉　米（こめ）と分（わける）で、米《こめ》をくだき分《わ》けた「こな」を表《あらわ》す。

いみ・ことば

❶こな。こなのように細《こま》かい。 花粉《かふん》。黄《き》な粉《こ》。金粉《きんぷん》。粉薬《こなぐすり》。粉々《こなごな》（粉粉《こなごな》）。粉《こな》みじん。粉雪（こなゆき こゆき）。小麦粉《こむぎこ》。受粉《じゅふん》。汁粉《しるこ》。製粉《せいふん》。歯磨《はみが》き粉《こ》。火《ひ》の粉《こ》。粉砕《ふんさい》。粉末《ふんまつ》。

紀

糸 いとへん 9画

く 幺 糸 糸 紀 紀 紀

オン キ

くん

つかいかた

風紀《ふうき》委員《いいん》になる。
紀元前《きげんぜん》の遺跡《いせき》の発掘《はっくつ》。
紀行文《きこうぶん》を書《か》く。
今《いま》は二十一世紀《にじゅういっせいき》だ。

いみ・ことば

❶年代《ねんだい》。 紀元《きげん》。世紀《せいき》。二十一世紀《にじゅういっせいき》。白亜紀《はくあき》。

❷筋道《すじみち》。秩序《ちつじょ》。 紀律《きりつ》。風紀《ふうき》。

❸順《じゅん》を追《お》って書《か》き記《しる》す。 紀行文《きこうぶん》。紀伝《きでん》。紀要《きよう》。

約

糸 いとへん 9画

く 幺 糸 糸 糸 約 約 約

オン ヤク

くん

つかいかた

学校《がっこう》まで約十五分《やくじゅうごふん》。
水《みず》や電気《でんき》を節約《せつやく》する。
友達《ともだち》との約束《やくそく》を守《まも》る。
お店《みせ》の予約《よやく》をする。

いみ・ことば

❶取《と》り決《き》める。 解約《かいやく》。確約《かくやく》。規約《きやく》。契約《けいやく》。公約《こうやく》。婚約《こんやく》。条約《じょうやく》。密約《みつやく》。約束《やくそく》。予約《よやく》。

❷引《ひ》きしめる。省《はぶ》く。 倹約《けんやく》。制約《せいやく》。節約《せつやく》。約数《やくすう》。約分《やくぶん》。要約《ようやく》。

❸およそ。 約十人《やくじゅうにん》。約二時間《やくにじかん》。

なりたち

約

糸（いと）と勺（ひきしめる）で、「まとめる」「とりきめる」を表《あらわ》す。

給

糸 いとへん 12画

く 幺 糸 糸 糸 紒 紒 給 給 給 給 給

オン キュウ

くん

つかいかた

給食《きゅうしょく》の時間《じかん》になる。
働《はたら》いて給料《きゅうりょう》をもらう。
自給自足《じきゅうじそく》の生活《せいかつ》。
栄養《えいよう》を補給《ほきゅう》する。

いみ・ことば

❶あたえる。 給仕《きゅうじ》。給食《きゅうしょく》。給水車《きゅうすいしゃ》。給湯《きゅうとう》。給付《きゅうふ》。給油《きゅうゆ》。給与《きゅうよ》。給料《きゅうりょう》。供給《きょうきゅう》。支給《しきゅう》。自給自足《じきゅうじそく》。需給《じゅきゅう》。配給《はいきゅう》。補給《ほきゅう》。

❷「給料《きゅうりょう》」のこと。 月給《げっきゅう》。高給《こうきゅう》。時給《じきゅう》。昇給《しょうきゅう》。有給《ゆうきゅう》。

結

糸 いとへん　12画

結結結結結結結結結結結結

オン　ケツ

くん　むすぶ　（ゆう）　（ゆわえる）

つかいかた

髪《かみ》の毛《け》を結《むす》ぶ。
よい結果《けっか》が出《で》る。
物語《ものがたり》の意外《いがい》な結末《けつまつ》。
くつひもを結《ゆ》わえる。

オンくんあそび　心《こころ》を結《むす》び　一致団結《いっちだんけつ》

いみ・ことば

❶むすぶ。つなぐ。まとまる。縁結《えんむす》び。結合《けつごう》。結婚《けっこん》。結実《けつじつ》。結社《けっしゃ》。結集《けっしゅう》。結晶《けっしょう》。結成《けっせい》。結束《けっそく》。団結《だんけつ》。直結《ちょっけつ》。結《むす》び目《め》。連結《れんけつ》。
❷しめくくる。結果《けっか》。起承転結《きしょうてんけつ》。完結《かんけつ》。終結《しゅうけつ》。結局《けっきょく》。結末《けつまつ》。結論《けつろん》。

「実《み》を結《むす》ぶ」とは、草木《くさき》が実《み》をつけること。また、努力《どりょく》の結果《けっか》が現《あらわ》れて、よい結果《けっか》となること。

続

糸 いとへん　13画

続続続続続続続続続続続続続

オン　ゾク

くん　つづく　つづける

つかいかた

物語《ものがたり》の続編《ぞくへん》を読《よ》む。
どこまでも続《つづ》く青空《あおぞら》。
続《つづ》けることが大切《たいせつ》だ。
入学《にゅうがく》の手《て》続《つづ》きをする。

オンくんあそび　継続《けいぞく》は　力《ちから》になるよ　続《つづ》けよう

いみ・ことば

❶つづく。つづける。永続《えいぞく》。勤続《きんぞく》。継続《けいぞく》。後続《こうぞく》。持続《じぞく》。地続《じつづ》き。接続《せつぞく》。相続《そうぞく》。続出《ぞくしゅつ》。続々《ぞくぞく》（続続《ぞくぞく》）。続発《ぞくはつ》。続編《ぞくへん》。続報《ぞくほう》。続行《ぞっこう》。存続《そんぞく》。断続《だんぞく》。続《つづ》き物《もの》。手続《てつづ》き。陸続《りくつづ》き。連続《れんぞく》。

なりたち

続　糸（いと）と売（つながる）で、「つづく」を表《あらわ》す。

胃

月 にくづき　9画

胃胃胃胃胃胃胃胃胃

オン　イ

くん　―

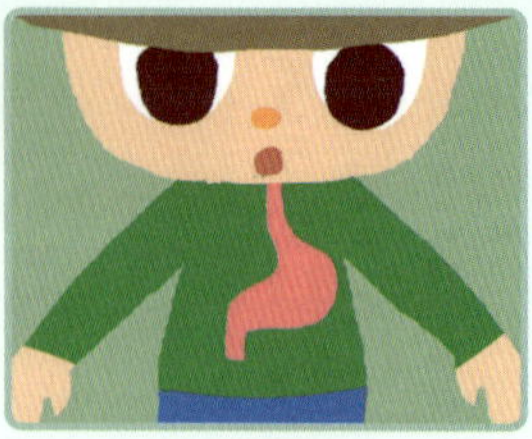

つかいかた

胃《い》は消化器《しょうかき》の一《ひと》つだ。
胃《い》の調子《ちょうし》を整《ととの》える。
胃腸薬《いちょうやく》を飲《の》む。

いみ・ことば

❶い。いぶくろ。胃液《いえき》。胃炎《いえん》。胃《い》カメラ。胃薬《いぐすり》。胃散《いさん》。胃酸《いさん》。胃弱《いじゃく》。胃腸《いちょう》。胃痛《いつう》。胃袋《いぶくろ》。

結
続
胃
脈
腸
航

脈

月 にくづき　10画

オン　ミャク
くん

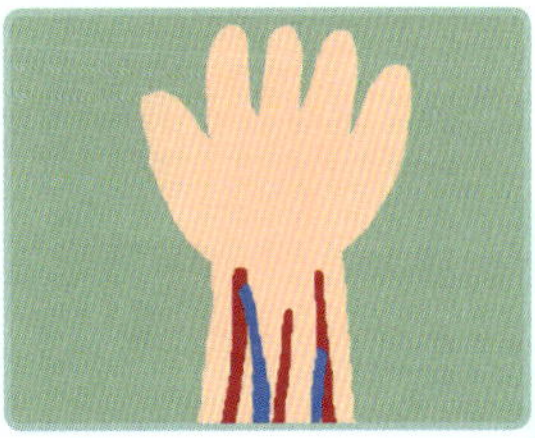

つかいかた

血管《けっかん》の動脈《どうみゃく》と静脈《じょうみゃく》。
世界《せかい》の主《おも》な山脈《さんみゃく》。
文脈《ぶんみゃく》にそって考《かんが》える。
葉《は》の葉脈《ようみゃく》を観察《かんさつ》する。

いみ・ことば

❶血管《けっかん》。 静脈《じょうみゃく》。動脈《どうみゃく》。脈拍《みゃくはく》。
❷筋《すじ》になって続《つづ》く。 金脈《きんみゃく》。鉱脈《こうみゃく》。山脈《さんみゃく》。
人脈《じんみゃく》。水脈《すいみゃく》。文脈《ぶんみゃく》。脈《みゃく》々《みゃく》（脈《みゃく》脈《みゃく》）。脈絡《みゃくらく》。
葉脈《ようみゃく》。乱脈《らんみゃく》。

なりたち

脈

月（肉《にく》）と 𠂢（支流《しりゅう》）で、体《からだ》に流《なが》れる血管《けっかん》の意《い》を表《あらわ》す。

腸

月 にくづき　13画

オン　チョウ
くん

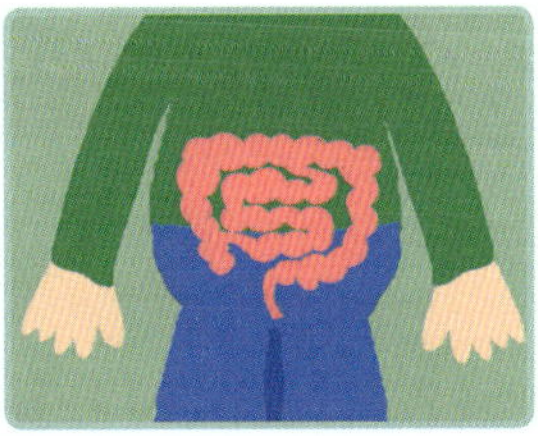

つかいかた

腸《ちょう》の働《はたら》きを知《し》る。
大腸《だいちょう》の検査《けんさ》を受《う》ける。
腸詰《ちょうづ》めの料理《りょうり》。
盲腸《もうちょう》の手術《しゅじゅつ》をする。

いみ・ことば

❶ちょう。 胃腸《いちょう》。十二指腸《じゅうにしちょう》。小腸《しょうちょう》。大腸《だいちょう》。
断腸《だんちょう》。腸炎《ちょうえん》。腸詰《ちょうづ》め。直腸《ちょくちょう》。盲腸《もうちょう》。

なりたち

腸

月で「肉《にく》」を表《あらわ》し、昜で長《なが》いの意《い》と音《おん》「チョウ」を表《あらわ》す。

航

舟 ふねへん　10画

オン　コウ
くん

つかいかた

予定《よてい》どおり出航《しゅっこう》する。
航《こう》空《くう》写《しゃ》真《しん》をとる。
話《はな》し合《あ》いが難航《なんこう》する。

いみ・ことば

❶船《ふね》や飛行機《ひこうき》で進《すす》む。 運航《うんこう》。回航《かいこう》。寄航《きこう》。帰航《きこう》。休航《きゅうこう》。欠航《けっこう》。航海《こうかい》。航空《こうくう》。航空機《こうくうき》。航空便《こうくうびん》。航行《こうこう》。航程《こうてい》。航路《こうろ》。周航《しゅうこう》。就航《しゅうこう》。出航《しゅっこう》。巡航《じゅんこう》。潜航《せんこう》。渡航《とこう》。難航《なんこう》。密航《みっこう》。来航《らいこう》。

なりたち

航

舟で「ふね」を表《あらわ》し、亢で行《い》くの意《い》と音《おん》「コウ」を表《あらわ》す。

衣　ころも　6画

衣

オン　イ
くん　（ころも）

つかいかた
民族《みんぞく》衣《い》装《しょう》を着《き》た女《じょ》性《せい》。更《こう》衣《い》室《しつ》で着《き》替《が》える。衣《ころも》替《が》えをする。浴《ゆ》衣《かた》で夏《なつ》祭《まつ》りに行《い》く。

オンくんあそび
夏《なつ》に着《き》る　衣《い》服《ふく》を出《だ》して　衣《ころも》替《が》え

いみ・ことば
❶ころも。服《ふく》。着《き》物《もの》。☞衣《い》装《しょう》。衣《い》食《しょく》住《じゅう》。衣《い》服《ふく》。衣《い》料《りょう》品《ひん》。衣《い》類《るい》。更《こう》衣《い》室《しつ》。衣《ころも》替《が》え。脱《だっ》衣《い》場《じょう》。着《ちゃく》衣《い》。白《はく》衣《い》。羽《は》衣《ごろも》。

とくべつなよみかた
浴《ゆ》衣《かた》。

なりたち

☞衣
衣《い》服《ふく》のえりの形《かたち》から。

行　ぎょうがまえ　12画

街

オン　ガイ　（カイ）
くん　まち

つかいかた
街《まち》角《かど》のパン屋《や》さん。街《がい》路《ろ》樹《じゅ》の手《て》入《い》れ。駅《えき》前《まえ》の商《しょう》店《てん》街《がい》。街《かい》道《どう》沿《ぞ》いの杉《すぎ》並《なみ》木《き》。

オンくんあそび
街《がい》灯《とう》ともる　夜《よる》の街《まち》

いみ・ことば
❶まち。大通《おおどお》り。☞街《かい》道《どう》。街《がい》灯《とう》。街《がい》頭《とう》。街《がい》路《ろ》。街《がい》路《ろ》樹《じゅ》。学《がく》生《せい》街《がい》。市《し》街《がい》地《ち》。住《じゅう》宅《たく》街《がい》。商《しょう》店《てん》街《がい》。地《ち》下《か》街《がい》。繁《はん》華《か》街《がい》。街《まち》角《かど》。街《まち》並《な》み。名《めい》店《てん》街《がい》。

なりたち

☞街
行(十字路《じゅうじろ》)と圭(交差《こうさ》した形《かたち》)で、「大通《おおどお》り」「まち」を表《あらわ》す。

良　こんづくり　7画

良

オン　リョウ
くん　よい

つかいかた
旅《たび》先《さき》の天《てん》気《き》は良《りょう》好《こう》だ。仲《なか》の良《よ》い兄《きょう》弟《だい》。改《かい》良《りょう》を重《かさ》ねた良《りょう》薬《やく》。善《ぜん》良《りょう》な人《ひと》柄《がら》。

オンくんあそび
視《し》界《かい》良《りょう》好《こう》　良《よ》い天《てん》気《き》

いみ・ことば
❶よい。すぐれている。☞改《かい》良《りょう》。最《さい》良《りょう》。善《ぜん》良《りょう》。良《りょう》好《こう》。仲《なか》良《よ》し。不《ふ》良《りょう》。優《ゆう》良《りょう》。良《りょう》縁《えん》。良《りょう》家《け》。良《りょう》妻《さい》賢《けん》母《ぼ》。良《りょう》策《さく》。良《りょう》識《しき》。良《りょう》質《しつ》。良《りょう》書《しょ》。良《りょう》心《しん》。良《りょう》性《せい》。良《りょう》薬《やく》。

とくべつなよみかた
奈《な》良《ら》県《けん》。

なりたち
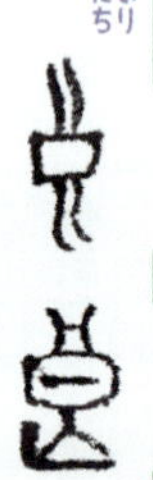
☞良
穀《こく》類《るい》からよいものを選《えら》ぶ器《き》具《ぐ》の形《かたち》から。

要

西 にしかんむり　9画

オン　ヨウ

くん　かなめ　（いる）

つかいかた

必要《ひつよう》な物《もの》を準備《じゅんび》する。

彼《かれ》はチームの要《かなめ》だ。

要《よう》を得《え》た説明《せつめい》。

文章《ぶんしょう》を要《よう》約《やく》する。

オンくんあそび

重要《じゅうよう》な　扇《おうぎ》の要《かなめ》の　ような役割《やくわり》

いみ・ことば

❶かなめ。大事《だいじ》な。　肝要《かんよう》。重要《じゅうよう》。主要《しゅよう》。要因《よういん》。要害《ようがい》。要件《ようけん》。要旨《ようし》。要所《ようしょ》。要人《ようじん》。要《よう》素《そ》。要点《ようてん》。要約《ようやく》。要領《ようりょう》。

❷いる。求《もと》める。入《い》り用《よう》。　需要《じゅよう》。必要《ひつよう》。不要《ふよう》。要求《ようきゅう》。要請《ようせい》。要望《ようぼう》。

「要《かなめ》」とは、扇《おうぎ》の骨《ほね》をとじる穴《あな》に通《とお》すくぎ。また、もっとも大切《たいせつ》な部分《ぶぶん》のこと。

覚

見 みる　12画

オン　カク

くん　おぼえる　さます　さめる

つかいかた

外国語《がいこくご》を覚《おぼ》える。

目《め》が覚《さ》める。

覚悟《かくご》を決《き》めて行《おこな》う。

不正《ふせい》が発覚《はっかく》する。

オンくんあそび

目覚《めざ》めても　夢《ゆめ》の感覚《かんかく》　覚《おぼ》えていたよ

いみ・ことば

❶感《かん》じる。気《き》づく。　覚悟《かくご》。感覚《かんかく》。嗅覚《きゅうかく》。錯覚《さっかく》。視覚《しかく》。自覚《じかく》。色覚《しきかく》。触覚《しょっかく》。知覚《ちかく》。聴《ちょう》覚《かく》。不覚《ふかく》。味覚《みかく》。

❷おぼえる。　覚《おぼ》え書《が》き。見覚《みおぼ》え。

❸明《あき》らかになる。　発覚《はっかく》。

なりたち

覺　→　覚

（學〔学《まな》ぶ〕の省略形《しょうりゃくけい》）と見（みる）で、「おぼえる」を表《あらわ》す。

観

見 みる　18画

オン　カン

くん　—

つかいかた

観光地《かんこうち》をめぐる。

朝顔《あさがお》の観察《かんさつ》をする。

サッカーを観戦《かんせん》する。

土曜日《どようび》は授業参観《じゅぎょうさんかん》だ。

いみ・ことば

❶見《み》る。ながめる。ながめ。　外観《がいかん》。観客《かんきゃく》。観劇《かんげき》。観光《かんこう》。観察《かんさつ》。観衆《かんしゅう》。観戦《かんせん》。観測《かんそく》。景《けい》観《かん》。参観《さんかん》。静観《せいかん》。壮観《そうかん》。美観《びかん》。

❷ものの見方《みかた》。　観点《かんてん》。客観《きゃっかん》。主観《しゅかん》。人生《じんせい》観《かん》。先入観《せんにゅうかん》。悲観《ひかん》。楽観《らっかん》。

言 ごんべん 10画

訓

オン クン
くん ―

つかいかた
試合《しあい》に向《む》け特訓《とっくん》する。
漢字《かんじ》の音訓《おんくん》を調《しら》べる。
貴重《きちょう》な教訓《きょうくん》を得《え》る。
防災《ぼうさい》訓練《くんれん》に参加《さんか》する。

なりたち
訓 言（ことば）と川（川筋《かわすじ》にそって流《なが》れる川《かわ》）で、筋《すじ》を通《とお》して「おしえる」ことを表《あらわ》す。

いみ・ことば
❶教《おし》える。教《おし》え。
辞《じ》。訓《くん》練《れん》。訓《くん》話《わ》。
家《か》訓《くん》。教《きょう》訓《くん》。訓《くん》示《じ》。訓《くん》
特《とっ》訓《くん》。
❷漢字《かんじ》のくん。
音《おん》訓《くん》。訓《くん》読《どく》。訓《くん》読《よ》み。

言 ごんべん 13画

試

オン シ
くん こころみる
（ためす）

つかいかた
両親《りょうしん》の説得《せっとく》を試《こころ》みる。
柔道《じゅうどう》の試《し》合《あい》をする。
スーパーで試《し》食《しょく》する。
模《も》試《し》で実力《じつりょく》を試《ため》す。

オンくんあそび
試《ため》しに食《た》べる
試《し》食品《しょくひん》

いみ・ことば
❶こころみる。ためす。
試《し》合《あい》。試《し》案《あん》。試《し》
飲《いん》。試《し》運転《うんてん》。試《し》供品《きょうひん》。試《し》金石《きんせき》。試《し》験《けん》。試《し》
行錯誤《こうさくご》。試《し》作《さく》。試《し》食《しょく》。試《し》着《ちゃく》。試《し》聴《ちょう》。試《し》問《もん》。
試《し》用《よう》。試《し》練《れん》。
❷「試験《しけん》」のこと。
追《つい》試《し》。入《にゅう》試《し》。模《も》試《し》。

言 ごんべん 14画

説

オン セツ
（ゼイ）
くん とく

つかいかた
教《おし》えを説《と》く。
冒険《ぼうけん》小説《しょうせつ》を読《よ》む。
くわしい解説《かいせつ》を聞《き》く。
図《ず》を使《つか》って説明《せつめい》する。

オンくんあそび
人《ひと》の道《みち》説《と》く
演説《えんぜつ》を聞《き》く

いみ・ことば
❶とく。ときあかす。
演《えん》説《ぜつ》。解《かい》説《せつ》。図《ず》説《せつ》。
説《せっ》教《きょう》。説《せっ》得《とく》。説《せつ》明《めい》。遊《ゆう》説《ぜい》。力《りき》説《せつ》。
❷意見《いけん》。考《かんが》え。
学《がく》説《せつ》。仮《か》説《せつ》。社《しゃ》説《せつ》。新《しん》説《せつ》。
通《つう》説《せつ》。定《てい》説《せつ》。論《ろん》説《せつ》。
❸話《はなし》。物語《ものがたり》。
小《しょう》説《せつ》。説《せつ》話《わ》。伝《でん》説《せつ》。

「遊説《ゆうぜい》」は、政治家《せいじか》などが各地《かくち》を演説《えんぜつ》してまわること。

課

言 ごんべん　15画

オン　カ
くん　—

つかいかた
校外《こうがい》での課《か》外《がい》授業《じゅぎょう》。
宣伝《せんでん》課《か》の課《か》長《ちょう》。
夏休《なつやす》みの課《か》題《だい》。
読書《どくしょ》を日課《にっか》とする。

いみ・ことば
❶割《わ》り当《あ》てる。割《わ》り当《あ》てられたこと。
課《か》　外《がい》授業《じゅぎょう》。課《か》税《ぜい》。課《か》題《だい》。課《か》程《てい》。課《か》目《もく》。正《せい》課《か》。日課《にっか》。日《にっ》課《か》表《ひょう》。放《ほう》課《か》後《ご》。
❷仕事《しごと》の部署《ぶしょ》。
課《か》長《ちょう》。宣伝《せんでん》課《か》。

議

言 ごんべん　20画

オン　ギ
くん　—

つかいかた
みんなで討議《とうぎ》する。
異議《いぎ》を申《もう》し出《で》る。
会議《かいぎ》の議《ぎ》長《ちょう》を務《つと》める。
不思議《ふしぎ》な話《はなし》を聞《き》く。

いみ・ことば
❶話《はな》し合《あ》う。話《はな》し合《あ》い。意見《いけん》。
異議《いぎ》。会《かい》議《ぎ》。議《ぎ》案《あん》。議《ぎ》員《いん》。議《ぎ》会《かい》。議《ぎ》決《けつ》。議《ぎ》事《じ》。議《ぎ》場《じょう》。議《ぎ》席《せき》。議《ぎ》題《だい》。議《ぎ》長《ちょう》。協《きょう》議《ぎ》。議《ぎ》論《ろん》。決《けつ》議《ぎ》。抗《こう》議《ぎ》。国会《こっかい》議《ぎ》事《じ》堂《どう》。参《さん》議《ぎ》院《いん》。衆《しゅう》議《ぎ》院《いん》。審《しん》議《ぎ》。討《とう》議《ぎ》。動《どう》議《ぎ》。不思《ふし》議《ぎ》。論《ろん》議《ぎ》。和《わ》議《ぎ》。

なりたち
議　義《ぎ》（正《ただ》しいこと）と言《げん》（ことば）で、正《ただ》しいかどうか「話《はな》し合《あ》う」意《い》を表《あらわ》す。

象

豕 ぶた　12画

オン　ショウ　ゾウ
くん　—

つかいかた
象《ぞう》の鼻《はな》は長《なが》い。
印象《いんしょう》的《てき》なできごと。
気象《きしょう》情報《じょうほう》を確認《かくにん》する。

オンくんあそび
印象《いんしょう》的《てき》な象《ぞう》の鼻《はな》

いみ・ことば
❶ぞう。
巨象《きょぞう》。象《ぞう》牙《げ》。
❷形《かたち》。かたどる。
印《いん》象《しょう》。印《いん》象《しょう》的《てき》。気《き》象《しょう》。具《ぐ》象《しょう》。現《げん》象《しょう》。象《しょう》形《けい》文《も》字《じ》。象《しょう》徴《ちょう》。対《たい》象《しょう》。抽《ちゅう》象《しょう》。

なりたち

象　ゾウの形《かたち》から。

貨

貝 かい　11画

オン　カ
くん　―

つかいかた

荷物《にもつ》を貨《か》車《しゃ》に積《つ》む。
金《きん》貨《か》が出土《しゅつど》する。
手作《てづく》りの雑《ざっ》貨《か》屋《や》さん。
百《ひゃっ》貨《か》店《てん》で洋服《ようふく》を買《か》う。

いみ・ことば

❶お金《かね》。☞ 外《がい》貨《か》。貨《か》幣《へい》。金《きん》貨《か》。銀《ぎん》貨《か》。硬《こう》貨《か》。通《つう》貨《か》。

❷品物《しなもの》。☞ 貨《か》車《しゃ》。貨《か》物《もつ》。財《ざい》貨《か》。雑《ざっ》貨《か》。百《ひゃっ》貨《か》店《てん》。

なりたち

貨　化（かわる）と貝（お金《かね》）で、いろいろな物《もの》と交換《こうかん》できるお金《かね》や価値《かち》のある物《もの》の意《い》を表《あらわ》す。

貯

貝 かいへん　12画

オン　チョ
くん　―

つかいかた

貯《ちょ》金《きん》通帳《つうちょう》を作《つく》る。
貯《ちょ》水池《すいち》に水《みず》をためる。
食料《しょくりょう》の貯《ちょ》蔵庫《ぞうこ》。
将来《しょうらい》に備《そな》え貯《ちょ》蓄《ちく》する。

いみ・ことば

❶ためる。たくわえる。☞ 貯《ちょ》金《きん》。貯《ちょ》金《きん》箱《ばこ》。貯《ちょ》水《すい》。貯《ちょ》水池《すいち》。貯《ちょ》蔵《ぞう》。貯《ちょ》蔵庫《ぞうこ》。貯《ちょ》蓄《ちく》。

なりたち

☞ 貯　貝（お金《かね》）と宁（たくわえる箱《はこ》）で、「たくわえる」を表《あらわ》す。

費

貝 かい　12画

オン　ヒ
くん　つい（やす）　つい（える）

つかいかた

学《がく》費《ひ》をはらう。
食《しょく》費《ひ》が増《ふ》える。
費《ひ》用《よう》がかさむ。
調査《ちょうさ》に時間《じかん》を費《つい》やす。

オンくんあそび
膨大《ぼうだい》な費《ひ》用《よう》と時間《じかん》
費《つい》やした

いみ・ことば

❶ついやす。使《つか》って減《へ》らす。☞ 空《くう》費《ひ》。消《しょう》費《ひ》。費《ひ》用《よう》。浪《ろう》費《ひ》。

❷あることに使《つか》うお金《かね》。☞ 会《かい》費《ひ》。学《がく》費《ひ》。経《けい》費《ひ》。交通《こうつう》費《ひ》。光熱《こうねつ》費《ひ》。雑《ざっ》費《ぴ》。実《じっ》費《ぴ》。私《し》費《ひ》。出《しゅっ》費《ぴ》。食《しょく》費《ひ》。人件《じんけん》費《ひ》。旅《りょ》費《ひ》。

なりたち

費　弗（散《ち》らす）と貝（お金《かね》）で、お金《かね》を「使《つか》って減《へ》らす」「ついやす」を表《あらわ》す。

貨 貯 費 賞 軍 輪

貝 かい　15画

賞

オン ショウ
くん —

つかいかた
工芸作品《こうげいさくひん》を鑑賞《かんしょう》する。
参加賞《さんかしょう》をもらう。
賞状《しょうじょう》を受《う》け取《と》る。
賞味期限《しょうみきげん》の表示《ひょうじ》。

いみ・ことば
❶ほめる。ほうび。
恩賞《おんしょう》。懸賞《けんしょう》。参加賞《さんかしょう》。受賞《じゅしょう》。賞金《しょうきん》。賞賛《しょうさん》。賞状《しょうじょう》。賞罰《しょうばつ》。賞品《しょうひん》。賞与《しょうよ》。入賞《にゅうしょう》。
❷味《あじ》わう。
観賞《かんしょう》。鑑賞《かんしょう》。賞味《しょうみ》。

なりたち
賞
尚（高《たか》い・尊《とうと》ぶ）と 貝（お金《かね》）で、「ほめる」「ほうび」を表《あらわ》す。

車 くるま　9画

軍

オン グン
くん —

つかいかた
軍隊《ぐんたい》の行進《こうしん》。
行司《ぎょうじ》が軍配《ぐんばい》を上《あ》げる。
東軍《とうぐん》が勝利《しょうり》する。

いみ・ことば
❶いくさ。ぐんたい。
海軍《かいぐん》。空軍《くうぐん》。軍歌《ぐんか》。軍艦《ぐんかん》。軍記《ぐんき》。軍旗《ぐんき》。軍事《ぐんじ》。軍人《ぐんじん》。軍勢《ぐんぜい》。軍隊《ぐんたい》。軍団《ぐんだん》。軍配《ぐんばい》。軍備《ぐんび》。軍服《ぐんぷく》。軍用《ぐんよう》。従軍《じゅうぐん》。将軍《しょうぐん》。進軍《しんぐん》。大軍《たいぐん》。敵軍《てきぐん》。陸軍《りくぐん》。
❷組織《そしき》。チーム。
一軍《いちぐん》。女性軍《じょせいぐん》。東軍《とうぐん》。

なりたち

軍
勹（囲《かこ》む）と 車（戦車《せんしゃ》）で、「いくさ」「軍隊《ぐんたい》」を表《あらわ》す。

車 くるまへん　15画

輪

オン リン
くん わ

つかいかた
手《て》をつなぎ輪《わ》になる。
犬《いぬ》に首輪《くびわ》をつける。
一輪車《いちりんしゃ》に乗《の》る。
クラスで輪唱《りんしょう》する。

オンくんあそび
三輪車《さんりんしゃ》　花輪《はなわ》をそえてプレゼント

いみ・ことば
❶わ。
一輪車《いちりんしゃ》。浮《う》き輪《わ》。腕輪《うでわ》。首輪《くびわ》。五輪《ごりん》。車輪《しゃりん》。駐輪《ちゅうりん》。日輪《にちりん》。年輪《ねんりん》。花輪《はなわ》。指輪《ゆびわ》。両輪《りょうりん》。輪切《わぎ》り。輪ゴム。輪投《わな》げ。
❷回《まわ》る。周《まわ》り。
輪郭《りんかく》。輪唱《りんしょう》。輪番《りんばん》。
❸花《はな》を数《かぞ》える言葉《ことば》。
一輪挿《いちりんざ》し。梅一輪《うめいちりん》。

なりたち

輪
車（車《くるま》）と 侖（きちんと並《なら》ぶ）で、「車輪《しゃりん》」「わ」を表《あらわ》す。

臣 しん　7画

臣

オン　シン　ジン
くん　―

つかいかた
将軍家《しょうぐんけ》の家臣《かしん》。
重臣《じゅうしん》の意見《いけん》を聞《き》く。
臣下《しんか》として仕《つか》える。
総理大臣《そうりだいじん》の記者会見《きしゃかいけん》。

なりたち

臣　(うつむいた目《め》)で、主人《しゅじん》にかしこまる「けらい」を表《あらわ》す。

いみ・ことば
❶家来《けらい》。臣下《しんか》。大臣《だいじん》。
家臣《かしん》。重臣《じゅうしん》。臣民《しんみん》。総理大臣《そうりだいじん》。忠臣《ちゅうしん》。

量 さと　12画

量

オン　リョウ
くん　はかる

つかいかた
本《ほん》の重《おも》さを量《はか》る。
優《すぐ》れた技量《ぎりょう》をもつ。
商品《しょうひん》を大量生産《たいりょうせいさん》する。
適量《てきりょう》の薬《くすり》を飲《の》む。

オンくんあそび
ゾウの重量《じゅうりょう》量《はか》ります

なりたち

量　(穀物《こくもつ》)と(重《おも》さ)で、「はかる」を表《あらわ》す。

いみ・ことば
❶りょう。はかる。おしはかる。
雨量《うりょう》。音量《おんりょう》。計量《けいりょう》。裁量《さいりょう》。質量《しつりょう》。重量《じゅうりょう》。推量《すいりょう》。数量《すうりょう》。測量《そくりょう》。大量《たいりょう》。適量《てきりょう》。分量《ぶんりょう》。量産《りょうさん》。
❷人物《じんぶつ》や能力《のうりょく》の大《おお》きさ。
器量《きりょう》。技量《ぎりょう》。度量《どりょう》。力量《りきりょう》。

辛 からい　13画

辞

オン　ジ
くん　(やめる)

つかいかた
国語辞典《こくごじてん》で調《しら》べる。
校長先生《こうちょうせんせい》の式辞《しきじ》。
役員《やくいん》を辞任《じにん》する。
部活動《ぶかつどう》を辞《や》める。

「辞典《じてん》」は、言葉《ことば》の説明《せつめい》をした本《ほん》。「字典《じてん》」は、漢字《かんじ》の説明《せつめい》をした本《ほん》。「事典《じてん》」は、いろいろな事柄《ことがら》を説明《せつめい》した本《ほん》。

いみ・ことば
❶言葉《ことば》。別《わか》れの言葉《ことば》。
訓辞《くんじ》。賛辞《さんじ》。式辞《しきじ》。祝辞《しゅくじ》。修辞《しゅうじ》。謝辞《しゃじ》。辞典《じてん》。辞世《じせい》。辞書《じしょ》。辞去《じきょ》。答辞《とうじ》。弔辞《ちょうじ》。送辞《そうじ》。辞令《じれい》。辞《じ》。
❷やめる。断《ことわ》る。
固辞《こじ》。辞意《じい》。辞職《じしょく》。辞《じ》退《たい》。辞任《じにん》。辞表《じひょう》。

録

金 かねへん　16画

オン　ロク
くん　―

つかいかた

記録《きろく》用紙《ようし》に書《か》きこむ。有名人《ゆうめいじん》の語録《ごろく》。本《ほん》の付録《ふろく》が楽《たの》しみだ。自分《じぶん》の声《こえ》を録音《ろくおん》する。

いみ・ことば

❶書《か》き記《しる》す。写《うつ》しとる。書《か》き残《のこ》す。
回想《かいそう》録。議事録《ぎじろく》。記録《きろく》。語録《ごろく》。採録《さいろく》。実録《じつろく》。住所録《じゅうしょろく》。収録《しゅうろく》。集録《しゅうろく》。図録《ずろく》。登録《とうろく》。備忘録《びぼうろく》。付録《ふろく》。目録《もくろく》。要録《ようろく》。録音《ろくおん》。録画《ろくが》。

鏡

金 かねへん　19画

オン　キョウ
くん　かがみ

つかいかた

鏡《かがみ》を見《み》て服装《ふくそう》を直《なお》す。鏡《かがみ》に光《ひかり》が反射《はんしゃ》する。顕微鏡《けんびきょう》で観察《かんさつ》する。祖父愛用《そふあいよう》の眼鏡《めがね》。

オンくんあそび　三《みっ》つの鏡《かがみ》の三面鏡《さんめんきょう》

いみ・ことば

❶かがみ。
凹面鏡《おうめんきょう》。鏡開《かがみびら》き。鏡餅《かがみもち》。鏡《きょう》台《だい》。鏡面《きょうめん》。三面鏡《さんめんきょう》。手鏡《てかがみ》。凸面鏡《とつめんきょう》。反射《はんしゃ》鏡《きょう》。万華鏡《まんげきょう》。

❷レンズを使《つか》った道具《どうぐ》。
顕微鏡《けんびきょう》。潜望鏡《せんぼうきょう》。双眼鏡《そうがんきょう》。望遠鏡《ぼうえんきょう》。老眼鏡《ろうがんきょう》。

とくべつなよみかた　眼鏡《めがね》。

関

門 もんがまえ　14画

オン　カン
くん　せき　かか**わる**

つかいかた

玄関《げんかん》から入《はい》る。関所《せきしょ》を通《とお》る。人命《じんめい》に関《かか》わる問題《もんだい》だ。交通機関《こうつうきかん》を利用《りよう》する。

オンくんあそび　関東《かんとう》は関所《せきしょ》の東《ひがし》

いみ・ことば

❶せきしょ。出入《でい》り口《ぐち》。
関西《かんさい》。関税《かんぜい》。関《かん》東《とう》。関門《かんもん》。玄関《げんかん》。税関《ぜいかん》。関所《せきしょ》。難関《なんかん》。

❷かかわる。
関係《かんけい》。関心《かんしん》。関知《かんち》。関与《かんよ》。関連《かんれん》。

❸仕組《しく》み。
関節《かんせつ》。交通機関《こうつうきかん》。

「関所《せきしょ》」は、昔《むかし》、重要《じゅうよう》な道路《どうろ》や国境《くにざかい》などに設《もう》けて、通行《つうこう》する人《ひと》の荷物《にもつ》などを調《しら》べた所《ところ》。

静

青 あお

14画

一 十 主 青 青 靑 静 静 静

オン セイ (ジョウ)

くん しず しずか しずまる しずめる

つかいかた

授業中《じゅぎょうちゅう》は静《しず》かにする。嵐《あらし》の前《まえ》の静《しず》けさ。しばらく安静《あんせい》にする。冷静《れいせい》に話《はな》し合《あ》う。

オンくんあそび

静《しず》かな部屋《へや》で安静《あんせい》にする

いみ・ことば

❶しずまる。しずか。☞安《あん》静《せい》。閑《かん》静《せい》。静《じょう》脈《みゃく》。静《せい》観《かん》。静《せい》止《し》。静《せい》寂《じゃく》。静《せい》粛《しゅく》。静《せい》電《でん》気《き》。静《せい》物《ぶつ》画《が》。静《せい》養《よう》。動《どう》静《せい》。平《へい》静《せい》。冷《れい》静《せい》。

なりたち

静

争(あらそい)と青(すみきる)で、争《あらそ》いをやめて「しずまる」「しずか」の意《い》を表《あらわ》す。

順

頁 おおがい

12画

丿 川 川 川 川 順 順 順 順

オン ジュン

くん ―

つかいかた

新《あたら》しい席《せき》順《じゅん》を決《き》める。順《じゅん》序《じょ》よく並《なら》ぶ。仕事《しごと》が順《じゅん》調《ちょう》に進《すす》む。漢字《かんじ》の筆《ひつ》順《じゅん》を習《なら》う。

いみ・ことば

❶従《したが》う。逆《さか》らわない。☞温《おん》順《じゅん》。従《じゅう》順《じゅん》。順《じゅん》境《きょう》。順《じゅん》調《ちょう》。順《じゅん》当《とう》。順《じゅん》応《のう》。順《じゅん》風《ぷう》。

❷じゅんばん。☞順《じゅん》位《い》。順《じゅん》延《えん》。順《じゅん》送《おく》り。順《じゅん》繰《ぐ》り。順《じゅん》序《じょ》。順《じゅん》番《ばん》。順《じゅん》路《ろ》。席《せき》順《じゅん》。着《ちゃく》順《じゅん》。手《て》順《じゅん》。筆《ひつ》順《じゅん》。道《みち》順《じゅん》。

なりたち

☞ 順

巛(川《かわ》の流《なが》れ)と頁(頭《あたま》)で、流《なが》れにしたがう意《い》を表《あらわ》す。

類

頁 おおがい

18画

丶 米 米 类 类 類 類 類 類

オン ルイ

くん たぐい

つかいかた

類《るい》は友《とも》を呼《よ》ぶ。果物《くだもの》の類《たぐ》いが好《す》きだ。衣《い》類《るい》を整理《せいり》する。親《しん》類《るい》の家《いえ》に行《い》く。

オンくんあそび

人類《じんるい》の類《たぐ》いなき知恵《ちえ》

いみ・ことば

❶たぐい。仲間《なかま》。☞衣《い》類《るい》。魚《ぎょ》類《るい》。種《しゅ》類《るい》。書《しょ》類《るい》。親《しん》類《るい》。人《じん》類《るい》。同《どう》類《るい》。部《ぶ》類《るい》。分《ぶん》類《るい》。哺《ほ》乳《にゅう》類《るい》。類《るい》別《べつ》。

❷似《に》ている。☞類《るい》義《ぎ》語《ご》。類《るい》型《けい》。類《るい》語《ご》。類《るい》似《じ》。類《るい》書《しょ》。類《るい》推《すい》。類《るい》例《れい》。

なりたち

類 ☞ 類

米犬(米《こめ》[植物《しょくぶつ》]と犬《いぬ》[動物《どうぶつ》])が頁(頭《あたま》)を並《なら》べる意《い》から。

静 順 類 願 飛 飯

願

頁 おおがい　19画

一 厂 戸 原 原 原 願 願

オン ガン
くん ねが**う**

つかいかた
流《なが》れ星《ぼし》に願《ねが》い事《ごと》。
平和《へいわ》を願《ねが》う。
悲《ひ》願《がん》を達《たっ》成《せい》する。

オンくんあそび
念《ねん》願《がん》の優《ゆう》勝《しょう》果《は》たし
願《ねが》いがかなう

いみ・ことば
❶ねがう。ねがい。☞ 哀《あい》願《がん》。依《い》願《がん》。願《がん》書《しょ》。願《がん》望《ぼう》。祈《き》願《がん》。懇《こん》願《がん》。志《し》願《がん》。宿《しゅく》願《がん》。出《しゅつ》願《がん》。請《せい》願《がん》。大願（だいがん たいがん）。嘆《たん》願《がん》。願《ねが》い事《ごと》。念《ねん》願《がん》。悲《ひ》願《がん》。

「願《がん》をかける」とは、願《ねが》いごとがかなうよう、神仏《しんぶつ》にいのること。

飛

飛 とぶ　9画

⺄ ⺄ 飞 飞 飞 飛 飛 飛 飛

オン ヒ
くん と**ぶ**
と**ばす**

つかいかた
鳥《とり》が大空《おおぞら》を飛《と》ぶ。
紙《かみ》飛《ひ》行《こう》機《き》を飛《と》ばす。
科《か》学《がく》の飛《ひ》躍《やく》的《てき》な進《しん》歩《ぽ》。
海《かい》外《がい》に雄《ゆう》飛《ひ》する。

オンくんあそび
飛《ひ》行《こう》機《き》が　大《おお》空《ぞら》高《たか》く
飛《と》んでいく

なりたち

☞ 飛
鳥《とり》がつばさをはばたかせて飛《と》ぶ形《かたち》から。

いみ・ことば
❶とぶ。☞ 飛《と》び石《いし》。飛《と》び入《い》り。飛《と》び込《こ》み。飛《と》び火《ひ》。飛《ひ》脚《きゃく》。飛《ひ》行《こう》。飛《ひ》行《こう》機《き》。飛《ひ》散《さん》。飛《ひ》車《しゃ》。飛《ひ》翔《しょう》。飛《ひ》鳥《ちょう》。飛《ひ》躍《やく》。飛《ひ》躍《やく》的《てき》。飛《ひ》来《らい》。雄《ゆう》飛《ひ》。

飯

𩙿 しょくへん　12画

ノ 人 今 今 今 食 食 飣 飯

オン ハン
くん めし

つかいかた
握《にぎ》り飯《めし》を食《た》べる。
ご飯《はん》を炊《すい》飯《はん》器《き》でたく。
赤《せき》飯《はん》をたいて祝《いわ》う。
昼《ひる》ご飯《はん》はカレーだ。

オンくんあそび
夕《ゆう》飯《はん》は　丼《どんぶり》飯《めし》で
しっかり食《た》べる

なりたち
飯
食（たべもの）と反（⺆〔手《て》をそえる形《かたち》〕）で、手《て》でつまんで食《た》べる「めし」を表《あらわ》す。

いみ・ことば
❶めし。ごはん。食《しょく》事《じ》。☞ 朝飯（あさめし あさはん）。朝《あさ》飯《めし》前《まえ》。釜《かま》飯《めし》。残《ざん》飯《ぱん》。炊《すい》飯《はん》。赤《せき》飯《はん》。丼《どんぶり》飯《めし》。握《にぎ》り飯《めし》。冷《ひ》や飯《めし》。昼《ひる》飯《めし》。麦《むぎ》飯《めし》。飯《めし》粒《つぶ》。焼《や》き飯《めし》。夕飯（ゆうはん ゆうめし）。

養

食 しょく　15画

オン ヨウ
くん やしなう

つかいかた

栄養《えいよう》のある食事《しょくじ》。
家族《かぞく》を養《やしな》う。
教養《きょうよう》のある人《ひと》。
自然《しぜん》の中《なか》で静養《せいよう》する。

オンくんあそび
体力《たいりょく》を養《やしな》うために
栄養《えいよう》をとる

いみ・ことば

❶やしなう。育《そだ》てる。☞栄養《えいよう》。休養《きゅうよう》。教養《きょうよう》。供養《くよう》。修養《しゅうよう》。滋養《じよう》。静養《せいよう》。素養《そよう》。扶養《ふよう》。保《ほ》養《よう》。養《よう》育《いく》。養《よう》魚《ぎょ》。養《よう》鶏《けい》。養《よう》護《ご》。養《よう》蚕《さん》。養《よう》子《し》。養《よう》女《じょ》。養《よう》生《じょう》。養《よう》殖《しょく》。養《よう》成《せい》。養《よう》父《ふ》。養《よう》分《ぶん》。養《よう》母《ぼ》。養《よう》老《ろう》。療養《りょうよう》。

なりたち

養　羊（ひつじ）と食（たべる）で、羊《ひつじ》の肉《にく》を食《た》べさせてやしなう意《い》から。

験

馬 うまへん　18画

オン ケン（ゲン）
くん ―

つかいかた

試験《しけん》を受《う》ける。
海外《かいがい》生活《せいかつ》を経験《けいけん》する。
実験《じっけん》器具《きぐ》をそろえる。

いみ・ことば

❶ためす。調《しら》べる。☞経験《けいけん》。験《けん》算《ざん》。試験《しけん》。実験《じっけん》。受験《じゅけん》。体験《たいけん》。
❷しるし。ききめ。☞霊験（れいげん・れいけん）。

久

3画　ノ　の

ノ ク 久

オン　キュウ　(ク)

くん　ひさしい

つかいかた

久《ひさ》しぶりに再会《さいかい》する。

永久歯《えいきゅうし》が生《は》える。

持久走《じきゅうそう》の大会《たいかい》に出《で》る。

オンくんあそび

永《なが》く　久《ひさ》しく

永久《えいきゅう》に

いみ・ことば

❶ひさしい。長《なが》く続《つづ》く。長《なが》い間《あいだ》。☞ 永久《えいきゅう》。永久歯《えいきゅうし》。久遠《くおん》。恒久《こうきゅう》。持久走《じきゅうそう》。持久力《じきゅうりょく》。耐久《たいきゅう》。長久《ちょうきゅう》。久々《ひさびさ》（久久《ひさびさ》）。悠久《ゆうきゅう》。

「久遠」と書《か》いて「くおん」と読《よ》む。時《とき》が果《は》てしなく続《つづ》くことの意味《いみ》。例 久遠《くおん》の平和《へいわ》。

仏

4画　亻　にんべん

ノ イ 仏 仏

オン　ブツ

くん　ほとけ

つかいかた

大仏《だいぶつ》を間近《まぢか》で見《み》る。

仏様《ほとけさま》を拝《おが》む。

仏教《ぶっきょう》が伝来《でんらい》する。

仏壇《ぶつだん》に花《はな》をかざる。

オンくんあそび

仏《ほとけ》の像《ぞう》を

仏像《ぶつぞう》という

漢字《かんじ》で「仏蘭西《ふらんす》」と書《か》いたことから。この場合《ばあい》は、「ふつ」と読《よ》むよ。

いみ・ことば

❶ほとけ。☞ 成仏《じょうぶつ》。神仏《しんぶつ》。石仏（せきぶつ いしぼとけ）。大仏《だいぶつ》。念仏《ねんぶつ》。仏画《ぶつが》。仏教《ぶっきょう》。仏具《ぶつぐ》。仏師《ぶっし》。仏前《ぶつぜん》。仏像《ぶつぞう》。仏壇《ぶつだん》。仏典《ぶってん》。仏法《ぶっぽう》。仏滅《ぶつめつ》。仏門《ぶつもん》。仏心（ほとけごころ ぶっしん）。仏様《ほとけさま》。

❷フランスのこと。☞ 日仏《にちふつ》。仏語《ふつご》。仏文科《ふつぶんか》。

仮

6画　亻　にんべん

ノ イ 仁 仮 仮 仮

オン　カ　(ケ)

くん　かり

つかいかた

仮《かり》の姿《すがた》と本当《ほんとう》の姿《すがた》。

洋服《ようふく》の仮縫《かりぬ》いをする。

ヒーローの仮面《かめん》。

仮病《けびょう》を使《つか》って休《やす》む。

オンくんあそび

仮《かり》の名前《なまえ》で

仮装《かそう》する

いみ・ことば

❶かりの。本当《ほんとう》ではない。☞ 仮死《かし》。仮称《かしょう》。仮設《かせつ》。仮説《かせつ》。仮想《かそう》。仮装《かそう》。仮定《かてい》。仮眠《かみん》。仮名《かめい》。仮面《かめん》。仮住《かりず》まい。仮縫《かりぬ》い。仮病《けびょう》。

とくべつなよみかた　仮名《かな》。

「仮名」は、「かめい」と読《よ》めば、本名《ほんみょう》でない仮《かり》の名前《なまえ》、「かな」と読《よ》めば、ひらがなやかたかなのこと。

イ にんべん 6画

件

オン ケン
くん ―

つかいかた
急《いそ》いで用件《ようけん》を伝《つた》える。
事故《じこ》の件数《けんすう》が多《おお》い。
入学《にゅうがく》の条件《じょうけん》を満《み》たす。
大事件《だいじけん》が起《お》こる。

いみ・ことば
❶できごと。事柄《ことがら》。事柄《ことがら》を数《かぞ》える言葉《ことば》。☞
案件《あんけん》。一件《いっけん》。件数《けんすう》。件名《けんめい》。事件《じけん》。条件《じょうけん》。人件費《じんけんひ》。数件《すうけん》。物件《ぶっけん》。別件《べっけん》。本件《ほんけん》。用件《ようけん》。要件《ようけん》。

なりたち
件
亻（人《ひと》）と牛（うし）を合《あ》わせた字《じ》。

イ にんべん 6画

任

オン ニン
くん まかせる まかす

つかいかた
司会《しかい》を任《まか》される。
私《わたし》に任《まか》せてください。
責任感《せきにんかん》の強《つよ》い人《ひと》。
学級担任《がっきゅうたんにん》の先生《せんせい》。

オンくんあそび
任《まか》されて 責任《せきにん》をもち 仕事《しごと》する

いみ・ことば
❶にんむ。つとめ。役目《やくめ》につける。☞
辞任《じにん》。就任《しゅうにん》。主任《しゅにん》。責任《せきにん》。大任《たいにん》。担任《たんにん》。着任《ちゃくにん》。適任《てきにん》。任期《にんき》。任地《にんち》。任務《にんむ》。任命《にんめい》。任用《にんよう》。留任《りゅうにん》。解任《かいにん》。
❷まかせる。☞
一任《いちにん》。委任《いにん》。任意《にんい》。放任《ほうにん》。

イ にんべん 7画

似

オン （ジ）
くん にる

つかいかた
他人《たにん》の空似《そらに》。
帽子《ぼうし》が似合《にあ》う女性《じょせい》。
有名人《ゆうめいじん》の似顔絵《にがおえ》。

オンくんあそび
本物《ほんもの》に 似《に》せて作《つく》った 類似品《るいじひん》

いみ・ことば
❶にる。にている。☞
疑似《ぎじ》。近似《きんじ》。酷似《こくじ》。相似《そうじ》。空似《そらに》。似顔絵《にがおえ》。類似《るいじ》。

「他人《たにん》の空似《そらに》」とは、血《ち》のつながりがないのに、顔《かお》などがよく似《に》ていること。

余

入 ひとやね　7画

ノ 人 亼 今 全 余 余

オン　ヨ

くん　あまる　あます

つかいかた

あり余《あま》るほどの財《ざい》産《さん》。
余《あま》すところなく使《つか》う。
余《よ》白《はく》にメモをする。
時《じ》間《かん》に余《よ》裕《ゆう》がある。

オンくんあそび　余《よ》分《ぶん》にもらった会《かい》費《ひ》が余《あま》る

いみ・ことば

❶あまる。あまり。☞ 残《ざん》余《よ》。剰《じょう》余《よ》。余《よ》韻《いん》。余《よ》暇《か》。余《よ》計《けい》。余《よ》剰《じょう》。余《よ》震《しん》。余《よ》生《せい》。余《よ》勢《せい》。余《よ》地《ち》。余《よ》熱《ねつ》。余《よ》白《はく》。余《よ》分《ぶん》。余《よ》命《めい》。余《よ》裕《ゆう》。余《よ》力《りょく》。余《よ》技《ぎ》。余《よ》興《きょう》。余《よ》罪《ざい》。余《よ》談《だん》。

❷そのほかの。☞ 余《よ》病《びょう》。

「余《あま》すところなく」とは、残《のこ》らず・全《ぜん》部《ぶ》、という意《い》味《み》。

価

亻 にんべん　8画

ノ イ 仁 仃 仃 佰 価 価

オン　カ

くん　（あたい）

つかいかた

価《か》値《ち》観《かん》が異《こと》なる。
真《しん》価《か》が問《と》われている。
定《てい》価《か》より安《やす》く買《か》う。
評《ひょう》価《か》の高《たか》い作《さく》品《ひん》。

いみ・ことば

❶ねうち。ねだん。☞ 安《あん》価《か》。価《か》格《かく》。価《か》値《ち》。価《か》値《ち》観《かん》。原《げん》価《か》。高《こう》価《か》。市《し》価《か》。時《じ》価《か》。真《しん》価《か》。正《せい》価《か》。声《せい》価《か》。対《たい》価《か》。代《だい》価《か》。単《たん》価《か》。地《ち》価《か》。定《てい》価《か》。特《とっ》価《か》。評《ひょう》価《か》。物《ぶっ》価《か》。米《べい》価《か》。予《よ》価《か》。廉《れん》価《か》。

舎

入 ひとやね　8画

ノ 人 亼 今 全 舎 舎 舎

オン　シャ

くん　—

つかいかた

おもむきのある駅《えき》舎《しゃ》。
妹《いもうと》は寄《き》宿《しゅく》舎《しゃ》にいる。
三《さん》階《がい》建《だ》ての校《こう》舎《しゃ》。
新《しん》庁《ちょう》舎《しゃ》に移《い》転《てん》する。

いみ・ことば

❶家《いえ》。建《たて》物《もの》。☞ 駅《えき》舎《しゃ》。官《かん》舎《しゃ》。寄《き》宿《しゅく》舎《しゃ》。牛《ぎゅう》舎《しゃ》。校《こう》舎《しゃ》。獄《ごく》舎《しゃ》。宿《しゅく》舎《しゃ》。畜《ちく》舎《しゃ》。庁《ちょう》舎《しゃ》。兵《へい》舎《しゃ》。

❷身《み》内《うち》の。私《わたし》の。☞ 舎《しゃ》弟《てい》。

とくべつなよみかた　田《い》舎《なか》。

なりたち

舎

亼（余〔ゆとりある〕の省《しょう》略《りゃく》形《けい》）と口（場《ば》所《しょ》）で、「いえ」を表《あらわ》す。

イ にんべん 9画

保

ノ 亻 亻' 仁 伻 保 保 保 保

オン ホ
くん たもつ

つかいかた
速度《そくど》を一定《いってい》に保《たも》つ。
安全《あんぜん》を確保《かくほ》する。
保《ほ》健室《けんしつ》で休《やす》む。
保《ほ》護者会《ごしゃかい》が始《はじ》まる。

オンくんあそび
温度《おんど》を保《たも》つ
保《ほ》温《おん》ジャー

なりたち

☞ 保
𤓰（赤子《あかご》を包《つつ》む形《かたち》）と亻（人《ひと》）で、「守《まも》る」「たもつ」を表《あらわ》す。

いみ・ことば
❶たもつ。守《まも》る。☞確《かく》保《ほ》。保《ほ》安《あん》。保《ほ》育《いく》。保《ほ》温《おん》。保《ほ》管《かん》。保《ほ》健《けん》。保《ほ》護《ご》。保《ほ》持《じ》。保《ほ》湿《しつ》。保《ほ》守《しゅ》。保《ほ》障《しょう》。保《ほ》身《しん》。保《ほ》全《ぜん》。保《ほ》存《ぞん》。保《ほ》有《ゆう》。保《ほ》養《よう》。
❷うけ合《あ》う。☞保《ほ》険《けん》。保《ほ》証《しょう》。

イ にんべん 10画

個

ノ 亻 亻 们 们 們 們 個 個 個

オン コ
くん ―

つかいかた
個《こ》性《せい》を発揮《はっき》する。
作文《さくぶん》の個《こ》別《べつ》指導《しどう》。
陶芸《とうげい》の個《こ》展《てん》を開《ひら》く。
数《すう》個《こ》のリンゴが届《とど》く。

いみ・ことば
❶一《ひと》つ。一人《ひとり》。☞各《かっ》個《こ》。個《こ》々《こ》（個個《ここ》）。個《こ》室《しつ》。個《こ》人《じん》。個《こ》性《せい》。個《こ》体《たい》。個《こ》展《てん》。個《こ》別《べつ》。別《べっ》個《こ》。
❷ものを数《かぞ》える言葉《ことば》。☞一《いっ》個《こ》。個《こ》数《すう》。数《すう》個《こ》。

イ にんべん 10画

修

ノ 亻 亻 仢 攸 攸 攸 修 修 修

オン シュウ（シュ）
くん おさめる おさまる

つかいかた
楽器《がっき》を修《しゅう》理《り》する。
学問《がくもん》を修《おさ》める。
修《しゅう》学《がく》旅《りょ》行《こう》に行《い》く。
お寺《てら》で修《しゅ》行《ぎょう》する。

オンくんあそび
学業《がくぎょう》修《おさ》め
修《しゅう》了《りょう》証《しょう》書《しょ》

なりたち

☞ 修
攸（人《ひと》を洗《あら》い清《きよ》める）と彡（かざり）で、「おさめる」を表《あらわ》す。

いみ・ことば
❶おさめる。身《み》につける。☞研《けん》修《しゅう》。修《しゅう》学《がく》旅《りょ》行《こう》。修《しゅう》業《ぎょう》（しゅうぎょう・しゅぎょう）。修《しゅう》得《とく》。修《しゅう》養《よう》。修《しゅう》了《りょう》。修《しゅう》練《れん》。修《しゅ》行《ぎょう》。必《ひっ》修《しゅう》。補《ほ》修《しゅう》。
❷直《なお》す。整《ととの》える。☞改《かい》修《しゅう》。修《しゅう》飾《しょく》。修《しゅう》正《せい》。修《しゅう》繕《ぜん》。修《しゅう》復《ふく》。修《しゅう》理《り》。

俵

イ にんべん　10画

ヒョウ（オン）
たわら（くん）

つかいかた

わらを編《あ》み俵《たわら》を作《つく》る。
米俵《こめだわら》をかつぐ。
木炭《もくたん》一俵《いっぴょう》を送《おく》る。
横綱《よこづな》の土俵《どひょう》入《い》り。

オンくんあそび
百俵《ひゃっぴょう》分《ぶん》の米俵《こめだわら》

いみ・ことば

❶たわら。
米百俵《こめひゃっぴょう》。炭俵《すみだわら》。徳俵《とくだわら》。土俵《どひょう》。土俵《どひょう》入《い》り。

たわらを数《かぞ》える言葉《ことば》。
米俵《こめだわら》。

備

イ にんべん　12画

ビ（オン）
そなえる・そなわる（くん）

つかいかた

台風《たいふう》に備《そな》える。
運動器具《うんどうきぐ》が備《そな》わる。
冷暖房完備《れいだんぼうかんび》の部屋《へや》。
準備《じゅんび》体操《たいそう》を終《お》える。

オンくんあそび
災害《さいがい》に備《そな》え食料《しょくりょう》
備蓄《びちく》する

なりたち

備

（矢《や》の入《い》れ物《もの》）を（人《ひと》）が背負《せお》う形《かたち》で、「そなえる」を表《あらわ》す。

いみ・ことば

❶そなえる。そなえ。用意《ようい》する。
完備《かんび》。軍備《ぐんび》。警備《けいび》。守備《しゅび》。準備《じゅんび》。常備《じょうび》。整備《せいび》。設備《せつび》。装備《そうび》。備《そな》え付《つ》け。配備《はいび》。備考《びこう》。備蓄《びちく》。備品《びひん》。備忘録《びぼうろく》。不備《ふび》。防備《ぼうび》。予備《よび》。

像

イ にんべん　14画

ゾウ（オン）
―（くん）

つかいかた

昔《むかし》の映像《えいぞう》が流《なが》れる。
パソコンの画像《がぞう》検索《けんさく》。
将来《しょうらい》を想像《そうぞう》する。
優《やさ》しい顔立《かおだ》ちの仏像《ぶつぞう》。

いみ・ことば

❶姿《すがた》。形《かたち》。人《ひと》や物《もの》をかたどったもの。
映《えい》像《ぞう》。画像《がぞう》。胸像《きょうぞう》。虚像《きょぞう》。偶像《ぐうぞう》。群像《ぐんぞう》。現像《げんぞう》。残像《ざんぞう》。自画像《じがぞう》。実像《じつぞう》。肖像《しょうぞう》。石像《せきぞう》。想像《そうぞう》。彫像《ちょうぞう》。銅像《どうぞう》。仏像《ぶつぞう》。木像《もくぞう》。

なりたち

像

イ（人《ひと》）と象（ゾウ）で、「すがた」「形《かたち》」を表《あらわ》す。

再

冂 どうがまえ

6画

一 冂 冂 冋 再 再

オン サイ サ

くん ふたた**び**

つかいかた

映画《えいが》を再生《さいせい》する。
再《ふたた》び故郷《こきょう》に帰《かえ》る。
夏《なつ》に旧友《きゅうゆう》と再会《さいかい》する。
再来週《さらいしゅう》まで待《ま》つ。

オンくんあそび
夢《ゆめ》よ再《ふたた》び再《さい》度《ど》挑《ちょう》戦《せん》

いみ・ことば

❶ふたたび。もう一度《いちど》。☞ 再会《さいかい》。再開《さいかい》。再起《さいき》。再建《さいけん》。再現《さいげん》。再検討《さいけんとう》。再考《さいこう》。再興《さいこう》。再構築《さいこうちく》。再婚《さいこん》。再三再四《さいさんさいし》。再出発《さいしゅっぱつ》。再審《さいしん》。再生《さいせい》。再選《さいせん》。再度《さいど》。再読《さいどく》。再任《さいにん》。再発《さいはつ》。再来月《さらいげつ》。再来週《さらいしゅう》。再来年《さらいねん》。

「再三再四《さいさんさいし》」とは、何度《なんど》も何度《なんど》も・たびたび、という意味《いみ》。

刊

刂 りっとう

5画

一 二 千 刊 刊

オン カン

くん —

つかいかた

台所《だいどころ》で朝刊《ちょうかん》を読《よ》む。
本《ほん》を刊行《かんこう》する。
月刊誌《げっかんし》を創刊《そうかん》する。
増刊号《ぞうかんごう》も楽《たの》しみだ。

いみ・ことば

❶出版《しゅっぱん》する。☞ 刊行《かんこう》。刊本《かんぽん》。季刊《きかん》。休刊《きゅうかん》。月刊《げっかん》。再刊《さいかん》。週刊《しゅうかん》。旬刊《じゅんかん》。新刊《しんかん》。創刊《そうかん》。増刊《ぞうかん》。朝刊《ちょうかん》。日刊《にっかん》。年刊《ねんかん》。廃刊《はいかん》。発刊《はっかん》。復刊《ふっかん》。未刊《みかん》。夕刊《ゆうかん》。

日刊《にっかん》、月刊《げっかん》、年刊《ねんかん》は、それぞれ日《ひ》ごと、月《つき》ごと、年《とし》ごとに刊行《かんこう》されるもの。季刊《きかん》は季節《きせつ》ごと、旬刊《じゅんかん》は十日《とおか》ごと。

判

刂 りっとう

7画

丶 丷 䒑 兰 半 判 判

オン ハン バン

くん —

つかいかた

表情《ひょうじょう》を判別《はんべつ》する。
正《ただ》しい判断《はんだん》をする。
審判《しんぱん》の判定《はんてい》に従《したが》う。
Ａ４判《エーよんばん》の教科書《きょうかしょ》。

いみ・ことば

❶見分《みわ》ける。裁《さば》く。☞ 裁判《さいばん》。審判《しんぱん》。談判《だんぱん》。判決《はんけつ》。判事《はんじ》。判断《はんだん》。判定《はんてい》。判読《はんどく》。判別《はんべつ》。判明《はんめい》。判例《はんれい》。批判《ひはん》。評判《ひょうばん》。
❷はんこ。☞ 血判《けっぱん》。三文判《さんもんばん》。
❸紙《かみ》や本《ほん》などの大《おお》きさ。☞ Ａ４判《エーよんばん》。新書判《しんしょばん》。

なりたち

判

半（両方《りょうほう》に分《わ》ける）と刂（刀《かたな》）で、ものを切《き》り分《わ》ける意《い》から、「見分《みわ》ける」を表《あらわ》す。

券

刀 かたな 8画

丶 丷 䒑 兰 关 关 券 券

オン ケン
くん

つかいかた
食堂《しょくどう》で食券《しょっけん》を買《か》う。
商品券《しょうひんけん》をおくる。
定期券《ていきけん》を見《み》せる。
旅券《りょけん》を発行《はっこう》する。

いみ・ことば
❶けん。切符《きっぷ》。証拠《しょうこ》となる文書《ぶんしょ》。
回数券《かいすうけん》。株券《かぶけん》。金券《きんけん》。券売機《けんばいき》。債券《さいけん》。証券《しょうけん》。乗車券《じょうしゃけん》。招待券《しょうたいけん》。商品券《しょうひんけん》。食券《しょっけん》。定期券《ていきけん》。入場券《にゅうじょうけん》。半券《はんけん》。旅券《りょけん》。

なりたち
券
刀 で「刃物《はもの》」を表《あらわ》し、龹 で刻《きざ》むの意《い》と音《おん》「ケン」を表《あらわ》す。

制

刂 りっとう 8画

丿 𠂉 ⺧ 𠂒 𠂒 制 制 制

オン セイ
くん

つかいかた
制服《せいふく》を着《き》た学生《がくせい》。
入場《にゅうじょう》を制限《せいげん》する。
芸術作品《げいじゅつさくひん》を制作《せいさく》する。
新憲法《しんけんぽう》を制定《せいてい》する。

いみ・ことば
❶おさえる。
圧制《あっせい》。規制《きせい》。強制《きょうせい》。自制《じせい》。制圧《せいあつ》。制御《せいぎょ》。制限《せいげん》。制裁《せいさい》。制止《せいし》。制約《せいやく》。節制《せっせい》。先制《せんせい》。専制《せんせい》。統制《とうせい》。抑制《よくせい》。
❷決《き》める。規則《きそく》。
学制《がくせい》。市制《しせい》。制定《せいてい》。制度《せいど》。制服《せいふく》。制帽《せいぼう》。体制《たいせい》。二院制《にいんせい》。
❸つくる。
制作《せいさく》。

則

刂 りっとう 9画

丨 冂 冃 目 貝 貝 則 則 則

オン ソク
くん

つかいかた
罰則《ばっそく》を受《う》ける。
交通規則《こうつうきそく》を守《まも》る。
試合《しあい》で反則《はんそく》をする。
計算《けいさん》の法則《ほうそく》を探《さが》す。

いみ・ことば
❶決《き》まり。手本《てほん》。
会則《かいそく》。学則《がくそく》。規則《きそく》。教則《きょうそく》。原則《げんそく》。校則《こうそく》。細則《さいそく》。四則計算《しそくけいさん》。総則《そうそく》。通則《つうそく》。鉄則《てっそく》。罰則《ばっそく》。反則《はんそく》。付則《ふそく》。変則《へんそく》。法則《ほうそく》。本則《ほんそく》。

なりたち

則
(鼎《かなえ》[足《あし》つきの器《うつわ》])と(刀《かたな》)で、刀《かたな》で器《うつわ》に決《き》まりを刻《きざ》む意《い》から、「決《き》まり」を表《あらわ》す。

効

力 ちから

8画

オン コウ

くん き(く)

つかいかた

この薬《くすり》はよく効《き》く。

効《こう》果《か》があらわれる。

効《こう》率《りつ》よく学《がく》習《しゅう》する。

効《こう》力《りょく》を発《はっ》揮《き》する。

オンくんあそび

すごい効《き》き目《め》だ

効《こう》果《か》抜《ばっ》群《ぐん》

いみ・ことば

❶きく。ききめ。

効《き》き目《め》。効《こう》果《か》。効《こう》果《か》的《てき》。実《じっ》

効《こう》能《のう》。効《こう》用《よう》。効《こう》率《りつ》。効《こう》力《りょく》。時《じ》効《こう》。失《しっ》

効《こう》。即《そっ》効《こう》。特《とっ》効《こう》薬《やく》。発《はっ》効《こう》。

無《む》効《こう》。薬《やっ》効《こう》。

有《ゆう》効《こう》。

務

力 ちから

11画

オン ム

くん つと(める) つと(まる)

つかいかた

事《じ》務《む》の仕《し》事《ごと》をする。

司《し》会《かい》の代《だい》役《やく》を務《つと》める。

権《けん》利《り》と義《ぎ》務《む》を考《かんが》える。

大《たい》切《せつ》な任《にん》務《む》を帯《お》びる。

オンくんあそび

公《おおやけ》の務《つと》めを果《は》たす

公《こう》務《む》員《いん》

いみ・ことば

❶つとめる。つとめ。

医《い》務《む》。外《がい》務《む》。義《ぎ》務《む》。急《きゅう》務《む》。業《ぎょう》務《む》。勤《きん》務《む》。

兼《けん》務《む》。公《こう》務《む》。雑《ざつ》務《む》。残《ざん》務《む》。執《しつ》務《む》。実《じつ》務《む》。事《じ》

務《む》。職《しょく》務《む》。庶《しょ》務《む》。責《せき》務《む》。専《せん》務《む》。総《そう》務《む》。任《にん》務《む》。

用《よう》務《む》。

勢

力 ちから

13画

オン セイ

くん いきお(い)

つかいかた

勢《いきお》いよく走《はし》り出《だ》す。

形《けい》勢《せい》が逆《ぎゃく》転《てん》する。

よい姿《し》勢《せい》を保《たも》つ。

役《やく》員《いん》が勢《せい》ぞろいする。

オンくんあそび

勢《いきお》い増《ま》して

優《ゆう》勢《せい》に

いみ・ことば

❶いきおい。力《ちから》。

威《い》勢《せい》。加《か》勢《せい》。軍《ぐん》勢《ぜい》。攻《こう》

勢《せい》。勢《せい》力《りょく》。優《ゆう》勢《せい》。

❷構《かま》え。ようす。

運《うん》勢《せい》。形《けい》勢《せい》。国《こく》勢《せい》調《ちょう》

査《さ》。姿《し》勢《せい》。情《じょう》勢《せい》。大《たい》勢《せい》。体《たい》勢《せい》。態《たい》勢《せい》。

❸人《ひと》の集《あつ》まり。人《にん》数《ずう》。

大《おお》勢《ぜい》。勢《せい》ぞろい。

総《そう》勢《ぜい》。多《た》勢《ぜい》。無《ぶ》勢《ぜい》。

効務勢厚可句

厂 がんだれ　9画

厚

オン　（コウ）
くん　あつい

つかいかた
分《ぶ》厚《あつ》いハンバーガー。
厚《あつ》着《ぎ》をして出《で》かける。
人《ひと》の厚《こう》意《い》に感《かん》謝《しゃ》する。
濃《のう》厚《こう》な味《あじ》のジュース。

オンくんあそび
情《じょう》に厚《あつ》くて温《おん》厚《こう》な人《ひと》

いみ・ことば
❶あつい。☞厚《あつ》紙《がみ》。厚《あつ》着《ぎ》。厚《あつ》地《じ》。厚《あつ》手《で》。重《じゅう》厚《こう》。濃《のう》厚《こう》。
❷心《こころ》がこもる。てあつい。☞温《おん》厚《こう》。厚《こう》意《い》。厚《こう》遇《ぐう》。厚《こう》情《じょう》。厚《こう》生《せい》。
❸あつかましい。☞厚《こう》顔《がん》。

口 くち　5画

可

オン　カ
くん　—

つかいかた
入《にゅう》場《じょう》を許《きょ》可《か》する。
議《ぎ》会《かい》で可《か》決《けつ》された。
可《か》燃《ねん》ごみと不《ふ》燃《ねん》ごみ。
成《せい》功《こう》の可《か》能《のう》性《せい》が高《たか》い。

いみ・ことば
❶よいと認《みと》める。☞可《か》決《けつ》。可《か》否《ひ》。許《きょ》可《か》。認《にん》可《か》。不《ふ》可《か》。
❷できる。☞可《か》視《し》光《こう》線《せん》。可《か》燃《ねん》ごみ。可《か》燃《ねん》物《ぶつ》。可《か》能《のう》。不《ふ》可《か》能《のう》。

「可《か》もなく不《ふ》可《か》もなし」とは、特《とく》によくもなく、悪《わる》くもない。ふつうであること。

口 くち　5画

句

オン　ク
くん　—

つかいかた
俳《はい》句《く》を一《いっ》句《く》よむ。
文《ぶん》末《まつ》に句《く》点《てん》をつける。
語《ご》句《く》の意《い》味《み》を調《しら》べる。
弟《おとうと》は文《もん》句《く》が多《おお》い。

いみ・ことば
❶言《こと》葉《ば》や文《ぶん》のひと区《く》切《ぎ》り。☞慣《かん》用《よう》句《く》。禁《きん》句《く》。句《く》点《てん》。句《く》読《とう》点《てん》。警《けい》句《く》。語《ご》句《く》。字《じ》句《く》。成《せい》句《く》。絶《ぜっ》句《く》。対《つい》句《く》。美《び》辞《じ》麗《れい》句《く》。文《もん》句《く》。
❷はいく。☞句《く》会《かい》。句《く》集《しゅう》。俳《はい》句《く》。名《めい》句《く》。

なりたち
句　勹（囲《かこ》んで区《く》切《ぎ》る）と口（くち）で、言《こと》葉《ば》のひと区《く》切《ぎ》りを表《あらわ》す。

圧

土 つち　5画

音（オン）：アツ
訓（くん）：―

つかいかた

圧《あっ》倒《とう》的《てき》な強《つよ》さの秘《ひ》密《みつ》。
無《む》言《ごん》の圧《あつ》力《りょく》を感《かん》じる。
血《けつ》圧《あつ》が高《たか》くなる。
西《せい》高《こう》東《とう》低《てい》の気《き》圧《あつ》配《はい》置《ち》。

いみ・ことば

❶おさえる。おさえる力《ちから》。
圧《あっ》巻《かん》。圧《あっ》殺《さつ》。
圧《あっ》死《し》。圧《あっ》縮《しゅく》。圧《あっ》勝《しょう》。圧《あっ》政《せい》。圧《あっ》倒《とう》。圧《あっ》倒《とう》的《てき》。
圧《あっ》迫《ぱく》。圧《あつ》力《りょく》。威《い》圧《あつ》。気《き》圧《あつ》。血《けつ》圧《あつ》。重《じゅう》圧《あつ》。水《すい》
圧《あつ》。制《せい》圧《あつ》。弾《だん》圧《あつ》。鎮《ちん》圧《あつ》。電《でん》圧《あつ》。筆《ひつ》圧《あつ》。風《ふう》圧《あつ》。
抑《よく》圧《あつ》。

団

口 くにがまえ　6画

音（オン）：ダン（トン）
訓（くん）：―

つかいかた

一《いっ》致《ち》団《だん》結《けつ》して戦《たたか》う。
白《しろ》組《ぐみ》の応《おう》援《えん》団《だん》に入《はい》る。
集《しゅう》団《だん》で下《げ》校《こう》する。
月《つき》見《み》団《だん》子《ご》を食《た》べる。

なりたち

專 → 団

（糸《いと》巻《ま》きに糸《いと》を巻《ま》きつけている形《かたち》）をまるく囲《かこ》んだ形《かたち》から。

いみ・ことば

❶まるい。まるいもの。
団《だん》子《ご》。
❷集《あつ》まり。かたまり。
一《いち》団《だん》。応《おう》援《えん》団《だん》。楽《がく》
団《だん》。教《きょう》団《だん》。劇《げき》団《だん》。結《けつ》団《だん》。財《ざい》団《だん》。集《しゅう》団《だん》。星《せい》団《だん》。
船《せん》団《だん》。退《たい》団《だん》。団《だん》員《いん》。団《だん》塊《かい》。団《だん》結《けつ》。団《だん》体《たい》。団《だん》
地《ち》。団《だん》長《ちょう》。入《にゅう》団《だん》。

因

口 くにがまえ　6画

音（オン）：イン
訓（くん）：（よる）

つかいかた

原《げん》因《いん》は何《なに》かを考《かんが》える。
因《いん》果《が》関《かん》係《けい》を解《かい》明《めい》する。
因《いん》習《しゅう》を打《だ》破《は》する。
深《ふか》い因《いん》縁《ねん》を感《かん》じる。

なりたち

→ 因

四角《しかく》いしきものの上《うえ》に、人《ひと》が大《だい》の字《じ》にねている形《かたち》から、「もと」を表《あらわ》す。

いみ・ことば

❶げんいん。もと。よる。従《したが》う。
一《いち》因《いん》。
因《いん》果《が》。因《いん》子《し》。因《いん》習《しゅう》。因《いん》縁《ねん》。遠《えん》因《いん》。帰《き》因《いん》。起《き》
因《いん》。原《げん》因《いん》。勝《しょう》因《いん》。敗《はい》因《いん》。要《よう》因《いん》。

在

土 つち　6画

一ナオ在存在

オン　ザイ
くん　ある

つかいかた

日曜《にちよう》は在宅《ざいたく》している。
宝《たから》の在《あ》りかを探《さが》す。
商品《しょうひん》の在庫《ざいこ》を調《しら》べる。
在校生代表《ざいこうせいだいひょう》の言葉《ことば》。

オンくんあそび
現在《げんざい》は　どこに在《あ》るのか
あの宝《たから》

いみ・ことば

❶ある。いる。生《い》きている。☞
在学《ざいがく》。在庫《ざいこ》。在校生《ざいこうせい》。在室《ざいしつ》。健在《けんざい》。現在《げんざい》。在住《ざいじゅう》。在世《ざいせ》。在籍《ざいせき》。在宅《ざいたく》。在来《ざいらい》。在留《ざいりゅう》。自在《じざい》。実在《じつざい》。所在《しょざい》。存在《そんざい》。滞在《たいざい》。駐在《ちゅうざい》。不在《ふざい》。

❷いなか。☞
在《ざい》。近在《きんざい》。在所《ざいしょ》。

均

土 つちへん　7画

一十土圴均均均

オン　キン
くん　―

つかいかた

均一価格《きんいつかかく》で販売《はんばい》する。
均整《きんせい》のとれた体《からだ》つき。
料理《りょうり》を均等《きんとう》に分《わ》ける。
平均点以上《へいきんてんいじょう》の出来《でき》。

いみ・ことば

❶等《ひと》しい。ならす。整《とと》える。☞
均一《きんいつ》。均衡《きんこう》。均質《きんしつ》。均整《きんせい》。均等《きんとう》。均分《きんぶん》。平均《へいきん》。平均点《へいきんてん》。

なりたち

均

土(つち)と匀(ならす)で、土《つち》をならす意《い》から、「整《とと》える」「等《ひと》しい」を表《あらわ》す。

基

土 つち　11画

一卄廿甘甘其其基

オン　キ
くん　(もと)　(もとい)

つかいかた

白《しろ》を基調《きちょう》とした家具《かぐ》。
南極観測《なんきょくかんそく》の昭和基地《しょうわきち》。
基本的人権《きほんてきじんけん》の尊重《そんちょう》。
事実《じじつ》に基《もと》づいた映画《えいが》。

いみ・ことば

❶もと。土台《どだい》。☞
基因《きいん》。基幹《きかん》。基金《きん》。基準《きじゅん》。基礎《きそ》。基地《きち》。基調《きちょう》。基底《きてい》。基点《きてん》。基盤《きばん》。基《き》本《ほん》。基本的人権《きほんてきじんけん》。

なりたち

基

土で「つち」を表《あらわ》し、其で四角《しかく》い台《だい》の意《い》と音《おん》「キ」を表《あらわ》す。

報

土 つち　12画

オン　ホウ

くん　(むくいる)

つかいかた

情報《じょうほう》を発信《はっしん》する。
天気予報《てんきよほう》を確《たし》かめる。
検査結果《けんさけっか》を報告《ほうこく》する。
先生《せんせい》の恩《おん》に報《むく》いる。

いみ・ことば

❶むくいる。お返《かえ》しする。☞ 果報《かほう》。報恩《ほうおん》。報酬《ほうしゅう》。報復《ほうふく》。

❷知《し》らせる。☞ 会報《かいほう》。吉報《きっぽう》。急報《きゅうほう》。警報《けいほう》。電《でん》報《ぽう》。広報《こうほう》。誤報《ごほう》。時報《じほう》。情報《じょうほう》。速報《そくほう》。通報《つうほう》。悲報《ひほう》。報告《ほうこく》。報知《ほうち》。報道《ほうどう》。予報《よほう》。

墓

土 つち　13画

オン　ボ

くん　はか

つかいかた

先祖代々《せんぞだいだい》の墓《はか》を守《まも》る。
墓参《はかまい》りを欠《か》かさない。
共同墓地《きょうどうぼち》に埋葬《まいそう》する。

オンくんあそび

静《しず》かな墓地《ぼち》で墓参《はかまい》り

いみ・ことば

❶はか。☞ 墓穴(はかあな ぼけつ)。墓石(はかいし ぼせき)。墓場《はかば》。墓参《ぼさん》。墓前《ぼぜん》。墓地《ぼち》。墓碑《ぼひ》。墓参《はかまい》り。墓標《ぼひょう》。陵墓《りょうぼ》。

なりたち

☞ 墓

十(草原《そうげん》にしずむ太陽《たいよう》)と土(つち)で、「はか」を表《あらわ》す。

境

土 つちへん　14画

オン　キョウ　(ケイ)

くん　さかい

つかいかた

空《そら》と海《うみ》との境《さかい》。
自然環境《しぜんかんきょう》を守《まも》る活動《かつどう》。
世界《せかい》の秘境《ひきょう》を旅《たび》する。
お寺《てら》の境内《けいだい》で遊《あそ》ぶ。

オンくんあそび

国《くに》の境《さかい》を国境《こっきょう》という

いみ・ことば

❶さかい。区切《くぎ》り。☞ 越境《えっきょう》。境界《きょうかい》。境内《けいだい》。県境(けんざかい けんきょう)。国境(こっきょう くにざかい)。境目《さかいめ》。

❷場所《ばしょ》。☞ 異境《いきょう》。佳境《かきょう》。秘境《ひきょう》。辺境《へんきょう》。

❸状態《じょうたい》。立場《たちば》。☞ 環境《かんきょう》。逆境《ぎゃっきょう》。境涯《きょうがい》。境《きょう》遇《ぐう》。境地《きょうち》。苦境《くきょう》。順境《じゅんきょう》。心境《しんきょう》。

なりたち

境

竟(区切《くぎ》り)と土(つち)で、「さかい」を表《あらわ》す。

報
墓
境
増
夢
妻

増

土 つちへん　14画

オン　ゾウ
くん　ま**す**　ふ**える**　ふ**やす**

つかいかた
体重《たいじゅう》が増《ふ》える。
日増《ひま》しに暖《あたた》かくなる。
商品《しょうひん》の点数《てんすう》を増《ふ》やす。
大雨《おおあめ》で川《かわ》が増水《ぞうすい》する。

オンくんあそび
増築《ぞうちく》をして
部屋《へや》増《ふ》やす

いみ・ことば
❶ます。ふえる。増員《ぞういん》。増加《ぞうか》。増額《ぞうがく》。増刊《ぞうかん》。増強《ぞうきょう》。増結《ぞうけつ》。増減《ぞうげん》。増産《ぞうさん》。増収《ぞうしゅう》。増殖《ぞうしょく》。増進《ぞうしん》。増水《ぞうすい》。増税《ぞうぜい》。増設《ぞうせつ》。増大《ぞうだい》。増築《ぞうちく》。増長《ぞうちょう》。増量《ぞうりょう》。倍増《ばいぞう》。日増《ひま》し。水増《みずま》し。割《わ》り増《ま》し。加増《かぞう》。急増《きゅうぞう》。激増《げきぞう》。増

夢

夕 ゆう　13画

オン　ム
くん　ゆめ

つかいかた
将来《しょうらい》の夢《ゆめ》を話《はな》す。
まるで夢心地《ゆめごこち》だ。
悪夢《あくむ》から覚《さ》める。
ダンスに夢中《むちゅう》になる。

オンくんあそび
夢中《むちゅう》になって
夢《ゆめ》を追《お》う

いみ・ことば
❶ゆめ。ゆめを見《み》る。悪夢《あくむ》。逆夢《さかゆめ》。白昼夢《はくちゅうむ》。初夢《はつゆめ》。正夢《まさゆめ》。夢想《むそう》。夢中《むちゅう》。夢遊病《むゆうびょう》。夢心地《ゆめごこち》。夢路《ゆめじ》。夢幻（ゆめまぼろし・むげん）。夢見《ゆめみ》。夢物語《ゆめものがたり》。

「正夢《まさゆめ》」は、夢《ゆめ》に見《み》たことが現実《げんじつ》となる夢《ゆめ》。「逆夢《さかゆめ》」は、現実《げんじつ》に起《お》こることとは反対《はんたい》の夢《ゆめ》。

妻

女 おんな　8画

オン　サイ
くん　つま

つかいかた
妻《つま》と子《こ》と暮《く》らす。
愛妻《あいさい》弁当《べんとう》を食《た》べる。
良妻《りょうさい》賢母《けんぼ》を目指《めざ》す。

オンくんあそび
妻《つま》を愛《あい》する
愛妻《あいさい》家《か》

なりたち

妻
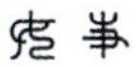
（かんざしに手《て》をそえる形《かたち》）と（女《おんな》）で、「つま」を表《あらわ》す。

いみ・ことば
❶つま。愛妻《あいさい》。後妻《ごさい》。妻子《さいし》。妻女《さいじょ》。妻帯《さいたい》。先妻《せんさい》。新妻《にいづま》。人妻《ひとづま》。夫妻《ふさい》。亡妻《ぼうさい》。良妻《りょうさい》。

婦

女　おんなへん　11画

婦

オン　フ

くん　―

つかいかた

母《はは》は専業主婦《せんぎょうしゅふ》だ。

新郎新婦《しんろうしんぷ》の入場《にゅうじょう》です。

夫婦共働《ふうふともばたら》きの家庭《かてい》。

婦人服売《ふじんふくう》り場《ば》に行《い》く。

いみ・ことば

❶女《おんな》の人《ひと》。 婦女子《ふじょし》。婦人《ふじん》。 家政婦《かせいふ》。妊婦《にんぷ》。農婦《のうふ》。婦女《ふじょ》。

❷結婚《けっこん》している女《おんな》の人《ひと》。妻《つま》。 主婦《しゅふ》。新婦《しんぷ》。夫婦《ふうふ》。

なりたち

婦

帚（ほうき）と女（おんな）で、家事《かじ》をする女《おんな》の人《ひと》を表《あらわ》す。

容

宀　うかんむり　10画

容

オン　ヨウ

くん　―

つかいかた

容姿《ようし》の美《うつく》しい人《ひと》。

許容範囲《きょようはんい》が広《ひろ》い。

本《ほん》の内容《ないよう》を想像《そうぞう》する。

容易《ようい》に問題《もんだい》を解《と》く。

いみ・ことば

❶入《い》れる。入《い》れる余地《よち》がある。 内容《ないよう》。容《よう》器《き》。容積《ようせき》。容量《ようりょう》。

❷ようす。 形容《けいよう》。美容《びよう》。容姿《ようし》。容体《ようだい》。

❸許《ゆる》す。 寛容《かんよう》。許容《きょよう》。容赦《ようしゃ》。容認《ようにん》。

❹たやすい。 容易《ようい》。

なりたち

容

宀（中《なか》に空間《くうかん》がある家《いえ》）と谷（くぼんだたに）で、「いれる」を表《あらわ》す。

寄

宀　うかんむり　11画

寄

オン　キ

くん　よる　よせる

つかいかた

人《ひと》の寄《よ》り集《あつ》まる場所《ばしょ》。

色紙《しきし》に寄《よ》せ書《が》きする。

新聞《しんぶん》に寄稿《きこう》する。

寄宿舎《きしゅくしゃ》での生活《せいかつ》。

オンくんあそび

被災地《ひさいち》に寄付《きふ》寄《よ》せる

いみ・ことば

❶よる。たよる。 寄港《きこう》。寄宿舎《きしゅくしゃ》。寄生《きせい》。寄留《きりゅう》。寄《よ》せ書《が》き。寄《よ》り道《みち》。

❷人《ひと》に任《まか》せる。預《あず》ける。 寄稿《きこう》。寄進《きしん》。寄贈（きぞう きそう）。寄付《きふ》。

とくべつなよみかた

数寄屋《すきや》。最寄《もよ》り。寄席《よせ》。

なりたち

寄

宀（家《いえ》）と奇（片方《かたほう》によりかかる）で、「よる」を表《あらわ》す。

富

宀 うかんむり　12画

宀 宀 宀 宫 宮 富

オン　フ（フウ）
くん　と**む**　とみ

つかいかた
世界一《せかいいち》の**富**豪《ふごう》。
変化《へんか》に**富**《と》んだ人生《じんせい》。
富《とみ》を分《わ》ける。
豊**富**《ほうふ》な知識《ちしき》を得《え》る。

オンくんあそび
豊**富**《ほうふ》な**富**《とみ》を有効《ゆうこう》に

なりたち

富　亩（酒《さか》だる）のある宀（家《いえ》）で、「とむ」を表《あらわ》す。

いみ・ことば
❶とみ。とむ。財産《ざいさん》。豊《ゆた》かな。
富貴《ふうき》。**富**豪《ふごう》。**富**国強兵《ふこくきょうへい》。**富**裕《ふゆう》。**富**力《ふりょく》。貧**富**《ひんぷ》。豊**富**《ほうふ》。

とくべつなよみかた
富山県《とやまけん》。

導

寸 すん　15画

丷 艹 产 首 道 道 導

オン　ドウ
くん　みちび**く**

つかいかた
お客様《きゃくさま》を席《せき》に**導**《みちび》く。
後輩《こうはい》を指**導**《しどう》する。
熱伝**導**《ねつでんどう》を調《しら》べる。
花火《はなび》の**導**火線《どうかせん》。

オンくんあそび
よき指**導**者《しどうしゃ》に**導**《みちび》かれ

いみ・ことば
❶みちびく。案内《あんない》する。
先**導**《せんどう》。**導**火線《どうかせん》。**導**入《どうにゅう》。補**導**《ほどう》。指**導**《しどう》。誘**導**《ゆうどう》。
❷伝《つた》える。
伝**導**《でんどう》。**導**体《どうたい》。熱伝**導**《ねつでんどう》。半**導**体《はんどうたい》。

居

尸 しかばね　8画

フ コ 尸 尸 尸 居

オン　キョ
くん　い**る**

つかいかた
新**居**《しんきょ》を購入《こうにゅう》する。
芝**居**《しばい》を見《み》に行《い》く。
居《い》眠《ねむ》りをする。
雑**居**《ざっきょ》ビルが立《た》ち並《なら》ぶ。

オンくんあそび
新**居**《しんきょ》の**居**間《いま》でお茶《ちゃ》を飲《の》む

なりたち

居　古（固《かた》く動《うご》かない）と尸（人《ひと》がこしかける形《かたち》）を合《あ》わせた字《じ》。

いみ・ことば
❶いる。住《す》む。住《す》まい。
居心地《いごこち》。**居**候《いそうろう》。**居**所（いどころ）（きょしょ）。**居**眠《いねむ》り。**居**残《いのこ》り。**居**場所《いばしょ》。**居**間《いま》。**居**留守《いるす》。隠**居**《いんきょ》。旧**居**《きゅうきょ》。**居**住《きょじゅう》。皇**居**《こうきょ》。雑**居**《ざっきょ》。敷**居**《しきい》。芝**居**《しばい》。住**居**《じゅうきょ》。新**居**《しんきょ》。転**居**《てんきょ》。入**居**《にゅうきょ》。別**居**《べっきょ》。

尸 しかばね 12画

属

オン ゾク
くん ―

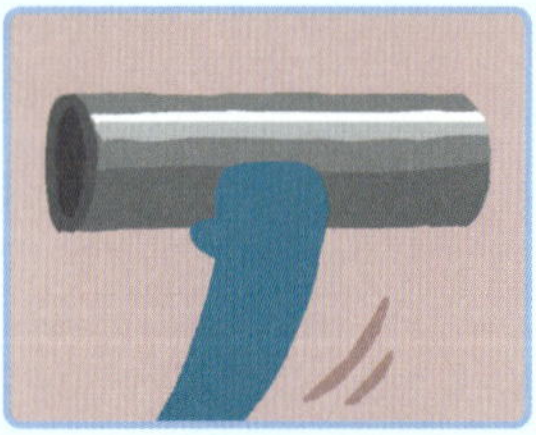

つかいかた
金《きん》属《ぞく》の特《とく》性《せい》を調《しら》べる。
野《や》球《きゅう》部《ぶ》に所《しょ》属《ぞく》する。
営《えい》業《ぎょう》部《ぶ》に配《はい》属《ぞく》される。
付《ふ》属《ぞく》品《ひん》が足《た》りない。

いみ・ことば
❶つき従《したが》う。 帰《き》属《ぞく》。従《じゅう》属《ぞく》。所《しょ》属《ぞく》。専《せん》属《ぞく》。属《ぞく》性《せい》。属《ぞっ》国《こく》。直《ちょく》属《ぞく》。転《てん》属《ぞく》。配《はい》属《ぞく》。付《ふ》属《ぞく》。隷《れい》属《ぞく》。
❷仲《なか》間《ま》。同《おな》じ種《しゅ》類《るい》。 貴《き》金《きん》属《ぞく》。金《きん》属《ぞく》。尊《そん》属《ぞく》。

巾 はば 5画

布

オン フ
くん ぬの

つかいかた
布《ぬの》製《せい》の絵《え》本《ほん》を買《か》う。
ちらしを配《はい》布《ふ》する。
方《ほう》言《げん》の分《ぶん》布《ぷ》図《ず》を作《つく》る。
軽《かる》い毛《もう》布《ふ》を選《えら》ぶ。

オンくんあそび
布《ぬの》の財《さい》布《ふ》でお買《か》い物《もの》

いみ・ことば
❶ぬの。 麻《あさ》布《ぬの》。財《さい》布《ふ》。敷《しき》布《ふ》。湿《しっ》布《ぷ》。布《ぬの》地《じ》。布《ぬの》製《せい》。布《ぬの》目《め》。布《ふ》巾《きん》。布《ふ》団《とん》。毛《もう》布《ふ》。
❷広《ひろ》げる。広《ひろ》める。 公《こう》布《ふ》。散《さん》布《ぷ》。塗《と》布《ふ》。配《はい》布《ふ》。発《はっ》布《ぷ》。頒《はん》布《ぷ》。布《ふ》教《きょう》。布《ふ》告《こく》。布《ふ》陣《じん》。布《ふ》石《せき》。分《ぶん》布《ぷ》。流《る》布《ふ》。

「布《ふ》石《せき》」は、囲《い》碁《ご》で、対《たい》戦《せん》の最《さい》初《しょ》のころに大《だい》事《じ》な場《ば》所《しょ》に石《いし》を配《はい》置《ち》すること。また、将《しょう》来《らい》のために準《じゅん》備《び》すること。

巾 はば 10画

師

オン シ
くん ―

つかいかた
手《て》品《じな》師《し》のショー。
医《い》師《し》の診《しん》察《さつ》を受《う》ける。
恩《おん》師《し》に手《て》紙《がみ》を書《か》く。
小《しょう》学《がっ》校《こう》の教《きょう》師《し》になる。

いみ・ことば
❶先《せん》生《せい》。教《おし》え導《みちび》く人《ひと》。 恩《おん》師《し》。教《きょう》師《し》。講《こう》師《し》。師《し》事《じ》。師《し》匠《しょう》。師《し》弟《てい》。師《し》範《はん》。法《ほう》師《し》。牧《ぼく》師《し》。
❷技《ぎ》術《じゅつ》をもっている人《ひと》。 医《い》師《し》。看《かん》護《ご》師《し》。技《ぎ》師《し》。庭《にわ》師《し》。仏《ぶっ》師《し》。薬《やく》剤《ざい》師《し》。猟《りょう》師《し》。漁《りょう》師《し》。
❸軍《ぐん》隊《たい》。 師《し》団《だん》。
とくべつなよみかた 師《し》走《わす》。

常

巾 はば　11画

オン　ジョウ
くん　つね　（とこ）

つかいかた

かさを常《じょう》備《び》する。
常《つね》に気《き》をつける。
常《じょう》識《しき》はずれの行《おこな》い。
非《ひ》常《じょう》口《ぐち》を点《てん》検《けん》する。

オンくんあそび
常《つね》に備《そな》える
常《じょう》備《び》薬《やく》

いみ・ことば

❶つね。ふだん。ふつうの。☞ 異《い》常《じょう》。常《じょう》温《おん》。常《じょう》時《じ》。常《じょう》識《しき》。常《じょう》習《しゅう》犯《はん》。常《じょう》食《しょく》。常《じょう》人《じん》。常《じょう》設《せつ》。常《じょう》置《ち》。常《じょう》任《にん》。常《じょう》備《び》。常《じょう》用《よう》漢《かん》字《じ》。常《じょう》緑《りょく》樹《じゅ》。正《せい》常《じょう》。通《つう》常《じょう》。常《つね》々《づね》（常《つね》常《づね》）。常《とこ》夏《なつ》。日《にち》常《じょう》。非《ひ》常《じょう》。非《ひ》常《じょう》口《ぐち》。平《へい》常《じょう》。

なりたち

常

尚（久《ひさ》しい・つね）と巾（布《ぬの》）を合《あ》わせた字《じ》。

幹

干 かん　13画

オン　カン
くん　みき

つかいかた

幹《みき》の太《ふと》い巨《きょ》木《ぼく》。
同《どう》窓《そう》会《かい》の幹《かん》事《じ》になる。
幹《かん》線《せん》道《どう》路《ろ》が渋《じゅう》滞《たい》する。
新《しん》幹《かん》線《せん》の指《し》定《てい》席《せき》。

オンくんあそび
交《こう》通《つう》の幹《みき》となる道《みち》
幹《かん》線《せん》道《どう》路《ろ》

いみ・ことば

❶みき。主《しゅ》要《よう》なもの。☞ 幹《かん》事《じ》。幹《かん》線《せん》。幹《かん》線《せん》道《どう》路《ろ》。幹《かん》部《ぶ》。基《き》幹《かん》。語《ご》幹《かん》。根《こん》幹《かん》。主《しゅ》幹《かん》。新《しん》幹《かん》線《せん》。

「根《こん》幹《かん》」は、木《き》の根《ね》と幹《みき》のこと。転《てん》じて、物《もの》事《ごと》のいちばん重《じゅう》要《よう》な部《ぶ》分《ぶん》。

序

广 まだれ　7画

オン　ジョ
くん　—

つかいかた

順《じゅん》序《じょ》よく並《なら》んだ木《き》。
寒《さむ》さはまだ序《じょ》の口《くち》だ。
本《ほん》の序《じょ》文《ぶん》を書《か》く。
年《ねん》齢《れい》で序《じょ》列《れつ》をつける。

いみ・ことば

❶順《じゅん》番《ばん》。☞ 順《じゅん》序《じょ》。序《じょ》数《すう》詞《し》。序《じょ》列《れつ》。秩《ちつ》序《じょ》。年《ねん》功《こう》序《じょ》列《れつ》。
❷はじめ。☞ 序《じょ》曲《きょく》。序《じょ》言《げん》。序《じょ》章《しょう》。序《じょ》説《せつ》。序《じょ》の口《くち》。序《じょ》盤《ばん》。序《じょ》文《ぶん》。序《じょ》幕《まく》。序《じょ》論《ろん》。

「序《じょ》の口《くち》」は、物《もの》事《ごと》がまだ始《はじ》まったばかりであること。もともとは、すもうの番《ばん》付《づけ》のいちばん下《した》の位《くらい》のこと。

往

彳 ぎょうにんべん　8画

オン　オウ

くん　—

つかいかた

旅行《りょこう》の往《おう》路《ろ》と復《ふく》路《ろ》。

往《おう》時《じ》をなつかしむ。

医《い》者《しゃ》の往《おう》診《しん》をたのむ。

往《おう》復《ふく》はがきが届《とど》く。

いみ・ことば

❶行《い》く。 右《う》往《おう》左《さ》往《おう》。往《おう》還《かん》。往《おう》信《しん》。往《おう》診《しん》。往《おう》復《ふく》。往《おう》来《らい》。往《おう》路《ろ》。

❷過《す》ぎ去《さ》る。昔《むかし》。 往《おう》古《こ》。往《おう》時《じ》。往《おう》年《ねん》。

❸死《し》ぬ。 往《おう》生《じょう》。往《おう》生《じょう》際《ぎわ》。大《だい》往《おう》生《じょう》。

「右《う》往《おう》左《さ》往《おう》」とは、右《みぎ》へ行《い》ったり左《ひだり》へ行《い》ったりして、あわてているようす。

張

弓 ゆみへん　11画

オン　チョウ

くん　はる

つかいかた

父《ちち》は出張中《しゅっちょうちゅう》だ。

寒《さむ》さで池《いけ》に氷《こおり》が張《は》る。

発表前《はっぴょうまえ》は緊張《きんちょう》する。

考《かんが》えを主張《しゅちょう》する。

オンくんあそび

気《き》を張《は》って主張《しゅちょう》する

いみ・ことば

❶ぴんとはる。広《ひろ》げる。 拡《かく》張《ちょう》。緊《きん》張《ちょう》。誇《こ》張《ちょう》。出《しゅっ》張《ちょう》。伸《しん》張《ちょう》。張《ちょう》力《りょく》。張《は》り合《あ》い。張《は》り紙《がみ》。張《は》り子《こ》。膨《ぼう》張《ちょう》。

❷言《い》いはる。 主《しゅ》張《ちょう》。

なりたち

張　弓（ゆみ）と長（ながい）で、弓《ゆみ》のつるを長《なが》く張《は》る意《い》から、「はる」を表《あらわ》す。

弁

廾 にじゅうあし　5画

オン　ベン

くん　—

つかいかた

弁当《べんとう》を楽《たの》しみにする。

首相《しゅしょう》が答弁《とうべん》する。

弁護士《べんごし》になりたい。

弁論大会《べんろんたいかい》に参加《さんか》する。

いみ・ことば

❶見分《みわ》ける。 弁《べん》別《べつ》。

❷まかなう。 自《じ》弁《べん》。弁《べん》償《しょう》。弁《べん》当《とう》。

❸述《の》べる。 代《だい》弁《べん》。答《とう》弁《べん》。熱《ねっ》弁《べん》。弁《べん》解《かい》。弁《べん》護《ご》。弁《べん》護《ご》士《し》。弁《べん》舌《ぜっ》。弁《べん》明《めい》。弁《べん》論《ろん》。雄《ゆう》弁《べん》。

❹べん。花《はな》びら。 安全《あんぜん》弁《べん》。花《か》弁《べん》。

なりたち

弁　厶（む）と廾（にじゅうあし）を合《あ》わせた字《じ》。

弁 張 往 復 徳 営

復

彳 ぎょうにんべん　12画

オン　フク
くん　―

つかいかた
新幹線《しんかんせん》で往復《おうふく》する。
景気《けいき》が回復《かいふく》する。
予習《よしゅう》と復習《ふくしゅう》をする。
被災地《ひさいち》が復興《ふっこう》する。

いみ・ことば
❶もどる。もどす。
往復《おうふく》。回復《かいふく》。快復《かいふく》。修復《しゅうふく》。拝復《はいふく》。復学《ふくがく》。復元《ふくげん》。復職《ふくしょく》。復調《ふくちょう》。復路《ふくろ》。復活《ふっかつ》。復刊《ふっかん》。復帰《ふっき》。復旧《ふっきゅう》。復古《ふっこ》。復興《ふっこう》。報復《ほうふく》。
❷くり返《かえ》す。
反復《はんぷく》。復習《ふくしゅう》。復唱《ふくしょう》。

なりたち
復　复（もとにもどす）と彳（行《い》く）で、「もどる」を表《あらわ》す。

徳

彳 ぎょうにんべん　14画

オン　トク
くん　―

つかいかた
徳《とく》の高《たか》い人《ひと》。
悪徳商法《あくとくしょうほう》に注意《ちゅうい》する。
次《つぎ》は道徳《どうとく》の時間《じかん》だ。
徳用品《とくようひん》売《う》り場《ば》を見《み》る。

いみ・ことば
❶優《すぐ》れた行《おこな》い。品性《ひんせい》。
悪徳《あくとく》。功徳《くどく》。高徳《こうとく》。公徳心《こうとくしん》。人徳《じんとく》。道徳《どうとく》。徳育《とくいく》。徳性《とくせい》。徳政《とくせい》。徳望《とくぼう》。徳目《とくもく》。美徳《びとく》。不徳《ふとく》。有徳《ゆうとく》。
❷得《とく》。
徳用《とくよう》。

営

⺍ つかんむり　12画

オン　エイ
くん　いとなむ

つかいかた
営業《えいぎょう》の仕事《しごと》をする。
母《はは》が営《いとな》む美容院《びよういん》。
テントを設営《せつえい》する。
社殿《しゃでん》を造営《ぞうえい》する。

オンくんあそび
国《くに》が営《いとな》む
国営事業《こくえいじぎょう》

いみ・ことば
❶いとなむ。仕事《しごと》などをする。つくる。
運営《うんえい》。営林署《えいりんしょ》。経営《けいえい》。国営《こくえい》。営業《えいぎょう》。営繕《えいぜん》。営利《えいり》。設営《せつえい》。造営《ぞうえい》。直営《ちょくえい》。民営《みんえい》。
❷軍隊《ぐんたい》のとどまる所《ところ》。
陣営《じんえい》。野営《やえい》。

述 しんにょう 8画

述

オン ジュツ
くん の**べる**

つかいかた
自分《じぶん》の考《かんが》えを**述**《の》べる。
主語《しゅご》と**述**語《じゅつご》の関係《かんけい》。
犯行《はんこう》を供**述**《きょうじゅつ》する。

オンくんあそび
述《の》べた言葉《ことば》を
記**述**《きじゅつ》する

いみ・ことば
❶のべる。書《か》き表《あらわ》す。☞記**述**《きじゅつ》。供**述**《きょうじゅつ》。口**述**《こうじゅつ》。後**述**《こうじゅつ》。**述**懐《じゅっかい》。**述**語《じゅつご》。詳**述**《しょうじゅつ》。叙**述**《じょじゅつ》。前**述**《ぜんじゅつ》。著**述**《ちょじゅつ》。陳**述**《ちんじゅつ》。論**述**《ろんじゅつ》。

逆 しんにょう 9画

逆

オン ギャク
くん さか　さか**らう**

つかいかた
否定《ひてい》されて**逆**上《ぎゃくじょう》する。
逆上《さかあ》がりの練習《れんしゅう》。
風《かぜ》に**逆**《さか》らって進《すす》む。
逆転《ぎゃくてん》ホームラン。

オンくんあそび
逆立《さかだ》ちしたら
天地《てんち》が**逆**《ぎゃく》に

なりたち

☞逆 屰（さかさの人《ひと》）と⻎（進《すす》む）で、「逆方向《ぎゃくほうこう》に進《すす》む」「さからう」を表《あらわ》す。

いみ・ことば
❶ぎゃく。さかさま。さからう。☞**逆**効果《ぎゃくこうか》。**逆**算《ぎゃくさん》。**逆**襲《ぎゃくしゅう》。**逆**上《ぎゃくじょう》。**逆**説《ぎゃくせつ》。**逆**転《ぎゃくてん》。**逆**風《ぎゃくふう》。**逆**用《ぎゃくよう》。**逆**流《ぎゃくりゅう》。**逆**境《ぎゃっきょう》。**逆**光《ぎゃっこう》。**逆**行《ぎゃっこう》。**逆**上《さかあ》がり。**逆**恨《さかうら》み。**逆**立《さかだ》ち。**逆**手（さかて ぎゃくて）。**逆**夢《さかゆめ》。反**逆**《はんぎゃく》。

退 しんにょう 9画

退

オン タイ
くん しりぞ**く**　しりぞ**ける**

つかいかた
部屋《へや》を**退**出《たいしゅつ》する。
勢《いきお》いにおされて**退**《しりぞ》く。
食欲《しょくよく》が減**退**《げんたい》する。
卒業生《そつぎょうせい》が**退**場《たいじょう》する。

オンくんあそび
後《うし》ろに**退**《しりぞ》き
退去《たいきょ》する

いみ・ことば
❶しりぞく。しりぞける。去《さ》る。☞一進一**退**《いっしんいったい》。引**退**《いんたい》。撃**退**《げきたい》。後**退**《こうたい》。辞**退**《じたい》。**退**位《たいい》。**退**院《たいいん》。**退**学《たいがく》。**退**却《たいきゃく》。**退**治《たいじ》。**退**出《たいしゅつ》。**退**場《たいじょう》。**退**席《たいせき》。**退**避《たいひ》。**退**歩《たいほ》。脱**退**《だったい》。敗**退**《はいたい》。勇**退**《ゆうたい》。減**退**《げんたい》。衰**退**《すいたい》。**退**化《たいか》。
❷おとろえる。☞

とくべつなよみかた
立《た》ち**退**《の》く。

迷

辶 しんにょう 9画

オン （メイ）
くん まよう

つかいかた
道《みち》に迷《まよ》って困《こま》る。まるで迷《めい》路《ろ》のようだ。友人《ゆうじん》に迷《めい》惑《わく》をかける。百貨店《ひゃっかてん》で迷子《まいご》になる。

オンくんあそび
迷路《めいろ》で迷《まよ》い 出《で》られない

いみ・ことば
❶まよう。☞ 混迷《こんめい》。低迷《ていめい》。迷宮《めいきゅう》。迷信《めいしん》。迷走《めいそう》。迷路《めいろ》。迷惑《めいわく》。

とくべつなよみかた 迷子《まいご》。

なりたち
迷
米（小《ちい》さくて見《み》えにくいこめつぶ）と辶（進《すす》む）で、「まよう」を表《あらわ》す。

造

辶 しんにょう 10画

オン ゾウ
くん つくる

つかいかた
造《ぞう》花《か》の花束《はなたば》を買《か》う。大《おお》きな船《ふね》を造《つく》る。秘密基地《ひみつきち》を改造《かいぞう》する。時計《とけい》の構造《こうぞう》を調《しら》べる。

オンくんあそび
造船所《ぞうせんじょ》では 船《ふね》造《つく》る

いみ・ことば
❶つくる。☞ 改造《かいぞう》。偽造《ぎぞう》。急造《きゅうぞう》。建造《けんぞう》。構造《こうぞう》。醸造《じょうぞう》。人造《じんぞう》。製造《せいぞう》。造営《ぞうえい》。造園《ぞうえん》。造花《ぞうか》。造形《ぞうけい》。造語《ぞうご》。造作《ぞうさく》。造成《ぞうせい》。造船《ぞうせん》。創造《そうぞう》。造幣局《ぞうへいきょく》。造本《ぞうほん》。荷造《にづく》り。木造《もくぞう》。模造《もぞう》。

なりたち
造
告（くっつける）と辶（進《すす》む）を合《あ》わせた字《じ》。

過

辶 しんにょう 12画

オン カ
くん すぎる すごす （あやまつ）（あやまち）

つかいかた
自分《じぶん》の過《あやま》ちに気《き》づく。電車《でんしゃ》が通《とお》り過《す》ぎる。毎日《まいにち》を楽《たの》しく過《す》ごす。遠《とお》い過《か》去《こ》のできごと。

オンくんあそび
三日《みっか》過《す》ぎれば 過去《かこ》のこと

いみ・ことば
❶すぎる。☞ 一過《いっか》。過去《かこ》。過日《かじつ》。過程《かてい》。過渡期《かとき》。過半数《かはんすう》。経過《けいか》。通過《つうか》。
❷程度《ていど》をこえる。☞ 思《おも》い過《す》ごし。過激《かげき》。過小《かしょう》。過信《かしん》。過大《かだい》。過敏《かびん》。過労《かろう》。超過《ちょうか》。
❸あやまち。☞ 過誤《かご》。過失《かしつ》。大過《たいか》。

なりたち

☞ 過
咼（自由《じゆう》に動《うご》く関節《かんせつ》）と辶（進《すす》む）を合《あ》わせた字《じ》。

適

しんにょう　14画

オン　テキ
くん　—

つかいかた
快適《かいてき》な暮《く》らし。
運動《うんどう》に適《てき》したくつ。
環境《かんきょう》に適応《てきおう》する動物《どうぶつ》。
彼女《かのじょ》は班長《はんちょう》が適任《てきにん》だ。

いみ・ことば
❶ちょうどよい。当《あ》てはまる。
快適《かいてき》。好適《こうてき》。最適《さいてき》。自適《じてき》。適応《てきおう》。適温《てきおん》。適格（てきかく てっかく）。適宜《てきぎ》。適合《てきごう》。適材適所《てきざいてきしょ》。適時《てきじ》。適者生存《てきしゃせいぞん》。適正《てきせい》。適性《てきせい》。適切《てきせつ》。適度《てきど》。適当《てきとう》。適任《てきにん》。適否《てきひ》。適役《てきやく》。適用《てきよう》。適量《てきりょう》。

「適材適所《てきざいてきしょ》」とは、その人《ひと》の能力《のうりょく》に合《あ》った仕事《しごと》や役目《やくめ》をあたえること。

防

こざとへん　7画

オン　ボウ
くん　ふせぐ

つかいかた
防寒具《ぼうかんぐ》を身《み》につける。
交通事故《こうつうじこ》を防《ふせ》ぐ。
防犯《ぼうはん》パトロール。
熱中症《ねっちゅうしょう》を予防《よぼう》する。

オンくんあそび
防風林《ぼうふうりん》が
風《かぜ》防《ふせ》ぐ

いみ・ことば
❶ふせぐ。守《まも》る。
攻防《こうぼう》。消防《しょうぼう》。堤防《ていぼう》。防衛《ぼうえい》。防音《ぼうおん》。防火《ぼうか》。防寒《ぼうかん》。防御《ぼうぎょ》。防空《ぼうくう》。防護《ぼうご》。防災《ぼうさい》。防止《ぼうし》。防水《ぼうすい》。防戦《ぼうせん》。防虫剤《ぼうちゅうざい》。防毒《ぼうどく》。防波堤《ぼうはてい》。防犯《ぼうはん》。防備《ぼうび》。防風林《ぼうふうりん》。防腐剤《ぼうふざい》。予防《よぼう》。

限

こざとへん　9画

オン　ゲン
くん　かぎる

つかいかた
寒《さむ》さが極限《きょくげん》に達《たっ》する。
限《かぎ》りある資源《しげん》を守《まも》る。
図書館《としょかん》の返却期限《へんきゃくきげん》。
無限《むげん》に広《ひろ》がる宇宙《うちゅう》。

オンくんあそび
体力《たいりょく》の 限《かぎ》りつくして
限界《げんかい》を知る

いみ・ことば
❶かぎる。かぎり。
下限《かげん》。期限《きげん》。局限《きょくげん》。極限《きょくげん》。限界《げんかい》。権限《けんげん》。限定《げんてい》。限度《げんど》。際限《さいげん》。最小限《さいしょうげん》。最大限《さいだいげん》。上限《じょうげん》。制限《せいげん》。南限《なんげん》。年限《ねんげん》。北限《ほくげん》。無限《むげん》。門限《もんげん》。有限《ゆうげん》。

阝 こざとへん　11画

険

ㇹ 阝 阝亼 阝合 険 険

オン　ケン
くん　けわしい

つかいかた
命《いのち》の危《き》険《けん》を感《かん》じる。
先生《せんせい》の表情《ひょうじょう》が険《けわ》しい。
険《けん》悪《あく》な雰《ふん》囲《い》気《き》になる。
冒《ぼう》険《けん》小説《しょうせつ》を読《よ》む。

オンくんあそび
険《けわ》しい岩《いわ》を
登《のぼ》る冒《ぼう》険《けん》

いみ・ことば
❶けわしい。危《あぶ》ない。とげとげしい。☞ 陰《いん》険《けん》。危《き》険《けん》。険《けん》悪《あく》。険《けん》路《ろ》。邪《じゃ》険《けん》。冒《ぼう》険《けん》。保《ほ》険《けん》。

なりたち
険
阝(おか)と㑒(先《さき》がとがる)で、「けわしい」を表《あらわ》す。

阝 こざとへん　14画

際

ㇹ 阝 阝 阝夕 阝祭 際 際

オン　サイ
くん　(きわ)

つかいかた
窓《まど》際《ぎわ》の席《せき》に座《すわ》る。
テニスの国《こく》際《さい》試《じ》合《あい》。
実《じっ》際《さい》に試《ため》してみる。
際《きわ》立《だ》ったできばえ。

オンくんあそび
進行《しんこう》の　手《て》際《ぎわ》見事《みごと》な
国《こく》際《さい》会《かい》議《ぎ》

いみ・ことば
❶きわ。果《は》て。さかい。☞ 壁《かべ》際《ぎわ》。際《さい》限《げん》。瀬《せ》戸《と》際《ぎわ》。手《て》際《ぎわ》。波打《なみう》ち際《ぎわ》。生《は》え際《ぎわ》。窓《まど》際《ぎわ》。水《みず》際《ぎわ》。
❷とき。場合《ばあい》。☞ 実《じっ》際《さい》。間《ま》際《ぎわ》。別《わか》れ際《ぎわ》。
❸ふれあい。☞ 交《こう》際《さい》。国《こく》際《さい》。

心 こころ　7画

応

丶 亠 广 广 応 応 応

オン　オウ
くん　こたえる

つかいかた
急《きゅう》な依《い》頼《らい》に応《こた》える。
来客《らいきゃく》に応《おう》じる。
適切《てきせつ》な応《おう》急《きゅう》処《しょ》置《ち》。
算《さん》数《すう》の応《おう》用《よう》問《もん》題《だい》。

オンくんあそび
応《おう》援《えん》の　声《こえ》に応《こた》える
選《せん》手《しゅ》団《だん》

いみ・ことば
❶こたえる。おうじる。ふさわしい。☞ 応《おう》援《えん》。応急《おうきゅう》。応酬《おうしゅう》。応接《おうせつ》。応戦《おうせん》。応対《おうたい》。応答《おうとう》。応《おう》分《ぶん》。応《おう》募《ぼ》。応《おう》報《ほう》。応《おう》用《よう》。呼《こ》応《おう》。順《じゅん》応《のう》。相《そう》応《おう》。即《そく》応《おう》。対《たい》応《おう》。適《てき》応《おう》。反《はん》応《のう》。

「順《じゅん》応《のう》」や「反《はん》応《のう》」などの「応」は、「ノウ」と読《よ》むよ。

快

忄 りっしんべん　7画

オン　カイ
くん　こころよい

つかいかた
快《かい》晴《せい》にめぐまれる。注《ちゅう》文《もん》に快《こころよ》く応《おう》じる。病《やまい》が全《ぜん》快《かい》する。電《でん》車《しゃ》が町《まち》を快《かい》走《そう》する。

オンくんあそび
快《かい》晴《せい》に　快《こころよ》い風《かぜ》　ふきわたる

いみ・ことば
❶こころよい。快《かい》晴《せい》。快《かい》速《そく》。快《かい》諾《だく》。快《かい》調《ちょう》。快《かい》適《てき》。快《かい》楽《らく》。軽《けい》快《かい》。痛《つう》快《かい》。不《ふ》快《かい》。明《めい》快《かい》。快《かい》活《かつ》。快《かい》感《かん》。快《かい》挙《きょ》。快《かい》勝《しょう》。
❷病《びょう》気《き》が治《なお》る。快《かい》復《ふく》。快《かい》方《ほう》。全《ぜん》快《かい》。
❸速《はや》い。快《かい》走《そう》。快《かい》足《そく》。

なりたち
快
忄(心《こころ》)と夬(開《ひら》く)で、「こころよい」を表《あらわ》す。

志

心 こころ　7画

オン　シ
くん　こころざす　こころざし

つかいかた
志《こころざし》を一《ひと》つにする。建《けん》築《ちく》家《か》を志《こころざ》す。意《い》志《し》の強《つよ》い人《ひと》。志《し》望《ぼう》校《こう》に願《がん》書《しょ》を出《だ》す。

オンくんあそび
意《い》志《し》強《つよ》く　目《もく》標《ひょう》達《たっ》成《せい》　志《こころざ》す

いみ・ことば
❶こころざす。こころざし。志《し》願《がん》。志《し》気《き》。志《し》向《こう》。志《し》士《し》。志《し》望《ぼう》。志《し》望《ぼう》校《こう》。意《い》志《し》。遺《い》志《し》。初《しょ》志《し》。寸《すん》志《し》。大《たい》志《し》。闘《とう》志《し》。同《どう》志《し》。有《ゆう》志《し》。立《りっ》志《し》。

性

忄 りっしんべん　8画

オン　セイ　(ショウ)
くん　―

つかいかた
性《せい》別《べつ》を記《き》入《にゅう》する。おだやかな性《せい》格《かく》の人《ひと》。高《こう》性《せい》能《のう》の通《つう》信《しん》機《き》器《き》。彼《かれ》とは相《あい》性《しょう》がよい。

いみ・ことば
❶せいしつ。相《あい》性《しょう》。安《あん》全《ぜん》性《せい》。可《か》能《のう》性《せい》。気《き》性《しょう》。急《きゅう》性《せい》。個《こ》性《せい》。根《こん》性《じょう》。酸《さん》性《せい》。習《しゅう》性《せい》。性《しょう》根《ね》。性《しょう》分《ぶん》。性《せい》格《かく》。性《せい》質《しつ》。性《せい》能《のう》。知《ち》性《せい》。天《てん》性《せい》。本《ほん》性《しょう》(ほんせい)。野《や》性《せい》。理《り》性《せい》。
❷男《だん》女《じょ》の区《く》別《べつ》。異《い》性《せい》。女《じょ》性《せい》。性《せい》別《べつ》。男《だん》性《せい》。

なりたち

性
心(心《こころ》)と生(生《う》まれる)で、生《う》まれながらの心《こころ》を表《あらわ》す。

恩

心 こころ 10画

オン

くん ―

つかいかた

自然《しぜん》の恩恵《おんけい》に浴《よく》する。
恩義《おんぎ》を感《かん》じる。
同窓会《どうそうかい》に恩師《おんし》を招《まね》く。
家族《かぞく》に恩返《おんがえ》しする。

いみ・ことば

❶めぐみ。人《ひと》のなさけ。
恩愛《おんあい》。恩返《おんがえ》し。恩義《おんぎ》。恩恵《おんけい》。恩師《おんし》。恩赦《おんしゃ》。恩賞《おんしょう》。恩情《おんじょう》。恩《おん》知《し》らず。恩人《おんじん》。恩寵《おんちょう》。恩典《おんてん》。謝恩《しゃおん》。大恩《だいおん》。報恩《ほうおん》。忘恩《ぼうおん》。

情

忄 りっしんべん 11画

オン ジョウ（セイ）

くん なさけ

つかいかた

愛情《あいじょう》をこめて育《そだ》てる。
人《ひと》に情《なさ》けをかける。
情報《じょうほう》を収集《しゅうしゅう》する。
風情《ふぜい》のある建物《たてもの》。

オンくんあそび

同情《どうじょう》されて
情《なさ》けない

「情《なさ》けは人《ひと》のためならず」とは、人《ひと》に情《なさ》けをかければ、自分《じぶん》によいことが返《かえ》ってくる、ということ。

いみ・ことば

❶なさけ。気持《きも》ち。思《おも》いやり。
愛情《あいじょう》。感心《かんしん》。情《じょう》。強情《ごうじょう》。情愛《じょうあい》。情緒（じょうちょ）（じょうしょ）。情熱《じょうねつ》。情《じょう》。同情《どうじょう》。人情《にんじょう》。薄情《はくじょう》。表情《ひょうじょう》。友情《ゆうじょう》。
❷ようす。
事情《じじょう》。情景《じょうけい》。情勢《じょうせい》。情報《じょうほう》。
❸おもむき。
情趣《じょうしゅ》。風情《ふぜい》。余情《よじょう》。

慣

忄 りっしんべん 14画

オン カン

くん なれる ならす

つかいかた

毎日《まいにち》の習慣《しゅうかん》。
旅先《たびさき》の気候《きこう》に慣《な》れる。
慣用句《かんようく》の辞典《じてん》を引《ひ》く。
慣例《かんれい》に従《したが》って進《すす》める。

オンくんあそび

早起《はやお》きも　慣《な》れて楽《たの》しい
習慣《しゅうかん》に

いみ・ことば

❶なれる。ならわし。
慣行《かんこう》。慣習《かんしゅう》。慣性《かんせい》。慣用《かんよう》。慣用句《かんようく》。慣例《かんれい》。習慣《しゅうかん》。場慣《ばな》れ。不慣《ふな》れ。

なりたち

慣

忄（心《こころ》）と貫（つらぬく）で、物《もの》をつらぬき通《とお》す意《い》から、「なれる」を表《あらわ》す。

心 こころ　14画

態

オン　タイ
くん　―

つかいかた

緊急事態《きんきゅうじたい》が起《お》きる。
地面《じめん》の状態《じょうたい》が悪《わる》い。
アリの生態《せいたい》を調《しら》べる。
彼《かれ》は態度《たいど》が大《おお》きい。

いみ・ことば

❶ようす。ありさま。
事態《じたい》。失態《しったい》。実態《じったい》。醜態《しゅうたい》。悪態《あくたい》。旧態《きゅうたい》。形態《けいたい》。状態《じょうたい》。生態《せいたい》。生態系《せいたいけい》。態勢《たいせい》。態度《たいど》。変態《へんたい》。

扌 てへん　7画

技

オン　ギ
くん　（わざ）

つかいかた

高度《こうど》な技術《ぎじゅつ》が必要《ひつよう》だ。
陸上競技《りくじょうきょうぎ》の世界大会《せかいたいかい》。
特技《とくぎ》はピアノです。
得意技《とくいわざ》をくり出《だ》す。

オンくんあそび
技《わざ》競《きそ》い合《あ》う
競技会《きょうぎかい》

いみ・ことば

❶わざ。うでまえ。
演技《えんぎ》。大技《おおわざ》。技官《ぎかん》。技芸《ぎげい》。技巧《ぎこう》。技師《ぎし》。技術《ぎじゅつ》。技能《ぎのう》。技法《ぎほう》。球技《きゅうぎ》。技《ぎ》。競技《きょうぎ》。技量《ぎりょう》。国技《こくぎ》。小技《こわざ》。実技《じつぎ》。得意技《とくいわざ》。技《わざ》。特技《とくぎ》。寝技《ねわざ》。余技《よぎ》。

なりたち

技　扌（手《て》）と支（ささえる・えだ）で、「わざ」を表《あらわ》す。

手 て　8画

承

オン　ショウ
くん　（うけたまわる）

つかいかた

伝統《でんとう》を継承《けいしょう》する。
人々《ひとびと》に承認《しょうにん》される。
ご意見《いけん》を承《うけたまわ》ります。

オンくんあそび
承《うけたまわ》って
合点《がってん》承知《しょうち》

いみ・ことば

❶うけたまわる。聞《き》き入《い》れる。
承諾《しょうだく》。承《しょう》知《ち》。承認《しょうにん》。承服《しょうふく》。不承不承《ふしょうぶしょう》。了承《りょうしょう》。
❷受《う》け継《つ》ぐ。
継承《けいしょう》。伝承《でんしょう》。

態 技 承 招 採 授

招

扌 てへん　8画

オン　ショウ
くん　まねく

つかいかた
手招《てまね》きをして呼《よ》ぶ。
野球部員《やきゅうぶいん》を招集《しょうしゅう》する。
誕生会《たんじょうかい》の招待状《しょうたいじょう》。
工場《こうじょう》の招致計画《しょうちけいかく》。

オンくんあそび
招待状《しょうたいじょう》で
客《きゃく》招《まね》く

いみ・ことば
❶まねく。人《ひと》を呼《よ》ぶ。呼《よ》びよせる。
招請《しょうせい》。招待《しょうたい》。招致《しょうち》。手招《てまね》き。招《まね》き猫《ねこ》。招集《しょうしゅう》。

なりたち
招
扌(手《て》)と召(呼《よ》びよせる)で、「まねく」を表《あらわ》す。

採

扌 てへん　11画

オン　サイ
くん　とる

つかいかた
技術力《ぎじゅつりょく》を採点《さいてん》する。
山菜《さんさい》を採《と》りに行《い》く。
植物採集《しょくぶつさいしゅう》に行《い》く。
彼《かれ》の案《あん》を採用《さいよう》する。

オンくんあそび
採用《さいよう》の
可否《かひ》を議題《ぎだい》に
決《けつ》を採《と》る

いみ・ことば
❶とる。とり入《い》れる。
採光《さいこう》。採択《さいたく》。採算《さいさん》。採点《さいてん》。採取《さいしゅ》。採否《さいひ》。採集《さいしゅう》。採用《さいよう》。採掘《さいくつ》。採寸《さいすん》。採録《さいろく》。採血《さいけつ》。採石《さいせき》。伐採《ばっさい》。採決《さいけつ》。

授

扌 てへん　11画

オン　ジュ
くん　(さずける)(さずかる)

つかいかた
ほうびを授《さず》かる。
母《はは》が授業参観《じゅぎょうさんかん》に来《く》る。
文学賞《ぶんがくしょう》の授賞式《じゅしょうしき》。
卒業証書《そつぎょうしょうしょ》を授与《じゅよ》する。

いみ・ことば
❶さずける。あたえる。
授業《じゅぎょう》。授受《じゅじゅ》。授賞《じゅしょう》。授精《じゅせい》。授乳《じゅにゅう》。授与《じゅよ》。教授《きょうじゅ》。授《さず》かり物《もの》。伝授《でんじゅ》。

なりたち

授
(手《て》)と(手《て》から手《て》に受《う》ける)で、「さずける」を表《あらわ》す。

扌 てへん

11画

接

オン セツ

くん (つ**ぐ**)

つかいかた

ていねいに**接**客《せっきゃく》する。

電話回線《でんわかいせん》の**接**続方法《せつぞくほうほう》。

彼《かれ》とは**接**点《せってん》がない。

面**接**試験《めんせつしけん》を受《う》ける。

いみ・ことば

❶つぐ。つける。近《ちか》づく。☞ 近**接**《きんせつ》。**接**岸《せつがん》。**接**近《せっきん》。**接**合《せつごう》。**接**骨《せっこつ》。**接**写《せっしゃ》。**接**種《せっしゅ》。**接**触《せっしょく》。**接**《せん》戦《せつ》。**接**続《せつぞく》。**接**地《せっち》。**接**着《せっちゃく》。**接**点《せってん》。直**接**《ちょくせつ》。**接**《つ》ぎ木《き》。骨**接**《ほねつ》ぎ。密**接**《みっせつ》。隣**接**《りんせつ》。

❷人《ひと》と会《あ》う。☞ 応**接**《おうせつ》。**接**客《せっきゃく》。**接**待《せったい》。面**接**《めんせつ》。

扌 てへん

12画

提

オン テイ

くん (さ**げる**)

つかいかた

新《あら》たな**提**案《ていあん》をする。

資料《しりょう》を**提**示《ていじ》する。

宿題《しゅくだい》を**提**出《ていしゅつ》する。

手**提**《てさ》げ袋《ぶくろ》を持《も》つ。

いみ・ことば

❶手《て》にさげて持《も》つ。☞ 手**提**《てさ》げ。

❷差《さ》し出《だ》す。☞ 前**提**《ぜんてい》。**提**案《ていあん》。**提**起《ていき》。**提**議《ていぎ》。**提**供《ていきょう》。**提**言《ていげん》。**提**示《ていじ》。**提**出《ていしゅつ》。**提**唱《ていしょう》。**提**訴《ていそ》。

❸手《て》を取《と》る。引《ひ》き連《つ》れる。☞ **提**携《ていけい》。**提**督《ていとく》。

なりたち

提

扌(手《て》)と是(まっすぐのばす)を合《あ》わせた字《じ》。

扌 てへん

13画

損

オン ソン

くん (そこ**なう**) (そこ**ねる**)

つかいかた

商売《しょうばい》で**損**《そん》をする。

台風《たいふう》で**損**害《そんがい》が出《で》る。

おやつを食《た》べ**損**《そこ》なう。

友達《ともだち》の機嫌《きげん》を**損**《そこ》ねる。

いみ・ことば

❶そんする。失《うしな》う。☞ **損**益《そんえき》。**損**失《そんしつ》。**損**得《そんとく》。骨折《ほねお》り**損**《ぞん》。丸**損**《まるぞん》。

❷そこなう。こわれる。☞ **損**壊《そんかい》。**損**害《そんがい》。**損**傷《そんしょう》。破**損**《はそん》。

支 し（4画）

支

オン シ
くん ささえる

つかいかた
支《し》援《えん》の輪《わ》が広《ひろ》がる。
日《に》本《ほん》を支《ささ》える産《さん》業《ぎょう》。
通《つう》行《こう》に支《し》障《しょう》を来《きた》す。
商《しょう》品《ひん》の代《だい》金《きん》を支《し》払《はら》う。

オンくんあそび
支《し》柱《ちゅう》で支《ささ》え
朝《あさ》顔《がお》を
花《はな》さかす

いみ・ことば
❶ささえる。 支《し》援《えん》。支《し》持《じ》。支《し》柱《ちゅう》。支《し》点《てん》。
❷枝《えだ》分《わ》かれ。分《わ》ける。 支《し》局《きょく》。支《し》社《しゃ》。支《し》線《せん》。支《し》店《てん》。支《し》配《はい》。支《し》部《ぶ》。支《し》流《りゅう》。
❸しはらう。 支《し》給《きゅう》。支《し》出《しゅつ》。収《しゅう》支《し》。
❹さしつかえる。 支《し》障《しょう》。
とくべつなよみかた
差《さ》し支《つか》える。

攵 のぶん（9画）

故

オン コ
くん （ゆえ）

つかいかた
交《こう》通《つう》事《じ》故《こ》が起《お》きる。
縁《えん》故《こ》をたよる。
故《こ》郷《きょう》の友《ゆう》人《じん》を訪《たず》ねる。
故《ゆえ》あって欠《けっ》席《せき》する。

オンくんあそび
故《ゆえ》あって
故《こ》郷《きょう》に帰《かえ》る

いみ・ことば
❶古《ふる》い。もとからの。 縁《えん》故《こ》。故《こ》郷《きょう》。故《こ》国《こく》。故《こ》事《じ》。故《こ》実《じつ》。
❷死《し》んだ。 故《こ》人《じん》。
❸できごと。 故《こ》障《しょう》。事《じ》故《こ》。
❹わざと。 故《こ》意《い》。

「故《こ》人《じん》」は、亡《な》くなった人《ひと》。
「古《こ》人《じん》」は、昔《むかし》の人《ひと》。

攵 のぶん（9画）

政

オン セイ（ショウ）
くん （まつりごと）

つかいかた
政《せい》治《じ》に関《かん》心《しん》をもつ。
行《ぎょう》政《せい》の仕《し》事《ごと》につく。
国《くに》の財《ざい》政《せい》が苦《くる》しい。
政《せい》権《けん》が交《こう》代《たい》する。

いみ・ことば
❶まつりごと。せいじ。 悪《あく》政《せい》。院《いん》政《せい》。王《おう》政《せい》。行《ぎょう》政《せい》。国《こく》政《せい》。政《せい》界《かい》。政《せい》局《きょく》。政《せい》権《けん》。政《せい》策《さく》。政《せい》治《じ》。政《せい》情《じょう》。政《せい》党《とう》。政《せい》府《ふ》。摂《せっ》政《しょう》。善《ぜん》政《せい》。
❷取《と》りしきる。 家《か》政《せい》。財《ざい》政《せい》。

旧
日 ひ　5画

オン　キュウ
くん　―

つかいかた
水道《すいどう》が復旧《ふっきゅう》する。
旧式《きゅうしき》のミシンを使《つか》う。
名所旧跡《めいしょきゅうせき》を旅行《りょこう》する。
彼《かれ》は十年来《じゅうねんらい》の旧友《きゅうゆう》だ。

いみ・ことば
❶古《ふる》い。もとの。☞ 懐旧《かいきゅう》。旧家《きゅうか》。旧館《きゅうかん》。旧居《きゅうきょ》。旧教《きゅうきょう》。旧交《きゅうこう》。旧式《きゅうしき》。旧制《きゅうせい》。旧姓《きゅうせい》。旧跡《きゅうせき》。旧態《きゅうたい》。旧知《きゅうち》。旧年《きゅうねん》。旧約聖書《きゅうやくせいしょ》。旧友《きゅうゆう》。旧来《きゅうらい》。旧暦《きゅうれき》。新旧《しんきゅう》。復旧《ふっきゅう》。
❷「旧暦《きゅうれき》」のこと。☞ 旧正月《きゅうしょうがつ》。旧盆《きゅうぼん》。

「旧暦《きゅうれき》」は、昔使《むかしつか》われていたこよみで、月《つき》の満《み》ち欠《か》けをもとに作《つく》られたもの。「太陰暦《たいいんれき》」「陰暦《いんれき》」ともいう。

断
斤 おの　11画

オン　ダン
くん　(たつ)　ことわる

つかいかた
十時《じゅうじ》から断水《だんすい》する。
友達《ともだち》のさそいを断《ことわ》る。
木《き》を切断《せつだん》する。
審判《しんぱん》の判断《はんだん》に従《したが》う。

オンくんあそび
「いや」と断《ことわ》る
決断《けつだん》し

なりたち
斷 ☞ 断
斤（おの）と𢇍（糸《いと》の束《たば》を区切《くぎ》る）で、「たち切《き》る」を表《あらわ》す。

いみ・ことば
❶たち切《き》る。ことわる。☞ 横断《おうだん》。裁断《さいだん》。縦断《じゅうだん》。切断《せつだん》。断崖《だんがい》。断交《だんこう》。断食《だんじき》。断水《だんすい》。断絶《だんぜつ》。断続的《だんぞくてき》。断念《だんねん》。断面《だんめん》。中断《ちゅうだん》。不断《ふだん》。無断《むだん》。
❷きっぱり決《き》める。☞ 決断《けつだん》。断言《だんげん》。断固《だんこ》。断定《だんてい》。判断《はんだん》。

敵
攵 のぶん　15画

オン　テキ
くん　(かたき)

つかいかた
好敵手《こうてきしゅ》に出会《であ》う。
敵《てき》と味方《みかた》に分《わ》かれる。
強敵《きょうてき》に勝《か》つ。
友達《ともだち》の敵《かたき》を討《う》つ。

いみ・ことば
❶てき。かたき。☞ 外敵《がいてき》。敵討《かたきう》ち。敵役《かたきやく》。強敵《きょうてき》。好敵手《こうてきしゅ》。宿敵《しゅくてき》。政敵《せいてき》。大敵《たいてき》。敵意《てきい》。敵軍《てきぐん》。敵国《てきこく》。敵視《てきし》。敵陣《てきじん》。敵襲《てきしゅう》。敵対《てきたい》。敵地《てきち》。天敵《てんてき》。匹敵《ひってき》。不敵《ふてき》。無敵《むてき》。

易

日《ひ》 8画

オン エキ
イ

くん やさしい

つかいかた

外国《がいこく》と交易《こうえき》する。
この問題《もんだい》は易《やさ》しい。
易者《えきしゃ》の手相《てそう》うらない。
平易《へいい》な言葉《ことば》を使《つか》う。

オンくんあそび
易《やさ》しい言葉《ことば》で
うらなう易者《えきしゃ》

いみ・ことば

❶かえる。交換《こうかん》する。☞交易《こうえき》。貿易《ぼうえき》。
❷やさしい。たやすい。☞安易《あんい》。簡易《かんい》。難易《なんい》。平易《へいい》。容易《ようい》。
❸うらない。うらなう。☞易学《えきがく》。易者《えきしゃ》。

暴

日《ひ》 15画

オン ボウ
（バク）

くん （あばく）
あばれる

つかいかた

突然《とつぜん》、馬《うま》が暴《あば》れだす。
暴風雨《ぼうふうう》に備《そな》える。
暴力《ぼうりょく》に反対《はんたい》する。
犯人《はんにん》の正体《しょうたい》を暴《あば》く。

オンくんあそび
暴力《ぼうりょく》ふるい
暴《あば》れだす

いみ・ことば

❶あばれる。あらあらしい。むちゃな。☞横暴《おうぼう》。凶暴《きょうぼう》。粗暴《そぼう》。暴飲暴食《ぼういんぼうしょく》。暴挙《ぼうきょ》。暴言《ぼうげん》。暴行《ぼうこう》。暴走《ぼうそう》。暴徒《ぼうと》。暴動《ぼうどう》。暴風雨《ぼうふうう》。暴利《ぼうり》。暴力《ぼうりょく》。乱暴《らんぼう》。
❷突然《とつぜん》。急《きゅう》に。☞暴発《ぼうはつ》。暴落《ぼうらく》。
❸あばく。☞暴露《ばくろ》。

条

木《き》 7画

オン ジョウ

くん ―

つかいかた

国際条約《こくさいじょうやく》を結《むす》ぶ。
箇条書《かじょうが》きにする。
厳《きび》しい条件《じょうけん》をつける。
憲法《けんぽう》の第一条《だいいちじょう》。

いみ・ことば

❶一《ひと》つずつ書《か》き分《わ》けた事柄《ことがら》。☞箇条書《かじょうが》き。条件《じょうけん》。条項《じょうこう》。条文《じょうぶん》。条約《じょうやく》。条例《じょうれい》。第一条《だいいちじょう》。条理《じょうり》。信条《しんじょう》。
❷物事《ものごと》の筋道《すじみち》。☞

「箇条書《かじょうが》き」は、事柄《ことがら》を一《ひと》つひとつ並《なら》べて書《か》くこと。

木 きへん

8画

枝

オン （シ）

くん えだ

つかいかた

枝《えだ》振《ぶ》りのいい松《まつ》の木《き》。
枝豆《えだまめ》の収穫《しゅうかく》をする。
小鳥《ことり》が枝《えだ》移《うつ》りをする。

いみ・ことば

❶えだ。 枝《えだ》移《うつ》り。枝葉（えだは・しよう）。枝《えだ》振《ぶ》り。枝豆《えだまめ》。枯《か》れ枝《えだ》。小枝《こえだ》。

❷えだのように分《わ》かれたもの。 枝《えだ》毛《げ》。枝《えだ》道《みち》。

なりたち

枝

支（分《わ》かれる・ささえる）と木（き）で、「えだ」を表《あらわ》す。

木 き

9画

査

オン サ

くん ―

つかいかた

作品展《さくひんてん》の審査《しんさ》委員《いいん》。
水質《すいしつ》を検査《けんさ》する。
事件《じけん》の捜査《そうさ》をする。
原因《げんいん》を調査《ちょうさ》する。

いみ・ことば

❶調《しら》べる。 監査《かんさ》。検査《けんさ》。考査《こうさ》。査察《ささつ》。査《さ》証《しょう》。査定《さてい》。査問《さもん》。巡査《じゅんさ》。審査《しんさ》。精査《せいさ》。捜査《そうさ》。探査《たんさ》。調査《ちょうさ》。

木 きへん

10画

桜

オン （オウ）

くん さくら

つかいかた

公園《こうえん》の桜《さくら》が満開《まんかい》だ。
桜前線《さくらぜんせん》が北上《ほくじょう》する。
桜吹雪《さくらふぶき》がまう。
花《はな》が散《ち》り葉桜《はざくら》になる。

いみ・ことば

❶さくら。 桜桃《おうとう》。観桜《かんおう》。寒桜《かんざくら》。桜色《さくらいろ》。桜《さくら》貝《がい》。桜《さくら》狩《が》り。桜前線《さくらぜんせん》。桜草《さくらそう》。桜花（さくらばな・おうか）。桜吹雪《さくらふぶき》。桜餅《さくらもち》。葉桜《はざくら》。八重桜《やえざくら》。山桜《やまざくら》。夜《よ》桜《ざくら》。

「桜前線《さくらぜんせん》」は、ソメイヨシノが開花《かいか》する同時期《どうじき》を線《せん》で結《むす》び、地図上《ちずじょう》に示《しめ》したもの。

格

木 きへん　10画

オン　カク（コウ）

くん　—

つかいかた

桜《さくら》の美《うつく》しさは格《かく》別《べつ》だ。

資《し》格《かく》試《し》験《けん》に合《ごう》格《かく》する。

おだやかな性《せい》格《かく》。

体《たい》格《かく》のよい選《せん》手《しゅ》。

いみ・ことば

❶決《き》まり。わく。骨組《ほねぐ》み。☞ 格言《かくげん》。格式《かくしき》。規格《きかく》。合格《ごうかく》。格子《こうし》。骨格《こっかく》。人格《じんかく》。体格《たいかく》。

❷程度《ていど》。位《くらい》。☞ 価格《かかく》。格上《かくあ》げ。格差《かくさ》。格段《かくだん》。格調《かくちょう》。格別《かくべつ》。格安《かくやす》。厳格《げんかく》。資格《しかく》。昇格《しょうかく》。性格《せいかく》。品格《ひんかく》。風格《ふうかく》。別格《べっかく》。

❸取《と》っ組《く》み合《あ》う。☞ 格闘《かくとう》。

検

木 きへん　12画

オン　ケン

くん　—

つかいかた

検《けん》定《てい》試《し》験《けん》を受《う》ける。

保《ほ》健《けん》室《しつ》で検《けん》温《おん》する。

眼《がん》科《か》検《けん》診《しん》を受《う》ける。

学《がっ》区《く》内《ない》を探《たん》検《けん》する。

いみ・ことば

❶調《しら》べる。取《と》りしまる。☞ 検疫《けんえき》。検閲《けんえつ》。検温《けんおん》。検眼《けんがん》。検挙《けんきょ》。検査《けんさ》。検索《けんさく》。検札《けんさつ》。検察《けんさつ》。検算《けんざん》。検事《けんじ》。検出《けんしゅつ》。検証《けんしょう》。検針《けんしん》。検診《けんしん》。検定《けんてい》。検討《けんとう》。検分《けんぶん》。検問《けんもん》。探検《たんけん》。点検《てんけん》。

なりたち

檢 ☞ 検

木（き）と 㑒（もとは 僉〔多《おお》くの人《ひと》が口《くち》をそろえて言《い》う〕）を合《あ》わせた字《じ》。

構

木 きへん　14画

オン　コウ

くん　かまえる　かまう

つかいかた

自《じ》分《ぶん》の店《みせ》を構《かま》える。

なりふり構《かま》わず動《うご》く。

大《だい》胆《たん》な構《こう》図《ず》の絵《え》。

文《ぶん》章《しょう》の構《こう》成《せい》を考《かんが》える。

オンくんあそび

それでも結《けっ》構《こう》のんきに構《かま》え

いみ・ことば

❶かまえる。かまえ。しくみ。囲《かこ》い。☞ 気《き》構《がま》え。機《き》構《こう》。虚《きょ》構《こう》。構《こう》図《ず》。構《こう》成《せい》。構《こう》想《そう》。構《こう》造《ぞう》。構《こう》築《ちく》。構《こう》内《ない》。心《こころ》構《がま》え。門《もん》構《がま》え。

武

止 とめる　8画

オン　ブ　ム
くん　―

つかいかた

武《ぶ》器《き》を捨《す》てる。
武《ぶ》士《し》の世《よ》の中《なか》。
武《ぶ》勇《ゆう》伝《でん》を書《か》く。
影《かげ》武《む》者《しゃ》を従《したが》える。

オンくんあそび
武《ぶ》器《き》を持《も》たずに
武《む》者《しゃ》修《しゅ》行《ぎょう》

いみ・ことば

❶戦《たたか》い。☞ 影《かげ》武《む》者《しゃ》。武《ぶ》運《うん》。武《ぶ》官《かん》。武《ぶ》器《き》。武《ぶ》具《ぐ》。武《ぶ》家《け》。武《ぶ》芸《げい》。武《ぶ》骨《こつ》。武《ぶ》士《し》。武《ぶ》術《じゅつ》。武《ぶ》将《しょう》。武《ぶ》人《じん》。武《ぶ》装《そう》。武《ぶ》道《どう》。武《ぶ》力《りょく》。文《ぶん》武《ぶ》。武《む》者《しゃ》。武《む》者《しゃ》修《しゅ》行《ぎょう》。
❷強《つよ》く勇《いさ》ましい。☞ 武《ぶ》名《めい》。武《ぶ》勇《ゆう》。

なりたち

☞ 武

戈（武《ぶ》器《き》のほこ）と、止（進《すす》む足《あし》）を合《あ》わせた字《じ》。

比

比 ならびひ　4画

オン　ヒ
くん　くら**べる**

つかいかた

兄《あに》と背《せい》比《くら》べをする。
両《りょう》方《ほう》の案《あん》を対《たい》比《ひ》する。
比《ひ》例《れい》と反《はん》比《ぴ》例《れい》の関《かん》係《けい》。

オンくんあそび
背《せい》比《くら》べ　友《とも》と背《せ》たけを
比《ひ》較《かく》する

いみ・ことば

❶くらべる。並《なら》べる。くらべた割《わり》合《あい》。☞ 根《こん》比《くら》べ。背《せい》比《くら》べ。前《ぜん》年《ねん》比《ひ》。対《たい》比《ひ》。痛《つう》快《かい》無《む》比《ひ》。反《はん》比《ぴ》例《れい》。比《ひ》較《かく》。比《ひ》較《かく》的《てき》。比《ひ》肩《けん》。比《ひ》重《じゅう》。比《ひ》喩《ゆ》。比《ひ》率《りつ》。比《ひ》類《るい》。比《ひ》例《れい》。無《む》比《ひ》。

なりたち

☞ 比

𠂆（人《ひと》）が並《なら》ぶ形《かたち》で、「くらべる」を表《あらわ》す。

永

水 みず　5画

オン　エイ
くん　なが**い**

つかいかた

永《えい》遠《えん》のライバル。
永《なが》い年《ねん》月《げつ》が過《す》ぎる。
末《すえ》永《なが》い幸《しあわ》せを願《ねが》う。
永《えい》久《きゅう》歯《し》が生《は》えてきた。

オンくんあそび
この町《まち》に　永《えい》住《じゅう》するよ
末《すえ》永《なが》く

いみ・ことば

❶時《じ》間《かん》がながい。いつまでも。☞ 永《えい》遠《えん》。永《えい》久《きゅう》。永《えい》久《きゅう》歯《し》。永《えい》住《じゅう》。永《えい》世《せい》中《ちゅう》立《りつ》国《こく》。永《えい》続《ぞく》。永《えい》代《たい》。永年（えいねん　ながねん）。永《えい》別《べつ》。永《えい》眠《みん》。

なりたち

☞ 永

合《ごう》流《りゅう》する川《かわ》の流《なが》れの形《かたち》から。

河

氵 さんずい　8画

オン　カ

くん　かわ

つかいかた

河川《かせん》の氾濫《はんらん》に備《そな》える。
美《うつく》しい故郷《こきょう》の山河《さんが》。
氷河《ひょうが》期《き》の生《い》き物《もの》。
河原《かわら》の石《いし》を拾《ひろ》う。

オンくんあそび
氷《こおり》が河《かわ》になる氷河《ひょうが》

いみ・ことば

❶かわ。大《おお》きなかわ。☞運河《うんが》。河口《かこう》。河川《かせん》。河畔《かはん》。銀河《ぎんが》。黄河《こうが》。山河《さんが》。大河《たいが》。氷河《ひょうが》。

とくべつなよみかた
河岸《かし》。河原《かわら》。

なりたち

河

氵(水《みず》)と可(折《お》れ曲《ま》がる)で「黄河《こうが》」を表《あらわ》し、のち、大《おお》きな川《かわ》の意《い》となった。

液

氵 さんずい　11画

オン　エキ

くん　―

つかいかた

大型《おおがた》の液《えき》晶《しょう》テレビ。
液《えき》体《たい》から固《こ》体《たい》になる。
樹《じゅ》液《えき》を吸《す》う昆虫《こんちゅう》。

いみ・ことば

❶えき。えきたい。☞胃液《いえき》。液化《えきか》。液晶《えきしょう》。液状《えきじょう》。液体《えきたい》。血液《けつえき》。血液《けつえき》型《がた》。原液《げんえき》。樹液《じゅえき》。水溶液《すいようえき》。唾液《だえき》。乳液《にゅうえき》。粘液《ねんえき》。溶液《ようえき》。

混

氵 さんずい　11画

オン　コン

くん　まじる　まざる　まぜる　こむ

つかいかた

液体《えきたい》どうしを混《ま》ぜる。
親子《おやこ》混合《こんごう》リレー。
連休《れんきゅう》で駅《えき》が混雑《こんざつ》する。
会場《かいじょう》が混乱《こんらん》する。

オンくんあそび
男女《だんじょ》が混《ま》じり混声《こんせい》合唱《がっしょう》

いみ・ことば

❶まじる。まざる。☞混《こん》血《けつ》。混交《こんこう》。混合《こんごう》。混雑《こんざつ》。混成《こんせい》。混声《こんせい》。混戦《こんせん》。混《こん》線《せん》。混同《こんどう》。混入《こんにゅう》。混迷《こんめい》。混乱《こんらん》。

減

氵 さんずい　12画

オン　ゲン
くん　へる　へらす

つかいかた

ご飯《はん》の量《りょう》を減《へ》らす。
旅行《りょこう》の参加者《さんかしゃ》が減《へ》る。
テストで減点《げんてん》される。
電力《でんりょく》の節減《せつげん》に努《つと》める。

オンくんあそび

無駄《むだ》を減《へ》らして
経費削減《けいひさくげん》

いみ・ことば

❶へる。へらす。
加減《かげん》。軽減《けいげん》。激減《げきげん》。減額《げんがく》。減産《げんさん》。減収《げんしゅう》。減少《げんしょう》。減税《げんぜい》。減速《げんそく》。減退《げんたい》。減点《げんてん》。減量《げんりょう》。節減《せつげん》。増減《ぞうげん》。手加減《てかげん》。半減《はんげん》。目減《めべ》り。
❷ひき算《ざん》。
加減乗除《かげんじょうじょ》。減算《げんざん》。減法《げんぽう》。

測

氵 さんずい　12画

オン　ソク
くん　はかる

つかいかた

定規《じょうぎ》で長《なが》さを測《はか》る。
星《ほし》の観測《かんそく》をする。
身体測定《しんたいそくてい》を行《おこな》う。
結果《けっか》を予測《よそく》する。

オンくんあそび

海底《かいてい》の深《ふか》さを測《はか》る
測深器《そくしんき》

いみ・ことば

❶はかる。
観測《かんそく》。計測《けいそく》。実測《じっそく》。測地《そくち》。測定《そくてい》。測量《そくりょう》。測候所《そっこうじょ》。目測《もくそく》。
❷おしはかる。
臆測《おくそく》（憶測《おくそく》）。推測《すいそく》。不測《ふそく》。予測《よそく》。

なりたち

測
氵（水《みず》）と則（規準《きじゅん》）で、水《みず》の深《ふか》さを測《はか》る意《い》から、「はかる」を表《あらわ》す。

準

氵 さんずい　13画

オン　ジュン
くん　—

つかいかた

料理《りょうり》の準備《じゅんび》をする。
採用《さいよう》の基準《きじゅん》を決《き》める。
教科書《きょうかしょ》準拠《じゅんきょ》の問題集《もんだいしゅう》。
大会《たいかい》で準優勝《じゅんゆうしょう》した。

いみ・ことば

❶目安《めやす》。よりどころ。のっとる。従《したが》う。
基準《きじゅん》。規準《きじゅん》。準拠《じゅんきょ》。照準《しょうじゅん》。水準《すいじゅん》。標準《ひょうじゅん》。
❷あるものに次《つ》ぐ。
準決勝《じゅんけっしょう》。準優勝《じゅんゆうしょう》。
❸前《まえ》もってそなえる。
準備《じゅんび》。

演

氵 さんずい　14画

オン　エン

くん　―

つかいかた

舞《ぶ》台《たい》の主《しゅ》役《やく》を演《えん》じる。

選《せん》挙《きょ》の応《おう》援《えん》演《えん》説《ぜつ》。

吹《すい》奏《そう》楽《がく》の演《えん》奏《そう》。

開《かい》演《えん》のベルが鳴《な》る。

いみ・ことば

❶実《じっ》際《さい》にやる。人《ひと》前《まえ》で行《おこな》う。

演《えん》技《ぎ》。演《えん》芸《げい》。演《えん》劇《げき》。演《えん》算《ざん》。演《えん》習《しゅう》。演《えん》出《しゅつ》。演《えん》説《ぜつ》。演《えん》奏《そう》。演《えん》題《だい》。演《えん》壇《だん》。開《かい》演《えん》。公《こう》演《えん》。講《こう》演《えん》。実《じつ》演《えん》。主《しゅ》演《えん》。出《しゅつ》演《えん》。上《じょう》演《えん》。熱《ねつ》演《えん》。

潔

氵 さんずい　15画

オン　ケツ

くん　（いさぎよい）

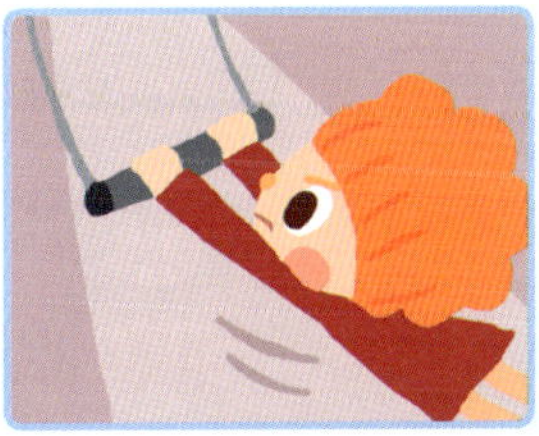

つかいかた

潔《いさぎよ》く決《けつ》断《だん》する。

簡《かん》潔《けつ》に説《せつ》明《めい》する。

身《み》の潔《けっ》白《ぱく》を証《しょう》明《めい》する。

清《せい》潔《けつ》なハンカチ。

いみ・ことば

❶きよい。けがれがない。いさぎよい。

簡《かん》潔《けつ》。純《じゅん》潔《けつ》。潔《けっ》白《ぱく》。潔《けっ》癖《ぺき》。高《こう》潔《けつ》。清《せい》潔《けつ》。不《ふ》潔《けつ》。

なりたち

潔

絜（きよめる）と氵（水《みず》）で、「きよい」「いさぎよい」を表《あらわ》す。

災

火 ひ　7画

オン　サイ

くん　（わざわい）

つかいかた

災《さい》難《なん》にあう。

防《ぼう》災《さい》訓《くん》練《れん》に参《さん》加《か》する。

口《くち》は災《わざわ》いのもと。

オンくんあそび

災《わざわ》いを防《ふせ》ぐ備《そな》えの防《ぼう》災《さい》訓《くん》練《れん》

いみ・ことば

❶わざわい。

火《か》災《さい》。災《さい》害《がい》。災《さい》難《なん》。震《しん》災《さい》。人《じん》災《さい》。戦《せん》災《さい》。天《てん》災《さい》。被《ひ》災《さい》。被《ひ》災《さい》者《しゃ》。防《ぼう》災《さい》。

犭 けものへん　5画

犯

オン　ハン
くん　(おかす)

つかいかた

犯人《はんにん》をつかまえる。領空《りょうくう》を侵犯《しんぱん》する。防犯《ぼうはん》活動《かつどう》に取《と》り組《く》む。罪《つみ》を犯《おか》す。

オンくんあそび
犯人《はんにん》が　罪《つみ》を犯《おか》して　罰《ばつ》受《う》ける

いみ・ことば

❶決《き》まりを破《やぶ》る。罪《つみ》をおかす。また、その人《ひと》。
👉 共犯《きょうはん》。現行犯《げんこうはん》。再犯《さいはん》。主犯《しゅはん》。常習犯《じょうしゅうはん》。侵犯《しんぱん》。犯行《はんこう》。犯罪《はんざい》。犯人《はんにん》。防犯《ぼうはん》。

なりたち

犯　犭(犬《いぬ》)と㔾(わくからはみ出《で》る)を合《あ》わせた字《じ》。

片 かたへん　8画

版

オン　ハン
くん　—

つかいかた

版《はん》画《が》で年《ねん》賀《が》状《じょう》を作《つく》る。辞《じ》書《しょ》の改《かい》訂《てい》版《ばん》を出《だ》す。出《しゅっ》版《ぱん》社《しゃ》で働《はたら》く。古《ふる》い本《ほん》が絶《ぜっ》版《ぱん》になる。

いみ・ことば

❶印刷用《いんさつよう》に字《じ》や絵《え》をほった板《いた》。
👉 活版《かっぱん》。瓦版《かわらばん》。原版《げんばん》。図版《ずはん》。版画《はんが》。版木《はんぎ》。木版《もくはん》。

❷印刷《いんさつ》して本《ほん》を作《つく》る。
👉 改訂版《かいていばん》。旧版《きゅうはん》。再版《さいはん》。重版《じゅうはん》。出版《しゅっぱん》。出版社《しゅっぱんしゃ》。初版《しょはん》。新版《しんぱん》。絶版《ぜっぱん》。版権《はんけん》。版元《はんもと》。

火 ひへん　16画

燃

オン　ネン
くん　もえる　もやす　もす

つかいかた

燃《も》えるごみを分《わ》ける。かれ枝《えだ》を燃《も》やす。問《もん》題《だい》が再《さい》燃《ねん》する。燃《ねん》料《りょう》をたくわえる。

オンくんあそび
燃《も》やして処分《しょぶん》　可燃《かねん》ごみ

いみ・ことば

❶もえる。もやす。
👉 可燃《かねん》。再燃《さいねん》。燃焼《ねんしょう》。燃費《ねんぴ》。燃料《ねんりょう》。不燃《ふねん》。

状

犬 いぬ　7画

オン　ジョウ
くん　—

つかいかた
状況《じょうきょう》を判断《はんだん》する。
賞状《しょうじょう》をもらう。
健康状態《けんこうじょうたい》が気《き》になる。
年賀状《ねんがじょう》を印刷《いんさつ》する。

「異状《いじょう》」は、ふだんとちがう状態《じょうたい》のこと。**例** 体《からだ》に異状《いじょう》をきたす。
「異常《いじょう》」は、通常《つうじょう》とはちがうこと。**例** 今年《ことし》の夏《なつ》は異常《いじょう》に暑《あつ》かった。

いみ・ことば
❶ようす。形《かたち》。
実状《じつじょう》。状況《じょうきょう》。症状《しょうじょう》。状態《じょうたい》。異状《いじょう》。液状《えきじょう》。白状《はくじょう》。病状《びょうじょう》。帯状《おびじょう》。形状《けいじょう》。
❷手紙《てがみ》。書《か》きつけたもの。
状《じょう》。状差《じょうさ》し。賞状《しょうじょう》。招待状《しょうたいじょう》。案内状《あんないじょう》。紹介状《しょうかいじょう》。免状《めんじょう》。礼状《れいじょう》。書状《しょじょう》。年賀状《ねんがじょう》。

独

犭 けものへん　9画

オン　ドク
くん　ひとり

つかいかた
独《ひと》り言《ごと》を言《い》う。
独学《どくがく》で資格《しかく》を取《と》る。
独占《どくせん》インタビュー。
独立心《どくりつしん》が強《つよ》い。

オンくんあそび
今日《きょう》からは 独《ひと》り立《だ》ち 独立独歩《どくりつどっぽ》

いみ・ことば
❶ひとり。一《ひと》つ。自分《じぶん》だけ。
孤独《こどく》。単独《たんどく》。独学《どくがく》。独裁《どくさい》。独自《どくじ》。独習《どくしゅう》。独唱《どくしょう》。独身《どくしん》。独占《どくせん》。独善《どくぜん》。独創《どくそう》。独断《どくだん》。独特《どくとく》。独立《どくりつ》。独力《どくりょく》。独《ひと》り言《ごと》。独《ひと》り占《じ》め。独《ひと》りぼっち。独《ひと》り者《もの》。
❷ドイツのこと。
独文《どくぶん》。独語《どくご》。日独《にちどく》。

漢字《かんじ》で「独逸《どいつ》」と書《か》いたことから。

率

玄 げん　11画

オン　(ソツ)　リツ
くん　ひきいる

つかいかた
みんなを率《ひき》いて歩《ある》く。
効率《こうりつ》のよい方法《ほうほう》。
軽率《けいそつ》な行動《こうどう》をとる。
率直《そっちょく》な意見《いけん》を言《い》う。

オンくんあそび
有能《ゆうのう》な スタッフ率《ひき》いて 能率《のうりつ》上《あ》げる

いみ・ことば
❶ひきいる。
引率《いんそつ》。率先《そっせん》。統率《とうそつ》。
❷深《ふか》く考《かんが》えない。
軽率《けいそつ》。
❸かざらない。
率直《そっちょく》。
❹割合《わりあい》。
低率《ていりつ》。能率《のうりつ》。倍率《ばいりつ》。百分率《ひゃくぶんりつ》。比率《ひりつ》。利率《りりつ》。確率《かくりつ》。効率《こうりつ》。高率《こうりつ》。勝率《しょうりつ》。税率《ぜいりつ》。

なりたち

率
糸《いと》をより合《あ》わせてまとめる形《かたち》から。

現

王 おうへん　11画

オン　ゲン
くん　あらわれる　あらわす

つかいかた
突然《とつぜん》、姿《すがた》を現《あらわ》す。
月《つき》が雲間《くもま》から現《あらわ》れる。
現地《げんち》に集合《しゅうごう》する。
長年《ながねん》の夢《ゆめ》が実現《じつげん》する。

オンくんあそび
なぞの現象《げんしょう》
現《あらわ》れる

いみ・ことば
❶あらわれる。あらわす。
現象《げんしょう》。再現《さいげん》。実現《じつげん》。出現《しゅつげん》。表現《ひょうげん》。
❷実際《じっさい》にある。今《いま》ある。
現役《げんえき》。現金《げんきん》。現在《げんざい》。現実《げんじつ》。現状《げんじょう》。現職《げんしょく》。現存（げんそん げんぞん）。現代《げんだい》。現地《げんち》。現場《げんば》。現品《げんぴん》。現物《げんぶつ》。

「頭角《とうかく》を現《あらわ》す」とは、才能《さいのう》やわざが、ほかの人《ひと》に比《くら》べて目立《めだ》って優《すぐ》れること。

留

田 た　10画

オン　リュウ　ル
くん　とめる　とまる

つかいかた
一人《ひとり》で留守番《るすばん》をする。
心《こころ》に留《と》めておく。
三年間《さんねんかん》留学《りゅうがく》する。

オンくんあそび
ふと目《め》に留《と》まった
停留所《ていりゅうじょ》

「書留《かきとめ》」は、「書《か》き留《と》め」とは書《か》かないよ。

いみ・ことば
❶とめる。とまる。とどめる。とどまる。
書留《かきとめ》。居留《きょりゅう》。寄留《きりゅう》。係留《けいりゅう》。在留《ざいりゅう》。残留《ざんりゅう》。駐留《ちゅうりゅう》。停留所《ていりゅうじょ》。保留《ほりゅう》。留意《りゅうい》。留学《りゅうがく》。留置《りゅうち》。留鳥《りゅうちょう》。留任《りゅうにん》。留年《りゅうねん》。留保《りゅうほ》。留守《るす》。留守番《るすばん》。

なりたち

留
川《かわ》の水《みず》を田《た》に入《い》れてためる形《かたち》から。

略

田 たへん　11画

オン　リャク
くん　—

つかいかた
ゲームを攻略《こうりゃく》する。
正式名《せいしきめい》を略《りゃく》して書《か》く。
自己紹介《じこしょうかい》は省略《しょうりゃく》する。
新《あら》たな戦略《せんりゃく》を練《ね》る。

いみ・ことば
❶省《はぶ》く。簡単《かんたん》にする。
概略《がいりゃく》。簡略《かんりゃく》。省略《しょうりゃく》。前略《ぜんりゃく》。略画《りゃくが》。略語《りゃくご》。略号《りゃくごう》。略字《りゃくじ》。略式《りゃくしき》。略称《りゃくしょう》。略図《りゃくず》。略歴《りゃくれき》。
❷はかりごと。
計略《けいりゃく》。策略《さくりゃく》。戦略《せんりゃく》。謀略《ぼうりゃく》。
❸うばいとる。
攻略《こうりゃく》。侵略《しんりゃく》。略奪《りゃくだつ》。

益
皿 さら　10画

オン エキ（ヤク）
くん ―

つかいかた
利益《りえき》と損益《そんえき》。
害虫《がいちゅう》を食《た》べる益鳥《えきちょう》。
趣味《しゅみ》と実益《じつえき》をかねる。
有益《ゆうえき》なアドバイス。

なりたち

益
皿《さら》の中《なか》の水《みず》があふれる形《かたち》から。

いみ・ことば
❶もうける。もうけ。
純益《じゅんえき》。増益《ぞうえき》。損益《そんえき》。利益《りえき》。減益《げんえき》。実益《じつえき》。収益《しゅうえき》。
❷ためになる。
益虫《えきちゅう》。益鳥《えきちょう》。公益《こうえき》。国益《こくえき》。無益《むえき》。有益《ゆうえき》。
❸めぐみ。
御利益《ごりやく》。

眼
目 めへん　11画

オン ガン（ゲン）
くん（まなこ）

つかいかた
肉眼《にくがん》では見《み》えない。
眼下《がんか》に広《ひろ》がる風景《ふうけい》。
ユニークな着眼点《ちゃくがんてん》。
血眼《ちまなこ》になってさがす。

なりたち

眼
目(目《め》)と艮(見《み》る)を合《あ》わせた字《じ》。

いみ・ことば
❶まなこ。目《め》。
眼下《がんか》。眼科《がんか》。眼球《がんきゅう》。眼光《がんこう》。眼帯《がんたい》。近眼《きんがん》。血眼《ちまなこ》。着眼点《ちゃくがんてん》。肉眼《にくがん》。複眼《ふくがん》。
❷見《み》ぬく力《ちから》。
眼識《がんしき》。眼力《がんりき》。心眼《しんがん》。千里眼《せんりがん》。
❸大切《たいせつ》なところ。
眼目《がんもく》。主眼《しゅがん》。
とくべつなよみかた
眼鏡《めがね》。

破
石 いしへん　10画

オン ハ
くん やぶる　やぶれる

つかいかた
紙《かみ》が破《やぶ》れる。
危機《きき》を突破《とっぱ》する。
長編小説《ちょうへんしょうせつ》を読破《どくは》する。
ガラスの破片《はへん》に注意《ちゅうい》。

オンくんあそび
夢《ゆめ》に破《やぶ》れて破滅《はめつ》する

いみ・ことば
❶やぶる。こわす。負《ま》かす。
撃破《げきは》。大破《たいは》。打破《だは》。突破《とっぱ》。難破《なんぱ》。破壊《はかい》。破格《はかく》。破棄《はき》。破局《はきょく》。爆破《ばくは》。破産《はさん》。破損《はそん》。破談《はだん》。破片《はへん》。破滅《はめつ》。破裂《はれつ》。連破《れんぱ》。論破《ろんぱ》。
❷やりぬく。
看破《かんぱ》。走破《そうは》。読破《どくは》。

ネ しめすへん　9画

祖

、ラネネ初祖祖

オン　ソ

くん　―

つかいかた

祖母《そぼ》の家《いえ》に行《い》く。

みそラーメンの元祖《がんそ》。

先祖《せんぞ》代々《だいだい》続《つづ》くお店《みせ》。

祖《そ》先《せん》の霊《れい》を祭《まつ》る。

なりたち

祖 👉 祖

丅（祭壇《さいだん》）と 且（物《もの》を重《かさ》ねた形《かたち》）で、世代《せだい》を重《かさ》ねてまつられる「先祖《せんぞ》」を表《あらわ》す。

いみ・ことば

❶せんぞ。おおもとの親《おや》。👉 先祖《せんぞ》。祖国《そこく》。祖《そ》先《せん》。

❷父母《ふぼ》の親《おや》。👉 祖父《そふ》。祖父母《そふぼ》。祖母《そぼ》。

❸ある物事《ものごと》を始《はじ》めた人《ひと》。👉 開祖《かいそ》。元祖《がんそ》。教《きょう》祖《そ》。始《し》祖《そ》。

示 しめす　5画

示

一二亍亓示

オン　ジ（シ）

くん　しめす

つかいかた

旅行《りょこう》の日程表《にっていひょう》を示《しめ》す。

係員《かかりいん》の指示《しじ》を受《う》ける。

絵《え》の展示会《てんじかい》に行《い》く。

図示《ずし》して説明《せつめい》する。

オンくんあそび

今月《こんげつ》の　目標《もくひょう》示《しめ》す　掲示板《けいじばん》

なりたち

示

示 は祭壇《さいだん》の形《かたち》。祭壇《さいだん》に神意《しんい》がしめされることから、「しめす」を表《あらわ》す。

いみ・ことば

❶しめす。見《み》せる。👉 暗示《あんじ》。訓示《くんじ》。掲示《けいじ》。公示《こうじ》。告示《こくじ》。誇示《こじ》。示《じ》威《い》。示《し》唆《さ》。指示《しじ》。示《じ》談《だん》。図示《ずし》。提示《ていじ》。展示《てんじ》。内示《ないじ》。表示《ひょうじ》。標示《ひょうじ》。明示《めいじ》。例示《れいじ》。

石 いしへん　15画

確

一石矿矿矿砗確

オン　カク

くん　たしか　たしかめる

つかいかた

番号《ばんごう》を確認《かくにん》する。

正確《せいかく》な情報《じょうほう》を伝《つた》える。

答《こた》えを確《たし》かめる。

座席《ざせき》を確保《かくほ》する。

オンくんあそび

正確《せいかく》な　時計《とけい》で時間《じかん》　確《たし》かめる

なりたち

確

石 で「いし」を表《あらわ》し、隺 で固《かた》い・たしかの意《い》と音《おん》「カク」を表《あらわ》す。

いみ・ことば

❶たしかめる。たしか。👉 確実《かくじつ》。確証《かくしょう》。確《かく》信《しん》。確定《かくてい》。確答《かくとう》。確認《かくにん》。確保《かくほ》。確約《かくやく》。確立《かくりつ》。確率《かくりつ》。確固《かっこ》。正確《せいかく》。的確（てきかく てっかく）。明確《めいかく》。

禁

示 しめす 13画

オン キン
くん —

つかいかた
公園《こうえん》での球技《きゅうぎ》は禁止《きんし》。
おしゃべりを禁《きん》じる。
遅刻《ちこく》は厳禁《げんきん》です。

いみ・ことば
❶きんじる。止《と》める。☞ 解禁《かいきん》。禁煙《きんえん》。禁句《きんく》。禁止《きんし》。禁酒《きんしゅ》。禁制《きんせい》。禁断《きんだん》。禁物《きんもつ》。禁欲《きんよく》。禁《きん》猟《りょう》。禁漁《きんりょう》。禁令《きんれい》。厳禁《げんきん》。発禁《はっきん》。
❷閉《と》じこめる。☞ 監禁《かんきん》。禁錮《きんこ》。軟禁《なんきん》。

なりたち
禁
林《はやし》(はやし)と示(祭壇《さいだん》)で、林《はやし》で守《まも》られた聖域《せいいき》を表《あらわ》す。

移

禾 のぎへん 11画

オン イ
くん うつる
うつす

つかいかた
民族《みんぞく》の大移動《だいいどう》。
買《か》い物《もの》で目移《めうつ》りする。
机《つくえ》を窓際《まどぎわ》に移《うつ》す。
サッカー選手《せんしゅ》の移籍《いせき》。

オンくんあそび
植物《しょくぶつ》を 移《うつ》し替《か》えるよ
移《い》植《しょく》ごて

いみ・ことば
❶うつる。うつす。変《か》わる。☞ 移管《いかん》。移行《いこう》。移住《いじゅう》。移出《いしゅつ》。移植《いしょく》。移籍《いせき》。移築《いちく》。移転《いてん》。移動《いどう》。移入《いにゅう》。移民《いみん》。移《うつ》り変《か》わり。推移《すいい》。転移《てんい》。目移《めうつ》り。

税

禾 のぎへん 12画

オン ゼイ
くん —

つかいかた
消費税《しょうひぜい》をはらう。
税金《ぜいきん》を納《おさ》める。
納税《のうぜい》の義務《ぎむ》を果《は》たす。
外国《がいこく》の免税店《めんぜいてん》。

いみ・ことば
❶ぜい。☞ 課税《かぜい》。関税《かんぜい》。間接税《かんせつぜい》。減税《げんぜい》。国税《こくぜい》。住民税《じゅうみんぜい》。所得税《しょとくぜい》。税額《ぜいがく》。税関《ぜいかん》。税金《ぜいきん》。税務署《ぜいむしょ》。増税《ぞうぜい》。脱税《だつぜい》。地方税《ちほうぜい》。直接税《ちょくせつぜい》。納税《のうぜい》。無税《むぜい》。免税《めんぜい》。

なりたち

☞ 税
(穀物《こくもつ》)と(はぎ取《と》る)を合《あ》わせた字《じ》。

程

禾 のぎへん 12画

オン テイ
くん (ほど)

つかいかた

成長過程《せいちょうかてい》を記録《きろく》する。

傷《きず》の程度《ていど》を調《しら》べる。

日程《にってい》を確認《かくにん》する。

優勝《ゆうしょう》には程《ほど》遠《とお》い。

いみ・ことば

❶ほど。度合《どあ》い。
程《ほど》々《ほど》(程程《ほどほど》)。

音程《おんてい》。程度《ていど》。程《ほど》合《あ》い。

❷道《みち》のり。範囲《はんい》。
程《てい》。旅程《りょてい》。

過程《かてい》。行程《こうてい》。射程《しゃてい》。道《どう》

❸決《き》まり。予定《よてい》。
課程《かてい》。規程《きてい》。日程《にってい》。

罪

罒 あみがしら 13画

オン ザイ
くん つみ

つかいかた

罪《つみ》をつぐなう。

犯罪《はんざい》を防止《ぼうし》する。

裁判《さいばん》で無罪《むざい》になる。

オンくんあそび
罪《つみ》を認《みと》めて
謝罪《しゃざい》する

いみ・ことば

❶つみ。悪《わる》い行《おこな》い。
功罪《こうざい》。罪悪《ざいあく》。罪科《ざいか》。

罪業《ざいごう》。罪状《ざいじょう》。罪人《ざいにん》。罪名《ざいめい》。死罪《しざい》。謝罪《しゃざい》。重罪《じゅうざい》。大罪(たいざい だいざい)。断罪《だんざい》。罪《つみ》滅《ほろ》ぼし。同罪《どうざい》。

犯罪《はんざい》。無罪《むざい》。有罪《ゆうざい》。余罪《よざい》。

なりたち

罪

罒(あみ)と非(過《あやま》ち)を合《あ》わせた字《じ》。

築

竹 たけかんむり 16画

オン チク
くん きずく

つかいかた

重要《じゅうよう》な建築《けんちく》物《ぶつ》。

新《あたら》しい城《しろ》を築《きず》く。

新築《しんちく》祝《いわ》いをする。

子供《こども》部屋《べや》を増築《ぞうちく》する。

オンくんあそび
建物《たてもの》を 見事《みごと》に築《きず》く
建築《けんちく》家《か》

いみ・ことば

❶きずく。建物《たてもの》をつくる。
移築《いちく》。改築《かいちく》。

建築《けんちく》。構築《こうちく》。新築《しんちく》。増築《ぞうちく》。築城《ちくじょう》。築造《ちくぞう》。築《ちっ》港《こう》。

とくべつなよみかた
築山《つきやま》。

なりたち

築

筑(土《つち》をつき固《かた》めて築《きず》く)と木(き)を合《あ》わせた字《じ》。

精

米 こめへん　14画

オン　セイ　（ショウ）

くん　—

つかいかた

精《せい》神《しん》を統《とう》一《いつ》する。

精《せい》いっぱい勉《べん》強《きょう》する。

チームの精《せい》鋭《えい》たち。

精《せい》密《みつ》検《けん》査《さ》を受《う》ける。

いみ・ことば

❶よけいなものを取《と》る。☞ 精《せい》鋭《えい》。精《せい》製《せい》。精《せい》選《せん》。精《せい》白《はく》。精《せい》米《まい》。

❷くわしい。細《こま》かい。☞ 精《せい》巧《こう》。精《せい》通《つう》。精《せい》度《ど》。精《せい》読《どく》。精《せい》密《みつ》。

❸たましい。☞ 精《しょう》進《じん》。精《せい》根《こん》。精《せい》神《しん》。精《せい》力《りょく》。

なりたち

精

米（こめ）と 青（清《きよ》い）で、米《こめ》をついて白《しろ》くすることを表《あらわ》す。

素

糸 いと　10画

オン　ソ　（ス）

くん　—

つかいかた

質《しっ》素《そ》な生《せい》活《かつ》を送《おく》る。

作《さく》品《ひん》の素《そ》材《ざい》を調《しら》べる。

指《し》導《どう》者《しゃ》としての素《そ》質《しつ》。

素《す》手《で》で作《さ》業《ぎょう》する。

いみ・ことば

❶もと。もともとの。かざりけがない。☞ 素《す》元《げん》素《そ》。質《しっ》素《そ》。素《す》足《あし》。素《す》顔《がお》。素《す》性《じょう》。素《す》手《で》。素《す》直《なお》。素《す》肌《はだ》。素《そ》材《ざい》。素《そ》質《しつ》。素《そ》朴《ぼく》。素《そ》養《よう》。平《へい》素《そ》。要《よう》素《そ》。

とくべつなよみかた

素人《しろうと》。

なりたち

☞ 素

糸《いと》を染《せん》色《しょく》するときの、糸《いと》束《たば》のもとを結《むす》んだ形《かたち》から。

経

糸 いとへん　11画

オン　ケイ　（キョウ）

くん　へる

つかいかた

お経《きょう》を唱《とな》える。

多《おお》くの困《こん》難《なん》を経《へ》る。

会《かい》社《しゃ》の経《けい》営《えい》者《しゃ》になる。

緯《い》度《ど》と経《けい》度《ど》を調《しら》べる。

オンくんあそび

年《とし》を経《へ》て 経《けい》験《けん》豊《ほう》富《ふ》

いみ・ことば

❶たてのすじ。☞ 経《けい》線《せん》。経《けい》度《ど》。

❷へる。筋《すじ》道《みち》をたどる。☞ 経《けい》過《か》。経《けい》験《けん》。経《けい》由《ゆ》。経《けい》歴《れき》。経《けい》路《ろ》。神《しん》経《けい》。

❸管《かん》理《り》する。☞ 経《けい》営《えい》。経《けい》済《ざい》。

❹宗《しゅう》教《きょう》の教《おし》えを説《と》いた書《しょ》。☞ 経《きょう》典《てん》。経《きょう》文《もん》。

なりたち

經 ☞ 経

糸（いと）と 巠（織《おり》物《もの》のたていと）を合《あ》わせた字《じ》。

絶

糸 いとへん　12画

オン　ゼツ

くん　たえる　たやす　たつ

つかいかた

絶《ぜっ》体《たい》絶《ぜつ》命《めい》の状況《じょうきょう》。

笑顔《えがお》の絶《た》えない家庭《かてい》。

けんかして絶《ぜっ》交《こう》した。

効《こう》果《か》絶《ぜつ》大《だい》な方《ほう》法《ほう》。

オンくんあそび

望《のぞ》み絶《た》やすな

絶《ぜっ》対《たい》に

なりたち

絶

（いと）と （刀《かたな》）と （かがむ人《ひと》）を合《あ》わせた字《じ》。

いみ・ことば

❶たつ。やめる。はなれる。

拒《きょ》絶《ぜつ》。絶《ぜつ》縁《えん》。絶《ぜっ》海《かい》。絶《ぜっ》交《こう》。絶《ぜっ》食《しょく》。隔《かく》絶《ぜつ》。絶《ぜっ》対《たい》。気《き》絶《ぜつ》。絶《ぜつ》望《ぼう》。絶《ぜつ》滅《めつ》。断《だん》絶《ぜつ》。根《ね》絶《だ》やし。

❷特《とく》に。特《とく》に優《すぐ》れる。

絶《ぜっ》大《だい》。絶《ぜっ》品《ぴん》。絶《ぜっ》景《けい》。絶《ぜっ》好《こう》。絶《ぜっ》賛《さん》。

統

糸 いとへん　12画

オン　トウ

くん　（すべる）

つかいかた

意《い》志《し》を統《とう》一《いっ》する。

血《けっ》統《とう》書《しょ》つきの犬《いぬ》。

伝《でん》統《とう》を引《ひ》き継《つ》ぐ。

全《ぜん》国《こく》の統《とう》計《けい》をとる。

いみ・ことば

❶つながり。

伝《でん》統《とう》。系《けい》統《とう》。血《けっ》統《とう》。血《けっ》統《とう》書《しょ》。正《せい》統《とう》。

❷まとめる。おさめる。

大《だい》統《とう》領《りょう》。統《とう》一《いつ》。統《とう》括《かつ》。統《とう》御《ぎょ》。統《とう》計《けい》。統《とう》合《ごう》。統《とう》制《せい》。統《とう》率《そつ》。統《とう》治《ち》。

総

糸 いとへん　14画

オン　ソウ

くん　―

つかいかた

総《そう》力《りょく》を結《けっ》集《しゅう》する。

総《そう》合《ごう》的《てき》な学《がく》習《しゅう》の時《じ》間《かん》。

観《かん》客《きゃく》が総《そう》立《だ》ちになる。

総《そう》理《り》大《だい》臣《じん》の演《えん》説《ぜつ》。

なりたち

總

総

（いと）と （束《たば》ねる）で、「まとめる」「すべて」を表《あらわ》す。

いみ・ことば

❶まとめる。

総《そう》理《り》大《だい》臣《じん》。総《そう》括《かつ》。総《そう》決《けっ》算《さん》。総《そう》合《ごう》。総《そう》裁《さい》。

❷すべての。全《ぜん》部《ぶ》の。

総《そう》画《かく》。総《そう》額《がく》。総《そう》計《けい》。総《そう》数《すう》。総《そう》意《い》。総《そう》選《せん》挙《きょ》。総《そう》員《いん》。総《そう》体《たい》。総《そう》会《かい》。総《そう》立《だ》ち。総《そう》出《で》。総《そう》動《どう》員《いん》。総《そう》評《ひょう》。総《そう》力《りょく》。

綿

糸 いとへん　14画

オン　メン
くん　わた

つかいかた

綿《わた》毛《げ》を飛《と》ばす植物《しょくぶつ》。
綿《めん》のシャツを着《き》る。
綿《めん》密《みつ》に計画《けいかく》を練《ね》る。
連《れん》綿《めん》と続《つづ》く文化《ぶんか》。

オンくんあそび
綿《めん》花《か》畑《ばたけ》で綿《わた》をつむ

いみ・ことば

❶わた。
綿花《めんか》。海綿《かいめん》。脱脂綿《だっしめん》。真綿《まわた》。綿織物《めんおりもの》。綿入《わたい》れ。綿糸《めんし》。綿製品《めんせいひん》。綿布《めんぷ》。綿棒《めんぼう》。綿羊《めんよう》。綿雲《わたぐも》。綿雪《わたゆき》。

❷細《ほそ》く長《なが》い。細《こま》かい。
綿密《めんみつ》。連綿《れんめん》。

とくべつなよみかた　木綿《もめん》。

なりたち
綿　糸（いと）と帛（白《しろ》い布《ぬの》）で、「わた」「続《つづ》く」を表《あらわ》す。

編

糸 いとへん　15画

オン　ヘン
くん　あむ

つかいかた

手《て》編《あ》みのセーター。
続《ぞく》編《へん》が待《ま》ち遠《どお》しい。
長《ちょう》編《へん》小《しょう》説《せつ》を読《どく》破《は》する。
編《へん》集《しゅう》会《かい》議《ぎ》を開《ひら》く。

オンくんあそび
編《あ》み物《もの》雑《ざっ》誌《し》の編《へん》集《しゅう》者《しゃ》

いみ・ことば

❶あむ。組《く》み合《あ》わせる。まとめる。
編《あ》み物《もの》。再編《さいへん》。手編《てあ》み。編曲《へんきょく》。編纂《へんさん》。編者《へんじゃ》。編集《へんしゅう》。編成《へんせい》。編隊《へんたい》。編入《へんにゅう》。

❷文章《ぶんしょう》などのまとまり。
一編《いっぺん》。後編《こうへん》。前編《ぜんぺん》。続編《ぞくへん》。短編《たんぺん》。長編《ちょうへん》。

なりたち
編　糸（いと）で扁（平《ひら》たい札《ふだ》）をとじる意《い》から、「あむ」「まとめる」を表《あらわ》す。

績

糸 いとへん　17画

オン　セキ
くん　―

つかいかた

歴《れき》史《し》上《じょう》の人物《じんぶつ》の功《こう》績《せき》。
すばらしい実《じっ》績《せき》。
国《こく》語《ご》の成《せい》績《せき》が上《あ》がる。
紡《ぼう》績《せき》工《こう》場《じょう》で働《はたら》く。

いみ・ことば

❶仕事《しごと》。手柄《てがら》。成果《せいか》。
業績《ぎょうせき》。功績《こうせき》。実績《じっせき》。成績《せいせき》。戦績《せんせき》。

❷糸《いと》をつむぐ。
紡績《ぼうせき》。

なりたち
績　糸で「いと」を表《あらわ》し、責で積《つ》み重《かさ》ねる意《い》と音《おん》「セキ」を表《あらわ》す。

糸 いとへん　18画

織

オン （ショク）シキ
くん お**る**

つかいかた
機《はた》を**織**《お》る音《おと》がする。
織《おり》物《もの》業《ぎょう》が盛《さか》んな町《まち》。
新《あたら》しい組《そ》**織**《しき》を作《つく》る。
自《じ》動《どう》**織**《しょっ》機《き》を発《はつ》明《めい》する。

オンくんあそび
織《おり》物《もの》業《ぎょう》界《かい》
組《そ》**織**《しき》する

いみ・ことば
❶布《ぬの》をおる。おりもの。
織《おり》物《もの》業《ぎょう》。絹《きぬ》**織**《おり》物《もの》。**織**《しょく》女《じょ》星《せい》。**織**《しょっ》機《き》。染《せん》**織**《しょく》。手《て》**織**《お》り。羽《は》**織**《おり》。機《はた》**織**《お》り。紡《ぼう》**織**《しょく》。綿《めん》**織**《おり》物《もの》。**織**《お》り姫《ひめ》。**織**《おり》物《もの》。
❷組《く》み立《た》てる。
組《そ》**織**《しき》。

「**織**《おり》物《もの》」や「**羽織**《はおり》」は、「**織**《お》り物《もの》」「**羽**《は》**織**《お》り」とは書《か》かないよ。

「**織**《お》り姫《ひめ》」は、七夕《たなばた》伝《でん》説《せつ》に出《で》てくる姫《ひめ》のこと。

羊 ひつじ　13画

義

オン ギ
くん ―

つかいかた
義《ぎ》理《り》を果《は》たす。
字《じ》典《てん》で字《じ》**義**《ぎ》を調《しら》べる。
正《せい》**義**《ぎ》の味《み》方《かた》が現《あらわ》れる。

いみ・ことば
❶物事《ものごと》の正《ただ》しい筋道《すじみち》。
大《たい》**義**《ぎ》。忠《ちゅう》**義**《ぎ》。道《どう》**義**《ぎ》。**義**《ぎ》務《む》。**義**《ぎ》理《り》。正《せい》**義**《ぎ》。
❷意味《いみ》。わけ。
意《い》**義**《ぎ》。語《ご》**義**《ぎ》。字《じ》**義**《ぎ》。定《てい》**義**《ぎ》。
❸血縁《けつえん》のない。
義《ぎ》兄弟《きょうだい》。**義**《ぎ》父《ふ》。**義**《ぎ》母《ぼ》。
❹かわりの。
義《ぎ》眼《がん》。**義**《ぎ》手《しゅ》。**義**《ぎ》足《そく》。

なりたち
義
羊（羊《ひつじ》）と我（ほこ）を合《あ》わせた字《じ》。

羊 ひつじ　13画

群

オン グン
くん む**れる**　む**れ**　む**ら**

つかいかた
魚《さかな》の**群**《む》れを見《み》つける。
見《けん》物《ぶつ》人《にん》が**群**《むら》がる。
広《ひろ》場《ば》に集《あつ》まった**群**《ぐん》衆《しゅう》。
記《き》憶《おく》力《りょく》が抜《ばっ》**群**《ぐん》によい。

オンくんあそび
大《たい》**群**《ぐん》をなす
鳥《とり》の**群**《む》れ

いみ・ことば
❶むれ。集《あつ》まり。
一《いち》**群**《ぐん》。魚《ぎょ》**群**《ぐん》。**群**《ぐん》集《しゅう》。**群**《ぐん》衆《しゅう》。**群**《ぐん》小《しょう》。**群**《ぐん》青《じょう》色《いろ》。**群**《ぐん》生《せい》。**群**《ぐん》像《ぞう》。**群**《ぐん》島《とう》。**群**《ぐん》読《どく》。**群**《ぐん》発《ぱつ》。**群**《ぐん》舞《ぶ》。**群**《ぐん》雄《ゆう》割《かっ》拠《きょ》。**群**《ぐん》落《らく》。大《たい》**群**《ぐん》。抜《ばっ》**群**《ぐん》。

なりたち

群
君（むらがる）と羊（羊《ひつじ》）で、「むれ」を表《あらわ》す。

耕

耒 すきへん　10画

オン　コウ
くん　たがやす

つかいかた
荒《あ》れ地《ち》を耕《たがや》す。
田畑《たはた》を耕作《こうさく》する。
耕地面積《こうちめんせき》が減少《げんしょう》する。
農耕民族《のうこうみんぞく》の歴史《れきし》。

オンくんあそび
農地《のうち》を耕《たがや》す
耕《こう》うん機《き》

いみ・ことば
❶たがやす。田畑《たはた》の土《つち》をほり返《かえ》す。☞耕《こう》うん機《き》。耕作《こうさく》。耕地《こうち》。晴耕雨読《せいこううどく》。農耕《のうこう》。

「晴耕雨読《せいこううどく》」とは、晴《は》れた日《ひ》は畑《はたけ》を耕《たがや》し、雨《あめ》の日《ひ》は家《いえ》で読書《どくしょ》をするような、ゆうゆうとした生活《せいかつ》をすること。

職

耳 みみへん　18画

オン　ショク
くん　―

別《べつ》の筆順《ひつじゅん》もあるよ。

つかいかた
手《て》に職《しょく》をつける。
就職活動《しゅうしょくかつどう》をする。
職員室《しょくいんしつ》に行《い》く。
職業体験《しょくぎょうたいけん》をする。

いみ・ことば
❶しょく。仕事《しごと》。仕事《しごと》のための技能《ぎのう》。☞休職《きゅうしょく》。教職《きょうしょく》。公職《こうしょく》。辞職《じしょく》。就職《しゅうしょく》。職員《しょくいん》。職員室《しょくいんしつ》。職業《しょくぎょう》。職種《しょくしゅ》。職責《しょくせき》。職人《しょくにん》。職場《しょくば》。職務《しょくむ》。職歴《しょくれき》。職権《しょっけん》。退職《たいしょく》。天職《てんしょく》。転職《てんしょく》。本職《ほんしょく》。

「天職《てんしょく》」は、天《てん》から授《さず》かった職業《しょくぎょう》の意味《いみ》から、自分《じぶん》にぴったり合《あ》った職業《しょくぎょう》のこと。

肥

月 にくづき　8画

オン　ヒ
くん　こえる　こえ　こやす　こやし

つかいかた
よく肥《こ》えた土地《とち》。
花《はな》に肥《こ》やしをやる。
組織《そしき》が肥大《ひだい》する。
肥満《ひまん》を予防《よぼう》する。

オンくんあそび
肥料《ひりょう》で土地《とち》を肥《こ》やします

なりたち

☞肥　月(肉《にく》)と㔾(ひざまずく人《ひと》)を合《あ》わせた字《じ》。

いみ・ことば
❶こえる。こやし。太《ふと》る。☞追《お》い肥《ごえ》。下肥《しもごえ》。肥料《ひりょう》。施肥《せひ》。堆肥《たいひ》。追肥《ついひ》。肥大《ひだい》。肥満《ひまん》。肥沃《ひよく》。

能 10画

月 にくづき

オン ノウ
くん ―

つかいかた

不思議《ふしぎ》な能力《のうりょく》をもつ。
能《のう》と狂言《きょうげん》を鑑賞《かんしょう》する。
薬《くすり》の効能《こうのう》書《が》きを読《よ》む。
音楽《おんがく》の豊《ゆた》かな才能《さいのう》。

いみ・ことば

❶できる。働《はたら》き。 可能《かのう》。機能《きのう》。技能《ぎのう》。芸《げい》能《のう》。効能《こうのう》。才能《さいのう》。性能《せいのう》。知能《ちのう》。能動的《のうどうてき》。能率《のうりつ》。能力《のうりょく》。万能《ばんのう》。不可能《ふかのう》。放射能《ほうしゃのう》。本能《ほんのう》。有能《ゆうのう》。

❷のう。古典芸能《こてんげいのう》の一《ひと》つ。 能楽《のうがく》。能面《のうめん》。

「超能力《ちょうのうりょく》」とは、ふつうの人間《にんげん》にはできないようなことができる不思議《ふしぎ》な能力《のうりょく》のこと。

興 16画

臼 うす

オン コウ キョウ
くん (おこる) (おこす)

別《べつ》の筆順《ひつじゅん》もあるよ。

つかいかた

興《きょう》味《み》のあるできごと。
応援《おうえん》合戦《がっせん》で興奮《こうふん》する。
被災地《ひさいち》の復興《ふっこう》を願《ねが》う。
新《あたら》しい会社《かいしゃ》を興《おこ》す。

オンくんあそび
産業《さんぎょう》を興《おこ》して見事《みごと》復興《ふっこう》し

いみ・ことば

❶おこる。おこす。栄《さか》える。 興行《こうぎょう》。興業《こうぎょう》。興奮《こうふん》。興亡《こうぼう》。興隆《こうりゅう》。再興《さいこう》。振興《しんこう》。新興《しんこう》。復《ふっ》興《こう》。

❷おもしろい。 興《きょう》ざめ。興趣《きょうしゅ》。興味《きょうみ》。座《ざ》興《きょう》。即興《そっきょう》。余興《よきょう》。

なりたち

興

四本《よんほん》の手《て》でともに持《も》ち上《あ》げる形《かたち》から。

舌 6画

舌 した

オン (ゼツ)
くん した

つかいかた

舌《した》を巻《ま》くほどの技《わざ》。
料理《りょうり》に舌《した》鼓《つづみ》を打《う》つ。
私《わたし》は猫舌《ねこじた》です。
彼《かれ》は毒舌《どくぜつ》で有名《ゆうめい》だ。

いみ・ことば

❶した。 舌打《したう》ち。舌先《したさき》。舌足《したた》らず。舌鼓(したつづみ したづつみ)。猫舌《ねこじた》。巻《ま》き舌《じた》。舌戦《ぜっせん》。冗舌《じょうぜつ》。毒舌《どくぜつ》。二枚舌《にまいじた》。筆《ひっ》

❷言葉《ことば》。 舌《ぜっ》。弁舌《べんぜつ》。

なりたち

舌

ㅂ(口《くち》)から出《だ》した ¥(舌《した》)の形《かたち》から。

行 ぎょうがまえ 11画

術

オン ジュツ
くん

つかいかた
優《すぐ》れた技《ぎ》術《じゅつ》のもち主《ぬし》。
盲腸《もうちょう》の手《しゅ》術《じゅつ》を受《う》ける。
敵《てき》の術《じゅつ》策《さく》にはまる。
美《び》術《じゅつ》学校《がっこう》に入学《にゅうがく》する。

いみ・ことば
❶じゅつ。方法《ほうほう》。技《わざ》。はかりごと。☞ 医《い》術《じゅつ》。
学《がく》術《じゅつ》。奇《き》術《じゅつ》。技《ぎ》術《じゅつ》。芸《げい》術《じゅつ》。算《さん》術《じゅつ》。手《しゅ》術《じゅつ》。
呪《じゅ》術《じゅつ》。術《じゅつ》後《ご》。術《じゅつ》語《ご》。術《じゅつ》策《さく》。
戦《せん》術《じゅつ》。忍《にん》術《じゅつ》。馬《ば》術《じゅつ》。秘《ひ》術《じゅつ》。
美《び》術《じゅつ》。腹話《ふくわ》術《じゅつ》。武《ぶ》術《じゅつ》。
魔《ま》術《じゅつ》。話《わ》術《じゅつ》。

行 ぎょうがまえ 16画

衛

オン エイ
くん

つかいかた
人工《じんこう》衛《えい》星《せい》を観測《かんそく》する。
衛《えい》生《せい》的《てき》な身《み》なり。
正門《せいもん》近《ちか》くの守《しゅ》衛《えい》さん。
ボクシングの防《ぼう》衛《えい》戦《せん》。

「衛星《えいせい》」は、惑星《わくせい》の周《まわ》りを回《まわ》る星《ほし》のこと。地球《ちきゅう》は惑星《わくせい》で、月《つき》は衛星《えいせい》。
「衛生《えいせい》」は、健康《けんこう》を守《まも》ること。

いみ・ことば
❶守《まも》る。見回《みまわ》る。回《まわ》る。☞ 衛《えい》生《せい》。衛《えい》星《せい》。衛《えい》生的《せいてき》。衛《えい》星都市《せいとし》。衛《えい》星放送《せいほうそう》。衛《えい》兵《へい》。後《こう》衛《えい》。
護《ご》衛《えい》。自《じ》衛《えい》。守《しゅ》衛《えい》。人工《じんこう》衛《えい》星《せい》。前《ぜん》衛《えい》。通信《つうしん》衛《えい》星《せい》。防《ぼう》衛《えい》。門《もん》衛《えい》。

衣 ころも 14画

製

オン セイ
くん

つかいかた
日本《にほん》製《せい》の精密機器《せいみつきき》。
本《ほん》だなを製《せい》作《さく》する。
車《くるま》の部品《ぶひん》の製《せい》造《ぞう》。
母《はは》特《とく》製《せい》のカレー。

いみ・ことば
❶つくる。☞ 外国《がいこく》製《せい》。官《かん》製《せい》。既《き》製《せい》。作《さく》製《せい》。
自家《じか》製《せい》。製《せい》塩《えん》。製《せい》材《ざい》。製《せい》作《さく》。製《せい》糸《し》。製《せい》紙《し》。
製《せい》図《ず》。精《せい》製《せい》。製《せい》造《ぞう》。製《せい》鉄《てつ》。製《せい》氷《ひょう》。製《せい》品《ひん》。製《せい》粉《ふん》。製《せい》法《ほう》。製《せい》本《ほん》。製《せい》薬《やく》。手《て》製《せい》。鉄《てつ》製《せい》。特《とく》製《せい》。
日本《にほん》製《せい》。複《ふく》製《せい》。

角 つのへん　13画

解

ノ ク 角 角 角 解 解

オン　カイ（ゲ）
くん　と**く**　と**かす**　と**ける**

つかいかた

正解《せいかい》を伝《つた》える。
難《むずか》しい問題《もんだい》を解《と》く。
魔法《まほう》が解《と》ける。
おもちゃを分解《ぶんかい》する。

オンくんあそび
誤解《ごかい》が解《と》けて
仲直《なかなお》り

いみ・ことば

❶ときはなす。
解禁《かいきん》。解決《かいけつ》。解散《かいさん》。解除《かいじょ》。解凍《かいとう》。解放《かいほう》。解剖《かいぼう》。解毒《げどく》。解熱《げねつ》。分解《ぶんかい》。溶《よう》解《かい》。

❷ときあかす。
解説《かいせつ》。解答《かいとう》。解明《かいめい》。誤解《ごかい》。弁解《べんかい》。理解《りかい》。了解《りょうかい》。和解《わかい》。

なりたち

解　角（つの）と牛（うし）と刀（かたな）で、「切《き》りはなす」「とく」を表《あらわ》す。

見 みる　11画

規

ニ チ 夫 夫 規 規 規

オン　キ
くん　―

つかいかた

規則《きそく》正《ただ》しく並《なら》べる。
規範《きはん》意識《いしき》が高《たか》い国《くに》。
定規《じょうぎ》で直線《ちょくせん》を引《ひ》く。
大規模《だいきぼ》な工事《こうじ》がある。

いみ・ことば

❶決《き》まり。
規格《きかく》。規準《きじゅん》。規制《きせい》。規則《きそく》。規定《きてい》。規程《きてい》。規範《きはん》。規模《きぼ》。規約《きやく》。規律《きりつ》。新規《しんき》。正規《せいき》。内規《ないき》。法規《ほうき》。

❷線《せん》を引《ひ》くための器具《きぐ》。
定規《じょうぎ》。

衤 ころもへん　14画

複

` ラ ネ ネ 衤 複 複

オン　フク
くん　―

つかいかた

複数《ふくすう》の果物《くだもの》がある。
複合《ふくごう》型《がた》の商業《しょうぎょう》施設《しせつ》。
複雑《ふくざつ》な海岸《かいがん》地形《ちけい》。
コピー機《き》で複写《ふくしゃ》する。

いみ・ことば

❶重《かさ》なる。重《かさ》ねる。二《ふた》つ以上《いじょう》の。
単複《たんぷく》。重複（ちょうふく じゅうふく）。複眼《ふくがん》。複合《ふくごう》。複雑《ふくざつ》。複式《ふくしき》。複数《ふくすう》。複線《ふくせん》。複文《ふくぶん》。

❷原形《げんけい》そのままの。
複写《ふくしゃ》。複製《ふくせい》。

許

言 ごんべん　11画

、 亠 言 言 言 訁 許

オン　キョ
くん　ゆるす

つかいかた
免《めん》許《きょ》証《しょう》を取得《しゅとく》する。
けんか友達《ともだち》を許《ゆる》す。
外出《がいしゅつ》の許《きょ》可《か》が出《で》る。
発明品《はつめいひん》の特《とっ》許《きょ》を取《と》る。

オンくんあそび
無《む》免《めん》許《きょ》運転《うんてん》
許《ゆる》さない

なりたち
許
午（いのりに用《もち》いる、きね形《がた》の神器《しんき》）と言（いう）で、神《かみ》が許《ゆる》す意《い》から、「ゆるす」を表《あらわ》す。

いみ・ことば
❶ゆるす。☞
許《きょ》可《か》。許《きょ》諾《だく》。許《きょ》容《よう》。勅《ちょっ》許《きょ》。特《とっ》許《きょ》。免《めん》許《きょ》。

設

言 ごんべん　11画

、 亠 言 言 訁 設 設

オン　セツ
くん　もうける

つかいかた
設《せつ》備《び》の整《ととの》った病院《びょういん》。
交流《こうりゅう》の場《ば》を設《もう》ける。
作品《さくひん》の設《せっ》計《けい》図《ず》を書《か》く。
ぶらんこを設《せっ》置《ち》する。

オンくんあそび
建物《たてもの》に　消火《しょうか》設《せつ》備《び》を
設《もう》けよう

いみ・ことば
❶もうける。備《そな》えつける。☞
開《かい》設《せつ》。仮《か》設《せつ》。架《か》設《せつ》。建《けん》設《せつ》。公《こう》設《せつ》。私《し》設《せつ》。施《し》設《せつ》。常《じょう》設《せつ》。新《しん》設《せつ》。設《せつ》営《えい》。設《せっ》計《けい》。設《せっ》置《ち》。設《せっ》定《てい》。設《せつ》備《び》。設《せつ》問《もん》。設《せつ》立《りつ》。創《そう》設《せつ》。増《ぞう》設《せつ》。特《とく》設《せつ》。付《ふ》設《せつ》。埋《まい》設《せつ》。

証

言 ごんべん　12画

、 亠 言 訂 訂 証 証

オン　ショウ
くん　―

つかいかた
保険証《ほけんしょう》を見《み》せる。
証《しょう》拠《こ》を見《み》つける。
証明写真《しょうめいしゃしん》をとる。
時計《とけい》の保《ほ》証《しょう》書《しょ》。

いみ・ことば
❶真実《しんじつ》を明《あき》らかにする。しょうめいする。☞
確《かく》証《しょう》。学生《がくせい》証《しょう》。許可《きょか》証《しょう》。検《けん》証《しょう》。実《じっ》証《しょう》。証《しょう》言《げん》。証《しょう》拠《こ》。証《しょう》書《しょ》。証《しょう》人《にん》。証《しょう》明《めい》。認《にん》証《しょう》。保険《ほけん》証《しょう》。保《ほ》証《しょう》。免許《めんきょ》証《しょう》。立《りっ》証《しょう》。論《ろん》証《しょう》。

「論《ろん》より証拠《しょうこ》」とは、口《くち》で言《い》うより、証拠《しょうこ》を見《み》せたほうがはっきりするということわざ。

言 ごんべん　12画

評

オン　ヒョウ
くん　—

つかいかた
あの店《みせ》は評判《ひょうばん》がよい。
彼《かれ》の書評《しょひょう》は好評《こうひょう》だ。
野菜《やさい》の品評会《ひんぴょうかい》。

いみ・ことば
❶物事《ものごと》のよしあしや値打《ねう》ちを決《き》める。
悪評《あくひょう》。好評《こうひょう》。書評《しょひょう》。寸評《すんぴょう》。世評《せひょう》。選評《せんぴょう》。総評《そうひょう》。定評《ていひょう》。批評《ひひょう》。評価《ひょうか》。評議《ひょうぎ》。評決《ひょうけつ》。評定（ひょうじょう）《ひょうてい》。評判《ひょうばん》。評論《ひょうろん》。品評会《ひんぴょうかい》。風評《ふうひょう》。不評《ふひょう》。論評《ろんぴょう》。

言 ごんべん　17画

講

オン　コウ
くん　—

つかいかた
講師《こうし》を務《つと》める。
絵画《かいが》の講座《こうざ》を受《う》ける。
夏期《かき》講習《こうしゅう》を受講《じゅこう》する。
講堂《こうどう》に集《あつ》まる。

いみ・ことば
❶相手《あいて》にわかるように話《はな》す。ときあかす。
講演《こうえん》。講義《こうぎ》。講座《こうざ》。講師《こうし》。講釈《こうしゃく》。講習《こうしゅう》。講談《こうだん》。講堂《こうどう》。講読《こうどく》。講評《こうひょう》。講話《こうわ》。受講《じゅこう》。聴講《ちょうこう》。
❷仲直《なかなお》りをする。
講和《こうわ》。

なりたち
講
言で「いう」を表《あらわ》し、冓で組《く》み合《あ》わせるの意《い》と音《おん》「コウ」を表《あらわ》す。

言 ごんべん　17画

謝

オン　シャ
くん　（あやまる）

つかいかた
記者会見《きしゃかいけん》で謝罪《しゃざい》する。
感謝《かんしゃ》の言葉《ことば》を述《の》べる。
謝恩会《しゃおんかい》に参加《さんか》する。
面会謝絶《めんかいしゃぜつ》で会《あ》えない。

いみ・ことば
❶お礼《れい》を言《い》う。お礼《れい》。
感謝《かんしゃ》。月謝《げっしゃ》。謝意《しゃい》。謝恩会《しゃおんかい》。謝金《しゃきん》。謝辞《しゃじ》。謝礼《しゃれい》。深謝《しんしゃ》。薄謝《はくしゃ》。
❷断《ことわ》る。
謝絶《しゃぜつ》。
❸あやまる。
謝罪《しゃざい》。陳謝《ちんしゃ》。

なりたち
謝
言で「いう」を表《あらわ》し、射で放《はな》つの意《い》と音《おん》「シャ」を表《あらわ》す。

言 ごんべん 19画

識

、 言 訁 訁 諳 識 識

オン シキ
くん ―

つかいかた

読書《どくしょ》で知識《ちしき》を得《え》る。
意識《いしき》を集中《しゅうちゅう》させる。
交通標識《こうつうひょうしき》を覚《おぼ》える。
彼《かれ》とは面識《めんしき》がある。

いみ・ことば

❶見分《みわ》ける。知《し》る。目印《めじるし》。
意識《いしき》。学識《がくしき》。鑑識《かんしき》。眼識《がんしき》。見識《けんしき》。識見（しきけん・しっけん）。識者《しきしゃ》。識《しき》別《べつ》。常識《じょうしき》。知識《ちしき》。認識《にんしき》。博識《はくしき》。美意識《びいしき》。非《ひ》常識《じょうしき》。標識《ひょうしき》。面識《めんしき》。良識《りょうしき》。

なりたち

識

戠（目印《めじるし》）と言（ことば）で、「見分《みわ》ける」「知《し》る」を表《あらわ》す。

言 ごんべん 20画

護

、 訁 訁 訁 訁 諽 護

オン ゴ
くん ―

つかいかた

祖母《そぼ》の介護《かいご》をする。
病人《びょうにん》の看護《かんご》に当《あ》たる。
友人《ゆうじん》を弁護《べんご》する。
保護《ほご》者会《しゃかい》を開《ひら》く。

いみ・ことば

❶守《まも》る。助《たす》ける。
愛護《あいご》。援護《えんご》。介護《かいご》。看護《かんご》。護《ご》。救護《きゅうご》。警護《けいご》。護衛《ごえい》。護岸《ごがん》。護国《ごこく》。護身《ごしん》。護送《ごそう》。守護《しゅご》。弁護《べんご》。防護《ぼうご》。保護《ほご》。保護者《ほごしゃ》。養護《ようご》。擁護《ようご》。

豆 まめ 13画

豊

丶 冂 冊 曲 曲 曹 豊

オン ホウ
くん ゆたか

つかいかた

豊《ゆた》かに実《みの》った果物《くだもの》。
君《きみ》の表情《ひょうじょう》は豊《ゆた》かだ。
豊作《ほうさく》と豊漁《ほうりょう》をいのる。
豊富《ほうふ》な知識《ちしき》を生《い》かす。

オンくんあそび
豊作《ほうさく》で 豊《ゆた》かに実《みの》る
米野菜《こめやさい》

いみ・ことば

❶ゆたか。
豊《ほう》作《さく》。豊潤《ほうじゅん》。豊年《ほうねん》。豊富《ほうふ》。豊満《ほうまん》。豊漁《ほうりょう》。

評 講 謝 識 護 豊

貝 かいへん　10画

財

オン　ザイ　（サイ）
くん　―

つかいかた
財《さい》布《ふ》が見《み》当《あ》たらない。
財《ざい》界《かい》の大《おお》物《もの》。
財《ざい》政《せい》が豊《ゆた》かな町《まち》。
国《くに》指《し》定《てい》の文《ぶん》化《か》財《ざい》。

いみ・ことば
❶値《ね》打《う》ちがあるもの。お金《かね》。　家《か》財《ざい》。財《ざい》貨《か》。財《ざい》界《かい》。財《ざい》源《げん》。財《ざい》産《さん》。財《ざい》政《せい》。財《ざい》団《だん》。財《ざい》閥《ばつ》。財《さい》布《ふ》。財《ざい》宝《ほう》。財《ざい》力《りょく》。散《さん》財《ざい》。私《し》財《ざい》。資《し》財《ざい》。借《しゃく》財《ざい》。蓄《ちく》財《ざい》。文《ぶん》化《か》財《ざい》。

なりたち
財　貝（お金《かね》や宝《たから》）と才（材《ざい》質《しつ》）を合《あ》わせた字《じ》。

貝 かい　11画

責

オン　セキ
くん　せめる

つかいかた
自《じ》分《ぶん》の失《しっ》敗《ぱい》を責《せ》める。
自《じ》責《せき》の念《ねん》にかられる。
委《い》員《いん》長《ちょう》の重《じゅう》責《せき》を担《にな》う。
高《こう》学《がく》年《ねん》としての責《せき》任《にん》。

オンくんあそび
人《ひと》を責《せ》めずに責《せき》任《にん》をとる

いみ・ことば
❶せめる。とがめる。　自《じ》責《せき》。叱《しっ》責《せき》。問《もん》責《せき》。
❷しなければならないつとめ。　引《いん》責《せき》。重《じゅう》責《せき》。職《しょく》責《せき》。責《せき》任《にん》。責《せき》任《にん》感《かん》。責《せき》務《む》。文《ぶん》責《せき》。

なりたち

責　朿（とげ）と貝（貝（お金《かね》や宝《たから》））を合《あ》わせた字《じ》。

貝 かい　11画

貧

オン　（ヒン）　ビン
くん　まずしい

つかいかた
貧《まず》しい暮《く》らし。
貧《ひん》血《けつ》予《よ》防《ぼう》の食《しょく》品《ひん》。
貧《ひん》富《ぷ》の差《さ》が問《もん》題《だい》だ。
昔《むかし》は貧《びん》乏《ぼう》だった。

オンくんあそび
清《きよ》く貧《まず》しい清《せい》貧《ひん》の人《ひと》

いみ・ことば
❶まずしい。　極《ごく》貧《ひん》。清《せい》貧《ひん》。赤《せき》貧《ひん》。貧《ひん》窮《きゅう》。貧《ひん》苦《く》。貧《ひん》困《こん》。貧《ひん》者《じゃ》。貧《ひん》相《そう》。貧《ひん》富《ぷ》。貧《びん》乏《ぼう》。貧《ひん》民《みん》。
❷足《た》りない。　貧《ひん》血《けつ》。貧《ひん》弱《じゃく》。

なりたち
貧　分（わける）と貝（お金《かね》や宝《たから》）で、財《ざい》産《さん》が分《ぶん》散《さん》してしまった状《じょう》態《たい》、つまり「まずしい」を表《あらわ》す。

賀

貝 かい　12画

オン　ガ

くん　—

つかいかた

年賀状《ねんがじょう》を受《う》け取《と》る。

長寿《ちょうじゅ》を慶賀《けいが》する。

創立百年《そうりつひゃくねん》の祝賀会《しゅくがかい》。

いみ・ことば

❶祝《いわ》う。喜《よろこ》ぶ。

賀春《がしゅん》。賀正《がしょう》。賀状《がじょう》。謹賀《きんが》新年《しんねん》。慶賀《けいが》。祝賀《しゅくが》。年賀《ねんが》。年賀状《ねんがじょう》。

なりたち

賀　貝（お金《かね》や宝《たから》）と加（くわえる）で、「いわう」を表《あらわ》す。

貸

貝 かい　12画

オン　（タイ）

くん　かす

つかいかた

友達《ともだち》に本《ほん》を貸《か》す。

バスを貸《か》し切《き》る。

賃貸住宅《ちんたいじゅうたく》に住《す》む。

いみ・ことば

❶かす。

貸《か》し借《か》り。貸《か》し切《き》り。貸《か》し出《だ》し。貸本《かしほん》。貸間《かしま》。貸家《かしや》。貸借《たいしゃく》。貸与《たいよ》。賃貸《ちんたい》。

「貸本《かしほん》」や「貸間《かしま》」「貸家《かしや》」は、「貸《か》し本《ほん》」「貸《か》し間《ま》」「貸《か》し家《や》」とは書《か》かないよ。

なりたち

貸　代（かわる）と貝（お金《かね》や宝《たから》）を合《あ》わせた字《じ》。

貿

貝 かい　12画

オン　ボウ

くん　—

つかいかた

海外貿易《かいがいぼうえき》を行《おこな》う。

貿易黒字《ぼうえきくろじ》を目指《めざ》す。

貿易商《ぼうえきしょう》を営《いとな》む。

いみ・ことば

❶品物《しなもの》を売《う》り買《か》いする。

貿易《ぼうえき》。

なりたち

貿　卯（二《ふた》つに分《わ》ける）と貝（お金《かね》や宝《たから》）を合《あ》わせた字《じ》。

資

貝 かい

13画

丶 冫 冫 次 次 咨 資

オン シ

くん ―

つかいかた

資《し》源《げん》のリサイクル。
教《きょう》師《し》の資《し》格《かく》を取《と》る。
旅《りょ》行《こう》資《し》金《きん》をためる。
音《おん》楽《がく》家《か》としての資《し》質《しつ》。

いみ・ことば

❶もと。もとで。☞ 外《がい》資《し》。学《がく》資《し》。資《し》金《きん》。資《し》源《げん》。資《し》材《ざい》。資《し》産《さん》。資《し》本《ほん》。出《しゅっ》資《し》。資《し》料《りょう》。増《ぞう》資《し》。投《とう》資《し》。物《ぶっ》資《し》。融《ゆう》資《し》。

❷備《そな》えもった能《のう》力《りょく》。☞ 資《し》格《かく》。資《し》質《しつ》。

なりたち

資

次（つぎつぎに並《なら》べる）と 貝（お金《かね》や宝《たから》）で、お金《かね》や宝《たから》を並《なら》べておく意《い》から、「もとで」を表《あらわ》す。

賛

貝 かい

15画

一 二 夫 夫 夫夫 賛 賛

オン サン

くん ―

つかいかた

賞《しょう》賛《さん》すべき行《こう》動《どう》。
君《きみ》の意《い》見《けん》に賛《さん》成《せい》する。
教《きょう》会《かい》で賛《さん》美《び》歌《か》を歌《うた》う。
料《りょう》理《り》を自《じ》画《が》自《じ》賛《さん》する。

いみ・ことば

❶力《ちから》を貸《か》す。同《どう》意《い》する。☞ 協《きょう》賛《さん》。賛《さん》意《い》。賛《さん》助《じょ》。賛《さん》成《せい》。賛《さん》同《どう》。賛《さん》否《ぴ》。

❷ほめる。☞ 賛《さん》辞《じ》。賛《さん》嘆《たん》。賛《さん》美《び》。賛《さん》美《び》歌《か》。自《じ》画《が》自《じ》賛《さん》。自《じ》賛《さん》。賞《しょう》賛《さん》（称《しょう》賛《さん》）。絶《ぜっ》賛《さん》。

なりたち

贊 ☞ 賛

兟（並《なら》んで進《すす》む）と 貝（お金《かね》や宝《たから》）を合《あ》わせた字《じ》。

質

貝 かい

15画

一 厂 斤 斤 斦 質 質

オン シツ （シチ） （チ）

くん ―

つかいかた

疑《ぎ》問《もん》点《てん》を質《しつ》問《もん》する。
酸《さん》性《せい》の性《せい》質《しつ》を学《まな》ぶ。
画《が》家《か》の素《そ》質《しつ》がある。
人《ひと》質《じち》事《じ》件《けん》が発《はっ》生《せい》する。

いみ・ことば

❶たち。生《う》まれつき。中《なか》身《み》。☞ 気《き》質《しつ》。材《ざい》質《しつ》。素《そ》質《しつ》。資《し》質《しつ》。質《しつ》実《じつ》。実《じっ》質《しつ》。質《しっ》素《そ》。質《しつ》量《りょう》。性《せい》質《しつ》。体《たい》質《しつ》。特《とく》質《しつ》。品《ひん》質《しつ》。物《ぶっ》質《しつ》。変《へん》質《しつ》。本《ほん》質《しつ》。

❷問《と》いただす。☞ 質《しつ》疑《ぎ》。質《しつ》問《もん》。

❸約《やく》束《そく》のしるし。☞ 質《しち》屋《や》。人《ひと》質《じち》。

輸

車 くるまへん　16画

一 亘 車 軡 軨 輪 輸

オン　ユ
くん　—

つかいかた

輸血《ゆけつ》が必要《ひつよう》な患者《かんじゃ》。
輸送《ゆそう》手段《しゅだん》が発達《はったつ》する。
家具《かぐ》を直輸入《ちょくゆにゅう》する。

なりたち

輸　車(くるま)と俞(ぬき取《と》る)で、ある場所《ばしょ》からぬき取《と》って ほかの場所《ばしょ》に車《くるま》で運《はこ》ぶ意《い》から、「はこぶ」を表《あらわ》す。

いみ・ことば

❶運《はこ》ぶ。移《うつ》す。
輸入《ゆにゅう》。密輸《みつゆ》。輸血《ゆけつ》。運輸《うんゆ》。輸出《ゆしゅつ》。禁輸《きんゆ》。輸出入《ゆしゅつにゅう》。空輸《くうゆ》。輸送《ゆそう》。直輸入《ちょくゆにゅう》。

酸

酉 とり　14画

一 冂 襾 酉 酢 酸 酸

オン　サン
くん　(すい)

つかいかた

炭酸水《たんさんすい》を飲《の》む。
鉄《てつ》が酸化《さんか》してさびた。
酸素《さんそ》ボンベを背負《せお》う。
梅干《うめぼ》しは酸《す》っぱい。

いみ・ことば

❶すっぱい。酸性《さんせい》のもの。
酢酸《さくさん》。酸性《さんせい》。酸性雨《さんせいう》。酸味《さんみ》。胃酸《いさん》。塩酸《えんさん》。硫酸《りゅうさん》。硝酸《しょうさん》。炭酸《たんさん》。
❷「酸素《さんそ》」のこと。
酸化《さんか》。酸欠《さんけつ》。酸素《さんそ》。
❸つらい。
辛酸《しんさん》。

なりたち

酸　夋(すらりとした立《た》ち姿《すがた》)と酉(酒《さけ》)を合《あ》わせた字《じ》。

鉱

金 かねへん　13画

ノ 亼 牟 金 釒 鉱 鉱

オン　コウ
くん　—

つかいかた

金《きん》を産出《さんしゅつ》する鉱山《こうざん》。
炭鉱《たんこう》が閉鎖《へいさ》される。
鉄鉱石《てっこうせき》の標本《ひょうほん》。
溶鉱炉《ようこうろ》で鉄《てつ》をとかす。

いみ・ことば

❶金属《きんぞく》や宝石《ほうせき》などの資源《しげん》。ほりだしたままのこうせき。
金鉱《きんこう》。銀鉱《ぎんこう》。鉱山《こうざん》。鉱床《こうしょう》。鉱業《こうぎょう》。鉱石《こうせき》。鉱泉《こうせん》。鉱毒《こうどく》。鉱物《こうぶつ》。鉱脈《こうみゃく》。採鉱《さいこう》。炭鉱《たんこう》。鉄鉱《てっこう》。鉄鉱石《てっこうせき》。銅鉱《どうこう》。溶鉱炉《ようこうろ》。

銭

釒 かねへん 14画

オン セン
くん （ぜに）

つかいかた

金《きん》銭《せん》感《かん》覚《かく》のちがい。
家《か》族《ぞく》で銭《せん》湯《とう》に行《い》く。
釣《つ》り銭《せん》をもらう。
財《さい》布《ふ》の中《なか》の小《こ》銭《ぜに》。

いみ・ことば

❶ぜに。お金《かね》。 金《きん》銭《せん》。小《こ》銭《ぜに》。古《こ》銭《せん》。さい銭《せん》。銭《せん》湯《とう》。釣《つ》り銭《せん》。無《む》銭《せん》飲《いん》食《しょく》。

❷お金《かね》の単《たん》位《い》。一《いち》円《えん》の百《ひゃく》分《ぶん》の一《いち》。 一《いち》円《えん》五《ご》銭《せん》。

なりたち

銭 釒(金《きん》属《ぞく》)と 戋（戔〔二《ふた》つのほこを重《かさ》ねた形《かたち》〕)を合《あ》わせた字《じ》。

銅

釒 かねへん 14画

オン ドウ
くん —

つかいかた

十《じゅう》円《えん》玉《だま》は銅《どう》貨《か》だ。
有《ゆう》名《めい》人《じん》の銅《どう》像《ぞう》。
銅《どう》メダルを獲《かく》得《とく》する。

いみ・ことば

❶どう。 青《せい》銅《どう》器《き》。銅《どう》貨《か》。銅《どう》器《き》。銅《どう》剣《けん》。銅《どう》山《ざん》。銅《どう》賞《しょう》。銅《どう》線《せん》。銅《どう》像《ぞう》。銅《どう》鐸《たく》。銅《どう》板《ばん》。銅《どう》メダル。分《ふん》銅《どう》。

雑

隹 ふるとり 14画

オン ザツ ゾウ
くん —

つかいかた

雑《ざっ》誌《し》の発《はっ》売《ばい》日《び》。
花《か》壇《だん》の雑《ざっ》草《そう》をぬく。
乱《らん》雑《ざつ》な子《こ》供《ども》部《べ》屋《や》。
雑《ぞう》巾《きん》をしぼる。

いみ・ことば

❶入《い》りまじる。まとまりがない。 混《こん》雑《ざつ》。雑《ざつ》音《おん》。雑《ざっ》貨《か》。雑《ざつ》学《がく》。雑《ざっ》居《きょ》。雑《ざっ》菌《きん》。雑《ざっ》誌《し》。雑《ざっ》種《しゅ》。雑《ざっ》食《しょく》。雑《ざつ》然《ぜん》。雑《ざっ》草《そう》。雑《ざっ》多《た》。雑《ざつ》談《だん》。雑《ざつ》念《ねん》。雑《ざつ》用《よう》。雑《ぞう》木《き》林《ばやし》。雑《ぞう》巾《きん》。雑《ぞう》煮《に》。複《ふく》雑《ざつ》。乱《らん》雑《ざつ》。

❷ざつな。丁《てい》寧《ねい》でない。 粗《そ》雑《ざつ》。

とくべつなよみかた 雑《ざ》魚《こ》。

非　ひ　8画

非

オン　ヒ
くん　―

つかいかた
非《ひ》常《じょう》口《ぐち》を確《かく》認《にん》する。
非《ひ》はぼくにある。
世《せ》間《けん》の非《ひ》難《なん》を浴《あ》びる。
非《ひ》売《ばい》品《ひん》のおもちゃ。

いみ・ことば
❶…でない。☞ 非《ひ》公《こう》式《しき》。非《ひ》合《ごう》法《ほう》。非《ひ》運《うん》。非《ひ》科《か》学《がく》的《てき》。非《ひ》公《こう》開《かい》。非《ひ》情《じょう》。非《ひ》常《じょう》口《ぐち》。非《ひ》常《じょう》識《しき》。非《ひ》人《にん》間《げん》的《てき》。非《ひ》売《ばい》品《ひん》。非《ひ》凡《ぼん》。非《ひ》力《りき》。非《ひ》礼《れい》。
❷正《ただ》しくない。よくない。☞ 是《ぜ》非《ひ》。非《ひ》行《こう》。非《ひ》道《どう》。非《ひ》難《なん》。理《り》非《ひ》。

なりたち

☞ 非
ヒ（くし）とヨ（くし）がたがいに背《せ》を向《む》けた形《かたち》から。

頁　おおがい　13画

預

オン　ヨ
くん　あずける　あずかる

つかいかた
荷《に》物《もつ》を預《あず》ける。
留《る》守《す》を預《あず》かる。
預《よ》金《きん》通《つう》帳《ちょう》を確《かく》認《にん》する。

オンくんあそび
お金《かね》預《あず》けて
預《よ》金《きん》を増《ふ》やす

いみ・ことば
❶あずける。あずかる。☞ 預《あず》かり金《きん》。預《よ》金《きん》。預《よ》貯《ちょ》金《きん》。

「預《よ》金《きん》」は、お金《かね》を預《あず》けること。「貯《ちょ》金《きん》」は、お金《かね》を貯《た》めること。

頁　おおがい　14画

領

オン　リョウ
くん　―

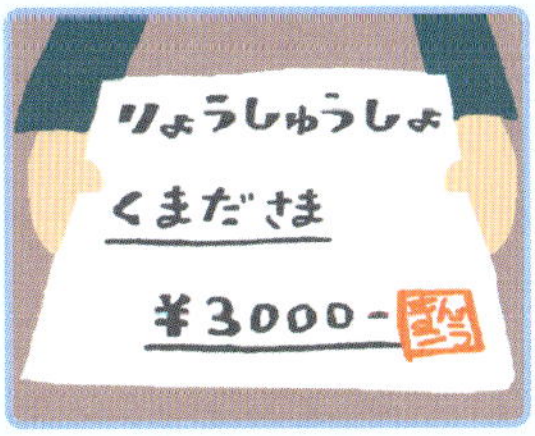

つかいかた
領《りょう》収《しゅう》書《しょ》をもらう。
アメリカの大《だい》統《とう》領《りょう》。
要《よう》領《りょう》よく覚《おぼ》える。
活《かつ》動《どう》の領《りょう》域《いき》を広《ひろ》げる。

いみ・ことば
❶治《おさ》める。支《し》配《はい》する。☞ 首《しゅ》領《りょう》。占《せん》領《りょう》。大《だい》統《とう》領《りょう》。領《りょう》。領《りょう》域《いき》。領《りょう》海《かい》。領《りょう》空《くう》。領《りょう》事《じ》。領《りょう》主《しゅ》。領《りょう》地《ち》。領《りょう》土《ど》。領《りょう》分《ぶん》。領《りょう》有《ゆう》。
❷受《う》け取《と》る。☞ 受《じゅ》領《りょう》。拝《はい》領《りょう》。領《りょう》収《しゅう》書《しょ》。
❸大《たい》切《せつ》なところ。☞ 本《ほん》領《りょう》。要《よう》領《りょう》。

頁 おおがい

18画

額

オン ガク

くん ひたい

つかいかた

猫《ねこ》の額《ひたい》ほどの土《と》地《ち》。
絵《え》を額《がく》に入《い》れる。
金《きん》額《がく》を確《たし》かめる。
半《はん》額《がく》にまけてもらう。

オンくんあそび

額《がく》縁《ぶち》の 角《かど》に額《ひたい》を
ぶつけたよ

いみ・ことば

❶がく。 額《がく》縁《ぶち》。
❷きんがく。お金《かね》の量《りょう》。 額《がく》面《めん》。巨《きょ》額《がく》。金《きん》額《がく》。高《こう》額《がく》。差《さ》額《がく》。残《ざん》額《がく》。少《しょう》額《がく》。全《ぜん》額《がく》。総《そう》額《がく》。多《た》額《がく》。低《てい》額《がく》。定《てい》額《がく》。半《はん》額《がく》。満《まん》額《がく》。
❸ひたい。 前《ぜん》額《がく》部《ぶ》。猫《ねこ》の額《ひたい》。富《ふ》士《じ》額《びたい》。

なりたち

額

客（こつんとつかえて止《と》まる）と頁（頭《とう》部《ぶ》）で、頭《とう》部《ぶ》のかたい部《ぶ》分《ぶん》の意《い》を表《あらわ》す。

食 しょくへん

13画

飼

オン シ

くん かう

つかいかた

犬《いぬ》の飼《か》い主《ぬし》を探《さが》す。
羊《ひつじ》飼《か》いの仕《し》事《ごと》。
飼《し》育《いく》係《がかり》に立《りっ》候《こう》補《ほ》する。
牛《うし》の飼《し》料《りょう》を注《ちゅう》文《もん》する。

オンくんあそび

飼《か》い主《ぬし》が 心《こころ》をこめて
飼《し》育《いく》する

いみ・ことば

❶かう。 飼《か》い犬《いぬ》。飼《か》い主《ぬし》。飼《か》い葉《ば》。飼《し》育《いく》。飼《し》料《りょう》。放《はな》し飼《が》い。羊《ひつじ》飼《か》い。

なりたち

飼

食（たべもの）と司（つかさどる）を合《あ》わせた字《じ》。

一 いち　8画

並

オン　（ヘイ）
くん　なみ　ならべる　ならぶ　ならびに

つかいかた

桜並木《さくらなみき》が続《つづ》く。
机《つくえ》を横《よこ》に並《なら》べる。
名前《なまえ》の順《じゅん》に並《なら》ぶ。
電池《でんち》を並列《へいれつ》につなぐ。

オンくんあそび
並《なら》んで歩《ある》く
並木道《なみきみち》

いみ・ことば

❶ならべる。ならぶ。☞
並木《なみき》。並行《へいこう》。並立《へいりつ》。並列《へいれつ》。足並《あしな》み。町並《まちな》み。五目並《ごもくなら》べ。
❷なみ。ふつう。☞
十人並《じゅうにんな》み。並製《なみせい》。並大《なみたい》抵《てい》。人並《ひとな》み。

なりたち

竝☞並
人《ひと》が並《なら》んで立《た》っているようすから。

乚 つりばり　7画

乱

オン　ラン
くん　みだれる　みだす

つかいかた

一糸《いっし》乱《みだ》れぬ行進《こうしん》。
交通機関《こうつうきかん》が混乱《こんらん》する。
乱雑《らんざつ》な所《ところ》を片《かた》づける。
外来語《がいらいご》を乱用《らんよう》しない。

オンくんあそび
列《れつ》を乱《みだ》して
大混乱《だいこんらん》

いみ・ことば

❶みだれる。争《あらそ》い。☞
混乱《こんらん》。戦乱《せんらん》。反乱《はんらん》。乱気流《らんきりゅう》。乱雑《らんざつ》。乱視《らんし》。乱心《らんしん》。乱世（らんせい らんせ）。乱戦《らんせん》。乱闘《らんとう》。乱筆《らんぴつ》。乱暴《らんぼう》。
❷みだりに。むやみに。☞
乱獲《らんかく》。乱造《らんぞう》。乱《らん》打《だ》。乱読《らんどく》。乱発《らんぱつ》。乱費《らんぴ》。乱用《らんよう》。乱立《らんりつ》。

「一心不乱《いっしんふらん》」とは、ほかのことを考《かんが》えず、一《ひと》つのことに集中《しゅうちゅう》するようす。

乚 つりばり　8画

乳

オン　ニュウ
くん　ちち　（ち）

つかいかた

お乳《ちち》を飲《の》ませる。
牛乳《ぎゅうにゅう》を温《あたた》めて飲《の》む。
乳歯《にゅうし》がぬける。
母《はは》が乳母車《うばぐるま》をおす。

オンくんあそび
牛乳《ぎゅうにゅう》は　栄養豊《えいようゆた》かな
牛《うし》の乳《ちち》

いみ・ことば

❶ちち。ちぶさ。ちちのような。☞
牛乳《ぎゅうにゅう》。授乳《じゅにゅう》。乳首《ちくび》。乳飲《ちの》み子《ご》。乳房（ちぶさ にゅうぼう）。乳《にゅう》液《えき》。乳牛（にゅうぎゅう ちちうし）。乳酸菌《にゅうさんきん》。乳歯《にゅうし》。乳児《にゅうじ》。乳白色《にゅうはくしょく》。乳幼児《にゅうようじ》。母乳《ぼにゅう》。哺乳類《ほにゅうるい》。離乳食《りにゅうしょく》。

とくべつなよみかた
乳母《うば》。

「乳飲《ちの》み子《ご》」とは、まだ乳《ちち》を飲《の》んでいる赤《あか》ちゃんのこと。

亡

亠 なべぶた　3画

亠 亡 亡

オン　ボウ（モウ）

くん　（ない）

つかいかた

事故《じこ》で死亡《しぼう》する。
外国《がいこく》に亡命《ぼうめい》する。
平家《へいけ》が滅亡《めつぼう》する。
祖母《そぼ》が亡《な》くなる。

いみ・ことば

❶ほろびる。☞ 興亡《こうぼう》。存亡《そんぼう》。亡国《ぼうこく》。滅亡《めつぼう》。
❷死《し》ぬ。☞ 死亡《しぼう》。亡父《ぼうふ》。亡母《ぼうぼ》。亡霊《ぼうれい》。亡者《もうじゃ》。
❸にげる。☞ 逃亡《とうぼう》。亡命《ぼうめい》。

仁

亻 にんべん　4画

ノ イ 仁 仁

オン　ジン（ニ）

くん　—

つかいかた

仁愛《じんあい》の心《こころ》をもつ人《ひと》。
仁徳《じんとく》にあつい人《ひと》。
仁王立《におうだ》ちになる。

いみ・ことば

❶思《おも》いやり。いつくしみ。☞ 仁愛《じんあい》。仁義《じんぎ》。仁術《じんじゅつ》。仁政《じんせい》。仁徳《じんとく》。仁王《におう》。仁王立《におうだ》ち。
❷ひと。☞ 御仁《ごじん》。

供

亻 にんべん　8画

ノ イ 仁 什 什 供 供

オン　キョウ（ク）

くん　そなえる　とも

つかいかた

墓《はか》に花《はな》を供《そな》える。
元気《げんき》に遊《あそ》ぶ子供《こども》たち。
電力《でんりょく》を供給《きょうきゅう》する。
犯人《はんにん》の供述《きょうじゅつ》をとる。

オンくんあそび
提供《ていきょう》します
供《そな》え物《もの》

なりたち

☞ 供　亻（人《ひと》）と 共（両手《りょうて》でささげる）で、「そなえる」を表《あらわ》す。

いみ・ことば

❶そなえる。差《さ》し出《だ》す。もてなす。☞ 供応《きょうおう》。供給《きょうきゅう》。供出《きょうしゅつ》。供与《きょうよ》。供物《くもつ》。供養《くよう》。供《そな》え物《もの》。提供《ていきょう》。
❷述《の》べる。☞ 供述《きょうじゅつ》。自供《じきょう》。
❸人《ひと》につき従《したが》う。☞ 供人《ともびと》。

値

イ にんべん　10画

オン　チ
くん　ね　（あたい）

つかいかた
値《ね》段《だん》の高《たか》い商品《しょうひん》。
昔《むかし》のお金《かね》の価値《かち》。
数《すう》値《ち》を計算《けいさん》する。
正《ただ》しい値《あたい》を求《もと》める。

オンくんあそび
価値《かち》あるものは
高値《たかね》です

いみ・ことば
❶あたい。ねうち。
価値《かち》。高値《たかね》。値上《ねあ》げ。値打《ねう》ち。値下《ねさ》げ。値段《ねだん》。値札《ねふだ》。半値《はんね》。元値《もとね》。安値《やすね》。値千金《あたいせんきん》。売値《うりね》。卸値《おろしね》。
❷数《かず》の大《おお》きさ。
数値《すうち》。絶対値《ぜったいち》。測定値《そくていち》。平均値《へいきんち》。

「値《あたい》する」とは、それだけの価値《かち》があるということ。例 尊敬《そんけい》に値《あたい》する行動《こうどう》。

俳

イ にんべん　10画

オン　ハイ
くん　―

つかいかた
俳《はい》句《く》を一句《いっく》よむ。
有名《ゆうめい》な俳人《はいじん》の句集《くしゅう》。
将来《しょうらい》の夢《ゆめ》は俳優《はいゆう》だ。

なりたち
俳　イ（人《ひと》）と非（そむく）で、常識《じょうしき》にそむいて変《か》わったしぐさをする人《ひと》の意《い》から、「たわむれ」「おどけ」「役者《やくしゃ》」を表《あらわ》す。

いみ・ことば
❶はいく。
俳句《はいく》。俳号《はいごう》。俳人《はいじん》。俳壇《はいだん》。
❷役者《やくしゃ》。
俳優《はいゆう》。
❸たわむれ。おどけ。
俳諧《はいかい》。

傷

イ にんべん　13画

オン　ショウ
くん　きず　（いたむ）　（いためる）

つかいかた
傷口《きずぐち》に包帯《ほうたい》を巻《ま》く。
感傷《かんしょう》にひたる。
幸《さいわ》い軽傷《けいしょう》で済《す》んだ。
暑《あつ》さで果物《くだもの》が傷《いた》む。

オンくんあそび
軽傷《けいしょう》と　いえども大事《だいじ》
傷《きず》手当《てあ》て

いみ・ことば
❶きず。きずつける。
かすり傷《きず》。傷口《きずぐち》。切《き》り傷《きず》。軽傷《けいしょう》。殺傷《さっしょう》。重傷《じゅうしょう》。傷害《しょうがい》。損傷《そんしょう》。致命傷《ちめいしょう》。中傷《ちゅうしょう》。凍傷《とうしょう》。生傷《なまきず》。負傷《ふしょう》。
❷心《こころ》をいためる。
感傷《かんしょう》。愁傷《しゅうしょう》。傷心《しょうしん》。

冂 どうがまえ　5画

冊

オン　サツ（サク）
くん　―

つかいかた
本《ほん》を五《ご》冊《さつ》読《よ》んだ。
小《しょう》冊《さっ》子《し》の中《なか》の言《こと》葉《ば》。
雑《ざっ》誌《し》の別《べっ》冊《さつ》付《ふ》録《ろく》。
願《ねが》い事《ごと》を短《たん》冊《ざく》に書《か》く。

いみ・ことば
❶書物《しょもつ》。書《か》きつけたもの。
短《たん》冊《ざく》。分《ぶん》冊《さつ》。別《べっ》冊《さつ》。冊《さっ》子《し》。小《しょう》冊《さっ》子《し》。
❷本《ほん》を数《かぞ》える言《こと》葉《ば》。
一《いっ》冊《さつ》。冊《さっ》数《すう》。数《すう》冊《さつ》。

なりたち

冊
竹《たけ》や木《き》の札《ふだ》(竹《ちく》簡《かん》や木《もっ》簡《かん》)をひもでとじてつないだ形《かたち》から。古《こ》代《だい》は、これに字《じ》を書《か》いた。

儿 ひとあし　10画

党

オン　トウ
くん　―

つかいかた
妹《いもうと》は甘《あま》党《とう》だ。
新《あたら》しい政《せい》党《とう》ができる。
与《よ》党《とう》と野《や》党《とう》。

いみ・ことば
❶同《おな》じ考《かんが》えをもった仲《なか》間《ま》。
辛《から》党《とう》。政《せい》党《とう》。党《とう》員《いん》。党《とう》首《しゅ》。党《とう》派《は》。徒《と》党《とう》。野《や》党《とう》。与《よ》党《とう》。離《り》党《とう》。悪《あく》党《とう》。甘《あま》党《とう》。

亻 にんべん　17画

優

オン　ユウ
くん　（やさしい）（すぐれる）

つかいかた
優《すぐ》れた成《せい》績《せき》を収《おさ》める。
球《きゅう》技《ぎ》大《たい》会《かい》で優《ゆう》勝《しょう》する。
優《ゆう》先《せん》席《せき》をゆずる。
両《りょう》親《しん》はとても優《やさ》しい。

いみ・ことば
❶やさしい。しとやか。
優《ゆう》雅《が》。優《ゆう》美《び》。
❷すぐれる。まさる。
優《ゆう》位《い》。優《ゆう》越《えっ》。優《ゆう》秀《しゅう》。優《ゆう》勝《しょう》。優《ゆう》勢《せい》。
❸手《て》厚《あつ》い。
優《ゆう》遇《ぐう》。優《ゆう》先《せん》。優《ゆう》待《たい》。
❹役《やく》者《しゃ》。
女《じょ》優《ゆう》。声《せい》優《ゆう》。俳《はい》優《ゆう》。名《めい》優《ゆう》。

なりたち
優
亻(人《ひと》)と憂(うれえる)を合《あ》わせた字《じ》。

処

几 つくえ　5画

ノ ク 夂 夂 処

オン ショ

くん —

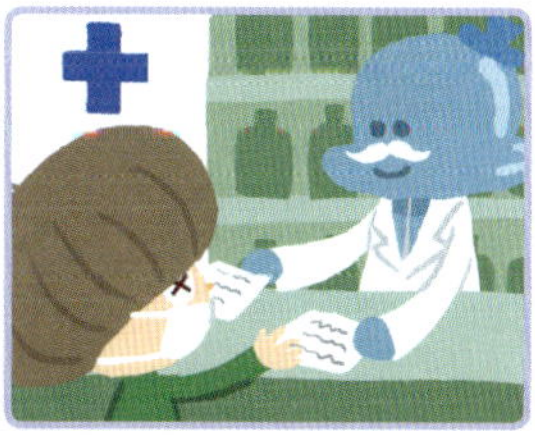

つかいかた

薬《くすり》を処《しょ》方《ほう》してもらう。

応《おう》急《きゅう》処《しょ》置《ち》を受《う》ける。

古《ふる》い雑《ざっ》誌《し》を処《しょ》分《ぶん》する。

臨《りん》機《き》応《おう》変《へん》に対《たい》処《しょ》する。

「処方《しょほう》」は、医《い》者《しゃ》が患《かん》者《じゃ》の病《びょう》気《き》の具《ぐ》合《あい》に応《おう》じて、薬《くすり》の種《しゅ》類《るい》や量《りょう》などを指《し》示《じ》すること。「処方箋《しょほうせん》」は、処方《しょほう》を書《か》いた書《しょ》類《るい》。

いみ・ことば

❶しょりする。始《し》末《まつ》する。　処《しょ》遇《ぐう》。処《しょ》刑《けい》。処《しょ》世《せい》術《じゅつ》。処《しょ》置《ち》。処《しょ》罰《ばつ》。処《しょ》分《ぶん》。処《しょ》方《ほう》。処《しょ》方《ほう》箋《せん》。処《しょ》理《り》。善《ぜん》処《しょ》。対《たい》処《しょ》。

刻

刂 りっとう　8画

丶 亠 亡 亥 亥 亥 亥 刻

オン コク

くん きざむ

つかいかた

包《ほう》丁《ちょう》で野《や》菜《さい》を刻《きざ》む。

現《げん》在《ざい》の時《じ》刻《こく》を知《し》る。

深《しん》刻《こく》ななやみを話《はな》す。

彫《ちょう》刻《こく》刀《とう》を使《つか》う。

オンくんあそび

刻《こく》一《いっ》刻《こく》と時《とき》刻《きざ》む

いみ・ことば

❶きざむ。　刻《こく》印《いん》。彫《ちょう》刻《こく》。

❷厳《きび》しい。　刻《こっ》苦《く》。深《しん》刻《こく》。

❸時《じ》間《かん》。時《じ》間《かん》の区《く》切《ぎ》り。　一《いっ》刻《こく》。刻《こく》一《いっ》刻《こく》。刻《こく》限《げん》。刻《こっ》々《こく》（刻《こっ》刻《こく》）。時《じ》刻《こく》。先《せん》刻《こく》。即《そっ》刻《こく》。遅《ち》刻《こく》。夕《ゆう》刻《こく》。

なりたち

刻

亥（ブタの骨《ほね》組《ぐ》み）と刂（刀《かたな》）で、「きざむ」を表《あらわ》す。

割

刂 りっとう　12画

丶 宀 宀 中 宝 害 割

オン （カツ）

くん わる　わり　われる　（さく）

つかいかた

卵《たまご》を上《じょう》手《ず》に割《わ》る。

一《いち》対《たい》二《に》の割《わり》合《あい》。

財《ざい》産《さん》を分《ぶん》割《かつ》する。

趣《しゅ》味《み》に時《じ》間《かん》を割《さ》く。

いみ・ことば

❶わる。さく。　割《かつ》愛《あい》。割《かっ》拠《きょ》。割《かつ》譲《じょう》。ひび割《わ》れ。分《ぶん》割《かつ》。役《やく》割《わり》。割《わ》り当《あ》て。割《わ》り勘《かん》。割《わ》り算《ざん》。割《わ》れ目《め》。割《わ》れ物《もの》。

❷わりあい。　五《ご》割《わり》。割《わり》合《あい》。割《わり》高《だか》。割《わり》引《びき》。割《わり》増《まし》料《りょう》金《きん》。割《わり》安《やす》。

「割《かつ》愛《あい》」は、おしいと思《おも》いながら、思《おも》い切《き》って手《て》放《ばな》したり省《はぶ》いたりすること。

リ りっとう　12画

創

オン　ソウ
くん　つくる

つかいかた
天地《てんち》創造《そうぞう》の神話《しんわ》。
創意工夫《そういくふう》をこらす。
物語《ものがたり》を創作《そうさく》する。
小学校《しょうがっこう》の創立記念日《そうりつきねんび》。

オンくんあそび
創作劇《そうさくげき》を創《つく》り出《だ》す

いみ・ことば
❶新《あたら》しくつくる。はじめる。 創案《そうあん》。創意《そうい》。創刊《そうかん》。創業《そうぎょう》。創建《そうけん》。創作《そうさく》。創始《そうし》。創設《そうせつ》。創《そう》 造《ぞう》。創立《そうりつ》。独創《どくそう》。
❷傷《きず》。 銃創《じゅうそう》。刀創《とうそう》。満身創痍《まんしんそうい》。

リ りっとう　15画

劇

オン　ゲキ
くん　―

つかいかた
演劇部《えんげきぶ》の部長《ぶちょう》になる。
劇的《げきてき》に進歩《しんぽ》する。
劇薬《げきやく》なので注意《ちゅうい》する。
舞台《ぶたい》を観劇《かんげき》する。

いみ・ことば
❶げき。芝居《しばい》。 演劇《えんげき》。歌劇《かげき》。観劇《かんげき》。喜劇《きげき》。劇化《げきか》。劇作家《げきさくか》。劇場《げきじょう》。劇団《げきだん》。寸劇《すんげき》。人形《にんぎょう》劇《げき》。悲劇《ひげき》。
❷激《はげ》しい。 劇的《げきてき》。劇薬《げきやく》。

なりたち
劇
リ　虍（トラ）と豕（イノシシ）と刂（刀《かたな》）で、「はげしい」を表《あらわ》す。

力 ちから　12画

勤

オン　キン（ゴン）
くん　つとめる　つとまる

つかいかた
バスで通勤《つうきん》する。
銀行《ぎんこう》に勤《つと》める。
勤続三十年《きんぞくさんじゅうねん》の社員《しゃいん》。
勤労感謝《きんろうかんしゃ》の日《ひ》の行事《ぎょうじ》。

オンくんあそび
歩《ある》いて通勤《つうきん》　勤《つと》め先《さき》

いみ・ことば
❶つとめる。働《はたら》く。 皆勤《かいきん》。勤続《きんぞく》。勤皇《きんのう》（勤王《きんのう》）。勤勉《きんべん》。勤務《きんむ》。勤労《きんろう》。欠勤《けっきん》。出勤《しゅっきん》。常勤《じょうきん》。精勤《せいきん》。通勤《つうきん》。勤《つと》め先《さき》。転勤《てんきん》。内勤《ないきん》。夜勤《やきん》。

「皆勤《かいきん》」は、学校《がっこう》や会社《かいしゃ》などを一日《いちにち》も休《やす》まないで出席《しゅっせき》・出勤《しゅっきん》すること。

危

㔾 ふしづくり　6画

オン　キ
くん　あぶない（あやうい）（あやぶむ）

つかいかた

危《あぶ》ない目《め》にあう。
危《き》険《けん》な道《みち》をさける。
危《き》害《がい》を防《ふせ》ぐ。
開《かい》催《さい》が危《あや》ぶまれる。

オンくんあそび
危《き》険《けん》なかおり
危《あぶ》ない予《よ》感《かん》

なりたち

危
厃（がけっぷちに立《た》つ人《ひと》）と㔾（ひざまずく人《ひと》）を合《あ》わせた字《じ》。

いみ・ことば

❶あぶない。急。
危《き》惧《ぐ》。危《き》険《けん》。危《き》害《がい》。危《き》地《ち》。危《き》機《き》。危《き》篤《とく》。危《き》機《き》一《いっ》髪《ぱつ》。危《き》難《なん》。危《き》急《きゅう》。

卵

卩 ふしづくり　7画

オン　（ラン）
くん　たまご

つかいかた

卵《たまご》焼《や》きが好《す》きだ。
メダカが産《さん》卵《らん》する。
卵《らん》黄《おう》と卵《らん》白《ぱく》を混《ま》ぜる。
姉《あね》は医《い》者《しゃ》の卵《たまご》だ。

「医《い》者《しゃ》の卵《たまご》」は、医《い》者《しゃ》になるための修《しゅ》行《ぎょう》中《ちゅう》という意《い》味《み》だよ。

いみ・ことば

❶たまご。
鶏《けい》卵《らん》。産《さん》卵《らん》。受《じゅ》精《せい》卵《らん》。卵《たまご》焼《や》き。生《なま》卵《たまご》。排《はい》卵《らん》。無《む》精《せい》卵《らん》。有《ゆう》精《せい》卵《らん》。ゆで卵《たまご》。卵《らん》黄《おう》。卵《らん》子《し》。卵《らん》生《せい》。卵《らん》巣《そう》。卵《らん》白《ぱく》。

なりたち

卵
卵《たまご》の形《かたち》から。

収

又 また　4画

オン　シュウ
くん　おさめる　おさまる

つかいかた

本《ほん》を本《ほん》だなに収《おさ》める。
風《かぜ》がやっと収《おさ》まった。
古《ふる》新《しん》聞《ぶん》を回《かい》収《しゅう》する。
趣《しゅ》味《み》は切《きっ》手《て》の収《しゅう》集《しゅう》だ。

オンくんあそび
回《かい》収《しゅう》し
箱《はこ》に収《おさ》める

いみ・ことば

❶おさめる。おさまる。手《て》に入《い》れる。取《と》り集《あつ》める。
回《かい》収《しゅう》。吸《きゅう》収《しゅう》。月《げっ》収《しゅう》。収《しゅう》益《えき》。収《しゅう》穫《かく》。収《しゅう》支《し》。収《しゅう》拾《しゅう》。収《しゅう》集《しゅう》。収《しゅう》縮《しゅく》。収《しゅう》入《にゅう》。収《しゅう》納《のう》。収《しゅう》容《よう》。収《しゅう》録《ろく》。年《ねん》収《しゅう》。買《ばい》収《しゅう》。没《ぼっ》収《しゅう》。領《りょう》収《しゅう》。

吸

口 くちへん 6画

オン キュウ
くん す**う**

つかいかた
ストローで水《みず》を吸《す》う。
おいしいお吸《す》い物《もの》。
水分《すいぶん》を吸収《きゅうしゅう》する。
えら呼吸《こきゅう》の生《い》き物《もの》。

オンくんあそび
大《おお》きく息《いき》吸《す》い
深呼吸《しんこきゅう》

いみ・ことば
❶すう。☞ 吸引《きゅういん》。吸気《きゅうき》。吸血鬼《きゅうけつき》。吸収《きゅうしゅう》。吸水《きゅうすい》。吸着《きゅうちゃく》。吸入《きゅうにゅう》。吸盤《きゅうばん》。呼吸《こきゅう》。深呼吸《しんこきゅう》。吸《す》い物《もの》。

なりたち
吸 口で「くち」を表《あらわ》し、及でおよぶ・とりこむの意《い》と音《おん》「キュウ」を表《あらわ》す。

后

口 くち 6画

オン コウ
くん —

つかいかた
皇后《こうごう》陛下《へいか》のお言葉《ことば》。
皇太后《こうたいごう》様《さま》のお姿《すがた》。

いみ・ことば
❶天皇《てんのう》の妻《つま》。きさき。☞ 皇后《こうごう》。皇太后《こうたいごう》。

なりたち

☞ 后 ⺁(人《ひと》)と口(穴《あな》)を合《あ》わせた字《じ》。

否

口 くち 7画

オン ヒ
くん (いな)

つかいかた
要求《ようきゅう》を拒否《きょひ》する。
提案《ていあん》は否決《ひけつ》された。
否定《ひてい》できない事実《じじつ》。
賛成《さんせい》か否《いな》かを問《と》う。

いみ・ことば
❶そうではないと打《う》ち消《け》す。☞ 安否《あんぴ》。可否《かひ》。拒否《きょひ》。合否《ごうひ》。採否《さいひ》。賛否《さんぴ》。正否《せいひ》。成否《せいひ》。存否《そんぴ》。適否《てきひ》。当否《とうひ》。否決《ひけつ》。否定《ひてい》。否認《ひにん》。

なりたち
否 不(打《う》ち消《け》す)と口(くち)を合《あ》わせた字《じ》。

呼

口 くちへん 8画

筆順：丨 口 口 口 口 口 口 呼

オン　コ
くん　よぶ

つかいかた

みんなを呼《よ》び集《あつ》める。
大《おお》きく深《しん》呼《こ》吸《きゅう》する。
授業前《じゅぎょうまえ》に点《てん》呼《こ》をとる。
名前《なまえ》を連《れん》呼《こ》する。

オンくんあそび
ひと呼《こ》吸《きゅう》してから
名前《なまえ》呼《よ》ぶ

いみ・ことば

❶よぶ。よびよせる。☞ 歓《かん》呼《こ》。呼《こ》応《おう》。呼《こ》称《しょう》。点《てん》呼《こ》。呼《よ》び声《ごえ》。呼《よ》び出《だ》し。呼《よ》び名《な》。呼《よ》び鈴《りん》。連《れん》呼《こ》。

❷息《いき》をはく。☞ 呼《こ》気《き》。呼《こ》吸《きゅう》。

なりたち

呼　乎（はあと息《いき》を出《だ》す）と口（くち）で、「よぶ」を表《あらわ》す。

善

口 くち 12画

筆順：丶 丷 䒑 兰 羊 羊 羔 善 善 善 善 善

オン　ゼン
くん　よい

つかいかた

野球《やきゅう》の国際親《こくさいしん》善《ぜん》試合《じあい》。
最《さい》善《ぜん》をつくす。
善《ぜん》悪《あく》を判断《はんだん》する。
善《ぜん》は急《いそ》げ。

オンくんあそび
善《よ》い行《おこな》いを
善《ぜん》行《こう》という

いみ・ことば

❶よい。うまい。☞ 改《かい》善《ぜん》。偽《ぎ》善《ぜん》。最《さい》善《ぜん》。慈《じ》善《ぜん》。善《ぜん》悪《あく》。善《ぜん》意《い》。善《ぜん》行《こう》。善《ぜん》後《ご》策《さく》。善《ぜん》処《しょ》。善《ぜん》政《せい》。善《ぜん》戦《せん》。善《ぜん》玉《だま》。善《ぜん》男《なん》善《ぜん》女《にょ》。善《ぜん》人《にん》。善《ぜん》用《よう》。善《ぜん》良《りょう》。独《どく》善《ぜん》。

❷仲《なか》よくする。☞ 親《しん》善《ぜん》。善《ぜん》隣《りん》。

「善《ぜん》は急《いそ》げ」とは、よいことはためらわないですぐに実行《じっこう》せよ、という意味《いみ》。

困

囗 くにがまえ 7画

筆順：丨 冂 日 円 用 困 困

オン　コン
くん　こまる

つかいかた

困《こま》っている人《ひと》を救《すく》う。
困《こん》難《なん》な道《みち》を歩《あゆ》む。
困《こん》惑《わく》の表情《ひょうじょう》。
世界《せかい》の貧《ひん》困《こん》をなくす。

オンくんあそび
困《こん》難《なん》な　事態《じたい》になって
困《こま》り顔《がお》

いみ・ことば

❶こまる。☞ 困《こん》窮《きゅう》。困《こん》苦《く》。困《こん》難《なん》。困《こん》惑《わく》。貧《ひん》困《こん》。

なりたち

困　木（き）と囗（囲《かこ》い）で、木《き》が囲《かこ》いの中《なか》でのびることができず、困《こま》るようすから。

土 つち

8画

垂

オン スイ

くん たれる たらす

つかいかた

目《め》を引《ひ》く垂《た》れ幕《まく》。
牛《うし》がよだれを垂《た》らす。
鉄棒《てつぼう》で懸《けん》垂《すい》をする。
垂《すい》直《ちょく》に交《まじ》わる線《せん》。

オンくんあそび

垂《すい》直《ちょく》に
垂《た》れる糸《いと》

いみ・ことば

❶たれる。たらす。
垂《すい》。垂《すい》線《せん》。垂《すい》直《ちょく》。垂《た》れ幕《まく》。雨《あま》垂《だ》れ。胃《い》下《か》垂《すい》。懸《けん》垂《すい》。

❷上《じょう》位《い》の者《もの》が下《か》位《い》の者《もの》に示《しめ》す。
垂《すい》範《はん》。

扌 つちへん

9画

城

オン ジョウ

くん しろ

つかいかた

敵《てき》に城《しろ》を明《あ》けわたす。
城《しろ》跡《あと》にたたずむ。
城《じょう》下《か》町《まち》を訪《おとず》れる。

オンくんあそび

城《しろ》を支《ささ》える
城《じょう》下《か》町《まち》

いみ・ことば

❶しろ。敵《てき》を防《ふせ》ぐための建《たて》物《もの》。
牙《が》城《じょう》。古《こ》城《じょう》。城《じょう》郭《かく》。城《じょう》下《か》町《まち》。城《じょう》主《しゅ》。城《じょう》内《ない》。城《じょう》壁《へき》。城《じょう》門《もん》。城跡（しろあと じょうせき）。築《ちく》城《じょう》。根《ね》城《じろ》。山《やま》城《しろ》。落《らく》城《じょう》。籠《ろう》城《じょう》。

とくべつなよみかた

茨《いばら》城《き》県《けん》。宮《みや》城《ぎ》県《けん》。

扌 つちへん

11画

域

オン イキ

くん ―

つかいかた

立《た》ち入《い》り禁《きん》止《し》区《く》域《いき》。
地《ち》域《いき》の特《とく》色《しょく》を生《い》かす。
台《たい》風《ふう》の暴《ぼう》風《ふう》域《いき》に入《はい》る。

いみ・ことば

❶区《く》切《ぎ》られた範《はん》囲《い》。
域《いき》外《がい》。域《いき》内《ない》。音《おん》域《いき》。海《かい》域《いき》。区《く》域《いき》。空《くう》域《いき》。広《こう》域《いき》。水《すい》域《いき》。声《せい》域《いき》。聖《せい》域《いき》。全《ぜん》域《いき》。地《ち》域《いき》。暴《ぼう》風《ふう》域《いき》。流《りゅう》域《いき》。領《りょう》域《いき》。

奏

大 だい　9画

オン　ソウ
くん　(かなでる)

つかいかた
楽器《がっき》を奏《かな》でる。
説得《せっとく》が功《こう》を奏《そう》した。
明日《あす》は演奏会《えんそうかい》だ。
グループで合奏《がっそう》する。

オンくんあそび
美《うつく》しい　調《しら》べ奏《かな》でる　演奏会《えんそうかい》

いみ・ことば
①かなでる。音楽《おんがく》をえんそうする。演奏《えんそう》。合奏《がっそう》。吹奏楽《すいそうがく》。前奏《ぜんそう》。独奏《どくそう》。伴奏《ばんそう》。
②なしとげる。奏功《そうこう》。
③申《もう》し上《あ》げる。上奏《じょうそう》。奏上《そうじょう》。

「功《こう》を奏《そう》する」とは功績《こうせき》を天子《てんし》に奏《そう》する(申《もう》し上《あ》げる)意《い》から、物事《ものごと》がうまくいくこと。

奮

大 だい　16画

オン　フン
くん　ふるう

つかいかた
奮《ふる》って参加《さんか》する。
興奮《こうふん》して走《はし》り回《まわ》る。
試合《しあい》で奮闘《ふんとう》する。
お年玉《としだま》を奮発《ふんぱつ》する。

オンくんあそび
勇気《ゆうき》奮《ふる》って　奮戦《ふんせん》し

いみ・ことば
①ふるう。ふるいたつ。興奮《こうふん》。発奮《はっぷん》。奮起《ふんき》。奮戦《ふんせん》。奮闘《ふんとう》。奮発《ふんぱつ》。奮励《ふんれい》。

「奮発《ふんぱつ》」は、気力《きりょく》を奮《ふる》い起《お》こすこと。そこから、思《おも》い切《き》ってお金《かね》を使《つか》うことの意味《いみ》にも使《つか》う。

姿

女 おんな　9画

オン　シ
くん　すがた

つかいかた
日本一《にほんいち》の晴《は》れ姿《すがた》。
舞台《ぶたい》に姿《すがた》を現《あらわ》す。
姿勢《しせい》がよい人《ひと》。
選手《せんしゅ》たちの勇姿《ゆうし》。

オンくんあそび
姿勢《しせい》をチェック　姿見《すがたみ》で

いみ・ことば
①すがた。後《うし》ろ姿《すがた》。姿勢《しせい》。姿見《すがたみ》。晴《は》れ姿《すがた》。勇姿《ゆうし》。雄姿《ゆうし》。容姿《ようし》。

「姿見《すがたみ》」は、全身《ぜんしん》をうつして見《み》ることができる、大《おお》きい鏡《かがみ》のこと。

子 こ

存

6画

オン ソン ゾン

くん —

つかいかた

食《た》べ物《もの》を保存《ほぞん》する。

生命《せいめい》の存在《そんざい》を認《みと》める。

現存《げんそん》する最古《さいこ》の土器《どき》。

思《おも》う存分《ぞんぶん》遊《あそ》ぶ。

いみ・ことば

❶ある。生《い》きている。保《たも》つ。 依存（いそん／いぞん）。温存《おんぞん》。既存《きそん》。共存（きょうそん／きょうぞん）。現存（げんそん／げんぞん）。残存（ざんそん／ざんぞん）。実存《じつぞん》。生存《せいぞん》。存在《そんざい》。存続《そんぞく》。存亡《そんぼう》。存命《ぞんめい》。存立《そんりつ》。保存《ほぞん》。廃存《ぱいぞん》。異存《いぞん》。一存《いちぞん》。所存《しょぞん》。存分《ぞんぶん》。

❷考《かんが》え。

なりたち

存 𠂇（とどめる）と子（こ）で、大事《だいじ》に置《お》いておく意《い》から、「たもつ」「ある」を表《あらわ》す。

子 こ

孝

7画

オン コウ

くん —

つかいかた

孝行息子《こうこうむすこ》をもつ。

親《おや》孝行《こうこう》をしたい。

父母《ふぼ》に孝養《こうよう》をつくす。

いみ・ことば

❶親《おや》を大切《たいせつ》にすること。 孝行《こうこう》。孝心《こうしん》。孝養《こうよう》。忠孝《ちゅうこう》。不孝《ふこう》。

「孝養《こうよう》」は、子供《こども》が親《おや》を大切《たいせつ》に世話《せわ》すること。

宀 うかんむり

宇

6画

オン ウ

くん —

つかいかた

果《は》てしない宇宙《うちゅう》。

宇宙飛行士《うちゅうひこうし》になる。

大《おお》きな寺院《じいん》の堂宇《どうう》。

いみ・ことば

❶空《そら》。天《てん》。 宇宙《うちゅう》。

❷屋根《やね》。家《いえ》。 堂宇《どうう》。

「堂宇《どうう》」は、お寺《てら》の建物《たてもの》のこと。神社《じんじゃ》や

宅

宀 うかんむり　6画

筆順：丶 丷 宀 宀 宀 宅

オン　タク
くん　—

つかいかた

五時過《ごじす》ぎに帰宅《きたく》する。

自宅《じたく》から駅《えき》まで歩《ある》く。

住宅《じゅうたく》を建《た》てる。

いみ・ことば

❶家《いえ》。住《す》まい。☞帰宅《きたく》。在宅《ざいたく》。自宅《じたく》。社宅《しゃたく》。住宅《じゅうたく》。宅地《たくち》。宅配《たくはい》。邸宅《ていたく》。別宅《べったく》。本宅《ほんたく》。

なりたち

☞宅

宀(家《いえ》)と乇(くつろぐ人《ひと》の形《かたち》)で、「住《す》まい」を表《あらわ》す。

宗

宀 うかんむり　8画

筆順：丶 丷 宀 宀 宀 宇 宗 宗

オン　シュウ　(ソウ)
くん　—

つかいかた

いろいろな宗教《しゅうきょう》。

宗派《しゅうは》のちがう寺院《じいん》。

茶《ちゃ》の湯《ゆ》の宗家《そうけ》。

いみ・ことば

❶神《かみ》や仏《ほとけ》の教《おし》え。☞改宗《かいしゅう》。宗教《しゅうきょう》。宗旨《しゅうし》。宗《しゅう》祖《そ》。宗徒《しゅうと》。宗派《しゅうは》。宗門《しゅうもん》。

❷大本《おおもと》。☞宗家《そうけ》。宗匠《そうしょう》。

「宗家《そうけ》」は、一門《いちもん》の中心《ちゅうしん》となる家《いえ》。特《とく》に、茶道《さどう》・華道《かどう》などの家元《いえもと》。

宙

宀 うかんむり　8画

筆順：丶 丷 宀 宀 宀 宀 宙 宙

オン　チュウ
くん　—

つかいかた

宙返《ちゅうがえ》りの練習《れんしゅう》をする。

計画《けいかく》が宙《ちゅう》にうく。

宇宙《うちゅう》への夢《ゆめ》が広《ひろ》がる。

いみ・ことば

❶空間《くうかん》。空《そら》。☞宇《う》宙《ちゅう》。宙返《ちゅうがえ》り。宙《ちゅう》づり。

「宙《ちゅう》にうく」とは、空中《くうちゅう》にうかぶこと。また、決着《けっちゃく》がつかなくなること。

宀 うかんむり　8画

宝

オン ホウ
くん たから

つかいかた
宝探《たからさが》しに出《で》かける。
思《おも》い出《で》は一生《いっしょう》の宝物《たからもの》。
宝飾品《ほうしょくひん》を身《み》につける。
美《うつく》しくかがやく宝石《ほうせき》。

オンくんあそび
財宝《ざいほう》積《つ》んだ
宝船《たからぶね》

いみ・ことば
❶たから。大切《たいせつ》なもの。便利《べんり》なもの。☞家宝《かほう》。国宝《こくほう》。子宝《こだから》。財宝《ざいほう》。七宝《しっぽう》。宝探《たからさが》し。宝船《たからぶね》。宝物《たからもの》（ほうもつ）。重宝《ちょうほう》。秘宝《ひほう》。宝玉《ほうぎょく》。宝剣《ほうけん》。宝庫《ほうこ》。宝飾品《ほうしょくひん》。宝石《ほうせき》。宝典《ほうてん》。宝刀《ほうとう》。

なりたち
寶 ☞ 宝
宀（家《いえ》）の中《なか》に 王（宝玉《ほうぎょく》）と 缶（つぼ）と 貝（お金《かね》）がある形《かたち》で、「たから」を表《あらわ》す。

宀 うかんむり　9画

宣

オン セン
くん ―

つかいかた
声高《こえたか》らかに宣言《せんげん》する。
選手宣誓《せんしゅせんせい》をする。
宣戦《せんせん》を布告《ふこく》する。
新商品《しんしょうひん》の宣伝《せんでん》。

いみ・ことば
❶述《の》べる。広《ひろ》く知《し》らせる。☞宣教師《せんきょうし》。宣言《せんげん》。宣告《せんこく》。宣誓《せんせい》。宣戦《せんせん》。宣伝《せんでん》。

宀 うかんむり　11画

密

オン ミツ
くん ―

つかいかた
精密機械《せいみつきかい》の工場《こうじょう》。
友達《ともだち》の秘密《ひみつ》を守《まも》る。
両国《りょうこく》の密接《みっせつ》な関係《かんけい》。
密林《みつりん》を探検《たんけん》する。

いみ・ことば
❶ひそか。☞機密《きみつ》。内密《ないみつ》。秘密《ひみつ》。密会《みっかい》。密航《みっこう》。密告《みっこく》。密書《みっしょ》。密造《みつぞう》。密談《みつだん》。密約《みつやく》。密輸《みつゆ》。
❷すき間《ま》がない。☞親密《しんみつ》。密室《みっしつ》。密集《みっしゅう》。密生《みっせい》。密接《みっせつ》。密着《みっちゃく》。密度《みつど》。密封《みっぷう》。密閉《みっぺい》。密林《みつりん》。
❸細《こま》かい。☞厳密《げんみつ》。精密《せいみつ》。緻密《ちみつ》。綿密《めんみつ》。

なりたち

☞ 密
（入《い》り口《ぐち》を閉《と》じた家《いえ》）と（山《やま》）を合《あ》わせた字《じ》。

寸

すん　3画

一 十 寸

オン　スン
くん　―

つかいかた

原《げん》寸《すん》大《だい》の写《しゃ》真《しん》。
寸《すん》暇《か》をおしんで働《はたら》く。
ゴール寸《すん》前《ぜん》での攻《こう》防《ぼう》。
寸《すん》分《ぶん》のくるいもない。

いみ・ことば

❶すん。長《なが》さの単《たん》位《い》。 一寸《いっすん》。
❷長《なが》さ。 原寸《げんすん》。原寸《げんすん》大《だい》。採寸《さいすん》。寸《すん》法《ぽう》。
❸わずか。ごく短《みじか》い。 寸《すん》暇《か》。寸《すん》劇《げき》。寸《すん》志《し》。寸《すん》時《じ》。寸《すん》前《ぜん》。寸《すん》断《だん》。寸《すん》鉄《てつ》。寸《すん》評《ぴょう》。寸《すん》分《ぶん》。

「寸《すん》暇《か》をおしむ」とは、わずかな空《あ》き時《じ》間《かん》も大《たい》切《せつ》にするということ。

専

すん　9画

オン　セン
くん　（もっぱら）

つかいかた

自《じ》分《ぶん》専《せん》用《よう》の乗《の》り物《もの》。
考《こう》古《こ》学《がく》の専《せん》門《もん》家《か》。
日《にち》曜《よう》日《び》は専《もっぱ》ら読《どく》書《しょ》だ。

いみ・ことば

❶もっぱら。それだけを行《おこな》う。 専《せん》一《いつ》。専《せん》業《ぎょう》。専《せん》攻《こう》。専《せん》修《しゅう》。専《せん》従《じゅう》。専《せん》心《しん》。専《せん》属《ぞく》。専《せん》任《にん》。専《せん》念《ねん》。専《せん》務《む》。専《せん》門《もん》。専《せん》門《もん》家《か》。専《せん》用《よう》。
❷ひとりじめにする。わがまま。 専《せん》横《おう》。専《せん》制《せい》政《せい》治《じ》。専《せん》有《ゆう》。

「専《せん》横《おう》」は、好《す》き勝《かっ》手《て》にふるまうこと。

射

すん　10画

オン　シャ
くん　いる

つかいかた

光《ひかり》が鏡《かがみ》に反《はん》射《しゃ》する。
弓《ゆみ》で矢《や》を射《い》る。
直《ちょく》射《しゃ》日《にっ》光《こう》をさける。
ロケットを発《はっ》射《しゃ》する。

オンくんあそび
射《しゃ》手《しゅ》が　矢《や》を射《い》る
弓《きゅう》道《どう》場《じょう》

いみ・ことば

❶矢《や》をいる。弾《だん》丸《がん》などをうつ。 射《しゃ》撃《げき》。射《しゃ》殺《さつ》。射《しゃ》手《しゅ》。射《しゃ》程《てい》。射《しゃ》的《てき》。発《はっ》射《しゃ》。乱《らん》射《しゃ》。
❷勢《いきお》いよく放《はな》つ。 照《しょう》射《しゃ》。注《ちゅう》射《しゃ》。直《ちょく》射《しゃ》。日《にっ》射《しゃ》。反《はん》射《しゃ》。噴《ふん》射《しゃ》。放《ほう》射《しゃ》。

寸 すん　10画

将

オン　ショウ
くん　―

つかいかた
日本《にほん》の歴代《れきだい》将《しょう》軍《ぐん》。
野球部《やきゅうぶ》の主《しゅ》将《しょう》になる。
祖父《そふ》と将《しょう》棋《ぎ》を指《さ》す。
将《しょう》来《らい》について考《かんが》える。

いみ・ことば
❶軍《ぐん》や仲間《なかま》を率《ひき》いる人《ひと》。
王《おう》将《しょう》。主《しゅ》将《しょう》。将《しょう》棋《ぎ》。将《しょう》軍《ぐん》。将《しょう》校《こう》。大《たい》将《しょう》。副《ふく》将《しょう》。武《ぶ》将《しょう》。名《めい》将《しょう》。猛《もう》将《しょう》。勇《ゆう》将《しょう》。
❷これからのこと。
将《しょう》来《らい》。

寸 すん　12画

尊

オン　ソン
くん　たっとい　とうとい　たっとぶ　とうとぶ

つかいかた
命《いのち》は何《なに》よりも尊《とうと》い。
勇気《ゆうき》ある行動《こうどう》を尊《たっと》ぶ。
両親《りょうしん》を尊《そん》敬《けい》する。
少数意見《しょうすういけん》を尊《そん》重《ちょう》する。

オンくんあそび
尊《そん》重《ちょう》しよう
尊《とうと》い命《いのち》

いみ・ことば
❶とうとい。とうとぶ。
自《じ》尊《そん》心《しん》。尊《そん》顔《がん》。尊《そん》敬《けい》。尊《そん》敬《けい》語《ご》。尊《そん》厳《げん》。尊《そん》称《しょう》。尊《そん》属《ぞく》。尊《そん》大《だい》。尊《そん》重《ちょう》。尊《そん》卑《ぴ》。尊《そん》父《ぷ》。尊《そん》命《めい》。本《ほん》尊《ぞん》。

なりたち

尊
（酒《さか》だる）と（両手《りょうて》でささげる）を合《あ》わせた字《じ》。

尢 だいのまげあし　12画

就

オン　シュウ　（ジュ）
くん　（つく）　（つける）

つかいかた
願《ねが》いが成《じょう》就《じゅ》する。
出版社《しゅっぱんしゃ》に就《しゅう》職《しょく》する。
毎晩《まいばん》九時《くじ》に就《しゅう》寝《しん》する。
新《あたら》しい任務《にんむ》に就《つ》く。

いみ・ことば
❶役目《やくめ》や仕事《しごと》につく。
去《きょ》就《しゅう》。就《しゅう》学《がく》。就《しゅう》業《ぎょう》。就《しゅう》航《こう》。就《しゅう》職《しょく》。就《しゅう》寝《しん》。就《しゅう》任《にん》。
❷成《な》しとげる。
成《じょう》就《じゅ》。

「成就《じょうじゅ》」は、物事《ものごと》を成《な》しとげること、また、願《ねが》いがかなうこと。「大願成就《たいがんじょうじゅ》」などという。

尺

尸 しかばね

4画

㇕ コ 尸 尺

オン シャク

くん

つかいかた

十分《じゅうぶん》の一《いち》の縮尺率《しゅくしゃくりつ》。

豊《ゆた》かさの尺度《しゃくど》。

巻《ま》き尺《じゃく》で寸法《すんぽう》を測《はか》る。

いみ・ことば

❶しゃく。長《なが》さの単位《たんい》。☞ 一尺《いっしゃく》。尺八《しゃくはち》。尺《しゃっ》貫法《かんぽう》。

❷長《なが》さ。ものさし。☞ 尺度《しゃくど》。縮尺《しゅくしゃく》。巻《ま》き尺《じゃく》。

「一尺《いっしゃく》」は、約《やく》30.3センチメートルだよ。

「尺取《しゃくと》り虫《むし》」は、シャクガの幼虫《ようちゅう》。人《ひと》が親指《おやゆび》と人《ひと》さし指《ゆび》で物《もの》の長《なが》さをはかる(尺《しゃく》を取《と》る)ような進《すす》み方《かた》をする。

届

尸 しかばね

8画

㇕ コ 尸 尸 吊 届 届 届

オン

くん とどける とどく

つかいかた

落《お》とし物《もの》を届《とど》ける。

友人《ゆうじん》から手紙《てがみ》が届《とど》く。

行《ゆ》き届《とど》いた心《こころ》づかい。

体育《たいいく》の見学届《けんがくとどけ》。

いみ・ことば

❶とどける。とどく。とどけ出《で》る書類《しょるい》。☞ 届《とど》け

休暇届《きゅうかとどけ》。欠席届《けっせきとどけ》。見学届《けんがくとどけ》。届《とど》け先《さき》。

物《もの》。

「欠席届《けっせきとどけ》」などの「届《とどけ》」は「届《とど》け」とは書《か》かないよ。

展

尸 しかばね

10画

㇕ コ 尸 尸 屈 屈 屈 展 展 展

オン テン

くん

つかいかた

球体《きゅうたい》の展開図《てんかいず》。

展望台《てんぼうだい》からのながめ。

展覧会《てんらんかい》を見《み》に行《い》く。

情報技術《じょうほうぎじゅつ》が発展《はってん》する。

いみ・ことば

❶並《なら》べる。広《ひろ》げる。広《ひろ》がる。☞ 個展《こてん》。作品《さくひん》展《てん》。進展《しんてん》。親展《しんてん》。展開《てんかい》。展示《てんじ》。展望《てんぼう》台《だい》。展覧会《てんらんかい》。発展《はってん》。美術展《びじゅつてん》。展望《てんぼう》

「親展《しんてん》」は、封筒《ふうとう》などの表《おもて》に書《か》いて、あて名《な》の人《ひと》が自分《じぶん》で封《ふう》を切《き》って読《よ》んでほしいという意味《いみ》を示《しめ》す言葉《ことば》。

尸 しかばね　14画

層

オン ソウ
くん —

つかいかた

幾重《いくえ》にも層《そう》をなす雲《くも》。
高層《こうそう》ビルを見上《みあ》げる。
古《ふる》い地層《ちそう》にある化石《かせき》。
若《わか》い読者層《どくしゃそう》をねらう。

いみ・ことば

❶積《つ》み重《かさ》なったもの。
断層《だんそう》。地層《ちそう》。高層《こうそう》。上層《じょうそう》。層雲《そううん》。
❷社会《しゃかい》や人々《ひとびと》の区分《くわ》け。
年層《ねんそう》。中間層《ちゅうかんそう》。読者層《どくしゃそう》。年齢層《ねんれいそう》。階層《かいそう》。客層《きゃくそう》。若《じゃく》
富裕層《ふゆうそう》。

己 おのれ　3画

己

オン コ （キ）
くん （おのれ）

つかいかた

自己流《じこりゅう》のかざりつけ。
自己紹介《じこしょうかい》をする。
己《おのれ》の力不足《ちからぶそく》を知《し》る。
克己心《こっきしん》を養《やしな》う。

いみ・ことば

❶自分《じぶん》。私《わたし》。克己《こっき》。克己心《こっきしん》。自己《じこ》。知己《ちき》。
利己《りこ》。利己主義《りこしゅぎ》。

❶「克己《こっき》」は、自分《じぶん》の欲望《よくぼう》や悪《わる》い心《こころ》にうち勝《か》つこと。
❷「知己《ちき》」は、自分《じぶん》をよく知《し》ってくれている人《ひと》のこと。

己 おのれ　9画

巻

オン カン
くん まく まき

つかいかた

海辺《うみべ》で巻《ま》き貝《がい》を拾《ひろ》う。
竜巻《たつまき》が発生《はっせい》する。
圧巻《あっかん》のラストシーン。
巻末《かんまつ》の付録《ふろく》を見《み》る。

オンくんあそび
全百巻《ぜんひゃっかん》の絵巻物《えまきもの》

いみ・ことば

❶まく。糸巻《いとま》き。渦巻《うずま》き。竜巻《たつまき》。腹巻《はらま》き。
巻《ま》き貝《がい》。巻紙《まきがみ》。巻《ま》き尺《じゃく》。
❷書物《しょもつ》。まきもの。圧巻《あっかん》。絵巻《えまき》。絵巻物《えまきもの》。
巻頭《かんとう》。巻末《かんまつ》。下巻《げかん》。上巻《じょうかん》。全巻《ぜんかん》。巻物《まきもの》。
❸書物《しょもつ》などを数《かぞ》える言葉《ことば》。三巻《さんかん》。巻一《まきいち》。

巾 はば　13画

幕

筆順：一 艹 苩 苜 莫 幕 幕

オン　マク　バク
くん　―

つかいかた
垂《た》れ幕《まく》で宣伝《せんでん》する。
舞台《ぶたい》の幕《まく》が上《あ》がる。
暗幕《あんまく》を閉《し》める。
鎌倉《かまくら》に幕府《ばくふ》を開《ひら》く。

なりたち

☞ 幕
巾 莫 (草原《そうげん》に日《ひ》がしずむようす)と(布《ぬの》)を合《あ》わせた字《じ》。

いみ・ことば
❶仕切《しき》りやおおいの布《ぬの》。☞ 暗幕《あんまく》。煙幕《えんまく》。字《じ》幕《まく》。除幕式《じょまくしき》。天幕《てんまく》。
❷芝居《しばい》などのひと区切《くぎ》り。☞ 開幕《かいまく》。序幕《じょまく》。第一幕《だいいちまく》。閉幕《へいまく》。幕開《まくあ》き。
❸将軍《しょうぐん》が政治《せいじ》を行《おこな》う所《ところ》。☞ 幕府《ばくふ》。幕末《ばくまつ》。

干 かん　3画

干

筆順：一 二 干

オン　カン
くん　ほす　(ひる)

つかいかた
魚《さかな》の干《ひ》物《もの》を作《つく》る。
洗濯物《せんたくもの》を干《ほ》す。
余計《よけい》な干渉《かんしょう》はしない。
楽《たの》しい潮干狩《しおひが》り。

オンくんあそび
干潮《かんちょう》の浜《はま》でこうら干《ぼ》し

いみ・ことば
❶ほす。かわく。☞ 干害《かんがい》。干拓《かんたく》。干潮《かんちょう》。干《かん》満《まん》。潮干狩《しおひが》り。干物《ひもの》。干《ほ》し草《くさ》。物干《ものほ》し。
❷関《かか》わる。☞ 干渉《かんしょう》。
❸少《すこ》し。☞ 若干《じゃっかん》。
❹えと。☞ 干支《かんし》。十干《じっかん》。

幺 いとがしら　5画

幼

筆順：ㄑ 幺 幺 幻 幼

オン　ヨウ
くん　おさない

つかいかた
弟《おとうと》はまだ幼《おさな》い。
幼《おさな》なじみの友達《ともだち》。
幼稚園《ようちえん》に通《かよ》う妹《いもうと》。
チョウの幼虫《ようちゅう》の観察《かんさつ》。

オンくんあそび
幼《おさな》子《ご》通《かよ》う幼《よう》稚《ち》園《えん》

いみ・ことば
❶おさない。若《わか》い。☞ 幼子《おさなご》。幼心《おさなごころ》。幼友達《おさなともだち》。幼《おさな》なじみ。長幼《ちょうよう》。幼魚《ようぎょ》。幼児《ようじ》。幼時《ようじ》。幼女《ようじょ》。幼少《ようしょう》。幼稚《ようち》。幼稚園《ようちえん》。幼虫《ようちゅう》。幼年《ようねん》。老幼《ろうよう》。

なりたち
幼
幺(細《ほそ》く小《ちい》さい糸《いと》)と 力(ちから)で、「おさない」を表《あらわ》す。

庁

广 まだれ　5画

オン　チョウ
くん　―

つかいかた
市《し》の庁《ちょう》舎《しゃ》が見《み》える。
そろそろ退《たい》庁《ちょう》時《じ》刻《こく》だ。
朝《あさ》の登《とう》庁《ちょう》時《じ》間《かん》。

いみ・ことば
❶役《やく》所《しょ》。官《かん》庁《ちょう》。登《とう》庁《ちょう》。
役《やく》人《にん》が仕《し》事《ごと》をする所《ところ》。
官《かん》公《こう》庁《ちょう》。庁《ちょう》舎《しゃ》。警《けい》視《し》庁《ちょう》。県《けん》庁《ちょう》。省《しょう》庁《ちょう》。退《たい》庁《ちょう》。道《どう》庁《ちょう》。都《と》庁《ちょう》。府《ふ》庁《ちょう》。文《ぶん》化《か》庁《ちょう》。

座

广 まだれ　10画

オン　ザ
くん　（すわる）

つかいかた
窓《まど》側《がわ》の座《ざ》席《せき》に座《すわ》る。
目《め》当《あ》ての星《せい》座《ざ》を探《さが》す。
一《いち》列《れつ》に並《なら》んで座《すわ》る。

いみ・ことば
❶すわる。席《せき》。位《い》置《ち》。
座《ざ》視《し》。座《ざ》敷《しき》。座《ざ》席《せき》。座《ざ》禅《ぜん》。座《すわ》り心《ごこ》地《ち》。台《だい》座《ざ》。
王《おう》座《ざ》。座《ざ》興《きょう》。座《ざ》高《こう》。
❷集《あつ》まり。講《こう》座《ざ》。満《まん》座《ざ》。
❸劇《げき》団《だん》や劇《げき》場《じょう》。一《いち》座《ざ》。座《ざ》長《ちょう》。
❹せいざ。星《せい》座《ざ》。

なりたち
座　广(家《いえ》)と 坐(土《つち》の上《うえ》に人《ひと》と人《ひと》がすわる形《かたち》)で、「すわる場《ば》所《しょ》」「すわる」を表《あらわ》す。

延

廴 えんにょう　8画

オン　エン
くん　のびる　のべる　のばす

つかいかた
試《し》合《あい》が延《えん》長《ちょう》戦《せん》に入《はい》る。
開《かい》始《し》時《じ》間《かん》が延《の》びる。
延《の》べ十《じゅう》万《まん》人《にん》の参《さん》加《か》者《しゃ》。
運《うん》動《どう》会《かい》は雨《う》天《てん》順《じゅん》延《えん》だ。

オンくんあそび
列《れつ》が延《の》びるよ
延《えん》々《えん》と

いみ・ことば
❶のびる。のべる。のばす。
延《えん》期《き》。延《えん》焼《しょう》。延《えん》滞《たい》。延《えん》着《ちゃく》。延《えん》長《ちょう》。延《えん》長《ちょう》戦《せん》。延《えん》命《めい》。順《じゅん》延《えん》。遅《ち》延《えん》。
❷同《おな》じものをふくむ合《ごう》計《けい》。
延《の》べ日《にっ》数《すう》。延《の》べ人《にん》数《ずう》。

律

彳 ぎょうにんべん 9画

オン リツ（リチ）

くん —

つかいかた

楽器《がっき》の調律《ちょうりつ》をする。
みんなで規律《きりつ》を守《まも》る。
新《あたら》しい法律《ほうりつ》ができる。
自分《じぶん》を厳《きび》しく律《りっ》する。

いみ・ことば

❶決まり。☞ 一律《いちりつ》。戒律《かいりつ》。規律《きりつ》。自律《じりつ》。不《ふ》文律《ぶんりつ》。法律《ほうりつ》。☞ 律義《りちぎ》（律儀《りちぎ》）。律令《りつりょう》。

❷音《おと》の調子《ちょうし》。☞ 韻律《いんりつ》。音律《おんりつ》。旋律《せんりつ》。調律《ちょうりつ》。律動《りつどう》。

従

彳 ぎょうにんべん 10画

オン ジュウ（ショウ）（ジュ）

くん したがう したがえる

つかいかた

先生《せんせい》の指示《しじ》に従《したが》う。
農業《のうぎょう》に従事《じゅうじ》する人《ひと》。
従来《じゅうらい》の方法《ほうほう》を変《か》える。

オンくんあそび
指示《しじ》に従《したが》う
従順《じゅうじゅん》に

「追従《ついじゅう》」は、「ついじゅう」と読《よ》むと、人《ひと》につき従《したが》うこと。「ついしょう」と読《よ》むと、人《ひと》にこびへつらうこと。

いみ・ことば

❶したがう。ついていく。☞ 従軍《じゅうぐん》。従者《じゅうしゃ》。従順《じゅうじゅん》。従属《じゅうぞく》。主従《しゅじゅう》。追従（ついじゅう ついしょう）。服従《ふくじゅう》。

❷たずさわる。☞ 従業員《じゅうぎょういん》。従事《じゅうじ》。

❸以前《いぜん》から。☞ 従前《じゅうぜん》。従来《じゅうらい》。

厳

⺍ つかんむり 17画

オン ゲン（ゴン）

くん （おごそか） きびしい

𫝻𫝻𫝻𫝻… 別《べつ》の筆順《ひつじゅん》もあるよ。

つかいかた

取《と》りしまりが厳《きび》しい。
集合《しゅうごう》は時間《じかん》厳守《げんしゅ》だ。
厳《おごそ》かに卒業式《そつぎょうしき》を行《おこな》う。
荘厳《そうごん》な教会《きょうかい》。

オンくんあそび
厳《きび》しい父《ちち》との
約束《やくそく》厳守《げんしゅ》

いみ・ことば

❶きびしい。☞ 厳戒《げんかい》。厳格《げんかく》。厳寒《げんかん》。厳禁《げんきん》。厳守《げんしゅ》。厳重《げんじゅう》。厳正《げんせい》。厳選《げんせん》。厳冬《げんとう》。厳罰《げんばつ》。厳《げん》父《ぷ》。厳密《げんみつ》。厳命《げんめい》。

❷おごそか。☞ 威厳《いげん》。厳粛《げんしゅく》。荘厳《そうごん》。尊厳《そんげん》。

艹 くさかんむり 8画

若

オン (ジャク) (ニャク)
くん わかい (もしくは)

つかいかた
若葉《わかば》のかおる季節《きせつ》。
若者《わかもの》がよく使《つか》う言葉《ことば》。
まだ若干余裕《じゃっかんよゆう》がある。
若人《わこうど》の祭典《さいてん》を開《ひら》く。

オンくんあそび
老若男女《ろうにゃくなんにょ》が
若葉《わかば》つむ

いみ・ことば
❶わかい。
草《くさ》。若手《わかて》。若菜《わかな》。若葉《わかば》。若芽《わかめ》。若者《わかもの》。若年《じゃくねん》。若輩《じゃくはい》。老若男女《ろうにゃくなんにょ》。若《わか》
❷いくらか。
若干《じゃっかん》。
とくべつなよみかた
若人《わこうど》。

艹 くさかんむり 11画

著

オン チョ
くん (あらわす) (いちじるしい)

つかいかた
効果《こうか》が顕著《けんちょ》に現《あらわ》れる。
著名《ちょめい》な画家《がか》の作品《さくひん》。
歴史小説《れきししょうせつ》を著《あらわ》す。
進歩《しんぽ》のあとが著《いちじる》しい。

オンくんあそび
著書《ちょしょ》を著《あらわ》す
著名人《ちょめいじん》

いみ・ことば
❶書《か》きあらわす。書《か》きあらわした本《ほん》。
共《きょう》著《ちょ》。大著《たいちょ》。著作《ちょさく》。著作権《ちょさくけん》。著作物《ちょさくぶつ》。著者《ちょしゃ》。著述《ちょじゅつ》。著述業《ちょじゅつぎょう》。著書《ちょしょ》。名著《めいちょ》。
❷いちじるしい。目立《めだ》つ。
顕著《けんちょ》。著名《ちょめい》。

「名著《めいちょ》」は、優《すぐ》れた内容《ないよう》の本《ほん》。「著名《ちょめい》」は、有名《ゆうめい》であること。

艹 くさかんむり 13画

蒸

オン ジョウ
くん (むす) (むれる) (むらす)

つかいかた
蒸気機関車《じょうききかんしゃ》に乗《の》る。
蒸発《じょうはつ》して気体《きたい》になる。
今日《きょう》は蒸《む》し暑《あつ》い。
蒸《む》し器《き》で野菜《やさい》を蒸《む》す。

オンくんあそび
蒸気《じょうき》で蒸《む》した
茶碗蒸《ちゃわんむ》し

いみ・ことば
❶液体《えきたい》が気体《きたい》となる。
蒸気《じょうき》。蒸気機関車《じょうききかんしゃ》。蒸気船《じょうきせん》。蒸発《じょうはつ》。蒸留《じょうりゅう》。蒸留水《じょうりゅうすい》。水蒸気《すいじょうき》。
❷むす。
茶碗蒸《ちゃわんむ》し。蒸《む》し器《き》。蒸《む》し焼《や》き。

蔵

艹 くさかんむり　15画

オン　ゾウ
くん　（くら）

つかいかた
冷蔵庫《れいぞうこ》の野菜《やさい》を出《だ》す。
学校図書館《がっこうとしょかん》の蔵書《ぞうしょ》。
石油《せきゆ》の埋蔵量《まいぞうりょう》。
蔵《くら》のある町並《まちな》み。

オンくんあそび
大《おお》きな蔵《くら》に
貯蔵《ちょぞう》する

いみ・ことば
❶くら。しまっておく。しまっておく建物《たてもの》。
☞ 愛蔵《あいぞう》。穴蔵《あなぐら》。蔵元《くらもと》。酒蔵《さかぐら》。収蔵《しゅうぞう》。所蔵《しょぞう》。
蔵書《ぞうしょ》。貯蔵《ちょぞう》。土蔵《どぞう》。内蔵《ないぞう》。秘蔵《ひぞう》。埋蔵《まいぞう》。無《む》尽蔵《じんぞう》。冷蔵《れいぞう》。冷蔵庫《れいぞうこ》。

「無尽蔵《むじんぞう》」は、いくら取《と》ってもなくならないほど多《おお》いこと。

遺

⻌ しんにょう　15画

オン　イ　（ユイ）
くん　—

つかいかた
古代《こだい》の遺跡《いせき》を訪《たず》ねる。
世界文化遺産《せかいぶんかいさん》。
遺失物《いしつぶつ》を届《とど》ける。
遺伝子《いでんし》の研究《けんきゅう》が進《すす》む。

いみ・ことば
❶あとに残《のこ》す。残《のこ》る。
☞ 遺愛《いあい》。遺影《いえい》。遺棄《いき》。
遺骨《いこつ》。遺作《いさく》。遺産《いさん》。遺児《いじ》。遺失物《いしつぶつ》。遺書《いしょ》。
遺跡《いせき》。遺族《いぞく》。遺体《いたい》。遺伝《いでん》。遺伝子《いでんし》。遺品《いひん》。
遺留品《いりゅうひん》。後遺症《こういしょう》。遺言《ゆいごん》（いごん）。

郷

阝 おおざと　11画

オン　キョウ　（ゴウ）
くん　—

つかいかた
お盆《ぼん》に故郷《こきょう》に帰《かえ》る。
人里《ひとざと》はなれた温泉郷《おんせんきょう》。
郷土《きょうど》の歴史《れきし》を学《まな》ぶ。

なりたち

☞ 郷
（人《ひと》）が（ごちそう）をはさんで向《む》き合《あ》う形《かたち》で、会食《かいしょく》を表《あらわ》し、のち、を阝（さと）に代《か》えて、「さと」の意《い》を表《あらわ》す。

いみ・ことば
❶ふるさと。いなか。
☞ 帰郷《ききょう》。郷愁《きょうしゅう》。郷土《きょうど》。
郷里《きょうり》。近郷《きんごう》。故郷《こきょう》。同郷《どうきょう》。望郷《ぼうきょう》。
❷場所《ばしょ》。地域《ちいき》。
☞ 異郷《いきょう》。温泉郷《おんせんきょう》。水郷《すいごう》。桃《とう》源郷《げんきょう》。理想郷《りそうきょう》。

阝 おおざと 11画

郵

オン ユウ
くん —

つかいかた

書類《しょるい》を郵《ゆう》送《そう》する。
午前中《ごぜんちゅう》に郵《ゆう》便《びん》が届《とど》く。
郵《ゆう》便局《びんきょく》で切手《きって》を買《か》う。
郵《ゆう》便番号《びんばんごう》を調《しら》べる。

いみ・ことば

❶手紙《てがみ》や荷物《にもつ》を送《おく》り届《とど》ける制《せい》度《ど》。☞ 郵《ゆう》送《そう》。郵《ゆう》便《びん》。郵《ゆう》便局《びんきょく》。郵《ゆう》便番号《びんばんごう》。

阝 こざとへん 10画

降

オン コウ
くん おりる おろす ふる

つかいかた

しんしんと雪《ゆき》が降《ふ》る。
次《つぎ》のバス停《てい》で降《お》りる。
三時以《さんじい》降《こう》に人《ひと》と会《あ》う。
おにが降《こう》参《さん》する。

オンくんあそび
降《こう》車口《しゃぐち》 雨《あめ》降《ふ》るなかで
バス降《お》りる

いみ・ことば

❶おりる。ふる。くだる。☞ 下《か》降《こう》。滑《かっ》降《こう》。降《こう》雨《う》。降《こう》下《か》。降《こう》格《かく》。降《こう》車《しゃ》。降《こう》水確率《すいかくりつ》。降《こう》水量《すいりょう》。降《こう》雪《せつ》。乗《じょう》降《こう》。
❷負《ま》けて従《したが》う。☞ 降《こう》参《さん》。降《こう》伏《ふく》。投《とう》降《こう》。
❸ある時《とき》よりあと。☞ 以《い》降《こう》。

阝 こざとへん 10画

除

オン ジョ (ジ)
くん のぞく

つかいかた

校庭《こうてい》の石《いし》を取《と》り除《のぞ》く。
警報《けいほう》が解《かい》除《じょ》された。
税金《ぜいきん》が免《めん》除《じょ》される。
理科室《りかしつ》の掃《そう》除《じ》当番《とうばん》。

オンくんあそび
除《じょ》雪車《せつしゃ》で
雪《ゆき》除《のぞ》く

いみ・ことば

❶のぞく。取《と》りのぞく。☞ 解《かい》除《じょ》。駆《く》除《じょ》。控《こう》除《じょ》。削《さく》除《じょ》。除《じょ》外《がい》。除《じょ》去《きょ》。除《じょ》湿《しつ》。除《じょ》籍《せき》。除《じょ》雪《せつ》。除《じょ》草《そう》。除《じょ》幕式《まくしき》。除《じょ》名《めい》。掃《そう》除《じ》。排《はい》除《じょ》。免《めん》除《じょ》。
❷わり算《ざん》。☞ 加減乗《かげんじょう》除《じょ》。除《じょ》数《すう》。除《じょ》法《ほう》。

「除《じょ》夜《や》」とは、十二月三十一日《じゅうにがつさんじゅういちにち》、大《おお》みそかの夜《よる》のこと。

陛

阝 こざとへん　10画

オン　ヘイ
くん　―

つかいかた
女王《じょおう》陛《へい》下《か》のお言葉《ことば》。
両《りょう》陛《へい》下《か》のごあいさつ。
皇后《こうごう》陛《へい》下《か》のお話《はなし》。

いみ・ことば
❶天皇《てんのう》・皇后《こうごう》・国王《こくおう》などを敬《うやま》ってよぶ言葉《ことば》。
陛《へい》下《か》。

「陛《へい》下《か》」とは、「階段《かいだん》の下《した》」という意味《いみ》で、天皇《てんのう》・皇后《こうごう》・国王《こくおう》などを敬《うやま》ってよぶ言葉《ことば》。

障

阝 こざとへん　14画

オン　ショウ
くん　（さわる）

つかいかた
カメラが故《こ》障《しょう》した。
障《しょう》害《がい》物《ぶつ》競《きょう》走《そう》に出《で》る。
障《しょう》子《じ》を張《は》り替《か》える。
言《い》い方《かた》が気《き》に障《さわ》る。

いみ・ことば
❶さまたげる。差《さ》しつかえる。
当《あ》たり障《さわ》り。故《こ》障《しょう》。差《さ》し障《さわ》り。支《し》障《しょう》。障《しょう》害《がい》物《ぶつ》。万《ばん》障《しょう》。耳《みみ》障《ざわ》り。目《め》障《ざわ》り。
❷防《ふせ》ぎ守《まも》る。
保《ほ》障《しょう》。
❸仕《し》切《き》り。
障《しょう》子《じ》。障《しょう》壁《へき》。

例
「当《あ》たり障《さわ》り」とは、ほかに悪《わる》い影響《えいきょう》をあたえること。
当《あ》たり障《さわ》りのない話題《わだい》。

忘

心 こころ　7画

オン　（ボウ）
くん　わすれる

つかいかた
充《じゅう》電《でん》するのを忘《わす》れた。
忘《わす》れ物《もの》を取《と》りに帰《かえ》る。
備《び》忘《ぼう》録《ろく》に書《か》き留《と》める。
忘《ぼう》年《ねん》会《かい》に参《さん》加《か》する。

いみ・ことば
❶わすれる。思《おも》い出《だ》せない。
健《けん》忘《ぼう》症《しょう》。度《ど》忘《わす》れ。備《び》忘《ぼう》録《ろく》。忘《ぼう》恩《おん》。忘《ぼう》我《が》。忘《ぼう》却《きゃく》。忘《ぼう》年《ねん》。忘《ぼう》年《ねん》会《かい》。物《もの》忘《わす》れ。忘《わす》れ形《がた》見《み》。忘《わす》れ物《もの》。

なりたち
忘
亡（なくなる）と心（こころ）で、「わすれる」を表《あらわ》す。

心　こころ　8画

忠

忠忠忠忠忠忠忠忠

オン　チュウ
くん　—

つかいかた

忠義《ちゅうぎ》をつらぬく。
友人《ゆうじん》の忠告《ちゅうこく》に従《したが》う。
忠実《じつ》に再現《さいげん》する。
主君《しゅくん》に忠誠《ちゅうせい》をちかう。

いみ・ことば

❶真心《まごころ》。真心《まごころ》をつくす。忠義《ちゅうぎ》。忠勤《ちゅうきん》。忠《ちゅう》君《くん》。忠犬《ちゅうけん》。忠言《ちゅうげん》。忠孝《ちゅうこう》。忠告《ちゅうこく》。忠実《ちゅうじつ》。忠臣《ちゅうしん》。忠誠《ちゅうせい》。忠節《ちゅうせつ》。

なりたち

忠　中（まんなか）と心（こころ）で、「真心《まごころ》」を表《あらわ》す。

心　こころ　16画

憲

憲憲憲憲憲憲憲憲憲憲憲憲憲憲憲憲

オン　ケン
くん　—

つかいかた

日《に》本《ほん》国《こく》憲《けん》法《ぽう》。
合憲《ごうけん》か違憲《いけん》かの議論《ぎろん》。
立憲《りっけん》政治《せいじ》の国《くに》。

いみ・ことば

❶基本《きほん》となる決《き》まり。憲法《けんぽう》。合憲《ごうけん》。立憲《りっけん》。違憲《いけん》。改憲《かいけん》。憲章《けんしょう》。

なりたち

憲　害（かぶせるもの）と罒（目《め》）と心（心《こころ》）で、言動《げんどう》をおさえる意《い》から、「おきて」「決《き》まり」を表《あらわ》す。

戈　ほこ　7画

我

我我我我我我我

オン　（ガ）
くん　われ（わ）

つかいかた

我《わ》が国《くに》の法律《ほうりつ》。
我《われ》先《さき》にとにげだす。
我《わ》が家《や》へ帰《かえ》る。
無口《むくち》で我《が》慢《まん》強《づよ》い人《ひと》。

オンくんあそび

我《われ》ながらよく我《が》慢《まん》した

いみ・ことば

❶われ。自分《じぶん》。私《わたし》。我意《がい》。我田引水《がでんいんすい》。我《わ》が国《くに》。我《わ》が家《や》。我流《がりゅう》。自我《じが》。忘我《ぼうが》。無我《むが》。我《われ》ら。我々《われわれ》（我我《われわれ》）。

批

扌 てへん　7画

一 ナ 扌 扌 扌 扌 批

オン ヒ

くん —

つかいかた

新商品《しんしょうひん》の批評《ひひょう》をする。
条約《じょうやく》を批准《ひじゅん》する。
厳《きび》しく批判《ひはん》する。

いみ・ことば

❶比《くら》べてよしあしを判定《はんてい》する。
批准《ひじゅん》。批判《ひはん》。批判的《ひはんてき》。批《ひ》評《ひょう》。

なりたち

批　扌(手《て》)と比(くらべる)で、「比《くら》べてよしあしを判定《はんてい》する」を表《あらわ》す。

拡

扌 てへん　8画

一 ナ 扌 扌 扩 扩 扩 拡

オン カク

くん —

つかいかた

利用者《りようしゃ》が拡大《かくだい》する。
施設《しせつ》を拡充《かくじゅう》する。
拡大鏡《かくだいきょう》でよく見《み》る。
道路《どうろ》の拡張工事《かくちょうこうじ》。

いみ・ことば

❶広《ひろ》げる。広《ひろ》がる。
拡大《かくだい》。拡大鏡《かくだいきょう》。拡張《かくちょう》。
拡散《かくさん》。拡充《かくじゅう》。拡声器《かくせいき》。

なりたち

拡　扌(手《て》)と広(ひろい)で、「広《ひろ》げる」を表《あらわ》す。

担

扌 てへん　8画

一 ナ 扌 扣 扣 扣 担 担

オン タン

くん (かつぐ)
(になう)

つかいかた

配達《はいたつ》を担当《たんとう》する人《ひと》。
新《あたら》しい担任《たんにん》の先生《せんせい》。
おみこしを担《かつ》ぐ。
期待《きたい》を一身《いっしん》に担《にな》う。

いみ・ことば

❶かつぐ。になう。引《ひ》き受《う》ける。
(荷担《かたん》)。担架《たんか》。担当《たんとう》。担任《たんにん》。担保《たんぽ》。
加担《かたん》。
分担《ぶんたん》。負担《ふたん》。

扌 てへん　8画

拝

オン　ハイ
くん　おがむ

つかいかた

手《て》を合《あ》わせて拝《おが》む。
かさを拝借《はいしゃく》する。
お話《はなし》を拝聴《はいちょう》する。
手紙《てがみ》を拝読《はいどく》する。

オンくんあそび
礼拝堂《れいはいどう》で
拝《おが》む人《ひと》

いみ・ことば

❶おがむ。参拝《さんぱい》。崇拝《すうはい》。拝観《はいかん》。拝殿《はいでん》。拝《はい》礼《れい》。礼拝（らいはい れいはい）。

❷つつしんで…する。へりくだる気持《きも》ちを表《あらわ》す言葉《ことば》。拝顔《はいがん》。拝啓《はいけい》。拝見《はいけん》。拝察《はいさつ》。拝《はい》借《しゃく》。拝受《はいじゅ》。拝聴《はいちょう》。拝読《はいどく》。拝復《はいふく》。拝命《はいめい》。

なりたち
拝　扌(手《て》)と丰(供《そな》え物《もの》)で、「おがむ」を表《あらわ》す。

扌 てへん　11画

捨

オン　シャ
くん　すてる

つかいかた

捨《す》て犬《いぬ》を拾《ひろ》う。
使《つか》い捨《す》てマスク。
情報《じょうほう》を取捨選択《しゅしゃせんたく》する。

オンくんあそび
四以下《よんいか》切《き》り捨《す》て
四捨五入《ししゃごにゅう》

いみ・ことば

❶すてる。手放《てばな》す。四捨五入《ししゃごにゅう》。取捨《しゅしゃ》。取《しゅ》捨《しゃ》選択《せんたく》。捨《す》て石《いし》。捨《す》てぜりふ。捨《す》て身《み》。使《つか》い捨《す》て。呼《よ》び捨《す》て。

❷進《すす》んで差《さ》し出《だ》す。喜捨《きしゃ》。

「取捨選択《しゅしゃせんたく》」とは、必要《ひつよう》なものを選《えら》び取《と》り、必要《ひつよう》でないものを捨《す》てること。

扌 てへん　11画

推

オン　スイ
くん　（おす）

つかいかた

姉《あね》の心《こころ》を推《お》しはかる。
緑化運動《りょっかうんどう》を推進《すいしん》する。
議長《ぎちょう》に推薦《すいせん》する。
推理小説《すいりしょうせつ》の作家《さっか》。

いみ・ことば

❶おす。人《ひと》にすすめる。推移《すいい》。推挙《すいきょ》。推《すい》敲《こう》。推奨《すいしょう》。推進《すいしん》。推薦《すいせん》。推力《すいりょく》。

❷おしはかる。邪推《じゃすい》。推計《すいけい》。推《すい》察《さつ》。推測《すいそく》。推定《すいてい》。推理《すいり》。推量《すいりょう》。推《すい》論《ろん》。類推《るいすい》。

「推敲《すいこう》」とは、文章《ぶんしょう》を練《ね》り直《なお》すこと。

探
扌 てへん 11画

オン タン
くん （さぐる） さがす

つかいかた
犬《いぬ》の飼《か》い主《ぬし》を探《さが》す。
探《たん》検《けん》隊《たい》の隊《たい》長《ちょう》になる。
主《しゅ》人《じん》公《こう》は私《し》立《りつ》探《たん》偵《てい》。
敵《てき》のようすを探《さぐ》る。

オンくんあそび
宝《たから》を探《さが》す
探《たん》検《けん》家《か》

いみ・ことば
❶さがす。さぐる。
探《たん》検《けん》。探《たん》査《さ》。探《たん》索《さく》。探《たん》知《ち》。探《たん》偵《てい》。探《たん》訪《ぼう》。手《て》探《さぐ》り。宝《たから》探《さが》し。探《たん》求《きゅう》。探《たん》究《きゅう》。

揮
扌 てへん 12画

オン キ
くん ―

つかいかた
宣《せん》伝《でん》効《こう》果《か》を発《はっ》揮《き》する。
揮《き》発《はっ》性《せい》の高《たか》い液《えき》体《たい》。
楽《がく》団《だん》の指《し》揮《き》者《しゃ》。

いみ・ことば
❶ふるう。指図《さしず》する。
指《し》揮《き》。揮《き》発《はっ》。発《はっ》揮《き》。
❷まき散《ち》らす。
❸あらわす。

なりたち
揮
扌（手《て》）と軍（兵車《へいしゃ》でまるく囲《かこ》んで円陣《えんじん》を作《つく》る）で、手《て》で「ふり回《まわ》す」「まき散《ち》らす」を表《あらわ》す。

操
扌 てへん 16画

オン ソウ
くん （みさお） （あやつる）

つかいかた
夏《なつ》休《やす》みのラジオ体《たい》操《そう》。
音《おん》楽《がく》で情《じょう》操《そう》を養《やしな》う。
パソコンを操《そう》作《さ》する。
三《さん》か国《こく》語《ご》を操《あやつ》る。

オンくんあそび
体《たい》操《そう》をする
操《あやつ》り人《にん》形《ぎょう》

いみ・ことば
❶あやつる。
操《あやつ》り人《にん》形《ぎょう》。操《そう》業《ぎょう》。操《そう》作《さ》。操《そう》車《しゃ》場《じょう》。操《そう》縦《じゅう》。体《たい》操《そう》。
❷みさお。かたく守《まも》る。
情《じょう》操《そう》。節《せっ》操《そう》。貞《てい》操《そう》。

「節《せっ》操《そう》」は、節《せつ》度《ど》や信《しん》念《ねん》などをかたく守《まも》って変《か》えないこと。

日 ひへん　12画

晩

オン　バン
くん　―

つかいかた
晩《ばん》ご飯《はん》を食《た》べる。
大器《たいき》晩《ばん》成型《せいがた》の人《ひと》。
一晩《ひとばん》語《かた》り明《あ》かす。
毎晩《まいばん》読書《どくしょ》をする。

いみ・ことば
❶ばん。夕方《ゆうがた》。夜《よる》。☞ 朝晩《あさばん》。今晩《こんばん》。昨晩《さくばん》。
晩鐘《ばんしょう》。一晩《ひとばん》。毎晩《まいばん》。明晩《みょうばん》。
❷時期《じき》がおそい。☞ 早晩《そうばん》。大器晩成《たいきばんせい》。晩夏《ばんか》。
晩学《ばんがく》。晩婚《ばんこん》。晩秋《ばんしゅう》。晩春《ばんしゅん》。晩冬《ばんとう》。晩年《ばんねん》。

なりたち
晩
日（太陽《たいよう》）と免（ぬけ出《で》る）で、「ばん」を表《あらわ》す。

日 ひへん　9画

映

オン　エイ
くん　うつる　うつす（はえる）

つかいかた
映《えい》画《が》を上映《じょうえい》する。
湖面《こめん》に映《うつ》る山《やま》の姿《すがた》。
美《うつく》しい夕映《ゆうば》え。
赤《あか》いドレスが映《は》える。

オンくんあそび
映《えい》画《が》を映《うつ》す
映《えい》画《が》館《かん》

いみ・ことば
❶うつる。うつす。☞ 映画《えいが》。映写機《えいしゃき》。
映像《えいぞう》。上映《じょうえい》。反映《はんえい》。放映《ほうえい》。
❷はえる。☞ 夕映《ゆうば》え。

「夕映《ゆうば》え」は、夕日《ゆうひ》に照《て》らされて、空《そら》や物《もの》が光《ひか》りかがやくこと。

攵 のぶん　12画

敬

オン　ケイ
くん　うやまう

つかいかた
敬老《けいろう》の日《ひ》のおくり物《もの》。
父《ちち》と母《はは》を敬《うやま》う。
尊敬《そんけい》できる先生《せんせい》。
拝啓《はいけい》と敬具《けいぐ》。

オンくんあそび
敬《けい》語《ご》で示《しめ》す
敬《うやま》う気《き》持《も》ち

いみ・ことば
❶うやまう。☞ 畏敬《いけい》。敬愛《けいあい》。敬意《けいい》。敬遠《けいえん》。
敬具《けいぐ》。敬虔《けいけん》。敬語《けいご》。敬称《けいしょう》。敬体《けいたい》。敬白《けいはく》。敬《けい》服《ふく》。
敬慕《けいぼ》。敬礼《けいれい》。敬老《けいろう》。失敬《しっけい》。尊敬《そんけい》。表敬《ひょうけい》。

「敬具《けいぐ》」は、手紙《てがみ》の終《お》わりに書《か》く言葉《ことば》で「つつしんで申《もう》し上《あ》げました」という意味《いみ》。

暖

日 ひへん　13画

オン　ダン

くん　あたたか　あたたかい　あたたまる　あたためる

つかいかた

暖《あたた》かい気候《きこう》。
寒《さむ》い部屋《へや》を暖《あたた》める。
ストーブで暖《だん》をとる。
地球温暖化《ちきゅうおんだんか》を防《ふせ》ぐ。

オンくんあそび
部屋《へや》暖《あたた》める
暖房機《だんぼうき》

いみ・ことば

❶あたたかい。あたためる。 温暖《おんだん》。寒暖《かんだん》。寒暖計《かんだんけい》。春暖《しゅんだん》。暖気《だんき》。暖色《だんしょく》。暖冬《だんとう》。暖房《だんぼう》。暖流《だんりゅう》。暖炉《だんろ》。

なりたち

暖　日(太陽《たいよう》)と 爰(いきわたる)で、「あたためる」「あたたかい」を表《あらわ》す。

暮

日 ひ　14画

オン　(ボ)

くん　くれる　くらす

つかいかた

静《しず》かに年《とし》が暮《く》れる。
夕暮《ゆうぐ》れの街角《まちかど》。
平和《へいわ》な暮《く》らしが続《つづ》く。
お歳暮《せいぼ》をいただく。

いみ・ことば

❶くれる。 薄暮《はくぼ》。日暮《ひぐ》れ。暮色《ぼしょく》。夕暮《ゆうぐ》れ。
❷季節《きせつ》や年《とし》の終《お》わり。 歳暮《せいぼ》。暮秋《ぼしゅう》。暮春《ぼしゅん》。
❸くらす。くらし。 一人暮《ひとりぐ》らし。

なりたち

暮　日 莫(もとは 𦱤〔草原《そうげん》に日《ひ》がしずむようす〕)と(太陽《たいよう》)を合《あ》わせた字《じ》。

朗

月 つき　10画

オン　ロウ

くん　(ほがらか)

つかいかた

明朗《めいろう》で快活《かいかつ》な人《ひと》。
詩《し》の朗読《ろうどく》を聞《き》く。
勝利《しょうり》の朗報《ろうほう》が届《とど》く。
兄《あに》は朗《ほが》らかに笑《わら》った。

いみ・ことば

❶ほがらか。声《こえ》がよくとおる。 晴朗《せいろう》。明朗《めい》。朗《ろう》。朗詠《ろうえい》。朗読《ろうどく》。朗報《ろうほう》。朗々《ろうろう》(朗朗《ろうろう》)。

なりたち

朗　良(よい)と月(つき)で、月《つき》が明《あか》るい意《い》から、「あかるい」「ほがらか」を表《あらわ》す。

木 きへん
6画

机

一 十 才 木 札 机

オン （キ）
くん つくえ

つかいかた
机《つくえ》の上《うえ》をかたづける。
机《つくえ》の下《した》にもぐる。
勉強机《べんきょうづくえ》に向《む》かう。

いみ・ことば
❶つくえ。勉強机《べんきょうづくえ》。☞ 机上《きじょう》。

なりたち
机
木（き）と几（八［つくえ］）を合《あ》わせた字《じ》。

木 きへん
8画

枚

一 十 才 木 木' 木' 杪 枚

オン マイ
くん ―

つかいかた
洋服《ようふく》を一枚《いちまい》たたむ。
原稿用紙《げんこうようし》三枚《さんまい》に書《か》く。
ハマグリは二枚貝《にまいがい》だ。
資料《しりょう》の枚数《まいすう》を数《かぞ》える。

いみ・ことば
❶平《ひら》たいものを数《かぞ》える言葉《ことば》。☞ 三枚《さんまい》。大枚《たいまい》。二枚貝《にまいがい》。二枚舌《にまいじた》。二枚目《にまいめ》。枚挙《まいきょ》。枚数《まいすう》。

「大枚《たいまい》」は、たくさんのお金《かね》。「大枚《たいまい》をはたく」は、たくさんのお金《かね》を使《つか》うこと。

木 き
9画

染

丶 冫 氵 氿 汍 沈 染 染 染

オン （セン）
くん そめる
そまる
（しみる）
（しみ）

つかいかた
絞《しぼ》り染《ぞ》めの布《ぬの》。
夕日《ゆうひ》に染《そ》まる空《そら》。
親切《しんせつ》が身《み》に染《し》みる。
大気《たいき》の汚染《おせん》を調《しら》べる。

オンくんあそび
きれいに染《そ》める
染料《せんりょう》で

いみ・ことば
❶そめる。そまる。☞ 絞《しぼ》り染《ぞ》め。染色《せんしょく》。染色体《せんしょくたい》。染料《せんりょう》。染《そ》め物《もの》。
❷しみる。うつる。☞ 汚染《おせん》。感染《かんせん》。染《し》み抜《ぬ》き。伝染《でんせん》。

株

木 きへん　10画

オン —
くん かぶ

つかいかた

切《き》り株《かぶ》にこしかける。
草花《くさばな》を株《かぶ》分《わ》けする。
株《かぶ》式《しき》会《がい》社《しゃ》を設《せつ》立《りつ》する。
古《ふる》株《かぶ》の社《しゃ》員《いん》に聞《き》く。

「古株《ふるかぶ》の社員《しゃいん》」は、その会社《かいしゃ》に古《ふる》くからいる人《ひと》という意味《いみ》だよ。

いみ・ことば

❶木《き》や草《くさ》の根《ね》もとの部分《ぶぶん》。株《かぶ》。
株《かぶ》分《わ》け。切《き》り株《かぶ》。
❷「株券《かぶけん》」のこと。株《かぶ》式《しき》会社《がいしゃ》。
株《かぶ》価《か》。株《かぶ》券《けん》。株《かぶ》式《しき》。株《かぶ》主《ぬし》。

棒

木 きへん　12画

オン ボウ
くん —

つかいかた

これでおにに金棒《かなぼう》だ。
ぼくは鉄棒《てつぼう》が得意《とくい》だ。
棒《ぼう》グラフを作成《さくせい》する。

いみ・ことば

❶ぼう。ぼうのようにまっすぐなもの。
鉄《てつ》棒《ぼう》。相《あい》棒《ぼう》。片《かた》棒《ぼう》。金《かな》棒《ぼう》。警《けい》棒《ぼう》。指《し》揮《き》棒《ぼう》。平《へい》行《こう》棒《ぼう》。棒《ぼう》暗《あん》記《き》。棒《ぼう》グラフ。棒《ぼう》線《せん》。棒《ぼう》高《たか》跳《と》び。棒《ぼう》立《だ》ち。棒《ぼう》読《よ》み。綿《めん》棒《ぼう》。

なりたち

棒

木（き）と奉（両手《りょうて》でささげ持《も》つ）で、手《て》で持《も》つ木《き》の意《い》から、「ぼう」を表《あらわ》す。

模

木 きへん　14画

オン ボ モ
くん —

つかいかた

飛《ひ》行《こう》機《き》の模《も》型《けい》を作《つく》る。
よい方《ほう》法《ほう》を模《も》索《さく》する。
花《はな》柄《がら》の模《も》様《よう》の洋《よう》服《ふく》。
大《だい》規《き》模《ぼ》な土《ど》木《ぼく》工《こう》事《じ》。

いみ・ことば

❶手本《てほん》。かた。かたどる。まねる。
規《き》模《ぼ》。模《も》写《しゃ》。模《も》型《けい》。模《も》擬《ぎ》店《てん》。模《も》擬《ぎ》試《し》験《けん》。模《も》擬《ぎ》。模《も》造《ぞう》。模《も》造《ぞう》紙《し》。模《も》範《はん》。模《も》倣《ほう》。模《も》様《よう》。
❷さぐる。
模《も》索《さく》。

なりたち

模

木（き）と莫（似《に》せて作《つく》る）で、同《おな》じ形《かたち》を作《つく》るための木型《きがた》の意《い》から、「手本《てほん》」を表《あらわ》す。

木 きへん 15画

権

オン ケン（ゴン）
くん —

つかいかた

権利《けんり》を守《まも》る。
基本的人権《きほんてきじんけん》の尊重《そんちょう》。
権力《けんりょく》をふりかざす。
悪《あく》の権化《ごんげ》。

いみ・ことば

❶人《ひと》を支配《しはい》する力《ちから》。
実権《じっけん》。政権《せいけん》。権威《けんい》。権勢《けんせい》。権力《けんりょく》。

❷認《みと》められた資格《しかく》。
権利《けんり》。参政権《さんせいけん》。主権《しゅけん》。特権《とっけん》。分権《ぶんけん》。民権《みんけん》。拒否権《きょひけん》。権益《けんえき》。権限《けんげん》。人権《じんけん》。選挙権《せんきょけん》。全権《ぜんけん》。

❸仮《かり》の。
権化《ごんげ》。権現《ごんげん》。

木 きへん 16画

樹

オン ジュ
くん —

つかいかた

森林《しんりん》の樹木《じゅもく》。
新記録《しんきろく》を樹立《じゅりつ》する。
樹齢《じゅれい》千年《せんねん》のスギの木《き》。
植樹祭《しょくじゅさい》に参加《さんか》する。

いみ・ことば

❶木《き》。立《た》ち木《き》。
樹液《じゅえき》。樹海《じゅかい》。樹脂《じゅし》。樹皮《じゅひ》。樹氷《じゅひょう》。樹木《じゅもく》。樹林《じゅりん》。樹齢《じゅれい》。常緑樹《じょうりょくじゅ》。植樹《しょくじゅ》。針葉樹《しんようじゅ》。大樹《たいじゅ》。落葉樹《らくようじゅ》。街路樹《がいろじゅ》。果樹《かじゅ》。広葉樹《こうようじゅ》。

❷打《う》ち立《た》てる。
樹立《じゅりつ》。

「針葉樹《しんようじゅ》」は、松《まつ》など針《はり》のように細《ほそ》い葉《は》をもつ木《き》のこと。「広葉樹《こうようじゅ》」は、桜《さくら》などはばの広《ひろ》い葉《は》をもつ木《き》のこと。

欠 あくび 11画

欲

オン ヨク
くん （ほっする）（ほしい）

つかいかた

欲張《よくば》って食《た》べすぎた。
朝《あさ》から食欲《しょくよく》がない。
新《あたら》しいくつが欲《ほ》しい。

いみ・ことば

❶ほっする。よく。ほしいと思《おも》う気持《きも》ち。
意欲《いよく》。強欲《ごうよく》。私欲《しよく》。食欲《しょくよく》。知識欲《ちしきよく》。貪欲《どんよく》。無欲《むよく》。欲得《よくとく》。欲深《よくふか》。欲望《よくぼう》。欲求《よっきゅう》。

段

殳 るまた　9画

オン　ダン
くん　—

つかいかた
非常階段《ひじょうかいだん》を下《お》りる。
書道《しょどう》で初段《しょだん》になった。
仕事《しごと》の段取《だんど》りを組《く》む。
文章《ぶんしょう》を段落《だんらく》に分《わ》ける。

なりたち
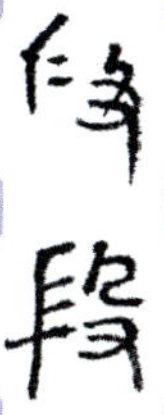
段 (がけに区切《くぎ》り目《め》をつけた形《かたち》)と (打《う》つ)を合《あ》わせた字《じ》。

いみ・ことば
❶だん。だんだん。段差《だんさ》。段々《だんだん》(段段《だんだん》)。段々畑《だんだんばたけ》(段段畑《だんだんばたけ》)。段違《だんちが》い。石段《いしだん》。階段《かいだん》。段丘《だんきゅう》。
❷区切《くぎ》り。格段《かくだん》。段階《だんかい》。段落《だんらく》。値段《ねだん》。
❸やり方《かた》。手段《しゅだん》。段取《だんど》り。
❹等級《とうきゅう》。昇段《しょうだん》。初段《しょだん》。段位《だんい》。有段者《ゆうだんしゃ》。

沿

氵 さんずい　8画

オン　エン
くん　そう

つかいかた
海沿《うみぞ》いを散歩《さんぽ》する。
流《なが》れに沿《そ》って歩《ある》く。
沿岸漁業《えんがんぎょぎょう》の盛《さか》んな町《まち》。
沿道《えんどう》の桜《さくら》が満開《まんかい》だ。

オンくんあそび
沿岸漁業《えんがんぎょぎょう》
海沿《うみぞ》いで

いみ・ことば
❶そう。線《せん》。沿道《えんどう》。海沿《うみぞ》い。川沿《かわぞ》い。沿海《えんかい》。沿革《えんかく》。沿岸《えんがん》。沿《えん》

「沿革《えんかく》」は、物事《ものごと》のうつりかわりのこと。

洗

氵 さんずい　9画

オン　セン
くん　あらう

つかいかた
食事《しょくじ》の前《まえ》に手《て》を洗《あら》う。
下着《したぎ》を洗濯機《せんたくき》で洗《あら》う。
心《こころ》が洗《あら》われる思《おも》いだ。
洗練《せんれん》された服装《ふくそう》。

オンくんあそび
手《て》や顔《かお》洗《あら》う
洗面所《せんめんじょ》

いみ・ことば
❶あらう。水洗《すいせん》。洗眼《せんがん》。洗顔《せんがん》。洗剤《せんざい》。洗《せん》浄《じょう》。洗濯《せんたく》。洗濯機《せんたくき》。洗髪《せんぱつ》。洗面器《せんめんき》。洗面所《せんめんじょ》。洗礼《せんれい》。洗練《せんれん》。手洗《てあら》い。水洗《みずあら》い。

水 みず 9画

泉

オン セン
くん いずみ

つかいかた

泉《いずみ》がわき出《だ》す。
温泉《おんせん》旅行《りょこう》に行《い》く。
朝食《ちょうしょく》は活力《かつりょく》の源泉《げんせん》だ。

オンくんあそび
泉《いずみ》のそばに温泉《おんせん》がわく

いみ・ことば

❶いずみ。水《みず》がわき出《だ》すところ。 温泉《おんせん》。間欠泉《かんけつせん》。源泉《げんせん》。鉱泉《こうせん》。冷泉《れいせん》。

「源泉《げんせん》」は、水《みず》や湯《ゆ》がわき出《で》るもと。また、物事《ものごと》のおこるもとの意味《いみ》にも使《つか》う。

氵 さんずい 9画

派

オン ハ
くん ―

つかいかた

様々《さまざま》な絵画《かいが》の流派《りゅうは》。
賛成派《さんせいは》が多数《たすう》となる。
使節《しせつ》を派遣《はけん》する。
問題《もんだい》が派生《はせい》する。

いみ・ことば

❶分《わ》かれる。分《わ》かれ出《で》たもの。 一派《いっぱ》。印象派《いんしょうは》。右派《うは》。学派《がくは》。左派《さは》。賛成派《さんせいは》。宗派《しゅうは》。党派《とうは》。派生《はせい》。派閥《はばつ》。分派《ぶんぱ》。流派《りゅうは》。
❷さしむける。 特派員《とくはいん》。派遣《はけん》。派兵《はへい》。

なりたち
派 氵(水《みず》)と𠂢(巛〔川《かわ》が分《わ》かれる形《かたち》〕)で、「分《わ》かれ」「分《わ》かれ出《で》たもの」を表《あらわ》す。

氵 さんずい 11画

済

オン サイ
くん すむ すます

つかいかた

被害者《ひがいしゃ》を救済《きゅうさい》する。
気《き》が済《す》むまで遊《あそ》ぶ。
用事《ようじ》を済《す》ませる。
経済《けいざい》の勉強《べんきょう》をする。

オンくんあそび
借金《しゃっきん》の返済《へんさい》が済《す》む

いみ・ことば

❶すむ。すます。 完済《かんさい》。決済《けっさい》。返済《へんさい》。弁済《べんさい》。未済《みさい》。
❷助《たす》ける。救《すく》う。 救済《きゅうさい》。共済《きょうさい》。
❸けいざい。 経済《けいざい》。

なりたち
済 斉(整《ととの》え終《お》わる)と氵(水《みず》)を合《あ》わせた字《じ》。

源

氵 さんずい　13画

、 氵 氵 汇 沥 洉 源

オン ゲン
くん みなもと

つかいかた

川《かわ》の源《みなもと》まで行《い》く。
漢字《かんじ》の起《き》源《げん》を調《しら》べる。
水資《すいし》源《げん》は大切《たいせつ》だ。
テレビの電《でん》源《げん》を切《き》る。

オンくんあそび

清《きよ》らかな 水源地《すいげんち》 川《かわ》の源《みなもと》

いみ・ことば

❶みなもと。流《なが》れや物事《ものごと》の始《はじ》まり。☞ 起《き》源《げん》。資《し》源《げん》。源《げん》泉《せん》。源《げん》流《りゅう》。光《こう》源《げん》。語《ご》源《げん》。根《こん》源《げん》。財《ざい》源《げん》。字《じ》源《げん》。震《しん》源《げん》。水《すい》源《げん》。電《でん》源《げん》。熱《ねつ》源《げん》。

なりたち

源

原（厡［がけから水《みず》がわき出《で》るようす］）と氵（水《みず》）で、「みなもと」（水源《すいげん》）を表《あらわ》す。

潮

氵 さんずい　15画

、 氵 氵 汁 沛 淖 潮

オン チョウ
くん しお

つかいかた

潮《しお》の満《み》ち干《ひ》。
真《ま》っ赤《か》な血《ち》潮《しお》。
最高《さいこう》潮《ちょう》の盛《も》り上《あ》がり。
世間《せけん》の風《ふう》潮《ちょう》に逆《さか》らう。

オンくんあそび

干潮《かんちょう》の浜《はま》 潮干狩《しおひが》り

いみ・ことば

❶海水《かいすい》。海水《かいすい》の満《み》ち干《ひ》。流《なが》れ。☞ 渦《うず》潮《しお》。親《おや》潮《しお》。干《かん》潮《ちょう》。黒《くろ》潮《しお》。最高《さいこう》潮《ちょう》。潮《しお》風《かぜ》。潮《しお》騒《さい》。潮《しお》路《じ》。潮《しお》時《どき》。潮《しお》干《ひ》狩《が》り。潮《しお》目《め》。高潮《たかしお／こうちょう》（たかしお／こうちょう）。血《ち》潮《しお》。潮《ちょう》流《りゅう》。引《ひ》き潮《しお》。満《まん》潮《ちょう》。満《み》ち潮《しお》。
❷世《よ》の中《なか》のようす。☞ 風《ふう》潮《ちょう》。

「潮時《しおどき》」は、潮《しお》が満《み》ちたり引《ひ》いたりするとき。また、何《なに》かをするのにちょうどよいときのこと。

激

氵 さんずい　16画

、 氵 泊 洎 滂 滂 激

オン ゲキ
くん はげしい

つかいかた

激《はげ》しく流《なが》れ落《お》ちる滝《たき》。
感《かん》激《げき》のなみだを流《なが》す。
気温《きおん》が急《きゅう》激《げき》に下《さ》がる。
激《げき》戦《せん》の末《すえ》、勝利《しょうり》した。

オンくんあそび

激流《げきりゅう》に 川下《かわくだ》り 激《はげ》しくゆれる

いみ・ことば

❶はげしい。勢《いきお》いが強《つよ》い。☞ 過《か》激《げき》。感《かん》激《げき》。急《きゅう》激《げき》。激《げき》化《か》。激《げき》減《げん》。激《げき》賞《しょう》。激《げき》情《じょう》。激《げき》戦《せん》。激《げき》増《ぞう》。激《げき》痛《つう》。激《げき》怒《ど》。激《げき》闘《とう》。激《げき》動《どう》。激《げき》突《とつ》。激《げき》変《へん》。激《げき》務《む》。激《げき》流《りゅう》。激《げき》励《れい》。激《げき》烈《れつ》。激《げき》論《ろん》。刺《し》激《げき》。憤《ふん》激《げき》。

なりたち

☞ 激

氵 敫（打《う》つ・たたく）と氵（水《みず》）を合《あ》わせた字《じ》。

火《ひ》　6画

灰

一 厂 厂 厂 灰 灰

（オン）（カイ）
（くん）はい

つかいかた

火山灰《かざんばい》が降《ふ》る。
灰《はい》色《いろ》の空《そら》。
灰《はい》皿《ざら》を片《かた》づける。
石灰《せっかい》の白《しろ》い粉《こな》。

オンくんあそび
灰《はい》色《いろ》の石灰《せっかい》岩《がん》

「死《し》の灰《はい》」とは、原子爆弾《げんしばくだん》や原子力施設《げんしりょくしせつ》の事故《じこ》などで飛《と》び散《ち》る、放射能《ほうしゃのう》を含《ふく》んだ有害《ゆうがい》な物質《ぶっしつ》のこと。

いみ・ことば

❶はい。燃《も》えがら。☞ 火山灰《かざんばい》。石灰《せっかい》。石灰《せっかい》岩《がん》。灰《はい》色《いろ》。灰《はい》皿《ざら》。

灬《れっか》　15画

熟

亠 亠 亨 亨 孰 孰 孰 熟

（オン）ジュク
（くん）（うれる）

つかいかた

リンゴの実《み》が熟《じゅく》す。
夕《ゆう》べは熟《じゅく》睡《すい》した。
半《はん》熟《じゅく》の卵《たまご》を食《た》べる。
よく熟《う》れたトマト。

オンくんあそび
よく熟《う》れて熟《じゅく》柿《し》になった

いみ・ことば

❶うれる。じゅくす。☞ 完熟《かんじゅく》。熟《じゅく》柿《し》。半熟《はんじゅく》。
❷よくにえる。
❸十分《じゅうぶん》に。すっかり。☞ 円熟《えんじゅく》。習熟《しゅうじゅく》。熟《じゅく》語《ご》。熟《じゅく》睡《すい》。熟《じゅく》成《せい》。熟《じゅく》達《たつ》。熟《じゅく》知《ち》。熟《じゅく》読《どく》。熟《じゅく》慮《りょ》。熟《じゅく》練《れん》。熟《じゅっ》考《こう》。成熟《せいじゅく》。早熟《そうじゅく》。未熟《みじゅく》。

片《かた》　4画

片

丿 丿' 片 片

（オン）（ヘン）
（くん）かた

つかいかた

片《かた》方《ほう》の手《て》をあげる。
片《かた》時《とき》も油断《ゆだん》しない。
片《かた》道《みち》一時間《いちじかん》かかる。
破片《はへん》が散《ち》らばる。

いみ・ことば

❶かたほう。かたよった。☞ 片《かた》足《あし》。片《かた》意地《いじ》。片《かた》一方《いっぽう》。片《かた》腕《うで》。片《かた》親《おや》。片《かた》側《がわ》。片《かた》手《て》。片《かた》端《はし》。片《かた》方《ほう》。片《かた》道《みち》。
❷切《き》れはし。少《すこ》し。☞ 一片《いっぺん》。片《かた》言《こと》（へんげん）。片《かた》時《とき》。紙片《しへん》。断片《だんぺん》。破片《はへん》。木片《もくへん》。

なりたち

☞ 片

木（木《き》）を半分《はんぶん》に切《き》った形《かたち》から。

灰 熟 片 班 異 疑

班

王 おうへん　10画

オン　ハン
くん　―

つかいかた

班《はん》長《ちょう》を決《き》める。
クラスを班《はん》に分《わ》ける。
救《きゅう》護《ご》班《はん》を編《へん》成《せい》する。
班《はん》別《べつ》に作《さ》業《ぎょう》をする。

いみ・ことば

❶はん。分《わ》ける。分《わ》けた仲《なか》間《ま》。
首《しゅ》班《はん》。班《はん》員《いん》。班《はん》長《ちょう》。班《はん》別《べつ》。
☞ 救《きゅう》護《ご》班《はん》。

なりたち

班
玨（ひとつながりの玉《たま》）をリ（刀《かたな》）で分《わ》ける形《かたち》で、「分《わ》ける」「分《わ》けられた集《あつ》まり」を表《あらわ》す。

異

田 た　11画

オン　イ
くん　こと

つかいかた

異《こと》なる色《いろ》の服《ふく》。
考《かんが》えを異《こと》にする。
提《てい》案《あん》に異《い》を唱《とな》える。
異《い》常《じょう》気《き》象《しょう》が起《お》こる。

オンくんあそび
異《い》国《こく》で出会《であ》う
異《こと》なる文《ぶん》化《か》

いみ・ことば

❶ことなる。ちがう。別《べつ》の。
異《い》国《こく》。異《い》質《しつ》。異《い》性《せい》。異《い》存《ぞん》。異《い》論《ろん》。
☞ 異《い》義《ぎ》。異《い》議《ぎ》。

❷ふつうではない。めずらしい。
異《い》彩《さい》。異《い》臭《しゅう》。異《い》状《じょう》。異《い》常《じょう》。異《い》変《へん》。異《い》様《よう》。
☞ 異《い》才《さい》。異《い》例《れい》。怪《かい》異《い》。奇《き》異《い》。特《とく》異《い》。

疑

⻊ ひき　14画

オン　ギ
くん　うたがう

つかいかた

疑《うたが》いの目《め》で見《み》る。
疑《ぎ》問《もん》点《てん》をまとめる。
質《しつ》疑《ぎ》応《おう》答《とう》の時《じ》間《かん》。
事《じ》件《けん》の容《よう》疑《ぎ》者《しゃ》。

オンくんあそび
質《しつ》疑《ぎ》応《おう》答《とう》で
疑《うたが》い晴《は》れる

いみ・ことば

❶うたがう。
☞ 懐《かい》疑《ぎ》。疑《ぎ》義《ぎ》。
疑《ぎ》似《じ》。疑《ぎ》心《しん》。疑《ぎ》心《しん》暗《あん》鬼《き》。
疑《ぎ》点《てん》。疑《ぎ》念《ねん》。疑《ぎ》問《もん》。疑《ぎ》惑《わく》。嫌《けん》疑《ぎ》。質《しつ》疑《ぎ》。半《はん》
信《しん》半《はん》疑《ぎ》。容《よう》疑《ぎ》。容《よう》疑《ぎ》者《しゃ》。

疒 やまいだれ 12画

痛

痛 痛 疒 疔 疗 痏 痛 痛

オン ツウ
くん いたい いたむ いためる

つかいかた
朝《あさ》からおなかが痛《いた》い。
傷口《きずぐち》が痛《いた》む。
痛《いた》ましい事件《じけん》。
必要性《ひつようせい》を痛感《つうかん》する。

オンくんあそび
頭痛薬《ずつうやく》 飲《の》んで痛《いた》みを やわらげる

いみ・ことば
❶いたい。いたむ。いためる。 痛手《いたで》。苦痛《くつう》。痛覚《つうかく》。激痛《げきつう》。鈍痛《どんつう》。心痛《しんつう》。悲痛《ひつう》。頭痛《ずつう》。腹痛《ふくつう》。沈痛《ちんつう》。腰痛《ようつう》。鎮痛剤《ちんつうざい》。痛《つう》
❷とても。身《み》にしみて。 痛快《つうかい》。痛感《つうかん》。痛《つう》恨《こん》。痛切《つうせつ》。痛烈《つうれつ》。

白 しろ 9画

皇

皇 ′ 白 白 白 白 皇 皇 皇

オン コウ オウ
くん —

つかいかた
歴代《れきだい》の皇帝《こうてい》を調《しら》べる。
皇太子《こうたいし》が皇位《こうい》をつぐ。
皇居前《こうきょまえ》の広場《ひろば》。
法皇《ほうおう》の位《くらい》につく。

なりたち

皇
白(玉《たま》かざり)と土(王《おう》)を合《あ》わせた形《かたち》から。

いみ・ことば
❶天子《てんし》。みかど。 皇子《おうじ》。皇女《おうじょ》（こうじょ）。勤《きん》皇《のう》。皇位《こうい》。皇居《こうきょ》。皇后《こうごう》。皇室《こうしつ》。皇族《こうぞく》。皇太《こうたい》后《ごう》。皇太子《こうたいし》。皇帝《こうてい》。上皇《じょうこう》。天皇《てんのう》。法皇《ほうおう》。

「上皇《じょうこう》」「天皇《てんのう》」「法皇《ほうおう》」で、「皇」の読《よ》み方《かた》が変《か》わるよ。

皿 さら 11画

盛

盛 厂 万 成 成 成 盛 盛

オン (セイ) (ジョウ)
くん もる (さかる) (さかん)

つかいかた
果物《くだもの》の盛《も》り合《あ》わせ。
サッカーの盛《さか》んな国《くに》。
食欲旺盛《しょくよくおうせい》な学生《がくせい》。
盛大《せいだい》な歓迎会《かんげいかい》を開《ひら》く。

オンくんあそび
大繁盛《だいはんじょう》で 盛《も》り上《あ》がる

いみ・ことば
❶もる。 盛《も》り付《つ》け。盛《も》り土《つち》。山《やま》盛《も》り。
❷さかん。 旺盛《おうせい》。最盛期《さいせいき》。盛夏《せいか》。盛会《せいかい》。盛況《せいきょう》。盛装《せいそう》。盛大《せいだい》。全盛《ぜんせい》。花盛《はなざか》り。繁盛《はんじょう》。隆盛《りゅうせい》。
❸数量《すうりょう》の印《しるし》をつける。 目《め》盛《も》り。

「盛装《せいそう》」は、美《うつく》しく着《き》かざること。
「正装《せいそう》」は、正式《せいしき》な服装《ふくそう》をすること。

皿 さら　13画

盟

丨 冂 日 明 明 明 盟

オン　メイ
くん　—

つかいかた
友好国《ゆうこうこく》と同盟《どうめい》を結《むす》ぶ。
国際連合《こくさいれんごう》と国際連盟《こくさいれんめい》。
野球連盟《やきゅうれんめい》に所属《しょぞく》する。

なりたち
盟
明《あき》（あきらか）と 皿（さら）で、皿《さら》の血《ち》をすり合《あ》って明らかにちかう意《い》から、「ちかう」を表《あらわ》す。

いみ・ことば
❶ちかう。☞同盟《どうめい》。加盟《かめい》。盟約《めいやく》。盟主《めいしゅ》。連盟《れんめい》。盟友《めいゆう》。

目 め　9画

看

一 二 手 手 看 看 看

オン　カン
くん　—

つかいかた
よく目立《めだ》つ看板《かんばん》。
看護師《かんごし》の仕事《しごと》。
ねないで看病《かんびょう》する。

なりたち
看
目（め）の上《うえ》に 手（手《て》）をかざして、「よく見《み》る」を表《あらわ》す。

いみ・ことば
❶よく見《み》る。見守《みまも》る。☞看過《かんか》。看護《かんご》。看護《かんご》師《し》。看守《かんしゅ》。看破《かんぱ》。看板《かんばん》。看病《かんびょう》。

石 いしへん　9画

砂

一 ア 石 石 石 砂 砂

オン　サ（シャ）
くん　すな

つかいかた
砂場《すなば》で砂鉄《さてつ》を集《あつ》める。
紅茶《こうちゃ》に砂糖《さとう》を入《い》れる。
砂漠《さばく》で砂嵐《すなあらし》が起《お》こる。
土砂《どしゃ》崩《くず》れが発生《はっせい》する。

オンくんあそび
砂金《さきん》のつぶは
砂《すな》のよう

いみ・ことば
❶すな。すなのように細《こま》かいつぶ。☞黄砂《こうさ》。砂《さ》岩《がん》。砂丘《さきゅう》。砂金《さきん》。砂州《さす》。砂鉄《さてつ》。砂糖《さとう》。砂《さ》漠《ばく》。砂防《さぼう》。砂遊《すなあそ》び。砂嵐《すなあらし》。砂煙《すなけむり》。砂地《すなじ》（すなち）。砂時計《すなどけい》。砂場《すなば》。砂浜《すなはま》。土砂《どしゃ》。熱砂《ねっさ》。

とくべつなよみかた
砂利《じゃり》。

「砂《すな》をかむよう」とは、味《あじ》わいやおもしろみなどがまったくないことのたとえ。

石 いしへん

14画

磁

オン ジ

くん —

つかいかた

磁石《じしゃく》を使《つか》った実験《じっけん》。
金属《きんぞく》が磁気《じき》を帯《お》びる。
陶磁器《とうじき》の産地《さんち》。
方位磁針《ほういじしん》が南《みなみ》を指《さ》す。

いみ・ことば

❶じしゃく。☞磁界《じかい》。磁気《じき》。磁極《じきょく》。磁石《じしゃく》。磁針《じしん》。磁場《じば》。磁力《じりょく》。磁力線《じりょくせん》。電磁石《でんじしゃく》。方位磁針《ほういじしん》。

❷高温《こうおん》で焼《や》いたかたい焼《や》き物《もの》。☞磁器《じき》。青磁《せいじ》。陶磁器《とうじき》。白磁《はくじ》。

禾 のぎへん

7画

私

オン シ

くん わたくし
わたし

つかいかた

私《わたくし》の父《ちち》を紹介《しょうかい》します。
公平無私《こうへいむし》の態度《たいど》。
私語《しご》をつつしむ。
私立学校《しりつがっこう》と市立学校《しりつがっこう》。

オンくんあそび
公私混同《こうしこんどう》
私《わたし》はしない

いみ・ことば

❶わたし。公《おおやけ》でない。個人《こじん》の。☞公私混同《こうしこんどう》。公平無私《こうへいむし》。私語《しご》。私財《しざい》。私情《しじょう》。私的《してき》。私鉄《してつ》。私服《しふく》。私腹《しふく》。私物《しぶつ》。私有《しゆう》。私用《しよう》。私利私欲《しりしよく》。私立《しりつ》。私事《しじ》（わたくしごと）。

「私立《しりつ》」と「市立《しりつ》」を区別《くべつ》するため、「私立《わたくしりつ》」と読《よ》むことがある。

禾 のぎへん

10画

秘

オン ヒ

くん （ひめる）

つかいかた

姉《あね》の秘密《ひみつ》を守《まも》る。
宇宙《うちゅう》は神秘的《しんぴてき》だ。
勝利《しょうり》への秘策《ひさく》を練《ね》る。
思《おも》いを胸《むね》に秘《ひ》める。

いみ・ことば

❶ひめる。かくす。☞極秘《ごくひ》。守秘《しゅひ》。秘境《ひきょう》。秘訣《ひけつ》。秘策《ひさく》。秘術《ひじゅつ》。秘書《ひしょ》。秘蔵《ひぞう》。秘伝《ひでん》。秘宝《ひほう》。秘密《ひみつ》。秘録《ひろく》。秘話《ひわ》。丸秘《まるひ》。黙秘《もくひ》。

❷人《ひと》の力《ちから》ではわからない。☞神秘《しんぴ》。

❸通《つう》じが悪《わる》い。☞便秘《べんぴ》。

なりたち

祕☞秘

示（祭壇《さいだん》）と必（両側《りょうがわ》に木《き》をそえてしめつける形《かたち》）で、とびらを閉《し》めた祭壇《さいだん》の意《い》から、「ひめる」「かくす」を表《あらわ》す。

穀

禾 のぎ 14画

オン コク
くん —

つかいかた
日本《にほん》の穀《こく》倉《そう》地《ち》帯《たい》。
畑《はたけ》で穀《こく》物《もつ》を育《そだ》てる。
五《ご》穀《こく》米《まい》を食《た》べる。
脱《だっ》穀《こく》の手《て》伝《つだ》いをする。

いみ・ことば
❶こくもつ。 穀《こく》倉《そう》。穀《こく》物《もつ》。穀《こく》類《るい》。五《ご》穀《こく》。雑《ざっ》穀《こく》。脱《だっ》穀《こく》。米《べい》穀《こく》。

なりたち
穀 禾（こくもつ）と殸（殻［から］の省《しょう》略《りゃく》形《けい》）を合《あ》わせた字《じ》。

穴

穴 あな 5画

オン （ケツ）
くん あな

つかいかた
板《いた》に穴《あな》を開《あ》ける。
落《お》とし穴《あな》をつくる。
洞《どう》穴《けつ》を探《たん》検《けん》する。

いみ・ことば
❶あな。 穴《あな》埋《う》め。穴《あな》蔵《ぐら》（穴《あな》倉《ぐら》）。大《おお》穴《あな》。落《お》とし穴《あな》。鍵《かぎ》穴《あな》。毛《け》穴《あな》。穴《けっ》居《きょ》。竪《たて》穴《あな》。墓穴（はかあな ぼけつ）。節《ふし》穴《あな》。洞穴（ほらあな どうけつ）。横《よこ》穴《あな》。

なりたち

穴
穴《あな》をほってつくった住《じゅう》居《きょ》の入《い》り口《ぐち》の形《かたち》から。

窓

穴 あなかんむり 11画

オン ソウ
くん まど

つかいかた
窓《まど》辺《べ》に立《た》つ少《しょう》女《じょ》。
窓《まど》を開《あ》けて風《かぜ》を通《とお》す。
市《し》役《やく》所《しょ》の窓《まど》口《ぐち》に行《い》く。
同《どう》窓《そう》会《かい》に出《しゅっ》席《せき》する。

オンくんあそび
窓《まど》に流《なが》れる車《しゃ》窓《そう》の景《け》色《しき》

いみ・ことば
❶まど。 車《しゃ》窓《そう》。出《で》窓《まど》。天《てん》窓《まど》。窓《まど》際《ぎわ》。窓《まど》口《ぐち》。窓《まど》辺《べ》。
❷学《まな》びの場《ば》。 学《がく》窓《そう》。同《どう》窓《そう》。

学《がっ》校《こう》のことを「学《がく》窓《そう》」「学《まな》びの窓《まど》」などといい、同《おな》じ学《がっ》校《こう》で学《まな》んだことを「同《どう》窓《そう》」という。

策

たけかんむり　12画

オン　サク
くん　—

つかいかた

災害《さいがい》への対策《たいさく》。
失策《しっさく》を取《と》り返《かえ》す。
敵《てき》の策略《さくりゃく》にはまる。
宿《やど》の周辺《しゅうへん》を散策《さんさく》する。

いみ・ことば

❶はかりごと。工夫《くふう》。
国策《こくさく》。策士《さくし》。策動《さくどう》。策謀《さくぼう》。画策《かくさく》。奇策《きさく》。金策《きんさく》。政策《せいさく》。善後策《ぜんごさく》。対策《たいさく》。策略《さくりゃく》。失策《しっさく》。術策《じゅっさく》。方策《ほうさく》。良策《りょうさく》。得策《とくさく》。万策《ばんさく》。秘策《ひさく》。

❷つえ。つえをつく。
散策《さんさく》。

筋

たけかんむり　12画

オン　キン
くん　すじ

つかいかた

腹筋《ふっきん》をきたえる。
筋道《すじみち》を立《た》てて話《はな》す。
鉄筋《てっきん》の校舎《こうしゃ》。

オンくんあそび
背筋《せすじ》のばして
腹筋《ふっきん》しめる

いみ・ことば

❶体《からだ》を動《うご》かす働《はたら》きをする肉《にく》。きんにく。
筋骨《きんこつ》。筋肉《きんにく》。筋力《きんりょく》。背筋《はいきん》。腹筋《ふっきん》。

❷すじ。すじのようなもの。
筋書《すじが》き。筋道《すじみち》。背筋《せすじ》。血筋《ちすじ》。鉄筋《てっきん》。道筋《みちすじ》。大筋《おおすじ》。川筋《かわすじ》。

なりたち

筋
⺮(たけ)と月(肉《にく》)と力(ちから)で、筋肉《きんにく》のすじの意《い》から。

署

あみがしら　13画

オン　ショ
くん　—

つかいかた

消防署《しょうぼうしょ》の消火訓練《しょうかくんれん》。
警察署《けいさつしょ》に電話《でんわ》する。
署名運動《しょめいうんどう》に協力《きょうりょく》する。
新《あたら》しい部署《ぶしょ》で働《はたら》く。

いみ・ことば

❶役所《やくしょ》。役割《やくわり》。
警察署《けいさつしょ》。消防署《しょうぼうしょ》。署長《しょちょう》。部署《ぶしょ》。

❷名《な》を書《か》き記《しる》す。
署名《しょめい》。連署《れんしょ》。

「警察署《けいさつしょ》」「消防署《しょうぼうしょ》」「税務署《ぜいむしょ》」などは、【署】を使《つか》う。「裁判所《さいばんしょ》」「駐在所《ちゅうざいしょ》」などは、【所】を使《つか》う。

署 筋 策 簡 糖 系

簡

竹 たけかんむり 18画

オン カン

くん

つかいかた

簡《かん》単《たん》で便《べん》利《り》な品《しな》物《もの》。
簡《かん》潔《けつ》に話《はなし》をする。
ルールを簡《かん》略《りゃく》化《か》する。
友《ゆう》人《じん》との往《おう》復《ふく》書《しょ》簡《かん》。

いみ・ことば

❶むだがない。手《て》軽《がる》な。☞簡《かん》易《い》。簡《かん》潔《けつ》。簡《かん》素《そ》。簡《かん》単《たん》。簡《かん》便《べん》。簡《かん》明《めい》。簡《かん》略《りゃく》。
❷手《て》紙《がみ》。文《も》字《じ》を書《か》く札《ふだ》。☞書《しょ》簡《かん》。竹簡（ちっかん）。木《もっ》簡《かん》。

なりたち

簡

⺮（たけ）と音《おん》を表《あらわ》す間（カン）で、簡（文《も》字《じ》を記《しる》す竹《たけ》の札《ふだ》）を表《あらわ》す。のち、「手《て》紙《がみ》」「手《て》軽《がる》な」も表《あらわ》す。

糖

米 こめへん 16画

オン トウ

くん

つかいかた

黒《くろ》砂《ざ》糖《とう》をなめる。
糖《とう》度《ど》が高《たか》い果《くだ》物《もの》。
糖《とう》分《ぶん》を補《ほ》給《きゅう》する。

いみ・ことば

❶あまいもの。さとう。☞黒《くろ》砂《ざ》糖《とう》。砂《さ》糖《とう》。製《せい》糖《とう》。糖《とう》衣《い》錠《じょう》。糖《とう》度《ど》。糖《とう》尿《にょう》病《びょう》。糖《とう》分《ぶん》。

系

糸 いと 7画

オン ケイ

くん

つかいかた

地《ち》球《きゅう》は太《たい》陽《よう》系《けい》にある。
青《あお》系《けい》の色《いろ》で統《とう》一《いつ》する。
代《だい》々《だい》医《い》者《しゃ》の家《か》系《けい》だ。
系《けい》統《とう》的《てき》に研《けん》究《きゅう》する。

いみ・ことば

❶つながり。☞家《か》系《けい》。銀《ぎん》河《が》系《けい》。系《けい》図《ず》。系《けい》統《とう》。系《けい》譜《ふ》。系《けい》列《れつ》。女《じょ》系《けい》。大《たい》系《けい》。体《たい》系《けい》。太《たい》陽《よう》系《けい》。男《だん》系《けい》。直《ちょっ》系《けい》。日《にっ》系《けい》。父《ふ》系《けい》。文《ぶん》科《か》系《けい》。母《ぼ》系《けい》。理《り》科《か》系《けい》。

なりたち

☞系

糸《いと》を爫（手《て》）でつなぐ形《かたち》から。

糸 いとへん 9画

紅

オン コウ (ク)

くん べに (くれない)

つかいかた

口紅《くちべに》をぬる。

紅白《こうはく》に分《わ》かれて戦《たたか》う。

公園《こうえん》の紅葉《こうよう》が美《うつく》しい。

真紅《しんく》のバラの花《はな》。

オンくんあそび
口紅《くちべに》を ぬって紅葉《こうよう》 散策《さんさく》へ

いみ・ことば

❶べに。くれない。あざやかな赤《あか》い色《いろ》。
口紅《くちべに》。紅一点《こういってん》。紅顔《こうがん》。紅茶《こうちゃ》。紅潮《こうちょう》。紅梅《こうばい》。紅白《こうはく》。紅葉《こうよう》。深紅《しんく》(真紅《しんく》)。紅色(べにいろ くれないいろ)。

とくべつなよみかた
紅葉《もみじ》。

糸 いとへん 10画

純

オン ジュン

くん ―

つかいかた

純白《じゅんぱく》のアクセサリー。

純粋《じゅんすい》な心《こころ》のもち主《ぬし》。

純和風《じゅんわふう》の建物《たてもの》。

単純明快《たんじゅんめいかい》な文章《ぶんしょう》。

いみ・ことば

❶まじりけがない。けがれがない。
純愛《じゅんあい》。純益《じゅんえき》。純金《じゅんきん》。純潔《じゅんけつ》。純情《じゅんじょう》。純真《じゅんしん》。純粋《じゅんすい》。純然《じゅんぜん》。純度《じゅんど》。純白《じゅんぱく》。純文学《じゅんぶんがく》。純毛《じゅんもう》。純和風《じゅんわふう》。清純《せいじゅん》。単純《たんじゅん》。不純《ふじゅん》。

「単純明快《たんじゅんめいかい》」とは、複雑《ふくざつ》でなく、はっきりとわかりやすいこと。

糸 いとへん 10画

納

オン ノウ (ナッ) (ナ) (ナン) (トウ)

くん おさめる おさまる

つかいかた

洋服《ようふく》を収納《しゅうのう》する。

月謝《げっしゃ》を納《おさ》める。

納涼盆《のうりょうぼん》おどり大会《たいかい》。

話《はなし》を聞《き》いて納得《なっとく》する。

オンくんあそび
税金《ぜいきん》納《おさ》める 納税者《のうぜいしゃ》

いみ・ことば

❶おさめる。入《い》れる。終《お》わりにする。
格納庫《かくのうこ》。後納《こうのう》。収納《しゅうのう》。出納《すいとう》。全納《ぜんのう》。前納《ぜんのう》。納豆《なっとう》。納得《なっとく》。納屋《なや》。納戸《なんど》。納会《のうかい》。納期《のうき》。納骨《のうこつ》。納税《のうぜい》。納入《のうにゅう》。納品《のうひん》。納付《のうふ》。納涼《のうりょう》。別納《べつのう》。奉納《ほうのう》。見納《みおさ》め。未納《みのう》。結納《ゆいのう》。

なりたち

納

糸(いと)と内(うち)で、布《ぬの》などを税《ぜい》として納入《のうにゅう》する意《い》を表《あらわ》し、「おさめる」を表《あらわ》す。

絹

糸 いとへん　13画

オン　（ケン）
くん　きぬ

つかいかた

絹《きぬ》のスカーフを巻《ま》く。
絹《きぬ》糸《いと》で絹《けん》布《ぷ》を織《お》る。
絹《きぬ》織《おり》物《もの》を織《お》る技《ぎ》術《じゅつ》。

なりたち

絹

糸（いと）と肙（かいこ）で、「きぬいと」を表《あらわ》す。

いみ・ことば

❶きぬ。蚕《かいこ》のまゆからとった糸《いと》。また、その糸《いと》で織《お》った布《ぬの》。
絹糸（きぬいと《けんし》）。絹《きぬ》織《おり》物《もの》。

縦

糸 いとへん　16画

オン　ジュウ
くん　たて

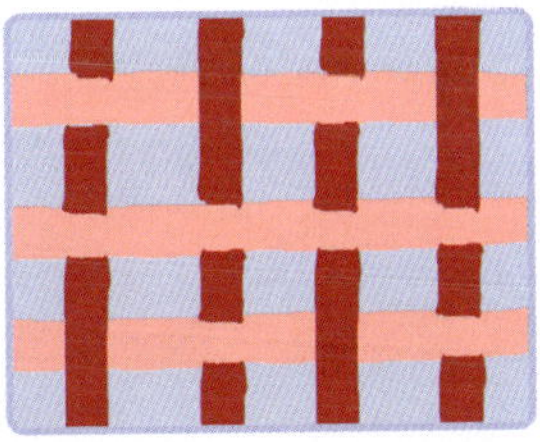

つかいかた

縦《たて》糸《いと》と横《よこ》糸《いと》。
縦《たて》書《が》きの文《ぶん》章《しょう》。
日《に》本《ほん》列《れっ》島《とう》を縦《じゅう》断《だん》する。
飛《ひ》行《こう》機《き》を操《そう》縦《じゅう》する。

オンくんあそび
縦《たて》方《ほう》向《こう》に
縦《じゅう》断《だん》し

いみ・ことば

❶たて。縦横（じゅうおう《たてよこ》）。縦《じゅう》走《そう》。縦《じゅう》隊《たい》。縦《じゅう》断《だん》。縦《じゅう》列《れつ》。縦《たて》書《が》き。縦《たて》笛《ぶえ》。縦《たて》割《わ》り。
❷思《おも》いどおりにする。操《そう》縦《じゅう》。

縮

糸 いとへん　17画

オン　シュク
くん　ちぢむ　ちぢまる　ちぢめる　ちぢれる　ちぢらす

つかいかた

洗《せん》濯《たく》物《もの》が縮《ちぢ》んだ。
記《き》録《ろく》を三《さん》秒《びょう》縮《ちぢ》める。
髪《かみ》の毛《け》が縮《ちぢ》れた。
今日《きょう》は短《たん》縮《しゅく》授《じゅ》業《ぎょう》だ。

オンくんあそび
伸《しん》縮《しゅく》自《じ》在《ざい》
伸《の》び縮《ちぢ》み

いみ・ことば

❶ちぢむ。ちぢめる。圧《あっ》縮《しゅく》。萎《い》縮《しゅく》。恐《きょう》縮《しゅく》。凝《ぎょう》縮《しゅく》。軍《ぐん》縮《しゅく》。収《しゅう》縮《しゅく》。縮《しゅく》刷《さっ》版《ぱん》。縮《しゅく》尺《しゃく》。縮《しゅく》小《しょう》。縮《しゅく》図《ず》。伸《しん》縮《しゅく》。短《たん》縮《しゅく》。濃《のう》縮《しゅく》。伸《の》び縮《ちぢ》み。

羽 はね

翌

11画

オン ヨク

くん —

つかいかた

翌朝《よくあさ》、熱《ねつ》は下《さ》がった。

翌日《よくじつ》は自由行動《じゆうこうどう》だ。

翌年《よくねん》、妹《いもうと》が生《う》まれた。

「翌日《よくじつ》」は、話題《わだい》にしているある日《ひ》の、その次《つぎ》の日《ひ》。「明日《みょうにち》」は、今日《きょう》からみたあくる日《ひ》。

いみ・ことば

❶次《つぎ》の。週《しゅう》。翌春《よくしゅん》。翌朝（よくあさ・よくちょう）。翌年（よくねん・よくとし）。翌月《よくげつ》。翌日《よくじつ》。翌々日《よくよくじつ》（翌翌日《よくよくじつ》）。翌《よく》

耳 みみ

聖

13画

オン セイ

くん —

つかいかた

聖火台《せいかだい》に点火《てんか》する。

聖《せい》なる山《やま》を見上《みあ》げる。

聖人君子《せいじんくんし》のような人《ひと》。

「聖人君子《せいじんくんし》」は、知恵《ちえ》や品位《ひんい》などがあって、優《すぐ》れた人《ひと》という意味《いみ》だよ。

いみ・ことば

❶かしこくて人格《じんかく》のりっぱな人《ひと》。聖者《せいじゃ》。聖人《せいじん》。

❷その道《みち》で最《もっと》も優《すぐ》れた人《ひと》。楽聖《がくせい》。詩聖《しせい》。

❸清《きよ》らかな。尊《とうと》い。神聖《しんせい》。聖域《せいいき》。聖火《せいか》。聖歌《せいか》。聖書《せいしょ》。聖地《せいち》。聖堂《せいどう》。聖母《せいぼ》。

月 にくづき

肺

9画

オン ハイ

くん —

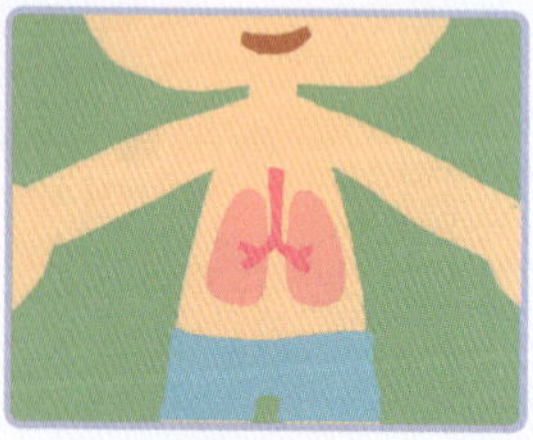

つかいかた

人間《にんげん》は肺《はい》で呼吸《こきゅう》する。

肺炎《はいえん》にかかる。

肺活量《はいかつりょう》を計測《けいそく》する。

肺結核《はいけっかく》に注意《ちゅうい》する。

なりたち

肺→肺

朩（草《くさ》の芽《め》が開《ひら》く形《かたち》）と月（肉《にく》）で、呼吸《こきゅう》する器官《きかん》としての「はい」を表《あらわ》す。

いみ・ことば

❶はい。呼吸《こきゅう》するための器官《きかん》。肺炎《はいえん》。肺《はい》活量《かつりょう》。肺結核《はいけっかく》。肺臓《はいぞう》。

月 にくづき　9画

背

一 丨 ヨ 北 北 背 背

オン　ハイ
くん　せ　せい　(そむく)　(そむける)

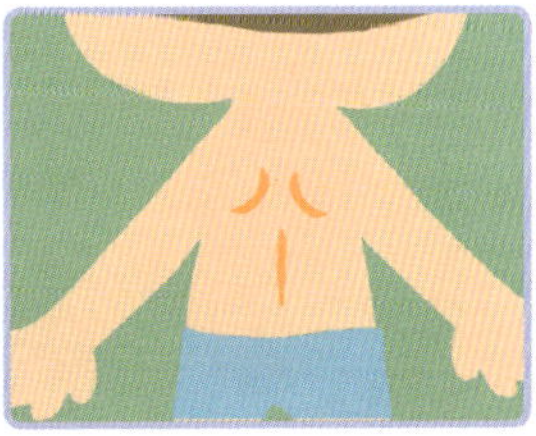

つかいかた
背《せ》伸《の》びをして見《み》る。
どんぐりの背《せい》比《くら》べ。
背《はい》景《けい》の桜《さくら》が美《うつく》しい。
互《たが》いに顔《かお》を背《そむ》ける。

オンくんあそび
背《はい》後《ご》でネコが
背《せ》伸《の》びする

いみ・ことば
❶せ。せなか。後《うし》ろ。 上背《うわぜい》。背《せい》比《くら》べ。背《せ》泳《およ》ぎ。背《せ》筋《すじ》(背《はい》筋《きん》)。背《せ》丈《たけ》。背《せ》中《なか》。背《せ》伸《の》び。背《せ》番《ばん》号《ごう》。背《せ》骨《ぼね》。中《ちゅう》肉《にく》中《ちゅう》背《ぜい》。猫《ねこ》背《ぜ》。背《はい》泳《えい》。背《はい》景《けい》。背《はい》後《ご》。背《はい》面《めん》。
❷そむく。 背《はい》信《しん》。背《はい》徳《とく》。背《はい》任《にん》。背《はい》反《はん》。

なりたち

背
(人《ひと》がせを向《む》け合《あ》う形《かたち》)と(肉《にく》)を合《あ》わせた字《じ》。

月 にくづき　10画

胸

丿 月 肑 肑 肑 胸 胸

オン　キョウ
くん　むね　(むな)

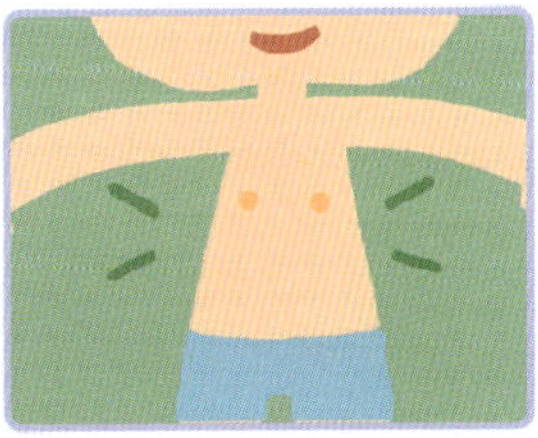

つかいかた
期《き》待《たい》に胸《むね》がふくらむ。
胸《きょう》像《ぞう》の彫《ちょう》刻《こく》。
胸《きょう》部《ぶ》レントゲン写《しゃ》真《しん》。
度《ど》胸《きょう》がある人《ひと》。

オンくんあそび
胸《むね》の部《ぶ》分《ぶん》を
胸《きょう》部《ぶ》という

いみ・ことば
❶むね。体《からだ》の首《くび》と腹《はら》の間《あいだ》の部《ぶ》分《ぶん》。 胸《きょう》囲《い》。胸《きょう》像《ぞう》。胸《きょう》部《ぶ》。胸《むな》板《いた》。胸《むな》倉《ぐら》。胸《むな》元《もと》。
❷心《こころ》の中《なか》。 胸《きょう》中《ちゅう》。度《ど》胸《きょう》。胸《むな》騒《さわ》ぎ。

なりたち
胸
月で「肉《にく》」、勹で「包《つつ》む」を表《あらわ》し、凶で穴《あな》にはまりこむの意《い》と音《おん》「キョウ」を表《あらわ》す。

月 にくづき　11画

脳

丿 月 月 月 肞 脳 脳

オン　ノウ
くん　―

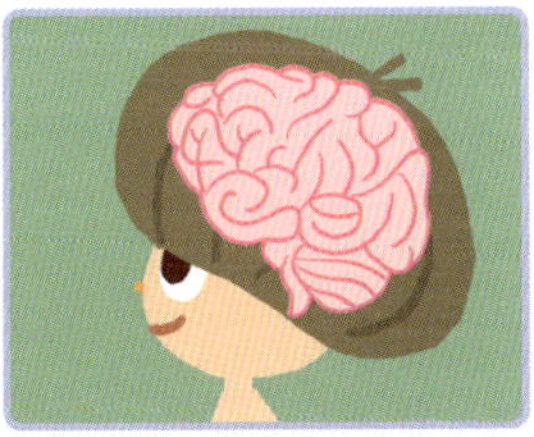

つかいかた
脳《のう》にはしわがある。
各《かっ》国《こく》の首《しゅ》脳《のう》が集《あつ》まる。
頭《ず》脳《のう》明《めい》晰《せき》な人《ひと》。
脳《のう》裏《り》に焼《や》きつける。

いみ・ことば
❶のう。頭《あたま》の働《はたら》き。大《だい》事《じ》なもの。 首《しゅ》脳《のう》。小《しょう》脳《のう》。頭《ず》脳《のう》。洗《せん》脳《のう》。大《だい》脳《のう》。脳《のう》死《し》。脳《のう》出《しゅっ》血《けつ》。脳《のう》髄《ずい》。脳《のう》天《てん》。脳《のう》波《は》。脳《のう》貧《ひん》血《けつ》。脳《のう》みそ。脳《のう》裏《り》。

なりたち
脳
月(肉《にく》)と𡿺(𡿺〔髪《かみ》のある頭《あたま》〕)を合《あ》わせた字《じ》。

腹

月 にくづき　13画

音 フク
訓 はら

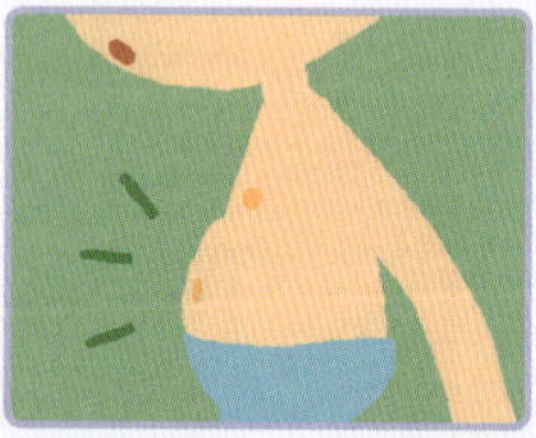

つかいかた
腹《はら》巻《ま》きを着《つ》けてねる。
空《くう》腹《ふく》で力《ちから》が出《で》ない。
山《やま》の中《ちゅう》腹《ふく》まで登《のぼ》る。
腹《ふく》痛《つう》で早《そう》退《たい》する。

オンくんあそび
満《まん》腹《ぷく》満《まん》腹《ぷく》
腹《はら》いっぱい

いみ・ことば
❶はら。
腹《はら》鼓（はらつづみ はらづつみ）。空《くう》腹《ふく》。切《せっ》腹《ぷく》。腹《はら》帯《おび》。腹《はら》下《くだ》し。腹《ふく》部《ぶ》。腹《はら》八《はち》分《ぶ》。腹《はら》巻《ま》き。腹痛（ふくつう はらいた）。腹《ふっ》筋《きん》。満《まん》腹《ぷく》。横《よこ》腹《ばら》。
❷心《こころ》の中《なか》。
腹《ふく》案《あん》。腹《ふく》心《しん》。立《りっ》腹《ぷく》。
❸ものの中《なか》ほど。
山《さん》腹《ぷく》。船《せん》腹《ぷく》。中《ちゅう》腹《ふく》。

なりたち
腹　月で「肉《にく》」を表《あらわ》し、复で重《かさ》なる・ふくれるの意《い》と音《おん》「フク」を表《あらわ》す。

臓

月 にくづき　19画

音 ゾウ
訓 —

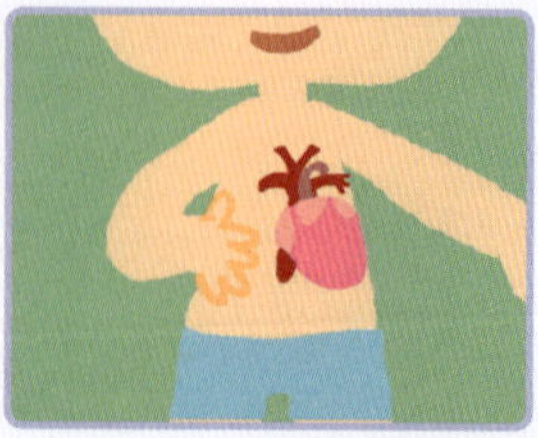

つかいかた
肝《かん》臓《ぞう》の検《けん》査《さ》をする。
心《しん》臓《ぞう》の音《おと》を聞《き》く。
内《ない》臓《ぞう》の働《はたら》きを調《しら》べる。

いみ・ことば
❶体《からだ》のいろいろな器《き》官《かん》。はらわた。
肝《かん》臓《ぞう》。心《しん》臓《ぞう》。腎《じん》臓《ぞう》。臓《ぞう》器《き》。臓《ぞう》物《もつ》。内《ない》臓《ぞう》。肺《はい》臓《ぞう》。

なりたち
臓　月(肉《にく》)と蔵(くら・おさめる)を合《あ》わせた字《じ》。

至

至 いたる　6画

音 シ
訓 いたる

つかいかた
至《し》福《ふく》の時《とき》を過《す》ごす。
山《さん》頂《ちょう》に至《いた》る道《みち》。
祖《そ》母《ぼ》は至《いた》って健《けん》康《こう》だ。
至《し》急《きゅう》お願《ねが》いします。

オンくんあそび
夏《げ》至《し》とは
夏《なつ》に至《いた》ること

いみ・ことば
❶いたる。行《い》きつく。
夏《げ》至《し》。冬《とう》至《じ》。必《ひっ》至《し》。
❷この上《うえ》ない。きわめて。
至《し》急《きゅう》。至《し》近《きん》距《きょ》離《り》。至《し》上《じょう》。至《し》誠《せい》。至《し》難《なん》。至《し》福《ふく》。

一《いち》年《ねん》のうち、昼《ひる》がもっとも長《なが》い日《ひ》を「夏《げ》至《し》」といい、昼《ひる》がもっとも短《みじか》い日《ひ》を「冬《とう》至《じ》」という。

蚕
虫 むし　10画

オン　サン
くん　かいこ

つかいかた
蚕《かいこ》を飼《か》う農家《のうか》。
日本《にほん》の蚕《さん》糸業《しぎょう》。
養《よう》蚕《さん》が盛《さか》んな地方《ちほう》。

オンくんあそび
蚕《かいこ》を飼育《しいく》
養《よう》蚕《さん》業《ぎょう》

なりたち

蠶 ☞ 蚕
（かいこ）、蠶（クワを食《た》べる虫《むし》）から蚕になった。

いみ・ことば
❶かいこ。カイコガの幼虫《ようちゅう》。☞ 蚕《さん》糸《し》。養《よう》蚕《さん》。

衆
血 ち　12画

オン　シュウ（シュ）
くん　―

つかいかた
大観衆《だいかんしゅう》にわく大通《おおどお》り。
衆《しゅう》議院《ぎいん》と参議院《さんぎいん》。
一般《いっぱん》大衆《たいしゅう》に受《う》ける。
聴衆《ちょうしゅう》に語《かた》りかける。

いみ・ことば
❶大勢《おおぜい》の人《ひと》。☞ 観衆《かんしゅう》。群衆《ぐんしゅう》。公衆《こうしゅう》。衆議《しゅうぎ》。衆《しゅう》議院《ぎいん》。衆人《しゅうじん》。衆知《しゅうち》。衆望《しゅうぼう》。衆目《しゅうもく》。衆生《しゅじょう》。大衆《たいしゅう》。聴衆《ちょうしゅう》。民衆《みんしゅう》。

裁
衣 ころも　12画

オン　サイ
くん　（たつ）　さばく

つかいかた
私《わたし》の趣味《しゅみ》は裁縫《さいほう》です。
大量《たいりょう》の仕事《しごと》を裁《さば》く。
体裁《ていさい》を気《き》にする。
木綿《もめん》の布《ぬの》を裁《た》つ。

オンくんあそび
裁《さば》きを担《にな》う
裁《さい》判所《ばんしょ》

いみ・ことば
❶布《ぬの》や紙《かみ》を切《き》る。☞ 裁断《さいだん》。裁縫《さいほう》。洋裁《ようさい》。和裁《わさい》。
❷さばく。☞ 決裁《けっさい》。裁決《さいけつ》。裁定《さいてい》。裁判《さいばん》。制裁《せいさい》。総裁《そうさい》。仲裁《ちゅうさい》。独裁《どくさい》。
❸ようす。形《かたち》。☞ 体裁《ていさい》。

なりたち
裁
衣（布《ぬの》）と𢦏（たち切《き》る）で、「布《ぬの》を切《き》る」「さばく」を表《あらわ》す。

衣 ころも

12画

装

オン ソウ（ショウ）

くん（よそおう）

つかいかた

装《そう》備《び》を整《ととの》える。

きちんとした服《ふく》装《そう》。

劇《げき》の衣《い》装《しょう》合《あ》わせ。

装《よそお》いも新《あら》たに出《で》直《なお》す。

オンくんあそび

服《ふく》装《そう》整《ととの》え

装《よそお》い新《あら》た

いみ・ことば

❶よそおう。身《み》につける。かざる。取《と》りつける。☞ 衣《い》装《しょう》。改《かい》装《そう》。仮《か》装《そう》。軽《けい》装《そう》。装《しょう》束《ぞく》。新《しん》装《そう》。正《せい》装《そう》。盛《せい》装《そう》。装《そう》飾《しょく》。装《そう》身《しん》具《ぐ》。装《そう》置《ち》。装《そう》着《ちゃく》。装《そう》丁《てい》。装《そう》備《び》。服《ふく》装《そう》。武《ぶ》装《そう》。変《へん》装《そう》。包《ほう》装《そう》。舗《ほ》装《そう》。洋《よう》装《そう》。和《わ》装《そう》。

「装《よそお》う」は、それらしく見《み》せかけるという意《い》味《み》でも使《つか》う。例 病《びょう》人《にん》を装《よそお》う。

衤 ころもへん

12画

補

オン ホ

くん おぎなう

つかいかた

足《た》りない部《ぶ》分《ぶん》を補《おぎな》う。

ガソリンを補《ほ》給《きゅう》する。

説《せつ》明《めい》を補《ほ》足《そく》する。

委《い》員《いん》に立《りっ》候《こう》補《ほ》する。

オンくんあそび

補《ほ》欠《けつ》選《せん》手《しゅ》で

欠《けつ》員《いん》補《おぎな》う

いみ・ことば

❶おぎなう。つけ足《た》す。助《たす》ける。☞ 候《こう》補《ほ》。候《こう》補《ほ》者《しゃ》。補《ほ》遺《い》。補《ほ》完《かん》。補《ほ》給《きゅう》。補《ほ》強《きょう》。補《ほ》欠《けつ》。補《ほ》佐《さ》。補《ほ》修《しゅう》。補《ほ》習《しゅう》。補《ほ》充《じゅう》。補《ほ》助《じょ》。補《ほ》償《しょう》。補《ほ》正《せい》。補《ほ》足《そく》。補《ほ》注《ちゅう》。補《ほ》聴《ちょう》器《き》。補《ほ》導《どう》。立《りっ》候《こう》補《ほ》。

衣 ころも

13画

裏

オン（リ）

くん うら

つかいかた

彼《かれ》は裏《うら》表《おもて》のない人《ひと》だ。

答《とう》案《あん》用《よう》紙《し》を裏《うら》返《がえ》す。

地《ち》球《きゅう》の裏《うら》側《がわ》の国《くに》。

不《ふ》安《あん》が脳《のう》裏《り》をよぎる。

いみ・ことば

❶うら。☞ 裏《うら》打《う》ち。裏《うら》表《おもて》。裏《うら》側《がわ》。裏《うら》口《ぐち》。裏《うら》地《じ》。裏《うら》付《づ》け。裏《うら》通《どお》り。裏《うら》話《ばなし》。裏《うら》道《みち》。裏《うら》門《もん》。表裏（おもてうら ひょうり）。屋《や》根《ね》裏《うら》。裏《り》面《めん》。

❷内《うち》側《がわ》。☞ 内《だい》裏《り》。脳《のう》裏《り》。

❸…のうちに。☞ 成《せい》功《こう》裏《り》。秘《ひ》密《みつ》裏《り》。

なりたち

裏

亠と衣に分《わ》かれた衣で「ころも」を表《あらわ》し、里で筋《すじ》の意《い》と音《おん》「リ」を表《あらわ》す。

視

見 みる　11画

、ラネネ初祖視

オン　シ

くん　—

つかいかた

視《し》点《てん》を変《か》えて考《かんが》える。
視《し》野《や》を広《ひろ》げる。
視《し》力《りょく》検《けん》査《さ》を受《う》ける。
調《ちょう》査《さ》結《けっ》果《か》を重《じゅう》視《し》する。

いみ・ことば

❶よく見《み》る。見《み》える。☞ 遠《えん》視《し》。監《かん》視《し》。近《きん》視《し》。視《し》界《かい》。視《し》角《かく》。視《し》覚《かく》。視《し》察《さつ》。視《し》写《しゃ》。視《し》線《せん》。視《し》聴《ちょう》覚《かく》。視《し》聴《ちょう》率《りつ》。視《し》点《てん》。視《し》野《や》。視《し》力《りょく》。正《せい》視《し》。注《ちゅう》視《し》。直《ちょく》視《し》。乱《らん》視《し》。

❷みなす。☞ 軽《けい》視《し》。重《じゅう》視《し》。敵《てき》視《し》。無《む》視《し》。

覧

見 みる　17画

丨 ｢ 戸 臣 臣 皆 覧

オン　ラン

くん　—

つかいかた

妹《いもうと》と観《かん》覧《らん》車《しゃ》に乗《の》る。
先《せん》生《せい》がご覧《らん》になる。
結《けっ》果《か》を一《いち》覧《らん》表《ひょう》にする。
展《てん》覧《らん》会《かい》で受《じゅ》賞《しょう》した。

なりたち

覽☞覧

臣(目《め》)と(水鏡《みずかがみ》を見《み》る人《ひと》の形《かたち》)と見(見《み》る)を合《あ》わせた字《じ》。

いみ・ことば

❶見《み》る。見《み》わたす。全《ぜん》体《たい》を見《み》やすくまとめたもの。☞ 総《そう》覧《らん》。一《いち》覧《らん》。閲《えつ》覧《らん》。回《かい》覧《らん》。観《かん》覧《らん》車《しゃ》。展《てん》覧《らん》会《かい》。博《はく》覧《らん》会《かい》。便覧（びんらん）（べんらん）。遊《ゆう》覧《らん》。要《よう》覧《らん》。

討

言 ごんべん　10画

、ユ言言言計討

オン　トウ

くん　(うつ)

つかいかた

修《しゅう》理《り》を検《けん》討《とう》する。
クラスで討《とう》論《ろん》する。
親《おや》の敵《かたき》を討《う》つ。
敵《てき》の大《たい》将《しょう》を討《う》ち取《と》る。

オンくんあそび

あだ討《う》ちの是《ぜ》非《ひ》討《とう》議《ぎ》する

いみ・ことば

❶うつ。せめたてる。☞ あだ討《う》ち。討《う》ち入《い》り。追《お》い討《う》ち。敵《かたき》討《う》ち。征《せい》討《とう》。掃《そう》討《とう》。追《つい》討《とう》。討《とう》伐《ばつ》。夜《よ》討《う》ち。

❷すみずみまで調《しら》べる。☞ 検《けん》討《とう》。討《とう》議《ぎ》。討《とう》論《ろん》。討《とう》論《ろん》会《かい》。

言 ごんべん　11画

訪

オン　ホウ
くん　（おとずれる）　たずねる

つかいかた
先生《せんせい》のお宅《たく》を訪《たず》ねる。
要人《ようじん》が訪日《ほうにち》する。
訪問客《ほうもんきゃく》をもてなす。
春《はる》の訪《おとず》れを感《かん》じる。

オンくんあそび
友《とも》を訪《たず》ねる訪米旅行《ほうべいりょこう》

いみ・ことば
❶おとずれる。人《ひと》をたずねる。☞探訪《たんぼう》。訪日《ほうにち》。訪問《ほうもん》。来訪《らいほう》。歴訪《れきほう》。

なりたち
訪　言（いう）と方（左右《さゆう》に張《は》り出《だ》す）で、広《ひろ》くたずねまわる意《い》から、「たずねる」を表《あらわ》す。

言 ごんべん　11画

訳

オン　ヤク
くん　わけ

つかいかた
英文《えいぶん》を日本語《にほんご》に訳《やく》す。
おくれた訳《わけ》を話《はな》す。
言《い》い訳《わけ》を考《かんが》える。
中国語《ちゅうごくご》を翻訳《ほんやく》する。

オンくんあそび
通訳《つうやく》が言《い》い訳《わけ》をする

いみ・ことば
❶やくす。わかるようにほかの言葉《ことば》に直《なお》す。☞意訳《いやく》。英訳《えいやく》。完訳《かんやく》。誤訳《ごやく》。新訳《しんやく》。全訳《ぜんやく》。対訳《たいやく》。直訳《ちょくやく》。通訳《つうやく》。翻訳《ほんやく》。訳語《やくご》。訳詞《やくし》。訳詩《やくし》。訳者《やくしゃ》。訳文《やくぶん》。訳本《やくほん》。和訳《わやく》。
❷わけ。理由《りゆう》。☞言《い》い訳《わけ》。内訳《うちわけ》。申《もう》し訳《わけ》。

「意訳《いやく》」は、一語一語《いちごいちご》にこだわらず、全体《ぜんたい》の意味《いみ》が伝《つた》わることに重点《じゅうてん》を置《お》いて翻訳《ほんやく》すること。

言 ごんべん　12画

詞

オン　シ
くん　—

つかいかた
歌詞《かし》を覚《おぼ》える。
作詞《さくし》と作曲《さっきょく》をする。
動詞《どうし》の活用《かつよう》を習《なら》う。

いみ・ことば
❶言葉《ことば》。☞歌詞《かし》。形容詞《けいようし》。形容動詞《けいようどうし》。作詞《さくし》。自動詞《じどうし》。助詞《じょし》。助動詞《じょどうし》。接続詞《せつぞくし》。代名詞《だいめいし》。他動詞《たどうし》。動詞《どうし》。品詞《ひんし》。副詞《ふくし》。名詞《めいし》。

とくべつなよみかた
祝詞《のりと》。

言 ごんべん 13画

誠

、 言 訁 訂 訢 誠 誠

オン セイ
くん （まこと）

つかいかた

まじめで誠《せい》実《じつ》な人《ひと》。
相《あい》手《て》に誠《せい》意《い》を示《しめ》す。
主《しゅ》君《くん》に忠《ちゅう》誠《せい》をちかう。
誠《まこと》におそれ入《い》ります。

いみ・ことば

❶いつわりのない心《こころ》。真《ま》心《ごころ》。
誠《せい》実《じつ》。誠《せい》心《しん》誠《せい》意《い》。忠《ちゅう》誠《せい》。至《し》誠《せい》。誠《せい》意《い》。

例
「誠《せい》心《しん》誠《せい》意《い》」とは、真《ま》心《ごころ》をもって行《おこな》うようす。
解《かい》決《けつ》に向《む》けて、誠《せい》心《しん》誠《せい》意《い》努《ど》力《りょく》いたします。

言 ごんべん 14画

誤

、 言 訁 誤 誤 誤

オン ゴ
くん あやまる

つかいかた

誤《ご》解《かい》を解《と》く。
誤《あやま》りを訂《てい》正《せい》する。
誤《ご》字《じ》を見《み》つけて直《なお》す。

オンくんあそび
書《か》き誤《あやま》ると誤《ご》字《じ》になる

いみ・ことば

❶あやまる。まちがえる。
過《か》誤《ご》。誤《ご》解《かい》。誤《ご》記《き》。誤《ご》差《さ》。誤《ご》算《さん》。誤《ご》字《じ》。誤《ご》植《しょく》。誤《ご》診《しん》。誤《ご》審《しん》。誤《ご》答《とう》。誤《ご》読《どく》。誤《ご》認《にん》。誤《ご》報《ほう》。誤《ご》訳《やく》。誤《ご》用《よう》。錯《さく》誤《ご》。時《じ》代《だい》錯《さく》誤《ご》。正《せい》誤《ご》表《ひょう》。

「時《じ》代《だい》錯《さく》誤《ご》」とは、考《かんが》え方《かた》や行《こう》動《どう》などが時《じ》代《だい》に合《あ》っていないこと。また、時《じ》代《だい》をとりちがえること。

言 ごんべん 14画

誌

、 言 訁 計 詁 誌 誌

オン シ
くん —

つかいかた

学《がっ》級《きゅう》日《にっ》誌《し》を書《か》く。
車《くるま》の雑《ざっ》誌《し》を読《よ》む。
週《しゅう》刊《かん》誌《し》を買《か》う。

いみ・ことば

❶しるす。書《か》きしるしたもの。
雑《ざっ》誌《し》。地《ち》誌《し》。日《にっ》誌《し》。博《はく》物《ぶつ》誌《し》。
❷「雑《ざっ》誌《し》」の略《りゃく》。
月《げっ》刊《かん》誌《し》。誌《し》上《じょう》。誌《し》面《めん》。週《しゅう》刊《かん》誌《し》。本《ほん》誌《し》。

なりたち
誌 言（ことば）と志（心《こころ》に記《しる》す）を合《あ》わせた字《じ》。

言　ごんべん
14画

認

オン　（ニン）
くん　みとめる

つかいかた

まちがいを認《みと》める。
安全《あんぜん》を確認《かくにん》する。
意見《いけん》を承認《しょうにん》する。
状況《じょうきょう》を認識《にんしき》する。

いみ・ことば

❶みとめる。受《う》け入《い》れる。見分《みわ》ける。☞ 確《かく》認《にん》。公認《こうにん》。誤認《ごにん》。自認《じにん》。承認《しょうにん》。是認《ぜにん》。追認《ついにん》。認可《にんか》。認識《にんしき》。認証《にんしょう》。認知《にんち》。認定《にんてい》。否認《ひにん》。認《みと》め印《いん》。黙認《もくにん》。容認《ようにん》。

「認《みと》め印《いん》」は、役所《やくしょ》に届《とど》け出《で》た実印《じついん》とは別《べつ》の、ふだん使《つか》うはんこのこと。

言　ごんべん
15画

諸

オン　ショ
くん　―

つかいかた

諸《しょ》国《こく》漫《まん》遊《ゆう》の旅《たび》に出《で》る。
諸《しょ》君《くん》の健《けん》闘《とう》をいのる。
原《げん》因《いん》には諸《しょ》説《せつ》ある。

いみ・ことば

❶もろもろ。いろいろな。多《おお》くの。☞ 諸《しょ》行《ぎょう》無《む》常《じょう》。諸君《しょくん》。諸国《しょこく》。諸氏《しょし》。諸事《しょじ》。諸説《しょせつ》。諸島《しょとう》。諸般《しょはん》。諸問題《しょもんだい》。

「諸般《しょはん》」は、いろいろなという意味《いみ》。
例 諸般《しょはん》の事情《じじょう》を考慮《こうりょ》する。

言　ごんべん
15画

誕

オン　タン
くん　―

つかいかた

友達《ともだち》の誕《たん》生《じょう》日《び》を祝《いわ》う。
生《せい》誕《たん》百《ひゃく》年《ねん》を記《き》念《ねん》する。
名《めい》作《さく》誕《たん》生《じょう》の裏《うら》話《ばなし》。

いみ・ことば

❶生《う》まれる。☞ 生誕《せいたん》。誕生《たんじょう》。

「誕生《たんじょう》」の漢字《かんじ》の順《じゅん》を逆《ぎゃく》にして「生誕《せいたん》」にすると、【生】の読《よ》み方《かた》が変《か》わる。

論

言 ごんべん 15画

オン ロン

くん ―

つかいかた

みんなで議論《ぎろん》する。
特《とく》に異論《いろん》はない。
やっと結論《けつろん》が出《で》る。
言論《げんろん》の自由《じゆう》を守《まも》る。

いみ・ことば

❶筋道《すじみち》を立《た》てて述《の》べる。 異論《いろん》。極論《きょくろん》。議《ぎ》論《ろん》。空論《くうろん》。結論《けつろん》。言論《げんろん》。口論《こうろん》。討論《とうろん》。反論《はんろん》。評《ひょう》論《ろん》。本論《ほんろん》。世論《よろん》（せろん）。理論《りろん》。論《ろん》外《がい》。論《ろん》議《ぎ》。論《ろん》拠《きょ》。論《ろん》旨《し》。論《ろん》証《しょう》。論《ろん》説《せつ》。論《ろん》戦《せん》。論《ろん》争《そう》。論《ろん》点《てん》。論《ろん》文《ぶん》。論《ろん》理《り》。

なりたち

論 侖（順序《じゅんじょ》よく並《なら》ぶ）と言（ことば）で、「筋道《すじみち》を立《た》てて述《の》べる」を表《あらわ》す。

警

言 げん 19画

オン ケイ

くん ―

つかいかた

警察官《けいさつかん》に道《みち》を聞《き》く。
列車《れっしゃ》が警笛《けいてき》を鳴《な》らす。
大統領《だいとうりょう》を警備《けいび》する。
大雨《おおあめ》警報《けいほう》と洪水《こうずい》警報《ほう》。

いみ・ことば

❶いましめる。注意《ちゅうい》して用心《ようじん》させる。取《と》りしまる。守《まも》る。 警戒《けいかい》。警官《けいかん》。警護《けいご》。警告《けいこく》。警察《けいさつ》。警察官《けいさつかん》。警視庁《けいしちょう》。警笛《けいてき》。警備《けいび》。警備《けいび》員《いん》。警報《けいほう》。警棒《けいぼう》。夜《や》警《けい》。

なりたち

警 敬（いましめる）と言（ことば）を合《あ》わせた字《じ》。

貴

貝 かい 12画

オン キ

くん （たっとい）（とうとい）（たっとぶ）（とうとぶ）

つかいかた

貴重品《きちょうひん》を預《あず》ける。
貴族《きぞく》のような生活《せいかつ》。
高貴《こうき》な家柄《いえがら》。
貴《とうと》い命《いのち》を大切《たいせつ》にする。

いみ・ことば

❶とうとい。値打《ねう》ちや位《くらい》などが高《たか》い。 貴《き》金属《きんぞく》。貴公子《きこうし》。貴人《きじん》。貴族《きぞく》。貴重《きちょう》。貴賓《きひん》。貴婦人《きふじん》。高貴《こうき》。富貴《ふうき》。
❷相手《あいて》を敬《うやま》う気持《きも》ちを表《あらわ》す言葉《ことば》。 貴兄《きけい》。貴国《きこく》。貴殿《きでん》。

なりたち

貴 臾（両手《りょうて》でささげ持《も》つ）と貝（お金《かね》や宝《たから》）で、「とうとい」を表《あらわ》す。

針

金 かねへん　10画

オン　シン
くん　はり

つかいかた

針《はり》仕事《しごと》をする。
針《しん》葉樹《ようじゅ》と広葉樹《こうようじゅ》。
船《ふね》の針《しん》路《ろ》を北《きた》にとる。
今後《こんご》の方針《ほうしん》を決《き》める。

オンくんあそび
葉《は》が針《はり》のよう
針《しん》葉樹《ようじゅ》

いみ・ことば

❶はり。はりのようなもの。指《さ》し示《しめ》すはり。
運針《うんしん》。検針《けんしん》。指針《ししん》。磁針《じしん》。針《しん》葉樹《ようじゅ》。針《しん》路《ろ》。短針《たんしん》。長針《ちょうしん》。釣《つ》り針《ばり》。縫《ぬ》い針《ばり》。針《はり》金《がね》。針《はり》仕事《しごと》。針《はり》箱《ばこ》。秒針《びょうしん》。避雷針《ひらいしん》。方針《ほうしん》。待《ま》ち針《ばり》。羅針盤《らしんばん》。

「指針《ししん》」は、進《すす》むべき方向《ほうこう》を示《しめ》すもの。また、計器《けいき》などについている針《はり》。

臨

臣 しん　18画

オン　リン
くん　（のぞむ）

つかいかた

臨《りん》海公園《かいこうえん》で遊《あそ》ぶ。
臨《りん》機応変《きおうへん》に対応《たいおう》する。
臨《りん》時休業《じきゅうぎょう》のお知《し》らせ。
決勝戦《けっしょうせん》に臨《のぞ》む。

なりたち

臨
人《ひと》が下《した》を向《む》いていろいろなものを見《み》ている形《かたち》から。

いみ・ことば

❶見下《みお》ろす。面《めん》している。その場《ば》に居合《いあ》わせる。
君臨《くんりん》。臨《りん》海《かい》。臨《りん》界《かい》。臨《りん》海学校《かいがっこう》。臨《りん》機応変《きおうへん》。臨《りん》時《じ》。臨《りん》終《じゅう》。臨《りん》書《しょ》。臨《りん》床《しょう》。臨《りん》場《じょう》感《かん》。臨《りん》席《せき》。

賃

貝 かい　13画

オン　チン
くん　—

つかいかた

バスの運賃《うんちん》をはらう。
賃《ちん》金《ぎん》を受《う》け取《と》る。
賃《ちん》貸住宅《たいじゅうたく》を借《か》りる。
家賃《やちん》をはらう。

いみ・ことば

❶仕事《しごと》やものに応《おう》じてはらうお金《かね》。
運賃《うんちん》。工賃《こうちん》。駄賃《だちん》。賃《ちん》上《あ》げ。賃《ちん》貸《が》し。賃《ちん》金《ぎん》。賃《ちん》貸《たい》。手間賃《てまちん》。電車賃《でんしゃちん》。船賃《ふなちん》。家賃《やちん》。宿賃《やどちん》。

鋼

金 かねへん　16画

ノ 𠆢 今 金 釦 鈳 鋼

オン　コウ

くん　(はがね)

つかいかた

鉄鋼《てっこう》業《ぎょう》で栄《さか》える町《まち》。
鋼鉄《こうてつ》で造《つく》られた船《ふね》。
鋼《はがね》で作《つく》られた包丁《ほうちょう》。
鋼《はがね》のような肉体《にくたい》。

いみ・ことば

❶はがね。きたえて強《つよ》くした鉄《てつ》。
📎鋼材《こうざい》。鋼鉄《こうてつ》。製鋼《せいこう》。鉄鋼《てっこう》。

なりたち

鋼　金(金属《きんぞく》)と岡(強《つよ》い)で、「はがね」を表《あらわ》す。

閉

門 もんがまえ　11画

丨 冂 門 門 門 門 閉 閉

オン　ヘイ

くん　とじる　(とざす)　しめる　しまる

つかいかた

ドアを閉《し》める。
口《くち》を閉《と》じる。
運動会《うんどうかい》の閉会式《へいかいしき》。
密閉《みっぺい》容器《ようき》に入《い》れる。

オンくんあそび
閉店《へいてん》時間《じかん》に
店《みせ》閉《し》める

いみ・ことば

❶とじる。しめる。終《お》わりにする。📎開閉《かいへい》。閉会《へいかい》。閉館《へいかん》。閉口《へいこう》。閉校《へいこう》。閉鎖《へいさ》。閉山《へいざん》。閉店《てん》。閉幕《へいまく》。閉門《へいもん》。密閉《みっぺい》。

なりたち

閉　門(門《もん》)と才(ふさぐ)で、「とじる」を表《あらわ》す。

閣

門 もんがまえ　14画

丨 冂 門 門 閂 閃 閣

オン　カク

くん　―

つかいかた

お城《しろ》の天守閣《てんしゅかく》に登《のぼ》る。
閣議《かくぎ》を開《ひら》く。
内閣《ないかく》総理《そうり》大臣《だいじん》に会《あ》う。
神社《じんじゃ》仏閣《ぶっかく》をめぐる。

いみ・ことば

❶高《たか》くてりっぱな建物《たてもの》。📎天守閣《てんしゅかく》。仏閣《ぶっかく》。楼閣《ろうかく》。
❷「内閣《ないかく》」のこと。📎閣議《かくぎ》。閣僚《かくりょう》。組閣《そかく》。内閣《ない》。入閣《にゅうかく》。
❸身分《みぶん》の高《たか》い人《ひと》を敬《うやま》ってよぶ言葉《ことば》。📎閣下《かっか》。

「天守閣《てんしゅかく》」は、城《しろ》の高《たか》いところにつくった物見《ものみ》やぐらのこと。

隹 ふるとり　18画

難

オン　ナン
くん　(かたい)　むずかしい

つかいかた

難《むずか》しい問《もん》題《だい》を解《と》く。
困《こん》難《なん》に打《う》ち勝《か》つ。
避《ひ》難《なん》訓《くん》練《れん》をする。
すぐには信《しん》じ難《がた》い。

オンくんあそび
難《なん》関《かん》突《とっ》破《ぱ》は
難《むずか》しい

いみ・ことば

❶むずかしい。苦《くる》しい。☞ 苦《く》難《なん》。困《こん》難《なん》。災《さい》難《なん》。至《し》難《なん》。受《じゅ》難《なん》。遭《そう》難《なん》。盗《とう》難《なん》。難《なん》易《い》。難《なん》解《かい》。難《なん》関《かん》。難《なん》儀《ぎ》。難《なん》局《きょく》。難《なん》航《こう》。難《なん》産《ざん》。難《なん》色《しょく》。難《なん》題《だい》。難《なん》病《びょう》。難《なん》民《みん》。難《なん》問《もん》。避《ひ》難《なん》。
❷とがめる。☞ 難《なん》点《てん》。非《ひ》難《なん》。

「有《あ》り難《がた》い」は、有《あ》ることが難《むずか》しいことから、めったにないという感《かん》謝《しゃ》の気《き》持《も》ちを表《あらわ》す言《こと》葉《ば》になった。

革 かわ　9画

革

オン　カク
くん　(かわ)

つかいかた

選《せん》挙《きょ》制《せい》度《ど》を改《かい》革《かく》する。
産《さん》業《ぎょう》革《かく》命《めい》が起《お》こる。
皮《ひ》革《かく》製《せい》品《ひん》を買《か》う。
革《かわ》靴《ぐつ》をはく。

オンくんあそび
人《じん》工《こう》皮《ひ》革《かく》で
革《かわ》靴《ぐつ》作《つく》る

いみ・ことば

❶かわ。なめしがわ。☞ 革《かわ》帯《おび》。革《かわ》靴《ぐつ》。革《かわ》製《せい》品《ひん》。皮《ひ》革《かく》。
❷改《あらた》める。改《あらた》まる。☞ 沿《えん》革《かく》。改《かい》革《かく》。革《かく》新《しん》。革《かく》命《めい》。変《へん》革《かく》。

なりたち

☞ 革

動《どう》物《ぶつ》の皮《かわ》をはいで広《ひろ》げた形《かたち》から。

頁 おおがい　11画

頂

オン　チョウ
くん　いただく　いただき

つかいかた

山《やま》の頂《いただき》に立《た》つ。
お祝《いわ》いを頂《いただ》く。
頂《ちょう》上《じょう》からの景《け》色《しき》。
三《さん》角《かく》形《けい》の三《みっ》つの頂《ちょう》点《てん》。

オンくんあそび
山《さん》頂《ちょう》に
雪《ゆき》を頂《いただ》く

いみ・ことば

❶いただき。てっぺん。☞ 山《さん》頂《ちょう》。絶《ぜっ》頂《ちょう》。頂《ちょう》角《かく》。頂《ちょう》上《じょう》。頂《ちょう》点《てん》。登《と》頂《ちょう》。頭《とう》頂《ちょう》部《ぶ》。
❷いただく。もらう。☞ 頂《いただ》き物《もの》。頂《ちょう》戴《だい》。

「有《う》頂《ちょう》天《てん》になる」とは、喜《よろこ》びのあまり、我《われ》を忘《わす》れること。また、うかれていい気《き》になること。

骨 ほね

10画

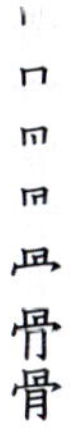

骨

オン　コツ

くん　ほね

つかいかた

恐竜《きょうりゅう》の骨《ほね》の化石《かせき》。
骨《ほね》と筋肉《きんにく》の働《はたら》き。
気《き》骨《こつ》のある少年《しょうねん》。
計画《けいかく》の骨《こっ》子《し》を決《き》める。

オンくんあそび

骨《こっ》格標本《かくひょうほん》で
骨《ほね》の学習《がくしゅう》

なりたち

骨

(関節《かんせつ》の形《かたち》)と(肉《にく》)で、「ほね」を表《あらわ》す。

いみ・ことば

❶体《からだ》を形《かたち》づくるほね。物事《ものごと》の中心《ちゅうしん》になるもの。

骸骨《がいこつ》。筋骨《きんこつ》。骨格《こっかく》。骨子《こっし》。骨髄《こつずい》。骨折《こっせつ》。骨肉《こつにく》。骨盤《こつばん》。接骨《せっこつ》。背骨《せぼね》。鉄骨《てっこつ》。白骨《はっこつ》。骨《ほね》組《ぐ》み。骨身《ほねみ》。骨休《ほねやす》め。

❷人柄《ひとがら》。気性《きしょう》。

気骨（きこつ／きぼね）。反骨《はんこつ》。武骨《ぶこつ》。

いろいろな符号《ふごう》

私《わたし》たちは、漢字《かんじ》やひらがな、かたかななどの文字《もじ》のほかに、符号《ふごう》も使《つか》っています。
ここでは、その一部《いちぶ》(縦書《たてが》きの場合《ばあい》)を集《あつ》めました。名称《めいしょう》は代表的《だいひょうてき》なものを、意味《いみ》と使《つか》い方《かた》は基本的《きほんてき》なものを示《しめ》しました。

ー

長音符号《ちょうおんふごう》
長音符《ちょうおんぷ》/音引《おんび》き
かたかなで、のばす音《おん》を表《あらわ》す。「ノート」「ボール」などの「ー」。

!

感嘆符《かんたんふ》
びっくりマーク/エクスクラメーションマーク
感動《かんどう》やおどろきなどの気持《きも》ちや強調《きょうちょう》を表《あらわ》す。

、

読点《とうてん》
てん
文《ぶん》の途中《とちゅう》につける点《てん》。文《ぶん》を読《よ》みやすくするために、言葉《ことば》を区切《くぎ》るときに使《つか》う。

?

疑問符《ぎもんふ》
はてなマーク/クエスチョンマーク
問《と》いかけや疑問《ぎもん》を表《あらわ》す。

。

句点《くてん》
まる
文《ぶん》の終《お》わりにつける点《てん》。「!」や「?」がくる場合《ばあい》は、句点《くてん》をつける必要《ひつよう》はない。

・

中点《なかてん》
中黒《なかぐろ》
いくつかの言葉《ことば》を並《なら》べるときなどに使《つか》う。

「　」

かぎかっこ

かぎ

会話《かいわ》や、引用《いんよう》であることを示《しめ》すときに使《つか》う。

……

三点《さんてん》リーダー

てんてん／点線《てんせん》

音《おと》のない状態《じょうたい》を表《あらわ》すときや、言葉《ことば》を省略《しょうりゃく》するときなどに使《つか》う。「…」を二《ふた》つ重《かさ》ねて用《もち》いることが多《おお》い。

「々」は、同《おな》じ字《じ》のくり返《かえ》しを示《しめ》す「くり返《かえ》し符号《ふごう》」（おどり字《じ》）だよ。漢数字《かんすうじ》のゼロは、算用数字《さんようすうじ》の「0」に相当《そうとう》する符号《ふごう》だといわれているよ。

々

同《どう》の字点《じてん》

ノマ点《てん》

同《おな》じ漢字《かんじ》をくり返《かえ》して書《か》くときに使《つか》う。「人々《ひとびと》」「日々《ひび》」など。

（　）

かっこ

丸《まる》かっこ／パーレン

注《ちゅう》をつけるときや、登場人物《とうじょうじんぶつ》の思《おも》ったことを表《あらわ》すときなどに使《つか》う。

―

ダッシュ

ダーシ／中線《なかせん》

言葉《ことば》を補《おぎな》ったり、省略《しょうりゃく》したりするときに使《つか》う。「―」を二《ふた》つ重《かさ》ねて用《もち》いることが多《おお》い。

〇

縦書《たてが》きのときの漢数字《かんすうじ》のゼロ

例

二千五百六
↓二五〇六

十歳・二十歳
↓一〇歳・二〇歳

小《しょう》学《がっ》校《こう》で学《まな》ぶすべての漢字《かんじ》

小学校《しょうがっこう》で学《まな》ぶ漢字《かんじ》（一〇〇六字《じ》）を、学年《がくねん》ごとにまとめて示《しめ》しました。
漢字《かんじ》は、それぞれ五十音順《ごじゅうおんじゅん》に並《なら》んでいます。

1年生

一右雨円王音下火花貝学気九休玉金空月犬見五口校
左三山子四糸字耳七車手十出女小上森人水正生青夕
石赤千川先早草足村大男竹中虫町天田土二日入年白
八百文木本名目立力林六

2年生

引羽雲園遠何科夏家歌画会回海絵外角楽活間丸岩顔
汽帰記弓牛魚京強教近兄形計元言原戸古午後語工公
広交光考行高黄合谷国黒今才細作算止市矢姉思紙寺
自時室社弱首秋週春書少場色食心新親図数西声星晴
切雪船線前組走多太体台地池知茶昼長鳥朝直通弟店点電刀冬
当東答頭同道読内南肉馬売買麦半番父風分聞米歩母方北毎妹
万明鳴毛門夜野友用曜来里理話

3年生

悪安暗医委意育員院飲運泳駅央横屋温化荷界開階寒
感漢館岸起期客究急級宮球去橋業曲局銀区苦具君係
軽血決研県庫湖向幸港号根祭皿仕死使始指歯詩次事
持式実写者主守取酒受州拾終習集住重宿所暑助昭消
商章勝乗植申身神真進深世整昔全送相想速息族他打対待代第
題炭短談着注柱丁帳調追定庭笛鉄転都度投豆島湯登等動童農
波配倍箱畑発反坂板皮悲美鼻筆氷表秒病品負部服福物平返勉
放味命面問役薬由油有遊予羊洋葉陽様落流旅両緑礼列練路和

4年生

愛案以衣位囲胃印英栄塩億加果貨課芽改械害街各覚
完官管関観願希季紀喜旗器機議求泣救給挙漁共協鏡
競極訓軍郡径型景芸欠結建健験固功好候航康告差菜
最材昨札刷殺察参産散残士氏史司試児治辞失借種周
祝順初松笑唱焼象照賞臣信成省清静席積折節説浅戦選然争倉
巣束側続卒孫帯隊達単置仲貯兆腸低底停的典伝徒努灯堂働特
得毒熱念敗梅博飯飛費必票標不夫付府副粉兵別辺変便包法望
牧末満未脈民無約勇要養浴利陸良料量輪類令冷例歴連老労録

5年生

圧移因永営衛易益液演応往桜恩可仮価河過賀快解格
確額刊幹慣眼基寄規技義逆久旧居許境均禁句群経潔
件券険検限現減故個護効厚耕鉱構興講混査再災妻採
際在財罪雑酸賛支志枝師資飼示似識質舎謝授修述術
準序承招証条状常情織職制性政勢精製税責績接設舌絶銭祖素
総造像増則測属率損退貸態団断築張提程適敵統銅導徳独任燃
能破犯判版比肥非備俵評貧布婦富武復複仏編弁保墓報豊防貿
暴務夢迷綿輸余預容略留領

6年生

異遺域宇映延沿我灰拡革閣割株干巻看簡危机揮貴疑
吸供胸郷勤筋系敬警劇激穴絹権憲源厳己呼誤后孝皇
紅降鋼刻穀骨困砂座済裁策冊蚕至私姿視詞誌磁射捨
尺若樹収宗就衆従縦縮熟純処署諸除将傷障城蒸針仁
垂推寸盛聖誠宣専染洗泉善奏窓創装層操蔵臓存尊宅担探誕段
暖値宙忠著庁頂潮賃痛展党討糖届難乳認納脳派拝肺背俳班晩
否批秘腹奮並陛閉片補暮宝訪亡忘棒枚幕密盟模訳郵優幼欲翌
乱卵覧裏律臨朗論

さくいん

音訓《おんくん》さくいん

この字典《じてん》にのっている漢字《かんじ》のすべての読《よ》みを五十音順《ごじゅうおんじゅん》に並《なら》べ、ページ数《すう》を示《しめ》しました。同《おな》じ読《よ》みの場合《ばあい》は、漢字《かんじ》の総画数順《そうかくすうじゅん》に並《なら》んでいます。

- かたかなは音読《おんよ》み、ひらがなは訓読《くんよ》みです。赤《あか》い字《じ》は送《おく》りがなです。
- 丸数字《まるすうじ》は、その漢字《かんじ》を学《まな》ぶ学年《がくねん》を示《しめ》しています。
- 調《しら》べたい漢字《かんじ》の読《よ》みがわかるときに、このさくいんを使《つか》いましょう。

あ

読み	学年	漢字	ページ
アイ	④	愛	204
あい	❸	相	156
あいだ	❷	間	101
あう	❷	会	54
	❷	合	61
あお	❶	青	52
あおい	❶	青	52
あか	❶	赤	50
あかい	❶	赤	50
あかす	❷	明	78
あからむ	❶	赤	50
	❷	明	78
あからめる	❶	赤	50
あかり	❷	明	78
あがる	❶	上	27
	④	挙	206
あかるい	❷	明	78
あかるむ	❷	明	78
あき	❷	秋	90
あきなう	❸	商	119
あきらか	❷	明	78
アク	❸	悪	135
あく	❶	空	47
	❷	明	78
	❸	開	170
あくる	❷	明	78
あける	❶	空	47
	❷	明	78
	❸	開	170
あげる	❶	上	27
	④	挙	206
あさ	❷	朝	81
あざ	❶	字	36
あさい	④	浅	218
あし	❶	足	50
あじ	❸	味	117
あじわう	❸	味	117
あずかる	⑤	預	301
あずける	⑤	預	301
あそぶ	❸	遊	132
あたい	⑤	価	243
	⑥	値	305
あたたか	❸	温	149
	⑥	暖	333
あたたかい	❸	温	149
	⑥	暖	333
あたたまる	❸	温	149
	⑥	暖	333
あたためる	❸	温	149
	⑥	暖	333
あたま	❷	頭	102
あたらしい	❷	新	77
あたり	④	辺	201
あたる	❷	当	69
アツ	⑤	圧	250
あつい	⑤	厚	249
	❸	暑	141
	④	熱	221
あつまる	❸	集	171
あつめる	❸	集	171
あてる	❷	当	69
あと	❷	後	73
あな	⑥	穴	345
あに	❷	兄	56
あね	❷	姉	67
あばく	⑤	暴	271
あばれる	⑤	暴	271
あびせる	④	浴	218
あびる	④	浴	218
あぶない	⑥	危	309
あぶら	❸	油	148
あま	❶	天	35
	❶	雨	51
あます	⑤	余	243
あまる	⑤	余	243
あむ	⑤	編	287
あめ	❶	天	35
	❶	雨	51
あやうい	⑥	危	309
あやつる	⑥	操	331
あやぶむ	⑥	危	309
あやまち	⑤	過	261
あやまつ	⑤	過	261
あやまる	⑥	誤	357
	⑤	謝	294
あゆむ	❷	歩	83
あらう	⑥	洗	337
あらそう	④	争	174
あらた	❷	新	77
あらたまる	④	改	206
あらためる	④	改	206
あらわす	❸	表	165
	⑤	現	280
	⑥	著	324
あらわれる	❸	表	165
	⑤	現	280
ある	❸	有	142
	⑤	在	251
あるく	❷	歩	83
あわす	❷	合	61
あわせる	❷	合	61
アン	❸	安	121
	❷	行	95
	④	案	212
	❸	暗	141

い

読み	学年	漢字	ページ
イ	④	以	174
	④	衣	230
	❸	医	115
	④	位	176
	④	囲	190
	❸	委	120
	⑤	易	271
	④	胃	228
	⑤	移	283
	⑥	異	341
	❸	意	136
	⑥	遺	325
いう	❷	言	96
いえ	❷	家	68
いかす	❶	生	45
イキ	⑥	域	312
いき	❸	息	135
いきおい	⑤	勢	248
いきる	❶	生	45
イク	❸	育	164
いく	❷	行	95
いくさ	④	戦	205
いけ	❷	池	84
いける	❶	生	45
いさぎよい	⑤	潔	277
いさむ	④	勇	185
いし	❶	石	47
いずみ	⑥	泉	338
いそぐ	❸	急	134
いた	❸	板	143
いたい	⑥	痛	342
いただき	⑥	頂	362
いただく	⑥	頂	362
いたむ	⑥	痛	342
	⑥	傷	305
いためる	⑥	痛	342
	⑥	傷	305
いたる	⑥	至	352
イチ	❶	一	26
いち	❷	市	70
いちじるしい	⑥	著	324
イツ	❶	一	26
いつ	❶	五	28
いつつ	❶	五	28
いと	❶	糸	48

音訓さくいん　アイ〜おろす

読み	漢字	ページ
ウ	う	
	❸有	142
	❷羽	93
	❶右	33
イン		
	❸飲	172
	❸院	133
	❶員	119
	⑤音	52
	④因	250
	❷印	187
	❷引	71
いわう	❷祝	223
いわ	❷岩	69
いろ	❶色	94
いれる	❷入	30
	④射	317
いる	❹要	231
	⑤居	255
いる	❷入	30
いもうと	❷妹	67
いま	❹今	54
いのち	❸命	118
いぬ	❶犬	44
いな	⑥否	310
いとなむ	⑤営	259

うつる	⑤写	112
	⑤移	283
うつす	❸映	332
	⑤写	112
うつくしい	❸美	163
うつ	⑥討	355
	❸打	137
うち	❷内	57
うたがう	⑥疑	341
うたう	❷歌	82
うた	❷歌	82
うしろ	❷後	73
うしなう	④失	193
うじ	④氏	216
うし	❷牛	86
うごかす	❸動	113
うごく	❸動	113
うける	❸受	116
うけたまわる	⑤承	266
うかる	❸受	116
うお	❷魚	104
うえる	❸植	144
うえ	❶上	27
うい	④初	182
	❶雨	51
	⑥宇	314

エ

え	❷絵	92
	❷回	62
	❷会	54

ウン

	❸運	132
	❷雲	101
うわ	❸植	144
	❶上	27
うれる	⑥熟	340
	❷売	64
うる	④得	199
	❷売	64
うら	④裏	354
うやまう	⑥敬	332
うめ	④梅	212
うむ	❶産	222
	❷生	45
うみ	❷海	85
うぶ	❶産	222
うま	❷生	45
	❷馬	104
うまれる	❶産	222
うつわ	④器	190
	⑤移	283
	❸映	332

エイ

エイ		
	⑤演	277
	④塩	192
	❷遠	63
	❷園	337
	⑥沿	322
	❶延	31
	④円	199
	④得	202
	④選	225
	❸笑	272
	⑤枝	172
	❸駅	275
	❸液	281
	⑤益	271
	⑤易	128
	❸役	291
	⑤衛	259
	❸営	332
	⑤映	212
	❸栄	200
	⑤英	147
	❸泳	274
	❸永	169

オ

おぎなう	⑤補	354
おがむ	④拝	330
おかす	⑤犯	278
おおやけ	❷公	57
おおきい	❶大	34
おおいに	❶大	34
おおい	❷多	34
おお	❶大	34
おえる	❸終	162
	❸負	166
	❶追	131
お	❸生	45
	❸横	145
	⑤黄	105
	❸桜	272
	❸皇	342
	⑤往	290
	⑤応	263
オウ	❸央	120
	❶王	44
おいる	④老	222
オ	❶小	36
	❸悪	135
お	❸和	118

おと	④夫	193
おちる	❸落	130
おそわる	❷教	278
おす	⑥推	348
おしえる	❷教	244
おさめる	⑥納	217
	❸修	309
	④治	244
おさまる	⑥納	217
	❸修	309
	④治	217
おさない	⑥幼	321
おこる	❸興	290
おこなう	❷行	167
おごそか	⑥厳	323
おこす	❸興	290
おこ	④起	95
おくれる	❸後	73
おくる	❸送	131
おく	④億	225
オク	❸屋	180
	❸億	124
おい	❸起	167

おろす	❶下	26
おれる	④折	205
おる	⑤織	288
	④折	205
おり	❶降	326
おりる	❶下	26
および	❷折	205
おやま	❷泳	147
おや	❷親	95
おもて	❸面	171
おもう	❸表	165
おもい	❸思	76
おぼえる	❸重	169
おびる	❸面	171
おび	❸主	108
おのれ	❸覚	231
おのおの	⑥帯	197
おなじ	❹帯	197
おとずれる	④己	320
おとこ	❸各	188
おとうと	❸同	62
おと	⑥訪	356
	❷落	130
	❸男	45
	❶弟	72
	❶音	52

か / オン

⑤	④	③	②	②	⑤	④	②	①	①	③	⑤	①		①	③	⑤	①	③	⑥
過	貨	荷	家	夏	科	河	価	果	何	花	仮	可	加	化	火	下	女	遠	温	恩	音	終	降
261	234	129	68	65	89	275	243	211	55	38	241	249	184	114	43	26	35	75	149	265	52	162	326

かう / かいこ / ガイ / かい / カイ / ガか

②	⑥	④	②	①	③	④	③	④	③	②	②	③	②	①	②	①	④	②
交	蚕	街	害	外	貝	解	街	開	階	絵	械	界	海	快	改	灰	回	会	賀	芽	画	我	日	課	歌
53	353	230	65	50	292	230	170	134	92	213	153	85	264	206	340	62	54	297	201	87	328	39	233	82

かく / カク / かぎる / かかわる / かかり / かがみ / かお / かえる / かえりみる / かえす

④	⑤	⑥	④	②	⑥	②	③	②	④	③	③	②	③	④	③	③	⑤	②
欠	確	閣	覚	格	革	客	拡	画	角	各	限	関	係	係	鏡	顔	帰	返	変	代	省	帰	返	飼	買
214	282	361	231	273	362	122	329	87	96	188	262	237	111	111	237	102	70	130	192	110	223	70	130	302	98

かためる / かたまる / かたな / かたき / かたい / かた / かぞえる / かぜ / かず / かしら / かさねる / かさなる / かこむ / かこう / かける / ガク

④	④	②	②	⑥	②	⑥	②	②	⑥	②	②	③	③	⑥	⑥	④	③	⑤	②
固	固	刀	形	敵	難	固	型	形	片	方	数	風	数	貸	頭	重	重	風	囲	囲	欠	額	楽	学	書
191	191	57	73	270	362	191	191	73	340	78	103	77	297	102	169	169	103	190	190	214	302	82	36	80

から / かよう / かみ / かまえる / かぶ / かね / かならず / かなめ / かなでる / かなしむ / かなしい / かな / かど / かつぐ / カツ / かつ / カツ / かたらう / かたる / カツ / からだ

①	②	②	①	⑤	⑤	①	④	②	③	③	①	②	⑥	①	⑥	②	②	②
空	通	紙	神	上	構	構	株	金	必	要	奏	悲	悲	金	門	角	担	月	合	勝	割	活	合	語	語
47	74	91	157	27	273	273	335	57	204	231	313	135	57	100	96	329	40	67	114	307	85	61	97	97

カン / かわす / かわる / がわ / かわ / かろやか / かるい / かりる / かり / からだ

④	④	⑤	③	④	④	④	⑤	④	⑤	④	⑥	②	⑥	④	③	①	③	⑤	②
関	管	幹	漢	感	寒	間	看	巻	官	完	刊	干	変	代	交	側	革	河	皮	川	軽	軽	借	仮	体
237	226	152	151	60	146	123	103	320	149	246	321	95	179	362	275	37	168	178	241	55

キ / き / かんがえる / ガン / かん

③	②	②	④	④	④	⑥	⑥	①	⑥	②	②	④	③	②	②	③	④	④	③
起	記	帰	紀	季	希	汽	机	危	気	己	考	願	顔	眼	岸	岩	元	丸	神	簡	観	館	慣
167	97	70	227	194	196	84	334	309	43	320	86	239	102	281	125	69	56	53	157	347	231	172	265

372

音訓さくいん おろす〜ケイ

読み	漢字	ページ
きし	❸岸	125
きざむ	⑥刻	307
きざし	④兆	180
きざす	④兆	180
きこえる	❷聞	93
	❷聞	93
	❸効	248
きく	④利	183
きえる	❸消	148
	⑤議	233
	❷疑	341
	❷義	288
	❶技	266
ギ	⑥黄	105
	❶生	45
	④木	40
キ	④機	214
	⑥器	190
	⑥旗	208
	④貴	359
	⑥揮	331
	⑤喜	190
	④期	142
	⑤規	292
	⑤寄	254
	⑤基	251
キュウ		
ギャク		
キャク		
きめる	❶決	
きみ		
きまる	❶決	
きびしい		
きぬ		
きたる		
きたす		
きそう		
きせる		
きずく		

	❸宮	❸級	④急	❸泣	④究	❸求	④吸	❶休	⑤旧	⑤久	❷弓	❶九	❸逆	❸客	⑥決	❷君	❷決	❸厳	⑤絹	⑥来	⑤来	⑤北	❸競	❷着	⑤築	⑥傷
	123	161	134	217	159	216	310	29	270	241	71	28	260	122	146	117	146	323	349	81	81	59	225	163	284	305

読み							きよい			ギョ				きよ		ギュウ

④競	④鏡	⑤興	❸橋	⑤境	⑥郷	❷経	❷教	⑥強	④胸	❷供	④協	❷京	⑥共	❷兄	❷清	❸漁	❷魚	⑥許	④挙	⑤居	❸去	❷牛	④給	④救	❸球
225	237	290	145	252	325	285	77	72	351	304	186	54	181	56	218	219	104	293	206	255	115	86	227	206	152

読み	ギン			キン			きわめる	きわまる	きわみ	きれる	きる	きよめる	ギョク		キョク						ギョウ

❸銀	⑤禁	⑥筋	⑥勤	❶金	❷均	❷近	❸今	④極	❸究	④極	❸極	❷際	④切	❷着	④切	❶清	④清	❸玉	④極	❸局	❸曲	❷業	❷形	❷行
170	283	346	308	51	251	74	54	213	159	213	213	263	58	163	58	218	218	124	213	141	144	73	95	

読み	くに	くち	くだる	くだす	くださる	くだ	くすり	くさ	グウ	くう	ク											ク

❷国	❶口	❶下	❶下	❶下	④管	❸薬	❶草	❸宮	❶食	❸空	⑥具	⑥庫	④宮	⑤紅	④供	⑤苦	⑤句	❷功	❶区	⑤久	❶エ	❶口	❶九
63	32	26	26	26	226	130	226	123	47	112	348	304	123	229	304	249	114	241	69	241	69	32	28

読み	グン		クン		くわえる	くわわる	くろい	くれる	くれない	くるま	くるしめる	くるしむ	くるしい	くらべる	くらす	くらう	くらい	くらい		くも	くむ	くび	くばる

④軍	④訓	❸君	❸加	④加	❷黒	❷黒	⑥暮	⑥紅	❶車	❸苦	❸苦	❸苦	⑤比	⑥暮	❶食	④位	❷暗	⑤蔵	④倉	❷雲	❷組	❷組	❸首	❸配
235	232	117	184	184	106	333	348	51	129	129	129	81	274	333	176	325	178	101	92	103	169			

読み							ケイ					ゲ	け							ケ

⑤境	⑥敬	④景	❸軽	⑤経	④型	❸係	❷計	❷径	❷京	❷系	❷形	❷兄	❷解	❷夏	❷外	❶下	❷毛	❷家	❶仮	❸気	❸化	⑤群	④郡
252	332	208	168	285	191	111	96	198	54	347	73	56	292	65	65	26	84	68	241	43	114	288	203

373

ゲイ	ゲキ	ゲキ	けす	ケツ				ゲツ	けわしい	ケン					

❻警 ❹競 ❹芸 ❺劇 ❹激 ❻消 ❹欠 ❻血 ❸決 ❸結 ❸潔 ❶月 ❶険 ❺犬 ❶件 ❺見 ❺券 ❸県 ❸研 ❸建 ❹健 ❷険 ❷間 ❺検 ❻絹
359 225 200 308 339 148 214 345 164 146 228 277 40 263 44 242 49 247 155 157 198 179 163 101 273 349

こ　　　　　　　コ　　　　　　　　　　　　　　　　　　　　　ゲン　　　　　　　　　　　　　　　　　　　　　　ゲン

❶子 ❸湖 ❺個 ❸庫 ❻呼 ❹固 ❸去 ❷古 ❷戸 ❻己　❹験 ❻厳 ❻源 ❹減 ❷眼 ❷現 ❹原 ❺限 ❷言 ❷元 ❹験 ❻憲 ❻権
35 150 244 127 269 311 191 115 61 76 320　240 323 339 276 281 280 60 262 96 56 240 328 336

　　　　　　　　　　　　　　　　　　　　　　　　　　　　　コウ　　　　　　　　　　　　　　　　ゴ

❺効 ❸幸 ❻孝 ❻后 ❹好 ❸向 ❷行 ❷考 ❷光 ❷交 ❷功 ❷広 ❷公 ❶エ ❷口 ❺護 ❸誤 ❷語 ❸期 ❷後 ❶午 ❷五 ❹黄 ❶粉 ❶木 ❶小
248 126 314 310 193 117 95 86 56 53 184 70 57 69 32 295 357 97 142 73 59 28 105 226 40 36

こえ　　　　　ゴウ　　　こう

❷声 ❸業 ❻郷 ❷強 ❹合 ❸号 ❷神 ❺講 ❻鋼 ❺興 ❺構 ❸鉱 ❷港 ❹康 ❻黄 ❻降 ❺耕 ❹格 ❹航 ❸候 ❷高 ❶校 ❷紅 ❺皇 ❺厚 ❷後
64 144 325 72 61 116 157 294 361 290 273 299 150 198 105 326 289 273 229 178 104 42 348 342 249 73

　　　　コツ　　　　　こたえる　　こころざす　　　ここのつ　　　　　　　　　　コク
ことわる　　こと　　　　　こたえ　　こころざし　　ここの　　　　　　　　　　こおり
　　　　　　　　　　　　　　　　　　こころよい
　　　　　　　　　　　　　　　　　こころみる
　　　　　　　　　　　　　　　　　こころ

❺断 ❸異 ❷事 ❷言 ❸骨 ❷答 ❷応 ❷答 ❹快 ❹試 ❺志 ❺志 ❷心 ❶九 ❶九 ❻極 ❹穀 ❷黒 ❻刻 ❷国 ❶告 ❸谷 ❸石 ❺氷 ❺肥 ❺肥
270 341 109 96 363 90 263 90 264 232 264 264 75 28 28 213 345 106 307 65 189 86 47 146 289 289

　　ゴン　　　　　　　　　　　　　こわい　　　　ころす　　　　　　　　　　このむ
　　　　　　　　　　　　　　　　　コン　　　　ころも　　ころげる　　こやし　こむ　　こまかい　　　こな
　　　　　　　　　　　　　　　　　　　　　　　　　　ころす　ころがる　こやす　こまる　こまか

❻厳 ❻権 ❻勤 ❷言 ❹混 ❹根 ❸建 ❶金 ❹困 ❷今 ❹声 ❹衣 ❸転 ❹殺 ❸転 ❸転 ❺肥 ❺肥 ❹米 ❸混 ❹困 ❸細 ❹細 ❹好 ❶粉
323 336 308 96 275 143 198 51 311 54 64 230 168 168 168 168 289 289 91 275 311 91 91 193 226

		サイ					ザイ						サ

さ

❺際 ❻裁 ❹最 ❺済 ❹採 ❸菜 ❸祭 ❹細 ❹財 ❹殺 ❺妻 ❸災 ❺再 ❷西 ❷切 ❷才 ❺座 ❹差 ❺砂 ❺査 ❷茶 ❷作 ❺再 ❶左
263 353 209 338 267 201 158 91 296 215 253 277 246 95 58 76 322 196 343 272 73 55 246 37

音訓 さくいん ケイ〜シュ

読み	漢字	番号	ページ

ザイ 財 ④ 284 在 251 材 ④ 210

さいわい・さか 幸 ③ 126 坂 ③ 120

さか 酒 ③ 169

さかい 境 ③ 252

さかえる 栄 ④ 212

さがす 探 ⑥ 331

さかな 魚 ② 104

さからう 逆 ⑥ 342

さかる 盛 ⑥ 260

さがる 下 ① 29

さかん 盛 ⑥ 306

サク 先 ① 342

作 ② 55

冊 ⑥ 346

昨 ④ 307

策 ⑥ 208

割 ② 272

桜 ⑥ 331

探 ⑥ 169

さぐる 酒 ③ 26

さくら

さける

さり

さけ

サッ 札 ③ 122

刷 ④ 209

早 ① 40

サツ 殺 ③ 306

察 ④ 183

雑 ② 215

さち 幸 ③ 126

さだか 定 ③ 122

さだまる 定 ③ 122

さだめる 定 ③ 122

さずかる 授 ⑤ 267

さずける 授 ⑤ 267

さす 指 ③ 196

さす 差 ⑤ 138

さげる 提 ⑤ 268

さら 皿 ③ 155

さめる 覚 ④ 231

さむい 寒 ③ 182

さます 覚 ④ 231

さます 冷 ④ 182

さま 様 ③ 144

さばく 裁 ⑥ 353

さと 里 ② 99

ザツ 雑 ② 300

し シ ザン

ザン 残 ④ 215

サン 賛 ⑤ 298

酸 ⑤ 299

算 ② 90

散 ④ 207

産 ④ 222

蚕 ⑥ 353

参 ④ 187

山 ① 37

三 ① 27

さる 去 ③ 115

さわる 障 ⑥ 327

シ 子 ① 35

士 ④ 192

止 ② 82

氏 ④ 216

支 ⑤ 269

四 ① 33

市 ② 70

矢 ② 88

仕 ③ 109

史 ④ 188

司 ④ 188

示 ⑤ 282

示 ⑤ 282

仕 ③ 109

誌 ⑥ 357

飼 ⑤ 302

資 ⑤ 298

試 ④ 232

詩 ③ 165

詞 ⑥ 356

歯 ③ 173

視 ⑥ 355

師 ⑤ 256

紙 ② 91

姿 ⑥ 313

指 ③ 138

思 ② 76

枝 ⑤ 272

始 ③ 121

使 ③ 111

姉 ② 67

私 ⑥ 344

志 ⑤ 264

至 ⑥ 352

死 ③ 146

次 ③ 145

自 ② 94

糸 ① 48

ジ 仕 ③ 109

字 ① 36

耳 ① 49

地 ② 63

寺 ② 145

自 ② 94

児 ④ 181

次 ③ 145

似 ⑤ 242

事 ③ 109

治 ④ 217

持 ③ 138

時 ② 71

辞 ⑤ 236

磁 ⑥ 344

ジキ 食 ② 103

直 ② 88

しあわせ 幸 ③ 126

しいる 強 ② 72

しお 塩 ④ 192

潮 ⑥ 339

シキ 色 ② 94

式 ③ 128

織 ⑤ 288

識 ⑤ 295

しずか 静 ④ 238

しずまる 静 ④ 238

しずめる 静 ④ 238

しず 静 ④ 238

した 下 ① 26

したがう 従 ⑥ 290

したがえる 従 ⑥ 323

したしい 親 ② 95

したしむ 親 ② 95

シチ 七 ① 26

質 ⑤ 298

シツ 室 ② 59

失 ④ 193

質 ⑤ 298

ジツ 日 ① 32

実 ③ 298

ジッ 十 ① 39

シャ 写 ① 26

車 ① 112

社 ② 89

者 ③ 152

舎 ⑤ 243

砂 ⑥ 317

射 ⑥ 330

謝 ⑤ 294

シャク 尺 ⑥ 319

石 ① 47

赤 ① 50

昔 ③ 140

借 ④ 178

若 ⑥ 324

弱 ② 72

シュ 手 ① 39

主 ③ 108

守 ② 116

取 ③ 103

首 ② 169

酒 ③ 244

修 ⑤ 353

衆 ⑥ 353

- 種 ④ 224

ジュ
- 受 ❸ 116
- 従 ⑥ 323
- 授 ⑤ 267
- 就 ⑥ 318
- 樹 ⑥ 336

シュウ
- 収 ⑥ 309
- 州 ❸ 125
- 周 ④ 189
- 宗 ⑥ 315
- 秋 ❷ 90
- 拾 ❸ 138
- 祝 ④ 223
- 修 ⑤ 244
- 週 ❷ 74
- 終 ❸ 162
- 習 ❸ 164
- 集 ❸ 171
- 就 ⑥ 318
- 衆 ⑥ 353

ジュウ
- 十 ❶ 32
- 中 ❶ 27
- 住 ❸ 110
- 拾 ❸ 138
- 重 ❸ 169
- 従 ⑥ 323
- 縦 ⑥ 349

シュク
- 祝 ④ 223
- 宿 ❸ 123
- 縮 ⑥ 349

ジュク
- 熟 ⑥ 340

シュツ
- 出 ❶ 31

ジュツ
- 述 ⑤ 260
- 術 ⑤ 291

シュン
- 春 ❷ 78

ジュン
- 純 ⑥ 348
- 順 ④ 238
- 準 ⑤ 276

ショ
- 処 ⑥ 307
- 初 ④ 182
- 所 ❸ 137
- 書 ❷ 80
- 暑 ❸ 141
- 署 ⑥ 346
- 諸 ⑥ 358

ジョ
- 女 ❶ 35
- 助 ❸ 113
- 序 ⑤ 257
- 除 ⑥ 326

ショウ
- 上 ❶ 27
- 小 ❶ 36
- 少 ❷ 68
- 正 ❶ 42
- 生 ❶ 45
- 声 ❷ 64
- 青 ❶ 52
- 松 ④ 211
- 性 ⑤ 264
- 承 ⑤ 266
- 招 ⑤ 267
- 星 ❷ 79
- 昭 ❸ 140
- 相 ❸ 156
- 省 ④ 223
- 政 ⑤ 269
- 消 ❸ 148
- 笑 ④ 225
- 将 ⑥ 318
- 従 ⑥ 323
- 商 ❸ 119
- 章 ❸ 159
- 唱 ④ 189
- 清 ④ 218
- 勝 ❸ 114
- 焼 ④ 220
- 象 ④ 233
- 証 ⑤ 293
- 装 ⑥ 354
- 照 ④ 221
- 傷 ⑥ 305
- 精 ⑤ 285
- 障 ⑥ 327
- 賞 ④ 235

ジョウ
- 上 ❶ 27
- 成 ④ 205
- 条 ⑤ 271
- 状 ⑤ 279
- 定 ❸ 122
- 乗 ❸ 108
- 城 ⑥ 312
- 常 ⑤ 257
- 情 ⑤ 265
- 盛 ⑥ 342
- 場 ❷ 64
- 蒸 ⑥ 324
- 静 ④ 238

ショク
- 色 ❷ 94
- 食 ❷ 103
- 植 ❸ 144
- 織 ⑤ 288
- 職 ⑤ 289

しら
- 白 ❶ 46

しらべる
- 調 ❸ 166

しりぞく
- 退 ⑤ 260

しりぞける
- 退 ⑤ 260

しる
- 知 ❷ 89

しるし
- 印 ④ 187

しるす
- 記 ❷ 97

しろ
- 白 ❶ 46
- 代 ❸ 110
- 城 ⑥ 312

しろい
- 白 ❶ 46

シン
- 心 ❷ 75
- 申 ❸ 152
- 身 ❸ 167
- 臣 ④ 236
- 神 ❸ 157
- 信 ④ 177
- 真 ❸ 156
- 針 ⑥ 360
- 進 ❸ 132
- 深 ❸ 149
- 森 ❶ 42
- 新 ❷ 77
- 親 ❷ 95

ジン
- 人 ❶ 29
- 仁 ⑥ 304
- 臣 ④ 236
- 神 ❸ 157

す

ス
- 子 ❶ 35
- 主 ❸ 108
- 守 ❸ 121
- 素 ⑤ 285
- 数 ❷ 77

す
- 州 ❸ 125
- 巣 ④ 200

ズ
- 図 ❷ 62
- 豆 ❸ 166
- 事 ❸ 109
- 頭 ❷ 102

スイ
- 水 ❶ 43
- 出 ❶ 31
- 垂 ⑥ 312
- 推 ⑥ 330

すい
- 酸 ⑤ 299

スウ
- 数 ❷ 77

すう
- 吸 ⑥ 310

すえ
- 末 ④ 210

すがた
- 姿 ⑥ 313

すぎる
- 過 ⑤ 261

すく
- 好 ④ 193

すくう
- 救 ④ 206

すくない
- 少 ❷ 68

すぐれる
- 優 ⑥ 306

すけ
- 助 ❸ 113

すこし
- 少 ❷ 68

すごす
- 過 ⑤ 261

すこやか
- 健 ④ 179

すじ
- 筋 ⑥ 346

すすむ
- 進 ❸ 132

すすめる
- 進 ❸ 132

すてる
- 捨 ⑥ 330

すな
- 砂 ⑥ 343

すべて
- 全 ❸ 110

すべる
- 統 ⑤ 286

すまう
- 住 ❸ 110

すます
- 済 ⑥ 338

すみ
- 炭 ❸ 151

すみやか
- 速 ❸ 131

すむ
- 住 ❸ 110
- 済 ⑥ 338

する
- 刷 ④ 183

すわる
- 座 ⑥ 322

スン
- 寸 ⑥ 317

せ

セ
- 世 ❸ 107

せ
- 背 ⑥ 351

セイ
- 正 ❶ 42

音訓 さくいん シュ〜たたかう

セキ	ゼイ	せい																			

① ④ ⑤ ⑥ ③ ⑤ ⑤ ④ ⑥ ② ⑤ ④ ⑥ ④ ⑥ ① ② ⑤ ④ ⑥ ③ ①
夕 説 税 背 整 製 精 静 誠 聖 勢 晴 盛 情 清 政 省 星 性 制 青 声 成 西 世 生
34 232 283 351 139 291 285 238 357 350 248 80 342 265 218 269 223 79 264 226 247 52 64 205 95 107 45

			せんめる	ぜめる	ぜに		ゼツ					セツ セチ	せき							

④ ① ① ① ④ ⑥ ④ ② ④ ⑥ ④ ⑤ ④ ⑤ ② ④ ⑤ ⑤ ③ ① ①
浅 先 川 千 競 責 銭 絶 舌 説 節 設 接 雪 殺 折 切 節 関 績 積 責 席 昔 赤 石
218 29 37 32 225 296 300 286 290 232 226 293 268 101 215 205 58 226 237 287 224 296 196 140 50 47

ソウ ソ ゼン

③ ① ⑥ ① ① ③ ② ⑤ ⑥ ④ ② ③ ② ④ ② ⑥ ⑥ ⑥ ⑥ ⑥
送 草 宗 走 争 早 想 組 素 祖 善 然 前 全 選 線 銭 戦 船 泉 洗 染 専 宣
131 38 315 99 174 40 136 92 285 282 311 220 58 110 202 92 300 205 94 338 337 334 317 316

ソク そうろう ゾウ そう

④ ③ ③ ⑤ ④ ① ④ ⑤ ⑥ ⑥ ② ⑥ ⑥ ⑤ ③ ⑥ ⑤ ⑥ ④ ⑥ ③
側 息 速 則 束 足 候 臓 蔵 雑 増 像 象 造 沿 操 層 総 想 装 創 窓 巣 倉 奏 相
179 135 131 247 211 50 178 352 325 300 253 245 233 261 337 331 320 286 136 354 308 345 200 178 313 156

ソン そる そらす そら そめる そむける そまる その そなわる そなえる そと ソツ そだてる そだつ そぐ そこなう そこねる そこ ゾク

⑥ ③ ③ ① ④ ④ ⑥ ⑥ ② ⑥ ⑥ ② ⑥ ④ ③ ③ ④ ⑥ ③ ⑤
存 反 反 空 染 初 背 背 染 園 備 備 供 外 率 卒 育 育 注 損 損 底 続 属 族 測
314 115 115 47 334 182 351 351 334 63 245 245 304 65 279 186 164 164 147 268 268 197 228 256 140 276

ダイ タイ ダ た タ ゾン

① ⑤ ④ ⑤ ⑤ ③ ④ ② ④ ① ③ ① ① ③ ② ⑥ ③ ④ ①
大 態 貸 隊 帯 退 待 対 体 代 台 太 打 田 手 多 他 太 存 損 尊 孫 村
34 266 297 203 197 260 124 55 110 61 66 34 137 45 66 109 66 314 268 318 194 41

たたかう たずねる たすける たすかる だす たしかめる たしか たけ たぐい タク たから たがやす たかめる たかまる たかい たえる たいら

① ⑥ ③ ③ ① ① ④ ① ⑥ ② ② ② ③ ③ ③ ③ ② ②
戦 訪 助 助 出 足 確 確 竹 類 度 宅 宝 耕 高 高 高 絶 平 題 第 弟 代 台 内
205 356 113 113 31 50 282 282 48 238 127 315 316 289 104 104 104 286 126 171 160 72 110 61 57

377

よみ	たま	たべる	たび	たば	たのしむ	たのしい	たね	たに	たとえる	たてる	たて	たっとぶ	たっとい	たてる(たっとぶ)	たっとい(とうとい)		たつ	ただちに	ただす	ただしい
番号	❶	❷	❸	❸	④	④	④	④	④	❶	⑥	⑥	⑥	⑤	⑤	④	❶	❷	❶	❶
漢字	玉	食	旅	度	束	楽	楽	種	谷	例	建	立	縦	貴	尊	貴	尊	裁	絶	断	建	立	達	直	正	正
ページ	44	103	139	127	211	82	82	224	98	177	198	48	349	359	318	359	318	353	286	270	198	48	202	88	42	42

よみ		ダン					タン		たわら	たれる	たる	たりる	たらす	たやす	たもつ	ためす	たみ	たまご

よみ																			
番号	❸	⑥	⑤	⑥	❶	⑤	⑥	❸	❸	❸	⑥	❶	❶	⑥	❶	⑤	⑥	⑥	❶
漢字	談	暖	断	段	男	団	誕	短	探	単	炭	担	反	俵	垂	足	足	垂	便	絶	保	試	民	卵	球
ページ	165	333	270	337	45	250	358	156	331	199	151	329	115	245	312	50	50	312	177	286	244	232	216	309	152

よみ	チャク	チャ	ちぢれる	ちぢらす	ちぢめる	ちぢまる	ちち	チク	ちから	ちかい	ちいさい		ち				チ	ち

番号	❸	❷	⑥	⑥	⑥	⑥	❷	⑤	❶	❶	❷	⑥	❸	❶	⑤	④	④	④	❷	❷	❷
漢字	着	茶	縮	縮	縮	縮	乳	父	築	竹	力	近	小	乳	血	千	質	置	値	治	知	池	地
ページ	163	73	349	349	349	349	303	86	284	48	31	74	36	303	164	32	298	225	305	217	89	84	63

よみ	ちらかす	チョク						チョウ	チョ								チュウ

番号	④	❷	⑥	❸	④	❷	④	❸	❸	❷	❶	❶	❷	❸	❶	⑤	④	④	④	❸	❶	❶
漢字	散	直	潮	調	腸	朝	頂	張	帳	鳥	重	長	町	兆	庁	丁	貯	著	柱	昼	忠	宙	注	仲	虫	中
ページ	207	88	339	166	229	81	362	258	126	105	169	100	46	180	322	107	234	324	143	79	328	315	147	175	49	27

よみ	つくる	つくえ	つぐ	つぎ	つき	つかう	つかえる	ついやす	ついえる	ツウ	ツイ	ツ		チン	ちる	ちらす	ちらかる

番号	⑤	❷	⑥	❸	⑥	❸	❸	❶	❸	⑤	❸	❸	❷		⑥	④	④
漢字	造	作	机	接	次	就	着	付	次	月	仕	使	痛	通	費	費	追	対	都	通		賃	散	散	散
ページ	261	85	334	268	45	318	163	175	145	40	109	111	342	234	234	131	124	133	74		360	207	207	207

よみ	つよい	つもる	つめたい	つむ	つみ	つの	つね	つとめる	つつまる	つつむ	つづける	つづく	つち	つたわる	つたえる	つたう	つげる		つける

番号	❷	④	❸	④	❸	④	④	⑤	④	④	④	④	❶	④	④	④	⑥	④	④
漢字	強	積	冷	積	罪	妻	角	常	勤	務	努	勤	務	集	包	続	続	土	伝	伝	伝	告	就	着	付	創
ページ	72	224	182	224	284	253	96	257	308	248	171	186	228	34	228	176	176	189	318	163	175	308

よみ	てら	テツ		テキ				ティ	デ		て			つれる	つらねる	つらなる	つら	つよめる	つよまる

番号	❷	❸	⑤	❸	④	④	④	④	❸	④	④	❷	❷	❶			❷	❷	❷	❷
漢字	寺	鉄	敵	適	笛	的	程	提	停	庭	底	定	低	弟	体	丁	弟	手		連	連	連	面	強	強

音訓さくいん

ただしい〜ぬし

	ド	と			ト			デン				テン	てらす	てる	てれる	
④	❶	❷	❶	❸	❸	④	❸	❶		❷	④	❶	❸	⑥	❸	
努	土	戸	十	頭	登	都	徒	度	図	土	電	伝	田	転	展	点
185	34	76	32	102	154	133	102	199	127	62	34	102	176	45	168	319

											❶	④	❶	④	❶	
典	店	天	照	出	照											
85	182	71	35	221	221											

ドウ / とう / トウ / とい

④	❸	❸	⑥	❷	❸	❸	❷	⑥	⑥	❸	❸	④	❷	❷	❸	❷	❸
堂	動	同	問	糖	頭	読	統	等	登	湯	答	道	討	納	党	島	東
191	113	62	119	347	102	98	286	160	154	150	90	75	355	348	306	125	81

❷	④	❸	❸	❷	❷	❸	
豆	投	灯	当	冬	刀	問	度
166	137	219	69	65	57	119	127

とける / ドク / とく / トク / とき / とかす / とおる / とおい / とうとい / とうとぶ

⑤	❸	⑤	④	❸	❸	⑤	❷	❷	❷	⑤	❷	❷	❷	❶	⑥	❸	⑥
解	読	独	毒	研	説	解	徳	読	得	特	時	解	通	通	遠	十	貴
292	98	279	215	157	232	292	259	98	199	222	79	292	74	74	75	32	359

❷	⑥	❸	⑥	❷	❷
尊	貴	尊	導	銅	働	童	道
318	359	318	255	300	180	159	75

とこ / とざす / とじる / とどける / とどく / とし / とばす / とまる / とみ / とむ / とめる / とも / とり / とる

⑤	❸	❷	⑥	④	❷	⑤	❸	⑤	❷	⑤	❷	④	❸	❸	⑥	❶	⑥	❸	⑤
採	取	鳥	供	共	友	留	止	富	富	留	止	飛	飛	唱	整	調	整	調	届
267	116	105	304	181	60	280	82	255	255	280	82	239	239	189	139	166	139	166	319

⑥	❶	⑥	❸	⑤
届	閉	年	閉	所	常
319	361	38	361	137	257

なごむ / なげる / なく / ながれる / ながす / ながい / なか / なおる / なおす / ない / ナイ / ナ / な / とん / トン

⑤	❸	❷	⑥	④	❷	⑤	❸	⑤	❷	❶	④	❷	⑥	❷	④	❶	⑥	❷		❸	⑤
和	投	鳴	泣	流	半	流	長	永	仲	中	治	直	治	直	無	亡	内	菜	名	納	南
118	137	105	217	149	59	149	100	274	175	27	217	88	217	88	220	57	201	33	348	60	

	❸	⑤
	問	団
	119	250

なん / ナン / なれる / なる / ならべる / ならぶ / ならびに / ならう / なみ / なの / なに / ななつ / なな / なつ / ナツ / なさけ / なす / なごやか

❷	⑥	⑥	❶	⑤	❸	④	❸	❸	⑤	❸	❸	❶	❶	❶	❶	⑦	❷	④	⑤	❷
何	難	納	南	男	慣	鳴	成	並	並	並	慣	鳴	習	並	波	生	七	何	七	七
55	362	348	60	187	265	105	303	303	303	303	265	105	164	303	147	45	26	55	26	26

❷	④	④	⑤	❷
夏	納	成	情	和
65	348	205	265	118

ぬし / ぬ / に / ニ / ニイ / にがる / にがい / ニク / にし / ニチ / になう / ニュウ / ニョウ / ニョ / にる / にわ / ニン

❸	⑥	⑤	❶	❸	⑤	❶	❶	❶	⑥	❷	❷	❸	❷	❸	④	⑥	❶
主	認	任	人	庭	似	女	女	乳	入	若	担	日	西	肉	苦	苦	新	荷	児	仁	二
108	358	242	29	127	242	35	35	303	30	324	329	39	95	93	129	129	77	129	181	304	28

379

ぬの ⑤ 布 256

ね

- ね ❶ 音 52 / ❸ 根 143 / ⑥ 値 305
- ねがう ④ 願 239
- ネツ ④ 熱 221
- ねる ❸ 練 162
- ネン ❶ 年 38 / ④ 念 204 / ④ 然 220 / ⑤ 燃 278

の

- の ❷ 野 99
- ノウ ⑤ 能 290 / ⑥ 納 348 / ⑥ 脳 351 / ❸ 農 168
- のこす ④ 残 215
- のこる ④ 残 215
- のせる ❸ 乗 108
- のぞく ⑥ 除 326
- のぞむ ④ 望 209 / ⑥ 臨 360
- のち ❷ 後 73
- のばす ⑥ 延 322
- のびる ⑥ 延 322
- のべる ⑤ 述 260 / ⑥ 延 322
- のぼす ❶ 上 27
- のぼせる ❶ 上 27
- のぼる ❶ 上 27 / ❸ 登 154
- のむ ❸ 飲 172
- のる ❸ 乗 108

は

- ハ ❸ 波 147 / ⑥ 派 338 / ⑤ 破 281
- は ❷ 羽 93 / ❸ 葉 129 / ❸ 歯 173
- バ ❷ 馬 104
- ば ❷ 場 64
- ハイ ⑥ 拝 330 / ⑥ 肺 350 / ⑥ 背 351 / ❸ 配 169 / ⑥ 俳 305 / ④ 敗 207
- はい ⑥ 灰 340
- バイ ❷ 売 64 / ❸ 倍 111 / ④ 梅 212 / ❷ 買 98
- はいる ❶ 入 30
- はえ ④ 栄 212
- はえる ❶ 生 45 / ④ 栄 212 / ⑥ 映 332
- はか ⑤ 墓 252
- ばかす ❸ 化 114
- はがね ⑥ 鋼 361
- はからう ❷ 計 96
- はかる ❷ 図 62 / ❷ 計 96 / ④ 量 236 / ⑤ 測 276
- ハク ❶ 白 46 / ④ 博 187
- バク ❷ 麦 100 / ④ 博 187 / ⑥ 幕 321 / ⑤ 暴 271
- はぐくむ ❸ 育 164
- はげしい ⑥ 激 339
- ばける ❸ 化 114
- はこ ❸ 箱 161
- はこぶ ❸ 運 132
- はし ❸ 橋 145
- はじまる ❸ 始 121
- はじめ ④ 初 182
- はじめて ④ 初 182
- はじめる ❸ 始 121
- はしら ❸ 柱 143
- はしる ❷ 走 99
- はずす ❷ 外 65
- はずれる ❷ 外 65
- はた ❸ 畑 153 / ④ 旗 208 / ④ 機 214
- はたけ ❸ 畑 153
- はたす ④ 果 211
- はたらく ④ 働 180
- ハチ ❶ 八 30
- ハッ ④ 法 217
- ハツ ❸ 発 154
- はつ ④ 初 182
- バツ ④ 末 210
- はて ④ 果 211
- はてる ④ 果 211
- はな ❶ 花 38 / ❸ 鼻 173
- はなし ❷ 話 97
- はなす ❸ 放 139 / ❷ 話 97
- はなつ ❸ 放 139
- はなれる ❸ 放 139
- はね ❷ 羽 93
- はは ❷ 母 83
- はぶく ④ 省 223
- はやい ❶ 早 40 / ❸ 速 131
- はやし ❶ 林 41
- はやす ❶ 生 45
- はやまる ❶ 早 40 / ❸ 速 131
- はやめる ❶ 早 40 / ❸ 速 131
- はら ❷ 原 60 / ⑥ 腹 352
- はらす ❷ 晴 80
- はり ⑥ 針 360
- はる ⑤ 張 258
- はる ❷ 春 78
- はれる ❷ 晴 80
- ハン ❸ 反 115 / ❷ 半 59 / ⑤ 犯 278 / ❸ 坂 120 / ⑤ 判 246 / ❸ 板 143 / ⑤ 版 278 / ⑥ 班 341 / ④ 飯 239
- バン ❷ 万 53 / ⑤ 判 246 / ❸ 板 143 / ❷ 番 88 / ⑥ 晩 332

ひ

- ヒ ⑤ 比 274 / ❸ 皮 155 / ⑥ 否 310 / ⑥ 批 329 / ⑤ 肥 289 / ⑤ 非 301 / ④ 飛 239 / ⑥ 秘 344 / ❸ 悲 135 / ④ 費 234
- ひ ❶ 日 39 / ❶ 火 43 / ❸ 氷 146 / ④ 灯 219
- ビ ❸ 美 163 / ⑤ 備 245 / ❸ 鼻 173
- ひえる ④ 冷 182
- ひがし ❷ 東 81
- ひかり ❷ 光 56
- ひかる ❷ 光 56
- ひきいる ⑤ 率 279
- ひく ❷ 引 71
- ひくい ④ 低 176
- ひくまる ④ 低 176
- ひくめる ④ 低 176
- ひける ❷ 引 71
- ひさしい ⑤ 久 241
- ひたい ⑤ 額 302
- ひだり ❶ 左 37
- ヒツ ④ 必 204 / ❸ 筆 161
- ひつじ ❸ 羊 163
- ひと ❶ 一 26 / ❶ 人 29
- ひとしい ❸ 等 160
- ひとつ ❶ 一 26

ひとり	ひめる	ひや	ひやかす	ヒャク	ビャク	ヒヤス	ヒョウ							ビョウ					ひらく	ひらける	ひる	ひろい	ひろがる	ひろげる
❷	❷	❶	❶	❹	❹	❸	❺	❹	❹	❹	❺	❹	❹	❸	❸	❸	❸	❻	❸	❸	❸	❷	❷	❷
独	秘	冷	冷	百	白	冷	氷	兵	表	俵	票	評	標	平	秒	病	平	開	開	干	昼	広	拾	広
279	344	182	46	46	182	146	181	165	245	224	294	213	126	158	154	126	170	170	321	79	138	70	70

広 70

フウ		ブ							フ			ビン	ヒン	ひろめる	ひろまる

ふ

❹	❹	❸	❸	❺	❸	❸	❸	❸	❸	❺	❸	❹	❸	❹	❺	❹	❸	❷	❷
夫	無	部	武	歩	不	分	富	婦	負	風	府	歩	布	付	父	夫	不	貧	便	貧	品	広	広
193	220	133	274	83	174	58	255	254	166	103	197	83	256	175	86	193	174	296	177	296	118	70	70

ふな	ふとる	ふとい	ふで	ブツ	ふたつ	ふたたび	ふだ	ふた	ふせぐ	ふし	ふける			フク	ふえ	ふかい	ふかまる	ふかめる

❷	❷	❷	❸	❸	❺	❶	❹	❶	❺	❸	❹	❸	❸	❸	❸	❸	❺	❸	❷
船	太	太	筆	物	仏	二	再	札	二	防	節	老	複	腹	福	復	副	服	深	深	深	増	笛	富	風
94	66	66	161	151	241	28	246	209	28	262	226	222	292	352	158	259	184	142	149	149	149	253	160	255	103

			ヘイ			ブン	フン	ふるす	ふるう	ふるい	ふやす	ふみ	ふね		へらす

へ

❻	❹	❷	❻	❸	❹	❸	❹	❷	❷	❶	❻	❷	❷	❻	❺	❶	❷
紅	別	米	閉	陛	病	並	兵	平	辺	聞	分	文	奮	粉	分	古	奮	古	降	冬	増	文	船
348	183	91	361	327	154	303	181	126	201	93	58	39	313	226	58	61	313	61	326	65	253	39	94

			ホウ		ボ	ほ	ホ			ベン				ヘン		へる

ほ

❻	❹	❸	❹	❷	❺	❷	❶	❺	❷	❸	❹	❺	❸	❹	❺	❺	❺
宝	法	放	包	方	模	暮	墓	母	火	補	保	歩	勉	便	弁	編	変	返	辺	片	減	経	減
316	217	139	186	78	335	333	252	83	43	354	244	83	113	177	258	287	192	130	201	340	276	285	276

ほっする	ホツ	ホシ	ほそい	ほしい	ほし	ボク	ホク	ほがらか	ほうる		ボウ	ホン	ほとけ	ほど

❻	❸	❹	❸	❷	❷	❷	❶	❷	❷	❷	❸	❹	❺	❺	❺	❺	❺	❺
欲	発	法	細	細	干	欲	星	牧	目	木	北	朗	他	外	放	暴	棒	貿	望	忘	防	亡	豊	報	訪
336	154	217	91	91	321	336	79	221	67	278	109	65	139	271	139	297	278	271	209	327	262	304	295	252	356

まける	まく	マク	まき	まがる	まかせる	まかす	まえ	まいる		マイ	ま		ボウ	ホン	ほね	ほど

ま

❸	❻	❻	❷	❹	❸	❸	❷	❸	❷	❷	❷	❷	❸	❷		❶	❶	❺	❻
負	巻	幕	巻	牧	曲	任	任	負	前	参	枚	妹	米	毎	間	真	馬	目	本	反	骨	仏	程
166	320	321	320	221	141	242	242	166	58	187	334	67	91	83	101	156	104	47	41	115	363	241	284

よみ	漢字	番号
まど	窓	⑥ 345
まとまと	的	④ 223
まつり	祭	③ 158
まつりごと	政	⑤ 269
まつり	祭	③ 158
まったく	全	③ 110
まつ	松	④ 211
マツ	待	③ 128
まつ	末	④ 230
まち	街	④ 46
まち	町	① 275
まじる	混	② 275
まじわる	交	② 53
まずしい	貧	② 296
ます	増	② 253
まじわる	交	② 53
まじえる	混	② 275
まじる	交	② 53
まざる	混	② 275
まさる	勝	③ 114
まこと	正	① 42
まご	誠	④ 357
まげる	孫	③ 194
	曲	③ 141

みさお	みぎ	みき	みえる	み	ミ	まん	まわる	まわり	まるめる	まるい	まもる	まよう	まめ	まねく	まなこ
⑥ 操 331	❶ 右 33	⑤ 幹 257	❶ 見 49	❸ 実 122	❶ 身 167	❸ 三 27	❸ 味 117		④ 満 219	❸ 万 53	❶ 回 62	❸ 周 189	❸ 回 62	❸ 丸 53	❶ 円 31	❸ 丸 53	❷ 迷 261	❺ 守 121	❶ 豆 166	⑥ 招 267	④ 学 36	❸ 眼 281

ミョウ	みやこ	ミャク	みみ	みのる	みなもと	みなみ	みなと	みどり	みとめる	みっつ	ミツ	みちる	みちびく	みだれる	みだす	みせる	みずから	みずうみ	みじかい
❶ 名 33	❸ 都 133	④ 脈 229	❶ 宮 123	❸ 耳 49	❷ 実 122	❸ 源 339	❸ 南 60	❶ 港 150	❶ 緑 162	④ 認 358	❶ 三 27	❶ 三 27	④ 密 316	❷ 満 219	⑥ 導 255	⑥ 道 75	❶ 乱 303	❷ 乱 303	❶ 満 219	⑥ 見 49	⑥ 店 71	❶ 自 94	❶ 湖 150	❶ 水 43	⑤ 短 156

むな	むっつ	むすぶ	むずかしい	むす	むし	むかう	むく	むかし	むい					む	ミン	みる
⑥ 胸 351	❶ 六 30	④ 結 228	❶ 難 362	④ 蒸 324	⑥ 虫 49	❸ 向 117	❸ 向 117	❸ 報 252	⑤ 向 117	❷ 麦 100	❸ 昔 140	❶ 向 117	❶ 六 30	⑤ 夢 253	⑤ 無 220	⑤ 務 248	⑤ 武 274					む	④ 民 216	❶ 見 49	❸ 命 118	❷ 明 78

モウ		めし	メン	めす		メイ	め			むろ	むれる	むらす	むら
⑥ 亡 304	⑥ 模 335	⑤ 綿 287	❸ 面 171	④ 飯 239	❸ 鳴 105	❸ 盟 343	❸ 迷 261	❶ 命 118	④ 明 78	❶ 名 33	④ 芽 201	❶ 目 47	❶ 女 35	❷ 室 67	⑤ 蒸 324	⑤ 群 288	⑤ 群 288	❶ 蒸 324	⑥ 村 41	⑥ 胸 351

もる	もり	もやす	もの	もとめる	もとい	もと	もっぱら	もっとも	モツ	もちいる	もしくは	モク	もえる	もうす	もうける	モン
⑥ 盛 342	⑥ 森 42	❸ 守 121	⑤ 燃 278	❸ 者 152	④ 物 216	❸ 求 251	❸ 基 251	❶ 基 464	❶ 本 26	⑥ 元 317	④ 下 209	❸ 最 151	❶ 持 87	❶ 物 324	❸ 用 47	❷ 燃 278	⑤ 若 152	⑤ 目 293	❶ 木 209	❸ 燃 84			❷ 申	⑥ 設	❸ 望	❷ 毛	モン

や

や	ヤク	やかた	やける			や	やさしい	やしろ	やしなう	やすい	やすむ
❷ 室			❶ 焼	❸ 薬	❶ 訳	④ 益	④ 約	❸ 役	❶ 館	⑤ 家	❺ 屋	⑤ 矢	⑤ 八	❶ 野	❸ 夜

	もん	とう	もん	ぶん
	❷ 聞 93	❸ 問 119	❸ 門 100	❶ 文 39

| ❶ 休 29 | ❸ 安 121 | ⑤ 社 89 | ⑥ 養 240 | ❸ 優 306 | ④ 易 271 | ❸ 焼 220 | ❸ 焼 220 | ❸ 薬 130 | ❶ 訳 356 | ④ 益 227 | ❸ 約 128 | ❸ 役 172 | ❶ 館 68 | ❸ 家 124 | ❸ 屋 88 | ❶ 矢 30 | ❶ 八 99 | ❷ 野 66 | ❸ 夜 |

総画《そうかく》さくいん

この字典《じてん》にのっているすべての漢字《かんじ》を画数順《かくすうじゅん》に並《なら》べ、ページ数《すう》を示《しめ》しました。
同《おな》じ画数《かくすう》の場合《ばあい》は、ページ順《じゅん》（その漢字《かんじ》を学《まな》ぶ学年順《がくねんじゅん》）に並《なら》んでいます。

● 調《しら》べたい漢字《かんじ》の画数《かくすう》がわかるときに、このさくいんを使《つか》いましょう。

1画
一 26

2画
七 26　九 28　二 28　人 29　入 30　八 30　力 31　十 32　刀 57　丁 107

3画
下 26　三 27　上 27　千 32　口 32　土 34　夕 34　大 34　女 35　子 35　小 36　山 37　川 37　万 53　丸 53　工 69　弓 71　才 76　士 192　久 241　亡 304　寸 317　己 320　干 321

4画
中 27　五 28　六 30　円 31　天 35　手 39　文 39　日 39　月 40　木 40　水 43　火 43　犬 44　王 44　今 54　元 56　公 57　内 57　切 58　分 58　午 59　友 60　太 66　少 68　引 71　心 75　戸 76　方 78　止 82　毛 84　父 86　牛 86　予 108　化 114　区 114　反 115　不 174　夫 193　欠 214　氏 216　仏 241　支 269　比 274　仁 304　収 309　尺 319　片 340

5画
出 31　右 33　四 33　左 37　本 41　正 42　玉 44　生 45　田 45　白 46　目 47　石 47　立 48　兄 56　北 59　半 59　古 61　台 61　冬 65　外 65　市 70　広 70　母 83　用 87　矢 88　世 107　主 108　仕 109　他 109　代 110　写 112　去 115　号 116　央 120　平 126　打 137　氷 146　申 152　由 153　皮 155　皿 155　礼 157　以 174　付 175　令 175　加 184　功 184　包 186　史 188　司 188　失 193　辺 201　必 204　札 209　末 210　未 210　民 216　刊 246　可 249　句 249　圧 250　布 256　弁 258　旧 270　永 274　犯 278　示 282　冊 306　処 307　幼 321　庁 322　穴 345

6画
休 29　先 29　名 33　字 36　年 38　早 40　気 43　百 46　竹 48　糸 48　耳 49　虫 49　交 53　会 54　光 56　合 61　同 62　回 62　地 63　多 66　寺 68　当 69　毎 83　池 84　考 86　米 91　羽 93　肉 93　自 94　色 94　行 95　西 95　両 107　全 110　列 112　向 117　安 121　守 121　州 125　式 128　曲 141　有 142　次 145　死 146　羊 163　血 164　争 174　仲 175　伝 176　兆 180　共 181　印 187　各 188　好 193　成 205　灯 219　老 222　衣 230　仮 241　件 242　任 242　再 246

村 41	花 38	⑦画	至 352	灰 340	机 334	宅 315	宇 314	存 314	后 310	吸 310	危 309	舌 290	在 251	団 250	因 250
近 74	形 73	弟 72	売 64	声 64	図 62	体 55	作 55	何 55	車 51	足 50	赤 50	貝 50	見 49	町 46	男 45
局 124	対 124	坂 120	君 117	医 115	助 113	住 110	麦 100	里 99	走 99	谷 98	言 96	角 96	社 89	汽 84	来 81
努 185	利 183	別 183	初 182	冷 182	兵 181	児 181	低 176	位 176	身 167	豆 166	究 159	決 146	投 137	返 130	役 128
判 246	余 243	似 242	臣 236	良 230	求 216	束 211	材 210	改 206	折 205	芸 200	希 196	完 194	囲 190	告 189	労 185
忘 327	孝 314	困 311	否 310	卵 309	乱 303	状 279	災 277	条 271	技 266	志 264	快 264	応 263	防 262	序 257	均 251
妹 67	姉 67	夜 66	国 63	京 54	青 52	雨 51	金 51	空 47	林 41	学 36	⑧画	系 347	私 344	批 329	我 328
味 117	受 116	取 116	具 112	使 111	事 109	門 100	長 100	知 89	直 88	画 87	歩 83	東 81	明 78	店 71	岩 69
注 147	泳 147	板 143	服 142	昔 140	放 139	所 137	苦 129	幸 126	岸 125	定 122	実 122	始 121	委 120	和 118	命 118
官 195	季 194	固 191	周 189	参 187	卒 186	協 186	刷 183	典 182	例 177	表 165	育 164	者 152	物 151	油 148	波 147
舎 243	価 243	的 223	牧 221	法 217	治 217	泣 215	毒 211	松 211	果 204	念 201	芽 200	英 198	径 197	府 197	底 197
肥 289	版 278	河 275	武 274	枝 272	易 271	招 267	承 266	性 264	述 260	往 258	居 255	妻 253	効 248	制 247	券 247
担 329	拡 329	忠 328	若 324	延 322	届 319	宝 316	宙 315	宗 315	垂 312	呼 311	刻 307	供 304	乳 303	並 303	非 301
海 85	昼 79	星 79	春 78	思 76	茶 73	後 73	室 67	南 60	前 58	音 52	草 38	⑨画	沿 337	枚 334	拝 330
送 131	待 128	度 127	屋 124	客 122	品 118	係 111	乗 108	首 103	食 103	風 103	計 96	秋 90	科 89	点 85	活 85
神 157	研 157	相 156	県 155	発 154	畑 153	界 153	炭 151	洋 148	柱 143	昭 140	拾 138	持 138	指 135	急 134	追 131
浅 218	栄 212	昨 208	単 199	建 198	変 192	型 191	勇 185	便 177	信 177	面 171	重 169	負 166	美 163	級 161	秒 158

故 269	限 262	迷 261	退 260	逆 260	厚 249	則 247	保 244	飛 239	軍 235	要 231	胃 228	約 227	紀 227	祝 223	省 223
泉 338	洗 337	段 337	染 334	映 332	律 323	巻 320	専 317	宣 316	姿 313	奏 313	城 312	祖 282	独 279	査 272	政 269
通 74	弱 72	帰 70	家 68	夏 65	原 60	校 42	10画	革 362	背 351	肺 350	紅 348	砂 343	看 343	皇 342	派 338
院 133	速 131	荷 129	庭 127	庫 127	島 125	宮 123	員 119	勉 113	倍 111	高 104	馬 104	記 97	紙 91	書 80	時 79
差 196	害 195	孫 194	倉 178	借 178	候 178	配 169	酒 169	起 167	真 156	病 154	流 149	消 148	根 143	旅 139	息 135
脈 229	粉 226	笑 225	特 222	浴 218	殺 215	残 215	梅 212	案 212	料 207	挙 206	郡 203	連 202	徒 199	帯 197	席 196
耕 289	素 285	破 281	益 281	留 280	格 273	桜 272	恩 265	造 261	師 256	容 254	俵 245	修 244	個 244	訓 232	航 229
班 341	株 335	朗 333	陛 327	除 326	降 326	従 323	座 322	展 319	将 318	射 317	党 306	俳 305	値 305	財 296	能 290
船 94	組 92	細 91	理 87	教 77	週 74	強 72	11画	骨 363	針 360	討 355	蚕 353	胸 351	納 348	純 348	秘 344
族 140	悪 135	部 133	都 133	進 132	帳 126	宿 123	問 119	商 119	動 113	黒 106	黄 105	鳥 105	魚 104	雪 101	野 99
康 198	堂 191	唱 189	副 184	停 179	側 179	健 179	転 168	習 164	終 162	笛 160	第 160	章 159	祭 158	球 152	深 149
寄 254	婦 254	基 251	務 248	貨 234	票 224	産 222	清 218	械 213	望 209	敗 207	救 206	陸 203	菜 201	巣 200	得 199
経 285	移 283	眼 281	略 280	現 280	率 279	混 275	液 275	断 270	接 268	授 267	採 267	情 265	険 263	張 258	常 257
済 338	欲 336	探 331	推 330	捨 330	郵 326	郷 325	著 324	密 316	域 312	貧 296	責 296	設 293	許 293	規 292	術 291
朝 81	晴 80	道 75	場 64	森 42	12画	頂 362	閉 361	訳 356	訪 356	視 355	脳 351	翌 350	窓 345	盛 342	異 341
暑 141	悲 135	陽 134	階 134	遊 132	運 132	落 130	葉 129	寒 123	勝 114	雲 101	間 101	買 98	絵 92	答 90	番 88
飲 172	集 171	開 170	軽 168	着 163	筆 161	等 160	童 159	短 156	登 154	湯 150	港 150	湖 150	温 149	植 144	期 142

部首《ぶしゅ》の名前《なまえ》

「部首《ぶしゅ》」とは、漢字《かんじ》を組《く》み立《た》てている共通《きょうつう》の部分《ぶぶん》のことです。ここでは、漢字《かんじ》の主《おも》な部首《ぶしゅ》と、その名前《なまえ》を示《しめ》しました。

●部首《ぶしゅ》の名前《なまえ》は代表的《だいひょうてき》なもののほか、子供《こども》にとってわかりやすいと思《おも》われるものも示《しめ》しています。

●390〜395ページ「部首《ぶしゅ》さくいん」の部首《ぶしゅ》と対応《たいおう》しています。

1画

一 いち
丨 ぼう たてぼう
丶 てん
丿 の はらいぼう
乙 おつ
乚 つりばり
亅 はねぼう

2画

二 に
亠 なべぶた
人 ひと
𠆢 ひとやね ひとがしら
亻 にんべん
儿 ひとあし にんにょう
入 いる いりがしら
八 はち はちがしら
冂 どうがまえ けいがまえ
冖 わかんむり
冫 にすい
几 つくえ
凵 かんにょう うけばこ
刀 かたな
刂 りっとう
力 ちから
勹 つつみがまえ
匕 ひ さじ
匚 はこがまえ かくしがまえ
十 じゅう

卩 ふしづくり
㔾
厂 がんだれ
厶 む
又 また

3画

口 くち くちへん
囗 くにがまえ
土 つち つちへん
士 さむらい
夂 ふゆがしら なつあし
夕 ゆう ゆうべ た
大 だい
女 おんな おんなへん
子 こ こへん
宀 うかんむり
寸 すん
小 しょう
⺌
尢 だいのまげあし
尸 しかばね
山 やま やまへん
川 かわ
工 こう たくみへん え
己 おのれ
巾 はば はばへん
干 かん いちじゅう
幺 いとがしら よう
广 まだれ
廴 えんにょう
廾 にじゅうあし こまぬき
弋 しきがまえ よく
弓 ゆみ ゆみへん
彡 さんづくり
彳 ぎょうにんべん
⺍ つかんむり つ
艹 くさかんむり
辶 しんにょう しんにゅう
阝 おおざと (右)
阝 こざとへん こざと (左)
忄 りっしんべん
扌 てへん
氵 さんずい
犭 けものへん

4画

心 こころ
戈 ほこ ほこづくり ほこがまえ
戸 と とかんむり とだれ
手 て
支 し しにょう
攵 のぶん ぼくづくり ぼくにょう
文 ぶん ぶんにょう
斗 とます と
斤 おの おのづくり きん
方 ほう かたへん
日 ひ ひへん
曰 ひらび いわく
月 つき つきへん
月 にくづき
木 き きへん

部首の名前

部首	名前
欠	あくび けんづくり かける
止	とめる とめへん
歹	がつへん かばねへん いちたへん
殳	るまた ほこづくり
毋	なかれ
比	ならびひ くらべる
毛	け
氏	うじ
气	きがまえ
水	みず
火	ひ ひへん
灬	れっか れんが
父	ちち
片	かた かたへん
牛	うし うしへん
犬	いぬ
王	おう おうへん
ネ	しめすへん ねへん
耂	おいかんむり
5画	
玄	げん
玉	たま
生	うまれる
用	もちいる
田	た たへん
疋	ひき ひきへん
疒	やまいだれ
癶	はつがしら
白	しろ
皮	けがわ
皿	さら
目	め めへん
矢	や やへん
石	いし いしへん
示	しめす
禾	のぎ のぎへん
穴	あな
穴	あなかんむり
立	たつ たつへん
罒	あみがしら あみめ よこめ
母	はは
衤	ころもへん
氺	したみず
6画	
竹	たけ たけかんむり
米	こめ こめへん
糸	いと いとへん
羊	ひつじ
𦍌	
羽	はね
耒	すきへん
耳	みみ みみへん
肉	にく
自	みずから
至	いたる
臼	うす
舌	した
舟	ふね ふねへん
艮	こんづくり
色	いろ
虫	むし むしへん
血	ち
行	ぎょう ぎょうがまえ
衣	ころも
西	にし
覀	にしかんむり
7画	
見	みる
角	つの つのへん
言	げん いう ごんべん
谷	たに たにへん
豆	まめ まめへん
豕	ぶた いのこ
貝	かい かいへん
赤	あか
走	はしる
走	そうにょう
足	あし
𧾷	あしへん
身	み
車	くるま くるまへん
辛	からい
辰	しんのたつ
酉	とり
里	さと さとへん
臣	しん
麦	むぎ
8画	
金	かね かねへん
長	ながい
門	もん もんがまえ
隹	ふるとり
雨	あめ あめかんむり
青	あお
非	ひ あらず
飠	しょくへん
9画	
面	めん
革	かわ かくのかわ
音	おと
頁	おおがい いちのかい
風	かぜ
飛	とぶ
食	しょく
首	くび
10画	
馬	うま うまへん
骨	ほね ほねへん
高	たかい
11画	
魚	うお うおへん
鳥	とり
黄	き
黒	くろ
12画	
歯	は
14画	
鼻	はな

部首《ぶしゅ》さくいん

この字典《じてん》にのっている漢字《かんじ》を、部首《ぶしゅ》の画数順《かくすうじゅん》に並《なら》べ、ページ数《すう》を示《しめ》しました。同《おな》じ部首《ぶしゅ》の漢字《かんじ》も、画数順《かくすうじゅん》に並《なら》べました。

ほかの部首《ぶしゅ》にふくまれる漢字《かんじ》は、グレーで示《しめ》しています。

部首《ぶしゅ》の別《べつ》の名前《なまえ》です。

魚 104　点 85　灬 れっか（れんが）

察 195　然 220　祭 158　夕

この字典《じてん》で「部首《ぶしゅ》」としていない漢字《かんじ》の部品《ぶひん》をグレーで示《しめ》しました。

例《たと》えば「思」は、4画《かく》の「心」からでも5画《かく》の「田」からでも探《さが》すことができるよ。

冖 わかんむり 写 112 売 64 軍 235 深 149 探 331

冫 にすい 次 145 兆 180 冷 182 姿 313 資 298

几 つくえ 処 307 机 334 風 103

凵 かんにょう（うけばこ） 山 37 出 31 画 87 歯 173

刀 かたな 刀 57 切 58 分 58 辺 201 初 182 券 247

刂 りっとう 刊 246 列 112 別 183 利 183 判 246 刷 183 制 247 刻 307 前 58 則 247 側 179 副 184 測 276 割 307 創 308 劇 308

力 ちから 力 31 加 184 功 184 幼 321 男 45 助 113 努 185 労 185 協 186 効 248 勇 185 勉 113 動 113 務 248 勝 114 勤 308 働 180 勢 248

勹 つつみがまえ 包 186 句 249

匕 ひ（さじ） 化 114 比 274 北 59 死 146 老 222 花 38 批 329 指 138 背 351 貨 234 混 275 階 134 疑 341

匚 はこがまえ（かくしがまえ） 区 114 医 115 臣 236

十 じゅう 十 32 千 32 干 321 午 59 支 269 田 45 半 59 古 61 世 107 早 40 直 88 協 186 卒 186 南 60 計 96 単 199 真 156 針 360 章 159 率 279 博 187 幹 257 準 276

㔾 卩 ふしづくり 犯 278 印 187 危 309 卵 309 節 226

厂 がんだれ 反 115 圧 250 成 205 灰 340 厚 249 原 60 歴 214

厶 む 公 57 仏 241 台 61 広 70 去 115 弁 258 会 54 私 344 参 187 能 290

又 また 友 60 反 115 支 269 収 309 皮 155 努 185 取 116 受 116 度 127 祭 158 最 209

ク 久 241 色 94 争 174 危 309 角 96 急 134 象 233

マ 予 108 令 175 冷 182 勇 185

ト 外 65

メ 丸 53 区 114 気 43 図 62 希 196 殺 215 胸 351 脳 351

丷 半 59 羊 163 弟 72 並 303 前 58 首 103 美 163 差 196 益 281 従 323 着 163 善 311 尊 318 義 288 増 253 養 240

ナ 友 60 右 33 左 37 布 256 有 142 在 251 存 314 希 196

𠂉 午 59 牛 86 生 45 矢 88 失 193 先 29 年 38 知 89 無 220 権 336 観 231

七 七 26 切 58 劇 308

3画

口 くち（くちへん） 口 32 中 27 右 33 石 47 兄 56 古 61 台 61 号 116 加 184 史 188 司 188 可 249 句 249 名 33 合 61 同 62 回 62 向 117 各 188 舌 290 吸 310 后 310 足 50 言 96 谷 98 君 117 局 124 告 189 否 310 知 89 味 117 命 118 和 118 周 189 舎 243 呼 311 品 118 員 119 宮 123 倉 178 害 195 商 119 問 119 唱 189 喜 190 営 259 善 311 鳴 105 器 190

囗 くにがまえ 四 33 田 45 由 153 回 62 曲 141 因 250 団 250 図 62 囲 190 困 311 国 63 固 191 園 63

土 つち（つちへん） 土 34 去 115 圧 250 地 63 寺 68 在 251 至 352 赤 50 社 89 走 99 里 99 坂 120 均 251 幸 126 垂 312 型 191 城 312 堂 191 基 251 域 312 場 64 報 252 塩 192 墓 252 境 252 増 253

士 さむらい 士 192 仕 109 声 64 売 64 志 264 喜 190

夂 ふゆがしら（なつあし） 冬 65 処 307 各 188 麦 100 条 271 変 192

夕 ゆう（ゆうべた） 夕 34 外 65 名 33 多 66 死 146 夜 66 夢 253 夏 65 愛 204

大 だい 大 34 天 35 犬 44 太 66 夫 193 央 120 失 193 因 250 美 163 奏 313 器 190 奮 313

女 おんな（おんなへん） 女 35 安 121 好 193 努 185 姉 67 妹 67 委 120 始 121 妻 253 要 231 姿 313 婦 254

子 こ（こへん） 子 35 字 36 好 193 存 314 孝 314 学 36 季 194 乳 303 厚 249 孫 194

宀 うかんむり 穴 345 字 36 安 121 守 121 宇 314 宅 315

窓 345　密 316　寄 254　宿 123　容 254　案 212　害 195　宮 123　家 68　宣 316　客 122　室 67　宝 316　宙 315　宗 315　官 195　定 122　実 122　空 47　完 194　究 159

樹 336　導 255　尊 318　討 355　将 318　射 317　専 317　対 124　村 41　団 250　守 121　寺 68　付 175　寸 317　【寸 すん】　憲 328　察 195　富 255　寒 123

賞 235　常 257　堂 191　党 306　原 60　省 223　県 155　京 54　系 347　当 69　光 56　糸 48　示 282　少 68　小 36　【⺌ 小 しょう】

山 37　【山 やま】（やまへん）　層 320　属 256　展 319　屋 124　昼 79　届 319　居 255　刷 183　局 124　尺 319　戸 76　【尸 しかばね】　就 318　【尢 だいのまげあし】

差 196　式 128　功 184　左 37　工 69　【工 こう】（たくみへん　え）　順 238　訓 232　州 125　川 37　【川 かわ】　密 316　島 125　炭 151　岸 125　岩 69　出 31

帳 126　師 256　帯 197　席 196　帰 70　希 196　布 256　市 70　【巾 はば】（はばへん）　配 169　起 167　記 97　巻 320　紀 227　改 206　包 186　己 320　【己 おのれ】

庁 322　広 70　【广 まだれ】　糸 48　幼 321　【幺 いとがしら】（よう）　幹 257　幸 126　年 38　刊 246　平 126　干 321　【干 かん】（いちじゅう）　幕 321　常 257

鼻 173　算 90　弁 258　【廾 にじゅうあし】（こまぬき）　建 198　延 322　【廴 えんにょう】　康 198　座 322　席 196　庭 127　庫 127　度 127　府 197　底 197　店 71　応 263　序 257

参 187　形 73　【彡 さんづくり】　張 258　強 72　弱 72　弟 72　引 71　弓 71　【弓 ゆみ】（ゆみへん）　武 274　式 128　代 110　【弋 しきがまえ】（よく）

衛 291　徳 259　復 259　街 230　術 291　得 199　従 323　徒 199　律 323　待 128　後 73　往 258　径 198　役 128　行 95　【彳 ぎょうにんべん】

茶 73　草 38　若 324　芽 201　英 200　苦 129　芸 200　花 38　【艹 くさかんむり】　厳 323　営 259　巣 200　挙 206　栄 212　単 199　学 36　労 185　【⺍ つかんむり】（つ）

送 131　述 260　返 130　近 74　辺 201　【辶 しんにょう】（しんにゅう）　薬 130　蔵 325　暮 333　蒸 324　幕 321　夢 253　墓 252　落 130　葉 129　著 324　菜 201　荷 129

遺 325　導 255　選 202　適 262　遠 75　過 261　達 202　遊 132　運 132　道 75　進 132　週 74　造 261　連 202　速 131　通 74　迷 261　退 260　逆 260　追 131

隊 203　陽 134　階 134　険 263　陸 203　陛 327　除 326　降 326　院 133　限 262　防 262　【阝 こざとへん】（こざと）　郵 326　郷 325　部 133　都 133　郡 203　【阝 おおざと】

指 138　拝 330　担 329　拡 329　招 267　批 329　技 266　折 205　投 137　打 137　才 76　【扌 てへん】　慣 265　情 265　性 264　快 264　【忄 りっしんべん】　障 327　際 263

油 148　波 147　注 147　泳 147　決 146　汽 84　池 84　【氵 さんずい】　操 331　損 268　揮 331　提 268　探 331　推 330　捨 330　接 268　授 267　採 267　拾 138　持 138

済 338　混 275　液 275　清 218　深 149　浴 218　酒 169　流 149　消 148　派 338　洗 337　染 334　浅 218　洋 148　活 85　海 85　沿 337　河 275　法 217　治 217　泣 217

独 279　犯 278　【犭 けものへん】　激 339　潮 339　潔 277　演 277　漁 219　源 339　準 276　漢 151　測 276　減 276　満 219　湯 150　港 150　湖 150　温 149

装 354　将 318　状 279　【丬】　閉 361　財 296　材 210　才 76　【才】　熟 340　熱 221　勢 248　丸 53　【丸】　郷 325　【乡】

帰 70　急 134　当 69　【彐】　糖 347　静 238　群 288　筆 161　康 198　健 179　郡 203　書 80　律 323　建 198　妻 253　事 109　君 117　争 174　【⺕】

横 145 黄 105 借 178 供 304 昔 140 共 181 **廾** 貴 359 忠 328 仲 175 虫 49 中 27 **中** 肥 289 色 94 **巴**

飯 239 版 278 板 143 返 130 坂 120 仮 241 **反** 賛 298 規 292 夫 193 **夫** 責 296 毒 215 表 165 青 52 麦 100 **龶**

生 45 **生** うまれる 宝 316 玉 44 **玉** たま 率 279 **玄** げん 5画 耕 289 囲 190 **井** 型 191 研 157 形 73 **开**

留 280 胃 228 畑 153 界 153 思 76 果 211 画 87 町 46 男 45 由 153 申 152 田 45 **田** た たへん 用 87 **用** もちいる 産 222 星 79 性 264

白 46 **白** しろ 登 154 発 154 **癶** はつがしら 痛 342 病 154 **疒** やまいだれ 疑 341 **𤴔** ひき ひきへん 奮 313 富 255 番 88 異 341 略 280 細 91

盟 343 衆 353 盛 342 益 281 血 164 皿 155 **皿** さら 破 281 波 147 皮 155 **皮** けがわ 楽 82 習 164 皇 342 泉 338 的 223 百 46

医 115 矢 88 **矢** や やへん 着 163 眼 281 真 156 看 343 省 223 相 156 県 155 具 112 直 88 貝 50 見 49 自 94 目 47 **目** め めへん

禁 283 票 224 祭 158 示 282 **示** しめす 確 282 磁 344 破 281 砂 343 研 157 岩 69 石 47 **石** いし いしへん 疑 341 短 156 知 89

積 224 穀 345 種 224 程 284 税 283 移 283 秘 344 秒 158 秋 90 科 89 季 194 委 120 和 118 私 344 利 183 **禾** のぎ のぎへん

意 136 童 159 翌 350 産 222 章 159 音 52 泣 217 位 176 立 48 **立** たつ たつへん 窓 345 容 254 空 47 究 159 穴 345 **穴** あなかんむり **穴** あな

暴 271 救 206 求 216 **氺** したみず 複 292 補 354 初 182 **衤** ころもへん 母 83 **母** はは 署 346 罪 284 置 225 買 98 **罒** あみがしら あみめ よこめ 競 225

政 269 正 42 **正** 映 332 英 200 央 120 **央** 棒 335 奏 313 春 78 **𡗗** 笛 160 届 319 油 148 宙 315 由 153 **由**

冊 306 **冊** 飼 302 詞 356 司 188 **司** 敵 270 適 262 湖 150 個 244 故 269 居 255 固 191 苦 129 古 61 **古** 整 139 証 293

管 226 算 90 節 226 策 346 筋 346 筆 161 等 160 答 90 笛 160 第 160 笑 225 竹 48 **竹** たけ たけかんむり 6画 務 248 **矛**

紅 348 約 227 紀 227 級 161 系 347 糸 48 **糸** いと いとへん 糖 347 精 285 粉 226 料 207 迷 261 米 91 **米** こめ こめへん 簡 347 築 284 箱 161

編 287 線 92 綿 287 総 286 練 162 緑 162 絹 349 続 228 統 286 絶 286 結 228 給 227 絵 92 経 285 終 162 組 92 細 91 納 348 純 348 素 285 紙 91

翌 350 習 164 羽 93 **羽** はね 養 240 群 288 義 288 善 311 着 163 差 196 美 163 洋 148 羊 163 **⺷ 羊** ひつじ 織 288 縮 349 績 287 縦 349

鼻 173 息 135 首 103 自 94 **自** みずから 肉 93 **肉** にく 職 289 聞 93 聖 350 取 116 耳 49 **耳** みみ みみへん 耕 289 **耒** すきへん

船 94 航 229 **舟** ふね ふねへん 辞 236 話 97 活 85 乱 303 舌 290 **舌** した 興 290 **臼** うす 屋 124 室 67 至 352 **至** いたる

蚕 353 独 279 風 103 虫 49 **虫** むし むしへん 絶 286 色 94 **色** いろ 養 240 銀 170 眼 281 根 143 限 262 退 260 食 103 良 230 **艮** こんづくり

漢字《かんじ》の歴史《れきし》

中国《ちゅうごく》で生《う》まれた漢字《かんじ》は、長《なが》い時間《じかん》をかけて形《かたち》を変《か》え、今《いま》の形《かたち》になりました。「魚」という漢字《かんじ》で調《しら》べてみましょう。

甲骨文《こうこつぶん》
カメの甲羅《こうら》やけものの骨《ほね》に刻《きざ》まれた文字《もじ》。

金文《きんぶん》
青銅器《せいどうき》などに刻《きざ》まれた文字《もじ》。

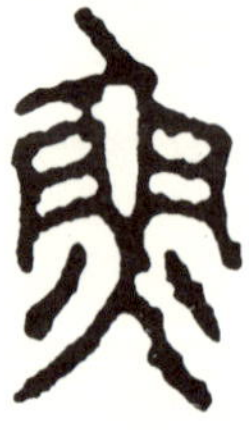

石鼓文《せっこぶん》
石《いし》に刻《きざ》まれた文字《もじ》。

篆書《てんしょ》
隷書《れいしょ》以前《いぜん》に使《つか》われていたすべての文字《もじ》を指《さ》す。左右対称《さゆうたいしょう》で、曲線的《きょくせんてき》であることが多《おお》い。

隷書《れいしょ》
漢代《かんだい》で盛《さか》んに使《つか》われた。木材《もくざい》を積《つ》み上《あ》げるような構造《こうぞう》で、平《ひら》たい形《かたち》。

草書《そうしょ》
隷書《れいしょ》の速写体《そくしゃたい》。点画《てんかく》が省略《しょうりゃく》され、続《つづ》け書きもなされる。

行書《ぎょうしょ》
速《はや》く書《か》けて読《よ》みやすいので広《ひろ》く使《つか》われている。点画《てんかく》が連続的《れんぞくてき》に書《か》かれる。

楷書《かいしょ》
三世紀《さんせいき》ごろ生《う》まれ七世紀《ななせいき》ごろに完成《かんせい》した、今《いま》の活字書体《かつじしょたい》のモデル。

いろいろな活字書体《かつじしょたい》

小学校《しょうがっこう》の教科書《きょうかしょ》では教科書体《きょうかしょたい》という活字書体《かつじしょたい》が使《つか》われています。

ほかにもいろいろな活字書体《かつじしょたい》があるので、探《さが》してみましょう。

魚

教科書体《きょうかしょたい》

楷書体《かいしょたい》をもとにしたもの。小学《しょうがっ》校《こう》の教科書《きょうかしょ》で使《つか》われている。

魚

明朝体《みんちょうたい》

横線《よこせん》が細《ほそ》く、縦《たて》線《せん》が太《ふと》い。

魚

ゴシック体《たい》

縦横《たてよこ》の線《せん》が同《おな》じ太《ふと》さでできている。

魚

丸《まる》ゴシック体《たい》

ゴシック体《たい》の点《てん》画《かく》の両《りょう》はしや、曲《ま》がりの部分《ぶぶん》を丸《まる》めたもの。

漢字《かんじ》のなりたち

一《ひと》つひとつの漢字《かんじ》はどのようにできているのでしょう。そのなりたち(でき方《かた》)については、だいたい次《つぎ》の四種類《よんしゅるい》に分《わ》けられます。

象形文字《しょうけいもじ》

ものの形《かたち》をかたどって作《つく》られた漢字《かんじ》。

日 月 山 川 牛

指事文字《しじもじ》

形《かたち》で示《しめ》すことが難《むずか》しいものや事柄《ことがら》を、点《てん》や線《せん》、記号《きごう》などを使《つか》って表《あらわ》した漢字《かんじ》。

一 二 三 上 下

会意文字《かいいもじ》

すでにできあがっている漢字《かんじ》を組《く》み合《あ》わせて、新《あたら》しい意味《いみ》を表《あらわ》した漢字《かんじ》。

口＋鳥＝鳴

人＋木＝休

形声文字《けいせいもじ》

言葉《ことば》の意味《いみ》を表《あらわ》す部分《ぶぶん》と音《おん》を表《あらわ》す部分《ぶぶん》を組《く》み合《あ》わせて、新《あたら》しい意味《いみ》を表《あらわ》した漢字《かんじ》。

日(意味《いみ》)＋青(音《おん》)＝晴

漢字《かんじ》の組《く》み立《た》て

漢字《かんじ》は二《ふた》つの部分《ぶぶん》に分《わ》けられるものが多《おお》くあります。左右《さゆう》・上下《じょうげ》・そのほかの分《わ》け方《かた》から次《つぎ》の七種類《ななしゅるい》があります。それぞれの部分《ぶぶん》の呼《よ》び方《かた》と、主《おも》な部首《ぶしゅ》を示《しめ》しました。

●部首《ぶしゅ》の一覧《いちらん》は、388〜389ページにあります。

へん(偏)

右《みぎ》と左《ひだり》に分《わ》けられる漢字《かんじ》の左側《ひだりがわ》の部分《ぶぶん》。

亻(にんべん)
扌(てへん)
氵(さんずい)
言(ごんべん)

つくり(旁)

右《みぎ》と左《ひだり》に分《わ》けられる漢字《かんじ》の右側《みぎがわ》の部分《ぶぶん》。

刂(りっとう)
卩(ふしづくり)
隹(ふるとり)
頁(おおがい)

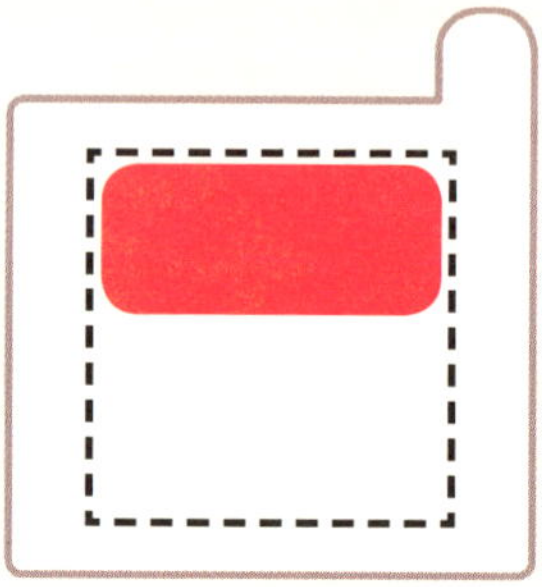

かんむり(冠)

上《うえ》と下《した》に分《わ》けられる漢字《かんじ》の上側《うえがわ》の部分《ぶぶん》。

宀(うかんむり)
艹(くさかんむり)
罒(あみがしら)
雨(あめかんむり)

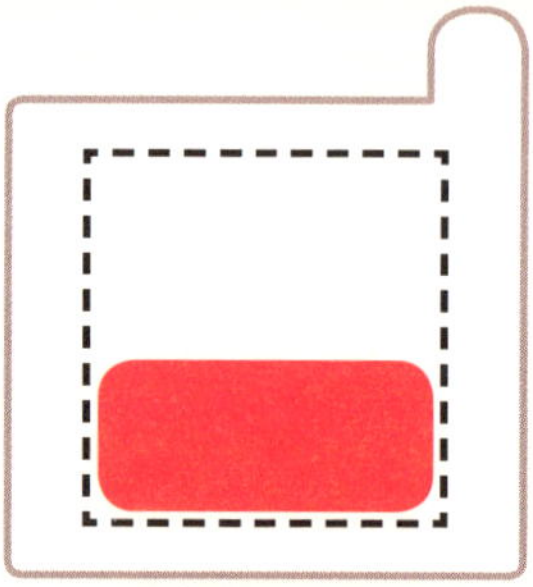

あし(脚)

上《うえ》と下《した》に分《わ》けられる漢字《かんじ》の下側《したがわ》の部分《ぶぶん》。

儿(ひとあし)
灬(れっか)

たれ(垂)

漢字《かんじ》の上側《うえがわ》から左《ひだり》下《した》へ続《つづ》く部《ぶ》分《ぶん》。

广(まだれ)
疒(やまいだれ)

にょう(繞)

漢字《かんじ》の左側《ひだりがわ》から右《みぎ》下《した》へ続《つづ》く部《ぶ》分《ぶん》。

辶(しんにょう)
廴(えんにょう)

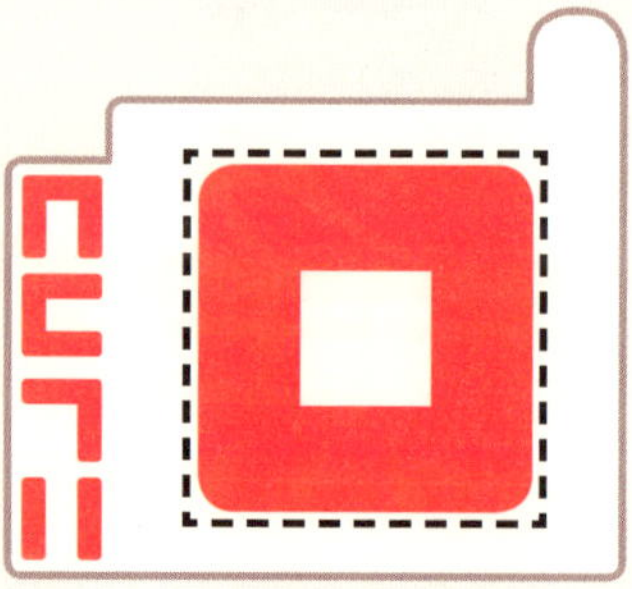

かまえ(構)

漢字《かんじ》のまわりを囲《かこ》むような部《ぶ》分《ぶん》。

囗(くにがまえ)
門(もんがまえ)
匚(はこがまえ)
弋(しきがまえ)
行(ぎょうがまえ)

古代《こだい》文字《もじ》を書《か》いた先生《せんせい》のことば

●26～363ページにある「なりたち」の古代文字《こだいもじ》を書《か》いた先生《せんせい》から、みなさんへのメッセージです。

さあ、君《きみ》たちの好奇《こうき》にあふれた目《め》と心《こころ》。なにか物質《ぶっしつ》に触《ふ》れるすばやい行動力《こうどうりょく》。

この字典《じてん》を手《て》に取《と》り、漢字《かんじ》が誕生《たんじょう》した瞬間《しゅんかん》を感動《かんどう》を持《も》って見《み》つめてほしい。

そして書《か》いてみてほしい。三千四百年前《さんぜんよんひゃくねんまえ》に中国《ちゅうごく》の殷王朝《いんおうちょう》でできた甲骨文《こうこつぶん》や金文《きんぶん》、そして篆書《てんしょ》。

例《たと》えば、木《き》の字《じ》が二本《にほん》になると林《はやし》になり、三本《さんぼん》になると森《もり》になる展開《てんかい》のみごとさ。

篆書《てんしょ》は二千二百年前《にせんにひゃくねんまえ》に秦《しん》の始皇帝《しこうてい》が漢字《かんじ》に字画《じかく》を与《あた》えて統一《とういつ》した。

例《たと》えば王《おう》は四本《よんほん》の線《せん》でできている。東《ひがし》アジアの漢字文化圏《かんじぶんかけん》での漢《かん》字《じ》は約四万八千字《やくよんまんはっせんじ》あるが、ひとつひとつ書《か》いて憶《おぼ》えるのは楽《たの》しいことだ。

浅葉克己《あさばかつみ》

編《へん》著《ちょ》者《しゃ》のことば

この字典《じてん》を作《つく》るにあたって、「楽《たの》しく、わかりやすく、子《こ》供《ども》に役立《やくだ》つ字典《じてん》」という目《もく》標《ひょう》を立《た》てました。

そのために、字典《じてん》の最初《さいしょ》には、絵《え》を見《み》ただけで漢字《かんじ》の意《い》味《み》がわかる絵本《えほん》のようなページを付《つ》けました。そこでは小《しょう》学校低学年《がっこうていがくねん》で学《まな》ぶ漢字《かんじ》すべてを示《しめ》しています。漢字《かんじ》にそえた数字《すうじ》のページを見《み》れば、その漢字《かんじ》についてさらにくわしく知《し》ることができます。この絵本《えほん》のようなページは、漢字《かんじ》を絵《え》で説明《せつめい》すると同時《どうじ》に、絵《え》から漢字《かんじ》を引《ひ》く「さくいん」にもなっているのです。

「**部首《ぶしゅ》さくいん**」には、漢字《かんじ》を学《まな》び始《はじ》めた人《ひと》にも使《つか》いやすいような工夫《くふう》を加《くわ》えました。例《たと》えば、【思】という漢字《かんじ》は「心」が部首《ぶしゅ》ですが、「田」からでも引《ひ》くことができるようにしました。

さらに、【予】は本来《ほんらい》「亅」が部首《ぶしゅ》ですが、「マ」という形《かたち》からでも引《ひ》くことができます。このように、部首《ぶしゅ》とされていない部品《ぶひん》「ナ」や「ク」などの形《かたち》からでも漢字《かんじ》を引《ひ》くことができるようにしました。

「山《やま》の中《なか》の山中《さんちゅう》で　馬《うま》から落《お》ちて落馬《らくば》した」というような、同《おな》じ漢字《かんじ》を訓読《くんよ》みと音読《おんよ》みの語《ご》でくりかえす言葉遊《ことばあそ》びは古《ふる》くからあります。私《わたし》はこの言葉遊《ことばあそ》びで漢字《かんじ》の音訓《おんくん》や熟語《じゅくご》を覚《おぼ》えました。この字典《じてん》ではその経験《けいけん》を生《い》かし、リズムがよくて覚《おぼ》えやすい言葉遊《ことばあそ》びを「**オンくんあそび**」と名《な》づけて、たくさん作《つく》りました。

「**なりたち**」には、【象】という漢字《かんじ》が象《ぞう》そのものの形《かたち》からできたことや、【回】という漢字《かんじ》がくるくる回《まわ》る線《せん》からできたことがわかるような古代文字《こだいもじ》を、多《おお》くの資料《しりょう》から選《えら》んでのせました。

この字典《じてん》がみなさんにとって、漢字《かんじ》との楽《たの》しい出会《であ》いの場《ば》になることを、心《こころ》から願《ねが》います。

首藤久義《しゅとうひさよし》
千葉大学《ちばだいがく》 名誉《めいよ》 教授《きょうじゅ》

監修
村石昭三
国立国語研究所 名誉所員

編著
首藤久義
千葉大学 名誉教授

編集委員
大川孝子
玉井清人
白石厚子

古代文字
浅葉克己

イラスト（表紙・巻頭・扉ほか）
坂崎千春

イラスト（各学年ページほか）
井上雪子
井上朝美
こだまこずえ

執筆協力（五十音順）
伊藤昭広　一瀬朋子
奥山　恵　金山紀江
工藤文子　佐藤　藍
佐藤潤一郎　佐藤洋子
椎名幸子　白石　充
田口和子　田口　潤
丹　由美子　土岐康峰
長谷川育子　松本かな
渡邉朋子

デザイン
祖父江　慎
コズフィッシュ

古代文字解説中パーツ
豆画屋亀吉

編集協力・DTP
株式会社 日本レキシコ

＊396ページ古代文字『大書源』（二玄社）

はじめてつかう　漢《かん》字《じ》字《じ》典《てん》

二〇一四年一一月二三日　初版第一刷発行

監修　村石昭三
編著　首藤久義
発行者　武藤英夫
発行所　株式会社フレーベル館
〒一一三-八六一一
東京都文京区本駒込六-一四-九
電話　営業　〇三-五三九五-六六一三
　　　編集　〇三-五三九五-六六〇四
振替　〇〇一九〇-二-一九六四〇
印刷　株式会社リーブルテック

© MURAISHI Shozo, SHUTO Hisayoshi 2014
禁無断転載・複写　Printed in Japan

ISBN 978-4-577-81372-0
400ページ　22×15cm
乱丁・落丁本はお取替えいたします。
フレーベル館のホームページ http://www.froebel-kan.co.jp/

部首《ぶしゅ》

漢字《かんじ》の部首《ぶしゅ》を示《しめ》しています。

部首《ぶしゅ》の名前《なまえ》

代表的《だいひょうてき》な部首《ぶしゅ》の名前《なまえ》を示《しめ》しました。

見出《みだ》しの漢字《かんじ》

見出《みだ》しの漢字《かんじ》を大《おお》きくし、画数《かくすう》の多《おお》い漢字《かんじ》でもわかりやすくしました。

総画数《そうかくすう》

漢字《かんじ》の総画数《そうかくすう》を示《しめ》しています。

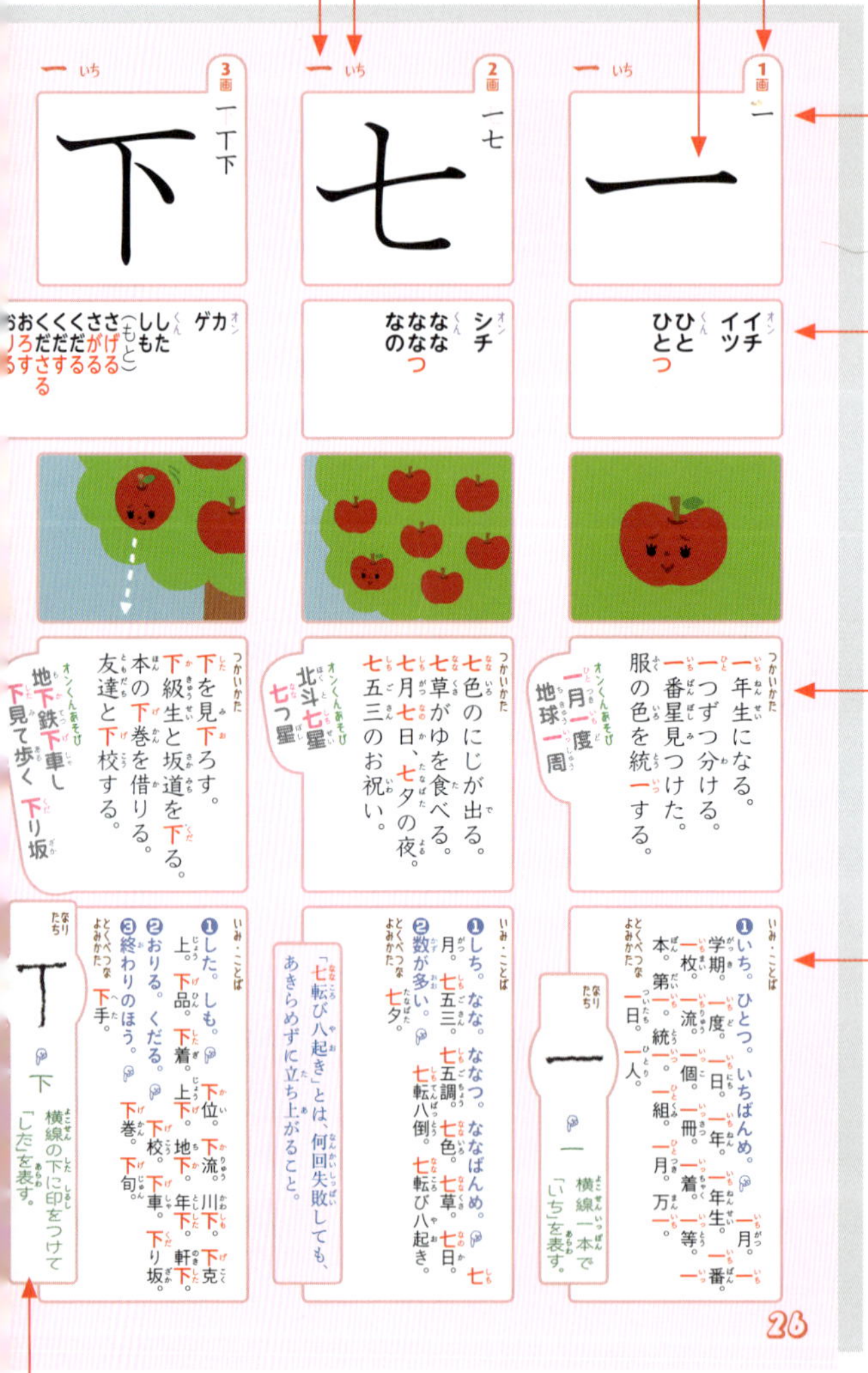

筆順《ひつじゅん》

一画目《いっかくめ》は必《かなら》ず単体《たんたい》で示《しめ》して、どの画《かく》から書《か》くのかわかるようにしました。

読《よ》み

漢字《かんじ》の音読《おんよ》みと訓読《くんよ》みを示《しめ》しました。
訓読《くんよ》みで赤字《あかじ》になっているのは送《おく》りがなです。
小学校《しょうがっこう》で習《なら》わない読《よ》みは（　）で示《しめ》しました。

つかいかた

見出《みだ》しの漢字《かんじ》を使《つか》った例文《れいぶん》を示《しめ》しました。
子供《こども》の生活《せいかつ》や学習《がくしゅう》に役立《やくだ》つ言葉《ことば》を選《えら》んでいます。

いみ・ことば

漢字《かんじ》の意味《いみ》と、その意味《いみ》で使《つか》われる言葉《ことば》を示《しめ》しました。
意味《いみ》が複数《ふくすう》ある場合《ばあい》は、❶、❷、❸…の数字《すうじ》で分《わ》けました。
複数《ふくすう》の読《よ》み方《かた》や表記《ひょうき》がある言葉《ことば》は、（　）で示《しめ》しました。
例《たと》えば、「工場《こうじょう》（こうば）」「広々《ひろびろ》（広広《ひろびろ》）」など。

なりたち

子供《こども》にとってわかりやすい古代文字《こだいもじ》と、その説明《せつめい》を簡潔《かんけつ》に示《しめ》しました。なりたちを説明《せつめい》するとかえって難《むずか》しくなる漢字《かんじ》については、その漢字《かんじ》の組《く》み合《あ》わせの説明《せつめい》までにとどめました。古代文字《こだいもじ》は、さまざまな時代《じだい》のものを、浅葉克己先生《あさばかつみせんせい》の書風《しょふう》で統一《とういつ》しました。

♥ この字典《じてん》は、教科書体《きょうかしょたい》をはじめさまざまな活字書体《かつじしょたい》を使《つか》っています。教科書《きょうかしょ》だけでなく、新聞《しんぶん》やよく目《め》にする本《ほん》などで使《つか》われている書体《しょたい》を、内容《ないよう》や用途《ようと》に合《あ》わせて選《えら》んでいます。活字書体《かつじしょたい》のちがいの楽《たの》しさにもふれてみてください。